Zum Gedenken an die politischen Häftlinge,
die in diesem Gefängnis
in den Jahren 1945 bis 1989
gelitten haben.
„SIE WOLLTEN FREIHEIT UND
MENSCHENWÜRDE"
VOS
VOS
GEMEINSCHAFT EHEMALIGER
POLITISCHER HÄFTLINGE
Vereinigung der Opfer des Stalinismus e.V.
DER RAT UND DIE BÜRGER
DER STADT ERFURT

Andrea Herz

Die Erfurter Untersuchungs-Haftanstalt der DDR-Staatssicherheit 1952 bis 1989

unter Mitarbeit von
Wolfgang Fiege

Erfurt 2006

Kassiber-Notiz eines unbekannten Gefangenen
der Erfurter MfS-Haftanstalt
(von der Haftanstalt beschlagnahmt und enthalten in der Akte:
BStU- MfS, BV Erfurt, XIV, Nr. 447, Bl. 165)

MEINE AUGEN SAHEN NICHT
MEINE OHREN HÖRTEN NICHT
MEINE LIPPEN SPRACHEN NICHT
MEINE FINGER FÜHLTEN NICHT
MEINE FÜSSE LIEFEN NICHT
MEIN RÜCKGRAT STÜTZTE MICH NICHT
MEIN LEBEN LEBTE ICH NICHT
ICH WAR NUR DER SCHATTEN MEINES ICH
NUN, ANGESICHTS DER SCHATTEN KLAGE ICH NICHT
MEIN GROSSES ERWACHEN SPÜRE ICH
UND HÖRE HOMERISCHES LACHEN – MEINT ES MICH ?

INHALT:

Vorbemerkung

Noch vor anderthalb Jahren so verschlossen, dass kaum ein Erfurter das Hausinnere des 130 jährigen Gerichtsgefängnisses je besichtigt hatte, liegt die Besucherzahl jetzt – Ende 2006 – bereits bei über 13.000. Darunter befanden sich auch mehrere Hundert Menschen, die hier einst zwangsweise schlimmste Tage ihres Lebens verbringen mussten – weil sie politische Meinungen äußerten, demokratische Grundrechte beanspruchten, staatssozialistischen Lebensplanvorgaben entfliehen wollten oder den radikalen Herrschaftswillen der SED unterschätzten.

Die obere Gebäudehälfte diente 1952 bis 1989 als Bezirks-Untersuchungs-Gefängnis der DDR-Staatssicherheit. Es war ein Verhörgefängnis, in dem die Prozessziele vorformuliert wurden und in dem ein komplexes Haftregime herrschte, das in seiner Wirkung auf Gefangene dem gleichkam, was internationale Menschenrechtskonventionen als „psychische Folter" definierten.

In einem heute demokratisch und meinungsfreiheitlich konstituierten Land haben Besucher und Leser das Interesse und das Recht, sich ein tatsachenfundiertes Bild über das, was sich hinter den Backsteinmauern abspielte, zu machen. Da werden Fragen gestellt an ehemalige Gefangene als sich erinnernde Zeitzeugen. Da gibt es aber auch Fragen zu Hintergründen des Haftbetriebs, zu Verantwortlichen und Mitwirkenden und Fragen an die originalen papierenen Hinterlassenschaften. Vor diesem Hintergrund entstand diese erweiterte und stärker quellenfundierte Überblicksdarstellung zur MfS-U-Haft Erfurt.

Auch dieses Buch beschreibt nur eingeschränkt, was sich im Gebäude abspielte. Es reflektiert nur in Einzelpassagen wichtige Hinweise einstiger Gefangener und nimmt der laufenden und geplanten Zeitzeugenarbeit nichts von ihrer Notwendigkeit und Überzeugungsfähigkeit. Wolfgang Fiege gab schon den Anstoß für die erste Veröffentlichung, forderte: „Die damals Inhaftierten sollen sagen können: Ja, so ist es wirklich gewesen" und wandte selbst viel Zeit dafür auf.

Im Vordergrund steht die Rekonstruktion aller Seiten politischer Strafrechtspraxis auf Grundlage von MfS-Akten – von MfS-Selbstaussagen. Auch die Mitverantwortlichen müssen zugeben können: Ja, so ist es wirklich gewesen, und sollten vielleicht auch ein „leider" einfügen wollen.

Dem Text liegen v.a. Sachakten sowie Unterlagen der Abteilungen XIV (Haftanstalt) und IX (Untersuchungsabteilung) zugrunde. Die Akten sind recht lückenhaft. Ältere Haftanstalts-Akten existieren gar nicht mehr, während die 80er Jahre teilweise äußerst detailliert rekonstruierbar sind. Die Untersuchungsabteilung konnte die Masse ihrer Dienst-Unterlagen beiseite schaffen. Viele konkrete Handlungen der Untersuchungs-Offiziere wurden verfälscht oder unterliegen (als Verhörprotokolle, Untersuchungsvorgänge, Tonbänder) dem „Opferakten"-Datenschutz.

Etwas zweischneidig ist die von mir praktizierte Verwendung jener Dokumente mit Informationen, die Haftmitarbeiter beim Kontrollieren und Bespitzeln Gefangener sammelten: einerseits spricht dies Zustandekommen gegen jede Benutzung, andererseits entlarven gerade diese Dokumente umso deutlicher die extreme Haftsituation, das Mitarbeiterverhalten und untermauern damit Zeitzeugen-Aussagen. Die Beobachtung war hinterhältig, zeigt die Gefangenen aber als Menschen, die gegen die unerträgliche Situation ankämpften, sich halfen, sich wehrten. Dennoch ist die Lektüre besonders der Kapitel 10-12 wenig geeignet für Betroffene, die noch mit der individuellen Verarbeitung ihrer Erlebnisse befasst sind.

Die Dokumente wurden über die BStU-Forschungsanträge 4465/95Z und 3004/06Z eingesehen. Andreas Bogoslawski von der BStU-Außenstelle Erfurt unterstützte das Vorhaben durch kompetente, schnelle, engagierte Aktenrecherche und Einsichtgabe. Zentrale Dokumente wurden über den Antrag 30207/94Z eingesehen.

oben: um 1948, Foto: Thür. Hauptstaatsarchiv Weimar
unten: Hausrückseite, Fassadendetail, Foto: Herz, 2006

1. Kurze Gebäudegeschichte bis 1952

Für die Zeit vor 1945 sind Gefängnisgeschichte, Haftregime und Inhaftierungsgründe bislang nicht systematisch erforscht. Einige Informationen über die Erfurter Haftgeschichte nach dem Zweiten Weltkrieg und über die Etablierung einer politischen Haft im Dienste der SED finden sich in einer anderen Publikation.[1]

1879 bis 1945

1874/79 entstand das Gerichtsgefängnis direkt hinterm Gerichtsneubau auf dem Gelände der vormaligen Parkanlage Luisenthal. Es wurde als dreigeschossiges Nutz-Backsteingebäude im Historismus-Stil errichtet, hat einen T-förmigen Grundriss mit einem zur Andreasstraße gewandten Mittelrisalit. Zum neoromanischen Gebäudeschmuck zählen Karo-Fries, angedeutete Zinnen und Vierpassmaßwerk – solche romanischen Verzierungen sind typisch für die historistische Justizarchitektur. Hinter den Vierpass-Fenstern im Mittelrisalit lag ein Kapell-Vortrags-Raum. Die Ziegelfassade unterstreicht den arbeitserzieherischen Charakter des liberalen Strafhaftkonzepts. Das Landesdenkmalamt nennt ihn heute den *„bedeutendsten Gefängnisbau Thüringens“*. Sein Grundriss ist in einer weitverbreiteten „Baukunde des Architekten” als Modelltypus für vorbildlichen Gefängnisbau abgebildet. Er war für 220 Gefangene ausgelegt und wurde damit zugleich größter Gerichts-Gefängnisbau im Thüringer Raum.

Erbauer war die Erfurter Justizverwaltung und erster Nutzer das neu installierte Landgericht Erfurt. In Kaiserzeit und Weimarer Republik diente der Bau zur Unterbringung der Inhaftierten des Landgerichtsbezirks, wozu die Kreise Erfurt/Stadt, Erfurt/Land, Weißensee, Langensalza und Mühlhausen gehörten. In den Gerichtssälen waren nicht nur Strafe, sondern auch Straferziehung, Arbeitsbeschäftigung und Wiedereingliederung wichtige Handlungsmotive. Das Gebäude diente als Gerichtsgefängnis für Untersuchungsgefangene sowie auch als Haftanstalt („Haft“ bezeichnete damals eine Freiheitsstrafe bis sechs Wochen, mit Arbeit).

Im NS-Deutschland ab 1933 setzte sich die Nutzung als Gerichtsgefängnis fort – nun aber mehr und mehr für eine den Rechtsstaat kompromittierende und letztlich gewissenlos-inhumane NS-Justiz. Die Geschichte der politischen Strafverfolgung des NS-Regimes macht sich allerdings weitaus stärker an anderen Erfurter Gebäuden fest: dem Landgericht (mit NS-Sondergericht[2]), dem Gestapo-Keller im heutigen Landtag-Abgeordnetenhaus oder dem Polizeigefängnis Petersberg. Im Gerichtsgefängnis befanden sich zwischen 1933 und 1945 – im Unterschied zur DDR-Zeit – *nicht* jene Dienstzimmer, in denen politische Haftbefehle erlassen, Verhöre durchgeführt, Anklageschriften ausgearbeitet und Gerichtsurteile verhängt wurden. Offenbar war auch nur ein Teil der politischen NS-Gefangenen zeitweilig hier eingesperrt. Kürzlich publizierte Erfurter Gestapoberichte belegen, dass 1934 „Übergaben“ von Inhaftierten „aus politischen Gründen“ von der Gestapo ans Gerichtsgefängnis stattfanden – im Februar 1934 sieben Inhaftierte, im März drei, im April acht. Später ist dann aber die Rede von direkten Gestapo-Zuführungen zum Gerichtsprozess, also ohne zeitweilige Gerichts-U-Haft.[3]

Das Gefängnis war bis in die allerletzten Kriegstage 1945 in Betrieb. Noch im April wurden Gefangene zu Aufräumarbeiten bei Kriegszerstörungen am Landgericht eingesetzt.

April 1945 bis Januar 1948

Während der amerikanischen Besatzungszeit (ab 12. April 1945) wurden alle Erfurter Justizeinrichtungen geschlossen. Die amerikanischen Militärwachen brachten Inhaftierte und Internierte nicht in Gefängniszellen, sondern in Lagern unter (z.B. im Erfurter Stadion).

links: Fassade heute, Foto: Herz, 2006
rechts: Blick in den Zellenflügel um 1948,
Foto: Thür. Hauptstaatsarchiv Weimar

Nach Einzug der sowjetischen Militärverwaltung (ab 4. Juli 1945) wurde der Gefängnisbau Andreasstraße beschlagnahmt. Schriftliche Hinweise zur Art der Nutzung durch die Sowjets fanden sich nirgends. Die neue Erfurter Justiz erhoffte noch im Oktober 1945 die *„baldige Räumung*" des Gefängnisbaues Andreasstraße.[4]

Doch die sowjetische Kommandantur behielt den Gefängnisbau bis Anfang 1948. Ein Zeitzeuge konnte uns darüber informieren, dass 1945/46 einige NKWD-Gefangene dort untergebracht und nachts in Kellerräumen auch verhört wurden. Als Zwischen-Haftort für die großen NKWD-Haftrazzien diente allerdings das benachbarte Behördenhaus und später vor allem diverse Wohnhauskeller im sowjetischen besetzten und abgeschirmten Areal hinter dem Gothaer Platz.

Der Gefängnisbau hingegen wurde offensichtlich als „Magazin" bzw. Waren- und Transportlager benutzt. Einige deutsche Gefangene, darunter unser Zeitzeuge, wurden während ihrer Inhaftierung hier untergebracht und für Hilfsarbeiten bei Transport und Umlagerung eingesetzt.

Justiz-Haftanstalt und Justiz-Strafgefängnis 1948–52

Im Februar 1948 – sofort nach der Rückgabe des Objekts von der SMA an die Thüringer Justizverwaltung – wurden Teile des Gefängnisses in Betrieb genommen und erste Justiz-Häftlinge wieder hier untergebracht. Ende 1948 waren Haftanstalt und Strafgefängnis mit 42 Einzel- und 36 Gemeinschaftszellen voll betriebsfähig. Das Objekt war ausgelegt für 212 Gefangene und konnte maximal 310 Gefangene unterbringen.[5] Im selben Gebäude bestanden wiederum (wie schon nach 1879) zwei Gefängnisse: 1. die *„Haftanstalt*" bzw. das Gerichtsgefängnis für Untersuchungs-Gefangene (ab September 1948, geleitet von Verwaltungsinspektor Alfred Cyganek[6]) und 2. das „*Strafgefängnis*" als Strafvollzug für Gefangene, die zu Kurz-Haftstrafen verurteilt waren, sowie für kranke Gefangene auf der Geschlechtskrankenheiten-Station mit 84 Betten (unter der Leitung des Justizangestellten Pahl).

1948 hatte man mit Bauarbeiten zur Wiederinstandsetzung begonnen, denn die Außenmauern und Teile des Zellenhauses waren zerstört. Laut Planung sollten die Reparaturarbeiten bis März 1949 dauern. Anschließend wurde ein Geräteschuppen mit Gefangenenwerkstätten errichtet.[7]

Die Trennung in zwei Gefängnisse betraf eher die Gefangenen, weniger aber das Personal und die Verwaltung. 1948 arbeiteten im Gebäude 24 Justizangestellte, Anfang 1949 35 (acht Gefängnisverwaltung, 27 Bewachung). Sie waren nicht NS-belastet und überwiegend neu im Justizdienst. Im Sommer 1949 waren es 28 Justizangestellte (davon 15 Liberale und 10 SED-Mitglieder) und 178 Gefangene (davon 114 Untersuchungsgefangene und 64 verurteilte Strafgefangene), was die Gefängniskapazität zu 80 Prozent auslastete.[8]

Anstaltsprüfer beurteilten das Verhältnis beider Seiten als „*human, aber nicht freundschaftlich*". Eine Anstaltsordnung regelte Post, Postkontrolle, Besuche, wöchentliche Lebensmittelabgaben, Nachtzeiten, Anstaltskleidung. Arrest wurde nicht – wie früher – mit Essens- und Lagerentzug verschärft. Rechtsanwälte konnten mit ihren Mandanten allein sprechen. Arbeit gab es für Gefangene: beispielsweise Taschen flechten, Saatgut verlesen, Wäsche waschen, Federn schleißen, Garne entknoten, U-Boot-Netze entfädeln oder Bauarbeiten im Haus durchführen. Die Tagesverpflegung bestand 1949 überwiegend aus 12g Butter, 30g Zucker, 350–500g Brot, 25g Nährmittel sowie sonntags 180g Fleisch. Beide Kirchen waren im Haus seelsorgerisch tätig, wofür seit Jahrzehnten im Gefängnisbau auch eine Kapelle im Mittelraum des II. Stockwerks diente. Der Pfarrer der gegenüberliegenden Andreaskirche sowie ein katholischer Pfarrer aus Weimar führten regelmäßige Gottesdienste bzw. Heilige Messen und sprachen seelsorgerisch mit den Gefangenen.

Mitte 1949 lautete der dominierende Haftgrund noch: „Wirtschaftsvergehen".

Die Erfurter Justiz blieb nur kurze Zeit im alleinigen Besitz des Gefängnisbaues Andreasstraße. Ihren ersten „Untermieter" bekam die Justiz Mitte 1950: die Erfurter Polizei. Diese hatte ihre Polizei-Haftanstalt Petersberg an die neugegründete DDR-Vorläufer-Armee („VP-Bereitschaft") abgeben müssen. Zum Zeitpunkt dieser Teil-Räumung war die Justiz Haftanstalt Erfurt mit 170 Gefangenen belegt.[9]

Ebenfalls 1950 veranlasste die SED-Regierung eine Übertragung des gesamten DDR-Strafvollzugs an die Polizei. Der Thüringer Justiz unterstanden deshalb im Januar 1951 nur noch die Gerichtsgefängnisse und drei Haftanstalten: die „*selbständige Justiz-Haftanstalt Erfurt*", Gera und Gotha[10], in denen nur Strafgefangene mit Freiheitsstrafen unter sechs Monaten verbleiben durften.[11]

1951 kam mit Pick ein neuer Leiter für die „selbständige" Justiz-Haftanstalt ins Amt, sein Vorgänger Cyganek wurde zum Stellvertreter. Mitte 1951 bestand das Aufsichtspersonal aus 34 Mitarbeitern, von denen jeder fünfte zum Waffentragen berechtigt war. Untergebracht waren 114 U.-Häftlinge und 64 Strafgefangene, – überwiegend wegen Wirtschaftsvergehen (SMA-Befehl 273) und Diebstahl.[12] Es gab eine Männer- und eine Frauenstation, eine Waschküche im Keller, Arbeitsräume in einem Geräteschuppen, mehrere Höfe.[13]

Ende 1951 kündigte sich noch ein weiterer „Untermieter" im Gefängnisbau Andreasstraße an – zunächst nur gerüchteweise. Schriftlich dokumentiert ist eine diesbezügliche Nachfrage der evangelischen Superintendentur Erfurt:

> *„Durch umgehende Gerüchte ist uns bekannt geworden, dass der Plan besteht, in der Justizhaftanstalt Erfurt den sogenannten 'Vortragssaal' seiner bisherigen Zweckbestimmung zu entziehen .... Von Alters her diente dieser Saal auch der Abhaltung von Gottesdiensten."*[14]

links: Einzelzelle um 1948
oben: Hof- und Fassadenausschnitt um 1948
Fotos: Thür. Hauptstaatsarchiv Weinar

Der Leiter der Justiz-Haftanstalt antwortete:

> *„Vielmehr wird auf Grund einer Vereinbarung ein Teil des Haftraumes der Justizhaftanstalt Erfurt einer anderen Dienststelle überlassen. Wegen der besseren Abgrenzungsmöglichkeiten muss das oberste Stockwerk abgegeben werden, in dem auch der Kulturraum gelegen ist. Er wird damit in Zukunft der Benutzung durch die Justizverwaltung entzogen. Seine Zweckentfremdung ist also lediglich die Folgeerscheinung einer im großen Rahmen durchgeführten Umorganisation im Zusammenhang mit der Verlegung aller Landesdienststellen nach Erfurt als dem Sitz der Regierung des Landes Thüringen. .....*“[15]

Bei dieser „anderen Dienststelle“ handelte es sich um die Staatssicherheit (s.S. 19).

Das Ende der „selbständigen“ Justiz-Haftanstalt Erfurt ließ nicht mehr lange auf sich warten. Die Polizei – Abteilung Strafvollzug – übernahm die „selbständige Justiz-Haftanstalt Erfurt“, so dass nach 1952 die DDR-Justiz – abgesehen von staatsanwaltlichen Kontrollbefugnissen – keinerlei Haftkompetenzen mehr inne hatte.

Polizei-Haftanstalt Andreasstraße ab 1950

Seit 1950 gab es innerhalb des Gefängnisbaues Andreasstraße ein Polizei-Gefängnis, im Schriftverkehr bezeichnet als *„U.-Haftanstalt“* oder UHA. Die Polizei hatte zuvor andere Haftorte in Erfurt, vor allem das Polizeigefängnis Petersberg. Die „U.-Haftanstalt“ bestand anfangs aus 19 Haftzellen mit Nebengelass. Mitte 1951 waren 16 dieser Zellen nachweislich mit *„Längereinsitzenden“* belegt, die restlichen drei dienten für Transporthäftlinge und Kranke.

Ein Blick auf die Tätigkeit der Erfurter 201-Strafkammer[16] zeigt, dass zwischen 23. Oktober und 20. Dezember 1950 *„aus polizeilicher Untersuchungshaft“* insgesamt 44 Angeklagte mit politischen Strafvorwürfen ins Landgericht am Domplatz kamen.[17] Sie wurden überwiegend nach Artikel 6 (Boykotthetze) verurteilt und hatten etwa 3 Monate U-Haft hinter sich.

Ab 1952 übernahm die Polizei auch die Gebäudeteile der nunmehr geschlossenen Justiz-Haftanstalt und wurde damit zugleich neuer Hauseigentümer. Etwa gleichzeitig wurde der obere Hausteil an den neuen Untermieter – die Staatssicherheit – übergeben.

Ehemalige Justizangestellte bildeten noch 1954 fast die komplette Wachschicht A[18], doch die Mitarbeiterbezeichnung lautete zunehmend „Genosse" und das Wachpersonal bestand Mitte 1954 aus 26 SED-Mitgliedern und 12 Parteilosen. Sie alle wurden nach Einstellung eines „Polit-Stellvertreters" zunehmend politisch agitiert, verpflichtet und kontrolliert. Leiter der VP-Haftanstalt war VP-Oberkommissar Undeutsch. Auch er brachte Untersuchungshäftlinge getrennt von Haft-Strafgefangenen unter.

Ende 1952 sah der Zustand der Polizei-Haftanstalt etwa so aus:

> *„Das Objekt der U.-Haftanstalt Erfurt besteht aus einem Verwaltungs- und Zellenhaus, welche gebäudemäßig getrennt sind, einem Werkhof mit drei Arbeitsbaracken und drei Freihöfen mit einer weiteren Arbeitsbaracke. Weiterhin ist eine Schweinemästerei mit 9 Schweinen vorhanden.*
> *Sicherung der Anstalt:*
> *Außensicherung: Die äußere Umgrenzung der U.-Haftanstalt besteht in einer 6 m hohen Umfassungsmauer, welche mit Überhangeisen und Stacheldraht versehen ist. Die Fenster sämtlicher Räume einschließlich der Verwaltung sind durch starke Eisengitter gesichert. Die Eingänge stehen unter ständiger Kontrolle und bestehen aus festen Toren bzw. vergitterten Türen.*
> *Innensicherung: Die einzelnen Zellengänge und Treppenaufgänge sind durch starke Gittertüren abgegrenzt. Das noch fehlende Gitter am rechten Flügel im Erdgeschoss ist in Arbeit und die Anbringung bis zum 5. 12. 52 durchgeführt. Desgleichen wird nach Anbringung des Gitters die Verlegung der Waschräume zum Zwecke der besseren Übersicht und aus Sicherheitsgründen außerhalb der Gitter verlegt. Die Verlegung wird bis zum 5. 12. 52 aus festen Holzbohlen, durch Beschläge verstärkt bzw. durch Doppelriegel gesichert. Eine gut ausgebaute Alarmanlage ist vorhanden. Die Arbeitsbaracken sind Holz- bzw. Fachwerkbau und befinden sich ausschließlich in den Innenhöfen. Ihre Rückseite bildet die Umfassungsmauer. Die Fenster und Türen derselben sind vergittert.*
> *Werkstätten: Für den Anstaltsbedarf ist je eine Schuhmacherei, Tischlerei mit Maschinenbetrieb, eine Schneiderei, eine Schlosserei mit Schmiede, eine Wäscherei sowie eine Kreissäge zum Holzzerkleinern vorhanden."*[19]

1954 liefen größere Bauarbeiten an, denn es drohte an einer Stelle Einsturzgefahr, was zur vollständigen Räumung des betroffenen Hausteils führte. Parallel dazu wurden zahlreiche Veränderungen – darunter die Einrichtung weiterer Zellenräume und zweier Stationen im Kellergeschoss (für 18 Gefangene) – vorgenommen.[20] Während der Umbauarbeiten beschränkte sich die Polizei auf die Nutzung des Kellers und überließ der Staatssicherheit den Rest der nicht zwecks Umbau gesperrten Gebäudeteile.

Ende 1954 schloss die Polizei – als Hauseignerin – mit der MfS-Bezirksverwaltung einen Mietvertrag ab. Beide Obergeschosse wurden kostenfrei und unbefristet der Staatssicherheit zugesprochen.

Die Polizei-Untersuchungs-Haftanstalt existierte bis zum Ende der DDR. Auch hier wurden zahlreiche Bürger und vor allem Jugendliche wegen politischer Strafgründe inhaftiert. Dieser Teil der politischen Haftgeschichte des Gebäudes ist allerdings bisher noch nicht aufgearbeitet.

Die MfS-Haft Weimar 1950-52 – Vorläufer der MfS-U-Haftanstalt Andreasstraße

1950 bis zum Frühjahr 1952 befand sich die zentrale Haftanstalt der Thüringer Staatssicherheit in Weimar, damals Landeshauptstadt und Sitz der MfS-Landesverwaltung Thüringen.

Die Haftzellen lagen direkt im Kellerbereich der Landesverwaltung – einem großen Gebäude in

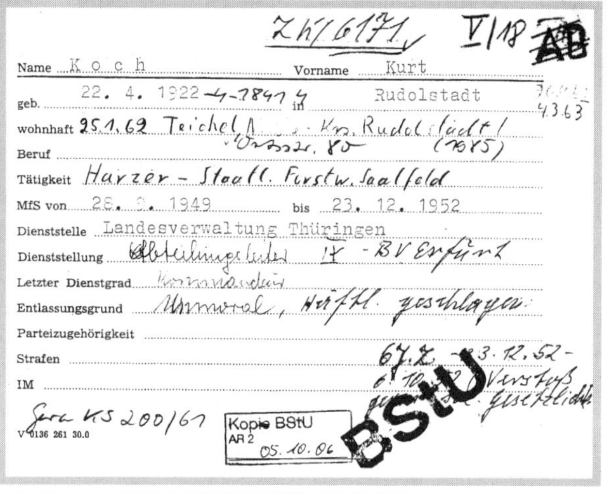

ZK/6171 V/18 ~~AB~~

Name K o c h Vorname Kurt

geb. 22. 4. 1922 in Rudolstadt

wohnhaft 25.1.62 Teichel [illegible] Krs. Rudolstadt / [illegible] 80 (1985)

Beruf

Tätigkeit Harzer – Staatl. Forstw. Saalfeld

MfS von 28. 9. 1949 bis 23. 12. 1952

Dienststelle Landesverwaltung Thüringen

Dienststellung Abteilungsleiter IV – BV Erfurt

Letzter Dienstgrad Kommandeur

Entlassungsgrund Unmoral, Häftl. geschlagen

Parteizugehörigkeit

Strafen 6 J. Z. 23.12.52 – [illegible] Verstoß [illegible] gesetzlich

IM

Gera KS 200/61

V 0136 261 30.0

Kopie BStU AR 2 05.10.06

BStU

Gebäude der MfS-Landesverwaltung Thüringen (heute Hochschule für Architektur), in deren Kellerbereich eine MfS-Haftanstalt bis März 1952 betrieben wurde, Fotos: Herz, 2003, Karteikarte zum Untersuchungs-Leiter Kurt Koch, BStU, ZA

der Kurthstraße (heute Bauhausstraße), das zuvor die sowjetische Militäradministration genutzt hatte. Einer Zeitzeugeninformation zufolge hatten die sowjetischen Stasi-Offiziere hier Ende 1949 sogar die Werbe- und Einstellungsgespräche zur Rekrutierung von Personal für die neu errichtete DDR-Staatssicherheit durchgeführt. Sie übergaben der Thüringer Landesverwaltung dann wohl auch direkt das Gebäude.

Seit ihrem Gründungstage beanspruchten MfS-Landesverwaltung und Kreisdienststellen Befugnisse zur Inhaftierung und politischen Strafermittlung.[21] Diese waren zwar nirgends gesetzlich fixiert, aber de facto mit fundamentaler Selbstverständlichkeit in das Wirken der neuen Sicherheitskräfte verwoben. (s. Kapitel 2 und 3) Im Grunde war das eine rechtswidrige Rechtsanmaßung, die allein vom politischen Machtkalkül der SED-Führung getragen war.

Einige typische Haftgründe werden aus diversen Einzelnachrichten deutlich.

Vom Juli 1950 stammt folgende Polizeinotiz:

> *„Herr Menzel vom Ministerium für Staatssicherheit teilt mit, dass die Verhaftung der Jugendlichen in Greiz durch seine Dienststelle erfolgt ist. Die Jugendlichen sind stark belastet, weil sie für die Kampfgruppe gegen die Unmenschlichkeit, deren Zentrale sich in Berlin unter Führung des bekannten Dr. Reiner Hildebrand befindet, tätig waren.“*[22]

Im August 1950 befanden sich in der Weimarer MfS-Haft auch mehrere Mühlhäuser, die der amerikanischen Spionage bezichtigt wurden.[23]

Allein die Kreisdienststelle Eisenach verhaftete im Jahr 1950 25 Menschen: wegen Spionageverdachts (5), Hetze (3), Staatsverleumdung (2), Zeugen Jehovas (2), „Untergrundarbeit“ (2), Flugblättern (2), Entfernen von SED-Transparenten (2), SPD-Kontakten (1), Waffenbesitz (1) und ähnlichen Gründen.[24] 1951 waren die Eisenacher Festnahmen mit 49 Personen bereits doppelt so hoch. Die Haftgründe waren 1951 ähnlich: Spionage (15), Angehörige des Mitteldeutschen Jugendbundes (8), Hetze (7), im Auftrag des MGB (4), „Wirtschaftsstrafverordnung" (4) „Untergrundbewegung" (3), „Zersetzungsarbeit in der Volkspolizei" (1) usw.[25]

MfS-Landes-Untersuchungsabteilung IX

Die wichtigste MfS-Landesinstanz in Sachen politischer Haft und Strafverfolgung wurde die Abteilung IX. Sie übernahm nicht nur Fälle aus den Kreisen, sondern stand auch nach außen hin in Kontakt mit der Justiz, der Polizei und den MGB-Stellen (=Sowjet-Staatssicherheit).

Leiter der Untersuchungsabteilung wurde Kurt Koch, ein 30jähriger, der mit MfS-Gründung 1950 von Rudolstadt nach Weimar versetzt und sofort zum Leiter ernannt worden war. Zunächst hatte er den Dienstgrad Oberrat, Ende 1951 aber bereits den zweithöchsten Dienstgrad in der Landesverwaltung, Kommandeur, inne.

Die Büros und Vernehmerzimmer der Abteilung IX befanden sich 1950-52 im Hauptsitz der MfS-Landesverwaltung in der Weimarer Kurthstraße. Im September 1951 legte Koch die reguläre Arbeitszeit seiner Mitarbeiter auf 10–17 und 21–24 Uhr (außer mittwochs von 10–18 und samstags von 9–13 Uhr), also auf 52 Arbeitsstunden fest.[26] Bei einer solchen Arbeitszeit konnten Verhöre regelmäßig auch spätabends angesetzt werden. Im Oktober 1951 war die Abteilung soweit aufgebaut, dass nunmehr acht Mitarbeiter darin tätig waren: Kommandeur Koch, die Oberkommissare Rosulek, Wagner und Schiller, Kommissar Pommer sowie die Räte Rödel und Hagenbruch. Die Abteilung bildete eine SED-Parteigruppe, deren Parteisekretär Kurt Rosulek war. Koch und seine Mitarbeiter verfügten über einen Kraftfahrer und mindestens eine Sekretärin und unternahmen regelmäßige Dienstreisen zu diversen Kreisdienststellen.

Die Untersuchungs-Abteilung bekam während der Aufbauphase innerhalb des Thüringer MfS eine Schlüsselstellung. Die Kreisdienststellen und Landesabteilungen übergaben hier alle Vorgänge mit inhaftierten Personen und die Untersuchungs-Mitarbeiter waren eigens für die Verhöre, weiteres Belastungsmaterial, Aussageerpressungen und Verurteilung zuständig. Sie übernahmen außerdem auch politische Untersuchungsvorgänge von der Polizei. Anfang 1951 legte MfS-Landes-Chef Menzel fest, dass ab sofort alle Festnahmen im Voraus mit der Abteilung IX abzusprechen seien, – damit der Festnahmezeitpunkt richtig gewählt und schon vor Festnahme ausreichend ermittelt würde.[27]

Anfang 1952 wurde die Untersuchungs-Abteilung in zwei Referate aufgeteilt. Das Spionage-Referat wurde Rosulek unterstellt und mit Wagner und Pommer aufgefüllt, das Untergrund-Referat unterstand Rödel, mit den Mitarbeitern Schiller, May, Hildebrand und Hagenbruch.[28] Im Frühjahr 1952 zog die Untersuchungs-Abteilung nach Erfurt um – dorthin, wo die neue Landes-Haftanstalt der Thüringer Staatssicherheit eröffnet wurde: in die Erfurter Andreasstraße.

Untersuchungsleiter Koch äußerte einige Jahre später einmal[31], dass Aussageerpressung und Gewalt durch MfS-Personal auf der Tagesordnung gestanden hätten und Koch sich gegenüber seinen Kollegen angeblich sogar dagegen ausgesprochen hätte. Nicht nur Koch hatte an Schlägereien mitgewirkt, denn ein Gefangener sagte aus, Mitte 1951 von zwei Thüringer MfS-Vernehmern mit einem selbstgebauten Schlagstock geschlagen worden zu sein.

Koch wurde im Mai seines Amtes enthoben. Mitte 1952 wurde er selbst zu sechs Jahren Zuchhaus verurteilt, weil mittlerweile viele Fälle von Gefangenenmisshandlung bekannt geworden waren. Den Ausschlag für seine Verurteilung mochten allerdings auch seine Distanz zu den Sowjets und fehlende Kollegenakzeptanz einerseits, abenteuerliches Privatleben und Trunksucht andererseits gegeben haben.

Landeschef Kröber musste nach Kochs Suspendierung die Abteilung zeitweise selbst leiten oder zumindest Dienstregelungen hier erlassen.

Im Sommer 1952 wurde die Thüringer Untersuchungsabteilung (parallel zur Bezirksbildung

oben: Landgericht Weimar, Sitz der sowj. MGB-Stellen und des sowj. Polt-Gefängnisses
rechts: Erfurt, Gothaer Platz, NKWD-Haftkeller in Wohnhäusern, Fotos: Herz, 2003

und Entstehung von MfS-Bezirksverwaltungen) in drei Untersuchungsabteilungen Erfurt, Gera und Suhl aufgeteilt. Die Erfurter Untersuchungsabteilung übernahm Kurt Rosulek.

Im Jahr 1952 ließ die Abteilung IX – laut späterer Eigenaussage – außer Wilhelm und Muras auch 20 Zeugen Jehovas, zwei Mitglieder des Untersuchungsausschusses freiheitlicher Juristen sowie 10 „Agenten" der Kampfgruppe gegen Unmenschlichkeit inhaftieren.[32]

MfS-Verhaftungen erfolgten auch immer wieder ohne eindeutige Strafvorwürfe, aufgrund vager Verdächtigungen, provokativer Situationen oder allmächtig-unkompetenter MfS-Mitarbeiter in den Kreisdienststellen oder bei der Polizei. Die Justiz, die in diesen Jahren politisch noch nicht gänzlich „gleichgeschaltet" war, übernahm diese Fällt mit vager Beweislage teilweise nicht für gerichtliche Strafverfahren und die sowjetischen MGB-Stellen übernahmen in der Regel nur Gefangene, wenn ein politischer Anti-Sowjet-Bezug vorlag oder konstruiert werden konnte. Die Untersuchungsabteilung musste daher immer wieder einzelne Gefangene freilassen und das beschäftigte den frühen MfS-Schriftverkehr intensiv. Im Oktober 1951 stellte der Staatssicherheits-Minister Zaisser fest, dass monatlich etwa 35 bis 75 Personen aus Mangel an Beweisen wieder aus MfS-Haftzellen entlassen werden müssten und Verhaftungen folglich zu schnell und ohne ausreichende vorherige Klärung erfolgten. Er befahl im November 1951, dass ihm die Gründe aller derartigen Entlassungen persönlich mitzuteilen sind.[33] Ende Mai 1952 – als MfS-Festnahmen nur noch nach Einholung richterlicher Haftbefehle erfolgen sollten (s. Kapitel 2) – ordnete Kröber (inzwischen Thüringer MfS-Landes-Chef) an:

„Es ist erforderlich, vor Erwirken eines Haftbefehls mit der Untersuchungsabteilung Rücksprache zu nehmen. Da in letzter Zeit wiederholt Vorgänge trotz meiner Anweisungen in ungenügender Weise bearbeitet übergeben wurden,

ordne ich an, dass künftig stets der bearbeitende Mitarbeiter persönlich den Vorgang der Abteilung IX übergibt."[34]

1953 wurde aus politischen Gründen erneut vor unbegründeten Verhaftungen gewarnt, denn es

„muss unbedingt verhindert werden, dass durch Veröffentlichung von Verhaftungen die Tendenz einer steigenden Republikflucht eintritt und sich bestimmte Unruheherde in der Bevölkerung ausbreiten."[35]

Solche Befürchtungen deuten auf Umfang, Rabiatheit und Unberechenbarkeit der MfS-Aktivitäten schon in deren ersten Wirkungsjahren hin.

Sowjetische Einflüsse auf die MfS-Landesverwaltung

Die Frühphase der Stasi-Untersuchungs-Tätigkeit war stark verknüpft mit den Aktivitäten des sowjetischen MGB, der in Weimar eine große Untersuchungsabteilung und ein Gefängnis betrieb, politische Strafurteile durch ein Militärtribunal verhängen ließ und zahlreiche NS-unbelastete Deutsche in den Tod oder zu GULag-Strafarbeit schickte.[36]

Über den Einfluss der sowjetischen „Instrukteure" auf die Entstehung und frühe Tätigkeit der DDR-Staatssicherheit ist kaum Schriftliches nachweisbar. Sie hatten, laut Auskunft eines in der Weimarer Polizei tätigen Zeitzeugen, offenbar im Vorfeld der Gründung der Thüringer MfS-Landesverwaltung selbst zahlreiche Werbungs- und Einstellungsgespräche geführt und damit die anfängliche Personalstruktur mitbestimmt, waren dann Berater und Beobachter und dürften einiges forciert und organisiert haben. Das, was es an deutsch-sowjetischen geheimpolizeilichen Kontakten und Einflüssen gegeben hat, spielte sich überwiegend in mündlicher Form ab und ist daher im Ausmaß schwer zu beurteilen.

Eine MfS-Richtlinie von 1951 zur Handhabung von Häftlingsauskünften belegt, dass es regelmäßig Kontakte und Entscheidungsrückfragen zwischen MfS- und MGB-Mitarbeitern gab:

„Ist der Betreffende von einem Organ des Ministeriums für Staatssicherheit verhaftet worden, so ist nach gründlicher Überprüfung der Angelegenheit und nach Rücksprachen mit den Freunden zu entscheiden, ob dem Angehörigen eine Mitteilung gegeben werden kann."[37]

Aus MfS-Aktenvermerken geht hervor, dass MGB-Offiziere ("die Freunde") selbst MfS-Festnahmen veranlassten oder das letzte Wort bei Freilassungen von MfS-Inhaftierten hatten:

„Entlassung, mit Genehmigung der Freunde", „er kam daraufhin mit den Freunden in Berührung und wurde ... festgenommen", „wurde auf Anraten der Freunde wegen jugendlichem Alter entlassen", „wurde uns am 27.3.1951 von den Freunden zwecks Weiterbearbeitung übergeben", „wurde durch Rücksprache mit den Freunden entlassen" oder *„wurden an die Instrukteure überstellt und von diesen auf Grund von nicht ausreichendem Material wieder entlassen".*[38]

Es gibt auch diverse Nachweise für Häftlingsübergaben der MfS-Untersuchungsabteilung an den MGB Weimar, insbesondere in Spionagefällen, die übers DDR-Gebiet hinausreichten. Dadurch wussten MfS-Mitarbeiter auch über MGB-Gefangene Bescheid. Mit dem Büro des Thüringer Ministerpräsidenten, wohin die Bürger immer wieder Suchanfragen zu inhaftierten Personen schrieben, war vereinbart:

„Betr. Anfragen wegen Inhaftierungen
Eine Rücksprache mit dem Chefinspekteur des Ministeriums für Staatssicherheit, Landesstelle Thüringen, Herrn Menzel, am 11. Mai 1951 hat auf Grund von 5 Unterlagen ergeben.:
Es empfiehlt sich, derartige hierher gelangende Anfragen sofort an die Dienststelle in Weimar, Kurtstraße, zur unmittelbaren Erledigung weiterzuleiten und nicht von hier aus zu beantworten. Jedes dieser dorthin gesandten Schreiben wird sofort der entsprechenden sowjetischen Dienststelle vorgelegt zwecks Stellungnahme dazu, ob der Fall dort bekannt und entschieden werden kann, ob die Angehörigen von der Dienststelle Weimar, Kurtstraße, zur kurzen mündlichen Unterrichtung über die Inhaftierung vorgeladen werden können. Die Erfahrung der jüngsten Zeit zeigt, dass diese Rückfragen fast umgehend beantwortet werden und demzufolge die Angehörigen sofort zur Informierung vorge-

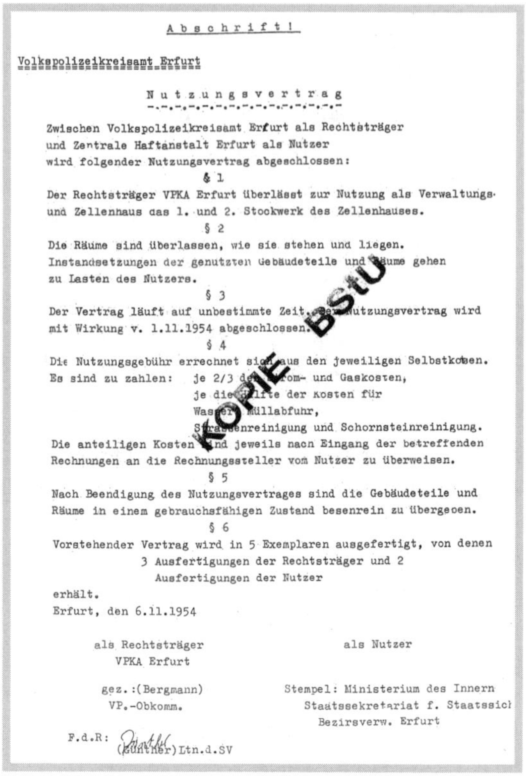

Abschrift!

Volkspolizeikreisamt Erfurt

Nutzungsvertrag

Zwischen Volkspolizeikreisamt Erfurt als Rechtsträger
und Zentrale Haftanstalt Erfurt als Nutzer
wird folgender Nutzungsvertrag abgeschlossen:

§ 1

Der Rechtsträger VPKA Erfurt überlässt zur Nutzung als Verwaltungs- und Zellenhaus das 1. und 2. Stockwerk des Zellenhauses.

§ 2

Die Räume sind überlassen, wie sie stehen und liegen. Instandsetzungen der genutzten Gebäudeteile und Räume gehen zu Lasten des Nutzers.

§ 3

Der Vertrag läuft auf unbestimmte Zeit. Der Nutzungsvertrag wird mit Wirkung v. 1.11.1954 abgeschlossen.

§ 4

Die Nutzungsgebühr errechnet sich aus den jeweiligen Selbstkosten.
Es sind zu zahlen: je 2/3 der Strom- und Gaskosten,
je die Hälfte der Kosten für
Wasser, Müllabfuhr,
Straßenreinigung und Schornsteinreinigung.
Die anteiligen Kosten sind jeweils nach Eingang der betreffenden Rechnungen an die Rechnungssteller vom Nutzer zu überweisen.

§ 5

Nach Beendigung des Nutzungsvertrages sind die Gebäudeteile und Räume in einem gebrauchsfähigen Zustand besenrein zu übergeben.

§ 6

Vorstehender Vertrag wird in 5 Exemplaren ausgefertigt, von denen
3 Ausfertigungen der Rechtsträger und 2
Ausfertigungen der Nutzer
erhält.

Erfurt, den 6.11.1954

als Rechtsträger
VPKA Erfurt

gez.:(Bergmann)
VP.-Obkomm.

als Nutzer

Stempel: Ministerium des Innern
Staatssekretariat f. Staatssich
Bezirsverw. Erfurt

F.d.R: (Günther) Ltn.d.SV

KOPIE BStU

rechts: Mietvertrag für MfS-Haft 1954
oben: Hof- und Fassadenausschnitt, um 1948
Foto: Thür. Hauptstaatsarchiv Weinar

laden werden können. Von den 5 vorgelegten Fällen sind 4 Fälle der Dienststelle Weimar, Kurtstraße, als an die SKK abgegeben bekannt. Es wird in diesen 4 Fällen entsprechend verfahren werden."[39]

„Vorgelegt" wurden vermutlich nicht nur solche Anfragen, sondern auch die Ermittlungs- und Verhörunterlagen des MfS selbst und es gab mancherlei Versuch des MGB, die MfS-Tätigkeit auf bestimmte Inhalte zu fixieren. Es wurden auch Kompetenzen ans MfS abgetreten, denn die Tage des unmittelbaren sowjetischen Agierens waren gezählt. So teilte Ende 1950 der Thüringer Generalstaatsanwalt dem Thüringer Justizministerium mit:

„Nach Absprache mit Herrn Major Schmelow von der SKKTh ist eine Vorlage der Akten in Verfahren wegen unbefugten Waffenbesitzes bei der SKKTh nicht mehr erforderlich, soweit diese Verfahren vom Ministerium für Staatssicherheit den Staatsanwaltschaften übergeben werden. Nach Abschluss der Verfahren ist lediglich ein kurzer Bericht an die SKKTh über den Ausgang des Verfahrens zu erstatten."[40]

Haftzellen der Thüringer Staatssicherheit

Die MfS-Kreisdienststellen konnten Häftlinge kurzfristig und provisorisch vor Ort einzusperren. Man nutzte, wie man es von sowjetischen Militär- und Geheimpolizisten gelernt hatte, in der Regel die Keller der Kreisdienststellen. Die „Fälle" und die Gefangenen wurden dann der Untersuchungsabteilung IX in Weimar übergeben und dort in den Keller-Haftzellen der Landesverwaltung Kurthstraße eingesperrt.

Hauptort zur Unterbringung von MfS-Gefangenen war Weimar, hier fanden die Verhöre statt und hier waren die Wege zu den sowjetischen „Instrukteuren" und dem MGB-Gefängnis kurz.

Auch hier diente die Kelleretage seit Tätigkeitsbeginn des MfS als Haftbereich. In Wachregelungen war die Rede von einer ständigen „*Kellerwache*".

Ab August 1950 war Dietmar Bockel hier untergebracht. Er erinnerte sich an das Objekt als *„weißes Haus/ Ärztehaus“* und an seine fensterlose „Zelle“, die etwa 1,5 x 2,5 Meter maß und die direkt unterhalb von undichten Toilettenrohren gelegen war.[41]

Im November 1951 war in einem Einsatzplan die Rede von *„den Haftanstalten Marienstraße Weimar und Kurthstraße“*.[42] Offenbar genügte der Haftraum in der Kurthstraße nicht, so dass weitere Häftlinge in der VP-Haftanstalt Marienstraße untergebracht wurden. Die Polizeihaft Marienstraße lag nur wenige Meter von der Kurthstraße entfernt.

MfS-U-Haftanstalt Erfurt – Umzug von Weimar nach Erfurt im Frühjahr 1952

Im März/April 1952 bezog die Thüringer MfS-Untersuchungshaftanstalt in Erfurt der oberste Gebäudeteil im Gefängnis Andreasstraße. Man zog aus Platzgründen nach Erfurt, da die Kelleretage in der Kurthstraße offenbar nicht ausreichte und das kleinere Weimar als Landeshauptstadt ohnehin entlastet werden sollte.

Zu den ersten Erfurter MfS-Gefangenen zählten zwei Bürger aus Obergebra, die in nur drei Wochen in einem propagandistischen Schauprozess zum Tode verurteilt worden waren. Die beiden CDU-Mitglieder kamen zu Tode aufgrund des auf einer 1.-Mai-Demonstration in Nordhausen proklamierten, aber unbewiesenen Vorwurfs, einen herzkranken SED-Gewerkschafter am 30. April tödlich verletzt zu haben.[29] Anfang Mai befanden sich beide Männer nachweislich in der Erfurter MfS-Haft. Kurt Koch, Chef der Untersuchungs-Abteilung, beschimpfte Wilhelm als „Arbeitermörder“ und „Faschistenschwein“ und schlug ihm mit der Faust ins Gesicht. Dem inhaftierten Muras schüttete er einen Wassereimer über den Kopf. Kochs Übergriffe trafen auch einen bereits misshandelten Mann, der nur ein Bein hatte, und einen weiteren Mann, der deshalb hier inhaftiert war, weil er auf ein Lenin-Bild geschossen hatte.[30]

Anhand der Essensportionen, die die Erfurter Polizei-Haftanstalts-Küche für alle Haftinsassen des Objekts (also auch für die MfS-Gefangenen) anfertigte, ging die Polizei am 1. April 1952 von momentan 40 Stasi-Gefangenen aus.[43]

In Polizei-Dokumenten vom 21. April 1952 war die Rede von *„Abtretung des Haftraumes von 117 Betten an das MfS“*.[44] Die Polizei beschwerte sich in diesem Schreiben darüber, dass die Staatssicherheit diverse Hafträume zu *„Klub- und Aufenthaltsräumen“* umnutzte, dadurch die Zellenzahl und Haftkapazität stark verringerte und nunmehr sogar noch weitere Gebäudeteile beanspruchen wollte. Die Umnutzung hing damit zusammen, dass die Staatssicherheit hier ein Verhörgefängnis installierte, in einem Stile, der für übliche Polizeihaft und U-Haft gemeinhin bislang unbekannt und auch für die Nutzung des Gefängnisgebäudes Andreasstraße neu war.

Der obere Hausteil des Gefängnisbaus gehörte also fortan der U-Haft der Staatssicherheit. Im Frühjahr 1952 war hier die MfS-Haft für ganz Thüringen, aber wegen der Bezirksaufteilung im Sommer 1952 agierte hier dann nur noch die Bezirks-Untersuchungsabteilung Erfurt.

Die Staatssicherheit benutzte anfangs offenbar nur das 2. Stockwerk. Die Haft-Abteilung XIV hatte im Zellenflügel ebenfalls ihren Arbeitsort.

Erster Hausherr des Zellentrakts wurde Haftanstalts-Leiter Willi Settner (=Leiter der Abteilung XIV, Leutnant der VP), der 1952 bis 1958 hier tätig war. Bei Settner handelte es sich um einen ehemaligen Buchenwald-Inhaftierten, der nie zur Polizei gehört hatte und vermutlich aufgrund alter Häftlingsbekanntschaften (die ersten Stasi-Chefs Kröber und Menzel waren ebenfalls Buchenwaldinhaftierte) zur MfS-Länderverwaltung geholt worden war (s. Kapitel 16).

Über den Zustand der Haftzellen Ende 1952 ist aus Hinweisen von Zeitzeugen bekannt, dass die Fenster bereits mit verdunkelnden Blenden versehen waren und in der Fensterhälfte von Wand zu Wand reichende, waagerechte Holzbretter angebracht waren, so dass eine breite Schlafstät-

links: Gelände zwischen Haftanstalt und MfS-Bezirksverwaltung, um 1950, Foto: ThHStAW
rechts: Innenansicht des alten Besuchereingangs Andreasstraße, Foto: Herz 2006

te entstand, die je nach hier eingesperrter Gefangenzahl sehr beengt sein konnte. Ansonsten befanden sich in den Zellen nur Notdurftkübel und Wasserkanne. Das Essen wurde in Blechschüsseln durch die Türklappe gereicht. Schlafdecken und Heizung gab es keine. Die Verhörzeiten waren oft nachts, während am Tage unentzwegt Licht brannte und man den Gefangenen oft nur gestattete, auf der Fußkante des Holzbrettlagers zu sitzen. Schlafmangel, Entkräftung und extreme Ermüdung waren die beabsichtigte Folge.

Größere Umbauten fanden dann wohl 1954 statt, es war die Rede von Einsturzgefahr. Die Polizei als Gebäudeeigentümerin veranlasste entsprechende Reparaturen. Im Unterschied zur Polizei konnte die Staatssicherheit (die 1954 den Status eines Staatssekretariats beim Innenministerium hatte) mit ihren Gefangenen nicht anderweitig ausweichen, so dass sich während der Umbauten die Polizei selbst einschränkte:

> *„Hinsichtlich der Schwierigkeiten, die für das Sekretariat der Staatssicherheit bei der Verlegung ihrer Häftlinge entstanden, wurden dadurch gelöst, dass die U.-Haftanstalt Erfurt sämtliche Abteilungen bis auf die Kellerräume zur Verfügung stellte. Diese Übergabe des Erdgeschosses und des 1. Obergeschosses (Frauenstation) an das Sekretariat für Staatssicherheit erfolgte am 23. 3. 1954."*

Im Mai 1954 schrieb MfS-Anstaltsleiter Settner einen Bericht über einen Gefangenen, der – wahrscheinlich von Settner selbst – Ohrfeigen bekommen hatte. Der Vorwurf lautete auf *„freches Benehmen"*. Der Gefangene hatte die soeben installierten Sichtschutzscheiben verschoben, damit er nach außen sehen konnte.[45]

Ende 1954 waren die Bauarbeiten abgeschlossen, so dass die Erfurter Staatssicherheit zwar das Erdgeschoss wieder frei räumen musste, aber nun zusätzlich das 1. Stockwerk behielt. Aus der dort zuvor gelegenen Polizei-Frauenstation wurde nunmehr dauerhaft eine MfS-Frauenstation nebst diverser Sonderzellen.

Am 6. November 1954 wurde ein Nutzungsvertrag zur Haftanstalt Andreasstraße abgeschlossen. Da die Staatssicherheit gerade als „Staatssekretariat" dem Ministerium des Innern unterstellt war, handelte es sich quasi um eine innerbehördliche Untervermietung. Vertragspartner waren der derzeitige Rechtsträger des Objekts – das Volkspolizei-Kreisamt Erfurt – und der Nutzer – die Bezirksverwaltung für Staatssicherheit. Gegen ein äußerst geringes Nutzungsentgelt, das sich im Grunde auf die Betriebskosten beschränkte, wurden das 1. und 2. Stockwerk des dreigeschossigen Baues offiziell an die MfS-Bezirksverwaltung in Eigenregie übertragen.

Der andere Teil des Gebäudes (Erdgeschoss mit Keller und Küche) verblieb in den Händen der Polizei. Dieser Zustand der Nachbarschaft beider Nutzer blieb bis 1989 bestehen.

2. Politisches DDR-Strafrecht und MfS-Befugnisse

> *„Sowohl Staatsverbrechen als auch vom Klassengegner inspirierte bzw. organisierte Straftaten der allgemeinen Kriminalität sind Ausdruck des Wirkens äußerer und/oder innerer feindlicher Kräfte. Dementsprechend ist das Strafverfahren als staatliche Reaktion auf das feindliche Vorgehen direkter Bestandteil der Klassenauseinandersetzung mit dem Imperialismus.“*[46]

Vertreter des DDR-Rechtssystems pflegten in ihren Äußerungen keinen Zweifel über den Machtcharakter ihres Rechtsverständnisses zu lassen. Der aus einem MfS-Rechtslehrbuch von 1987 zitierte Grundsatz durchzog in allen Varianten das juristische DDR-Schrifttum.

Das politische Strafrecht wurde im Verlauf der DDR-Zeit schrittweise ausgebaut. Als SED-Machtinstrument kam es während der gesamten Herrschaftszeit variabel zum Einsatz – mal mehr gegen „Hetzer“ oder gegen Grenzübertreter, mal mehr gegen „Rädelsführer“ oder „asoziale“ Jugendliche, gegen „Spione“ oder Ausreiseantragsteller. Mittels ungenau formulierter Rechtssätze und zentraler Absprachen passten SED-Justizfunktionäre, Stasi-Untersuchungsleiter und Juristen die Rechtsauslegung „aktuell-politischen Lagebedingungen“ an. Elementare Justizwillkür, demonstrativ-erzieherische Urteile, systematische Entwürdigung Andersdenkender und Andershandelnder prägten den rechtspolitischen Alltag.

Vieles ist bereits bekannt und gut erforscht.[47] In groben Zügen entwickelte sich die rechtliche Handlungsgrundlage politischer Strafverfolgung im Verlauf der DDR-Zeit wie folgt:

1949-1957 – Verfassung und „Boykotthetze“, Kontrollratsdirektive 38 und Passgesetz

Was die SED-Herrscher von Recht und Strafrecht hielten, das machten sie schon 1949 in ihrer ersten DDR-Verfassung ziemlich deutlich. Da, wo in rechtsstaatlichen Verfassungen bürgerliche Grundrechte zu stehen pflegen, heißt es:

> *„**Artikel 6.2** – Boykotthetze gegen demokratische Einrichtungen und Organisationen, Mordhetze gegen demokratische Politiker ... sind Verbrechen im Sinne des Strafgesetzbuchs. Ausübung demokratischer Rechte im Sinne der Verfassung ist keine Boykotthetze.“*

„Demokratisch“ war für die SED nur das, was sie politisch selbst verkörperte. Laut Eigenverständnis war sie deshalb die demokratischste Kraft, weil sie vor 1945 die antifaschistischste gewesen war. Für die politische Wirklichkeit der jungen DDR hieß das: wer kritisch oder konkurrierend zur SED-Führung und ihren Politikern steht, könne gar nicht „demokratisch“ sein.

Mit dieser Logik und dem Boykotthetze-Vorwurf wurden in den Folgejahren Hunderte Bezirksbewohner vor Gericht gebracht und zu langen Freiheitsstrafen oder sogar zum Tode verurteilt. (s. Kapitel 6)

Die verantwortlichen Vernehmer und Juristen verbanden diesen „Artikel 6“ häufig mit einem Passus der Kontrollratsdirektive 38.[48] Diese war von Amerikanern entworfen und 1945 von allen Alliierten als besatzungspolitische Willenserklärung zur Beseitigung des Nationalsozialismus vereinbart worden. Im Punkt IIIaIII hieß es, dass die Militärverwaltungen

> *„Aktivisten“, die „auch nach dem 8. Mai 1945 durch Propaganda für den Nationalsozialismus oder Militarismus oder durch Erfindung und Verbreitung tendenziöser Gerüchte den Frieden des deutschen Volkes oder den Frieden der Welt gefährden“* nicht dulden und bestrafen wollen.

Das war kein rechtsverbindlicher Strafparagraph, geschweige denn ein Rechtssatz, aus dem deutsche Stellen juristische Legitimität ziehen konnten. Aber die sowjetische Besatzungsmacht stützte eine deutsche juristische Benutzung dieses pseudo-gesetzlichen Passus und beförderte dessen Anwendung vor allem gegen Bürger, deren Äußerungen oder Handlungen irgendwie

Landgericht bzw. ab 1952: Bezirksgericht Erfurt, am Domplatz, 50er Jahre, Foto: Stadtarchiv Erfurt

„antisowjetisch" auslegbar waren – nach dem Prinzip: wer Kritik an den Sowjets übte, konnte nur faschistischer, militaristischer Aktivist sein.

Parallel dazu blieb das alte Strafgesetzbuch aus der Kaiserzeit gültig. Strafparagraphen wie „Spionage" oder „Widerstand gegen Staatsgewalt" waren politisch umdeutbar. Besonders Spionage spielte vorm Hintergrund der einsetzenden Ost-West-Konfrontation eine beachtliche Rolle im Polit-Strafalltag. Rabiate und öffentlich-propagandistische Spionage-Strafurteile waren ein Instrument des „Kalten Krieges" und vor allem auch an Fluchtwillige und an westliche Alliierte adressiert. (s. Kapitel 6)

Widerstand gegen Staatsgewalt kam hingegen nur recht selten zum Einsatz, z.B. bei Äußerungen gegen Polizisten oder direktem Sich-Widersetzen gegen Polizeianweisungen.

Weitere Rechtsnormen, die im frühen politischen Strafrecht zum Einsatz kamen, waren die „Wirtschaftsstrafverordnung" und das „Gesetz über den innerdeutschen Handel". Auch die darauf fußenden Urteile, in denen Haft stets mit Enteignung einherging, waren Politik mit den Mitteln des Strafrechts. Politische Absichten (Planwirtschaft, Staatswirtschaft, Eigentumsmonopol) führten zu Politikentscheidungen wie Zwangsablieferung, Enteignung, Steuererhöhung, ost-west-deutsche Wirtschaftstrennung und diese wiederum wurden mit Hilfe des Strafrechts praktisch umgesetzt.

1954 schufen die SED-JGesetzgeber ein weiteres politisches Strafinstrument, das bald zu zahlreichen Strafurteilen führte – das Pass-Gesetz[49], dessen Paragraph 8 besagte:

„(1) Wer ohne Genehmigung das Gebiet der Deutschen Demokratischen Republik nach dem Ausland verlässt oder aus dem Ausland betritt oder wer ihm vorgeschriebene Reiseziele, Reisewege oder Reisefristen oder sonstige Beschränkungen der Reise oder des Aufenthalts hierbei nicht einhält, wird mit Gefängnis bis zu drei Jahren bestraft.

(2) Ebenso wird bestraft, wer für sich oder einen anderen durch falsche Angaben eine Genehmigung zum Verlassen oder Betreten des Gebietes der Deutschen Demokratischen" Republik erschleicht.

(3) Der Versuch ist strafbar."

Das juristische Fundament der frühen DDR-Strafrechtspraxis in Thüringen war parteipolitisch klar, rechtsinhaltlich vage-willkürlich, rechtstechnisch unsauber, prozessrechtlich menschenunwürdig. Es wurde inzwischen durch neue Juristen mit SED-Ideologie-Bindung und machtpolitisch intendierter Rechtsausbildung praktiziert – in Zusammenarbeit mit jungen, machtbewussten, erbarmungslosen Stasi-Vernehmern. Die Strafurteile jener Jahre strotzen nur so von SED-Propagandafloskeln und hanebüchener Rechtsbegründung. (s. Kapitel 6)

1952 – Juristische Weichenstellung für eine Stasi-Untersuchungstätigkeit

Traditionell liegen Befugnisse für Strafermittlung und Prozessvorbereitung ausschließlich bei Polizei und Staatsanwaltschaften.

Klare Gesetze über derartige Staatssicherheits-Befugnisse entstanden während der DDR-Zeit kaum. Sie blieben in Gesetzestexten vor 1963 unerwähnt und wurden dann langfristig ersteckt hinter vagen Plural-Begriffen wie "staatliche Untersuchungsorgane"[50] oder "einzelne Untersuchungsorgane"[51]. Mit dieser inoffiziellen Definition als „Untersuchungsorgan" – in wörtlicher Gleichsetzung mit den eigentlich regulär zuständigen Polizeistellen – verschafften die SED-Gesetzgeber der Staatssicherheit später auch ganz offiziellen, unauffälligen Zutritt ins politische Strafrecht.

Besonders interessant für die MfS-Untersuchungsorgane und ihre neuen Verhörgefängnisse wurde 1951/52 ein einfaches Präzedenz-Urteil, das als Grundsatzentscheisung des Pberstes DDR-Gerichts im Januar 1952 auch allen Staatsanwaltschaften mitgeteilt wurde:

Ab sofort dürfen MfS-Verhörprotokolle vor Gericht vorgelesen und als beweiskräftige Geständnisse verwendet werden. Der alte StPO-Paragraph 254, der sowas strikt verbot, stand für die SED-Juristen des Obersten Gerichts *„im Widerspruch mit unserer Ordnung"*.[52] Sie begründeten das so:

> *„Das Ministerium für Staatssicherheit ist, wie die Zentrale Kommission für staatliche Kontrolle, ein neues Organ, das dem Wesen des neuen Staates gemäße Aufgaben zu erfüllen hat, <u>die an Bedeutung den Aufgaben der Gerichte nicht nachstehen</u>. ... Die Organe der Verwaltung, Staatssicherheit und Justiz stützen sich in gleicher Weise in ihrer gesamten Tätigkeit auf das Volk und fühlen sich dem Volke verantwortlich. Es kann nicht ein Organ gegenüber dem anderen als nicht gleich bedeutsam gelten. – Aus diesen Erwägungen ist es zulässig, Verlesung von Erklärungen eines Angeklagten vorzunehmen, die in einem Protokoll einer Stelle des Ministeriums für Staatssicherheit aufgenommen worden sind.*
>
> *Demnach – falls die Angeklagten auf Vorhalt kein ausreichendes Geständnis ablegen – wird das Landgericht ... die Protokolle mit den Vernehmungen der Angeklagten ... im Sinne des § 254 StPO zu verlesen haben."*

Die Staatssicherheit konnte damit faktisch Richterkompetenz beanspruchen und in geheimen, unkontrollierten Verhörzimmern das vollziehen, was eigentlich unmittelbar vorm Gerichtstisch zu klären war. Diese eklatante Rechtsänderung ist symptomatisch für den Weg des frühen DDR-Rechts in Richtung SED-Macht und Unrecht.

Skandalöser kann sich Rechtsgeschichte kaum demonstrieren.

Weitere, überaus wichtige verfahrenstechnische Grundsteine wurden – ebenfalls im Jahre 1952 – in nichtöffentlichen und teilweise sogar intern geheimgealtenen Dienstordnungen gelegt:

Die Rechtspflege wurde mit dem neuen DDR-Gerichtsverfassungsgesetz grundlegend umstrukturiert. Im März 1952 erhielt DDR-Generalstaatsanwalt Melzheimer die Aufsicht 1. über polizeiliche Untersuchungsorgane, 2. über alle Strafuntersuchungen und 3. über alle Haft- und Strafvollzugsanstalten.[53]

Er verfasste sofort mehrere „Rundverfügungen“, die für den Strafrechtsstatus der Staatssicherheit sehr interessant wurden, gab damit – nicht öffentlich – wichtige Justiz-Kompetenzen aus der eignen Hand in die der Staatssicherheit und gab auch den MfS-Gefängnissen eine justiziable Quasi-Legitimierung mit fast unbeschnittener MfS-Kompetenz.

Die *Rundverfügung 11/52* regelte die Justiz-Aufsicht über die MfS-Strafverfahren grundsätzlich anders als über Polizei-Strafverfahren:

1. Beaufsichtigung des MfS nur durch vom MfS selbst (!) bestätigte Staatsanwälte,

2. Staatsanwälte erwirken bei MfS-Verfahren nicht mehr die Haftbefehle, sondern erhalten Aufsichtsbefugnisse erst mit oder nach einer Festnahme,

3. Staatsanwälte waren bei MfS-Fällen nicht mehr berechtigt zu Einzelanweisungen, zur Selbstbeteiligung an Untersuchungshandlungen oder gar zur Untersuchungs-Leitung,

4. Staatsanwälte waren nur noch eingeschränkt beteiligt an Vernehmungen und Akteneinsicht,

5. Staatsanwälte waren zwar zur Bearbeitung von Beschwerden berechtigt, nicht aber zu Anweisungen ans MfS über die Beseitigung etwaiger Missstände.

Der Kernsatz des Textes lautete: *„Sämtliche Untersuchungshandlungen werden bis zum Abschluss der Untersuchungen von den Untersuchungsorganen des M.f.S. selbständig durchgeführt.”*

Ganze Ebenen traditioneller Strafjustiz wurde damit komplett und dauerhaft aus Justiz-Kompetenz und Außenkontrolle herausgenommen.

Diese juristische Weichenstellung war so substanziell und so skandalös, dass die Anweisungen auch innerhalb der (erst teilweise gleichgeschalteten) DDR-Justiz geheimgehalten wurden. Die Rundverfügungen mit besonderen Haft- und Ermittlungskompetenzen des MfS waren nämlich nur an die fünf Landesstaatsanwälte adressiert, nicht wie üblich an alle Oberstaatsanwälte.

Melzheimer billigte dem MfS noch mehr Sonderrechte zu:

MfS-Ermittlungsfristen wurden generell verlängert (Rundverfügung 9/52). Hatte die Polizei bei bekannten Tätern 14 Tage Bearbeitungszeit, so das MfS 60 Tage. Bei unbekannten Tätern durfte die Polizei maximal 120 Tage tätig sein, das MfS – bei vereinfachtem Verlängerungsverfahren – praktisch unbegrenzt.

Die staatsanwaltliche Aufsicht wurde auch für Polizei- und für MfS-Haftanstalten gesondert geregelt: Letztere durften ausschließlich namentlich ausgewählte Staatsanwälte „beaufsichtigen“, die das MfS obendrein zuvor selbst „bestätigt“ hatte. Für diese MfS-Haftanstalten ging es jedoch nur um eine „allgemeine Aufsicht“ über die Einhaltung der gesetzlichen und verwaltungsmäßigen Vorschriften des Haftvollzugs. Andere Aspekte der Aufsicht fielen dagegen unter den Tisch: Anstaltsordnung, ärztliche Betreuung, hygienische Fürsorge, Sicherheitssystem.

Diesen vom Generalstaatsanwalt zugebilligten Stasi-Sonderkompetenzen folgten bald entsprechende interne Weisungen der Staatssicherheit.

Im MfS-Befehl 74/52[54] informierte Stasi-Minister Zaisser seine Leute über jene Rundverfügungen und forderte zu deren Einhaltung auf.

Mitte Mai 1952 erließ er selbst noch eine Dienstanweisung ***1/52*** mit eigenmächtigen Regelungen weiterer Details von MfS-Ermittlungen und MfS-Inhaftierungen[55]:

Die KD-Leiter blieben weiterhin für Verhaftungen in den Kreisen zuständig, ansonsten die Bezirksabteilung IX. Fristverlängerungen sollten bei übergeordneten Diensteinheiten der Linie IX beantragt werden.

Eine *Verhaftung* war nachträglich binnen 24 Stunden dem Staatsanwalt zu melden. Bei *vorläufiger Festnahme* war nachträglich binnen 24 Stunden der Haftbefehl beim Haftrichter einholen. Letzteres erforderte nämlich eine Vorführung beim Haftrichter – aber Zaisser wollte lieber, dass seine Leute sich den Haftbefehl **vor** Festnahme besorgten. Denn so ließ sich eine Haftrichter-Vorführung und damit der einzig unabdingbare Außenkontakt für die Verhafteten umgehen.

Laut 1/52 sollten die zuständigen MfS-Mitarbeiter alsbald Namenslisten „bestätigter" Staatsanwälte bekommen. Den Kontakt zu anderen Staatsanwälten konnten und sollten sie dann prinzipiell ablehnen. Zaisser stellte obendrein klar, dass auch den „bestätigten" Staatsanwälten Grenzen aufzuzeigen seien:

„Das Aufsichtsrecht des Staatsanwalts beginnt mit dem Zeitpunkt der Festnahme. Es erstreckt sich nicht auf Ermittlungshandlungen, die von den operativen Abteilungen vor der Festnahme durchgeführt wurden."

Das hieß laut Zaisser-Befehl 1/52: keinerlei Informationen an Staatsanwälte über MfS-Mitarbeiter, über Bewaffnung des Wachpersonals, über Signalanlagen und den *„internen Dienstbetrieb der Verwaltungen der Haftanstalten"*. Alle Kontrollberichte von Staatsanwälten sollten außerdem als Kopie an die Hauptabteilung IX weitergereicht werden.

In Zaissers Befehl war auch genau aufgelistet, welche Teile der Ermittlungsakten ***nicht*** an Gerichte weitergegeben werden durften: IM-Berichte, IM-Aufträge, Material/Pläne über operative Maßnahmen, Zelleninformatoren-Berichte. All das wurde stattdessen abgeheftet in einer gesonderten *„Handakte des Mitarbeiters, der die Untersuchungen führt"*.

Mit Selbstverständlichkeit sanktionierte der Stasi-Minister somit die Benutzung illegaler Berichte und IM-Material für Strafermittlungen – direkt vor den Augen einer Justiz, die selbige zuvor wohlweislich geschlossen hatte.

Das U-Haft-Regime der Stasi-Haftanstalten wurde 1955 mittels der von Mielke verfassten ***Dienstanweisung 2708***[56] geregelt.

Nochmals wurde unmissverständlich auf das eingeschränkte Außen-Kontrollrecht verwiesen – gegenüber der Staatsanwaltschaft sowie ausdrücklich auch der Volkspolizei. Für die Polizei-Haftanstalten hatte es im gleichen Jahr eine Haftordnung gegeben und offenbar sollten zuständige Polizisten den Sonderstatus der Stasi-Strafpraxis – auch im Verfahren mit der Justiz – nicht kennen.

All diese Strafrechts-Kompetenzen der Staatssicherheit blieben unveröffentlicht – die Bürger bekamen die Wirkungen aber zu spüren, entweder am eigenen Leib oder als geladene Schauprozessbesucher oder infolge der latenten Bedrohlichkeit nicht-SED-untertänigen Verhaltens.

1957-1968 – Strafrechtsergänzungsgesetz

Nach achtjähriger SED-Regierung und zahllosen Boykotthetze-Strafverfahren (s. Kapitel 6) sahen sich die Kommunisten offenbar noch immer in ihrem Allmachtanspruch und ihrer Herrschaftssicherung bedroht durch das Denken, Reden und Handeln der Bevölkerung.

Es kam nun zur gesetzlichen Fixierung diverser politischer Strafparagraphen in Form eines „Ergänzungsgesetzes" zum herkömmlichen Strafgesetzbuch. Im Hauptabschnitt „Verbrechen gegen den Staat und die Tätigkeit seiner Organe" sind folgende Paragraphen genannt:

§ 13 ***Staatsverrat*** (auch im Sinne von *„Untergraben"* der Gesellschaftsordnung, *„Behindern"* der Institutionen oder versuchtem *„Einverleiben"* in eine deutsche Einheit) mit Mindeststrafe 5 Jahre Zuchthaus, auch Vermögenseinziehung

§ 14 ***Spionage*** (auch *„Forschungsergebnisse oder sonstige Nachrichten"* und auch im *„politischen und wirtschaftlichen Interesse der DDR"*), mit Mindeststrafe 3 Jahre Zuchthaus, auch Vermögenseinziehung

§ 15 ***Sammlung von Nachrichten*** (*„die geeignet sind"* zur *„Unterstützung"* von Maßnahmen gegen Arbeiter-und-Bauern-Macht), mit Maximalstrafe 10 Jahre Zuchthaus

§ 16 ***Verbindung zu verbrecherischen Organisationen oder Dienststellen,*** mit Maximalstrafe 3 Jahre Gefängnis

§ 17 ***Staatsgefährdende Gewaltakte,***

§ 18 ***Angriffe gegen örtliche Organe der Staatsmacht***, mit Mindeststrafe 6 Monate Gefängnis/Zuchthaus

§ 19 ***Staatsgefährdende Propaganda und Hetze.***

„(1) Wer

1. den Faschismus oder Militarismus verherr-

licht oder propagiert oder gegen andere Völker oder Rassen hetzt,
2. gegen die Arbeiter-und-Bauern-Macht hetzt, gegen ihre Organe, gegen gesellschaftliche Organisationen oder gegen einen Bürger wegen seiner staatlichen oder gesellschaftlichen Tätigkeit oder seiner Zugehörigkeit zu einer staatlichen Einrichtung oder gesellschaftlichen Organisation hetzt, Tätlichkeiten begeht oder sie mit Gewalttätigkeiten bedroht, wird mit Gefängnis nicht unter drei Monaten bestraft. Der Versuch ist strafbar.
(2) Ebenso wird bestraft, wer Schriften oder andere Gegenstände mit einem derartigen Inhalt herstellt oder mit dem Ziele der Hetze einführt oder verbreitet.
(3) In schweren Fällen, insbesondere, wenn die Tat im Auftrage der in § 14 genannten Stellen oder Personen oder wenn sie planmäßig begangen wird, ist auf Zuchthaus zu erkennen."

§ 20 ***Staatsverleumdung.***
„Wer
1. die Maßnahmen oder die Tätigkeit staatlicher Einrichtungen oder gesellschaftlicher Organisationen öffentlich verleumdet oder entstellt,
2. einen Bürger wegen seiner staatlichen oder gesellschaftlichen Tätigkeit oder seiner Zugehörigkeit zu einer staatlichen Einrichtung oder gesellschaftlichen Organisation öffentlich verleumdet oder verächtlich macht,
wird mit Gefängnis bis zu zwei Jahren bestraft."

§ 21 ***Verleitung zum Verlassen der Deutschen Demokratischen Republik.***
„(1) Wer es unternimmt, eine Person
1. im Auftrage von Agentenorganisationen, Spionageagenturen oder ähnlichen Dienststellen oder von Wirtschaftsunternehmen oder
2. zum Zwecke des Dienstes in Söldnerformationen zum Verlassen der Deutschen Demokratischen Republik zu verleiten,
wird mit Zuchthaus bestraft; auf Vermögenseinziehung kann erkannt werden.
(2) Wer es unternimmt, einen Jugendlichen oder einen in der Berufsausbildung stehenden Menschen oder eine Person wegen ihrer beruflichen Tätigkeit oder wegen ihrer besonderen Fähigkeiten oder Leistungen mittels Drohung, Täuschung, Versprechen oder ähnlichen die Freiheit der Willensentscheidung beeinflussenden Methoden zum Verlassen der Deutschen Demokratischen Republik zu verleiten, wird mit Gefängnis nicht unter sechs Monaten bestraft."

§ 22 ***Diversion*** (auch „*Untergraben*" der Volkswirtschaft), mit Mindeststrafe 3 Jahre Zuchthaus, auch Vermögenseinziehung,

§ 23 ***Schädlingstätigkeit und Sabotage*** („*mit dem Ziele, die Tätigkeit der staatlichen Organe oder die Volkswirtschaft ... zu untergraben oder den Aufbau des Sozialismus zu stören*"), Zuchthaus, auch Vermögenseinziehung

Auch „Nichtanzeige" (§26) und „Begünstigung" (§25) wurden für strafbar erklärt.

In weiteren Paragraphen ging es um „*Verbrechen gegen die militärische Disziplin*" und um Eigentumsdelikte besonders „*an gesellschaftlichem Eigentum*".

„Boykotthetze" hieß nun „staatsfeindliche Hetze" und auffällig ist auch hier wieder die Quasi-Gleichstellung von Kriegshetze/NS-Propaganda mit Kritik an der SED und ihrer Politik.

Vor allem die Strafvorwürfe „Staatsverleumdung", „Propaganda und Hetze", „Verleiten zum ungesetzlichen Verlassen" und auch das „ungesetzliche Verlassen" laut Pass-Gesetz kamen in der Folgedekade gegen zahlreiche politische Inhaftierte aus dem Bezirk zum Einsatz.

Die Verfahren wurden – wie schon zuvor – von speziellen Staatsanwaltschaften und Strafkammern („I") realisiert und zuvor von Kriminalpolizeistellen und Stasi-Vernehmern vorbereitet.

1968 – Große Staats- und Justizreform

1968 erfolgte der größte gesetzgeberische Einschnitt in die politische Strafgesetzlichkeit, Stasi-Haft- und Ermittlungskompetenz.

Es ging weniger um geänderte Grundsätze der SED-Justizpolitik, sondern – parallel zur neuen DDR-Verfassungsgebung – eher um eine umfassende gesetzliche Fixierung des Status Quo.

Zeitlich spielte sich das Ganze ab vorm Hintergrund der vom VII. SED-Parteitag 1967 postulierten „Periode der Vollendung des Sozialismus“ und der außenpolitischen Bemühungen um internationale Anerkennung der DDR. Da passte der Bruch mit noch gültigen Elementen älterer deutscher Gesetzlichkeit gut. Fast gleichzeitig wurden viele Gesetze erlassen: u.a. Strafgesetzbuch, Strafprozessordnung, Gerichtsgesetz, Polizeigesetz, Ordnungswidrigkeitsgesetz, Strafvollzugsgesetz, Einreise-Passgesetz, Staatsbürgerschaftsgesetz (1967), Wahlgesetz (1969).

Die Verfasser des neuen DDR-Strafgesetzbuchs benannten die DDR nun sogar einleitend apologetisch *„als den wahren deutschen Rechtsstaat“*.

In dieses Strafgesetzbuch waren politische Straftatbestände nicht mehr „ergänzend“, sondern strukturell integriert. Kapitel 2 benennt die vermeintlichen „Verbrechen gegen die DDR“ und Kapitel 8 die „Straftaten gegen die staatliche Ordnung“. Hinzu kamen politisch missbrauchbare Straftatbestände bezüglich Menschenrechtsverbrechen und Kriegsvorbereitung, Wirtschafts- und Militärstrafsachen, „Geheimnisverrat“, aber auch Straftatbestände wie „Gefährdung der öffentlichen Ordnung und Sicherheit durch asoziales Verhalten“ und strafbares „Nichtanzeigen“ beabsichtigter Straftaten.

Selbst wenn man alle gewaltbezogenen und fast alle militärischen Strafvorwürfe ausklammert (obwohl auch manche derartige Fälle eindeutig der politischen Verfolgung dienten), dann bleiben 25 Strafparagraphen, die unmittelbar oder mittels absichtlich weitgefasster Formulierung der Kriminalisierung bürgerlich-demokratischer Grundrechte dienten:

§ 97 Spionage, auch wer *„in anderer Weise als durch Sammlung oder Auslieferung geheimzuhaltender Nachrichten mitwirkt“* (bis Todesstrafe)

§ 98 Sammlung von Nachrichten, auch Versuch oder Vorbereitung/Organisation (2-12 Jahre)

§ 99 Landesverräterischer Treubruch (bis zur Todesstrafe)

§ 100 Staatsfeindliche Verbindungen, auch Versuch (1-5 Jahre)

§ 104 Sabotage *„durch Irreführung oder andere Behinderung staatlicher oder genoss. Einrichtungen oder Betriebe oder unter Missbrauch seiner staatl. oder ges. Funktion oder beruflichen Stellung oder unter Umgehung der sich daraus ergebenden Pflichten“* (3 Jahre bis Todesstrafe)

§ 105 Staatsfeindlicher Menschenhandel im Sinne von Hilfe zum Verlassen der DDR (mindestens 2 Jahre)

§ 106 Staatsfeindliche Hetze gegen Gesellschaftsordnung, z.B. mit Schriften, Widerstands-Androhung, Diskriminierung von Repräsentanten, auch Vorbereitung und Versuch (1-5 Jahre)

§ 107 Staatsfeindliche Gruppenbildung (2-8 Jahre, Organisatoren 3-12 Jahre)

§ 210 Wahlbehinderung durch Gewalt, Drohung oder Täuschung (bis 2 Jahre)

§ 212 Widerstand gegen staatliche Maßnahmen, auch durch Gewalt- oder Nachteilsdrohung gegen Staatsvertreter (bis 8 Jahre)

§ 213 Ungesetzlicher Grenzübertritt, auch Vorbereitung und Versuch (bis 2 Jahre; jedoch bis 5 Jahre: bei Grenzbeschädigung/Urkundenfälschung/Gruppentat/Mehrfachtat)

§ 214 Beeinträchtigung staatlicher oder gesellsch. Tätigkeit, auch durch Androhung von *„Tätlichkeit“* (bis 3 Jahre, auch bis 8 Jahre)

§ 215 Rowdytum, Missachtung öffentlicher Ordnung, auch Drohung und grobe Belästigung, auch Versuch (bis 8 Jahre)

§ 217 Zusammenrottung, Ansammlung von Personen trotz Verbot durch Sicherheitsorgane, auch Versuch (*„Rädelsführer“* bis 5 Jahre)

§ 218 Vereinsbildung zur Verfolgung gesetzwidriger Ziele, auch Versuch (bis 2 Jahre)

§ 219 Ungesetzliche Verbindungsaufnahme, mit allen Gegnern der DDR-Ordnung (bis 3 Jahre)

§ 220 Staatsverleumdung, durch öffentliches Verächtlichmachen von Staatsordnung, Staatsorganen oder Funktionären (bis 2 Jahre)

§ 221 Herabwürdigung ausländischer Persönlichkeiten, z.B. Staatsgäste (bis 2 Jahre)

Fassadendetails des Haftgebäudes Andreasstraße Fotos: Herz, 2006

§ 222 Missachtung staatlicher oder gesellsch. Symbole, auch deren „Wegnehmen" (bis 2 Jahre)

§ 223 Beschädigung öffentlicher Bekanntmachungen staatl. oder gesellsch. Organe, Entfernen, Beschädigen, Verunstalten (Geldstrafe/Tadel, keine Freiheitsstrafe)

§224 Anmaßung staatlicher Befugnisse oder Uniformtragen (bis 2 Jahre)

§225 Unterlassen der Anzeige geplanter Straftaten für diverse Paragraphen (auch § 213) bei *„Dienststelle der Sicherheitsorgane oder der Staatsanwaltschaft"* (bis 2 oder 10 Jahre)

§ 245 Geheimnisverrat, auch *„wer geheimzuhaltende Dokumente für Unbefugte zugänglich macht oder ... abhanden kommen lässt"*, auch Versuch (bis 2 oder 8 Jahre)

§ 249 Gefährdung der öffentlichen Ordnung und Sicherheit durch asoziales Verhalten, auch *„wer sich aus Arbeitsscheu einer geregelten Arbeit hartnäckig entzieht"* (bis 2 Jahre, Vorbestrafte bis 5 Jahre)

§ 256 Wehrdienstentziehung und Wehrdienstverweigerung, auch Versuch (mind. ein Jahr)

Im Querschnitt waren diese „politischen" Strafparagraphen recht ungenau definiert, so dass – je nach tagespolitischem Kalkül – auf gleiche Handlungen entweder keine oder auch gleich mehrere Strafparagraphen (oder aber eine Wertung als „Ordnungswidrigkeit"[57]) in Frage kamen. Die drohenden Strafmaße wurden zwar etwas deutlicher als 1957 gefasst, blieben aber weiterhin recht ausdehnbar – zum Beispiel als „besonders schwere Fälle".

Das Gesetz gab den MfS-Vernehmern und den Juristen Rahmen und Handlungssicherheit.

Mit dem § 214 wegen *„Beeinträchtigung staatlicher Tätigkeit"* hatten die DDR-Gesetzgeber nun außerdem eine neue Möglichkeit zum Schutze staatlichen Handelns geschaffen. Dieser Strafparagraph – eine Anti-Rechtsstaat-Rechtssatz schlechthin – wurde in der Folgezeit recht intensiv benutzt. 1974 wurde er noch erweitert durch eine Haftstrafdrohung von drei Jahren . Zwei weitere StGB-Novellierungen 1977 und 1979 erweiterten den Strafvorwurf außerdem auch inhaltlich:

1968: *„Wer gegen Bürger wegen ihrer staatlichen oder gesellschaftlichen Tätigkeit mit Tätlichkeiten vorgeht oder solche androht ...“* (2 Jahre)

7. April 1977: *“Wer die Tätigkeit staatlicher Organe durch Gewalt oder Drohungen beeinträchtigt oder in einer die öffentliche Ordnung gefährdenden Weise eine Missachtung der Gesetze bekundet oder zur Missachtung der Gesetze auffordert”*(2 Jahre) und *“wer gegen Bürger wegen ihrer staatlichen oder gesellschaftlichen Tätigkeit mit Tätlichkeiten vorgeht oder solche androht“* (3 Jahre)

28. Juni 1979: beides 3 Jahre und als gemeinschaftliches Handeln 5 Jahre Haft

Der Paragraph erwies sich offenbar im Verlauf der Strafrechtspraxis als besonders geeignet. Er diente in der Praxis vor allem auch zur Anwendung gegen Bürger, die sich das DDR-Handeln in Sachen Reise- und Ausreiseanträge nicht gefallen ließen (s. Kapitel 6). Und er erforderte – anders als der Vorwurf einer “staatsfeindlichen Hetze” – kein indirektes Eingestehen politischer Meinungsverschiedenheiten. Der „Hetze“ Vorwurf spielte fortan dagegen eine immer geringere strafrechtliche Rolle.

Alles in allem hatte die Staatssicherheit mit dem 1968er Strafgesetzbuch sowohl de facto wie auch de jure ausgedehnte praktische Möglichkeiten, um willkürlich und ausgiebig gegen Andersdenkende und SED-Gegner mit den Mitteln des Strafrechts vorzugehen die Vorgaben und Schranken dienten offenkundig vorrangig zur Legitimation, Vereinheitlichung, Variabilität und im Sinne einer eher systemisch-unpersönlichen Vorgehensweise.

Das Gesetzesgewand war verändert, aber nicht die Rechtslage für SED-Gegner, Andersdenkende, nichtkommunistische Weltverbesserer, westlich Kontaktorientierte, Fluchtwillige, Wehrdienstverweigerer usw. Und wenn Funktionäre selbst regelmäßig Strafparagraphen (wie Postgeheimnis, Wahlfälschung oder Beweismitteltäuschung) missachteten, zeigt das nur um so deutlicher, wie sehr das Recht als auslegbares Politik-Instrumentarium verstanden wurde.

Das Strafprozessrecht (StPO) wurde ebenfalls erneuert. Es ging auch hier nicht um bessere Bürgerrechte, sondern um den formal rechtsstaatlichen Anschein, um einheitliche Verfahrensweisen und um spitzfindige Lücken. Das Gesetz beließ Spielraum für alle Varianten von Inhaftierung und lieferte sogar schwammige, sicherheitspolitische Argumente für absolute Kontaktverbote der Gefangenen. Die zuständigen „Untersuchungsführer“ mussten nunmehr zwar alle Varianten-Reglements, Begründungen und Schriftformen strikter einhalten und bei Verstößen mit disziplinarischen Maßnahmen rechnen, aber Möglichkeiten subtiler Macht gegenüber Gefangenen blieben erhalten (s. Kapitel 3,8 und 11).

Noch Ende 1989 verwiesen die MfS-Untersucher z.B. spitzfindig darauf, dass *„Beschuldigtenverhöre“* gewisse Voraussetzungen erforderten (Ermittlungsverfahren, Mitteilung der Verteidigungsrechte), die allerdings nicht für „Verdächtigenbefragungen“ gälten.[58] Angesichts dessen, dass viele MfS-Gefangene zunächst über langwierige „Befragungen“ (in MfS-Zimmern im Gerichtsgebäude) festgenommen wurden, und auch angesichts der Praxis, dass das „Recht auf Verteidigung“ üblicherweise erst nach beendeten Verhörserien zugebilligt wurde, lässt sich die rechtsverdreherische Schlupfwinkligkeit der DDR-Gesetzeslage kaum übersehen. Paragraph 166 der StPO gestattete – gewohnt undeutlich – allerlei prozessrechtliche Ausnahmen und Einschränkungen „aus Gründen der Sicherheit“. Damit hebelte sich das Gesetz selbst wieder teilweise außer Kraft, denn Sicherheitsbegründungen waren für MfS-Offiziere nicht mehr als formelle Bagatellen.

Die Zweischneidigkeit von formellen Rechten einerseits und ihrer gleichzeitigen Einschränkbarkeit andererseits bestimmte letztlich die Grundsituation der Inhaftierten.

1968 entstand in diesem Sinne auch eine ***Haftordnung*** von Generalstaatsanwalt, Innen- und Stasi-Minister. (s. Kapitel 8)

Polit-Strafrecht unter außenpolitischem und menschenrechtlichem Druck

Vor dem Hintergrund des KSZE-Prozesses und des UNO-Beitritts der DDR geriet die politische Strafrechtspraxis in den 70er und 80er Jahren international immer wieder in Kritik.

Zur Mitgliedschaft in der UNO gehörte auch eine Anerkennung der allgemeinen Menschenrechtserklärung, wo laut Artikel 5 Folter (auch psychischer Folter jeder Art) verboten wurde und wo es in Artikel 15(2) außerdem heißt: *„Niemandem darf seine Staatsangehörigkeit willkürlich entzogen noch das Recht versagt werden, seine Staatsangehörigkeit zu wechseln."* Die DDR-Regierung missachtete diese Grundnormen mit bizarrer Rechtsargumentation bis 1989. Auch der KSZE-Vertrag – u.a. mit der vereinbarten Anpassung der Reisefreiheit und Informationsfreiheit an europäische Standards – wurde vor der eignen Bevölkerung so geheimgehalten, dass der Besitz derartiger Dokumente zu politischer Haft wegen „ungesetzlicher Verbindungsaufnahme" mit DDR-feindlichen Stellen führen konnte. (s. a. Kapitel 6)

1980 fertigte die Untersuchungs-Hauptabteilung in der Berliner Stasi-Zentrale eine „Orientierung" zur Nutzung des Polit-Strafrechts zur *„Entlarvung der Einmischung in innere Angelegenheiten der DDR* ... [und] *vorbeugenden Verhinderung entsprechender Angriffe gegen die DDR"*.[59] Sie verhängten den Generalverdacht eines *„subversiven Missbrauchs völkerrechtlicher Regelungen"* auf alle Untersuchungsgefangenen und anderen Bürger. Dazu heißt es:

> *„Dabei sind u.a. in jedem Fall von solchen Personen, die als Ausländer oder als DDR-Bürger in der DDR Freiheitsstrafen verbüßt hatten bzw. in Untersuchungshaft gewesen waren ..., Informationen und Beweise über völkerrechtswidrige Praktiken von Organen der BRD bzw. Behörden Westberlins zu gewinnen. ...*
> *Die Verantwortung und die Möglichkeiten der Linie IX ... gebieten, die Beweisführung voll auf die völkerrechtliche relevanten Tatbestände zu erstrecken. ...*
> [Außerdem] *ist gezielt die Voraussetzung dafür zu schaffen, dass zur Erhöhung der Aussagekraft und Offensivwirkung die entsprechenden Beweise im gerichtlichen Verfahren geprüft und gewürdigt... werden können."*[60]

Im Klartext: der außenpolitische Druck sollte auf dem Rücken politischer U-Häftlinge bekämpft werden. DDR-Bürger, die Menschenrechte fortan für sich beanspruchten, wurden auf ein feindpolitisches Tapet gezerrt, dessen Dimension sie gar nicht kannten.

In der Erfassungsstelle Salzgitter sammelte die Bundesrepublik zahlreiche Aussagen über Menschenrechtsverletzungen auch zur DDR-Strafrechtspraxis, sodass diese Stelle unentwegt von SED-Chef Honecker kriminalisiert und ihre die Auflösung gefordert wurde. Über die Kanzlei Vogel wurden andererseits politische Gefangene zum Freikauf gegen Devisen angeboten.

Amnesty international thematisierte das politische Straf-Unrecht der DDR immer wieder. 1980/81 und vor allem 1983 initiierte die Menschenrechtsorganisation ihre größten Informationskampagnen in Sachen DDR-Strafrecht, es hagelte Protestbriefe aus nahezu allen Ländern, lange Unterschriftslisten, Petitionen, Äußerungen namhafter Persönlichkeiten übten demokratischen Druck auf die DDR-Verantwortlichen.[61]

Im März 1982 belauschte ein Posten der Erfurter MfS-Haftanstalt ein Gefangenengespräch in Zelle 39. Einer der Zelleninsassen wusste zu erzählen, dass „amnesty international" seinen Fall kenne und er auf Hilfe von diesen Menschenrechtsaktivisten hoffe und darauf baue, dass *„man diese nicht so leicht ‚abservieren' könne."*[62]

1977/78 und 1983/1984 musste die DDR-Regierung vorm UN-Menschenrechtskomitee Berichte über die DDR-Menschenrechtslage – erst einen schriftlichen und dann einen mündlichen – vortragen. Im Schriftbericht 1983 behauptete die

SED-Führung zum Artikel 26 der Menschenrechtskonvention prompt und wider besseres Wissen:
"Niemand darf wegen ... seiner Weltanschauung ... strafrechtlich verfolgt werden."
Parallel dazu wurden innerhalb der Staatssicherheit diverse Studien und Argumentationen über die Praxis der Stasi-U-Haft und der politischen Strafverfolgung angefertigt. Denn die strafpolitische Wirklichkeit war angesichts von Freikauf, Salzgitter, Menschenrechtsarbeit, westdeutscher Medienarbeit oder auch der Westkontakte von DDR-Bürgern nicht zu verheimlichen.

In der Hauptabteilung IX entstand ein Rechtfertigungspapier *„zu ausgewählten Fragen der Verwirklichung von Empfehlungen der UNO zum Untersuchungshaftvollzug und ihrer Umsetzung im Rechtssetzungsprozess der DDR*“. [63]

Dessen Tenor lautete, dass nicht in sozialistischen, sondern *"in bürgerlichen Staaten versucht wird, diese Menschenrechte auf Grund ihres hohen Abstraktionsgrades ...zu unterlaufen und ... zu missbrauchen"* und *„dass Menschenrechte Klassenrechte sind"*.

Es wurde darauf verwiesen, dass die U-Haft-Ordnungen *"an strengere Maßstäbe gebunden sind als ... rechtsverbindlich für die DDR* [ge]*fordert*" – im Klartext: besser als das international geforderte Mindestmaß. Die Haftzellen entsprächen wenigstens dem minimalen Weltstandard. Die Hauptabteilung IX maß sich hier an den 1957 in Genf verfassten „Standart minimum rules for the treatment of prisoners“ bzw. der rechtsverbindlicheren „Internationalen Konvention über zivile und politische Rechte“ von 1966. Von mitteleuropäischen Standards war keine Rede.

Selbstlobend als humanistisch und beispielhaft für hohe DDR-Rechtssicherheit bezeichneten die Verfasser die umfangreich geregelte Aufnahmeprozedur und die Fürsorge für zurückbleibende Kinder. Recht auf Verteidigung bestünde "grundsätzlich".

Moderat und zugeständnisbereit (innerhalb der Geheimdokumente) gab man sich in marginalen Fragen: im Fehlen und nötigen Nachholen einer Effektenordnung oder des seltsamen "Rechts auf Eingaben" für Gefangene. Man wolle sich verpflichten, auf Wunsch Bibeln bereitzustellen, Gebete und Kultgegenstände in den Zellen zu gestatten. Allerdings dürften Fernsehen, Radio, Beschäftigung, Vollzugserleichterung kein Allgemeinrecht werden, sondern weiterhin "*bei operativer Notwendigkeit ... differenziert angewendet werden*". Ein Ausrufezeichen wird in Sachen "Arrest" gesetzt, viel und unbegründeter Arrest war unrechtliche Freiheitsberaubung.

Die MfS-Verantwortlichen wollten auch viele fragwürdige Regelungen beibehalten, mit den passenden Ausreden freilich: Die strikte Absonderung der Gefangenen diene schließlich nur einem "*störungsfreien Verlauf des Strafverfahrens*" und Sicherheitsprobleme legitimierten auch jederzeit Disziplinar- und besondere Sicherungsmaßnahmen.

Bezüglich der Menschenwürde herrschte durchaus Deutlichkeit: hervorgehoben war eine Marx'sche These von der Priorität des Staates, wobei "*im Einzelfall die Interessen des Staates über denen des einzelnen stehen.*"

Nicht zuletzt im Zusammenhang mit diesen menschenrechtspolitischen Argumenten und Ausreden stand dann die letzte große U-Haft-Rahmenregelung von 1986. (s. Kapitel 8)

Im Dezember 1983 teilte der Erfurter Haftanstaltsleiter seinen Mitarbeitern offiziell mit:

„Aus den zwischen der DDR und nichtsozialistischen Staaten getroffenen bzw. in Vorbereitung befindlichen völkerrechtlichen Vereinbarungen über die Einrichtung von Kulturzentren dieser Staaten in der DDR ergeben sich weitere Konsequenzen für das wachsame und tschekistische Verhalten der Angehörigen des MfS ... [unter anderem] *zur Abwehr subversiver Angriffe gegen das MfS.“* [64]

links: Alter Eingangs- und Besucherbereich, Blick von innen, oben: Zufahrt zum Haftobjekt, Fotos: Herz, 2006

Auch seine Äußerung vom Februar 1987 Meyer:

> *„Angriffe der BRD gegen UHV verstärken sich, gezielte Angriffe durch Beschwerden. Ausfälle von BRD-Kanzler Kohl sollen durch Angriffe und Provokationen unterstützt werden.“*[65]

1984 kam es durch die UN-Generalversammlung mit dem „Übereinkommen gegen Folter und andere grausame, unmenschliche oder erniedrigende Behandlung oder Strafe“ zu einer weiteren international relevanten Rahmensetzung für Haftbedingungen. Es musste am 9. September 1987 – also nach etwa drei Jahren – im Wesentlichen und zwangsläufig auch von der DDR ratifiziert werden.

Und zwei Jahre später – im Mai ***1989*** – sahen die Verantwortlichen der MfS-Untersuchungen einen Zusammenhang von Informationsquellen westlicher Journalisten und möglicher Schädigung der DDR. In der „Orientierung“ einer Zentralberatung der Linie IX hieß es nämlich:

> *„Die mit der ‚menschlichen Dimension' in der KSZE eingegangene Verpflichtung zum Informationsaustausch und zur Beantwortung von Anfragen aus dem Ausland zur Menschenrechtsverwirklichung sowie der freie Zugang von Journalisten zu Informationsquellen haben Konsequenzen für die Bestimmung der Sicherheitserfordernisse des Staates im Zusammenhang mit der Nachrichtenübermittlung nach dem Ausland und die damit mögliche Schädigung der DDR.*
>
> *... Es sind hohe Anforderungen an den Nachweis des interessenschädigenden Charakters der übermittelten Nachrichten für die Anwendung des § 219(1)1 StGB zu stellen. Wenn im konkreten Fall nachgewiesen wird, dass es sich um unwahre und gröblich entstellte Behauptungen handelt, deren Verbreitung auch im Inland zumindest als Verleumdung oder Beleidigung strafbar wäre, ist der Nachweis der Interessenschädigung überzeugend.“*[66]

Viel Arbeit damit bekamen die Erfurter Vernehmer jedoch erfreulicherweise nicht mehr.

Letzte Monate des politischen Strafrechts

Im ***Juni 1989*** – kurz nach den Kommunalwahlen, die eine neue Dimension politischen Unmuts eingeleitet hatten – erhielten die Erfurter Untersuchungsführer neue SED-Politbüro-Orientierungen zur „*konsequenten und flexiblen Anwendung des sozialistischen Rechts*“.[67]

Erstes Leitmotiv blieb allerdings „*der Schutz der sozialistischen Gesellschaftsordnung*“ und erstes Leitprinzip „*die differenzierte Strafanwendung*“.

Die wichtigste Änderung betraf allerdings nur einen politstrafrechtlichen Trend der letzten Jahre, der die SED inzwischen selbst ärgerte: den Automatismus Fluchtversuch-Verurteilung-Freikauf-Ausreise, den mittlerweile auch die Fluchtwilligen zunehmend selbst einkalkulierten. Mit besagter Politbüro-Orientierung wollte die SED-Führung nun gegensteuern:

> *„Der bisher beschrittene Weg der sofortigen Einleitung eines Ermittlungsverfahren, der Ausspruch einer Freiheitsstrafe und die ständige Ausreise des Strafgefangenen in die BRD ist nicht mehr gangbar. Straftäter, gegen die nach dem 9.2.89 ein entsprechendes Strafverfahren eingeleitet oder abgeschlossen wurde, werden nicht mehr vorzeitig aus dem Strafvollzug entlassen“*

Weitere aktuelle Strafrechtsnuancen lagen in der Rechts-Benutzung gegen „*unmittelbare Gefahren gegen die innere Sicherheit und Ordnung*“ und – vor dem Hintergrund menschenrechtlicher „Angriffe“ – in einer formal-hochkorrekten und kriminell-argumentatorischen Rechtsausübung, um „*keine Munition für eine Diffamierung als ‘Polizeistaat’... zu geben*“.

Es ging außerdem wieder um eine „*international unanfechtbarere Rechtspraxis*“. Offenbar sollten fortan Strafverfahren der “Nötigung” (Ausreiseforderungen) und die Paragraphen §99 (Landesverrat), §100 (Staatsfeindliche Verbindungen), §214 (Beeinträchtigung staatlicher Tätigkeit), §219 (Ungesetzliche Verbindungsaufnahme) zurückhaltender gehandhabt werden. Neue Voraussetzung für die §§99/100 im Zusammenhang mit westlichen Organisationen sollte z.B. deren engere und eindeutigste Feinddefinition sein. §214 sollte nur noch bei schwerwiegender „*Nötigung und Bedrohung*“ angewendet werden und §219 nur noch bei „*unwahren oder gröblich entstellten Behauptungen*“.

Mit Blick auf die innenpolitische Vorwendeentwicklung – die zunehmenden alternativen Vereinsbildungen, Veranstaltungen, Veröffentlichungen, die Vernetzung oppositioneller Gruppen und auch das ideologische Bröckeln auf Funktionärsebenen etc. – kam im Juni auch die Order: jetzt sind nicht mehr „Versuche“ strafbar, sondern erst praktizierte „Rechtsverletzungen“. Verschärfungen dagegen verlangte das Politbüro bei Festnahmen im Verdachts-Stadium „auf frischer Tat“, um mittels Durchsuchungen, Hafttransport etc. eine „*günstigere*“ Informationsbasis nutzbar zu machen.

Die neue Verwaltungsgerichtsbarkeit hieß für die Stasi-Untersuchungsoffiziere zuerst und nicht neu: „*Das MfS muß auch die offiziell verwertbaren Beweismittel liefern, die einer eventuellen gerichtlichen Nachprüfung standhalten*“.[68] Ansonsten setzte man auf korrekte Formalien und den engen Schulterschluss mit Staatsanwaltschaft und Gerichten, wobei die MfS-Untersuchungsabteilung über die Bezirksjustiz auch das entsprechendes Verhalten der Kreisjustiz erreichen wollte und das Oberste Gericht sowie die Stasi-Hauptabteilung IX in allen diffizileren Einzelfällen in die Bresche springen konnten.

Der anschwellende Bevölkerungs-Unmut und mutige Bürgerrechtler-Aktionen machten diese marginalen Neuorientierungen jedoch in Windeseile überflüssig. Die Stasi-Strukturen gerieten in die Defensive und bisweilen in die Panik, auch wenn die Verantwortlichen an ihr Ende noch längst nicht glauben mochten.

Ganz anders als noch im Juni hieß es schließlich am ***2. November*** in einer agitatorischen Selbsterklärung der Hauptabteilung IX:

Erfurter Donnerstagsdfemonstration vom November 1989, Foto: Peter Große

„Daher nimmt das MfS schon immer unmittelbar Anteil an der Entwicklung des Straf- und Strafverfahrensrechtes in der DDR und tritt schon seit längerer Zeit für eine Veränderung konkreter strafrechtlicher Bestimmungen entsprechend den veränderten gesellschaftlichen Bedingungen ein. Das betraf in jüngster Zeit vor allem den §213 StGB. Das MfS ist aber auch der Auffassung, dass auch die Straftatbestände der Staatsverbrechen sowie von manchen Straftaten gegen die staatliche Ordnung geändert bzw. neu gefasst werden sollten, vor allem in der Richtung, dass die für den Bürger und für die rechtsanwendenden staatlichen Organe – eingeschlossen die Untersuchungsorgane des MfS bei Entscheidungen über die Einleitung und den Abschluss von Ermittlungsverfahren – überschaubarer und rechtsverbindlicher werden.“[69]

Mit anderen Worten: sie waren letzteres bislang nicht. Auf den Strafparagraphen „Staatsverleumdung“ wollten die MfS-Untersuchungsoffiziere allerdings noch immer nicht verzichten, weil sie ihn in den letzten Jahren angeblich (aber nicht wirklich) *„gegen faschistoide und rassistische, besonders antisemitische Umtriebe von Skeanheads u.ä.“* gebraucht hätten.

Vom ***10. November*** – dem Tage nach der Maueröffnung – stammten *„erste Überlegungen für die Ausarbeitung eines 6. StÄG“*.[70] Es ging darin keineswegs um die Aufhebung des politischen Teils des Strafrechts, sondern nur um dessen politische Lageanpassung. Während z.B. die „Zusammenrottungen“ jetzt stärker an Gewalt und Gewaltandrohung gebunden werden sollten, müssten staatliche und öffentliche Organe weiterhin gegen Beleidigung, Verleumdung oder „Nötigungshandlungen“ gesichert werden. Die strafbare Beschädigung von Symbolen sollte auf staatliche Symbole nur eingeengt, die Straftaten „Nachrichtensammlung“ und „Verbindungsaufnahme“ sollten gestrichen, die Strafbarkeit „ungesetzliche Vereinsbildung“ sollte auf kriminelle Bezüge reduziert werden. Aus dem „ungesetzlichen Grenzübertritt“ sollte angesichts der Maueröffnung jetzt eine „Beeinträchtigung der Grenzsicherheit“ mit verstärkten Geldstrafen werden. Alles andere aber sollte weiter Bestand haben.

In der letzten Existenzphase – am ***23. November*** – übten die Parteifunktionäre der Berliner Untersuchungsabteilung in einem Erneuerungspapier schließlich „Kritik und Selbstkritik“, in traditionell-ritueller Weise. Dabei brachten sie – auch wenn sie nun alle Verantwortung auf SED-Vorgaben abzuwälzen versuchten – durchaus klar auf den Punkt, wie weit ihr langjähriges Wirken von Rechtsstaatlichkeit entfernt war:

„Die in Angriff genommene grundsätzliche Aufwertung des Rechts im Leben unserer Gesellschaft führt u.a. dazu, dass künftig [!],
allen staatlichen Organen nur das erlaubt ist, was ihnen rechtlich gestattet ist [!],
die Funktionen von Legislative, Exekutive und Jurisdiktion genau festgelegt und voneinander abgegrenzt werden,
die Schutz- und Sicherheitsorgane als Organe des Ministerrats und nicht des Politbüros, handeln.
Für die künftige Tätigkeit des Untersuchungsorgans, das Aufgaben der nationalen Verteidigung zu erfüllen hat, sind diese Änderungen von gravierender Bedeutung.“[71]

Von einer „künftigen Tätigkeit“ blieben die Bürger des Bezirkes Erfurt glücklicherweise verschont. (Zum Ende der MfS-Haftanstalt – s. Kapitel 18)

Eingangsbereich der Polizei-Untersuchungshaftanstalt Andreasstraße, von der ebenfalls Hunderte Bezirksbewohner zu politischen Strafprozessen ins Gericht gebracht wurden, Fotos: Herz 2006

3. MfS und Untersuchungsabteilung IX – Besondere Strafverfolgungs-Institution

„Die politisch-operative Zielstellung in den Untersuchungen bestand vorrangig darin:
- feindlich-negative Erscheinungen mit Tendenzen zum organisierten Untergrund zu erkennen,
- Hinweise auf geplante spektakuläre bzw. gewaltsame Aktionen zu erarbeiten,
- die Rolle feindlicher Zentren und ihre Wirksamkeit zu untersuchen und aufzudecken,
- die wirksame Bekämpfung von Angriffen auf die Staatsgrenze zu unterstützen,
- kriminelle Handlungen mit gesellschaftsschädigenden Auswirkungen zu unterbinden."

Diese Aufzählung[72] aus einer Erfurter Arbeitsvorlage 1983 beschreibt im Kern die von der Staatssicherheit betriebene Strafverfolgung.

Strafrechtliche Kompetenz - bei Polizei oder Staatssicherheit?

Im 28. Oktober 1960 nahm die Worbiser Polizei einen Kraftfahrer fest, der in der Kantine ein Pflaumenmusbrot gegen das Walter-Ulbricht-Bild geworfen hatte. *„Der Vorgang wurde von der Abteilung IX der Bezirksverwaltung Erfurt am 29.10.1960 über die Kreisdienststelle Worbis übernommen."* Die Staatssicherheit übernahm den Mann und sperrte ihn in eine Erfurter Stasi-Haft-Zelle.[73]

Zwei Wochen zuvor hatte die Transportpolizei einen Weimarer Werkzeugmacher im Besitz von „Spiegel" und Westgeld im Zug festgenommen, die Kripo fand dann in dessen Wohnung „westliche" philosophische Bücher – schließlich übernahm die Staatssicherheit den Fall für ein „Hetze"-Strafverfahren.[74]

Solche Übergaben von Polizeifällen an die Staatssicherheit waren typisch. Auch umgekehrt wurden Fälle der Staatssicherheit an Polizeistellen abgegeben. 1983 resümierte die Leitung der Erfurter Stasi-Untersuchungs-Abteilung z.B.:

> *„Konsequenter als bisher wurden Verfahren mit relativ geringer politisch-operativer Bedeutung an das Dezernat der BdVP zur Weiterbearbeitung abgegeben ... und damit Kräfte für bedeutsamere Vorgänge freigemacht."*[75]

Die Stasi-Untersuchungsabteilung arbeitete parallel zur Polizei bzw. Kriminalpolizei, was seit DDR-Gründung von der SED-Führung so gewollt war. Erst 1963 wurde der rechtlich gleichrangige Status beider im Staatsanwaltschaftsgesetz erstmals öffentlich benannt[76]:

> *„Untersuchungsorgane sind*
> *die Untersuchungsorgane des Ministeriums des Innern,*
> *die Untersuchungsorgane des Ministeriums für Staatssicherheit,*
> *die Untersuchungsorgane der Zollverwaltung."*

In der 1968er Gesetzreform fanden Strafrechtskompetenzen der Staatssicherheit ebenfalls gesetzliche – allerdings nur mit Argusaugen erkennbare – Erwähnung: in der Strafprozessordnung und im Polizeigesetz.

Im Polizeigesetz steht als Paragraph 20:

> *„(1) Der Ministerrat kann anderen Organen die Ausübung der in diesem Gesetz geregelten Befugnisse übertragen.*
> *(2) Die Angehörigen des Ministeriums für Staatssicherheit sind ermächtigt, die in diesem Gesetz geregelten Befugnisse wahrzunehmen."*[77]

Diese polizeiliche Sonderkompetenz der Staatssicherheit war 1968 zwar de jure neu, hatte aber de facto seit DDR-Gründung existiert. Der polizeigleiche Status bildete sogar eine Konkurrenzsituation für die DDR-Kriminalpolizei.

Die inhaltliche Abgrenzung der Kompetenz von Polizei und Staatssicherheit war aber – wie im SED-Staat üblich – sehr unkonkret. Danach

> *„... sind die Untersuchungsorgane des MfS zuständig für die Bearbeitung sämtlicher Ermittlungsverfahren, die wegen des Verdachts des Vorliegens von Staatsverbrechen oder von politisch-operativ bedeutsamen Straftaten der Allgemeinen Kriminalität, die Fragen der staatlichen Sicherheit tangieren oder tangieren können."*[78]

Es gab Absprachen zum „politisch-operativen Zusammenwirken" von Polizei und Staatssicherheit, aber die MfS-Verantwortlichen beanspruchten das Sagen. War die Staatssicherheit einerseits daran interessiert, jeden Fall jederzeit begründungslos und mit lapidarem Hinweis auf „die Sicherheit" an sich reißen zu können, so wollte sie andererseits auch eigene Fälle jederzeit an die Polizei abgeben können.

MfS-Obere postulierten dafür eine Verflechtung der Felder – des MfS-Feldes staatliche Sicherheit und des Polizeifeldes öffentliche Ordnung/Sicherheit – und argumentierten etwa so:

> Die staatliche Sicherheit stehe nicht neben der öffentlichen Sicherheit, sondern sei quasi ihr innerer Kern.[79] Eindeutige Handlungen gegen die staatliche Sicherheit (Flugblätter, Spionage etc.) fielen automatisch ins Stasi-Metier. Doch auch indirekte Handlungen (Verletzung des Versammlungsverbots etc.) könnten mit Motiven oder Personen verbunden sein, die staatsgefährdend oder von besonderem Belang für staatliche Sicherheit[80] seien – im Stasi-Deutsch hieß das wörtlich: der *„Gegner* [ist] *orientiert auf die Vortäuschung von Straftaten der allgemeinen Kriminalität, um begangene Staatsverbrechen zu verschleiern.*"[81] Solche Fälle müsse die Staatssicherheit jederzeit an sich ziehen können.
>
> Andere Fälle wiederum beträfen zwar primär die staatliche Sicherheit (Grenzverletzungen etc.), seien aber eindeutig und ohne Bezug zu Staatsgeheimnissen, so dass auch die Polizei sie bearbeiten könne. An die Polizei abgeben könne man daher besonders die Fälle, wo es offiziell gewonnene Beweismittel gab.[82]

Die MfS-Oberen gaben ihren „Untersuchungsführern" vor Ort Orientierungshilfen dafür, welche Strafermittlungen der allgemeinen Kriminalität[83] sie der Polizei wegnehmen sollten.

Das betraf Ende der 70er Jahre in der Regel:

- Wirtschaftskriminalität: Außenhandel, internationale Bezüge, Geheimnisschutz, beteiligte Ausländern, „besondere" Personen (z.B. IM oder kriminelle Funktionärssöhnchen)
- schwere Straftaten mit möglichen starken „ideellen Schäden" auf die Bevölkerung (Katastrophen, beunruhigende Morde) und Fälle mit NS-Bezug,
- Fälle im Zusammenhang mit den „spezifischen Mitteln" des MfS (wie z.B. IM's, Überwachung, Grenzüberschreitendes).

Im Querschnitt der Erfurter MfS-Untersuchungsverfahren waren das aber Einzelfälle.

Wie erwähnt, hatte die Staatssicherheit praktisch die Möglichkeit, sich jeden Polizei-Fall auf ihren Tisch zu holen. Sie wurde auch über jeden Polizei-Fall informiert, umgekehrt dagegen nicht. Die „Melde- und Berichtsordnung" sah vor, dass der Untersuchungsabteilung generell folgende Informationen sofort zu melden waren:

> *„Brände, Havarien, Störungen mit erheblicher Öffentlichkeitswirksamkeit bzw. hohem Schaden sowie anderweitiger politisch-operativer Relevanz; unnatürliche Todesfälle; andere schwere Vorkommnisse, die in erheblichem Maße die innere Sicherheit gefährden bzw. bei denen die Staatsgrenze der DDR angegriffen wird."*[84]

Die Kriminalpolizei (bes. das Dezernat 2) stand regelmäßig im Kontakt mit der Untersuchungsabteilung IX. Wer die führende Rolle spielte, wird deutlich, wenn 1987 die Rede ist erstens von „*Berichterstattungen des Dezernatleiter II beim Leiter der Abteilung*" IX, zweitens von „*Arbeitsbeziehungen zu den Kommissariatsleitern* [der Kriminalpolizei], ... *so daß eine regelmäßige Einflußnahme auf die Entwicklung der Untersuchungsprozesse in ihrem Bereich gewährleistet ist*" oder drittens von „*Schulungsveranstaltungen der* [MfS-]*Genossen des Referates IV ... in den Kollektiven des Dezernat II*".[85]

Auch für 1988 sagte Untersuchungsleiter Wagner, dass infolge der ständigen Gespräche mit dem Kripo-Dezernatsleiter 2 „*eine ständige Übersicht über die in diesem Bereich laufenden Prozesse und vorhandenen Probleme gewährleistet sei.*"[86] In diesem Zusammenhang wurde auch erwähnt, dass MfS-Untersuchungsoffiziere häufig die Kriminalpolizisten, die Fälle von „Untergrundtätigkeit" bearbeiteten, wegen ihrer häufigen „politischen Fehlentscheidungen" kritisierten.[87]

Der hierarchische Status der Untersuchungsorgane MfS und Polizei und die vom MfS bestimmbare Einzelfall-Kompetenz führten in der Praxis oft dazu, dass bei Auftauchen der Staatssicherheit an einem Geschehensort alle Kompetenz sofort den MfS-Leuten angedient wurde. Das konnte auch dann geschehen, wenn die MfS-Spezialkommission lediglich den Auftrag hatte, sich zwecks Analyse und vorbeugender Verhinderung weiterer gleichartiger Geschehnisse über Sachumstände zu informieren, nicht aber die Ermittlung zu übernehmen.

Der Erfurter Untersuchungs-Chef Wagner schrieb 1987: Eine „*Tendenz besteht aufgrund der Unsicherheit der Partner* [=Polizei] *darin, die Angehörigen der Spezialkommission in die Rolle des Leiters der Vorkommnisuntersuchung zu drängen.*"[88]

Es gab auch Fälle, in denen die Staatssicherheit ein bereits verhandeltes Polizei-Strafverfahren übernahm und dann mit eigener Verhörtätigkeit zum gewünschten Strafergebnis führte:

> *„X wurde von der Abteilung K der Volkspolizei wegen Verbrechen nach §§ 14 und 19 StEG bearbeitet. In der Hauptverhandlung bestritt er seine Verbrechen nach § 14 StEG, da ihm durch eine entsprechende Protokollierung der VP dazu die Möglichkeit gegeben war. Daraufhin wurde die Hauptverhandlung ausgesetzt und X. von der Abteilung IX vernommen. Es gelang, X. zur Zurücknahme seines Widerrufs aus der Hauptverhandlung zu bewegen und durch eine komplexe Vernehmung die Voraussetzungen für die Fortsetzung der Hauptverhandlung nach § 14 StEG zu schaffen."*[89]

Trotz dieser Hierarchie Stasi–Polizei darf das Ausmaß polizeilicher Mitwirkung an politischer

DDR-Strafverfolgung nicht unterschätzt werden. Viele Menschen wurden aus der Polizei-U-Haft in den Gerichtsaal gebracht und kriminalpolizeiliche Tätigkeitsberichte (besonders der 50er Jahre) belegen, dass über Polizeistrukturen zeitweise ebenso viele oder mehr politische „Täter“ ins Blickfeld gerieten als über Stasi-Strukturen, unabhängig davon, ob Polizei oder Staatssicherheit dann als „Untersuchungsorgan“ agierten.[90] Im Januar 1955 kam es beispielsweise zu 7 MfS-Neuverhaftungen, während die Kriminalpolizei 6 Verhaftete ebenfalls an die Erfurter MfS-Haft übergab.[91]

Es war die Polizei, die 1961 zwei Weimarerinnen wegen staatsfeindlicher Hetze festnahm, als diese SED-Wahlplakate von ihrem Gartenzaun entfernten. Sie und zwei weitere Frauen wurden dann in die MfS-Haftanstalt gebracht, nachdem man bei der Haussuchung eigne Texte zum Ungarn-Aufstand und Tonbänder mit kritischen politischen Äußerungen gefunden hatte.[92]

Eine Aufarbeitung der MdI-Untersuchungshaft im unteren Teil des Gefängnisses Andreasstraße würde dazu mehr Klarheit schaffen. Die kürzlich erschienene Thüringer Arbeit Mörkes über die Zusammenarbeit von Polizei und Staatssicherheit[93] bietet einiges weitgehend unbekannte Quellenmaterial, aber in den Intentionen wenig sachgerechte Antworten.

MfS-Besonderheit: SED-Geheimdienst mit Strafrechtskompetenz

Es gab Besonderheiten der MfS-Strafverfolgungspraxis, die im heutigen Rechtsstaat unvorstellbar sind:

Geheimes oder öffentliches Strafrecht

Anders als eine normale Polizei konnte eine geheimpolizeilich fungierende Staatssicherheit den Grad der Öffentlichkeit des Politstrafrechtes nahezu uneingeschränkt bestimmen.

Die 50er Jahre – die SED-Herrschaftssicherungs-Phase – waren noch mit offenen, demonstrativen Schauprozess-Urteilen durchsetzt. Später – in der „voll entwickelten Diktatur des Proletariats“ – bestand die stete Hauptaufgabe der Staatssicherheit eher im „vorbeugenden Verhindern feindlicher Handlungen“ und im besonders intensiven Ahnden öffentlichkeitswirksamer oder grenzüberschreitender Handlungen.

Bald wurde das gesamte politische Strafrecht vorrangig unter Ausschluss der Öffentlichkeit und auch der internationalen Kenntnis praktiziert. 1961 waren ungenehmigte Veröffentlichungen über politische Strafprozesse sogar verboten.[95]

Die Staatssicherheit konnte nicht nur Prozesse geheimhalten, sondern politische Gefangene auch tiefgreifend isolieren und ihnen weit bedrohlicher verbieten, über das Strafverfahren, die haftgründe Mitgefangener etc. zu sprechen.

Strafrecht und Macht-Sicherheits-Apparat

Mit dem Status „Untersuchungsorgan“ erlangte nicht nur die Untersuchungsabteilung, sondern ddie Staatssicherheit a l s G a n z e s eine besondere juristische Legitimität.

Überhaupt begründete die Staatssicherheit ihre Praktiken, wie Überwachung, Beobachtung, Zersetzung, Datensammlung, IM/GMS-System und sonstige illegale oder konspirative Methoden immer wieder mit dem Strafgesetz.

In den Dienstanweisungen und Aktenführungen der "Operativen Vorgänge" waren strafrechtliche Argumentationen an der Tagesordnung. So hatte beispielsweise die Abteilung XX von Mielke inoffizielle Kompetenzen zur Bekämpfung der staatsfeindlichen Hetze (§ 106) erhalten, dies war (jenseits aller Justiz) in der Dienstanweisung 2/71 festgelegt worden.[94]

Die polit-strafrechtliche Betätigung der Staatssicherheit unterschied sich von der kriminalpolizeilichen nicht nur hierarchisch und thematisch, sondern auch durch Besonderheiten, die sich aus dem konspirativen Status des MfS ergaben.

Besonderer Beweisführungsprozess

Eine Hauptbesonderheit von MfS-Strafermittlungen lag auf der Ebene des Beweisführungsprozesses.[96] Dazu gab es in MfS-internen Arbeitspapieren den klaren Hinweis auf eine eingeschränkte Geltung des Strafprozessrechts angesichts des MfS-Geheimdienstcharakters:

„Während die Beweisführung im Strafverfahren dem detaillierten Reglement des Strafverfahrensrechts unterliegt, wird die Beweisführung in der politisch-operativen Tätigkeit durch die Befehle und Weisungen des Ministers für Staatssicherheit und darauf beruhenden innerdienstlichen Regelungen geleitet."

„Schema ...

Operatives Stadium Stadium des Strafverfahrens

Ersthinweis Beweisführungsprozess Gewissheit

Die Beweisführung im operativen Stadium muß bereits an den Zielen der Beweisführung im Strafverfahren orientiert sein." [97]

Das wirkte auf die praktische Verhörführung zurück, in denen mit „inoffiziellen Beweismitteln" beschuldigt wurde, in denen es um „Offizialisierung" inoffiziell-illegaler „Beweismittel" und um sich selbst bezichtigende Beschuldigte ging. (s. a. Kapitel 11)

MfS-Verantwortliche verstanden unter *„inoffiziellem Beweismittel"* ein *„sachlich vollwertiges, aber strafprozessual nicht verwendbares"* Beweismittel, das mittels *„spezifischer Mittel"* außerhalb regulärer Ermittlungsverfahren erlangt worden war und dessen konspirative und teilweise illegale Art der Erlangung geheim bleiben sollte. Im MfS-Lehrbuch hieß es darüber:

„Probleme treten manchmal auf, wenn bei der Bearbeitung eines Operativen Vorgangs ... ausschließlich inoffizielle Beweismittel vorliegen. .... Es kommt hier darauf an, die durch inoffizielle Beweismittel vermittelten Informationen so durch offizielle Beweismittel zu erschließen, daß dadurch die tatsächlichen politisch-operativen Zusammenhänge zur Erlangung der betreffenden Informationen wirkungsvoll konspiriert werden."[98]

Zur Benutzung vor Gericht sollte deshalb die Herkunft dieser Beweise umgeformt, legalisiert bzw. auf Stasi-Deutsch „offizialisiert" werden.

„Das inhaltliche Grundanliegen der Offizialisierung im Strafverfahren ist also die möglichst perfekte Konspirierung der spezifisch tschekistischen Mittel und Methoden sowie der zuverlässige Schutz der inoffiziellen Mitarbeiter gegenüber allen Beteiligten ... so ..., daß die Offizialisierungsprodukte die Gestalt der strafprozessual zulässigen Erkenntnisquellen annehmen."[99]

Geschehen sollte dies auf folgenden Wegen:

1. <u>*Wandlung*</u> eines Beweismittels mittels Tarnung der Herkunft, z.B. durch

a) Durchführung einer offiziellen Wohnungsdurchsuchung nach Inhaftierung, um dort den originalen Beweis zu beschlagnahmen

b) förmliches Übermittlungsschreiben der Deutschen Post über Herkunft eines Briefes (den sich eigentlich das MfS bei seiiner postspitzelei herausfiltriert hatte)

c) in Einzelfällen: die offizielle Vernehmung eines "Zeugen", der sich schon als offizieller oder inoffizieller Informant betätigt hatte.

2. <u>*Ersetzen*</u> durch andere offizielle Beweismittel, z.B. durch

a) Selbstaussagen der Gefangenen in Verhörprotokollen,

b) Zeugenaussagen oder Aussagen von Mitgefangenen,

c) seltener: durch offizielle Auskunft des MfS an die Justiz (z.B. wenn *„unerlässlich"*, *„sachlich zuständig"* oder *"feindliche Angriffsrichtungen wie Ausländerreiseverkehr"*)

Bei den Strafverfahren, die anfangs stark auf „inoffiziellen" Beweisen beruhten, arbeiteten die Untersuchungsabteilung IX und jene „Operativabteilung"[100], die zuvor den Fall bearbeitet und die „inoffiziellen Beweise" erstellt hatte, in der Regel parallel weiter zusammen.

Spezielle „Untersuchungshinweise", Rechtsauslegungen, politische Strafkalküle wurden nicht nur in der Potsdamer MfS-Hochschule erarbeitet, sondern auch im „Arbeitsbereich Grundsatzfragen" in der AKG der Hauptabteilung IX.

4. Vernehmer und Untersuchungsführer – Die Erfurter Abteilung IX

„Jeder Untersuchungsführer braucht gefestigte politisch-ideologische Grundüberzeugungen, die von der marxistisch-leninistischen Weltanschauung und den Beschlüssen der Partei sowie durch innere Verbundenheit zur Untersuchungsarbeit geprägt sind. Inhaltlich sollen die Grundüberzeugungen ... definiert sein durch ... [u.a. ein] *reales, differenziertes aufgabenbezogenes Feindbild.“*[101]

Die praktische Ausübung des politischen SED-Strafrechtes brauchte ideologische, feinbildgeschulte und SED-hörige Vernehmer.

Anfänge in der Untersuchungsabteilung

Als die Staatssicherheit im Juni 1952 in der Erfurter Andreasstraße ihre Arbeit aufnahm, bezogen maximal zwei/drei Vernehmer der alten Weimarer Landes-Untersuchungsabteilung ihre neuen Erfurter Büros im Vorderflügel.

Bald war in der Erfurter Untersuchungsabteilung nur noch der Vernehmer und erste Abteilungsleiter Kurt Rosulek tätig, der auf eine einschlägige Dienstvergangenheit in Weimar zurückblickte. Gegen Kriegsende mit 16 zur Wehrmacht eingezogen, dann in englischer Kriegsgefangenschaft und im Eichsfelder Katasterdienst, führte sein Weg über den Weg als FDJ-Funktionär im März 1950 in die soeben gegründete Staatssicherheit, wo er unter Koch und der Anleitung sowjetischer Geheimdienstoffiziere das brutale Verhören erlernte. Er leitete die Erfurter Untersuchungsabteilung bis 1959, wurde ab April 1954 auch Stellvertretender Stasi-Bezirks-Chef Operativ, ehe er nach Frankfurt/Oder ging.[102]

Innerhalb von zwei Jahren wuchs die Abteilung auf 13-14 Vernehmer, was im Umfang in den Folgejahren konstant blieb. Es gab die zwei Referate „Spionage“ und „Untergrund“, deren Mitarbeiter sich auf die jeweiligen Fälle spezialisiert hatten, aber situationsbedingt auch Verfahren und Verhöre in Sachen „Hetze“, Grenzübertritt und „Verleiten zum Verlassen“ übernahmen.

Im Februar 1954 waren neben drei „technischen Kräften“ folgende Stasi-Mitarbeiter in der Abteilung IX: Rosulek, Bickel (parallel dazu bei einem „Staatsanwalts-Lehrgang“), Konopatzki, Boller, Würz, Möller, Helbig, Gaida, Börner, Seidl, Hoffmann, Franke. Im Folgequartal wurden die Mitarbeiter May und Czichon neu bzw. aus der Kreisdienststelle Heiligenstadt übernommen.[103]

Allein im Monat Juli 1954 veranlassten die Genannten, dass 25 Menschen in 13 Gerichtsverfahren bestraft – davon einer wegen „antidemokratischer Verbrechen“ zu Lebenslänglich – und 13 inhaftierte Personen neu übernommen wurden.[104]

Eine Zusammenarbeit mit sowjetischen Geheimpolizisten gab es in den frühen Jahren nachweislich. Ein Zeitzeuge erlebte 1952 in der Andreasstraße Stasi-Verhöre in Anwesenheit eines MGB-Offiziers, der dem MfS-Vernehmer auf Russisch Fragehinweise gab, die der junge Ostpreuße unerkannterweise verstehen konnte. In welchem Ausmaß nach 1952 in Erfurt die vorherige Praxis der wechselseitigen Zusammenarbeit mit der MGB-Zentrale (im Weimarer Landgerichtsobjekt) fortgeführt wurde, lässt sich eher selten belegen. Als z.B. Ende 1958 Erfurter Vernehmer einen Untersuchungsvorgang gegen einen „Spion“ bei Ohrdruf bearbeiteten, erfuhren sie von der Existenz diesbezüglicher MGB-Dokumente, die Untersuchungs-Chef Rosulek über die „*befreundete Dienststelle*“ zu bekommen versuchte.[105]

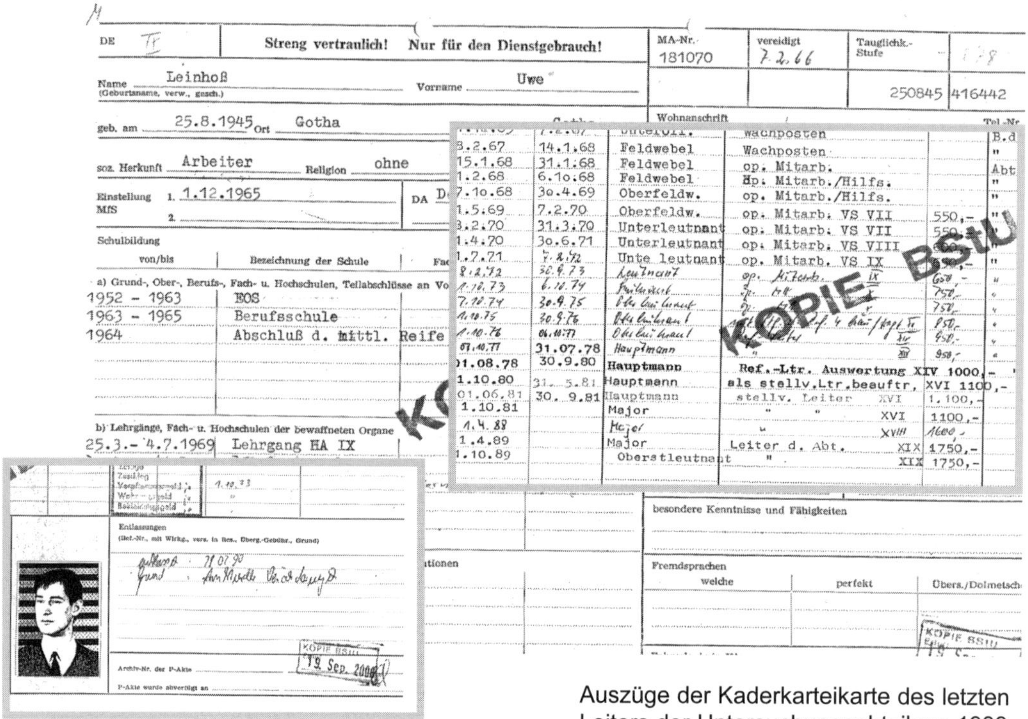

DE | Streng vertraulich! Nur für den Dienstgebrauch!

MA-Nr. 181070 | vereidigt 7.2.66 | Tauglichk.-Stufe

250845 416442

Name (Geburtsname, verw., gesch.) Leinhoß | Vorname Uwe

geb. am 25.8.1945 Ort Gotha

soz. Herkunft Arbeiter | Religion ohne

Einstellung MfS 1. 1.12.1965

Schulbildung

von/bis	Bezeichnung der Schule
1952 - 1963	EOS
1963 - 1965	Berufsschule
1964	Abschluß d. mittl. Reife

b) Lehrgänge, Fach- u. Hochschulen der bewaffneten Organe

25.3.-4.7.1969 Lehrgang HA IX

	7.2.67	Unteroff.	Wachposten		B.d
8.2.67	14.1.68	Feldwebel	Wachposten		"
15.1.68	31.1.68	Feldwebel	op. Mitarb.		Abt
1.2.68	6.10.68	Feldwebel	op. Mitarb./Hilfs.		"
7.10.68	30.4.69	Oberfeldw.	op. Mitarb./Hilfs.		"
1.5.69	7.2.70	Oberfeldw.	op. Mitarb. VS VII	550,-	"
8.2.70	31.3.70	Unterleutnant	op. Mitarb. VS VII	550,-	"
1.4.70	30.6.71	Unterleutnant	op. Mitarb. VS VIII		"
1.7.71	7.2.72	Unte leutnant	op. Mitarb. VS IX		"
8.2.72	30.9.73	Leutnant	op. Mitarb. IX	650,-	"
1.10.73	6.10.74	[illegible]		750,-	"
7.10.74	30.9.75	Oberleutnant		750,-	"
1.10.75	30.9.76	Oberleutnant		850,-	"
1.10.76	06.10.77	Oberleutnant	XIV	950,-	"
07.10.77	31.07.78	Hauptmann	" XIV	950,-	"
01.08.78	30.9.80	Hauptmann	Ref.-Ltr. Auswertung XIV	1000,-	"
1.10.80	31.5.81	Hauptmann	als stellv.Ltr.beauftr. XVI	1100,-	
01.06.81	30.9.81	Hauptmann	stellv. Leiter XVI	1.100,-	
1.10.81		Major	" " XVI	1100,-	
1.4.88		Major	" XVIII	1600,-	
1.4.89		Major	Leiter d. Abt. XIX	1750,-	
1.10.89		Oberstleutnant	" XIX	1750,-	

besondere Kenntnisse und Fähigkeiten

Fremdsprachen welche | perfekt | Übers./Dolmetsch.

Entlassungen (Bef.-Nr., mit Wirkg., vers. in Res., Überg.-Gebühr., Grund)

Archiv-Nr. der P-Akte

P-Akte wurde abverfügt am

KOPIE BStU 19. Sep. 2000

Auszüge der Kaderkarteikarte des letzten Leiters der Untersuchungsabteilung 1989

In der 2. Hälfte der 50er Jahre bestand das Spionage-Referat aus Rolf Boller (Referatsleiter, später Abteilungs-Chef), Bernhard Hoffmann, Heinz Gaida, Polland, Werner Lorenz und Klaus Franke und das „Untergrund"-Referat aus Erich Möller (Referatsleiter), Ernst Seidl, Werner Würz, Paul Freytag, Lothar Eisenhardt und Manfred Eylenstein. Untersuchungs-Chef war der bereits erwähnte Kurt Rosulek und sein Stellvertreter hieß Fritz Börner.[106] Die Mehrzahl der Mitarbeiter besaß nicht nur Stasi-Dienstausweise, sondern auch „Dienstbücher der Deutschen Volkspolizei", mit denen sie sich jederzeit als normale Polizisten ausgeben konnten.[107]

1958 kam (quasi als drittes Referat) eine „Arbeitsgruppe" hinzu, in dem alle Fälle der „staatsgefährdenden Propaganda und Hetze" sowie des „Verleitens zum Verlassen der Republik" (laut StEG von 1957) bearbeitet wurden.[108] Tätig wurden hier Bernhard Hoffmann (Leiter), Manfred Eylenstein und Werner Lorenz. In den Referaten 1 für „Spionage" und 2 für „Untergrundtätigkeit", die die Verfahren von „Hetze„ und „Abwerbung" bislang mitbearbeitet hatten, waren fortan jeweils noch der Referatsleiter und 4 „Sachbearbeiter" tätig. Ziel der Umstrukturierung war laut Untersuchungs-Chef Rosulek nicht nur eine schnellere Verfahrensabarbeitung, sondern auch *„eine raschere propagandistische Auswertung in der Arbeitsstelle, im Wohngebiet u. dergl. durch Partei- und Staatsorgane."*[109]

1961 waren folgende 13 Offiziere als Leiter und Vernehmer in Erfurt beschäftigt:

Rolf Boller (geb. 15.3.33), Manfred Eylenstein, Klaus Franke (6.1.37), Paul Freytag (27.3.37), Heinz Gaida, Werner Lorenz (2.1.36), Erich Möller (7.10.24), Bernhard Hoffmann (25.7.23), Kurt Schindler (3.7.37), Ernst Seidl (15.12.28), Günter Siegel (7.1.39), Jürgen Siegel (7.3.38), Werner Würz (29.10.30) sowie 7 weitere Mitarbeiter einschließlich der Sekretärinnen.[110] Es gab inzwischen drei Referate, die Vernehmer Freytag und Lorenz leiteten zwei davon.

1964 wurden als Vernehmer auch die Namen Hans Schneider, Wolfgang Grüneberg (2.1.40), Udo Sievers, Mischke, Patzer und Nüchter genannt.[111]

Struktur und Personal der Abteilung IX

Die Abteilung war dem Chef der MfS-Bezirksverwaltung direkt unterstellt und arbeitete inhaltlich eng zusammen mit der Hauptabteilung IX in der Berliner MfS-Zentrale. Bis in die 80er Jahre hatte sich die Mitarbeiterzahl noch verdoppelt – mit Hilfskräften waren es dann insgesamt 45 MfS-Offiziere und -Unteroffiziere.[112] Hinzu kamen die so genannten Mitarbeiter „im Überhang", die gerade ein Juristen- oder ein Kriminalistenstudium an der Potsdamer MfS-Hochschule oder an der Berliner Humboldt-Universität absolvierten.

Die Erfurter Untersuchungsabteilung zählte vor der Wende zu den betriebsamen im MfS und lag 1988 in der Zahl der Ermittlungsverfahren hinter der Zentrale und den Bezirken Berlin, Dresden, Karl-Marx-Stadt und Potsdam an sechster Stelle (ähnlich wie Magdeburg).[113] Mangels kompletter Statistiken muss allerdings offen bleiben, ob auch für die gesamte DDR-Zeit gilt, dass etwa jedes sechzehnte MfS-Strafverfahren in Erfurt bearbeitet wurde.

Ende 1989 verdienten die 45 Mitarbeiter der Erfurter Untersuchungsabteilung monatlich 90.200 DDR-Mark oder jährlich 1,1 Millionen netto.

Die Abteilungsleiter[114]:

1950 – 1952: Kurt Koch

geb. am 22. 4. 1922, (s. Kapitel 1), 1949 VP und Kreisdienststelle Rudolstadt, 1950 Leiter Abt. IX der MfS-Landesverwaltung Thüringen, 10/52 Inhaftierung wegen Verstoß gegen soz. Gesetzlichkeit (Unmoral, Häftling geschlagen), 12/52 6 Jahre Zuchthaus, 1957 Staatliche Forstwirtschaft Saalfeld

August 1952 – Januar 1961: Kurt Rosulek

geb. am 27. 5. 1929 (siehe oben)

Juni 1961 – Juli 1971: Rolf Boller

geb. am 15. 6. 1933, Gymnasium, Schlosser, 4/52 MfS, sofort MfS-Schule Potsdam, ab 4/53 Untersuchungsabteilung Erfurt, ab 10/55 Referatsleiter, ab 8/59 stellv. Leiter, ab 6/61 Abteilungsleiter, ab 2/65 gleichzeitig stellv. BV-Leiter Operativ und Abteilungsleiter, ab 8/71 stellv. BV-Leiter Operativ, ab 5/85 MfS Berlin

August 1971 – April 1978: Werner Würz

geb. am 29. 10. 1930, Oberschule, 3/52 MfS-Eintritt, Kreisdienststelle Mühlhausen, 4/52 Einjahreslehrgang an MfS-Schule Potsdam, ab 4/53 Untersuchungsabteilung Erfurt, Hauptsachbearbeiter, 1958/59 Bezirksparteischule, ab 8/59 Referatsleiter Untersuchungsabteilung, ab 8/62 stellv. Leiter, ab 8/71 Leiter der Untersuchungsabteilung, ab 4/78 Offizier für Sonderaufgaben der BV-Leitung, 12/79 dienstunfähig entlassen

April 1978 – September 1982: Paul Freytag

geb. am 27. 3. 1937, Oberschule, ab 7/55 MfS, Kreisdienststelle Gotha, ab 1/56 Untersuchungsabteilung Erfurt, 1/57 4-Monats-Lehrgang, 10/63 Referatsleiter, 1966-71 Rechts-Fernstudium Humboldt-Univ., ab 10/69 Leiter Spezialkommission der Untersuchungsabteilung, 5/71 stellv. Leiter, ab 4/78 Leiter der Untersuchungsabteilung, 9/82 Offizier für Sonderaufgabe der BV-Leitung, 2/84 Leiter der AG Personenschutz, 7/89 Invalidenrentner

September 1982 – April 1989: Jürgen Wagner

geb. am 11. 8. 1942, Oberschule, 9/62 MfS-Eintritt, Kreisdienststelle Brandenburg, 8/69 Untersuchungsabteilung Potsdam, ab 9/75 Referatsleiter, 1/80 stell. Leiter Untersuchungsabteilung Potsdam, ab 8/82 Leiter der Untersuchungsabteilung Erfurt, ab 4/89 1. Stellvertretender Bezirks-Chef Operativ Erfurt

Ab April 1989: Uwe Leinhoß (Leinhos)

geb. am 25. 8. 1945, Gummifacharbeiter, Abitur, 1967 MfS, Wachposten, ab 1/68 Untersuchungsabteilung, ab 9/76 Referatsleiter 4, 9/80 ab Referatsleiter 5, ab 5/81 stellv. Leiter, ab 4/89 Leiter der Untersuchungsabteilung Erfurt, entlassen erst 28.2.90

oben: Fensteransicht (Hofseite) und Flurbereich der Leitung der Untersuchungsabteilung (bis 1987), Fotos: Herz, 2005, unten: Abteilungsleiter Boller und Freytag (aus Kaderkarteikarten, BStU Erfurt)

Die Abteilungsleiter, später ergänzt durch zwei Stellvertreter, hatten Kenntnis über alle bearbeiteten Verfahren, Inhaftierungen und Prozesspläne. In den ersten Jahrzehnten liefen nahezu der komplette Schriftverkehr mit anderen MfS-Stellen, alle Beweisanforderungen oder alle Fallberichte an die Berliner MfS-Zentrale über den Tisch des Abteilungsleiters.

Die alte Referatsstruktur Spionage, Untergrundtätigkeit, Hetze wurde an das Strafgesetzbuch 1968 (s. Kapitel 2) und die tendenziellen Änderungen der Strafverfahren (s. Kapitel 6) angepasst. Ein neues Arbeitsreferat wurde spezialisiert auf „Vorkommnisuntersuchung“ und 1969 kam als neue Arbeitsgruppe auch eine „Spezialkommission“ hinzu, deren Aufgabe in Kriminaltechnik-Einsatz und Tatort-Ermittlung bestand (s. unten). Vierzehn Mitarbeiter waren im engeren Sinne überwiegend als Vernehmer tätig, sie wurden dabei außerdem von vier/fünf Leitungskräften, die selbst Vernehmer gewesen waren, ständig beraten und kontrolliert.

Die Dienstbezeichnung der als Vernehmer tätigen Mitarbeiter lautete in den 50/60er Jahren „Hilfssachbearbeiter“ und „Sachbearbeiter“. Das war parallel zu bzw. verknüpft mit der Bezeichnung aller Abteilungsangehörigen als „operative Mitarbeiter“. Erst ab 1975 tauchte die veränderte Dienstbezeichnung „Untersuchungsführer“ in den MfS-Kaderunterlagen auf. Eine Unterscheidung dieser in Untersuchungsführer für Vorgangsbearbeitung oder aber für Vorkommnisuntersuchung hing mit inneren arbeitsorganisatorischen Strukturierungen und vermutlich auch mit der Trennung von Referat 4 und Spezialkommission und der „Grenzdeliktbearbeitung“ zusammen.

Abteilungsstruktur und Leiter 1989

Referat 1 – Spionage, Landesverrat, Militärstrafe

Leiter: Hans-Joachim Eifler (geb. 8.11.44)
Untersuchungsführer für Vorgangsbearbeitung: Klaus-Dieter Golbach (8.10.53), Bernd Scharr (3.2.44), Olaf Matthäus (18.1.64) sowie ein Feldwebel und ein Oberfeldwebel

Referat 2 – Straftaten Bekämpfung „polit. Untergrund"/gegen staatl. und öff. Ordnung, Menschenhandel, Grenze, Spekulation

Leiter: Wolfgang Melzer (geb. 2.11.50)
Untersuchungsführer für Vorgangsbearbeitung: Hans-Joachim Leinhoß (13.12.54), Wolfgang Humberg (26.11.57), Jens-Peter Tzschoppe (17.7.64) sowie ein Oberfeldwebel

Referat 3 – Diversion, Sabotage, ökonomische Störtätigkeit, allgemeine Wirtschaftskriminalität

Leiter: Roland Reichelt (geb. 2.11.49)
Untersuchungsführer für Vorgangsbearbeitung: Knut Poschmann (27.8.54), Erich Rose (30.12.52), Hans-Georg Wildner (22.2.58), Thomas Lemke (12.11.62)

Referat 4 Vorkommnisse, Ermittlungsverfahren/Fahndung, Ermittlungs-Anleitung und Hilfe/ Kontrolle bei Grenzdeliktbearbeitung durch bei Polizei-Dezernat II und Zollfahndung,

Leiter: Uwe Barnewold (geb. 26.7.53)
Untersuchungsf. für Vorkommnisuntersuchung: Helmut Meixner (16.2.57), Bernd Demel (18.9.55), Helmut Bach (23.4.60)

Referat 5 – Auswertungs-, Informationstätigkeit

Leiter: Eberhard Schindler (geb.21.9.45),
1 Koordinierer, 4 Auswerter

Referat 6 – Spezialkommission

Leiter: Karl-Heinz Mortag (geb. 26.4.40)
Stellvertreter: Horst Tischmacher (27.2.47)
3 Kriminalisten, 2 Spurensicherer, 1 Sprengstoffingenieur, 1 Kriminaltechniker

Zur Gesamtstruktur der Untersuchungsabteilung gehörte außerdem die Abteilungsleitung mit

Abteilungsleiter (Referat 5 direkt unterstellt)

Stellvertreter A für Vorgangsbearbeitung
(Referate 1, 2, 3 unterstellt)
Lothar Breyer (geb. 14.5.46)

Stellvertreter B für Vorkommnisbearbeitung
(Referate 4 und 6 unterstellt)
Karl-Heinz Mortag (geb. 26.4.40)

Beauftragter des Leiters
Lothar Bennighof (geb. 20.12.30)

Leitungsfunktionen hatten die folgenden höchstbezahlten Mitarbeiter mit den jeweiligen Netto-Monatseinkommen:

Uwe Leinhoß (25.8.45)	2.865 Mark
Lothar Breyer (14.5.46)	2.711 Mark
Horst Focke (27.6.46)	ca. 2.680 Mark
Horst Tischmacher (27.2.47)	2.666 Mark
Karl-Heinz Mortag (26.4.40)	2.655 Mark
Siegfried Stauch (17.10.32)	2.527 Mark.[115]

Das Durchschnittsalter dieser Bestbezahlten war überdurchschnittlich jung und lag 1989 bei nur 46,3 Jahren. Die 1989 als Untersuchungsführer in Erfurt tätigen Mitarbeiter waren überwiegend zwischen 25 und 40 Jahre alt (s. oben).

Etwa die Hälfte der Offiziere der Untersuchungsabteilung war in den 70er Jahren in den MfS-Dienst getreten, ein Drittel in den 60er Jahren.[116] Die durchschnittliche Zahl ihrer Dienstjahre innerhalb dieser Abteilung betrug 1989 sechzehn Jahre.

Rekrutiert wurde das Personal (außer Verwaltungskräften) überwiegend – immerhin zu drei Vierteln – aus dem MfS-Wachregimentsdienst heraus. Die dort tätigen Zeitsoldaten wurden entweder direkt als „operative Mitarbeiter" in die Abteilung übernommen oder aber als „Reservekader" eingestellt und sofort zum Kriminalistikstudium an die Berliner Humboldt-Universität geschickt, von wo aus sie anschließend direkt als „Untersuchungsführer" in Erfurt eingesetzt wurden. Ausnahmen bildeten Mitarbeiter, die aus einer Kreisdienststelle, den Abteilungen XVIII und VI, aus einer Armee-Verschlusssachenstelle kamen oder hier direkt neu eingestellt worden waren.

Die Untersuchungsführer trugen im Dienst überwiegend Zivil. Die meisten von ihnen hatten den Militärdienstgrad Major oder höher und verfügten in der Mehrzahl über einen „Hochschulabschluss" als Jurist. Die Mehrzahl von ihnen hat-

Ehemalige Gefängniskapelle, umfunktioniert zu Arbeits- und Besprechungszimmern der Untersuchungsabteilung, Fotos: links: Thür. Hauptstaatsarchiv Weimar; oben: Herz, 2005

ten an der Sektion Kriminalistik der Humboldt-Universität Berlin (vier-fünf Jahre, zwischen 1969 und 1984) studiert, andere an der MfS-Hochschule Potsdam, weitere ein Fachstudium als Ingenieur, Ökonom, Dolmetscher.

Außerdem gab es zwei Offiziere im besonderen Einsatz (OibE) und einen Hauptamtlichen IM (HIM). So war beispielsweise der Dezernatsleiter II der Erfurter Bezirkspolizeibehörde Horst Focke zugleich ein hochbezahlter Angehöriger der Untersuchungsabteilung als „Offizier im besonderen Einsatz".

Komplettiert wurde die Untersuchungsabteilung durch drei Sekretärinnen, zwei Schreibmitarbeiter und einen Kraftfahrer.

Die wichtigste Mitarbeitergruppe waren – außer der Abteilungsleitung und den Referatsleitern – die *„Untersuchungsführer für Vorgangsbearbeitung"*, also die Mitarbeiter der Referate 1 bis 3, die Haftbefehle veranlassten, Gefangene verhörten und Strafhöhen/Prozesse bestimmten. Daneben gab es *„Untersuchungsführer für Vorkommnisuntersuchung"* und die kriminaltechnisch tätigen Mitarbeiter und "Auswerter".

Die Gefangenen kannten zumeist nicht die Namen der an ihren Strafverfahren beteiligten Vernehmer und konnten sie erst nach 1992 bei ihren Akteneinsichten erfahren.

1988 waren 15 von insgesamt 386 MfS-Untersuchungsführern in der Erfurter Untersuchungsabteilung tätig. Jeder von ihnen bearbeitete durchschnittlich 24 Untersuchungen: 15,3 Ermittlungsverfahren mit „Tätern", 1,9 Ermittlungsverfahren ohne „Täter"-Zugriff (zumeist gelungene DDR-Fluchten) und 7 Verdachts-/Vorkommnis-Ermittlungen mit unbekannten Tätern.[117] Die Quote der über 15 personenbezogenen Ermittlungsverfahren der Erfurter Untersuchungsführer war 1988 im Vergleich zu ihren Kollegen in der MfS-Zentrale bzw. anderen DDR-Bezirken am höchsten.

Die Vernehmer besaßen verschiedene Räume im Haftgebäude in der Andreasstraße sowie ab 1987 die 2. Etage im Neubauflügel.

Im Erfurter BStU-Archiv, wo heute die Akten der Bezirks-Staatssicherheit lagern, gibt es ungefähr 4000 Untersuchungsvorgänge[118], oftmals aus mehreren Bänden (Untersuchungsakte, Staatsanwaltsakte, Gerichtsakte u.a.) bestehend und fast komplett von den „Untersuchungsführern“ erstellt.

Vernehmer — Bearbeiter von Untersuchungsvorgängen mit Haft

Die Tätigkeit dieser wichtigsten MfS-Mitarbeitergruppe in Sachen Polit-Strafrecht ist vor allem über die zahlreichen Untersuchungsvorgänge überliefert, teilweise in Form noch existierender Verhör-Tonbänder.

Ein Hauptteil ihrer Arbeit bestand in der Durchführung von Verhören (s. ausführlich Kapitel 9), in der Aktenführung der Untersuchungsvorgänge, im Veranlassen von Beweisaufnahmen und im Vorwegnehmen „strafrechtlicher Einschätzungen“ im Vorfeld von Gerichtsprozessen.

Neue Untersuchungsvorgänge entstanden durch Vorfalls-Informationen, Grenz-Verhaftungen, Operativakten anderer Abteilungen usw. in Absprache mit dem Untersuchungs-Leiter oder teilweise dem Bezirks-Chef selbst (s. ausführlich zum Zustandekommen: Kapitel 5). Je nach Sachverhalt der Untersuchungen erfolgte die Zuordnung zu einem der drei Referate.

Die Aktenführung wurde einem Vernehmer (auch “Sachbearbeiter” bzw. ab 1975 „Untersuchungsführer“ genannt) zugeteilt, der die typischen Einheits-Formulare vorbereitete, Unterschriften bei Vorgesetzten und bei der Justiz einholte, Durchsuchungsbefehle und Beschlagnahmungen veranlasste. Er war auch dazu angehalten, mit „Untersuchungsplänen“ zu arbeiten, in denen Zielstellung des Verfahrens, inhaltliche Schwerpunkte und Beweisführungsmaßnahmen fixiert wurden. Die einzelnen Verhörfragen ergaben sich häufig daraus. Zwischenauswertungen konnten dann dazu führen, dass Untersuchungspläne abgeändert und dass die Straf-Tatbestände mitunter im Verhörverlauf noch ausgedehnt oder abgeändert wurden.

Je nach Einzelfall übernahm dieser Vernehmer/Bearbeiter – gemeinsam mit Vorgesetzten und Kollegen – den Verhafteten, um bereits in einer „Erstvernehmung“ einzuschüchtern und möglichst auch ein grundsätzliches Schuldbekenntnis zu erreichen. Im engeren Kollegenkreis wurden weitere Vorgehensweisen und der Untersuchungsplan abgesprochen.

Der Vernehmer/Bearbeiter begann schließlich nach einer Einzelhaftphase mit seiner Verhörserie, deren Zielstellung erreicht oder auch erweitert bzw. abgewandelt werden sollte. Wann und wie lange die Verhöre anberaumt wurden, konnte er weitgehend selbst bestimmen. (s. ausführlich zu Verhören: Kapitel 11)

Die Verhöre umfassten nur einen Teil der Arbeitszeit dieser Vernehmer/Bearbeiter – dieser Umfang konnte von Arbeitswoche zu Arbeitswoche, von Mitarbeiter zu Mitarbeiter stark schwanken. 1964 verglich Untersuchungsleiter Boller die Verhörleistungen zweier Vernehmer und belobigte Siegel, der im Unterschied zu Seidl auch bei *„hartnäckig leugnenden“* Gefangenen wöchentlich „nur“ etwa 20 Stunden Verhöre durchführte.[119]

Auf eine durchschnittliche Anzahl von etwa 700-800 (oft ganztägigen) Verhören pro Jahr (im letzten DDR-Jahrzehnt) könnte man aufgrund der Abteilungs-Statistiken schließen.

Für 1985 und 1986 liegen konkrete Zahlen vor:

Jahresstatistik 1985[120]

Erstverhöre	100
mit Aussagebereitschaft	97
mit Tonbandaufn.	100
Verhöre mit Tonband	692
davon Beschuldigte	628
genutzte Tonaufzeichn.	113
EV von IX eingeleitet	10

S t a t i s t i k
zu Ergebnissen der Untersuchungsarbeit im Zeitraum 1. 1. - 31. 12. 1986

1. Zahl der durchgeführten Erstvernehmungen, davon mit dem Ergebnis	119	
- Aussagebereitschaft erreicht		109
- Aussagebereitschaft teilweise erreicht		6
- Aussagebereitschaft nicht erreicht		4
2. Zahl der Erstvernehmungen mit Schallaufzeichnungen gem. § 106 (2) StPO	119	
- Zahl der Erstvernehmungen, in denen Beschuldigte die Schallaufzeichnung ablehnten		-
Zahl der Ermittlungsverfahren mit weiteren Schallaufzeichnungen gem. § 106 (2) StPO	49	
- Zahl der Schallaufzeichnungen von Beschuldigtenvernehmungen		517
- Zahl der Schallaufzeichnungen von Zeugenvernehmungen		57
Zahl der inoffiziellen Schallaufzeichnungen von Vernehmungen	-	
Zahl der genutzten Schallaufzeichnungen	125	
- durch den Untersuchungsführer		103
- durch dienstliche Leiter		22
- im gerichtlichen Verfahren		-
3. Zahl der von der Abt. IX auf der Grundlage eigener Untersuchungsergebnisse eingeleiteter Ermittlungsverfahren	13	

oben: Blick in Verhörzimmer, heutiger Zustand (Foto: Herz, 2006), rechts: Verhörstatistik der Untersuchungsabteilung 1986, BStU, Erfurt, Abt. IX

Jahresstatistik 1986 [121]

Erstverhöre	119
mit Aussagebereitschaft 109	
mit Tonbandaufn.	119
Verhöre mit Tonband	574
davon Beschuldigte	517
genutzte Tonaufzeichn.	125
EV von IX eingeleitet	13

Untersuchungs-Chef Meyer blickte Ende der 80er Jahre sorgenvoll auf einen drohenden "Verfall" der Verhörfähigkeiten seiner Vernehmer angesichts des inzwischen dominierenden Strafgrundes Grenzübertritt und der Gleichartigkeit dieser Untersuchungsverfahren – das konnte nicht gut sein für das „*vernehmungstaktische Vermögen*" seiner Mitarbeiter.[122]

Mit Hilfe von Ratschlägen oder Tonbandauswertungen hatten sich die Vernehmer im Laufe der Jahrzehnte Tricks angeeignet, mit denen sie auch eine Situation, der sie eigentlich nicht gewachsen waren, abwenden konnten. Da sie überwiegend offensiv – mit der großen Stasi-Allmacht im Rücken – vorgingen und Gefangene vor sich hatten, die sich in einer existenziell-bedrohlichen Lage sahen, mag ihr Erscheinen auf die Gefangenen eindrucksvoller gewirkt haben, als vielleicht bei heutigem Tageslicht besehen. Damals waren sie sehr ernst zu nehmen, aber sie waren sicher weder eindrucksvoll noch kulturell und humanistisch gebildet.

Auch außerhalb der Verhöre arbeiteten die Vernehmer/Bearbeiter an „ihren" Untersuchungsvorgängen. Sie veranlassten parallel zu Verhöraussagen oder beabsichtigten Verhörvorwürfen die Erarbeitung von Zusatzinformationen durch andere MfS-Abteilungen. In den 50er und 60er Jahren wurden Kreisdienststellen, Bezirksabteilungen oder andere Bezirke häufig angeschrieben – dabei ging es um Arbeitsbeurteilungen zu den Gefangenen, von Personenermittlungen, bestimmte Zeugenbefragungen (inklusive der zu stellenden Fragen), um Hinweise zur geheimen Operativbeobachtung weiterer Personen, um Dokumentenbeschaffung und dergleichen.[123]

Einzelne Arbeitsschritte wurden – in Abstimmung mit unmittelbaren Vorgesetzten – analysiert und ausgewertet. Die Sachverhalt und die Beschuldigten wurden auch im Hinblick auf aktuelle politisch-taktisch, ideologisch, feindpolitisch, strafstrategischer Zusammenhänge eingeordnet. In einem mfs-internen StPO-Kommentar hieß es in diesem Sinne

> *„Die gesamte Bearbeitung muß politisch richtig eingeordnet werden. Davon ausgehend muß im Gegenstand der Beweisführung festgelegt und im Vorgang dokumentiert werden, welche im konkreten Fall gegebenen oder zu schaffenden Möglichkeiten auf welche Weise zur Unterstützung der Politik der Partei genutzt werden sollen. ... beispielsweise ... Möglichkeiten der wirksamen Unterstützung der offensiven Friedenspolitik ... durch die Erkundung, Entlarvung und Verhinderung feindlicher Pläne: die Aufklärung und international überzeugende, beweiskräftige Entlarvung der Einmischung in innere Angelegenheiten ... durch den Nachweis der Rolle staatlicher Dienststellen der BRD bei der Inspirierung und Organisierung subversiver Tätigkeit gegen die DDR; ...“*[124]

Regelmäßige Vorgangsabsprachen fanden zwischen Untersuchungsführer und Referatsleiter sowie teilweise auch in Anwesenheit von Abteilungsleitung und Auswertungs-Referat statt. 1963 hieß es in einem Referat des Abteilungsleiters Boller, dass *„jeder Vorgang vor Abgabe an die Staatsanwaltschaft einer abschließenden Kontrolle mit schriftlicher Einschätzung durch den Leiter der Abteilung und seinen Stellvertreter unterzogen wird.“*[125]

Arbeitsspektrum der Untersuchungs-Mitarbeiter außerhalb Verhör & Strafverfahren

Die MfS-Offiziere, die die Strafverfahren politischer Gefangener der MfS-Haft Erfurt bearbeiteten, hatten einen Arbeitsalltag, zu dem auch andere, weniger bekannte Facetten gehörten. Das variierte im Einzelnen im Laufe der Jahrzehnte, zwischen den Referaten und auch von Mitarbeiter zu Mitarbeiter.

Einige typische anderweitige Arbeitsaufgaben sind im folgenden kurz aufgelistet:

<u>1. Strafrechtseinschätzung für Operativakten</u>

Die Untersuchungsabteilung schätzte auch Beobachtungsvorgänge strafrechtlich ein. Das spielte in den früheren Jahren vor allem angesichts eines generell geringeren MfS-Ausbildungsgrades eine Rolle, war aber bis ins letzte MfS-Jahr praktiziert. In den 50er Jahren enthielten solche Einschätzungen auch Hinweise für die Weiterführung konspirative Beobachtungen, vor allem dann, wenn ein OV in seinen Bearbeitungszielen „festgefahren“ war.

Ein klassisches Beispiel solcher Einschätzungen ist der – hier einmal ausführlich zitierte – Bericht des Hauptsachbearbeiters Hoffmann Ende 1958 zum Gruppenvorgang 36/58 „Fortschritt“:

> *„Im obigen Vorgang tauchten im Jahre 1956 und Anfang 1957 in Kleinballhausen eine Reihe von Losungen auf, die auf der Linie der Wühltätigkeit des ‚Ostbüros der SPD' in der DDR liegen und darauf gerichtet sind, die Partei der Arbeiterklasse zu verleumden und der DDR einen erheblichen ideologischen und politischen Schaden zuzufügen.*
> *Diese Losungen haben feindlichen Charakter und sind eindeutig als staatsgefährdende Propaganda und Hetze im Sinne des § 19(2) StEG einzuschätzen.*
> *Es dürfte nach dem vorhandenen Material auch nicht schwerfallen, dem Täter oder den Tätern auf Grund der objektiven Seite auch die subjektive Seite der verbrecherischen Handlungen nachzuweisen. ...*
> *Im sozialistischen Strafrecht gibt es jedoch auch gesetzliche Bestimmungen, die eine Strafbarkeit*

Fenster und äußere Tür eines typischen Verhörzimmers, Fotos: Herz, 2006.

von verbrecherischen Handlungen ausschließen ...Die Möglichkeit der Anwendung dieses § 9 besteht auf Grund der Tatsache, dass die Tatausführung schon ca. 2 Jahre zurückliegt und seit Januar 1957 keine Hetzlosungen in Kleinballhausen wieder auftauchten. ...
Auf Grund des Briefes der Republikflüchtigen ... ist mit großer Wahrscheinlichkeit anzunehmen, dass der Empfänger X einer der Täter ist. Da mehrere Täter die Schmierereien anbrachten, ist mit hoher Wahrscheinlichkeit anzunehmen, dass die engeren Bekannten ... als Mittäter oder zumindest als Mitwisser in Frage kommen. (Da Mitwisserschaft nach § 19 StEG nicht strafbar ist, wäre ein Mitwisser nur als Zeuge zu verwenden.)
Es gibt ... einige Momente, die die Anwendung des § 9 StEG ausschließen würden ... Andere Umstände weisen wiederum darauf hin, dass die Möglichkeit der Anwendung des § 9 StEG gegeben ist.
... wird deshalb vorgeschlagen, den Operativ-Vorgang noch einige Zeit in der Richtung weiter zu bearbeiten, um konkrete Beweise dafür zu schaffen, dass die drei genannten Personen weiterhin im feindlichen Sinne in Erscheinung treten. Es ist ratsam, das inoffizielle Material konkreter abfassen zu lassen. Die Redewendung: Führt schlechte Diskussionen zu unserer Entwicklung, kann nicht viel nützen. ...
Der Brief aus Essen kann als Beweismittel Verwendung finden, jedoch nur im äußersten Notfalle. In jedem Falle ist die Abteilung IX bereit, alle Maßnahmen durch evtl. Vernehmungen zu unterstützen."[126]

Eine letzte solche „strafrechtliche Einschätzung" verfasste die Hauptabteilung IX noch im Herbst 1989 über den „Brief aus Weimar an die CDU" – mit dem Resümee, dass die im Brief genannten Forderungen für Wahlfreiheit, Demokratie und Reisefreiheit „*die verfassungsmäßigen Grundlagen der DDR angreifen*", dass bei entsprechend nachgewiesenem Herstellungsziel eine „staatsfeindliche Hetze" vorläge und dass sogar wegen bloßen Weiterreichens des Briefes Geldstrafen über 500–1000 Mark verhängt werden können.[127]

2. Vernehmungen Nichtinhaftierter

Die Mitarbeiterschaft der Abteilung IX wurde nicht nur tätig gegen diejenigen Staatsgegner, Andersdenkenden oder Fluchtwilligen, die man offen kriminalisierte und verurteilte, sondern auch gegen Andersdenkende, die die Staatssicherheit lieber mit Methoden der „Zersetzung" einschüchtern, irritieren und bekämpfen wollte. Die Untersuchungsabteilung beteiligte sich daran in Form von Vernehmungen nicht-inhaftierter Andersdenkender, die entsprechend eingeschüchtert werden sollten. (Auch der in der Geraer MfS-Haft zu Tode gekommene Matthias Domaschk war vor diesem Hintergrund inhaftiert und verhört worden.)

Derartige Verhöre wurden in der Regel „im Auftrage" der OV-bearbeitenden MfS-Abteilungen geplant, über Chef-Ebenen festgelegt und durch einzelne Vernehmer dann realisiert.

Im Erfurter Jahresbericht wird dies 1987 so umschrieben:

> *„Die Abteilung IX beteiligte sich 1987 mehrfach an operativen Zersetzungsmaßnahmen. ... insbesondere durch Verdachtsprüfungen in Form von Befragungen mit Angehörigen von Gruppierungen, zu denen Hinweise auf Zusammenrottung oder Organisieren gemeinsamer Aktionen zur Durchsetzung von Übersiedlungsersuchen vorlagen, gelang es, in diese Gruppen Umsicht hereinzutragen und eine Differenzierung des aktiven Kerns der Mitläufer zu erreichen."*[128]

3. öffentliche Strafrechts-Agitation

Als „Öffentlichkeitsarbeit" galten die "Aussprachen" an den Arbeitsplätzen der Beschuldigten. Mit "verantwortlichen Funktionären" und „Arbeitskollektiven" wurden die Strafverfahren feindideologisch besprochen und die Beschuldigten miesgemacht. Diese Aussprachen führten zumeist die Staatsanwälte und MfS-Untersuchungsmitarbeiter gemeinsam durch.

1987 kam es beispielsweise zu 41 Kollektiv- und 9 Funktionärsaussprachen, in denen

> *„die Ursachen und Hintergründe der Straftaten erläutert und ein Überblick über die begangenen strafbaren Handlungen gegeben* [wurde], *wobei in stärkerem Maße versucht wurde, die Teilnehmer auf die Bedeutung der Beseitigung von begünstigenden Bedingungen sowie die Durchsetzung einer höheren Ordnung und Sicherheit in ihren Arbeits- und Tätigkeitsbereichen hinzuweisen."*[129]

Dies diente propagandistischen und rechtserzieherischen Zwecken und wurde nur bei entsprechend "geeigneten Fällen gemacht.

Oftmals aber waren solche "Aussprachen" – auch aus der Sicht der MfS-Mitarbeiter selbst – auch eher kontraproduktiv, aufgrund einer ablehnenden Bevölkerungshaltung zum politischen Strafrecht in der Bevölkerung

Untersuchungsleiter Wagner klammerte Arbeitskollektiv-Diskussionen in den 80er Jahren sogar für die Mehrzahl der Strafverfahren („Landesverräterischer Treuebruch", „Staatsfeindliche Verbindungen", „Ungesetzlicher Grenzübertritt", „Beeinträchtigung staatlicher oder gesellschaftlicher Tätigkeit", „Ungesetzliche Verbindungsaufnahme") aus, weil *„oftmals nur ein geringer Effekt erreicht* [wird], *was auch auf die Haltung eines Teils der Werktätigen zu den Deliktkategorien zurückzuführen ist. In der Regel dominieren nach klassische Vorstellungen von kriminellen Handlungen."*[130] Wagner und seine Untersuchungsführer wussten, dass Grenzverletzer unter Kollegen zwar unbeliebt waren wegen der damit einhergehenden kollektiven „Unannehmlichkeiten", dass aber die staatliche Praxis „Erst verurteilt – dann frei kaufen" von der Bevölkerung verabscheut wurde. Auch von zentraler Ebene kamen immer häufiger Verbote solcher Kollektivaussprachen – zum Beispiel 1988 hinsichtlich aller Verfahren gegen Ausreise-Antragsteller, die mit dem Strafparagraphen „Beeinträchtigung staatlicher Tätigkeit" kriminalisiert wurden[131].

4. Informationsgewinnung im Verhör

Die Verhörziele vieler Strafverfahren waren nicht beschränkt auf die Strafvorwürfe, Handlungsumstände und Motive der verhörten Gefangenen, sondern zielten immer wieder auch

5. Zahl der weiteren untersuchten Vorkommnisse davon 39 000018
- durch Referat Vorkommnisuntersuchung 28
- durch vorgangsführende Referate 11

Einsätze	Zahl der untersuchten VK	davon Anwendung § 95 StPO	davon im Zusam.-wirken mit VP	Zahl der geklärten und abgeschlossenen VKU	geklärt als: Staatsverbrechen	allgemeine Kriminalität	ermittelte Täter	EV MfS	keine Straftat	ungeklärt abgeschlossen	noch in Bearbeitung bei Linie IX
S..iererereien/Flugschr./ ..v.-demonst. Handlug.	11	15	10	11		9	1	9	2		
Brände/Explosionen/ Störungen/Havarien											
sonst. VK soz. Eigent./ Volkswirtschaft											
Staatsgrenze/grenzüberschreitender Verkehr	21	8	8	21		17	1	18	4		
Transitwege											
Landesverrat/Geheimnisschutz											
Militärtechnik/Waffen	1		1	1							
sonst. VK Landesvert./ innere Sicherh. MfS											
Angehörige GSSD	1		1	1		1					
Le..n/Gesundheit											
pers. und privates Eigentum	2		2	2							
sonstige Vorkommnisse	3	2	1	3		2					
insgesamt	39	25	23	39		29					

II. Verantwortung der Abteilung IX

1. Zu den vorgelegten operativen Materialien ist durch die Abteilung IX eine strafrechtliche Einschätzung zu erarbeiten, mit konkreten Aussagen über

- die strafrechtlichen und strafprozessualen Voraussetzungen sowie Realisierungsmöglichkeiten der vorgeschlagenen Abschlußvarianten.
- Anforderungen an die zu schaffenden Beweismittel und die zu erarbeitenden Fakten zur Täterpersönlichkeit.
- Erfordernisse und Möglichkeiten der Herauslösung von IM, Offizialisierung von inoffiziellen Beweismitteln und zu weiteren spezifischen Fragen der Gewährleistung der Konspiration und Geheimhaltung der operativen Kräfte, Mittel und Methoden im Strafverfahren.

Im Ergebnis der Einschätzung sind konkrete Vorschläge zur Abschlußart bzw. zur weiteren politisch-operativen Bearbeitung des Materials zu unterbreiten.

Alle strafrechtlichen Einschätzungen der Abteilung IX tragen nach meiner Bestätigung Weisungscharakter.

rechts: Auszug aus Arbeitspapieren des Abteilungsleiters, oben: Statistik der "Vorkommnisbearbeitung" 1986 der Abteilung IX, BStU Erfurt, Abt. IX.

auf das (offene oder heimliche) „Abschöpfen" von anderweitigen Kenntnissen der Verhörten. (s. Kapitel 5 und 11)

Die Abteilung IX sah ihren Beitrag an der gesamten Bevölkerungs-Überwachung u.a. darin, *„die Möglichkeiten in den Ermittlungsverfahren real auszuschöpfen, um den Informationsbedarf der Diensteinheit zu realisieren"*, wie Untersuchungsleiter Wagner Anfang 1989 als längst gewohnte Zielstellung formulierte.[132]

5. Ermittlungsverfahren ohne Haft

Die Vernehmer/Untersuchungsführer bearbeiteten Untersuchungsverfahren auch dann, wenn man des „Täters" nicht habhaft wurde – sei es,

1. dass dieser bekannt, aber geflüchtet bzw. untergetaucht war
2. dass dieser unbekannt war,
3. dass eine Handlung eines Unbekannten entweder politische Motive oder sicherheitspolitische Aspekte haben könnte und daher zunächst näher analysiert und eingeschätzt werden müsse.

Die Arten dieser verschiedenartigen Ermittlungsverfahren bedeutete zwar eine völlig verschiedene Bearbeitung, aber ihre Grenzen waren – je nach der momentan aufgeklärten Sachlage – fließend. So konnte aus einer Vorkommnisuntersuchung jederzeit eine Fahndung werden, aus einer Ermittlung „gegen unbekannt" ein Untersuchungsvorgang mit Verhören und Gerichtsprozess.

Die MfS-Untersuchungsabteilungen strukturierten sich offenbar, so dass bestimmte Ermittlungsverfahren und „Vorkommnisse" durch jeweils spezialisierte Mitarbeiter bearbeitet und dann bei Bedarf intern weitergegeben wurden.

Von den 187 Ermittlungsverfahren des Jahres 1963 waren 47 ohne Haft, die Zahlen von 1962 waren annähernd gleich[133]. Das war immerhin etwa ein Viertel aller von der Abteilung IX bearbeiteten Einzelvorgänge.

5a. Ermittlungsverfahren mit Fahndung

1983 waren 18 von 189 Ermittlungsverfahren „mit Fahndung" verbunden – also etwa jedes zehnte.[134] IZumeist waren das Ermittlungsverfahren zu Bürgern, denen eine Flucht in den Westen gelungen war oder die von einer genehmigten Westreise nicht zurückkamen.

Die Untersuchungsabteilung definierte die "Tat" als politische Straftat, löste eine "Fahndung" aus, übergab den Fahndungsauftrag an andere MfS-Strukturen (X, später VIII, VI, M) und die Polizei und legte das Verfahren bei sich selbst vorerst ad acta – bis der betreffende festgenommen und in die mfS-Haft eingeliefert wurde.

In den 50er Jahren gerieten immer wieder „Rückkehrer" aus den Westzonen im Aufnahmeheim Eisenach in die Fänge der Staatssicherheit und mancher Geflohene kam noch Jahre später vor Gericht oder wurde zu Zugeständnissen diverser Art (wie Spitzeltätigkeit) erpresst.

Bis in die 80er Jahre erfolgte durch andere MfS-Bereiche erfolgte die Beobachtung von Flüchtlingen und deren DDR-Rückkontakte, um bei glücklosen Flüchtlingen durch Straffreiheits-Angebote eine Rückkehr in die DDR zu begünstigen.[135]

In den 50er Jahren gerieten immer wieder „Rückkehrer" aus den Westzonen im Aufnahmeheim Eisenach in die Fänge der Staatssicherheit und mancher Geflohene kam noch Jahre später vor Gericht oder wurde zu Zugeständnissen diverser Art (auch Spitzeltätigkeit) erpresst.

5b. Ermittlungsverfahren gegen Unbekannt

Die politische Strafverfolgung trat auch in Aktion, wenn politische Handlungen bekannt wurden, ohne Hinweis auf den oder die „Täter".

In den Jahren nach dem Volksaufstand vom 17. Juni registrierte die Erfurter Staatsicherheit Monat für Monat derartigeFälle: Flugblätter, „F"-Symbole, Plakataktionen, politische Postsendungen, Briefkasteneinwürfe, anonyme Anrufe gegen besonders unbeliebte Funktionäre und dergleichen mehr. Die Meldungen kamen meist von der Polizei, aber die Bearbeitung oblag generell der Staatssicherheit.

Die Ermittlungen zum genannten anonymen Protest-Geschehen lag nur teilweise bei der Untersuchungsabteilung, sondern galt – laut stenografisch verkürzter Arbeitsvorlage 1983 – als Aufgabe der MfS-Abteilung XX:

> *„Bekämpfung anonymer schriftlicher Gewaltandrohungen, ungeachtet, welcher Art, ist durch die Abt. XX/2 federführend zu gewährleisten; Einbeziehung der AG XXII, der SK, der territorialen DE und bessere Nutzung der Fahndungsmöglichkeiten der Diensteinheiten M und PZF erforderlich; sichern"*[136]

Demnach sollte also in derartigen Fällen lediglich die Spezialkommission der Untersuchungsabteilung kriminaltechnische Zuarbeit leisten.

In anderen Fällen kam es zu paralleler Zusammenarbeit von Untersuchungs- und Fachabteilung: Brände und Havarien wurden gemeinsam mit der Bezirksabteilung XVIII, anonyme Anrufe mit der Abteilung XXII, die auch einen „Tonspeicher" führte, und Stimmermittlungen mit der zentralen MfS-Abteilung 32.

Die Mitarbeiter der Erfurter Untersuchungsabteilung führten in Einzelfällen kriminalistische Ermittlungen gegen Unbekannt. Das konnte auch Tötungsverbrechen betreffen, wie z.B. 1987 in einem derartigen Fall.[137]

6. Spezialkommission

Das Referat 6 der Untersuchungsabteilung nannte sich „Spezialkommission" – sie war auf kriminaltechnische Arbeiten und Zuarbeiten spezialisiert und arbeitete in diesem Sinne nicht nur eigenständig an Vorgängen, in denen Tatspuren im Mittelpunkt standen, sondern auch auftragsgemäß für Grenzuntersuchungen der Untersuchungsabteilung sowie andere Abteilungen.

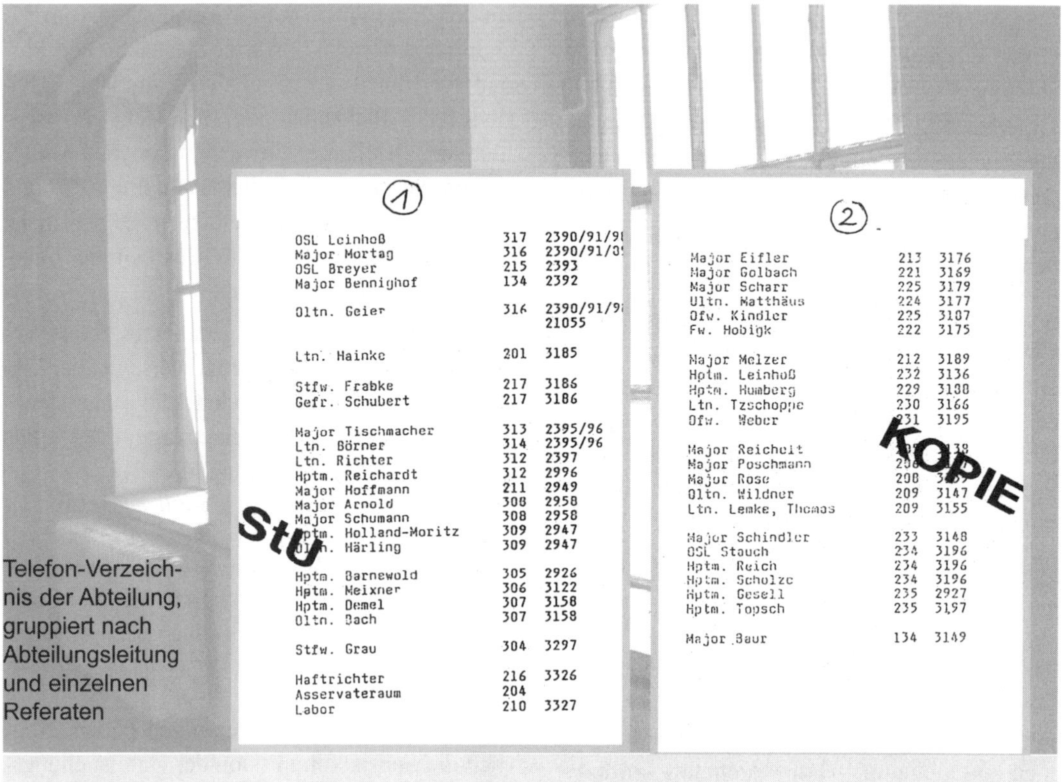

Telefon-Verzeichnis der Abteilung, gruppiert nach Abteilungsleitung und einzelnen Referaten

Die Spezialkommission untersuchte „Tatorte“ spurentechnisch, nutzte und betreute Schriftenvergleichskarteien und Geruchsprobensammlungen. Bei Bränden etc. erfolgte eine Zusammenarbeit mit der Polizei-Kriminaltechnik.

1987 befasste sich die Spezialkommission mit 97 „Fällen“, davon 23 zur Grenze, 12 im Zusammenhang mit der Sowjetarmee, 12 Bränden/ Havarien.[138] Im Folgejahr 1988 waren es 51 „Fälle“, darunter ein Brandflaschenwurf auf die Stasi-Kreisdienststelle Heiligenstadt.[139] Die Untersuchungsergebnisse der Spezialkommission wurden an den Geschehensorten (Betriebe, Grenzabschnitte, Objekte u.ä.) auch offiziell ausgewertet *„und somit vorbeugend darauf eingewirkt, dass sich gleichartiges nicht wiederholt.“*[140]

7. Untersuchungen im Grenzgebiet

Systematisch und intensiv ermittelte die Untersuchungsabteilung in Sachen Staatsgrenze. Ausgangsinformationen (meist von der Grenzpolizei, später der NVA-Grenztruppen kommend) waren zum Beispiel Fußspuren, zerschnittene Drähte, zurückgelassene Leitern. Auf diese Untersuchungen waren die Referate 4 (Grenzdelikts-Ermittlung) sowie 6 (Spezialkommission und Einsatz von Kriminaltechnik) spezialisiert. Oft gab es Überschneidungen in der „Vorkommnis“-bearbeitung beider Referate, die auch in ihren Fallstatistiken eng miteinander verwoben waren.

Bei Spuren und Ereignisgeschehen im Grenzraum gab es eine Zusammenarbeit mehrerer Staatssicherheits-Stellen, wie das bereits erwähnte Arbeitspapier im Telegrammstil benannte: *„bei Grenzdelikten ... komplexer Einsatz IX/SK, Führungsoffizier BKG, Ref. Grenzsicherung KD und HA I“*, *„SK dann einsetzen, wenn es Spuren im Handlungsraum gibt, egal ob sie auch wieder fremdwärts führen“*.

Die Vorkommnis-Untersuchungen des Referates 4 in Sachen Staatsgrenze bezogen sich nur teilweise auf die Fall-Aufklärung. Hier ging es statt desen vor allem um die Analyse von Grenzverletzungenen mit dem Ziel, Vorschläge zur künftigen „Verhinderung" zu unterbreiten, Schlupflöcher zu finden und um daraufhin perspektivisch *„Maßnahmen ..., mit denen zumindest am gleichen Objekt weitere schädliche Auswirkungen verhindert werden"*[141] einleiten zu können.

8. weitere Untersuchungen

Untersuchungen und Ermittlungen der Abteilung IX bezogen sich mitunter auch auf Täter" oder Beteiligte aus bestimmter Personenkreisen. Von der Polizei wurden generell Verfahren übernommen, in denen sowjetische Militärpersonen direkt oder indirekt beteiligt waren (Innenminister-Weisung 033/81), ein Personenkreis mit besonderem Fachwissen oder Militärwissen oder auch Verwandte höherer DDR-und SED-Funktionäre tangiert wurden.

In einer Jahresanalyse wurden die Arbeitsinhalte 1985 so beschrieben:

> *„Im Mittelpunkt des Vorkommnisgeschehens stand die Untersuchung von Bränden, Störungen/Havarien, von Straftaten gegen Leben und Gesundheit sowie von kriminellen Handlungen durch Angehörige der GSSD. "*[142]

Die Vernehmer und Untersuchungsführer (also alle Referate 1-4) untersuchten 1985 insgesamt 39 Vorkommnisse. Hauptformen der Vorkommnisaufklärung waren: Befragungen, Zeugenvernehmungen.[143] 1986 wurden knapp 40 „Vorkommnisse" untersucht, 1987 27.[144]

Eine besondere Mitarbeitergruppe für Vorkommnisuntersuchung gab es seit den 60er Jahren. Personalaufstockungen führten zur teilweisen arbeitsorganisatorischen Trennung von Vernehmungs-Strafverfahren und solchen, die mit dienstlicher Reisetätigkeit verbunden waren.

9. Kontrolle, Anleitung und Austausch von Kriminalpolizei-Ermittlungen

Die Abgrenzungen zwischen Strafermittlungen durch die Polizei und die Staatssicherheit waren vage und auch politische Strafverfahren (besonders Fluchtverfahren) wurden zu einem sehr beachtlichen Prozentsatz von Polizisten bearbeitet – besonders von Angehörigen des Dezernates II der Erfurter Bezirks-Kriminalpolizei, das – ebenso wie das Dezernat I – offenbar vom MfS als Polizei-Struktureinheit geschaffen war und beherrscht wurde.[145]

Zwar war die MfS-Bezirksabteilung VII im eigentlichen Sinne zuständig für die DDR-Polizei, deren Personal und deren Arbeit, aber einschlägigere Kontrollen und Arbeitskontakte zu den Strafermittlungsverfahren gegen „allgemeine Sicherheit" und „staatliche Ordnung" liefen auch auf der Ebene von Polizeidezernat II – Untersuchungs-Referat 4. Eine Schlüsselrolle auf dieser Ebene hat in den 80er Jahren auch der Polizei-Dezernatsleiter Focke selbst gespielt – er war als „OibE"[146] zugleich regulärer, gutbezahlter MfS-Mitarbeiter, in dieses Referat fest integriert und erhielt 1989 eine Auszahlung von 31.500 Mark (die vierthöchste der gesamten Untersuchungs-Mitarbeiterschaft).

10. Referat 5 – Auswertungen und Speicher

Wie jede andere vorgangsbearbeitende MfS Bezirksabteilung hatte auch die Erfurter Untersuchungsabteilung mehrere „Auswerter", die Arbeitsunterlagen, Karteien und das Tonbandarchiv führten, den Kontakt zu den Zentralen MfS-Speichern und zur Bezirksabteilung XII vermittelten, „Suchaufträge" etc. weiterleiteten oder beantworteten und die Arbeitsberichte und Materialien für die Abteilungsleitung, die Hauptabteilung und „Linie" IX oder den Bezirks-Chef zusammenstellten.

Ausbildung der Vernehmer bzw. Untersuchungsbearbeiter

Eine juristische Ausbildung war in den früheren Jahren der Staatssicherheit noch eher die Ausnahme. Die Mitarbeiter, die in den 50er Jahren hier tätig wurden, hatten auch kaum eine anderweitige Ausbildung, mitunter nicht mal die mittlere Reife und erhielten in der Regel erst in späteren Dienstjahren diverse Lehrgänge und Ab-

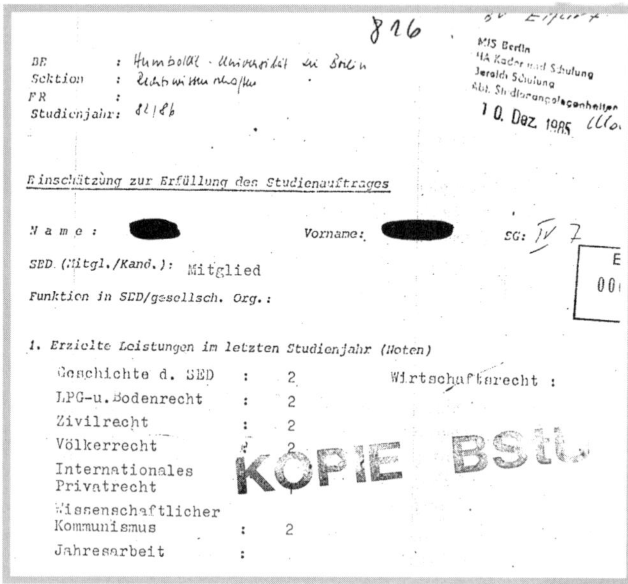

816

MfS Berlin
HA Kader und Schulung
Abt. Studienangelegenheiten
10. Dez. 1985

DE : Humboldt-Universität zu Berlin
Sektion : Rechtswissenschaften
FR :
Studienjahr: 81/86

Einschätzung zur Erfüllung des Studienauftrages

Name : [redacted] Vorname: [redacted] SG: IV 7

SED (Mitgl./Kand.): Mitglied

Funktion in SED/gesellsch. Org.:

1. Erzielte Leistungen im letzten Studienjahr (Noten)

Geschichte d. SED	2	Wirtschaftsrecht	
LPG-u. Bodenrecht	2		
Zivilrecht	2		
Völkerrecht	2		
Internationales Privatrecht			
Wissenschaftlicher Kommunismus	2		
Jahresarbeit			

KOPIE BStU

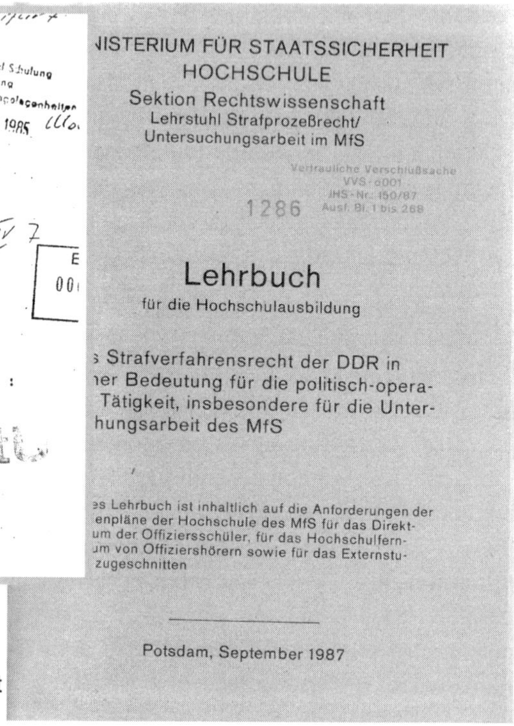

MINISTERIUM FÜR STAATSSICHERHEIT
HOCHSCHULE
Sektion Rechtswissenschaft
Lehrstuhl Strafprozeßrecht/
Untersuchungsarbeit im MfS

Vertrauliche Verschlußsache
VVS-o001
JHS-Nr.: 150/87
Ausf. Bl. 1 bis 288

1286

Lehrbuch

für die Hochschulausbildung

Das Strafverfahrensrecht der DDR in seiner Bedeutung für die politisch-operative Tätigkeit, insbesondere für die Untersuchungsarbeit des MfS

Das Lehrbuch ist inhaltlich auf die Anforderungen der Studienpläne der Hochschule des MfS für das Direktstudium der Offiziersschüler, für das Hochschulfernstudium von Offiziershörern sowie für das Externstudium zugeschnitten

Potsdam, September 1987

rechts: Lehrmaterial der MfS-Hochschule Potsdam,
oben: Studieneinschätzung der Humboldt-Universität über einen Direktstudenten der Erfurter Abteilung IX

schlüsse, die ihnen dann allerdings auch schnell den Aufstieg in höhere Offiziersebenen des MfS ermöglichten.

Für Leitungsposten legitimierte anfangs ein längerer Besuch der MfS-Bezirksparteischule.[147] Solche Parteischulabschlüsse waren später auch Studienvoraussetzung für jene, die kein Abitur hatten. Mitte der 60er Jahre trat für den Abteilungsleiter Boller, seinen Stellvertreter und die Referatsleiter eine Qualifizierung als Diplomjuristen auf dem Fernstudienweg auf den Plan.[148]

Die Kader- und Schulungsabteilung der Bezirksverwaltung organisierte in Erfurt regelmäßige Fortbildungen und „Breitenschulungen". So stand im März 1958 für alle Mitarbeiter eine Fortbildung über *„Staatsverrat und die Angriffe gegen örtliche Organe der Staatsmacht"* auf dem Plan. Ein Vernehmer musste anhand von „Lehrbriefen" lernen, für andere gab es einen kürzeren Speziallehrgang für Volkswirtschafts-Strafbearbeitung usw.

Haftformen der Ausbildung waren noch in den 60er Jahren drei-/viermonatige „Qualifizierungslehrgänge" oder aber aufgabenbezogene Speziallehrgänge in der Hauptabteilung IX einerseits und die praktische, alltagsbegleitende Ausbildung vor Ort (z.B. 1962 in Form eines *„Zirkels zur Aneignung elementarer Rechtskenntnisse"*) andererseits. Die neu eingestellten Untersuchungsoffiziere brachten bei Dienstantritt jetzt zumeist schon ein Abitur mit.

Im 1. Halbjahr 1964 wurden folgende Ausbildungsthemen in Dienstversammlungen in Erfurt besprochen[149]:

Anwendung kriminalistischer Methoden,
Straftatbestände und Grenzdelikte,
Anwendung psychologischer Kenntnisse in der Vernehmungsarbeit,
Abfassung von Schluss- und Sachberichten,
gesellsch. Wirksamkeit der Strafverfahren.

Weitere folgten über die Grundlagen der Kriminalistik, das künftige Strafgesetzbuch nebst Strafprozessordnung (von 1968). Verantwortlich für diese Dienstschulungen war der Vernehmer Werner Lorenz.

In den 70er Jahren verfügten neu eingestellte Vernehmer zumeist über ein Staatsexamen für „Staat und Recht". In späteren Kaderplänen war als erforderliche Qualifikation der Qualifikationsgrad „Hochschuljurist" vorgesehen.

Insgesamt verfügten 1988 etwa 12 Prozent aller MfS-Angehörigen über einen Hochschulabschluss (außer den Vernehmern waren dies sonst fast ausschließlich leitende MfS-Mitarbeiter). Aus Sicht ihres Bildungsabschlusses zählten die Untersuchungsführer demnach zur MfS-„Elite" der Bezirksverwaltungen.

Viele Vernehmer bzw. Untersuchungsführer hatten den Abschluss für ihre *„rechtswissenschaftlich-operative Dienststellung*" an der mfs-eigenen Hochschule in Potsdam erhalten. Andere hatten ein normales DDR-Rechtsstudium an der Humboldt-Universität Berlin absolviert. Sie waren zum Ausbildungsbeginn bereits MfS-Mitarbeiter und ihre Kaderperspektive in der Untersuchungsabteilung bereits anvisiert.

Das Studienprogramm enthielt neben ideologischem Drill und der Rechtsausbildung auch Lehrstunden zur IM-Arbeit, zur Psychologie und zu „spezifischen Mitteln" der Personenbearbeitung. Die Vernehmer eigneten sich parteipolitische Grundbegriffe an – von „Täterpersönlichkeiten", „subversiven Feinden" etc. – und schulten sich im Freund-Feind-Denken.

Die Themen der Diplom-Abschlussarbeiten[150] von Erfurter Vernehmern zeichnen auch ein Bild inhaltlicher Schwerpunkte der Strafverfolgung:

1969 – Mitte der 70er Jahre

Beweisführung für objektive und subjektive Tatbestandsmerkmale der schriftlichen staatsfeindlichen Hetze,
Zusammenwirkens der MfS-Diensteinheiten ... bei strukturbestimmenden Investitionsvorhaben,
Täter-Brandobjekt-Beziehungen.

Probleme der strafrechtlichen Beweisführung bei Verbrechen des staatsfeindlichen Menschenhandels unter Missbrauch des Territoriums der CSSR,
Bekämpfung staatsfeindlicher Terror- und Diversantengruppen in der Volkswirtschaft,
Zusammenwirken der Linien IX und XVIII zur Bekämpfung von Feindtätigkeit gegen bedeutsame Industriebetriebe,
Tätigkeit der Untersuchungsorgane im Zusammenhang mit besonderen Vorkommnissen in der zivilen Luftfahrt
kriminalistische Untersuchungsmethoden bei der Tötung durch Gift,
Erfahrungen bei ... Widerrufen der Aussagen Beschuldigter und mit vernehmungstaktischen Problemen bei BRD-Bürgern.

Anfang der achtziger Jahre –

Anforderungen an die Beweislage und die Notwendigkeit der straftatbezogenen Beweisführung gegen Übersiedlungsersuchende,
Aufgaben der Bekämpfung und Zurückdrängung von Kfz-Diebstählen,
Öffentlichkeitsarbeit der Untersuchungsabteilungen bei ungesetzlichen Grenzübertritten,
Spurenkomplexe ausgewählter Handlungsabläufe
Methoden der Erschütterung destruktiven Aussageverhaltens Beschuldigter durch Suggerieren sicherer Beweisführungsmöglichkeiten.

In den letzten Jahren des MfS –

Paragraphen 185/186 (Brandstiftung)
Arbeit mit Versionen im Beweisführungsprozess,
Ermittlungsverfahren wegen des Verdachts der Vorbereitung einer rechtswidrigen Nichtrückkehr von einer Touristenreise.

An der Sektion Kriminalistik der Berliner Humboldt-Universität wurden ebenfalls Untersuchungs-Offiziere ausgebildet. Es handelte sich um Studiengänge *„mit speziellen Zulassungsbedingungen*" – man wollte ja schließlich nicht aus Versehen einem normalen Bürger die Raffinessen staatlichen Terrors gegen Andersdenkende beibringen. m Sommer 1989 entstand in Zusammenarbeit von Kriminalistik-Professoren und „delegierenden Einrichtungen" – also dem MfS – dafür noch ein neuer Studienplan für die Untersuchungsführer-Ausbildung[151]:

Arbeitszimmer und Domplatz-Blick der Leitung der Untersuchungsabteilung, Fotos: Herz, 2005

„Die Ausbildung ist dabei so konzipiert, daß die Studenten mit neusten Entwicklungen auf dem Gebiet von Wissenschaft und Technik, soweit sie für die kriminalistische Arbeit bedeutsam sind bzw. bedeutsam werden könnten, vertraut gemacht werden. In der rechtswissenschaftlichen Ausbildung sind die Fähigkeiten zur selbständigen Arbeit mit dem Recht einschließlich der selbständigen Klärung von Rechtsfragen und zur Aneignung neuer rechtlicher Regelungen sowie zur überzeugenden Arbeit mit den Bürgern herauszubilden.

Die Studenten müssen über eine reiche geistig-kulturelle Bildung und hohe Sprachkultur verfügen. Dazu gehört die Ausprägung der Fähigkeit, logisch und in klarer und verständlicher Sprache mit zwingenden Argumenten überzeugend und mobilisierend wirken zu können."

Oder verkürzt ausgedrückt: sie sollen zugleich Kriminalisten, Kriminaltechniker, Strafrechts-Juristen und taktisch sowie psychologisch raffinierte Vernehmer werden. Studienvoraussetzung war *„eine Delegierung der Schutz- und Sicherheitsorgane der DDR"*. Die Lehrgebiete der Ausbildung hießen nun:

marxistisch-leninistische Staatstheorie, Staatsrecht, Strafrecht und Strafverfahrensrecht, allgemeine Kriminalistik-Theorie, kriminalistische Informatik, Psychologie für Kriminalisten, naturwissenschaftlich-technische Kriminalistik/Kriminaltechnik, Kriminaltaktik, Forensische Psychologie (inklusive Grundlagen für forensisch-psychiatrische Begutachtungen), Spezielle Kriminalistik, Forensische Medizin.

5. Zustandekommen von Strafverfahren – Inhaftierung – Erste Hafttage

„Zusätzliche Bedeutung für die politisch-operative Arbeit des MfS erhält die vorläufige Festnahme durch die ihr innewohnende Möglichkeit, sie als Abschlussvariante von OV/OPK zielgerichtet zu nutzen.“[152]

So heißt es 1987 in einem Strafrechts-Lehrbuch der MfS-Hochschule Potsdam. Die Passage mag die besondere Verquickung von Untersuchungstätigkeit mit Sonderstatus und Sonderfunktionen der Staatssicherheit verdeutlichen. Die Besonderheiten der strafrechtlichen Betätigung der Staatssicherheit zeigen sich nicht nur im Vergleich zur Polizei, sondern auch vor und mit Beginn der Inhaftierung politischer Gefangener.

1982 hatte es z.B. folgende Ausgangspunkte für Strafverfahren gegeben: 118 *„selbst eingeleitete“*, 15 von MfS-Operativ-Abteilungen und 14 von der Polizei übernommene.[153]

Zustandekommen der Strafverfahren

Wie entstanden die über 5700 Erfurter Strafverfahren im Einzelnen? Warum wurden gerade diese Menschen als „Täter“ verfolgt? Auf welchen Arbeitskanälen bekamen die Erfurter Vernehmer ihre Ansatzpunkte? Welche Entstehungsformen sind für einzelne Jahre typisch? ... – Mit dem Blick auf das Entstehen der Strafverfahren ließe sich vieles über die Praxis des Strafrechts vor Ort erhellen. Aufgrund des Quellenzugangs lassen sich dazu im Folgenden zumindest einige Streiflichter geben.

A. Zustandekommen: „auf frischer Tat“

1983 z.B. waren laut Berichtsnotiz des Erfurter Untersuchungsleiters weit mehr Inhaftierungen durch *„Anfall der auf frischer Tat Beschuldigten“* erfolgt als durch eigne Beobachtungstätigkeit (letztere 30%, s. u. unter B).[154]

Zu den selbst eingeleiteten Strafverfahren gehörten zuallererst Festnahmen im Zusammenhang mit Fluchtversuchen oder DDR-Rückkehr oder aber direkt bei oder nach offenen politischen Äußerungen oder Handlungen von Bürgern.

Die einzelnen Fälle sind diesbezüglich recht vielgestaltig. Verhaftungen „auf frischer Tat“ nahmen nicht nur MfS-Kommandos vor, sondern auch Grenztruppen, Polizisten oder die osteuropäischen Partner-Staatssicherheiten.

Zustandekommen: durch Volkspolizei

In den Anfangsjahren kamen die Ausgangspunkte für Untersuchungsverfahren – mitunter auch die Festnahmen – relativ oft aus den flächendeckenden Strukturen der Polizeiarbeit. (s. auch Kapitel 3) Nicht selten übernahm die Staatssicherheit erst die von der Polizei bereits Inhaftierten.

Politische Kritik wurde im Bezirk Erfurt in den frühen DDR-Jahren noch halbwegs offen geäußert, Ortspolizisten und Betriebspolizisten hatten entsprechende Informationskontakte. Polizeistreifen fanden Inschriften oder nahmen Wortführer fest. Grenzpolizisten griffen immer wieder Fluchtwillige auf.

Während des 17. Juni 1953 gab es kaum eine Verhaftung, die nicht (ganz oder teilweise) über Polizeistellen gelaufen war.

Im August 1960 hatte die Polizei mit 100 politischen Strafverfahren zu tun.

Im August 1961 berichtete die Erfurter Bezirks-Kriminalpolizei von 119 Hetze-Verfahren, 41 „Staatsverleumdungen“, 101 Fluchtverfahren. Die Septemberzahlen waren sogar noch etwas höher.[155]

Giebelseite des Zellentraktes mit den Zellengangfenstern der beiden MfS-Haft-Etagen, Foto: Herz2006

Auch später nutzte die Staatssicherheit ihre Zugriffsmöglichkeiten auf Polizeimeldungen.

Der letzte „Fall", den die Staatssicherheit von der Polizei übernahm, betraf die Arnstädter Demonstranten vom 7. Oktober 1989, die zunächst vom Kreispolizeiamt festgenommen und verhört worden waren.[156]

Zustandekommen: durch Denunziation

MfS-Strafverfahren entstanden auch aus Denunziationen – entweder durch Stasi-Spitzel oder auch durch Funktionäre, die am Biertisch, auf der Straße und anderswo mit politischer Kritik konfrontiert waren und sich nur allzu gern mit Hilfe brachialer Staatsmacht aus ihren Argumentationsnöten zu retten suchten.

Die Funktionärs-Denunziation spielte um den 17. Juni und vor 1961 eine größere Rolle als später, denn die Bürger äußerten ihre Meinungen aufgrund der stetigen Stasi-Repressionen bald immer vorsichtiger. Damit wuchs zugleich der "Wert" eines Spitzels.

Im Jahre 1948 hatte es vor der Erfurter 201-Strafkammer noch Strafverfahren gegen Denunzianten gegeben, die in der NS-Zeit für KZ-Haft oder Tötung Andersdenkender verantwortlich waren. Nur zehn Jahre später führten erneut Denunziationen vor die im selben Gerichtssaal tagende Strafkammer. Ein Energieverwaltungsangestellter wurde 1958 aufgrund der Meldung eines „Zeugen" im Erfurter Stasi-Hafttrakt weggesperrt:

„Am 23.10.1958 hatte der Zeuge Z, der seit September 1958 ... mit dem Beschuldigten zusammen arbeitete, einen vertraulichen Bericht über die von X betriebene Hetze übergeben. Die Abteilung III führte deshalb mit dem Zeugen Z eine Aussprache. Hierbei schrieb Z nochmals einen ausführlichen Bericht über die Hetze des X. Dadurch wurde beispielsweise folgendes bekannt: Als man eines Tages am Arbeitsort über den Film ‚Der stille Don' diskutierte und die ehemaligen zaristischen Verhältnisse anprangerte, äußerte der Beschuldigte: ‚Die SED-Bonzen oder die Russen in der DDR verhalten sich

nicht anders, sie treiben es teilweise noch schlimmer wie zu diesen Zeiten.' Als ihm von dem Zeugen widersprochen wurde, beharrte der Beschuldigte auf seiner Behauptung und sagte weiter, dass angeblich von Seiten der ,SED-Bonzen' Saufereien und ehebrecherische Handlungen durchgeführt würden, wie in keinen anderen Kreisen der Bevölkerung. Weiterhin äußerte X, dass Parteifunktionäre der SED keinen Finger krumm machen würden und aus diesem Grunde in den Betrieben überflüssig seien, denn sie würden nur Geld schlucken. Ferner ist durch den Zeugen Z bekannt geworden, dass der Beschuldigte ständig die von ihm gehörten Hetzsendungen des westdeutschen Rundfunks und Fernsehens im Betrieb verbreitete."[157]

Andere Beispiele aus dem gleichen Jahr sind bis heute aktenkundig:

Ein „Zeuge", der zwei Erfurter Arbeiter am Fischmarkt beim Abreißen einer roten Fahne beobachtet und sie unaufgefordert bei der Polizei angezeigt hatte.[158]

Ein Denunziant, der die Sondershäuser Stasi-Offiziere auf zwei Bauern aufmerksam gemacht hatte, die auf eine ähnliche politische Wende wie in Ungarn warteten und alle Funktionäre dann „aufknüpfen" wollten[159].

Auch die Schulleitung der Erfurter Berufsschule III betätigte sich denunziatorisch gegenüber einem Lehrling, der im Geschichtsunterricht die DDR-Politiker mit den Nazis verglichen, ihnen das Unterdrücken jeder Demokratie vorgeworfen und auf einen neuen 17. Juni gehofft hatte.

1957 hatte ein Nossener Lehrer bereits einen Reiseleiter aus Friedrichroda angezeigt, weil dieser den Reisegesellschaften politische Witze erzählte.[161]

Aktenkundig wurde die Rolle von Stasi-Informanten Ende 1957 in einem Hetze-Strafprozess gegen zwei Nordhäuser Arbeiter. Untersuchungs-Chef Rosulek war aber unzufrieden:

> *„Ebenso erschwert wurde die Untersuchung dadurch, dass die GI's* [=Informanten] *nicht im Zusammenhang berichteten, sondern nur bestimmte Äußerungen herausnahmen. Diese Berichte konnten auch nicht überprüft werden, da in der unmittelbaren Umgebung der Beschuldigten nur ein GI tätig war."*[162]

All diese Beispiele trugen sich innerhalb einer kurzen Zeitspanne zu. Sie ließen sich bei Durchsicht der Strafverfahren vielfältig erweitern.

Im Gesamtblick dürften Denunziationen von Funktionären, Bürgern oder Spitzeln wohl etwa jedes fünfzehnte Strafverfahren ausgelöst haben.

<u>Zustandekommen: durch Postkontrolle</u>

Manche Ermittlungsverfahren und Festnahmen waren unmittelbares Ergebnis der Postkontrolle durch die MfS-Abteilung M. Besonders im Zusammenhang mit Spionage-Strafverfahren bzw. der späteren §-106-Strafverfahren wegen „ungesetzlicher Verbindungsaufnahme" spielten derartige Postinformationen eine große Rolle – als Anfangsinformationen und Beweismittel gleichermaßen.

1957/58 wurde die Post eines Erfurters beschnüffelt und Papiere beschlagnahmt, weil er in Westbriefen die DDR kritisierte, die Versorgung etc. anprangerte und sich Geschenkpäckchen sowie Zeitschriften für einen Lesezirkel schikken ließ. Sein Strafprozess sollte nach den Plänen von Vernehmer Möller unter Erfurter Handwerkern propagandistisch ausgewertet werden.[163]

Und fast gleichzeitig fing die Abteilung M den Brief eines Weimarer Eisenbahners an den Untersuchungsausschuss freiheitlicher Juristen in Westberlin ab, in dem eine Geldsendung unter einem „Decknamen" erbeten worden war. Der Eisenbahner wurde als Spion eingesperrt und vom Vernehmer Gaida verhört.[164]

Die vermutlich erste MfS-Festnahme auf Basis einer Telefonüberwachung erfolgte im November 1959. Ein Arnstädter Privatunternehmer hatte längerfristige anonyme Anrufe bei „fortschrittlichen Bürgern" und bei der Kreisstaatssicherheit getätigt und die Angerufenen als „Kommunistenknechte" bezeichnet, deren Zeit nur noch kurz sei.[165]

Ein Eisenacher Schädlingsbekämpfer geriet 1961 deshalb in die Erfurter MfS-Haft, weil sei-

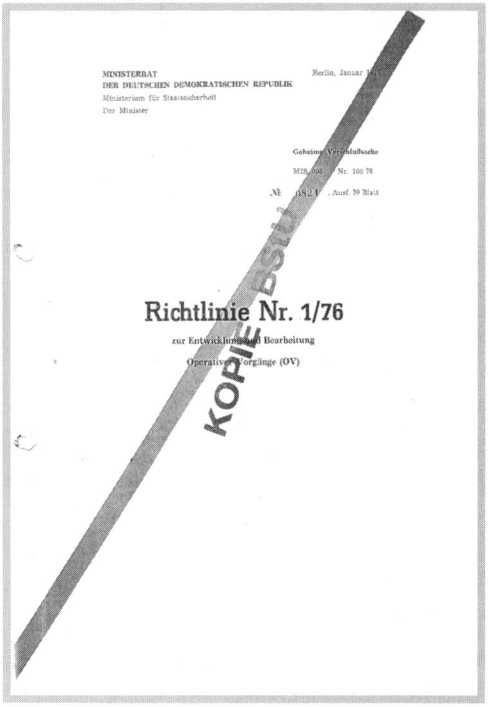
MINISTERRAT
DER DEUTSCHEN DEMOKRATISCHEN REPUBLIK
Ministerium für Staatssicherheit
Der Minister

Richtlinie Nr. 1/76
zur Entwicklung und Bearbeitung
Operativer Vorgänge (OV)

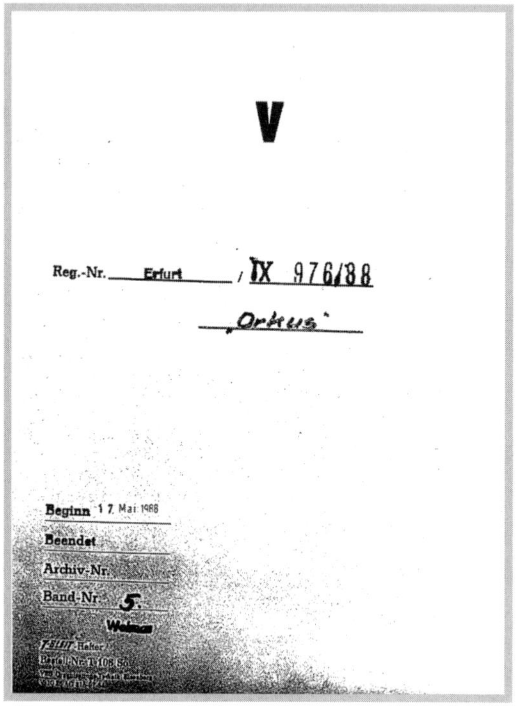
V

Reg.-Nr. Erfurt / IX 976/88
„Orkus"

Beginn 17. Mai 1986
Beendet
Archiv-Nr.
Band-Nr. 5.

ne Briefe mit Geheimtintenschrift nach Coburg und Erlangen geöffnet worden waren und die Bezirksabteilung II daraufhin eine Beobachtungsakte angelegt hatte.[166]

B Zustandekommen: über Operativakten

Es ist mittlerweile allseits bekannt, dass die Staatssicherheit ihre „Operativarbeit" immer wieder selbst mit dem Strafrecht zu legitimieren suchte. Die großen MfS-Dienstanweisungen über Inoffizielle Mitarbeiter (1/68, 1/79), Operative Vorgänge (1/76), Operative Personenkontrollen (1/81) betonen das allesamt.[167]

Bereits für die „*Entwicklung von Ausgangsmaterialien für operative Vorgänge*" mit IM-Hilfe ging es den MfS-Oberen um

> *„Hinweise auf die Verletzung konkreter Straftatbestände ... wie Landesverratsverbrechen und Geheimnisverratsdelikte; staatsfeindlicher Menschenhandel, ungesetzliches Verlassen der DDR; Sabotage- und Diversionsverbrechen, Vertrauensmißbrauch ... Straftaten gegen die allgemeine Sicherheit; Terrorverbrechen, Waffendelikte, Straftaten gegen Leben und Gesundheit; staatsfeindliche Hetze, staatsfeindliche Gruppenbildung sowie andere kriminelle Personenzusammenschlüsse, schwerwiegende Straftaten gegen die staatliche und öffentliche Ordnung, wie insbesondere Rowdytum, Zusammenrottungen."*[168]

Auch die „Operativen Personenkontrollen" waren laut Stasi-Minister Mielke zuallererst

> *„...auszurichten auf die Erarbeitung des Verdachts der Begehung von Verbrechen gemäß erstem und zweitem Kapitel des StGB — Besonderer Teil – oder einer Straftat der allgemeinen Kriminalität, die einen hohen Grad an Gesellschaftsgefährlichkeit hat und in enger Beziehung zu Staatsverbrechen steht bzw. für deren Bearbeitung entsprechend meinen dienstlichen Bestimmungen und Weisungen das MfS zuständig ist".*[169]

Es gab seit den 60ern zu einem Untersuchungsvorgang fast immer eine parallele Operativakte. Viele davon wurden erst mit der Festnahme angelegt und dienten dem illegitimen, konspirativen Ermittlungs-Vorgehen im MfS.

Mitte 1964 resümierte der Erfurter Untersuchungsleiter Boller, dass 40 Prozent aller Strafverfahren aus Operativvorgängen hervorkamen. Ein Zehntel aller Operativvorgänge wurde andererseits aber erst angelegt, als das MfS ein Strafverfahren bereits eindeutig beabsichtigte.[171]

Für 1983 heißt es in einem Arbeitspapier der Erfurter Untersuchungsabteilung *„die Realisierung operativer Materialien als Ausgangsmaterial für die Einleitung von Ermittlungsverfahren mit 30 %“*[172].

Zuletzt hatte dies für den Bezirk Erfurt folgende Dimension:

> *„Grundlage für die Einleitung von Ermittlungsverfahren bildeten*
>
> | | | |
> |---|---|---|
> | *1986* | *19 OV* | *60 OPK* |
> | *1987* | *9 OV* | *8 OPK* |
> | *1988* | *40 OV* | *10 OPK.“*[173] |

Die Zahlen schwanken stark. Da die Operativvorgänge auch zwei oder mehr Inhaftierungen betreffen konnten, kann man nur schätzen, dass 1986 und 1988 etwa 40-50 % der Gefangenen ihre Festnahmen solchen Operativbeobachtungen zu „verdanken“ hatten.

Mitunter schickten Kreisdienststellen ihr Beobachtungsmaterial direkt an die Abteilung IX zwecks Prüfung eines Strafverfahrens. Es sollte aber verhindert werden, dass diese Dienststellen unvollständig und oberflächlich arbeiteten und nicht sofort alle Möglichkeiten der Informations- und Beweissammlung ausreizten. So schickte Untersuchungs-Chef Boller im Februar 1961 z.B. einen von der Kreisdienststelle Arnstadt übersandten Operativvorgang mit dem Kommentar zurück:

> *„Es kann nicht angehen, dass jeder Kreisdienststellenleiter ohne die Vorgänge mit der Leitung der BV abzusprechen diese an die Abteilung IX selbständig übersendet. Dies würde zur Verletzung wichtiger Prinzipien ...* [wie] *Konspiration führen. ... Aus diesem Grund wird gebeten, den OV mit der Leitung der BV abzusprechen, wobei nach meiner vorläufigen Einschätzung auch über den evtl. Verdacht der Sammlung von Spionageinformationen durch die bearbeiteten Gastwirt zu sprechen wäre.“*[170]

Angemerkt werden soll hier nur kurz, dass *„die Abteilung IX ... durch strafrechtliche Einschätzungen, Stellungnahmen und in Beratungen Einfluß auf die Bearbeitung von OV/OPK nehmen“* konnte.[174] Die Untersuchungsabteilung hatte bereits seit 1950 einen Sonderstatus im MfS. Der zeigte sich auch aber auch noch in den letzten Jahren – z.B. in der Praxis, dass der Untersuchungsleiter IX einen *„ständigen aktuellen Überblick“* über alle Operativakten im Bezirk hatte, dass er die Maßnahmepläne der Operativvorgänge mit analysierte und dass er von der internen Informationszentrale (AKG) stets aktuell und vergleichsweise umfassend informiert wurde.[175]

Zustandekommen: Vernehmer-Arbeit

Nur in Ausnahmefällen führten Verhör-Aussagen bereits Inhaftierter zu neuen Ermittlungsverfahren, obwohl die „Abschöpfung“ solcher Informationen immer wieder als reguläres Verhörziel eine Rolle spielte.

Stress, Druck, Unaufmerksamkeit oder auch täuschende Versprechen im Verhör (s. Kapitel 11) daher gelegentlich zu Verhöraussagen über „staatsfeindliche“ Handlungen anderer. Auch wenn ein Verhörter, sich verteidigend, darauf verwies, dass die ihm vorgeworfenen Handlungen durchaus verbreitet und Usus in seinem Umfeld waren, konnte das ohne sein Wissen zu weiteren Ermittlungen führen.

1961 gelangten die Erfurter Vernehmer z.B. durch eine Verhöraussage über die Herkunft zweier Westzeitungen in der Wohnung des Gefangenen an den Namen eines Bahnhofsvorstehers, der die Zeitung weitergereicht hatte und deshalb nunmehr „konspirativ aufgeklärt“ werden sollte.[176] Schuld daran war aber nicht der Verhörte, sondern der Vernehmer.

Ähnlich im September 1960, als ein Verhörter über seinen Kollegen aussagte, wie dieser die Wirtschaft, die Löhne und den Mauerbau immer wieder kritisiert hatte und sich Kartenmaterial über das Grenzgebiet besorgte. Untersuchungsleiter Boller forderte sofort nach dem Verhör die

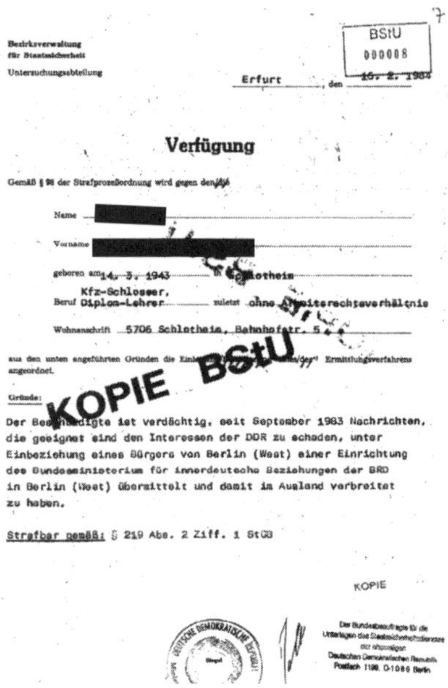

Bezirksverwaltung
für Staatssicherheit
Untersuchungsabteilung

BStU 000008

Erfurt, den 16. 2. 1984

Verfügung

Gemäß § 98 der Strafprozeßordnung wird gegen den

Name [redacted]

Vorname [redacted]

geboren am 14. 3. 1943 in Schlotheim

Beruf Kfz-Schlosser, Diplom-Lehrer zuletzt ohne Arbeitsrechtsverhältnis

Wohnanschrift 5706 Schlotheim, Bahnhofstr. 5

aus den unten angeführten Gründen die Einleitung eines Ermittlungsverfahrens angeordnet.

Gründe:

Der Beschuldigte ist verdächtig, seit September 1983 Nachrichten, die geeignet sind den Interessen der DDR zu schaden, unter Einbeziehung eines Bürgers von Berlin (West) einer Einrichtung des Bundesministerium für innerdeutsche Beziehungen der BRD in Berlin (West) übermittelt und damit im Ausland verbreitet zu haben.

Strafbar gemäß: § 219 Abs. 2 Ziff. 1 StGB

KOPIE BStU

Der Bundesbeauftragte für die Unterlagen des Staatssicherheitsdienstes der ehemaligen Deutschen Demokratischen Republik Postfach 1199, O-1086 Berlin

Mit "Formblättern" wie diesen begannen die meisten Untersuchungs-Aktenführungen; die Dokumente wurden dankenswerterweise von einem Zeitzeugen zur Verfügung gestellt

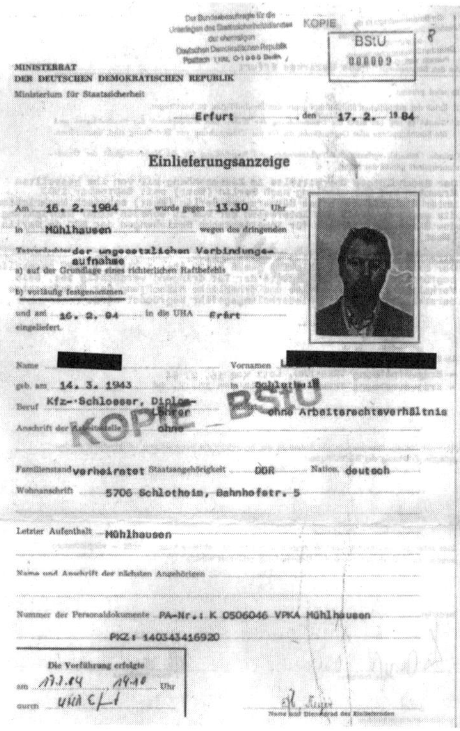

Der Bundesbeauftragte für die Unterlagen des Staatssicherheitsdienstes der ehemaligen Deutschen Demokratischen Republik Postfach 1199, O-1086 Berlin

KOPIE

BStU 000009

MINISTERRAT
DER DEUTSCHEN DEMOKRATISCHEN REPUBLIK
Ministerium für Staatssicherheit

Erfurt, den 17. 2. 1984

Einlieferungsanzeige

Am 16. 2. 1984 wurde gegen 13.30 Uhr in Mühlhausen wegen des dringenden Tatverdachtes der ungesetzlichen Verbindungsaufnahme

a) auf der Grundlage eines richterlichen Haftbefehls

b) vorläufig festgenommen

und am 16. 2. 84 in die UHA Erfurt eingeliefert.

Name [redacted] Vornamen [redacted]

geb. am 14. 3. 1943 in Schlotheim

Beruf Kfz-Schlosser, Diplom-Lehrer ohne Arbeitsrechtsverhältnis

Anschrift der Arbeitsstelle ohne

Familienstand verheiratet Staatsangehörigkeit DDR Nation deutsch

Wohnanschrift 5706 Schlotheim, Bahnhofstr. 5

Letzter Aufenthalt Mühlhausen

Name und Anschrift der nächsten Angehörigen

Nummer der Personaldokumente PA-Nr.: K 0506046 VPKA Mühlhausen

PKZ: 140343416920

Die Vorführung erfolgte am 17.2.84, 14.10 Uhr durch UHA C/1

Name und Dienstgrad des Einliefernden

KOPIE BStU

Kreisdienststelle Sondershausen zur operativen Bearbeitung des Kollegen auf – wenn sich die Aaussage bestätigte, sollte das zur nächsten Verhaftung führen.[177]

Ein halbes Jahr später führte ein anderes Schreiben Bollers zu einem neuen Operativvorgang der KD Sondershausen, denn im Verhör hatten die Vernehmer herausgefiltert,

„dass in Greußen eine Gruppe Jugendliche existiert, die über Waffen verfügen sollen. Am 14.1. 1961 war ... in Greußen, ... Diese Gruppe Jugendlicher hätten auf dem Hengstberg bei Ottenhausen eine Hütte, wo sich angeblich die Waffen befinden ... Der ... soll gute Verbindungen zur Staatssicherheit haben und wäre schon bei Hausdurchsuchungen dabei gewesen ....“[178]

Aus derartigen Verdachtsprüfungen gingen regelmäßig neue Ermittlungsverfahren hervor. Die Strafprozessordnung – Paragraphen §§ 92ff. – diente den Untersuchungsoffizieren als Grundlage solcher „Verdachtsprüfungen“ aller Art.

In einem Arbeitsbericht 1985 hieß es:

„Ausgang für Verdachtsprüfungshandlungen waren in erster Linie die Ermittlungsverfahren, die in der Abteilung bearbeitet wurden, insbesondere Schwerpunktvorgänge, in denen neben den Beschuldigten weitere Personen verdächtig waren. Weiterhin wurde für die Realisierung operativer Materialien, in denen in den überwiegenden Fällen keine absolut sichere Beweislage erarbeitet werden konnte, die Möglichkeit der Verdachtsprüfung genutzt. Mit dem Stadium der Prüfungshandlung lag der notwendige Spielraum vor, um ausgehend von den Ergebnissen alle Möglichkeiten für eine endgültige Entscheidung abwägen zu können.“[179]

1985 entstammten 52 Ermittlungsverfahren aus 115 „Verdachtsprüfungshandlungen. 1986 erwuchsen aus 130 „Verdachtsprüfungen“ 37 strafrechtliche Ermittlungsverfahren.[180] 1987 führte die Abteilung IX 120 Verdachtsprüfungen durch, die in der Mehrzahl aus laufenden Polit-Strafermittlungen entstanden. Diese führten zu

35 konkreten Strafverfahren, 28 Übergaben an die Kriminalpolizei und 57 ergebnislosen Aktenablagen.[181]

Wagner, der Untersuchungs-Chef, schätzte diese Ausgangsform neuer Strafermittlungen – besonders für Grenzübertritt, Beeinträchtigung staatlicher Tätigkeit, Verbindungsaufnahme – sehr positiv ein und sagte, „*dass die Verdachtsprüfungen ... in allen Fällen die juristisch sauberste Form war und die Möglichkeit bot, das angestrebte Prüfungsziel am zuverlässigsten zu erreichen*“.[182]

Die Zahl solcher Verdachtsprüfungen wuchs daraufhin: 1986 waren es 117, dann 122 und 1988 195, von denen zwei Drittel allerdings nicht zu neuen Ermittlungen führten – wobei „*den operativen Diensteinheiten eine Reihe wertvoller Ausgangspositionen für die Stärkung der operativen Basis geschaffen wurden*“.[183]

Kein Zustandekommen?

Man darf wohl davon ausgehen, dass die Staatssicherheit trotz ihrer nahezu flächendeckenden Strukturen nicht in der Lage war, alles ungenehme politische Burgerhandeln in dem Maße aufzufinden, wie es die verantwortlichen SED-Funktionäre und MfS-Chefs wollten. Dann wäre die Zahl der politisch Verfolgten sicher noch größer.

Das rabiate Vorgehen gegen jedes offene politische Wort hatte die Protestformen ja bald zwangsläufig in Anonymität und Versterktheit getrieben. 1963 hieß es in einem Arbeitsbericht, dass sich jetzt 75% aller Hetze-Verfahren auf (anonyme) Schriftformen bezogen: “*selbstgefertigte und gefundene Hetzschriften, Versand von Hetzbriefen an Funktionäre und fortschrittliche Bürger der DDR sowie an den RIAS und an in Westdeutschland lebende Personen.*“[184] Das hieß in der Regel zunächst „Täter unbekannt“.

Erst in den letzten DDR-Jahren ermöglichten außen- und innenpolitische Umstände ein zaghaft offener werdendes öffentliches Agieren Andersdenkender, ohne dass es sofort zu Haftbefehl, Verhörmarathon und Strafe führte.

Nicht alle zustande kommenden Strafverfahren bearbeitete die Untersuchungsabteilung bis zum Ende. Manche reichte sich auch an die Polizei weiter. So wurden beispielsweise im Jahr 1983 14 Ermittlungsverfahren (also ca. 8 %) an die Polizei zur dortigen Weiterführung abgegeben.[185]

Typischer Ablauf eines Ermittlungsverfahrens mit Haft

In den MfS-Anfangsjahren konnte von einem regulierten Herangehen an die Festnahmen und die Strafverfahren noch keine Rede sein, aber spätere Aktenführungen lassen hinsichtlich der Verfahrensweisen eine überaus normierte Abfolge erkennen

An erster Stelle standen ein Haftgrund, eine Tatvermutung, ein Ausgangs-Verhör oder aber eine laufende Personenfahndung.

Eine Entscheidung über die Durchführung eines Strafverfahrens wurde dann innerhalb der Bezirks-Staatssicherheit getroffen. Das wurde zu verschiedenen Zeiten unterschiedlich gehandhabt. – Wenn aus Operativakten Strafverfahren hervorgehen sollten, dann fiel die Entscheidung beim Bezirks-Chef oder dessen Operativ-Stellvertreter, die darüber dann den Untersuchungs-Leiter informierten. Wurden Bezirksbewohner auswärts oder im Ausland festgenommen, dann entschied die Untersuchungs-Hauptabteilung in Berlin über die Übergabe des Strafverfahrens nach Erfurt.

War damit der Eröffnungsbeschluss gefasst, dann folgten – zunächst auf den Ebenen des Referats- und des Abteilungsleiters – eine Vorentscheidung über den zuständigen Vernehmer, die Veranlassung einer Festnahme (soweit nicht bereits erfolgt), die Einbeziehung des Staatsanwalts, die Gesetzes-Strafvorhalte und das Untersuchungsziel.

Weitere formale Arbeitsschritte einer beginnenden Aktenführung waren:
Vorgangsregistrierung, Vorbereitung der Beweismittel- und Verhörtaktik, systematische

Festnahme

Was ist vor Beginn einer Festnahme grundsätzlich zu beachten?

Die operativen Abteilungen überreichen der Abteilung VIII, die für die Festnahme zuständig ist, einen schriftlichen Auftrag.

Der Auftrag kann unterschrieben sein vom Genossen Minister, dessen Stellvertretern, Hauptabteilungsleitern, und in den Bezirksverwaltungen von den Leitern der Bezirksverwaltungen bzw. Stellvertretern operativ.

Jeder durchzuführende Festnahmeauftrag erfordert eine intensive Absprache mit der auftraggebenden Abteilung über Art, Ort, Zeit der Festnahmeaktion. Nach erfolgter Absprache wird Plan und Skizze gefertigt. Treten während einer Festnahmeaktion unvorhergesehene Momente in Erscheinung, die nicht mit dem festgelegten Plan und der Absprache übereinstimmen, so wird der als verantwortlich bestimmte Mitarbeiter als Leiter der Festnahmegruppe die Situation erfahrungsgemäß richtig einschätzen und unverzüglich neue Anweisungen erteilen. Für die Durchführung der Festnahme ist der Referatsleiter oder der von ihm beauftragte Genosse voll verantwortlich. Seinen gegebenen Anweisungen ist von den anderen Mitarbeitern unbedingt Folge zu leisten.

In der Regel wird eine Festnahme von drei Mitarbeitern durchgeführt. Je nach Lage, Situation und Bedeutung der Festnahme muß die Anzahl der Mitarbeiter einer Festnahmegruppe erhöht werden.

Bei Festnahmen, zu denen Mitarbeiter aus anderen Referaten und Abteilungen hinzugezogen werden, trägt immer der Mitarbeiter des Referates Festnahme die volle Verantwortung über diese Aktion.

Eine gute Organisierung der Festnahme schafft die Voaussetzung für gute Arbeitsresultate.

Werden die Festnahmeaufträge mangelhaft vorbereitet oder benehmen sich die Mitarbeiter bei der Festnahme nicht zweckentsprechend, kommen schlechte Arbeitsresultate zustande. Einige Beispiele sollen aufzeigen, wie unüberlegtes Handeln, außerachtlassen der jeweiligen Situation und nicht richtiges Verhalten der Mitarbeiter zu negativen Arbeitsergebnissen führten. Andere Beispiele dagegen zeigen auf, wie eine richtig organisierte Festnahme zu positiven Ergebnissen führt.

Arbeits-Hinweise der Hauptabteilung VIII aus den 50er Jahren, BStU ZA.

Personendatenabfragen im MfS-Speichersystem, ein Personendaten-Check in allen MfS-Informationsspeichern usw.

Die zuständigen Vernehmer bzw. Untersuchungsführer wurden von ihren Vorgesetzten dazu angehalten, "Untersuchungspläne" aufzustellen, die ihre Verhörführung, Zeugen- und Beweisaufnahme zielgerichteter machen sollte. Diese "Untersuchungspläne" wurden im Verlauf der Verfahren auch gemeinsam überarbeitet, die Tatbestände wurden gelegentlich erweitert oder verändert.

Fast immer arbeitete der Vernehmer während des Strafverfahrens bzw. der Verhöreserien mit einer „Operativ-Einheit". zusammen Wurde ein Bürger ohne vorherige Beobachtung und illegale Beweissammlung „auf frischer Tat" verhaftet, dann begannen der Operativ-Mitarbeiter und der Vernehmer parallel und zeitgleich ihre Ermittlungen bzw. Vernehmungen. Es bestand ein direkter Arbeitskontakt, in den oft auch die Direktvorgesetzten (Referatsleiter) einbezogen war, und neu erworbene Informationen wurden schnell zur Verhörführung nutzbar gemacht.

Beim üblichen Vorgehen spielte der Staatsanwalt im Vorfeld keine Rolle. Er erhielt oft erst eine Kopie der *„Verfügung über die Einleitung eines Ermittlungsverfahrens*. Wenn er diese dann las, saß der Beschuldigte längst in Einzelhaft.

Verhaftung – Festnahme – Haftbefehl

Die Mehrzahl der politisch Verurteilten war vor dem Prozess mehrere Monate lang in der MfS-Untersuchungshaft eingesperrt. Dem war – ebenfalls mehrheitlich – eine „*vorläufige Festnahme*“ vorausgegangen.

Bedingung jeder Untersuchungshaft war laut DDR-Strafprozessrecht deren „*Unumgänglichkeit*“.

Die Staatssicherheit machte sich nicht die Mühe, für jeden Einzelfall die Unumgänglichkeit festzustellen, sondern hatte ein Pauschal-Argument:

> „*...wobei bezogen auf die durch das MfS bearbeiteten Ermittlungsverfahren sicherheitspolitische Aspekte immer ausschlaggebend für die Feststellung der Notwendigkeit der Untersuchungshaft sind.*“[186]

Letztlich führte nicht die StPO, sondern das politische Kalkül dazu, dass geplante politische Verurteilungen fast immer mit einer (langwierigen) Untersuchungshaft verbunden wurden.

Im Strafrecht üblich waren geplante oder vorläufige Festnahmen. Sie unterschieden sich darin, dass ein richterlicher Haftbefehl entweder vor oder aber unmittelbar nach der Verhaftung erlassen wurde. Letzteres war laut Strafprozessrecht eigentlich nur statthaft bei frischer Tat, bei Fluchtverdacht oder bei Gefahr im Verzug.

Vor diesem Rechtshintergrund ist die MfS-Praxis der Festnahmen besonders augenfällig:

Nach MfS-Eigenaussagen waren geplante Festnahmen (also solche mit richterlichem Haftbefehl in der Tasche) „*die Ausnahme*“. „*In der übergroßen Mehrzahl*“ gab es vorläufige Festnahmen.[187]

Die Vorabsprachen über die Art der Festnahme wurden innerhalb der Staatssicherheit, teilweise sogar unter Beteiligung des MfS-Bezirks-Chefs, getroffen.

War die Festnahme ausgemachte Sache, dann schaltete der zuständige Vernehmer/Untersuchungsführer die Bezirksabteilung VIII ein.

Die *Abteilung VIII* führte nicht nur die Autobahnüberwachung und auftragsweise Observationen, illegale Wohnungsdurchsuchungen durch, sondern fungierte auch als Festnahmekommando. In diesem Sinne gehörte zum Aufgabenbereich der Abteilung VIII die

> „*auftragsgebundene Durchführung strafprozessualer Zwangs- und Sicherungsmaßnahmen und die Wahrnehmung anderer rechtlicher Befugnisse zur Verhaftung, vorläufigen Festnahme, Zuführung, Vorführung, Durchsuchung und Beschlagnahme zur qualifizierten Unterstützung der Untersuchungsarbeit des MfS.*“[188]

Die Auftragsverfahren zur Verhaftung/Festnahme/Zuführung oder aber zur Durchsuchung und Beschlagnahme war zuletzt in MfS-Ordnungen festgelegt – zuletzt in der Ordnung 6/87.[189]

Als „*auftraggebende Diensteinheit*“ für die Abteilung VIII fungierte in der Regel die Operativeinheit, die Partner des Vernehmers im betreffenden Strafverfahren war. (Spätere Wohnungsdurchsuchungen nach der Verhaftung führte ebenfalls die Abteilung VIII durch, hier war die “*auftraggebende Diensteinheit*” allerdings die Untersuchungsabteilung IX.)

Den Vorgesetzten der Abteilung VIII und ihrem Festnahmekommando genügten dafür das Auftragsformular und alle die Verhaftung tangierenden Informationen. Details der Festnahme wurden selbständig entschieden. Abstimmende Vorgespräche im Beisein der Abteilungen VIII, des Vernehmers und der Operativ-Einheit gab es nur bei:

1. „operativ-taktischen“ Besonderheiten,
2. Gleichzeitigkeit mehrerer Verhaftungen,
3. Kombination mit Wohnungsdurchsuchung,
4. Zusammenarbeit mit Außenstehenden,
5. Fürsorgemaßn. zurückbleibender Kinder,
6. sofortigen Durchsuchungen und dgl.[190]

Das Festnahmekommando wurde beauftragt, die günstigste Festnahmesituation festgelegt. In den 50er Jahren war der tägliche Arbeitsweg – an der möglichst unbeobachtetsten Stelle – am beliebtesten. Später wurden die Beschuldigten bevorzugt an ihrer Arbeitsstelle unter dem Vor-

wand einer Zeugenbefragung bzw. "*zur Klärung eines Sachverhalts*". Bekannt sind auch überfallartige Festnahmen in der Wohnung, dann oft nachts gegen 4 Uhr oder nachdem Mitbewohner morgens das Haus gerade verlassen haben

In einem Arbeitsmaterial der Abteilung VIII von 1957, wo noch ganz unverblümt von „*konspirativer Festnahme*“ die Rede ist, sind ältere Verhaltensregeln für Festnahmekommandos verzeichnet[191]:

„*Richtig ist: ‚Entschuldigen Sie bitte, Kriminalpolizei! (Dabei gleichzeitig die Kriminalmarke vorzeigen.) Bitte Ihren Personalausweis!‘ Nach erfolgter Kontrolle des Personalausweises muss nun die Aufforderung, unter Verwendung einer glaubhaft erscheinenden Legende, zum Mitkommen erfolgen, z.B. Überprüfung des Personalausweises, Zeugenvernehmung oder Zeugengegenüberstellung, Verdacht der Prostitution usw. Wenn die festzunehmende Person angesprochen wird, haben sich die anderen Mitarbeiter in unmittelbarer Nähe aufzuhalten, um – wenn das Objekt Widerstand leistet – sofort eingreifen zu können.*“[192]

Es wurden vorzugsweise Festnahmesituationen ausgewählt, die einen Überraschungsmoment für den Verhafteten beinhalteten und bei denen Dritte nichts mitbekamen.

Das Festnahmekommando trat in der Regel mit drei Leuten in Aktion, die mit Polizeiausweisen ausgestattet waren und als solche bei Bedarf auch auftraten.

Dem Festgenommenen wurde nicht direkt mitgeteilt, dass er jetzt gerade festgenommen, zugeführt und gleich eingesperrt wurde. Als Grund der Mitnahme fiel häufig die nichtssagend täuschende Aussage: „*Zur Klärung eines Sachverhalts*“. Befand sich der Gefangene erst mal im Auto, dann wurde ihm eine rüdes Redeverbot auferlegt und Nachfragen zum „Sachverhalt“ allenfalls mit „Kein Kommentar“ beantwortet.

Aus Sicht der Gefangenen stellte sich die ganze Inhaftierung nicht nur als überraschend und überwältigend dar, sondern auch ein Ereignis, das als ausgesprochen entwürdigend, extrem zwangvoll und ohnmächtig erlebt wurde und sich nahtlos verband mit dem, was ihnen unmittelbar anschließend zugemutet wurde.

Bei Verhaftungen im Grenzgebiet[193] trat statt der Abteilung VIII militärisches Grenzpersonal in Aktion, das den Festgenommenen dann formell dem MfS übergab. Es gab auch „Ermittlungsverfahren ohne Haft“ (s. Kapitel 4), die bei bekannten Tätern (z.B.Geflüchteten) mit der „Fahndung“ verbunden sein konnten. Das führte z.B. bei Einreise der Geflüchteten auf DDR-Gebiet zur sofortigen Verhaftung.

Fast immer folgte der Festnahme sofort eine staatsanwaltlich genehmigte Durchsuchung der Wohnung und bekannter Aufenthaltsplätze des Gefangenen – auch und besonders wenn es zuvor konspirative bzw. illegale Durchsuchungen schon gegeben hatte, denn erst jetzt war eine Beschaffung legaler Beweismittel möglich (s. Kapitel 3)

Für den Gefangenen war der Ablauf seiner Festnahme fast immer eine überraschende, irritierende und nicht abschätzbare Situation, die in letzter Konsequenz immerhin seine ganze bisherige Existenz auflöste.

Und: Für ihn war das alles erst der Anfang.

Erstvernehmung – Haftaufnahme – Einzelhaft – Haftdauer

Für die verantwortlichen Stasi-Offiziere verlief eine Verhaftung dann günstig, wenn

„der Festgenommene ohne unnötigen Zeitverlust der zuständigen Abteilung IX zugeführt wird, damit das Überraschungsmoment zur Erzielung der Aussagebereitschaft gezielt genutzt werden kann.“[194]

Hatten die Inhaftierten Kinder, so konnte es geschehen, dass eine beauftragte staatliche Stelle die Kinder abholte und im geschlossenen „Kinderheim Martin-Anderson-Nexö“ (Winzerstraße, über 6 Jahre), im Kinderheim „Rosa Luxemburg“ (Martin-Anderson-Nexö-Straße, 3-6 Jahre) oder Säuglingsheim (Straße des Friedens, bis 3 Jahre), und unterbrachte.[195] In der Regel sollten die Kinder dort *„zur weiteren Betreuung an Familienangehörige übergeben werden und ... unverzüglich abzuholen.“* Dafür war der jeweilige Vernehmer/ Untersuchungsführer zuständig.

1982 wurde eine Inhaftierte von ihren Kindern weggerissen und verlangte daher einen Anwalt zu sprechen. Der Haftmitarbeiter berichtete:

„Ich antwortete ihr: ‚Was mit ihren Kinder wird, kann ich ihnen sagen. Sie werden dem Arzt vorgestellt und anschließend kommen sie zur Überwachung in ein Kinderheim – hier können sie nicht bleiben.‘ ... Es kam zu einer lauten Auseinandersetzung. ... Ich sagte ihr, nicht wir haben ihren Kindern etwas angetan, sondern sie selbst und muss sich nun mit den Folgen abfinden.“[196]

Immer wieder ließen Vernehmer später die Gefangenen „aus vernehmungstaktischen Gründen“ absichtlich darüber im Unklaren, wo ihre Kinder nun waren, – auch wenn sie bereits in guter Hand bei Verwandten waren. Besuche von Kindern bei ihren gefangenen Eltern wurden außerdem generell abgelehnt. Es ist anhand von Zeitzeugeninformationen eindeutig bekannt: manche Gefangene mussten sich später das Sorgerecht für ihre Kinder erst wieder mühsam erstreiten, auch Zwangsadoptionen gab es.

„Erstvernehmung“

Mit einer so genannten „Erstvernehmung“ – die nicht nur eine erste, sondern eine besondere Vernehmung war – wurde nahezu jeder Gefangene der Erfurter MfS-Haft konfrontiert.

Sie wurde zumeist von mehreren Mitarbeitern und Vorgesetzten der Untersuchungsabteilung – in Anwesenheit des zuständigen Vernehmers – durchgeführt.

Der noch irritierte Festgenommene wurde rabiat konfrontiert mit den im Vorfeld festgelegten Strafvorwürfen, oft auch darüber hinaus mit einschüchternden Dimensionen möglicher Strafmaße

Üblich war auch, dass die Vernehmer vortäuschten, dass sie ohnehin bereits alles und mehr über den Delinquenten wüssten, und dass sie energisch-fordernd darauf verwiesen, dass der Verhaftete nur bei tiefgreifenden Schuldbekenntnissen und absoluter Anpassung in dem nun fol-

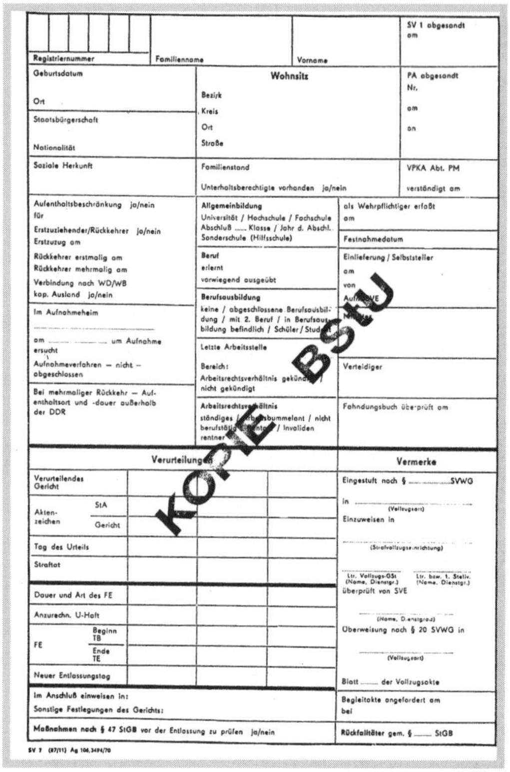
Registriernummer | Familienname | Vorname | SV 1 abgesandt am

Geburtsdatum
Ort
Staatsbürgerschaft
Nationalität
Wohnsitz
Bezirk
Kreis
Ort
Straße
PA abgesandt Nr.
am
an

Soziale Herkunft
Familienstand
Unterhaltsberechtigte vorhanden ja/nein
VPKA Abt. PM verständigt am

Aufenthaltsbeschränkung ja/nein
für
Erstzuziehender/Rückkehrer ja/nein
Erstzuzug am
Rückkehrer erstmalig am
Rückkehrer mehrmalig am
Verbindung nach WD/WB
kap. Ausland ja/nein
Allgemeinbildung
Universität / Hochschule / Fachschule
Abschluß ...... Klasse / Jahr d. Abschl.
Sonderschule (Hilfsschule)
als Wehrpflichtiger erfaßt am
Festnahmedatum
Beruf
erlernt
vorwiegend ausgeübt
Einlieferung / Selbststeller
am
von

Im Aufnahmeheim
am .... um Aufnahme ersucht
Aufnahmeverfahren – nicht – abgeschlossen
Berufsausbildung
keine / abgeschlossene Berufsausbildung / mit 2. Beruf / in Berufsausbildung befindlich / Schüler / Student
Letzte Arbeitsstelle
Bereich:
Arbeitsrechtsverhältnis gekündigt / nicht gekündigt
Verteidiger

Bei mehrmaliger Rückkehr – Aufenthaltsort und -dauer außerhalb der DDR
Arbeitsrechtsverhältnis
ständiges / Arbeitsbummelant / nicht berufstätig / Rentner / Invalidenrentner
Fahndungsbuch überprüft am

Verurteilungen
Verurteilendes Gericht
Aktenzeichen StA
Gericht
Tag des Urteils
Straftat
Dauer und Art des FE
Anzurechn. U-Haft
FE Beginn TB
Ende TE
Neuer Entlassungstag

Vermerke
Eingestuft nach § .... SVWG
in .... (Vollzugsart)
Einzuweisen in
.... (Strafvollzugseinrichtung)
Ltr. Vollzugs-GSt (Name, Dienstgr.)
Ltr. bzw. 1. Stellv. (Name, Dienstgr.)
überprüft von SVE
.... (Name, Dienstgrad)
Überweisung nach § 20 SVWG in
.... (Vollzugsart)
Blatt ...... der Vollzugsakte

Im Anschluß einweisen in:
Sonstige Festlegungen des Gerichts:
Begleitakte angefordert am
bei
Maßnahmen nach § 47 StGB vor der Entlassung zu prüfen ja/nein
Rückfalltäter gem. § ...... StGB

SV 7 (87/11) Ag 106,3494/70

KOPIE BStU

Grundsatz für die Aufnahme ist, die verhaftete Person muß bei der Dokumentierung und Durchsuchung seiner Sachen, Gegenstände und Wertsachen zugegen sein, um spätere Reklamationen auszuschließen. Die rechtliche Grundlage für die körperliche Durchsuchung von verhafteten Personen bildet der § 109 (2) StPO:

"Die Durchsuchung eines Verhafteten oder vorläufig Festgenommenen und der von diesem mitgeführten Gegenstände kann ohne Anordnung des Staatsanwaltes vorgenommen werden und bedarf keiner richterlichen Bestätigung."

Die Zusammenstellung der Täterlichtbilder ist wie folgt:vorzunehmen:

1. 1 mal dreiteilige Täterlichtbilder für die Handakte
2. 1 großes gerades Foto plus Negativ für die Haupt- und Vollzugsakte
3. 1 kleines gerades Foto (ohne Rand) für die SV4
4. 1 kleines gerades Foto für die SV1
5. restliche Fotos plus Negative für die Abteilung IX

Aus den Dienstunterlagen der Haftabteilung XIV,BStU Erfurt

genden Strafverfahren. Unter gezielter Überraschung verstanden die Vernehmer auch eine intensive „vorbeugende Drohung“ gegen jedweden künftig denkbaren Eigensinn ihres neuen Gefangenen.

Der beteiligte Untersuchungsführer füllte – jedenfalls in den späteren Jahrzehnten – als Protokoll ein „*Erstvernehmungsformblatt*“ aus, das später auch der Staatsanwalt erhielt. Darin waren verzeichnet: Informationen über die erhobene Beschuldigung, über die Rechtsgrundlagen sowie über das Recht auf Verteidigung. Praktisch beschränkte sich das – laut Aussagen vieler Zeitzeugen, die sich oft ganz minutiös an ihre ersten Haftstunden erinnern können – auf ein flüchtiges Vorlesen von Gesetzesauszügen und auf das Vorlegen einer Anwalts-Liste, aus der der Festgenommene sich irgendwann (nach Abschluss der Ermittlung und Verhöre) einen Anwalt auswählen dürfe.

Bereits die Erstvernehmung konnte viele Stunden lang dauern, denn das wichtigste Verhörziel (neben der Einschüchterung) lauete bereits hier: ein schriftlich unterzeichnetes Schuldbekenntnis bezüglich des Tatvorwurfs und in einer vor Gericht ausreichenden Form. Je stärker sich der Inhaftierte verweigerte, desto intensiver und langwieriger ging der Vernehmer vor. In Aktenvermerken finden sich Hinweise auf 20-stündige und längere Erstverhöre, in denen die Verantwortlichen (auch mit Wartzeiten und wechselndem Verhörpersonal) auf Stress und Ermüdung setzten.

Haftaufnahme

Nach einem solchen für die Inhaftierten oft unsäglichen Erstverhör, wurde aus dem Inhaftierten ein MfS-Untersuchungshäftling gemacht. (Es gab auch Fälle, in denen die Haftaufnahme dem Erstverhör voranging, – z.B. bei Überführung Gefangener aus anderen Haftanstalten oder dem Ausland.)

Dafür war die Haftabteilung XIV verantwortlich. Waren die dafür zuständigen Offiziere des „operativen Vollzugs" nicht im Dienst, traten andere Mitarbeiter in Aktion.

Die Haftabteilung hatte extra einen Aufnahme- bzw. Fotoraum dafür eingerichtet. Die Hafttauglichkeitsprüfung fand – wenn überhaupt – im Sanitätszimmer im Vorderflügel des Haftobjekts statt. Die Aufnahme, Durchsuchung, Personenbeschreibung im Aufnahmeraum Nr. 1 und später Nr. 4 im 1. Stock im Zellenflügel.

Vorschriften regelten das Procedere recht akribisch und bürokratisch. Zur Haftaufnahme wurden spätestens laut der Haftvollzugsordnungen 1968ff. folgende Papiere angefertigt:

- "*Leibesvisitationsprotokoll*" nach Untersuchung entkleideter Gefangener, Kleidungsstücke, Taschen und „Körperöffnungen",
- Aufstellung von „*Effekten*" (=Kleidern) und Wertsachen, die – ebenso wie Personalausweis und alle persönlichen Dokumente – beschlagnahmt wurden,
- „Täter"-Lichtbild,
- Fingerabdruckbogen,
- ausführliche Personenbeschreibung, inklusive Tätowierungsaufzeichnung,
- formaler Bericht über „ärztliche Haftaufnahmeuntersuchung mit Bestätigung der „Hafttauglichkeit" – durch die MfS-Bezirksabteilung „Medizinischer Dienst".
  (Laut zahlreicher Zeitzeugenaussagen gab es bis in die 80er Jahre hinein gar keine oder keine echte Gesundheitsuntersuchung.)

Sofern medizinische Untersuchungen zu Haftbeginn überhaupt stattfanden, ging es – nach den Formularen zu schließen – vor allem darum:

- die länger bekannten, chronischen Generalerkrankungen festzuhalten
- die formelle Haft- und Vernehmungsfähigkeit festzustellen und
- den Grad der Arbeitsfähigkeit (für den späteren Haftvollzug) zu kategorisieren.

Die hierbei akribisch ausgefüllten Formulare geben den Häftlings-Akten äußerlich eine formelle Korrektheit.

Es gab bereits in den 70er Jahren akribische „Instruktionen" für die Verantwortlichen.[197]

Jeder neue Gefangene musste sich nackt ausziehen. Ringe und Uhr wurden ihm förmlich vom Körper gerissen. Mit Gummihandschuhen wurden Haare, Zähne und sämtliche Körperöffnungen abgetastet. Die Handflächen wurden ihm beschmiert und als Abdrücke genommen und dann musste – auf Stasi-deutsch –„*die daktyloskopierte Person ... den Bogen unterschreiben*". Tätowierungen wurden festgehalten und abgezeichnet.

Laut Stasi-Offiziersdeutsch hatte die anschließende Körperdurchsuchung, der für die Gefangenen nicht grundlos unerträglichste Teil, folgende Funktion:

> *„Es wird somit garantiert, dass die verhaftete Person keine Gelegenheit hat, Beweismittel zu vernichten, Tätlichkeiten gegen die Mitarbeiter oder körperliche Selbstbeschädigung vornehmen kann.* ***Dabei können Reaktionen der verhafteten Person bei der Abnahme und kurzen Kontrolle der mitgeführten Effekten und Sachen erkannt werden.*** *... Schwerpunkte bei der Durchsuchung von verhafteten Personen sind: Kopfhaare, Nase, Ohren und Mundhöhle, Achselhöhlen, After, Geschlechtsteil und Scham behaarung, Finger und Fingernägel, Zehen."*[198]

Die Verantwortlichen wussten auch sehr genau, dass laut StPO bei dieser Durchsuchung keine Rechtsperson anwesend sein musste.

Zu der 30-45minütigen Prozedur gehörte auch ein Austausch der Kleider in eine Häftlingskleidung, so dass der Gefangene auch die Kontrolle auf sein selbstbestimmtes Äußeres verlor. Die Häftlingsbekleidung bestand zeitweise aus abgetragenen dunklen Arbeitsanzügen („Schlosseranzüge") oder später auch aus alten, ausgebeutelten blauen Nylon-Trainingsanzügen. Gürtel und Uhr erhielt der Inhaftierte wegen Selbstmordgefahr nicht zurück. Auch auf eine Jacke wartete er vergebens. Nur das Taschentuch wurde ihm zugebilligt.

Außerdem wurde er auf einen Holzschemel gesetzt, den sich der Fotograf in die gewünschte Richtung drehen konnte.

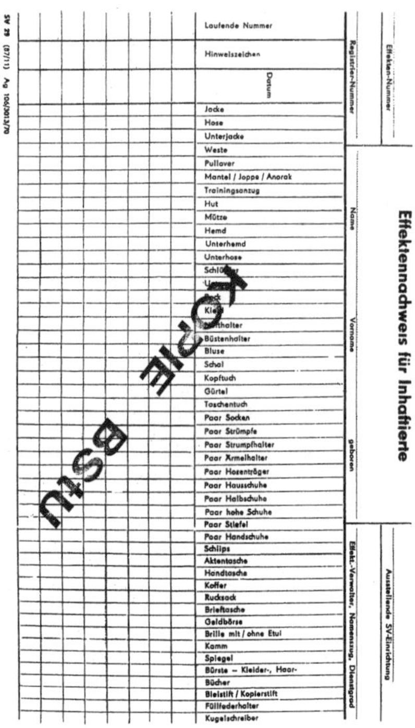

Abbildung 21
Muster eines Effektennachweises für Inhaftierte (Vordruck SV 29)

Aus Dienstunterlagen der Haftabteilung XIV, BStU Erfurt. Effektenkammer im heutigen Zustand, Foto: Herz, 2005.

In der Aufnahmezelle gab es Metallsuchgeräte, aber – anders als in Gera – noch 1987 kein Röntgengerät und es heißt dann in einem Erfassungsbericht über die vorhandene Technik:

„zur wirksameren und effektiveren Durchsuchung und Kontrolle von Effekten von Verhafteten, wäre ein Einsatz eines Tischröntgengerätes, Typ: BX 150-1 erforderlich.“[199]

Nachdem der Gefangene in eine Zelle gebracht wurde, wurden alle seine konfiszierten Sachen – die jetzt „Effekten“ hießen – ausführlichst durchsucht.[200] Die Aufmerksamkeit des Haftpersonals galt auch allen Nähten, Innenfutter Tuben, Uhrengehäusen, möglichen Doppelböden. Benutzt wurden dazu ein Metallsuchgerät sowie eine spezielle Quarzlampe. Aufgefundene Dinge wurden nun ebenfalls fotografiert und dem Vernehmer übergeben. Konfisziertes Geld kam nicht, wie die anderen Sachen, zur Effektenkammer, sondern in die Finanzabteilung, wo es als Kontogutschrift registriert wurde.

Aus der Sicht eines MfS-Offiziers, der diese Aufnahmeprozeduren um 1980 mit durchführte, sah das viel harmlos-korrekter aus und auch das sprachlos-stille Verhalten der Inhaftierten wurde gänzlich anders interpretiert:

„Die Aufnahme bedeutet für den größten Teil der Verhafteten etwas neues. Zum ersten mal wurden sie hierbei mit den Gepflogenheiten einer Haftanstalt konfrontiert. Daraus ergibt sich wa(h)rscheinlich auch ihr meist ruhiges Verhalten(,) denn wer weiß schon(,) wie er sich in dieser Situation verhalten soll. Selbst die übelsten Hetzer rechnen ‚nie' damit inhaftiert zu werden.

Es ist in der Regel so, daß sich die Verhafteten nach unseren Anweisungen entkleiden, die entsprechende Untersuchung über sich ergehen lassen und dann ruhig warten(,) bis wir mit der Effektenaufnahme fertig sind.

Ausnahmen gibt es hierbei aber trotzdem. Ein Verhafteter verhielt sich zwar sehr ruhig(,) kam aber unseren Aufforderungen nur sehr langsam und fast provokatorisch nach. Als es darum ging(,) die Effektenaufnahme und anderen Papiere zu unterschreiben(,) weigerte er sich kategorisch irgend etwas zu unterschreiben. Ein anderer Verhafteter weigerte sich völlig zu entkleiden. Ihm mußten die Sachen mit Zwang vom Leib gezogen werden und auch die körperliche Untersuchung konnte nur unter Zwang durchgeführt werden."[201]

In der Erinnerung vieler Zeitzeugen zählte diese Prozedur und die entwürdigende Behandlung durch die Gefängnisverwaltung zu den belastendsten Erlebnissen. Dem neuen Gefangenen wurde damit endgültig klar, dass er ab sofort ein völlig machtloser Spielball von ihm nicht wohlgesonnenen Menschen war.

Einzelhaft

Ihre ersten Zellenerlebnisse hatten viele Gefangene anschließend in einer Zelle, in der sie mit den Vorwürfen, der Erniedrigung und dem Wissen um den Verlust ihres bisherigen Lebens völlig allein waren.

Diese anfängliche Isolierungshaft war bei der Staatssicherheit allgemein üblich. Es ging hier nicht um die Möglichkeit der individuellen Ruhe oder nicht um eine etwa bequemere Zellenunterbringung. Das machte schon die ständige versteckt-offensichtliche Beobachtung deutlich. Es ging hier statt dessen um eine weitere Phase psychischer Extrembelastung, die aus dem freien Andersdenkenden einen fundamental verunsicherten, untertänigen Unfreien machen sollte. Dieses Ansinnen gelang den MfS-Verantwortlichen freilich nicht oder nur selten, aber kalkuliert war es. Und es kostete seelische Anstrengung für die einsam Eingesperrten, sich dem innerlich zu widersetzen. Es war für den Gefangenen, der in eine fremdartige und undurchschaubare Situation geraten war und keine eigene Möglichkeit zum Handeln hatte, ein schwieriges Unterfangen, sich etwas zu widersetzen, was er weder sehen noch befragen noch beurteilen konnte.

Der psychisch belastende Charakter der Einzelhaft war den Stasi-Verantwortlichen wohlbekannt. Auch in der Haftabteilung wusste man 1988 : „*eine Einzelunterbringung bedeutet ... auf längere Sicht eine Bestrafung des VH.*"[202]
Ein Haft-Mitarbeiter (und drittklassiger Deutschschüler) schrieb 1980 in einem Kontrollbericht seine Gedanken zur Einzelhaft so nieder:

„*Neueingelieferte Verhaftete begreifen wa(h)rscheinlich erst(,) wenn sich hinter ihnen die Verwahrraumtür geschlossen hat(,) so richtig die Lage(,) in welche sie durch ihre Straftat geraten sind. So erleben wir oft die unwa(h)rscheinlichsten Augenblicke ihres Lebens.*

Die meisten Verhafteten sitzen dann Stundenlang fast reglos auf ihrem Hocker und stieren vor sich hin oder laufen unruhig im Verwahrraum vor sich herum(,) um diese neue Situation so gut wie möglich zu meistern. Nicht selten erleben wir völlig [entnervte] *Verhaftete(,) die dann vor sich hin weinen und bei denen wir immer mit dem schlimmsten rechnen müssen.*

Ihr Ideal ,ein freies Leben' ist plötzlich zusammengebrochen und sie sind verhaftet.

Haben Verhaftete dann die ersten Stunden hinter sich und [sich] *einigermaßen an die neue Situation gewöhnt(,) kommen sie mit allen möglichen Fragen.*

Beispiele: — wo bin ich? – was wird mit mir? – wo und wie geht es meiner Frau (bei MitIH)? – kann ich was zum Rauchen haben? Der Verhaftete XX/XX fragte am Tage seiner Einlieferung: ob er nicht zu seiner mitinhaftierten Frau könne(,) um ihr ein paar tröstende Worte zu sagen; ,was soll ich nur machen'?

Unsere einzige und richtige Aufgabe ist es dann die Verhafteten darauf hinzuweißen, daß sie diese Fragen nur über ihren Untersuchungsführer klären können."[203]

Mit dem Grübeln in der Einzelhaft kam dann wohl auch das Wissen, mit welcher Art Haftpersonal die oder der Gefangene es hier zu tun hatte.

Dauer der nun folgenden Untersuchungshaft

Wie lange eine Gefangene/ein Gefangener in den Erfurter MfS-Haftzellen eingesperrt war, ehe sie oder er ins Gericht geführt bzw. in den Strafvollzug abtransportiert wurde, hing von

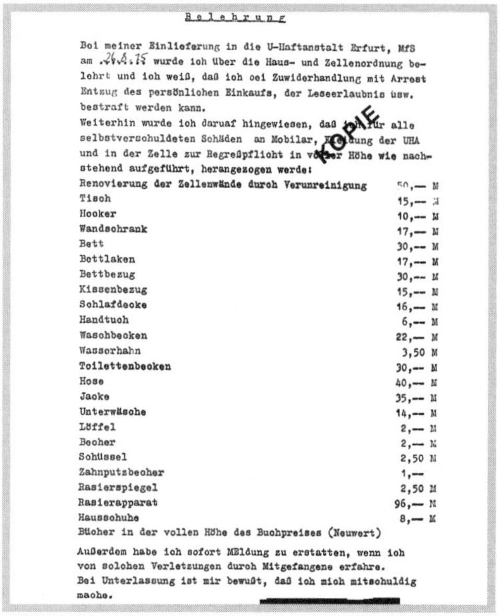

Belehrung

Bei meiner Einlieferung in die U-Haftanstalt Erfurt, MfS am 26.4.75 wurde ich über die Haus- und Zellenordnung belehrt und ich weiß, daß ich bei Zuwiderhandlung mit Arrest Entzug des persönlichen Einkaufs, der Leseerlaubnis usw. bestraft werden kann.
Weiterhin wurde ich darauf hingewiesen, daß ich für alle selbstverschuldeten Schäden an Mobilar, Kleidung der UHA und in der Zelle zur Regreßpflicht in voller Höhe wie nachstehend aufgeführt, herangezogen werde:

KOPIE

Renovierung der Zellenwände durch Verunreinigung	50,-- M
Tisch	15,-- M
Hocker	10,-- M
Wandschrank	17,-- M
Bett	30,-- M
Bettlaken	17,-- M
Bettbezug	30,-- M
Kissenbezug	15,-- M
Schlafdecke	16,-- M
Handtuch	6,-- M
Waschbecken	22,-- M
Wasserhahn	3,50 M
Toilettenbecken	30,-- M
Hose	40,-- M
Jacke	35,-- M
Unterwäsche	14,-- M
Löffel	2,-- M
Becher	2,-- M
Schüssel	2,50 M
Zahnputzbecher	1,--
Rasierspiegel	2,50 M
Rasierapparat	96,-- M
Hausschuhe	8,-- M

Bücher in der vollen Höhe des Buchpreises (Neuwert)

Außerdem habe ich sofort MEldung zu erstatten, wenn ich von solchen Verletzungen durch Mitgefangene erfahre.
Bei Unterlassung ist mir bewußt, daß ich mich mitschuldig mache.

[redacted]

Aus Dienstunterlagen der Haftabteilung XIV, BStU Erfurt. Glastbacksteinfenster in einer der größeren Männer-Haftzellen, Foto: Herz, 2005.

mehreren Faktoren ab und konnte im Einzelfall recht unterschiedlich sein.

Zum 1. August 1978 waren 41 Menschen (davon 10 Frauen) inhaftiert, 12 davon bereits länger als ein halbes Jahr.[204] Die Haftdauer setzte sich wie folgt zusammen: im 11. Haftmonat (2), 10. Haftmonat (2), 9. Haftmonat (2), 8. Haftmonat (1), 7. Haftmonat (5), 5. Haftmonat (2), 4. Haftmonat (5), 3. Haftmonat (10), 2. Haftmonat (9), 1. Haftmonat (3).205

Statistische Angaben über die durchschnittliche „Verweildauer" der Gefangenen 1. hinsichtlich der Stasi-Untersuchungs- und Verhörtätigkeit und 2. hinsichtlich der Gesamtzeit bis zum Abtransport in den Strafvollzug liegen für die Jahre 1978 bis 1982 vor[206]:

	1978	1979	1980	1981	1982
Haftbefehl bis Übergabe an Staatsanwalt	**70 Tage** Jugendl. 60 Auslä. 35	**65 Tage** Jug. 64 Auslä. 40	**67 Tage** Jug. 74 Auslä. 31	**66 Tage** Jug. 76 Auslä. 41	**54 Tage** Jug. 44 Auslä. 23
Haftbefehl bis Übergabe an Strafvollzug	**105 Tage** Jugendl. 0 Auslä. 93	**100 Tage** Jug. 150 Auslä. 40	**120 Tage** Jug. 120 Auslä. 60	**74 Tage** Jug. . 0 Auslä. 33	**105 Tage** Jug. 57 Auslä. 39T

Eine 2-5monatige Haftzeit in der Erfurter Stasi-Untersuchungshaft (bis zum Strafvollzug) war auch laut Zeitzeugenauskünften relativ typisch für alle Jahrzehnte. Ende der 80er Jahre wurden sogar 80,5 % der Ermittlungsverfahren laut Untersuchungsabteilung vor Ende der regulären Frist beendet.[207]

Längere Untersuchungs-Haftzeiten z.B. auch von eineinhalb Jahren waren seltener, aber nicht außergewöhnlich. Die Länge der Untersuchungshaft konnte von der Untersuchungsabteilung und im Einvernehmen mit dem Polit-Strafanwalt jederzeit mit einfachen Formalbegründungen neu ausgedehnt werden.

Manche Inhaftierte blieben auch nur wenige Stunden/Tage hier, wurden dann von der Volkspolizei übernommen, an andere Haftanstalten übergeben etc. (sie sind in der eben erwähnten Statistik jedoch nicht erfasst).

6. Die Gefangenen und die Strafvorwürfe

Charakter und Funktionen politischer Strafverfolgung wandelten sich im Verlaufe der SED-Herrschaft: ging es anfangs um Machterrichtung durch Ausschalten politischer Gegner und Konkurrenten, dann später ums Bekämpfen massiver Bevölkerungsflucht und schließlich um Eindämmung einer sich neu organisierenden, inneren Opposition. Das macht sich nicht nur am Strafrecht von 1949, 1954, 1957 oder 1968 fest (s. Kapitel 2), sondern auch an den Strafvorwürfen und Gefangenen verschiedener Jahrzehnte.

In der MfS-U-Haftanstalt Erfurt waren im Laufe der Jahre vermutlich ca. 5.700—6.500 Menschen inhaftiert[208] – sie verbrachten hier Wochen und Monate in Enge, Ungewissheit und Herabwürdigung, wurden stundenlang verhört und anschließend fast immer zu politischen Haftstrafen verurteilt.

Die über sie angelegten MfS- und Gerichtsakten stehen heute unter strengem Datenschutz und das steht den Betroffenen auch zu. Die für die Forschung und diese Veröffentlichung nutzbaren „Sachakten" gestatten zwar keine Gesamtübersicht über die Inhaftierten und die Strafgründe aller Jahre, geben aber wichtige Hinweise auf die Schicksale Betroffener.

1950 - 1957

1950 wurde die "politische Polizei" über das MfS eingebunden in den zentralisierten, auf SED-Machterhalt fixierten Staatsaufbau. In der Folgezeit übernahm die Staatssicherheit zunehmend die „antisowjetischen" Fälle, die politischen Verfahren, die Vorgehensart von den sowjetischen Staatssicherheitsstellen.[209] 1950 begann am Landgericht Erfurt der Wandel der Großen 201-Strafkammer (NS-Verbrechen) zu einer „politischen" Strafkammer. Die ersten Angeklagten wurden von der Staatssicherheit noch aus ihren Weimarer Haftzellen vor dieses Tribunal gebracht.

Zu den ersten Erfurter MfS-Inhaftierten gehörten die zum Tode verurteilten CDU-Mitglieder Ernst Wilhelm und Johann Muras[210], ein Mann, der auf ein Leninbild geschossen hatte, mehrere Zeugen Jehovas, der Weimarer CDU-Sekretär Hein[211] oder ein junger Mann, der in einer Bahnhofsgaststätte von seinen tatsächlichen ostpreußischen Erinnerungen an sowjetischen Lebensverhältnisse erzählt hatte.

Im Dezember 1952 fand im Bezirksgericht am Domplatz ein Schauprozess wegen Verbindungen zum CDU-Ostbüro statt. Darin wurden 7 Zuchthausstrafen über 15 Jahre verhängt.[212]

Strafermittlungen gegen engagierte Akteure anderer politischer Richtungen waren typisch in den ersten Jahren.[213] Mit Strafprozessen – oder auch durch von derartiger Bedrohung ausgelöste Westfluchten – raubten die SED-Geheimpolizisten anderen Parteien und politischen Richtungen starke Persönlichkeiten und setzten unmissverständliche Signale. Diese inhaftierten Politiker hatten in der Regel Kontakte zu Büros westdeutschen Parteistrukturen in Westberlin, Hannover und anderswo gehabt, dort ihre örtliche politische Lage besprochen und Parteimaterialien zur politischen Öffentlichkeitsarbeit erhalten. Diese gesamtdeutsche politische Arbeit benutzten die MfS-Vernehmer für angebliche Spionage- und Boykotthetze-Strafgründe.

Die politische Strafrechtspraxis der Staatssicherheit jener Jahre wandte sich nicht nur gegen politisch Aktive, sondern gegen alle Formen SED-kritischen oder politisch konkurrierenden Agierens. Die MfS-Begründungen für die hohen Zuchthausstrafen jener Jahre machen das deutlich genug:

Im **Mai 1953** verhängte der Politische Strafsenat in Erfurt 4 Jahre Zuchthaus gegen einen Studenten, nur weil er Autonummern der Jenaer Staatssicherheit gesammelt hatte und angeblich als Spion geworben worden war.[214]

links: Erfurter MfS-Bezirksverwaltung auf dem Nachbargrundstück Andreasstraße 38 um 1952, Foto: Stadtarchiv Erfurt, oben: Innenhofbereich vor Umbauten 1954, Foto: Thür. Hauptstaatsarchiv Weimar

Im selben **Mai 1953** veranlassten die Erfurter Vernehmer erneut eine hohe Bestrafung in eigner Sache – es ging um den prophylaktischen Selbstschutz des Stasi-Personals. Ein kaufmännischer Angestellter erhielt fünf Jahre Zuchthaus mit folgender Begründung:

„Belästigte VP-Angehörige und verleumdete das MfS gegenüber der Bevölkerung. Er wäre dort nach Gestapomethoden vernommen worden, ist aber vor der Festnahme am 2.3.53 noch nie mit dem MfS in Berührung gewesen."[215]

Im **Juni 1953** erhielt ein Maschinenschlosser vier Jahre Zuchthaus, nachdem er seit März in der Stasi-U-Haft eingesperrt war. Man warf ihm nicht nur Boykotthetze, sondern auch antisowjetische Hetze vor. Der Grund lautete:

„Hat in Ellrich die Ehrenwache aus Anlaß des Todes des Genossen Stalin belästigt und sagte ‚mit dem Gewehrkolben müssten sie eins über den Kopf bekommen'. Weiterhin machte er unflätige Äußerungen über das Leben Stalins."[216]

Im Sommer und Herbst 1953 kam es zu Strafprozessen gegen **Akteure des 17. Juni 1953**. Es hatte die zentrale Order gegeben, beteiligte Faschisten offen anzuprangern, aber auch die Erfurter Vernehmer fanden keine solchen unter den inhaftierten Aufständischen. Sie hatten zwar 204 Akteure in der MfS-Haftanstalt eingesperrt und der Justiz 41 vorbereitete Strafverfahren übergeben, aber der noch amtierende Justizminister Fechner hatte die Justiz öffentlich zu moderater Strafpolitik aufgefordert und 17 der vom MfS vorgesehenen Gefangenen wurden daher nicht verurteilt.[217] Zuchthausstrafen zwischen einem Monat und 9 Jahren erhielten 27 Bürger.[218]

Schon am 25. Juni wurden zwei „Hetzer" zu sechs (später drei) Zuchthausjahren verurteilt, nachdem sie am Abend des 17. Juni in einer Erfurter Kneipe über den Aufstand im Leipziger Industrierevier berichtet, sich solidarisiert und zu weiteren Aktionen aufgerufen hatten.

Panzerkreuzer mit Stern

ie CDU kritisiert das neue Logo des Theaters Karlshorst

VON CLAUDIA FUCHS

ınge fristete das Theater am S-Bahnhof Karlshorst in Lichten-ɜ ein unscheinbares Dasein: Es zu. Kaum aber ist der wuchtige ıhkriegsbau, den die Sowjets für Truppen errichteten, saniert, spinnt sich eine Debatte um das ıs. Genauer gesagt – um das e Logo. Denn das Gebäude, in ı jetzt unter anderem eine Filiaıer Lichtenberger Musikschule n Sitz hat, firmiert seit Anfang ober unter „teatr Karlshorst" soeinem Symbol, das die Silhouetes Hauses darstellen soll.

)och aus Sicht der ıtenberger Christıokraten stellen schwarzen Quader der Stern darüber ı Haus dar, sonı ein russisches gsschiff. Diesen „Panzerkreuzer omkin" wolle man nicht, sagt J-Kreischef Gregor Hoffmann in ...

dem Logo ist auch SPD-Fraktionschef Manfred Becker, auch wenn er das Thema „nicht so hoch hängen" wolle wie die CDU. Aber auch er sehe eine gewisse Ähnlichkeit mit einem Panzerkreuzer – allerdings mit der „Aurora", die 1917 mit einem Kanonenschuss den Beginn der Oktoberrevolution einleitete. „Vielleicht überdenkt man das Symbol noch mal." Ihn störe aber auch die Schreibweise „teatr" – ein russischer Begriff in deutschen Buchstaben. Bei der Gelegenheit könne auch das überarbeitet werden.

Die Besitzerin des Theaters, die Wohnungsbaugesellschaft Howoge, lehnt eine Überarbeitung ab. Das Signet nehme Bezug auf die Geschichte des Hauses, die Silhouette, ein liegender Quader mit Bühnenturm und kein Schiff, sei leicht angeschrägt worden, um dem Signet eine größere Dynamik zu verleihen, sagt Sprecherin Angela Reute. Das Logo wer-...

ANSCHLAEGE

Protest ließ man sich bald nur noch in anonymer Form (Flugblätter, Inschriften) oder mit angetrunkenem Mut hinreißen.

Im **Oktober 1953** traf es einen Schmiedemeister mit vier Jahren Zuchthaus, weil er betrunken zur Absetzung der DDR-Regierung „aufgerufen" hatte.[222]

Im **März 1954** erhielt ein Hilfsarbeiter ebenfalls als „Boykotthetzer" eine vierjährige Zuchthausstrafe. Der Vorwurf gegen ihn lautete:

> *„Er hielt sich seit dem 16.6.1953 in Westberlin auf, von wo er aktiv an dem faschistischen Putschversuch gegen die DDR, im Juni 1953 teilnahm. Er forderte am 17. 6. 1953 im Demokratischen Sektor von Berlin den Sturz der Regierung der DDR und brachte dabei zum Ausdruck, dass die VP-Angehörigen aufgehängt werden müssten.' Außerdem verhalf er mehreren Personen zur Republikflucht und brachte sie selbst von Sömmerda nach Westberlin in*

...er'. Er ist lungenleidend und war ...litisch organisiert. Während der ...r nach anfänglichem Leugnen

...suchungsabteilung inhaftierte, ...ergab den Gerichten Monat für ...r „Boykott- und Mord-Hetzer", ...mer öfters vermeintliche Spione

...**Februar 1954** 20 der 35 MfS-... „Spione" verhört – das waren ...wei Drittel.[224]

...chte die reguläre Befragung im ...r Gießen, Marienborn und ...um bei einer DDR-Rückkehr in ...System zu geraten. Vor Gericht ...ırelange Zuchthausstrafen – teil-...ıebüchener und unbewiesener

...n Erfurter Vernehmer im **Juni** ...rteilung eines Landarbeiters zu 3 ...hthaus wegen „*Agententätigkeit* ...*von Widerstandsgruppen*" auf-...rmutung:

> *...951 DDR-flüchtig und wurde dort von der KgU* [Kampfgruppe gegen Unmenschlichkeit] *und BdJ* [Bund deutscher Jugend] *angeworben. 1954 bekam er den Auftrag, in der DDR eine Widerstandsgruppe zu bilden. Er konnte jedoch seinen Auftrag nicht durchführen, da er bereits beim illegalen Grenzübertritt verhaftet wurde.*"[225]

Einen Monat später, im **Juli 1954,** bekam ein Elektromonteur 3 Jahre Zuchthaus:

> *„Er hat im April 1954 in Westberlin Hetze gegen die DDR betrieben. Zur gleichen Zeit wurde er vom RIAS als Agent angeworben und bekam den Auftrag, eine Skizze über den Sender Erfurt anzufertigen. Diesen Auftrag konnte er nicht durchführen, da er auf dem Wege nach Westberlin, wo er die Skizze bei sich hatte, verhaftet wurde.*"[226]

Im **August 1954** führten Stasi-Leute einen jungen Reisekaufmann vor die Erfurter Richter, die – wiederum mit einer vermeintlichen Agentenstory – 2 ½ Jahre Zuchthaus verhängten:

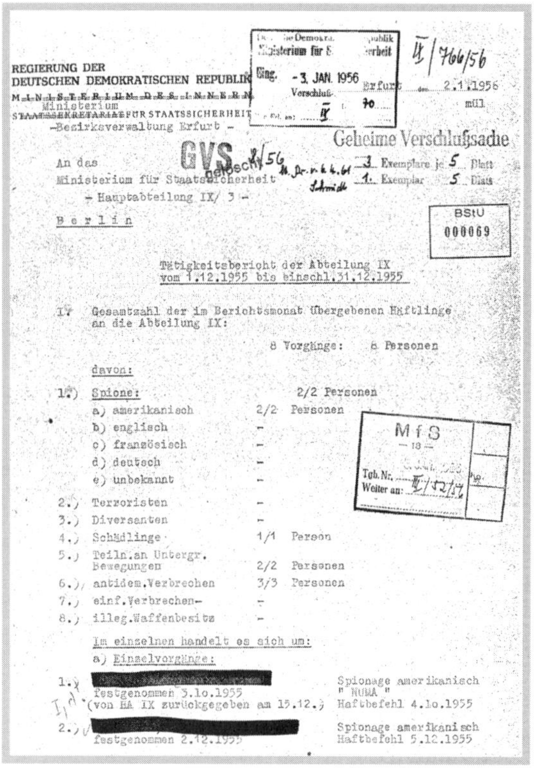

REGIERUNG DER
DEUTSCHEN DEMOKRATISCHEN REPUBLIK
~~MINISTERIUM DES INNERN~~
Ministerium
~~STAATSSEKRETARIAT~~ FÜR STAATSSICHERHEIT
-Bezirksverwaltung Erfurt -

Eing. - 3. JAN. 1956

Erfurt, den 2.1.1956
mül

Geheime Verschlußsache

GVS gelöscht

3 Exemplare je 5 Blatt
1. Exemplar 5 Blatt

An das
Ministerium für Staatssicherheit
- Hauptabteilung IX/ 3 -

B e r l i n

BStU
000069

Tätigkeitsbericht der Abteilung IX
vom 1.12.1955 bis einschl.31.12.1955

1.) Gesamtzahl der im Berichtsmonat übergebenen Häftlinge an die Abteilung IX:

8 Vorgänge: 8 Personen

davon:

1.)	Spione:		2/2 Personen
	a) amerikanisch	2/2	Personen
	b) englisch	–	
	c) französisch	–	
	d) deutsch	–	
	e) unbekannt	–	
2.)	Terroristen	–	
3.)	Diversanten	–	
4.)	Schädlinge	1/1	Person
5.)	Teiln.an Untergr. Bewegungen	2/2	Personen
6.)	antidem.Verbrechen	3/3	Personen
7.)	einf.Verbrechen-	–	
8.)	illeg.Waffenbesitz	–	

MfS
Tgb. Nr.
Weiter an:

Im einzelnen handelt es sich um:

a) Einzelvorgänge:

1.) [redacted] festgenommen 3.1o.1955 (von HA IX zurückgegeben am 15.12.) — Spionage amerikanisch " NUMA " Haftbefehl 4.1o.1955

2.) [redacted] festgenommen 2.12.1955 — Spionage amerikanisch Haftbefehl 5.12.1955

Links: Neuverhaftungen im Dezember 1955, BStU, Zentralarchiv, rechts: Badraum vor Umbau zur Dusche. Hier wurden in den 50er Jahren die "Kübel" geleert. Baden durften die Gefangenen nicht. Foto: Thür. Hauptstaatsarchiv

„Er wurde am 13.6.52 ddr-flüchtig und machte in Westberlin Angaben über den Bahnhof Erfurt. 1954 im Januar kam er nach Erfurt zurück und wurde Angestellter des Deutschen Reisebüros Erfurt. Im April wurde er vom Leiter des Reisebüros zur Agententätigkeit geworben, indem er für diesen Flugblätter und Hetzschriften verteilte. Ansonsten führte er keine weiteren feindlichen Tätigkeiten durch.“[227]

Im **November 1954** wurden drei Jahre Zuchthaus gegen eine Hausfrau ausgesprochen – wegen „Spionage-Mitwisserschaft“ bezüglich angeblicher Aktivitäten ihres Mannes und ihres Sohnes, die bereits hohe Strafen erhalten hatten. Der einzige Vorwurf gegen die Hausfrau lautete: sie *„hatte den Sicherheitsorganen keine Kenntnis davon gegeben“*.[228]

Im **Januar 1955** gab es vier Jahre Zuchthaus für einen jungen Versicherungspraktikanten wegen *„Hetze gegen die DDR“* und Hilfe für eine Westflucht, die sowieso stattgefunden hätte:

„Er nahm am Deutschlandtreffen der FDJ im Jahre 1950 teil und besuchte dabei Westberlin, wo er hetzerische Angaben über die DDR und die FDJ machte. Er bekam einige Hetzschriften mit, die er in der DDR verteilte. 1951 besuchte er nochmals Westberlin und machte dort wiederum hetzerische Angaben über die DDR. 1952 verhalf er seiner Tante zur DDR-Flucht und brachte dabei 2000,- DM nach Westberlin. Über seine letzte Arbeitsstelle machte er seinem Vater interne Angaben, da dieser vorher Besitzer war. Es stand jedoch fest, dass seine Tante auch ohne seine Hilfe republikflüchtig geworden wäre.“[229]

Im **März 1955** bekam ein Kraftfahrer vier Jahre Zuchthaus aufgebrummt, weil er von einem Westberlin-Besuch Informationsmaterial von seinem Bruder, der Mitglied im „Untersuchungsausschuss freiheitlicher Juristen“ war, mitgebracht und weitergegeben hatte.[230]

Im **Mai 1955** warfen Stasi-Verhörer einem Schleifer „Militärspionage“ vor und das Gericht legte drei Jahre Zuchthaus fest:

„Er war Mitwisser über die Spionagetätigkeit des X und erhielt von dessen Spionagetätigkeit im Frühjahr 1954 Kenntnis. Außerdem übergab er dem genannten X 8 Nummern von sowjetischen Militärfahrzeugen. Als ihm ein guter Freund die Gefährlichkeit seiner Tat aufzeigte, sah er dies ein und führte keine weiteren feindlichen Handlungen durch.“[231]

Ebenfalls im **Mai 1955** musste eine Schneidermeisterin eine fünfjährige Zuchthausstrafe mit folgender Begründung antreten:

„Die X hat seit April 1953 die ihr zugesandten Hetzschriften vom UfJ [Untersuchungsausschuss freiheitlicher Juristen] *und NTS [*Emigrantenorg. Volksarbeitsbund] *aus Westberlin in der DDR verbreitet. Desweiteren hat sie bei Besuchen in Westberlin Angaben über sowjetische Einheiten gemacht.“*[232]

Im **September 1955** wurde ein Bahnrangierer wegen „*Verbreitung tendenziöser Gerüchte und Auflehnung gegen Maßnahmen der Regierung der DDR*“ zu vier Jahren Zuchthaus verurteilt.

„Er hetzte im April 1955 die Belegschaft des Bahnhofs Nordhausen auf, den neueingeführten Schichtplan durch die Regierung der DDR nicht durchzuführen und machte noch verschiedene hetzerische Äußerungen.“[233]

Im **Oktober 1955** erhielt ein Elektroschweißer mit dem Boykotthetze-Vorwurf ebenfalls vier Jahre Zuchthaus. Stasi und Justiz behaupteten:

„Er verbreitete gehörte Hetzsendungen der Westsender. Außerdem begab er sich im Jahre 1954 nach W-Deutschland, wo er mit dem Ostbüro der SPD in Verbindung kam und dort Aufträge entgegennahm. (Flugblattaktionen) Nach kurzem Aufenthalt in der DDR begab er sich erneut nach Westdeutschland und suchte das Lager Gießen auf, wo er beim amerikanischen Geheimdienst Angaben über das Ifa-Werk Waltershausen machte. Da er in W-Deutschland keine Arbeit erhielt, kehrte er angeblich reumütig in die DDR zurück, wobei er festgenommen wurde.“[234]

SED-Kritiker suchten angesichts der rabiaten Meinungsbestrafung immer auch nach anonymen Formen der Meinungsäußerung. Ein Langensalzaer Marmeladenverpacker hatte zum Beispiel **1956** im Innern der Marmeladenkartons „Hetzlosungen“ eingeklebt, aber nicht bedacht, dass man seine Handschrift später erkennen und ihn daraufhin verurteilen konnte.[235]

Nach Erlass des Pass-Gesetzes 1954 wurden außerdem immer wieder Menschen in die Erfurter MfS-Haft eingeliefert, die in den Westen flüchten wollten, auch wenn der Prozentsatz derer, denen diese Flucht gelang, jährlich in die Tausende ging.

Die monatlichen Verhaftungszahlen der Erfurter Staatssicherheit waren recht unterschiedlich.

Während des Februars 1954 wurden 29 Menschen inhaftiert, im Juli 14, im Oktober 28 (aufs Jahr hochgerechnet etwa 250-300). Im Monat Januar 1955 waren es 13 neu Inhaftierte, im April 37, im Juli 1955 14 und im Dezember 16.[236] Die Zahl der gleichzeitig eingesperrten Gefangenen in der MfS-Haft Andreasstraße lag Mitte der 50er Jahre in der Regel bei 25 bis 45.

Opfer der politischen Strafrechtspraxis der Staatssicherheit wurden auch Menschen, die teilweise andere Vergehen zugaben, sich dabei aber derartig stark politisiert sahen, dass ihre Strafmaße deutlich anwuchsen. So laut persönlichem Bericht der folgende damals 19-jährige Zeitzeuge aus Südthüringen, der 1955 im Bezirksgericht Erfurt zu 15 Jahren Zuchthaus verurteilt wurde:

„Beim Prozess war der Saal bis auf den letzten Platz besetzt, aber nur mit geladenen Gästen. Dies waren hauptsächlich FDJ-Gruppen und Staatsfunktionäre. Aus meinem Heimatort waren auch viele Leute angereist, diese bekamen aber keinen Eintritt. Zusammengefasst kann man sagen. dass die Verhandlungen davon ausgingen, dass ich, als Hauptangeklagter, meine zwei X und die X die ganze DDR stürzen wollten. Damit wurden wir als Schwerstverbrecher eingestuft. Alles, was wir getan hatten, wurde hochgespielt und wir wurden als willfährige Werkzeuge des Kapitalismus zum Sturz der DDR bezeichnet. Die kleineren Delikte, wie innerdeutscher Handel, wurden nicht weiter berücksichtigt. Wir hatten während der Verhandlung keine Möglichkeit, zu irgendeinem Punkt Stellung zu nehmen, da wir ja schon alles ‚gestanden‘ hatten. Da die

Gebäudeansicht vom Petersberg her, vor der Umgestaltung der Freianlagen durch die Staatssicherheit in den 50er Jahren, Foto: Thür. Hauptstaatsarchiv Weimar

Staatsfunktionäre eine große Angst vor einer eventuellen Wiederholung des 17. Juni hatten, musste ein Abschreckungsurteil her. Als Hauptangeklagter erhielt ich eine Summe von 28 Jahren Haft (allein für den Waffenbesitz 5 Jahre). Aufgrund meines jugendlichen Alters wurde eine Höchststrafe von 15 Jahren ausgesprochen."[237]

Kurzzeitig eingesperrt waren in der Andreasstraße auch Menschen, die nicht oder auf Bewährung verurteilt wurden. So eine Dame, die mehrere Wochen in der Zelle wegen „Hetze" verbringen musste, weil sie sich auf der Straße vor dem Gewerkschaftshaus lautstark darüber beschwert hatte, dass ihr die dortige Funktionäre soeben eine barsche Abfuhr erteilt hatten, als sie um gewerkschaftliche Unterstützung gegen ihren Arbeitsgeber gebeten hatte.

Die politische Strafverfolgung 1956 richtete sich auch gegen alle Befürworter des ungarischen Volksaufstandes. Dagegen spielte die studentische und intellektuelle Debatte um Personenkult und Zentralismus im Bezirk Erfurt eine wesentlich geringere Rolle als im benachbarten Bezirk Gera und der Universitätsstadt Jena.

1957 wurde ein Optima-Arbeiter bei der Staatssicherheit inhaftiert und wegen „Boykotthetze" verurteilt, weil er im Betrieb immer politische Witze über Walter Ulbricht erzählt hatte, aber vor allem, weil er den ungarischen Volksaufstand 1956 als wahrhaft demokratisch und nachahmenswert bezeichnete.[238]

1957 – 1968

Den politischen Strafverfahren lagen ab 1957 die elf Straftatbestände des Strafrechtsergänzungsgesetzes sowie seit 1954 das Passgesetz zugrunde. (s. Kapitel 2)

Am Charakter politischer Strafverfolgung und am willkürlichen Rechtsmitteleinsatz änderte sich wenig. Die Boykotthetze-Strafverfahren wurden weitergeführt, der Strafvorwurf hieß jetzt aber „staatsgefährdende Propaganda und Hetze“ (§19).

Im Jahr 1957 gab es gegen 101 Menschen, gegen die die Erfurter Untersuchungsabteilung Strafverfahren durchführte.

Erwähnt wurden folgende Strafgründe[239]:

Hetze	*56*
Spionage, deutsch	*9*
Abwerbung	*7*
Flugblatt (5), Plakat (1)	*6*
Spionage, amerikanisch	*5*
„Wirtschaftsverbrechen“	*5*
Waffenbesitz	*3*
„kriminelle Verbrechen“	*3*
Terror	*2*

sowie je ein Fall: Untergrund, Begünstigung von Staatsverbrechen, Dienstgeheimnis-Verrat, Behörden-Irreführung, Bettelbrief.

„Hetze“ bzw. Kritik an Politik und Funktionären

Immer seltener offen ausgesprochen und hoch bestraft wurden politische Äußerungen, wie die eines Erfurter Arbeiters, der 1958 den 17. Juni einen „Volksaufstand im Kampf um die Freiheit“ nannte, den Ungarnaufstand „verherrlichte“, von einer faschistischen DDR-Militärpolitik sprach und offen bezweifelte, dass der Buchdrucker Grotewohl oder der Tischler Ulbricht in ihren Berufen ordentliche Arbeit zustande brächten.[240]

Kriminalisiert wurden 1957/58 zwei Melker aus einer der ersten Thüringer LPGen, deren Gedankenspiel einer bewaffneten Vertreibung der Herrschenden als „*Mord- und Kriegshetze*“ ausgelegt wurde:

> *„Die Beschuldigten haben seit 1953 fortlaufend unter Arbeitskollegen der LPG „Florian Geyer“* [bei Mühlhausen] *und unter der Bevölkerung des Ortes Kriegs-Mord- und Boykotthetze betrieben. Sie verleugneten vor allem die Kampfgruppen und die MTS, den demokratischen Rundfunk und würdigten die soz. Entwicklung in der DDR und in anderen demokr. Ländern herab. ... Besonders starke Hetze betrieben sie während der Zeit der Ereignisse in Ungarn und Volkspolen in der Zeit – Herbst 1956. So äußerte ..., daß die Menschen in Polen nicht mit dem soz. Aufbau einverstanden wären und nichts mit den ‚Russen‘ zu tun haben wollten. ... Die führenden Staatsmänner unserer Regierung bezeichnete er als Lumpen und Spitzbuben. ...äußerte in diesem Zusammenhang: 'Man müsste Waffen haben, damit man in der DDR die Russen und die Regierung hinaushauen könnte.' ...*
>
> [Außerdem] *hat ... solche Handlungen, wie das Putzen der Kühe bewusst schlecht durchgeführt und auch den zweiten Melker aufgefordert, das gleiche zu tun. ... hat neben der Vernachlässigung des Viehs dieses zum Teil auch misshandelt, besonders während der Zeit des faschistischen Putschversuchs, wo er sich überhaupt nicht um das neu angeschaffte Vieh kümmerte. Der Beschuldigte ...hat darüber hinaus nach Volkspolen ständig Waren aus der DDR verschoben, wie z.B. Uhren, Fahrradketten Medikamente und anderes.“*

Auch ein Worbiser Redakteur der CDU-nahen „Thüringer Tageblatts“ verlor 1958 mit dem Hetze-Etikett seine Freiheit, weil er die SED-Redakteure als Tagediebe, Nichtskönner und Radaukommunisten bezeichnet und einem Jugendfunktionär die Flucht in den Westen empfohlen hatte.[241]

Und in eigener Sache wurde die Staatssicherheit ebenfalls mehrfach tätig, denn mittels Hetze-Definition war auch diese Staatsinstitution gegen jegliche Kritik strafrechtlich geschützt. Das Beispiel eines Landwirts aus der Apoldaer Gegend, der im Dezember 1958 in die MfS-Haftzellen gesperrt und vom Vernehmer Hoffmann verhört wurde, ist dafür besonders anschaulich:

> *„So hetzte er nach GI-Berichten im November 1957 gegen das MfS, indem er behauptete, dass bei denselben jedes Menschenrecht in den Dreck getreten wurde. Diese Zustände würden in unserem Staat kein Ende nehmen, wenn er nicht bald abgelöst wird. Wenn die ‚Russen‘ nicht hier wären, dann wäre am 17. Juni 1953 schon alles vorbei gewesen. Weiter verglich er das MfS mit der Gestapo und erklärte, dass das MfS zehnmal schlimmer wäre als die Waffen-SS.*

Erfurt 8.4.1958
Tgb. Nr. 236/58
Eis./ Gas.

- Bezirksverwaltung Erfurt -
- Abteilung IX -

An die
Regierung der
DEUTSCHEN DEMOKRATISCHEN REPUBLIK
Ministerium für Staatssicherheit
Hauptabteilung IX / 4

B e r l i n

Sachstandsbericht
U - Vorgang Nr.34/58

Am 1.4.1958 wurde durch die Abteilung V / 5 der BV. Erfurt der

[redacted]
geb. [redacted] in Erfurt
kleinbürgerlicher Herkunft
Familienstand: ledig
erlernter Beruf : ohne
zuletzt: [redacted] bei [redacted]
in Erfurt,
wohnhaft: Erfurt, [redacted]
ohne Wehrverhältnis,
Vorstrafen: nach eigen Angaben keine

festgenommen.
Der Vorgang wurde am gleichen Tage von der Abteilung IX übernommen und der Haftbefehl am 2.4.1958 erlassen, nach § 19 Abs. 1, Ziff 1 und 2 STEG.
Eine operative Bearbeitung war vor der Festnahme nicht erfolgt.
Durch Mitglieder der Schulleitung der Berufsschule III in Erfurt wurde bekannt, daß [redacted] in der Schule während des Unterrichtes und an anderen Orten fortlaufend Hetze gegen die DDR betrieb.

- 2 -

- 2 -

Die Haus - und körperliche Durchsuchung erbrachte einiges belastendes Material gegen [redacted], welches die betriebene Hetze bestätigen. So wurde unter anderem ein Notizbuch gefunden in welchem der Beschuldigte hetzerische Notizen niederschrieb. Weiteres Material bestätigt Westverbindungen des [redacted] verwandtschaftlicher Art. Vor der Festnahme wurden zwei Zeugen vernommen.
Diese bestätigen, daß [redacted] u.a. am 25. und 26.3.1958 während des Geschichtsunterrichtes in der gewerblichen Berufsschule Erfurt Boykotthetze gegen die Regierung in der DDR betrieb. Er beschimpfte Regierungsmitglieder der DDR als Naziverbrecher, welche die Demokratie unterdrücken. Weiter brachte er zum Ausdruck, es würden in der nächsten Zeit die Verbrecher in Berlin hinweggefegt und daß die kommende Abrechnung nicht so glimpflich verlaufen würde wie am 17.6.1953.
Von diesen Zeugen wurde weiter bekannt, daß [redacted] Anfang 1958 eine Klassenarbeit schrieb, in welcher er gegen die Demokratie in der DDR hetzte und die Meinung vertrat, die wirklich freie Demokratie herrsche nur in Westdeutschland.
[redacted] versuchte laufend seine Mitschüler im negativen Sinne zu beeinflussen und die Verhältnisse in den Augen dieser Schüler zu verunglimpfen und im Ansehen herabzusetzen.

Es ist geplant nach gründlicher Aufklärung der vom Beschuldigten betriebenen Hetze, den Vorgang vorfristig abzuschließen. Weiterhin ist vorgesehen in der Untersuchung aufzuklären, von welchem Personenkreis der Beschuldigte eventuell beeinflußt wurde zu seinen staatsfeindlichen Äußerungen.

Stellv. Leiter d. Abteilung
(Börner)
Oberleutnant

Hilfssachbearbeiter
(Eisenhardt)
- Unteroffizier -

Während einer Versammlung der CDU in der Gemeindegaststätte im Februar 1958, erklärte er, dass er schon richtig wäre, wenn der CDU-Vorsitzende sein Amt niederlegen würde. ... Auf der einen Seite würde man seinen Schwiegervater einsperren und auf der anderen Seite sollte er politisch arbeiten. Im Gegenteil müsste er alles tun um den Staat Schaden zuzufügen. Selbst bei Hitler hätte es das nicht gegeben, daß Angehörige 5-6 Monate nicht gewusst hätten, wo sich die inhaftierten Personen befinden. Dieselben wären sicher schon zu 15 Jahren Zuchthaus verurteilt. Der ‚Russe' würde es ja mit seinem Volk genauso machen. Wenn es einmal anders kommen würde, dann würde er es mit den Burschen (vom MfS) auch so machen. Bei verschiedenen anderen Diskussionen im Jahre 1958 äußerte der Beschuldigte außerdem zu anderen Personen, die fortschrittlich in Erscheinung traten, daß dieselben ‚rot angehaucht' seien, aber es wäre ja noch nicht aller Tage Abend mit der russischen Diktatur.

Im März 1958, als in ... bekannt wurde, daß die Verhandlung gegen die 3 genannten Großbauern stattgefunden hatte, äußerte ... in der Gastwirtschaft, dass diese 3 Personen schon verurteilt würden, aber 80% von dem was man erfahren würde, wäre gelogen. Die Kerle vom MfS würden schon mit Gewalt und Folter Aussagen erpresst haben. Er möchte sehen wie man sie gelyncht hat. Die hätten das doch vom Russen gelernt. Weiter behauptete er, wer glaubt, was Zeitungen und Rundfunk in der DDR bringen, würde an Gespenster glauben.“[242]

Wie es tatsächlich um das Arbeiterinteresse im „Arbeiterstaat“ DDR bestellt war, zeigt 1960 die Inhaftierung eines Sondershäuser Maurers, der

„Hetze betrieben hat, indem er in Gesprächen mit Arbeitskollegen u.a. äußerte, dass der bestehende Leistungslohn im Baugewerbe in der DDR eine Ausbeutung höchsten Grades wäre und dass die in Westdeutschland im Zeitlohn stehenden Maurer mehr verdienen würden und nicht einer so hohen Ausbeutung unterliegen würden. ... Das neue Arbeitsgesetz bezeichnete

der Beschuldigte als Gesetz, womit dem Arbeiter die Schlinge noch fester um den Hals gelegt würde und die NVA nannte er ,Gammelhaufen'."[243]

Fast genauso hatte sieben Jahre zuvor der Volksaufstand begonnen – die Staatsicherheit tat auch in Erfurt alles, um einen neuen 17. Juni zu verhindern.

Zum „Hetzer" machte die Staatssicherheit 1961 auch einen streikwilligen Erfurter IGA-Gärtner, der aufgrund einer schlechteren Bezahlung seiner Brigade seine Kollegen zum Streik aufrufen wollte.[244] Er war so vorsichtig gewesen, seinen Kollegen den Streikaufruf heimlich in die Gummistiefel zu stecken, aber ein Kollege brachte das „Hetzflugblatt" zum Chef. Die Staatssicherheit „überführte" den Streikwilligen durch Handschriftenvergleich. Aus dem Streikrecht der alten Arbeiterbewegung war nun eine kriminelle Handlung geworden.

Kurz vorm Mauerbau wurde ein Sondershäuser Schlosser wegen „Hetze" gegen das DDR-Wahlsystem in den Erfurter MfS-Hafttrakt verbracht. Gegen ihn hatte der Vernehmer Freytag folgendes in der Hand:

„*In der bisherigen Untersuchung gab X, an, was durch 3 Zeugen bestätigt wird, dass er gegen die Volkswahlen in der DDR hetzte. X äußerte sich in der Mitropa-Gaststätte Sondershausen, dass in der DDR ,freie' Wahlen durchgeführt werden müssten. Man sollte nicht soviel vom Friedensvertrag reden, sondern ,freie' Wahlen durchführen, um so zu einem Friedensvertrag zu gelangen. Als ein Genosse in die Diskussion eingriff und X aufklären wollte, sagte dieser, dass es in der DDR keine geheimen Wahlen gebe. Es dürfe niemand in die Wahlkabine und müsse seinen Stimmzettel offen abgeben. Dabei behauptete X, daß bei der letzten Volkswahl in Friedrichroda im Kreis Sondershausen ein Wahlbetrug durchgeführt worden sei. Der ABV des Ortes habe ihm selbst erzählt, daß man die Stimmzettel nummeriert habe, um genau festzustellen, wie jeder Bürger abstimmt. Als ein weiterer Genosse in die Diskussion eingriff, stellte X seine staatsfeindlichen Diskussionen ein.*"[245]

Dass der Mauerbau und Ausbau des innerdeutschen DDR-Grenzregimes ab 1961 zu heftiger Diskussion, Unwillen und Furcht in der Bevölkerung führen würden, war auch den SED-Herrschern klar. Brachial-ideologische Feindkampagnen und strafrechtliche Disziplinierung aller Hetzer galten weiterhin als probates Mittel.

Zwei SED-Mitglieder aus dem Nordhäuser Schlepperwerk gerieten wegen „Hetze" und „Schädlingstätigkeit" in die Hände von MfS und Gericht. Zum Unwillen der Stasi sah das Gericht eine Entlastung beider in der Tatsache, dass die SED-Betriebsorganisation sich nicht genügend um ihre Mitglieder gekümmert habe.[246]

Ein Elektromeister, sein Sohn und weitere Arnstädter waren vor der Inhaftierung 1961 bereits länger von der Kreisdienststelle beobachtet worden.[247] Sie waren an einem Stammtisch im „Bären" an politischen Diskussionen beteiligt, waren als Sympathisanten des 17. Juni, des Ungarn-Aufstandes und als Gegner des Berliner Mauerbaus bekannt. Zum Kneipengespräch gehörte auch das Pläneschmieden einer Rathausbesetzung im Falle eines neuen Arbeiteraufstandes. Kurz vor ihrer Inhaftierung als „Hetzer" belauschten Stasi-Spitzel, wie sie sich am 19. August über die amerikanischen Mauerbau-Äußerungen im Westfernsehen und über mögliche Proteste gegen den Mauerbau unterhalten hatten.

Sogar von „*organisierter konterrevolutionärer Tätigkeit*" ist in einem Bericht des Erfurter Untersuchungs-Leiters Boller Ende 1961 die Rede. Die Polizei hatte eine Frau und ihre drei Töchter in Weimar bei Flugblattaktionen verhaftet, die Staatssicherheit übernahm den Fall und inhaftierte die vier Frauen. Zum Sachverhalt hieß es:

„*Etwa 1954 wurden von den Schwestern ... 10 – 15 Hetzflugblätter in Weimar verbreitet. Der Texte stammte von der ...* [Mutter] *und hatte konterrevolutionären Charakter. Ungefähr 20 gleichartige Flugblätter fertigte die ... im Frühjahr 1957 erneut mit Schreibmaschine an, die im VEG Schöndorf verbreitet wurden. Ende 1961 schrieb die ... einen Artikel, der die unga-*

\- 5 -

000155

Des weiteren lieferte der Beschuldigte umfangreiche Angaben über seinen unmittelbaren Vorgesetzten [redacted], indem er ihn lückenlos charakterisierte. [redacted] informierte die Vertreter des Geheimdienstes gleichfalls über seinen wahrscheinlichen Nachfolger im Referat Jugendhilfe und Heimerziehung den Genossen [redacted]
Weitere genaue Charakteristiken über Schwächen und Stärken gab der Beschuldigte über die Funktionäre des Rates des Bezirkes Erfurt, [redacted] [redacted], [redacted] und [redacted]
Aufgrund dieser von Beschuldigten gemachten Spionageinformationen bekam er nach kurzem Aufenthalt in Landau, beim Landeserziehungsheim Speyer, eine Anstellung als Erzieher. In dieser Funktion arbeitete er bis zu seiner Rückkehr in die DDR.
Nach seinen eigenen Aussagen habe es ihm in der Westzone nicht mehr gefallen und wollte jetzt zu seiner Mutter, die in Rudolstadt wohnhaft ist.

In der weiteren Untersuchung wird vor allem darauf Schwerpunkt gelegt, welche konkreten Spionageangaben übermittelte er den Vertretern der Geheimdienste und was waren die Gründe seiner Rückkehr in die DDR.
Wie er selbst aussagt, bestand seine Absicht nicht darin, das Revanchistentreffen in Westberlin zu besuchen.

Dieser Vorgang soll bei Nichtauftreten wesentlicher Fakte baldigst abgeschlossen werden.

(Fylenstein)
\- Unterleutnant -

oben: aus einer Dokumentation über das Aufnahmelager Eisenach, um 1950, Quelle: Privatarchiv: Wolfgang Fiege, links: Zwischenbericht eines Spionage-Strafverfahrens, BStU Erfurt, AS-Aktenbestand

rische Konterrevolution verherrlichte ab, um diesen weiterzuverbreiten. Bei Zusammenkünften mit Studenten in Weimar wurde Hetze gegen die DDR betrieben, und westdeutsche Hetzliteratur verbreitet."[248]

Im Dezember 1961 brachte das Festnahmekommando einen Gothaer Lehrer und Stadtverordneten zur Erfurter MfS-Haft, nachdem die Kreisdienststelle beobachtet hatte, dass er offen über westliche Fernsehsendungen sprach, Bekannte zum Westfernsehen einlud und gesagt haben soll: „Ich habe zu dem Scheißstaat kein Vertrauen." Obwohl er der NDPD angehörte, lautete ein wesentliches Verhörziel: „*herauszuarbeiten, inwieweit die betriebene Hetze im Auftrage des 'Ostbüros der SPD' durchgeführt wurde*".[249]

Allein im Jahr 1962 liefen etwa 50 Strafverfahren wegen „staatsgefährdender Propaganda und Hetze" bei der Erfurter Staatssicherheit, 1961 waren es noch mehr und auch 1963 stand dieser Strafvorwurf noch weit an der Spitze der Untersuchungsstatistik.

Viele Vorwürfe hingen auch mit Flugblättern (z.B. mit Polemik gegen die SED-beherrschte Wahlpropaganda 1963) oder mit zu „Hetzschriften" deklassierten politischen Dokumenten zusammen. Infolge der Strafpolitik der 50er Jahre und besonders seit dem Mauerbau herrschte unter der Bevölkerung eine starke Furcht vor den Folgen offen praktizierter Meinungsfreiheit. Hier gelang es der Staatssicherheit mitunter gar nicht oder erst später, die „Täter" zu ermitteln.

„Spionage"

Verurteilungen wegen „***Spionage***" (§14 StEG) waren in den 50/60er Jahren ebenfalls an der Tagesordnung. Die Mehrheit der Fälle war allerdings weit von dem entfernt, was man herkömmlich als „Spion" und „Spionage" versteht.

Es bedarf eines konkreteren Blickes, worum es sich dabei tatsächlich handelte. Typische Beispiele – aus Perspektive der Staatssicherheit – sind zu ersehen aus „Sachstandsberichten" aus dem Erfurter MfS-Archiv:

Ein typisches Beispiel derartiger Spionageprozesse ist der Fall eines jungen Bergarbeiters, der direkt von seinem Dienst als Zollangestellter in den Westen geflohen und dann durch die „Hauptstelle für Befragungswesen" in Kassel befragt worden war. Er war später aus freien Stücken nach Hause zurückgekehrt und Anfang 1961 inhaftiert worden. Als „Prozessziel" für die Gerichtsverhandlung „vor erweiterter Öffentlichkeit" formulierte die Staatssicherheit:

> *„Durch diesen Prozess soll deutlich gemacht werden, dass eine mangelhafte politisch-ideologische Arbeit von Seiten der Parteiorganisationen und der Dienstvorgesetzten die Festigung des politisch-moralischen Zustandes in den bewaffneten Organen der D.D.R. ... hemmt ... Außerdem soll nachgewiesen werden, dass die Republikflüchtigen zu Verrätern an der Sache der Arbeiterklasse und gegen die D.D.R. missbraucht werden."*[250]

Der Bergarbeiter bekam im April 1961 vorm Erfurter Bezirksgericht fünfeinhalb Jahre Zuchthaus – durch Juristen, die laut MfS-Bericht *„im Prozess überzeugend nachgewiesen* [haben], *dass* ***jeder Republikflüchtige in der Westzone zum Verräter wird****, wobei vor allem die Methoden der imperialistischen Spionageorganisationen erläutert wurden*".[251] Zur Prozessauswertung hieß es hingegen:

> *„Zwei Stabsoffiziere der 4. Motorisierten Schützendivision Erfurt vertraten die Ansicht, dass die von X preisgegebenen Tatsachen über Objekte der Nationalen Volksarmee keinen großen Wert für den Gegner hätten, da dies doch bereits mehr oder weniger bekannt wäre, und deshalb das beantragte Strafmaß etwas herabgesetzt werden könne. Daraufhin wurde von Richter Büchner, einem Grenzpolizeioffizier sowie zwei Vertretern der Untersuchungsabteilung des Ministeriums für Staatssicherheit Bezirksverwaltung Erfurt eindeutig nachgewiesen, wie die von Republikflüchtigen verratenen Angaben von den Geheimdienststellen ausgewertet und bei der Erarbeitung der Bonner Blitzkriegspläne, für die Durchführung von Natomanövern sowie bei Provokationen gegen die Deutsche Demokratische Republik in Betracht gezogen werden."*[252]

Im Aufnahmelager Eisenach wurde zwei Monate später ein Rückkehrer wegen Spionageverdacht festgenommen. Vor seiner Flucht war er NVA-Soldat und dann Topografie-Fachmann gewesen. Beweise fanden die Stasi-Männer nicht, dennoch unterstellten sie ihm prompt, dass er sein Wissen aus beiden Tätigkeiten den alliierten Sichtungsstellen in Marienfelde berichtet und damit Spionageinformationen gegeben habe.[253]

1958 bearbeiteten die Erfurter Vernehmer ein Haftverfahren gegen einen SED-Techniker, der in den Westen geflohen war und dort in einer Befragung etwas über ein SED-Sonderobjekt im Steigerwald und einen korrupten Revierpolizisten (ABV) ausgesagt haben soll.[254] Auch ein Wachpolizist jenes Sonderobjektes, der ihm Hinweise für einen Neuanfang im Westen gegeben hatte, wurde inhaftiert und hinsichtlich möglicher weiterführender Spionageaspekte verhört und bearbeitet.[255]

Großes Aufsehen galt dem Todesprozess[256] von 1960 gegen den geflüchteten und im westlichen Grenzland (bei Greiz/Lobenstein) verhafteten ehemaligen Grenzoffizier Smolka, – wegen unbewiesener „Militärspionage". Angeblich habe er eine neue sowjetische Gasmaske mitgenommen, um sie dem amerikanischen Geheimdienst zu übergeben. Grundlage des Prozesses waren MfS-Ermittlungen und Beweisfälschungen, die im MfS-Operativvorgang „Verräter" zusammengetragen worden waren. Bereits im Prozessvorfeld bestätigte Mielke das im Voraus geplante Todesurteil, ergänzt mit dem Vermerk *„aus erzieherischen Gründen*". Als Prozessbesucher waren über 200 Grenzoffiziere geladen, um diese – wie es aus den Akten erkennbar ist – vorbeugend vor jedweder Verletzung ihres Fahneneides abzuschrecken. Noch im selben Jahr wurde Manfred Smolka in Leipzig hingerichtet.

<u>Flucht und Grenzübertritt</u>

Vor und nach dem Mauerbau wurden zahlreiche Personen wegen Flucht und Grenzübertritt inhaftiert und bestraft. Das veränderte Grenzre-

Typisches Bild der Schauprozesse im Bezirk Erfurt (hier 1959)

rechts stehend: der Angeklagte

BStU Erfurt

gime 1961 erschwerte die Flucht über Berlin und erhöhte den Prozentsatz misslungener Fluchten, änderte aber weder die Intensität des Fluchtwillens in der Bevölkerung noch die Flucht-Strafrechtspraxis.

1958 inhaftiert wurde ein Erfurter CDU-Stadtrat, der einen Interzonenpass für Kassel beantragte hatte, um mit seiner Familie in den Westen zu flüchten, und Bekannte schon gebeten hatte, ihm bestimmte persönliche Dinge nachzusenden.[257] Die vom Referatsleiter Möller geplanten Verhöre liefen nicht bloß auf die Flucht, sondern auch auf die pure Unterstellung hinaus, dass er im Übersiedlerlager „*interne Dienstangelegenheiten von der CDU, von der Stadt Erfurt preisgegeben hätte*“ und dass er „*auf Grund seiner negativen Einstellung flüchtig werden wollte*“.[258]

Kurze Zeit davor war eine Gothaerin und 7fache Mutter wegen Vorbereitungen der Republikflucht verhaftet und in die Andreasstraße eingeliefert worden. Sie hatte sich kurz zuvor in Westberliner „Sichtungsstellen“ aufgehalten und mit ihrem Mann getroffen, einem ehemaligen Gothaer Stasi-Mitarbeiter, der bereits in den Westen geflohen war.[259]

Im Herbst 1961 machten sich zwei junge Männer aus der Gegend von Stadtilm auf den Fluchtweg, den sie über Vacha nahmen. Inhaftiert wurden sie einen Monat später, als sie ihre Freundinnen am ostdeutschen Bahnhof Merkers treffen und ebenfalls in den Westen holen wollten. Der Erfurter Vernehmer Seidl bearbeitete den „Vorgang“ der Beschuldigten.[260]

Ab dem Mauerbau 1961 erfolgten im Bezirk Erfurt zahlreiche MfS-Inhaftierungen wegen Flucht: 54 im August 1961, 81 im September, 39 im Oktober, 21 im November und 22 im Dezember.[261] Im Jahr 1963 bearbeiteten Erfurter Vernehmer 23 Ermittlungsverfahren wegen „Republikflucht“ und 6 weitere Passgesetz-Fälle (Betreten der Grenzanlagen).[262] In den Folgejahren stiegen die Zahlen.

Die Häftlingsfreikäufe spielten in diesen Jahren für das strafrechtliche Vorgehen gegen Fluchtwillige noch keine Rolle. Sie wurden erst später zum festen Posten der DDR-Devisen-Einnahmebilanz.

„Abwerber" und Helfer der Flüchtigen

Mitunter traf es weniger den Geflüchteten als vielmehr diejenigen, die hierbei Rat oder Hilfe erteilt hatten. Strafverfahren wegen „Verleiten zum Verlassen" oder „Abwerben" fanden immer wieder statt.

Ein Staatsanwalt, der von Schwerin nach Erfurt gezogen und Steuerberater geworden war, hatte 1958 einem privatunternehmerischen Mandanten wegen der DDR-Steuerpraxis eine Übersiedlung nach Westdeutschland empfohlen. Ein „Zeuge", der das diesbezügliche Mandantengespräch im Auto mitgehört hatte, machte sich damit zum Denunzianten.[263]

Im Untersuchungsvorgang 8/58 wurde ein Nordthüringer Neubauer wegen „Abwerbung" und Politikerwitz inhaftiert und verhört:

> *„Der Beschuldigte beeinflusste zu Ende des vergangenen Jahres zwei Neubauern, die DDR zu verlassen. Er hätte Verbindungen in Westdeutschland, die dabei behilflich wären, den abgeworbenen neue Arbeitsplätze zu beschaffen. ... Bei der Hausdurchsuchung in der Wohnung des Beschuldigten wurde eine sowjetische Pistole in gut erhaltenem Zustand und mit 8 Schuss Munition sichergestellt, die der Beschuldigte kurz vor seiner Verhaftung auf der Straße gefunden haben will. Weiterhin hatte der Beschuldigte bei der Festnahme einen Zettel bei sich, der wüste Verleumdungen gegen die Regierungsfunktionäre beinhaltete. Der Beschuldigte will diesen schmutzigen verleumderischen Witz in der Gaststätte, von ihm nicht mehr bekannten Personen erfahren haben; er habe sich diesen aufgeschrieben, um ihn weiterzuverbreiten."*[264]

Im Frühjahr 1961 wurde eine Auszubildende bei der Staatssicherheit inhaftiert, weil sie ihrem koreanischen Freund eine Flucht in den Westen vorschlug, damit dieser nicht in seine Heimat zurück musste.[265]

1962 inhaftierte die Staatssicherheit einen Arnstädter, der mehrfach zwischen Ost- und Westdeutschland umgesiedelt war. In Gaststätten lobte er den Westen, gab Tipps zur Flucht und verabredete sich mit einem Maler und einem Militärangehörigen zum Grenzübertritt – beide erstatteten Anzeige gegen ihn und seine Festnahme folgte auf dem Fuße.[266] Einem anderen Thüringer wurde die Stasi-Postbespitzelung zum Verhängnis, denn er bat westdeutsche Bekannte um Kontaktaufnahme zur CIA, um amerikanische Pässe zu erhalten.[267]

Beide Strafvorwürfe gleichzeitig – Grenzübertritt nach Passgesetz und Verleiten nach StEG – wurden gegen Bürger gerichtet, die gemeinsam mit anderen Fluchtpläne entwarfen. Ein Ruhlaer Jugendlicher, der mit Freunden fliehen wollte, um einer Strafe wegen unerlaubten Fahrens zu entgehen, wurde 1961 damit im Verhör konfrontiert.[268]

Im Juli 1962 befanden sich der (westdeutsche) Breitenberger Vorsitzende *„der Schlägerorganisation ‚Junge Union'"* und drei Eichsfelder wegen „Abwerbung" in der Erfurter MfS-Haft – sie sollten laut MfS Untersuchungs-Chef Boller in einem gemeinsamen Schauprozess vor Gericht.[269]

Zahlreiche Beispiele ließen sich ergänzen.

Wegen Kollektivierung der Landwirtschaft

Ende der 50er Jahre verhafteten Kriminalpolizei und Staatssicherheit immer wieder Bürger, die sich den politischen SED-Kampagnen zur Kollektivierung und LPG-Bildung in der Landwirtschaft widersetzten.

1958 bekam Vernehmer Eylenstein einen Dingelstädter Bauern vorgeführt, der *„Hetze gegen die DDR, gegen die MTS Dingelstädt und gegen das Entstehen einer LPG in dieser Gemeinde betrieb"*.[270] Als Mordhetze ausgelegt wurden seine Schimpfkanonaden gegen einen von Funktionären auf seinem Hof vorbereiteten „Zwangsdrusch". Zum Verhängnis wurden ihm auch seine „Verleumdungen" gegen die beim Rat des Kreises tätige Ehefrau des MTS-Direk-

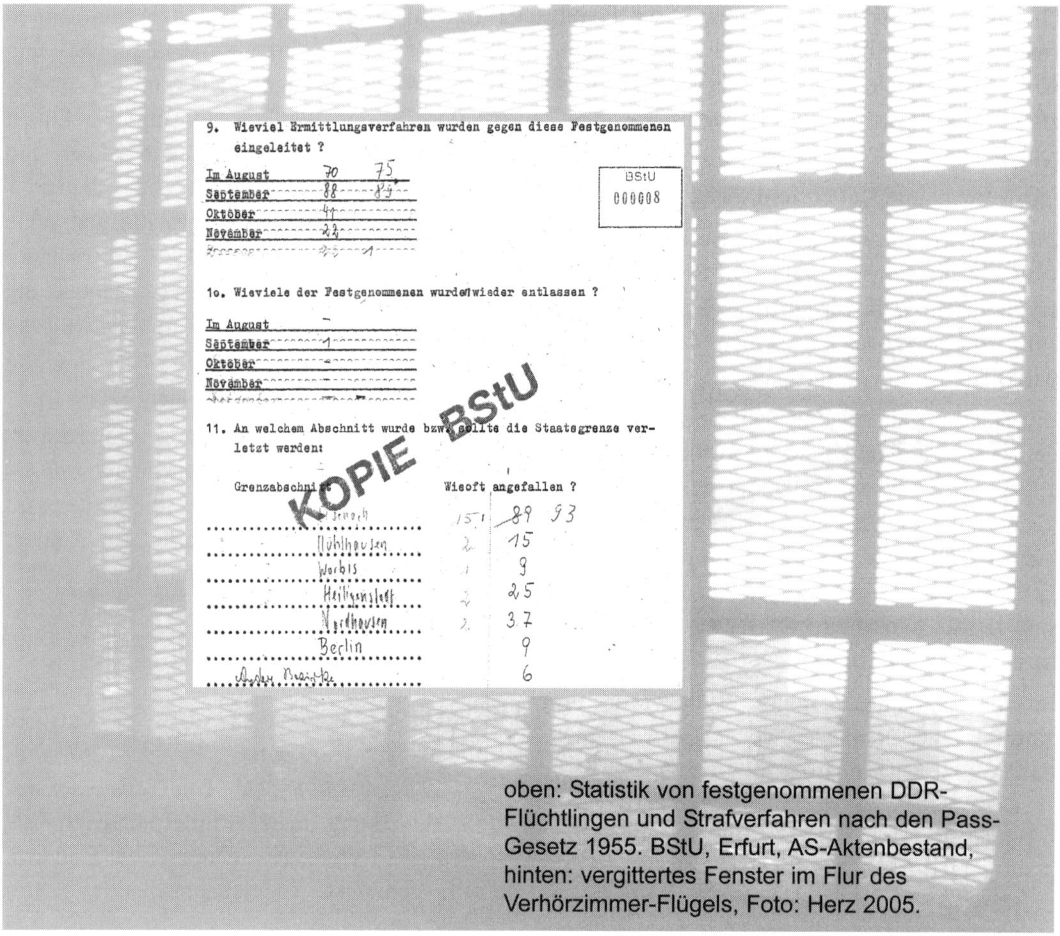

9. Wieviel Ermittlungsverfahren wurden gegen diese Festgenommenen eingeleitet ?

Im August	70	75
September	88	89
Oktober	41	
November	22	
	23	1

BStU
000008

10. Wieviele der Festgenommenen wurde wieder entlassen ?

Im August	–
September	1
Oktober	–
November	–

11. An welchem Abschnitt wurde bzw. sollte die Staatsgrenze verletzt werden:

Grenzabschnitt	Wieoft angefallen ?
Eisenach	151 89 93
Mühlhausen	2 15
Worbis	1 9
Heiligenstadt	2 25
Nordhausen	2 37
Berlin	9
Andere Bezirke	6

KOPIE BStU

oben: Statistik von festgenommenen DDR-Flüchtlingen und Strafverfahren nach den Pass-Gesetz 1955. BStU, Erfurt, AS-Aktenbestand, hinten: vergittertes Fenster im Flur des Verhörzimmer-Flügels, Foto: Herz 2005.

tors, die er offen wegen ihrer Versorgungsmauscheleien anprangerte, und gegen andere Funktionäre als „Aktentaschenträger“, die lieber arbeiten sollten. Über die geplante LPG hatte er außerdem gesagt, dass die LPG-Mitglieder nach zwei Jahren verhungert seien und der Ort bis auf den letzten Mann verteidigt werden sollte.

Ein Bauer und Ortsvorsitzender der Bauernpartei aus dem Gothaer Landgebiet wurde an einem Oktobermorgen 1958 nach Erfurt ins Verhörzimmer von Lorenz verschleppt, als die Kreis-Staatssicherheit genügend „Material“ gegen ihn gesammelt hatte. Er hatte seine eigne Partei als „grüne Kommunisten“ bezeichnet, die mithelfen würden, die Bauern kaputt zu machen, und die SED-Regierung als “Gauner und Lumpen”.[271]

Der Bürgermeister eines Dörfchens bei Eisenach wurde kurz vorm Mauerbau abgeholt, weil er – laut Vernehmer Lorenz – *„laufend die Sendungen des westdeutschen Fernsehens in seinem Dienstzimmer verbreitete* ... [und] *seine Funktion als Bürgermeister im Ort dazu aus*[nutzte], *um die sozialistische Entwicklung der Landwirtschaft zu hemmen.“* Konkret sah das so aus:

> *„Zunächst sprach er sich prinzipiell gegen eine Vollgenossenschaftlichung aus und als er diese Ansicht nicht mehr öffentlich vertreten konnte, stellte er sich für das Gründungskomitee zur Verfügung, leistete darin jedoch keine Arbeit. Dadurch wurde die Bildung der LPG erheblich verzögert. ... In seinem Ort sagte er zu Einwohnern sinngemäß, dass er zum Eintritt in die LPG gezwungen worden wäre. Aus dem Operativ-*

Vorgang geht hervor, dass X als eine der letzten Gemeinden des Kreises vollgenossenschaftlich wurde. ... Als Bürgermeister vertrat er in der öffentlichen Versammlung, in der der Übergang von Typ I zu Typ III beschlossen werden sollte, die Ansicht, dass doch alle Bauern in die Genossenschaft gezwungen worden wären und sie sollten doch froh sein, daß sie noch Typ I wären. So hätten sie wenigstens noch ihr Vieh. ... Er forderte auch die LPG-Bauern auf, weiterhin wie Einzelbauern zu arbeiten und jeder sollte vom eigenen Land ernten."[272]

Mordhetze und Gewalt?

Vierzehn Ermittlungsverfahren klassifizierte die Staatssicherheit 1963 als „staatsgefährdende Gewaltakte". Wie willkürlich hier mit dem Gewaltvorwurf umgegangen wurde, zeigen die Fälle selbst: es handelte sich um eine jugendliche Gruppe, die mittels eines Kippers und im Besitz von Stichwaffen die Grenze nach Westdeutschland „*durchbrechen*" wollte, sowie um eine weitere Jugendgruppe, die „*noch im Aufbau begriffen*" darüber nachdachte, „*durch das Niederschlagen von Angehörigen der Volkspolizei Waffen in ihren Besitz*" zu bringen. Im Vorjahr hatte die Staatssicherheit keinen einzigen „Gewaltakt" bearbeitet.[273]

Bereits Ende 1961 traten die Stasi-Untersucher an das Gericht mit einem Prozessvorschlag gegen zwei junge Weimarer Arbeiter des Mähdrescherwerks:

„Gemeinsam haben die Beschuldigten in der Nacht zum 13.11.1961 auf einem öffentlichen Platz in Weimar einen PKW vom Typ Pobeda, mit welchem ein rumänischer Professor die DDR bereiste, aufgebrochen und gestohlen. Mit demselben fuhren sie ins Grenzgebiet des Kreises Eisenach und fassten während der Fahrt den Entschluss, mit höchster Geschwindigkeit die vorhandenen geschlossenen Schlagbäume zu durchfahren, auch wenn sich ihnen Grenzsicherungsposten in den Weg stellen würden. Diese wollten sie rücksichtslos überfahren.

In einem Tempo von 90 Stundenkilometern durchbrachen sie insgesamt 5 Schlagbäume, missachteten alle Haltegebote und mehrere abgegebene Schüsse der Grenzposten, und gefährdeten dabei ernstlich das Leben von Grenzsoldaten.

Nachdem sie mehrere Kilometer über westdeutsches Gebiet gefahren waren, gelangten sie irrtümlich wieder auf die Autobahn der DDR."[274]

Als Prozessziel formulierte der Leiter der Abteilung IX, Boller, im selben Dokument:

„Mit diesem Prozess soll gezeigt werden, dass die Feinde der DDR bemüht sind, kriminelle Elemente mit Provokationen zu betrauen, die darauf gerichtet sind, die Grenzsicherungen zu durchlöchern. Weiterhin soll gezeigt werden, dass durch unsere Staatsmacht derartige Provokationen verhindert und die Schuldigen streng bestraft werden. Da beide Beschuldigte erst seit kurzer Zeit aus WD in die DDR übersiedelten, kann ferner bewiesen werden, dass unter den Verhältnissen in WD die Jugend zu Brutalität und Rücksichtslosigkeit erzogen wird.

Unsererseits besteht die Vorstellung, beide Beschuldigte mit über 10 Jahren Zuchthaus zu bestrafen."

Als ernsthafte „Morddrohungen" – im Sinne konkret beabsichtigter oder geplanter Kapitalverbrechen – pflegte die Staatssicherheit auch dann sofort zu sprechen, wenn dies Bestandteil von Unmutsäußerungen in Kneipengesprächen war. Damalige Arbeiterzungen sprachen durchaus leichtfertiger davon, dass bösartige Funktionäre bei einer politischen Wende an den Bäumen aufgeknüpft werden würden. Als „Mordhetze" galt dem Erfurter MfS-Vernehmer Wiederspächer auch die vermeintliche Äußerung seines Verhörten, dass wenn „*Genosse Chruschtschow zu Besuch käme ..., er den sowjetischen Staatsmann mit dem Vierscharpflug einpflügen wollte.*"[275]

Zeugen Jehovas

Eine harte Strafprozesswelle gegen die ***Zeugen Jehovas***, die Staat und weltliche Autorität ablehnen, hatte es bereits in den ersten DDR-Jahren gegeben. Doch ihr Schrifttum und ihre grenzübergreifenden Sektenkontakte wurden seitens der DDR-Strafverfolger dauerhaft kriminalisiert. Ein Gothaer wurde zum Beispiel 1958 deshalb inhaftiert, weil er Westberliner Treffen besucht, Schriften weiterverbeitet und als „Verkünder“ tätig gewesen war.[276] 1960 nahm die Staatssicherheit einen Nordhäuser Schuster fest, der als „Versammlungsdiener“ für die dortige Gruppe wirkte und Monatsberichte an die Charlottenburger Zentrale erstellte. Die DDR-Justiz hatte ihn 1951-55 bereits wegen Boykotthetze ins Zuchthaus gesperrt.[277]

Jugendliche

Die Kriminalisierung unangepasster Jugendlicher erfolgte seit den 70er Jahren systematisch (durch Staatssicherheit und vor allem Polizei). Doch erste Fälle gab es schon früher:

So z.B. die Verhaftungen und Verhöre von drei Jugendlichen einer *„jugendlichen Untergrundgruppe, nämlich des „Rex-Gildo-Clubs“* in Bad Frankenhausen.[278]

1960 kamen vier junge Mühlhäuser aus der Polizeihaft in den Stasiknast, nachdem man bei ihnen Bilder von Elvis Presley und Westzeitungen gefunden und eine „Rowdy-Gruppe“ ausgemacht hatte.

> *„In der weiteren Untersuchung ist geplant, besonders die westlichen Einflüsse, die die Beschuldigten zu ihren strafbaren Handlungen veranlassten herauszuarbeiten ... In Zusammenarbeit mit der Abteilung V der BV Erfurt soll der Rest der Rowdy-Gruppe ideologisch zerschlagen werden.“*[279]

Ein junger Arnstädter Polizistensohn, der sich selbst als Brandstifter angezeigt hatte, wurde 1961 deshalb von der Polizei ins Stasi-Gefängnis übergeben, weil er sich lauthals als Mitglied zweier Jugendbanden bezeichnete, den Westen verherrlichte, *„heiße Westmusik“* liebte, im „Presley-Club“ war und eine Scheune angezündet hatte, um sich als „ganzer Kerl“ zu beweisen und *„dem Staat Schaden zuzufügen“*. Die Vernehmer überwiesen ihn als erstes nach Pfafferode.[280]

Aus einem Tätigkeitsbericht zur Erfurter Untersuchungsabteilung geht hervor, dass sowohl 1962 wie auch im Jahre 1963 jeweils gegen 140 Menschen ermittelt wurde, 1963 waren 93 inhaftiert.[281] Die primären Strafvorwürfe (die nur teilweise aussagekräftig und oft mit politischen Haltungen verquickt waren) wurden 1963 so aufgelistet:

„illegaler Waffenbesitz“	31
„Republikflucht“	23
„Staatsgefährdende Hetze“	19
„Staatsgefährdende Gewaltakte“	17
„Wirtschaftsverbrechen“	11
„Spionage“	9
“Verleiten zum Verlassen der DDR“	8
weitere „Vergehen gegen Passgesetz“	6
Brandstiftung	4
kriminelle Verbrechen	4
Nachrichtensamml., Verbindungsaufn.	3
“Staatsverleumdung“	2
Fahnenfluchtvorbereitung	2
Nichtanzeige geplanter Flucht	1

Bei den Bränden handelte es sich um zwei LPG-Scheunen.

Als „Wirtschaftsverbrecher“ galten drei Wirtschaftsfunktionäre, die *„ungeeignetes Kiesmaterial eingesetzt* [hatten], *um angeblich die Erfüllung des Produktionsplanes des Betriebes zu erfüllen“* sowie zwei Geologen, die *„unrichtige geologische Bohrungen“* durchgeführt und *„in den schriftlichen Berichten die Kiesmächtigkeit willkürlich erhöht“* hatten.[282]

Wegen Waffenbesitzes belangt wurden zu zwei Dritteln Jugendliche, die Waffen in Wäldern gefunden und „aus Liebhaberei“ auf Dachböden versteckt hatten.

Strafverfahren zu NS-Verbrechen

Seit 1989 verbreiten ehemalige Verantwortliche des politischen Strafrechts gern die nachträglich selbstlegitimierende Behauptung, dass in der Erfurter MfS-U-Haft ehemalige NS-Verbrecher inhaftiert und zur Verurteilung geführt wurden.

Das trifft zu – für weniger als 0,3 % der Inhaftierten.

Der Blick auf diese NS-Ermittlungsverfahren wirft tatsächlich jedoch ein Licht auf die seinerzeit Verantwortlichen, das ihrer versuchten Selbstlegitimation nicht zuträglich ist:

Die meisten Verfahren kamen nicht durch MfS-Ermittlungsarbeit, sondern mit Zufall, Zeugen oder westlichem Druck zustande.

Dort, wo man propagandistisch Faschisten gesucht hatte, wurde man nicht fündig (z.B. Akteure des 17. Juni), dagegen eher unter DDR-Kleinkarrieren der Thüringer Provinz.

Die Verhandlungen wurden eher unauffällig (im Vergleich zu sonstigen Schauprozessinszenierungen) durchgeführt und im Querschnitt der Akten und Urteile entsteht der subjektive Eindruck, dass die NS-Täter hinsichtlich der Rechtsvorwürfe und Tatbeweise fairer behandelt wurden als „Hetzer", „Staatsverleumder" und „Spione".

Die Mehrzahl der Erfurter Verfahren und Gerichtsprozesse fällt ins Jahrzehnt 1958-68, das in der wechselseitigen deutsch-deutschen NS-Aufarbeitung eine verwerfliche Mischung von aktuell-propagandistischen und geschichtlich-verbrämenden Zügen darstellt[283].

Die bekanntesten Erfurter MfS-Strafverfahren wegen NS-Verbrechen waren die gegen Hugo Mielke (LPG-Vorsitzender, 1960, lebenslänglich), das Ehepaar Petri (Landwirtschaftslehrer, 1962, Todesstrafe und lebenslänglich), Hans Anhalt (Maschinist, 1964, lebenslänglich) und Josef Blösche (Bergmann, 1969, Todesstrafe).

Hugo Mielke, der im Warschauer Ghetto bewohnte Häuser mit angezündet hatte, war eigentlich wegen seiner vorbereiteten Republikflucht ins Blickfeld der Staatssicherheit geraten:

„Der Vorgang wurde mit folgenden Anklagepunkten abgeschlossen:
Begangener Mord an drei jüdischen Menschen im Jahre 19 43 im Warschauer Ghetto, Hausanzündung
Schädlingstätigkeit unter Ausnutzung seiner Funktion als ehem. LPG-Vorsitzender und Viehzuchtbrigadier
Vorbereitung zur Republikflucht
Ein- und Ausfuhr von Zahlungsmitteln der Deutschen Notenbank."

Horst Petri, Betreiber eines SS-Gutes und mehrfacher Mörder, wurde nicht im Zusammenhang mit seiner Vergangenheit oder mit Nazi-Äußerungen entdeckt. Er „... *wurde am 28.7. 1960 wegen Spionage und staatsgefährdender Propaganda und Hetze festgenommen.*" Der Grund:

„1959/60 hat Petri an in Westdeutschland wohnende Personen Mitteilung über Reisen von 2 Funktionären aus der DDR in die Westzone gemacht. Er verfolgte dabei das Ziel, die Funktionäre Verfolgungen durch die Polizeiorgane des Bonner Staates auszusetzen. ... Damit beging er ein Verbrechen nach § 5 des Gesetzes zum Schutz des Friedens."[284]

Erst im Ermittlungsverfahren, in dem später auch 16 sowjetische Zeugen gesucht und gehört wurden, wurden Petris Verbrechen und Morde bekannt. Der verantwortliche Erfurter Vernehmer Franke schrieb selbst:

„Am 27.9.1960 wurde der Vorgang abgeschlossen und der Staatsanwaltschaft zur Erhebung der Anklage übergeben. Da sich jedoch im Verlaufe der Untersuchung der Verdacht ergab, dass der Beschuldigte als SS-Untersturmführer und Verwalter eines SS-Gutes in der UdSSR in Grzendu, Verbrechen gegen die Menschlichkeit begangen hat, wurden über die Sicherheitsorgane der UdSSR Ermittlungen eingeholt."[285]

Auch seine Ehefrau Erna war für den Tod mehrerer Menschen verantwortlich. Beide gestanden in Verhören ihre schweren Straftaten letztlich ein. Als es im März 1962 zum Gerichtsprozess gegen beide kam, hieß es allerdings:

„Aufgrund der gegenwärtigen politischen Situation soll die Hauptverhandlung gegen Petri und seine Ehefrau nicht vor einem größeren Personenkreis durchgeführt werden."[286]

Als Prozessgäste vorgesehen waren lediglich ein Funktionär der Landwirtschaftsschule, wo Petri Lehrer war, je ein Vertreter der SED-Bezirksleitung und des Rates des Bezirkes sowie *„Mitarbeiter des Ministeriums für Staatssicherheit und der sowjetischen Militärjustizorgane aus Weimar"*.

Ab Ende 1961 wurde durch den Vernehmer Siegel ein Strafverfahren gegen den SS-Mann Hans Anhalt wegen Verbrechens gegen die Mensch-

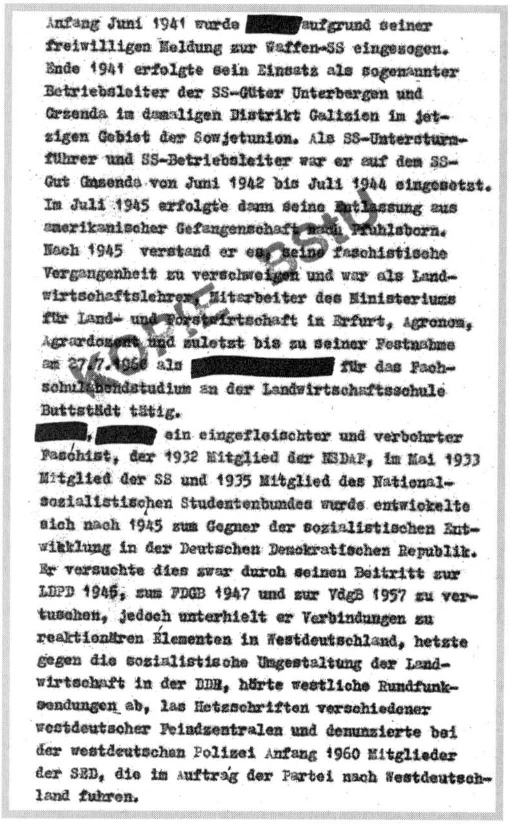

Anfang Juni 1941 wurde [redacted] aufgrund seiner freiwilligen Meldung zur Waffen-SS eingezogen. Ende 1941 erfolgte sein Einsatz als sogenannter Betriebsleiter der SS-Güter Unterbergen und Grzenda im damaligen Distrikt Galizien im jetzigen Gebiet der Sowjetunion. Als SS-Untersturmführer und SS-Betriebsleiter war er auf dem SS-Gut Grzenda von Juni 1942 bis Juli 1944 eingesetzt. Im Juli 1945 erfolgte dann seine Entlassung aus amerikanischer Gefangenschaft nach Pfuhlsborn. Nach 1945 verstand er es, seine faschistische Vergangenheit zu verschweigen und war als Landwirtschaftslehrer, Mitarbeiter des Ministeriums für Land- und Forstwirtschaft in Erfurt, Agronom, Agrardozent und zuletzt bis zu seiner Festnahme am 27.7.1960 als [redacted] für das Fachschulabendstudium an der Landwirtschaftsschule Buttstädt tätig.
[redacted], [redacted] ein eingefleischter und verbohrter Faschist, der 1932 Mitglied der NSDAP, im Mai 1933 Mitglied der SS und 1935 Mitglied des Nationalsozialistischen Studentenbundes wurde entwickelte sich nach 1945 zum Gegner der sozialistischen Entwicklung in der Deutschen Demokratischen Republik. Er versuchte dies zwar durch seinen Beitritt zur LDPD 1946, zum FDGB 1947 und zur VdgB 1957 zu vertuschen, jedoch unterhielt er Verbindungen zu reaktionären Elementen in Westdeutschland, hetzte gegen die sozialistische Umgestaltung der Landwirtschaft in der DDR, hörte westliche Rundfunksendungen ab, las Hetzschriften verschiedener westdeutscher Feindzentralen und denunzierte bei der westdeutschen Polizei Anfang 1960 Mitglieder der SED, die im Auftrag der Partei nach Westdeutschland fuhren.

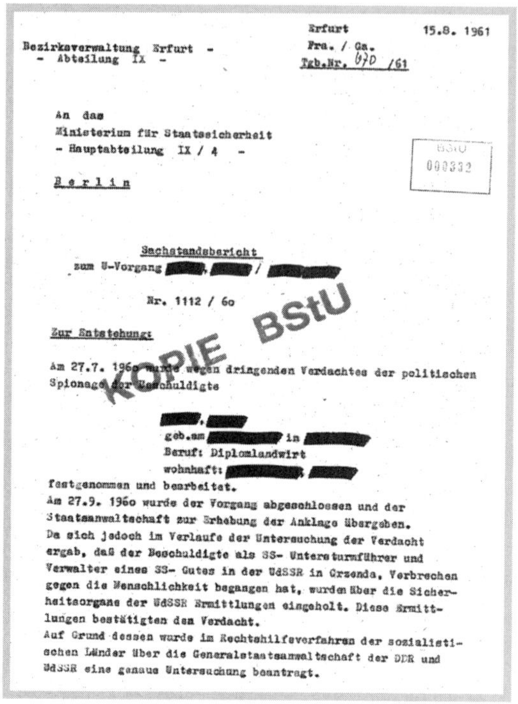

Bezirksverwaltung Erfurt -
- Abteilung IX -

Erfurt 15.8. 1961
Fra. / Ga.
Tgb.Nr. 670 /61

An das
Ministerium für Staatssicherheit
- Hauptabteilung IX / 4 -

Berlin

BStU 000332

Sachstandsbericht
zum U-Vorgang [redacted] / [redacted]

Nr. 1112 / 60

Zur Entstehung:

Am 27.7. 1960 wurde wegen dringenden Verdachtes der politischen Spionage der Beschuldigte

[redacted]
geb.am [redacted] in [redacted]
Beruf: Diplomlandwirt
wohnhaft: [redacted]

festgenommen und bearbeitet.
Am 27.9. 1960 wurde der Vorgang abgeschlossen und der Staatsanwaltschaft zur Erhebung der Anklage übergeben.
Da sich jedoch im Verlaufe der Untersuchung der Verdacht ergab, daß der Beschuldigte als SS- Untersturmführer und Verwalter eines SS- Gutes in der UdSSR in Grzenda, Verbrechen gegen die Menschlichkeit begangen hat, wurden über die Sicherheitsorgane der UdSSR Ermittlungen eingeholt. Diese Ermittlungen bestätigten den Verdacht.
Auf Grund dessen wurde im Rechtshilfeverfahren der sozialistischen Länder über die Generalstaatsanwaltschaft der DDR und UdSSR eine genaue Untersuchung beantragt.

Aktenauszüge aus MfS-Ermittlungsunterlagen gegen Ernst Petri. BStU Erfurt, AS-Aktenbestand

lichkeit bearbeitet, der u.a. in Auschwitz tätig war. Bekannt wurde sein Name durch die Dokumentation tschechischer Auschwitzgefangener „Die Todesfabrik“.[287] Im Urteil vom Juli 1964 betont wurde freilich auch seine Beteiligung am Mühlhäuser Bauernprotest während des 17. Juni 1953.[288]

Der SS-Mörder Josef Blösche kam 1968 aus der Erfurter MfS-Haft vor Gericht und wurde in Erfurt zum Tode verurteilt.[289] Die Erfurter Untersuchungs-Abteilung hatte mit dem Fall jedoch nichts zu tun – Blösche war im thüringischen Dörfchen Urbach von einem Berliner MfS-Festnahmekommando direkt nach Berlin-Hohenschönhausen gebracht worden, wo auch die Verhöre und weiteren Ermittlungen stattfanden. Doch auch in diesem Fall konnte die Staatssicherheit keine gezielte NS-Täter-Suche für sich beanspruchen – Blösches Name war im Zusammenhang mit Hamburger Ermittlungen zum Warschauer Ghetto seit 1961 bekannt und es hatte 1966 ein Rechtshilfeersuchen aus Hamburg an die DDR gegeben – die Staatssicherheit war wiederum zum Aktivwerden genötigt, auch wenn die drei beauftragten Berliner Vernehmer mit 446 Verhörstunden diesen Fall dann akribisch intensiv und im Vergleich zu Hetzeverfahren etc. überdurchschnittlich sachgerecht bearbeiteten.

Viereinhalb Jahre Zuchthaus – und damit weniger als die meisten „Hetzer“ und „Spione“ – erhielt der Eisenacher Martin S., der in der DDR-Gewerkschaft schon eine Funktionärskarriere hinter sich hatte, ehe ein Sanitäter ihn in Erfurt wiedererkannte und anzeigte, dass der NS-Mann beim Straßenbau unweit von Leningrad einen Kriegsgefangenen erschossen habe und ein „fanatischer Faschist“ sei. Vors Gericht kamen nur aber nur die eindeutig bewiesenen Misshandlungen von Kriegsgefangenen.[290]

NS-Straftaten wurden auch in einzelnen anderen politischen Strafverfahren mitverhandelt. Im Querschnitt der MfS-Inhaftierten liegt der Anteil derartiger Strafgründe jedoch unter 0,3 Prozent – heutige anderslautende Argumentationen dienen eher der Verfälschung und Tarnung tatsächlicher Stasi-Verantwortungen.

1968 - 1989

Ab 1968 diente das neue DDR-Strafgesetzbuch als Grundlage und Legitimierung zum Vorgehen gegen die politischen MfS-Gefangenen der Erfurter Andreasstraße. (Im folgenden wird informiert über Umfang und Strafgründe ab 1989, auf Einzelbeispiele dagegen verzichtet, um der hier aktiveren Zeitzeugenarbeit nicht vorzugreifen.)

Welche Dimensionen die politische Strafverfolgung im Bezirk Erfurt in den letzten DDR angenommen hatte, lässt ein Blick auf die von der Polizei erstellte Kriminalitätsstatistik zu Strafparagraphen erkennen, die „politisch" waren bzw. vorrangig der politisch-erzieherischer Anpassung der Jugendlichen dienten:

Auszug Kriminalitätsstatistik Bezirk Erfurt[291]

Allein die hier für 1986 und 1987 genannten Zahlen der strafverfolgten Fluchtwilligen im Bezirk Erfurt ist mehrfach höher als die jährliche Zahl der Gefangenen der MfS-Haft:

Grund	**1986**	**1987 (Pers)**	**1988 (Pers)**
Asoziales Verh.	441	507(480)	732 (702)
Grenzübertritt	169	339 (420)	459 (572)
Rowdytum	?	115 (205)	116 (185)
Widerstand	72	53 (48)	44 (41)
öff. Herabwürdig.	39	33 (23)	26 (20)
Beeinträcht. staatl. Tät., Zus.-rottung	48	64 (53)	64 (63)
Verletzen Aufenthaltsbeschränkung	53	55 (29)	64 (39)
Personen		*(1258)*	*(1652)*

Gefangene der Erfurter MfS-Haft[292]

1968	135		
1969	98		
1970	96	**1980**	192
1971	142	**1981**	126
1972	143	**1982**	127
1973	173	**1983**	177
1974	144	**1984**	? (197) (262)
1975	106	**1985**	167
1976	116 (138)	**1986**	144
1977	102 (135)	**1987**	163 (188)
1978	137	**1988**	213 (255)
1979	124	**1989**	318 (352)

Mitte der 70er Jahre war die Staatssicherheit laut Johannes Beleites DDR-weit jährlich an etwa 1200 Verurteilungen beteiligt. Zentralen MfS-Statistiken konnte er entnehmen, dass zwischen 1971 und 1988 (ohne 1974, 1977) über 23.000 politische Verurteilungen mit Haft auf Basis von MfS-Ermittlungen ausgesprochen wurden.[293]

Diverse Dokumente der Erfurter Haft-Abteilung XIV lassen den Schluss zu, dass zwischen 1971 und 1988 etwa 2.700 Menschen in den MfS-Haftzellen der Andreasstraße eingesperrt und verurteilt wurden – das wären rund 11 Prozent der von Beleites genannten politischen MfS-Gefangenen.

Nach Eigenaussagen des Erfurter MfS (vom Januar 1990) waren in der MfS-Haft Andreasstraße fast immer gleichzeitig 35 bis 40 Untersuchungshäftlinge inhaftiert (außerdem 8-12 Strafgefangene in den Arbeitskommandos).[294]

Zahlenangaben zu Erfurter MfS-Gefangenen stammen aus diversen Sachakten, sind teilweise allerdings ungenau, da die Quellenangaben nicht klar unterscheiden zwischen Ermittlungsverfahren ohne und mit Haft, Inhaftierten- oder Verurteiltenzahlen und da einzelne Gefangene mitunter zwischen verschiedenen Strafverfolgungsstellen „weitergereicht" wurden:

1977 wurden 135 Menschen in der Erfurter MfS-Haftanstalt inhaftiert – davon wurden 102 zu einer Freiheitsstrafe und 2 auf Bewährung verurteilt, 6 durch den Staatsanwalt wieder entlassen, 18 in andere Untersuchungshaften verlegt, 4 an Polen und einer an die CSSR ausgehändigt.[295]

Zahlen über gleichzeitige Inhaftierungen und über verschiedene Inhaftierungsdauer gibt es nur für einzelne Jahre. Zum 1. August 1978 waren 41 Menschen (davon 10 Frauen) inhaftiert, 12 davon bereits länger als ein halbes Jahr.[296]

1982 bearbeitete die Erfurter Untersuchungsabteilung 189 Ermittlungsverfahren (EV) – die Auflistung gibt aber wiederum keinen eindeutigen Aufschluss über die Zahl der MfS-Gefangenen[297]:

EV aus 1982	24
EV selbst eingeleitet	118
von and. Abt. übernommen	15
von VP übernommen	14
Fahndungs-EV	18
insgesamt	**189**

Informativ ist jedoch die Zusammensetzung der Strafvorwürfe von 164 Verfahren:

Grenzübertritt/Vorbereitung	96
Staatsf. Verbindungsaufnahme	31
Beeinträcht. staatl Tätigkeit	25
Landesverrät. Treuebruch	12

Zu **1983** ist der Umfang der Inhaftierten auch für einen bestimmten Tag genau bekannt:

> *„In der Untersuchungshaftanstalt des MfS befinden sich zum gegenwärtigen Zeitpunkt (Stand: 4. Juli 1983) 7 Strafgefangene (männl.) und 5 Strafgefangene (weiblich) sowie 32 Verhaftete (männl.) und 10 Verhaftete (weiblich). Die Verwahrräume (VR) sind entsprechend den gesetzlich vorgeschriebenen Normativen belegt. Es können sofort 22 weitere Verhaftete aufgenommen werden unter Einbehaltung der erforderlichen Kubik- und Quadratmeter-Normative. Bei einer optimalen Auslastung der vorhandenen Verwahrraumbelegung ... ist eine Erhöhung der Aufnahmekapazität auf 68 männliche und 20 weibliche Häftlingsplätze möglich.“*[298]

1984 hatte die Abteilung XIV insgesamt 262 Verhaftete eingesperrt, diese Zahl setzte sich zusammen aus Untersuchungsgefangenen, vorläufig Festgenommenen, Transportgefangenen und disziplinarischem MfS-Arrest.[299] Reguläre Aufnahmeprozeduren hatte das Haftpersonal bei 197 Menschen durchgeführt. Anfang 1984 hieß es, dass *„oft nur ein leerer VR zur Verfügung* [stehe], *oft auch keiner“*[300]

1985 wurden 167 Verhaftete in der Haftanstalt und 166 Abtransporte Verurteilter in Strafgefängnisse verzeichnet.[301] Es ist die Rede überwiegend von Strafvorwürfen nach §§ 213, 214, 218, 219 (also Grenzübertritt, Beeinträchtigung staatlicher Tätigkeit, Vereinsbildung, Verbindungsaufnahme). Eher die Ausnahmen bildeten folgende Strafvorwürfe: ein „terroristischer“ Grenzangriff, zwei Verfahren nach § 99 (Landesverräterischer Treuebruch), drei Verfahren nach § 100 (Staatsfeindliche Verbindungen), drei Volkswirtschaftsverfahren, zwei Spekulationsverfahren, ein Mord, eine schwere Brandstiftung. Spionage und staatsfeindliche Hetze spielen jetzt nahezu keine Rolle mehr.

Das Gros der Inhaftierten wurde vom MfS zur Anklagebank geführt und kam kaum ohne mindestens ein Jahr Haftstrafe davon. Häufig lagen die Absichten und Ansichten der Betreffenden offen auf der Hand. Denn die Staatssicherheit führte – im Falle der noch unklaren Sachzusammenhänge – konspirative Vorermittlungen und Operativvorgänge, die erst dann an die Untersuchungsabteilung IX kamen, wenn eine Verurteilung fast schon ausgemachte Sache war.

Einige Häftlinge wurden (meist als ertappte Grenzverletzer) an die Polizei zur dortigen Strafermittlung übergeben. Bewährungs- oder Geldstrafen waren dagegen im politischen Strafrecht der letzten fünfzehn Jahre eher unüblich. Mit einer “Einstellung” endeten Strafermittlungen oftmals nur dann, wenn der Betreffende bereits außer Reichweite der DDR-Fahndung geflohen war.

Eine relativ aussagekräftige Aufstellung über diejenigen ***Einwohner Erfurts***[302], gegen die die Erfurter Staatssicherheit ermittelt und politische Haft verhängt hatte, zeigt in der Zusammenfassung für den Zeitraum zwischen 1968 und 1982 folgendes Bild:

Jahr	Staatsf. Verbind.	Hetze	Waffen-besitz	Grenz-übertr.	Beeinträcht. staatl.Tät.	Rowdy-tum	Staats-verleumd.	asoziales Verhalten
1968	-	4	-	15	-	-	-	-
1069	-	4	-	10	-	-	-	-
1970	1	1	-	9	-	-	-	-
1971	-	1	3	4	3	2	-	-
1972	3	1	2	12	-	-	2	-
1973	4	3	2	18	-	2	-	-
1974	6	2	2	10	-	1	-	-
1975	10	6	-	6	-	7	1	-
1976	8	1	-	8	-	1	-	-
1977	4	3	-	13	-	-	3	-
1978	11	1	1	12	-	2	-	-
1979	1	3	-	7	5	6	3	-
1980	6	1	-	25	1	-	-	3
1981	2	6	1	19	3	-	1	1
1982	6	1	1	15	4	1	-	-
	62	**38**	**12**	**182**	**16**	**22**	**10**	**4**

Spionage und Hetze spielten in der Strafverfolgung seit dem DDR-Strafgesetzbuch fast keine Rolle mehr.

Direkte politische Gegnerschaft wurde etwa jedem fünften inhaftierten Erfurter zur Last gelegt, im Gesamtdurchschnitt liegt das allerdings wohl niedriger. Hierbei ist unbedingt zu berücksichtigen, dass die Staatssicherheit mit der neuen Richtlinie zur „Zersetzung" (1976) über ein weiteres rabiates Mittel zur Drangsalierung von Andersdenkenden verfügte, das dann sogar vorrangig gegen organisierte Oppositionelle (ohne Fluchtabsicht) eingesetzt wurde.

Über die Hälfte der Erfurter MfS-Gefangenen war direkt wegen vorbereitetem oder durchgeführtem Grenzübertritt inhaftiert. Da die Fluchtwilligen zur Fluchtvorbereitung oft auch Kontakte zu westlichen Stellen oder Helfern aufnahmen oder sich internationale Rechtsdokumente besorgen wollten, steht auch der Strafvorwurf „*Ungesetzliche Verbindungsaufnahme*" oft mit dem Fluchtabsichten in Verbindung (es gab auch Verfahren, in denen die Gefangenen nach beiden Paragraphen bestraft wurden).

So wurde zum Beispiel 1988 ein Thüringer mit dem Strafvorwurf „Verbindungsaufnahme" inhaftiert, weil er einen Verwandten angerufen hatte, der nach einer Dienstreise im Westen geblieben war, um ihm den Ausreisewunsch von dessen noch hier befindlicher Ehefrau mitzuteilen.[303]

Für die 80er Jahre gibt es Hinweise darauf, dass der Freikauf politischer Gefangener durch die Bundesregierung nicht nur dazu führte, dass die DDR-Regierung hier zeitweilig eine Deviseneinnahmequelle fand, sondern auch dazu, dass Fluchtwillige bewusst das Risiko einer Inhaftierung wegen Grenzübertrittsversuchs in Kauf nahmen, um in den Westen zu kommen. So belauschte ein Posten im Juli 1987 einen Gefangenen in Zelle 26 bei den Worten: „*Ich bin doch nicht umsonst hier eingestiegen, um mich wieder in die DDR entlassen zu lassen.*"[304]

In den 80er Jahren war außerdem der Anteil von „Ausreiseantragstellern" unter den Gefangenen in der MfS-Haft Erfurt recht hoch – mit 60 bzw. 57 Personen waren das in den Jahren 1985 und 1986 über 40 Prozent.[305]

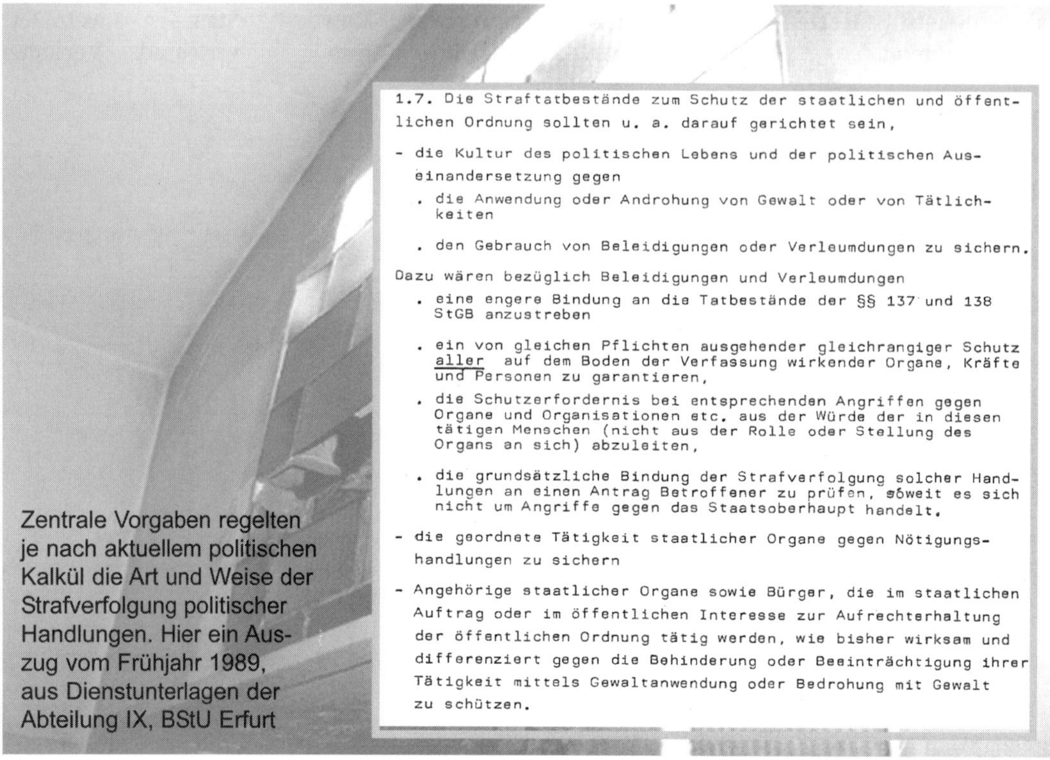

1.7. Die Straftatbestände zum Schutz der staatlichen und öffentlichen Ordnung sollten u. a. darauf gerichtet sein,

- die Kultur des politischen Lebens und der politischen Auseinandersetzung gegen
  . die Anwendung oder Androhung von Gewalt oder von Tätlichkeiten
  . den Gebrauch von Beleidigungen oder Verleumdungen zu sichern.

Dazu wären bezüglich Beleidigungen und Verleumdungen
  . eine engere Bindung an die Tatbestände der §§ 137 und 138 StGB anzustreben
  . ein von gleichen Pflichten ausgehender gleichrangiger Schutz aller auf dem Boden der Verfassung wirkender Organe, Kräfte und Personen zu garantieren,
  . die Schutzerfordernis bei entsprechenden Angriffen gegen Organe und Organisationen etc. aus der Würde der in diesen tätigen Menschen (nicht aus der Rolle oder Stellung des Organs an sich) abzuleiten,
  . die grundsätzliche Bindung der Strafverfolgung solcher Handlungen an einen Antrag Betroffener zu prüfen, soweit es sich nicht um Angriffe gegen das Staatsoberhaupt handelt.

- die geordnete Tätigkeit staatlicher Organe gegen Nötigungshandlungen zu sichern
- Angehörige staatlicher Organe sowie Bürger, die im staatlichen Auftrag oder im öffentlichen Interesse zur Aufrechterhaltung der öffentlichen Ordnung tätig werden, wie bisher wirksam und differenziert gegen die Behinderung oder Beeinträchtigung ihrer Tätigkeit mittels Gewaltanwendung oder Bedrohung mit Gewalt zu schützen.

Zentrale Vorgaben regelten je nach aktuellem politischen Kalkül die Art und Weise der Strafverfolgung politischer Handlungen. Hier ein Auszug vom Frühjahr 1989, aus Dienstunterlagen der Abteilung IX, BStU Erfurt

Die Strafvorwürfe gegen die Ausreisantragsteller sah in beiden Jahren so aus:

	1985	1986
Beeinträcht. staatl. Tätigk.	18	18
Ungesetzl. Grenzübertritt	8	26
Unges. Verbindungsaufn.	19	3
Zusammenschluss z. Ver - folg. gesetzwidr. Ziele	10	-
Öffentl. Herabwürdigung	1	5
Landesverrät. Agententät.	2	2
Landesverrät. Nachrichtenübermittlung	2	1
Unterlassene Anzeige	-	1
Asoziales Verhalten	-	1

Der Trend setzte sich fort, auch wenn die 1986er Zahl im Bericht von 1988 anders benannt wurde: *„Der Anteil von ÜSE in den Ermittlungsverfahren* [hat sich] *in den Jahren zunehmend erhöht (1986 = 3 %, 1987 = 4 %, 1988 = 63%)*“.[306]

Zu den 1987 inhaftierten MfS-Gefangenen der Erfurter Andreasstraße zählten acht Ausreisewillige, die am 17. Juni in Heiligenstadt „öffentlichkeitswirksam“ mit Kerzen vors Gebäude des Rates des Kreises gegangen waren, um ihre Ausreiseanträge zu bekräftigen.[307]

Das war ein „klassischer Fall“ für den Strafvorwurf *„Beeinträchtigung staatlicher Tätigkeit*“, der seit 1979 durch die MfS-Untersuchungsabteilung weitaus häufiger als zuvor gegen Ausreisewillige eingesetzt wurde. Das erklärt sich wohl daraus, dass dieser Paragraph 214 im Jahre 1979 neu formuliert wurde.[308] Dies verdeutlicht auch die Art, wie man seitens der SED-Führung auf Menschenrechts-Forderungen der KSZE antwortete.

Für 1987 beschrieb die Leitung der Erfurter Vernehmerschaft die Strafvorwürfe gegen die Gefangenen auf folgende Weise:

„Im Mittelpunkt der Untersuchungen standen unverändert Straftaten im Zusammenhang mit dem differenzierten Bemühungen der Tätern, die DDR zu verlassen, um in die BRD zu gelangen. Mehr als 80 % der Untersuchungsvorgänge wurden demzufolge wegen Verletzung solcher Tatbestände, wie § 213, 214 und 219 StGB bearbeitet, wobei die soziale Stellung der Beschuldigten eine heterogene Struktur aufweist. Dabei ist auch weiterhin unverkennbar, daß viele Täter eine Festnahme nicht scheuen und oftmals schon gewisse Vorbereitungen für den Fall einer Inhaftierung getroffen haben.
Die Bemühungen, über öffentlichkeitswirksame Aktionen ihre Ziele, konkret die Übersiedlung in die BRD zu erzwingen, setzen sich fort, wobei zu erkennen ist, daß das Vorgehen der Täter durchdachter und zielstrebiger angelegt ist und allgemein gewonnene Erfahrungen vorangegangener Antragstellergenerationen, insbesondere im Verhalten gegenüber den Staatsorganen genutzt werden."[309]

Offenbar war dieser nun extrem hohe Prozentsatz flucht- und ausreisewilliger MfS-Gefangener nicht nur typisch für die Erfurter MfS-Haft. Anfang 1988 erließ der oberste MfS-Untersuchungsleiter Fister aus Berlin eine Anweisung zur vereinheitlichten „Abfertigung" diesbezüglicher Strafverfahren. Er ordnete an, dass „Einzeltäter" im beschleunigten Verfahren generell ein Jahr Haft bekommen sollten, geringfügiger motivierte Versuche bis zu 5000 Mark Geldstrafe und bei *„Rädelsführern, Inspiratoren und Organisatoren"* dagegen ausführlichste Ermittlungen über die Einflüsse westdeutscher Medien.[310]

Die Inhaftiertenzahlen stiegen in den beiden letzten DDR-Jahren deutlich. Allein im ***Oktober 1989*** wurden DDR-weit noch gegen 237 DDR-Bürger MfS-Ermittlungsverfahren (in Einzelfällen mit Verhaftung) eingeleitet. Mehr als jedes zehnte davon, also 26, meldete die Bezirksverwaltung Erfurt.[311]

Die Hauptabteilung IX musste bei dieser Analyse bemerkenswerterweise selbst feststellen, dass lediglich einer von diesen 237 Fällen als Staatsverbrechen (nach DDR-Verständnis) klassifiziert werden könne.[312] Eine Einsicht, die allerdings weniger mit Läuterung als wohl eher mit den gleichzeitigen Massenprotesten und den Stasi-Umstrukturierungsplänen (s. Kapitel 18) zusammenhängt.

<u>Alterstruktur</u>

Die Altersstruktur der Inhaftierten der letzten DDR-Jahre geht aus Auflistungen[313] zu 1989 erfolgten Archivierungen hervor, wobei die Zahl der genannten Gefangenen nicht ganz vollständig ist:

<u>1987</u> – 155 Gefangene in Archivierungsliste – davon waren 14 jünger als 20, 81 zwischen 20-30 Jahre alt, 46 zwischen 30 und 40 Jahre, 9 über 40 Jahre. Das Durchschnittsalter lag bei 27,6 Jahren.

<u>1988</u> – 193 Gefangene in Archivierungsliste – davon waren 17 jünger als 20, 123 zwischen 20-30 Jahre alt, 36 zwischen 30 und 40 Jahre, 17 über 40 Jahre. Das Durchschnittsalter lag bei 29,4 Jahren.

<u>1989</u> –288 Gefangene in Archivierungsliste – davon waren 53 jünger als 20, 171 zwischen 20-30 Jahre alt, 48 zwischen 30 und 40 Jahre, 16 über 40 Jahre. Fast jeder zehnte Inhaftierte war 22 Jahre alt. Das Durchschnittsalter lag bei 26,7 Jahren.

<u>Frauen</u>

Aus Einlieferungslisten der Erfurter Abteilung XIV ließen sich etwa folgende Verhaftungszahlen von Frauen herausfiltern:

1966	23 (von 100)	**1967**	18 (von 128)
1968	14 (von 135)	**1969**	13 (von 98)
1970	9 (von 96)	**1971**	23 (von 142)
1972	18 (von 143)	**1973**	25 (von 173)
1974	24 (von 144)	**1975**	17 (von 120)
1976	22 (von 138)	**1977**	31 (von 163)
1978	30 (von 152)	**1979**	31 (von 155)
1980	58 (von 250)	**1981**	25 (von 151)
1982	28 (von 155)	**1983**	28 (von 205)
1984	35 (von 239)	**1985**	20 (von 156)
1986	21 (von 165)	**1987**	25 (von 188)
1988	42 (von 255)	**1989**	75 (von 352)

Heute vermauerte Zugangstür, durch die die MfS-Gefangenen in den 70/80er Jahren zu politischen Strafprozessen gebracht wurden, Foto: Herz, 2006

Es handelt sich also zwischen 1966 und 1989 um über 650 Frauen aus dem Bezirk Erfurt.

In der oben erwähnten Auflistung zur Stadt Erfurt (1968-1982) waren es 115 Frauen (ungefähr 20 Prozent). 1988 geht aus mehreren Postenberichten hervor, dass Frauen auch in Zellen auf der Männeretage untergebracht waren.[314]

Eine Schwangerschaft während der U-Haftzeit war für die betreffenden Frauen eine Belastung und führte nicht etwa zu einer Haftaussetzung. Frühe Schwangerschaften führten zu einer durch die Staatssicherheit angeordnete Zwangsabtreibung. In einer Information des Leiter der zentralen MfS-Haft Rataitzik wurde z.B. ein Fall erwähnt, dass die Frau eines am 30. Januar 1985 verhafteten Ehepaars zwischen dem 21. und 22. Mai 1985 kurzzeitig *„aus der Haft wegen Schwangerschaftsunterbrechung“* entlassen war – zu diesem Zeitpunkt war sie mindestens im fünften Monat schwanger.[315]

Aus den Einlieferungslisten ist auch erkennbar, dass wiederholt Ehepaare, die gemeinsam in den Westen wollten, zusammen festgenommen wurden. Dann wurden sie sofort dauerhaft voneinander isoliert. Zeitzeugen erinnern sich an zahlreiche Versuche von gemeinsam festgenommenen Paaren, Kontakt zueinander aufzunehmen. Manchmal erklang auf dem Freihof der Ruf, dass man den anderen nicht belastet habe.

Westdeutsche und ausländische Gefangene

Wenn es Übersetzungen der Hausordnung der Erfurter MfS-Haft in zahlreichen Fremdsprachen gab, so ist dies Hinweis darauf, dass es durchaus üblich war, Bürger fremder Staatsbürgerschaft – besonders aus Ostblockländern – einzusperren. Neben ungarischen, rumänischen, polnischen, russischen, vietnamesischen, chinesischen Übersetzungen gab es auch solche in englisch, französisch, spanisch und arabisch.[316]

Eine Übersicht ist bei der nutzbaren Quellenlage nicht machbar. Es fanden sich aber diverse Einzelinformationen, wie diese:

Im Sommer 1978 waren von insgesamt 41 gleichzeitig Inhaftierten vier Westdeutsche/Ausländer – das war immerhin ein Zehntel der Insassen.[317]

Anfang 1987 fanden die Haftmitarbeiter Initialen und Zellennummern in die Freihofwände eingeritzt, es handelte sich um *„die Anfangsbuchstaben der 3 inhaftierten Kubaner.“*[318]

In Erfurt verurteilt wurde ein Ehepaar, das einmal von Westdeutschland auf Besuch nach Thüringen kam. Die Ehefrau war Jahre zuvor im Westen verblieben und hatte einen Westdeutschen geheiratet, der nie etwas mit der DDR zu tun hatte. Sie wurden beide festgesetzt und die MfS-Vernehmer warfen ihr Republikflucht und Urkundenfälschung vor und ihm Beihilfe.[319]

Ein Zeitzeuge erinnert sich an einen polnischen Zellengefährten, der im Westen nach einer verschollen Freundin suchen wollte und den man dann an der Grenze aus dem Zugversteck herausgeholt hatte. Aus Protest trat er in Hungerstreik, wurde aber schnell an die polnische Staatssicherheit ausgeliefert.

So wie es an der Tagesordnung war, dass DDR-Flüchtlinge in der Tschechoslowakei, in Ungarn oder anderswo inhaftiert und von den Ostblock-Stasi-Kollegen an die DDR ausgeliefert wurden, so geschah dies gelegentlich auch andersherum und so landeten mitunter auch Polen, Rumänen, Vietnamesen im Erfurter Stasi-Knast. Sowjetbürger hingegen (meist hier stationierte Sowjetsoldaten) wurden wohl unverzüglich an die in der Nähe stationierten Militärkommandanturen abgegeben.

In den U-Haft-Richtlinien waren auch Verfahrensbesonderheiten für Ausländer benannt. Sie betreffen vor allem die Verfahrensweisen und die akribische Nachweisführung aller Hafteinzelheiten bei inhaftierten BRD-Bürgern und sind eindeutig mit dem Blick auf innerdeutsche Diplomatie und westliche Polithaft-Kritik geschrieben.

Das, was sich westdeutsche Gefangene in der Haftzelle erzählten, das würden sie auch gegenüber westlichen Behörden und Medien wohl so sagen. Ein Gangposten hatte 1980 zwei gemeinsam Festgenomme in Form einer „Horchkontrolle“ (s. Kapitel 10) bespitzelt:

> *„Information – Horchkontrolle am Verwahrraum Nr. 28 – 24.7.1980 – P IV – 14.45 Uhr*
>
> *Vor dem Transport nach Wartha wurden die beiden VH Nr. 97 und 118 kurzzeitig im VR 28 untergebracht. Da sie miteinander befreundet waren und sich einige Tage nicht gesehen hatten, begannen sie sich über ihren Aufenthalt in der UHA zu unterhalten. Hierbei wurde erwähnt, daß die Vernehmer mittels Bohnenkaffee und Zigarettenangebot die gewünschte Aussage sich erhofften. Beide VH nannten den Aufenthalt in der UHA eine interessante Urlaubsüberraschung. Einer der beiden VH (welcher, konnte ich nicht feststellen) beschrieb seinen Vernehmer als kleinen dicken blonden und nannte den Namen Golbach, worauf der andere sofort den Namen Eichler nannte und danach als Eifler bezeichnete. Weiterhin wurde darüber gesprochen, dass ihnen Verstoß gegen das Transitabkommen, illegaler Aufenthalt in der DDR vorgeworfen wird. Man unterhielt sich darüber, daß es hier oben 16 Zellen gibt, daß hier alles hohe Dienstgrade beschäftigt sind und daß man nach Kaffee betteln muß, da selten welcher da ist. Das Essen sei hier saumäßig und zu knapp.“*[320]

Anfang 1984 sprachen Haftleiter Meyer und der verantwortliche Gefängnisarzt Kutz über einen nötigen besondren Umgang mit westdeutschen Inhaftierten („Ausländer“) und stellten folgende Verhaltensregeln für alle Mitarbeiter auf:

> *„durch Ausländer wird versucht, die medizinische Betreuung anzugreifen, dazu werden sogenannte Kleinigkeiten benutzt; Beschwerden über ‚Kleinigkeiten‘ werden groß aufgebracht, mit Beschwerden auf diplomatischem Weg; Korrektes Verhalten ist unbedingt erforderlich, keine Versprechungen an IH, zurückhaltend reagieren; Meldungen werden entgegen genommen, weiter nichts!, Vorher überlegen, was können wir tun, was nicht? Alle Handlungen dokumentieren, genaue Nachweisführung; unbedingte Einhaltung der Hygiene (beachten Bäder in unserer*

Arrest-Ordnung für MfS-Angehörige.
(Unterlage der Haftabteilung XIV)
Ein langjährig in der Untersuchungsabteilung tätiger Vernehmer und zeitweiliger Abteilungsleiter war 1954 selbst mit Arrest bestraft worden (BStU Erfurt K/S Kaderkarteikarte)

Partei- und Disziplinarstrafen

Datum Bef.-Nr.	Strafmaß	Grund	gelöscht am
6.3.54	10 Tage Hausarrest	Verlust d. Dienstausweises	7.1o.54

547 768 140.0

Abteilung XIV Erfurt, 1. 8. 1983

O r d n u n g
für Vollstreckung von Arrest

für Angehörige des Ministeriums für Staatssicherheit entsprechend der Disziplinarvorschrift des Ministeriums für Staatssicherheit

I. Aufnahme und Entlassung von Arrestanten

Die Aufnahme und Entlassung von Arrestanten wird auf Anweisung des Leiters bzw. seines Stellvertreters durchgeführt.

Arrestanten werden in der Regel durch den Disziplinarbeauftragten der Abteilung Kader und Schulung bzw. dessen Beauftragten zum Antritt des Arrestes übergeben.

Der OpD der Abteilung veranlaßt

- Die Überprüfung der Sachen und Gegenstände des Arrestanten
- Die Einweisung der Arrestanten in den vorgesehenen Verwahrraum
- Die Kenntnisnahme der Arrestordnung durch den Arrestanten

Die für die Vollstreckung der Arreststrafe nicht benötigten Gegenstände werden abgenommen, dazu ist ein Protokoll zu fertigen, welches der Arrestant unterschreibt.

Der Arrestant kann während der Tageszeit vom Dienstvorgesetzten, mit Zustimmung des Disziplinarbeauftragten der Abteilung Kader und Schulung, zu Arbeiten bzw. Aussprachen außerhalb der Haftanstalt herangezogen werden.

UHA), Kleidung entsprechend der Witterung sichern, Eßbestecke – keine Plaste für Ausländer, im VR der Ausländer auch für andere nicht, sofortige Weiterleitung von Arztmeldungen, Arztvorführungen bei Einlieferung innerhalb 24 Stunden"

Im 1985er Jahresbericht betont Haftanstaltsleiter Meyer dies aufs Neue:

„Ein weiterer Schwerpunkt bildete die Absicherung und Betreuung von Ausländern... Zu inhaftierten Ausländern erfolgte eine Dokumentierung ihrer Verhaltensweisen und der Nachweis von Vergünstigungen."[321]

Akribisch beschrieben wurde bereits ihr Antransport. Im Januar 1988 berichteten die Transporteure der Haftanstalt, dass sie *„beauftragt* [waren], *einen BRD-Bürger von der GK* [Grenzkompanie] *Freienhagen in die UHA d. MfS Erfurt zu transportieren. Gegen 11.45-12.00 Uhr übernahmen wir den BRD-Bürger in der obengenannten GK. …* [Nach Ankunft] *sagte er ständig, hier ist also doch der Knast und ich bin in deren Augen ein Schwerverbrecher, ich will mit einem Vertreter von der Botschaft sprechen."*[322]

1988 beschrieb das Erfurter Vollzugsreferat die „Betreuung" ausländischer Gefangener so[323]: Sie erfolge auf Grundlage der Haftvollzugsordnung und der Richtlinie 1/86. Eine briefliche Verbindungsaufnahme mit diplomatischen Vertretungen, Rechtsanwälten und Angehörigen wäre gestattet und in der Briefkartei registriert. Persönliche Gespräche würden bei westdeutschen Inhaftierten nur mit Personal der „Ständigen Vertretung" stattfinden, was intern als „Diplomatensprecher" bezeichnet wurde und wobei auch „Geschenkbeutel" und Westgeld für den Eigengebrauch der Gefangenen übernommen (und umgetauscht) wurden. Nach Möglichkeit erfolgte eine getrennte Inhaftierung, so dass die Isolierung besonders westdeutscher Inhaftierter noch intensiver war als ohnehin. Den Gefangenen wurden deutsche Tageszeitungen und

Bücher (auch in polnisch, spanisch, russisch, tschechisch, englisch) angeboten. „*Bei VH aus der BRD gehen wir auch auf individuelle Wünsche bei der Buchbestellung ein.*" Gestattet war auch „*religiöse Selbstbetätigung*".

Die ausländischen Gefangenen wurden aber auch in den Haftzellen (durch die Türsione) überaus intensiv beobachtet, ihr Verhalten und Äußerungen auf einem „Beobachtungsbogen" notiert. Westdeutsche Gefangene bekamen bei Bedarf „zusätzliche Essensportionen" oder heißes Wasser für Getränke oder Körperpflege.

Von Zeitzeugen wird berichtet, dass Westdeutsche nicht nur von den Vernehmern des MfS, sondern auch anderen MfS-Angehörigen ausgefragt wurden. Vermutlich steckte da vor allem die Bezirks-Abteilung II dahinter.

Ein junger Westdeutscher war während seiner Inhaftierung so verzweifelt, dass er sich mit einem Glassplitter den Unterarm aufschnitt.[324]

MfS-Mitarbeiter im Arrest

Die Militärorganisation Staatssicherheit verhängte aus verschiedenen Anlässen auch Arrest gegen ihre „Militärangehörigen". Die Realisierung solcher Arreststrafen zählte zu den Aufgaben der Abteilung XIV.

Üblich war diese Strafform aber wohl seit Anbeginn des MfS. In Kaderakten von MfS-Mitarbeitern finden sich immer wieder Hinweise auf „10 Tage Arrest" o.ä. Besonders in den 50er Jahren wurde Arrest relativ schnell verhängt für „Dienstverletzungen" diverser Art. Auch einige Mitarbeiter der Untersuchungsabteilung wurden zu Arreststrafen in den nur wenige Meter von den Verhörzimmern entfernten MfS-Hafttrakt abgeführt. So bekam – wie aus den Kaderkarteikarten der Untersuchungsmitarbeiter hervorgeht z.B. 1954 ein späterer stellvertretender Abteilungsleiter zehn Tage Arrest wegen verlust seines Dienstausweises, ein "Auswerter" 1958 zwei Tage Arrest wegen Nichtdurchführung einer Weisung, ein langjähriger Vernehmer 1958 fünf Tage wegen Urkundenfälschung.

Der Arrest wurde in einer so genannten „Sonderzelle" im unteren Zellentraktgeschoss der MfS-Haftanstalt verbüßt. Die Kaderabteilung übergab die Arrest-Verurteilten an die Abteilung XIV, konnte diese aber jederzeit zu Arbeit oder Aussprachen holen lassen.

Die letzte Erfurter MfS-Arrestordnung[325] stammt von 1983. Den Arretierten war verboten: Schlaf zwischen 6 und 21 Uhr, Post und Besuche, „militärisch unkorrektes Verhalten". Dafür allerdings konnten sie Essen, Zeitungen und Zigaretten kaufen, Bücher lesen, zusätzliche Lampen benutzen und eine ganze Stunde lang in den Freihof gehen.[326]

Dass es zwischen diesen Arretierten und den politischen Gefangenen keinerlei Kontakt geben durfte, war so selbstverständlich, dass es in der Ordnung keinerlei Erwähnung fand.

Allzu oft wurde die Sonderzelle in den 80er Jahren wohl nicht mehr benutzt. Im Dezember 1983 hieß es: *„Bei der Einweisung eines Arrestanten wurde im Plasteeimer verschimmeltes Brot gefunden."*[327] Für die 80er Jahre ist allerdings auch der Fall bekannt, dass sich der Arrest eines nicht mehr dienstwilligen MfS-Mitarbeiters später in ein Ermittlungsverfahren wandelte – letzteres bearbeitete nicht die Bezirksstaatssicherheit, sondern die Hauptabteilung IX, so dass der Betreffende in Erfurt nur kurzzeitig arretiert und dann im MfS-Zentralgefängnis Hohenschönhausen inhaftiert und später im Sonder-Strafvollzug Bautzen II eingesperrt war.

\- - - - -

Nicht der geringste Zweifel besteht über die Tatsache, dass die Staatssicherheit im Gefängnis Andreasstraße fast überhaupt keine wirklichen Straftäter eingesperrt hatte. Also solche, die etwa Morde, Brandstiftungen, NS-Straftaten oder Taten gegen andere Menschen auf dem Gewissen hatten. Es war eindeutig und fast ausschließlich das Gefängnis des politischen Strafrechts.

1. Etage;

Zellenflügel mit Frauen-Haftzellen, Strafgefangenen-Haftzellen und Büros der Haftabteilung XIV

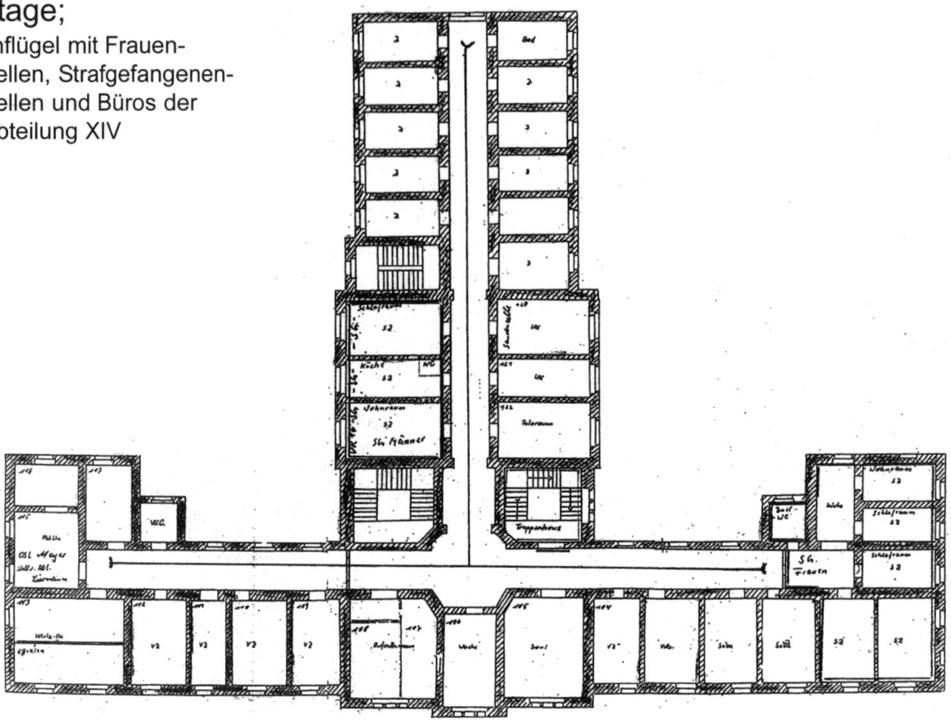

Grundrisse der beiden oberen Etagen des Gefängnisses, in denen sich die MfS-U-Haftanstalt befand

2. Etage;

Zellenflügel mit Männerhaftzellen, Verhörzimmer und Büros der Untersuchungsabteilung IX

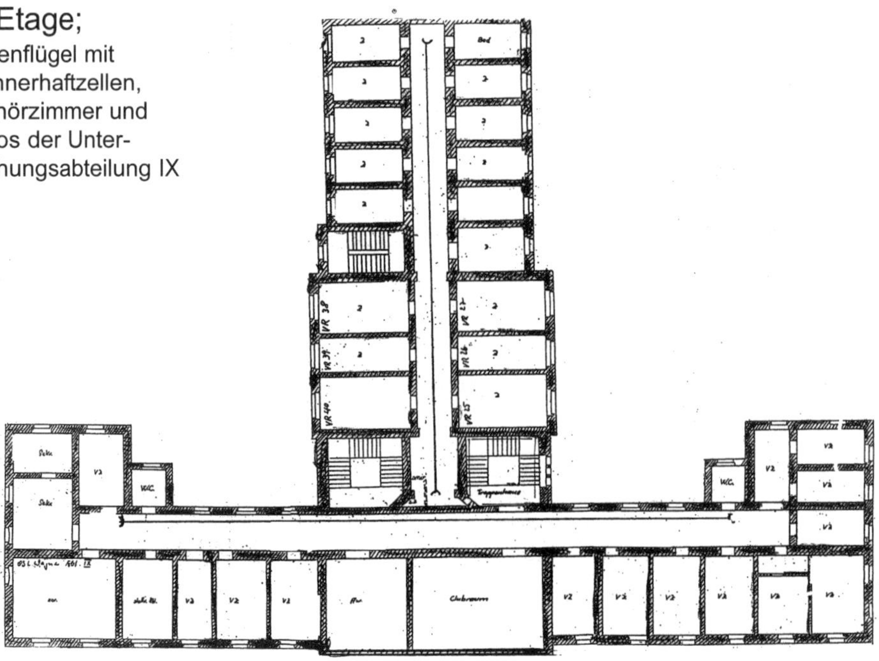

7. Räumliche Gestalt der MfS-U-Haftanstalt

Die MfS-U-Haftanstalt Erfurt hatte langfristig die zwei oberen Gebäudeetagen und die nördlichen Freiflächen inne. Im Laufe der Jahre änderten sich bauliche Details und Nutzungsweisen mehrfach, so dass die konkrete Haftsituation für die Gefangenen einzelner Jahre recht verschieden war. Manche Änderung konnte bisher nicht eindeutig datiert werden.

Gebäude und Außenanlagen

Der alte Gebäudegrundriss ist T-förmig – bestehend aus einem quer zur Andreasstraße liegenden Vorderflügel und einem Längsflügel (*im flg. Zellenflügel genannt*), der hinter Vorderflügel, Gericht und Petersberg räumlich abgeschottet ist. Die Staatssicherheit nutzte den Vorderflügel als Verhör/Verwaltungsflügel und Längsflügel als Zellenflügel.

Vor 1987 existierte folgendes Zugangssystem:

Bechtheimer Straße: MfS-Kontrollposten als äußere Eingangsschleuse zum Objekt

Vorderhof: Polizei-Kontrollposten mit Zugang zur Polizei-Haftanstalt (in Erdgeschoss und Keller) am unteren Ende des Zellenflügels

zwischen Vorderhof und MfS-Freifläche: Eingangsschleuse der Abteilung XIV (nördlich des Zellentrakts und dort an Vorderflügel und Tischlereibaracke grenzend), Hofschleuse sowie das Fahrzeugtor für den weiter östlich gelegenen Fahrzeughof wurden elektrisch geöffnet, hinter dieser Hofschleuse führte ein Fußweg zur Haustür, 1987 abgerissen.

Haustür zum Treppenhaus im Kreuzungspunkt von Vorder- und Zellenflügel: Zutritt zum Verhörbereich und zur Haftanstalt, den beiden oberen Etagen (=MfS-Haftanstalt), während die Erdgeschosstür zur VP-U-Haftanstalt versiegelt war.

In den 50/60er Jahren wurde als Besucherzugang auch die Tür an der Andreasstraße genutzt.

Außerdem existierten Zugänge zum benachbarten Bezirksgericht. Eine Gerichts-Hintertür inklusive Treppenhaus und eignen Räumen stand der MfS-Haftanstalt in den 70/80er Jahren zur Verfügung, vielleicht auch eher. Der MfS-Haftanstalt gehörte das Zimmer 49.[328] Ein innerer Gang führte zuvor außerdem südseitig des Zellenflügels ins Gericht – viele Zeitzeugen haben diesen (nicht mehr vorhandenen) Durchgang als Kellergang in Erinnerung.

Die Außenfläche lag überwiegend nördlich vom Zellenflügel und hatte bis 1985 folgende Gestalt: Sie grenzte direkt ans Außengelände der MfS-Bezirksverwaltung Andreasstraße 38, war ummauert und vom Vorderhof durch ein Tor abgeschottet. Innerhalb des Hofareals gab es drei kleine Freihöfe mit Freihof-Turm, eine Tischlerei, einen Arbeitshof, Autostellflächen und mehrere Schuppen. An den Vorderflügel grenzte der Arbeitshof für das Arbeitskommando der Strafgefangenen. Zwischen der Andreasstraßen-Mauer und dem Vorderflügel lag die Hundezone.

Nach Fertigstellung des Erweiterungsbaues 1987 wurde dieser Hofbereich stark umgestaltet. Das Tor zwischen Vorderhof und MfS-Freifläche wurde verlagert, am Kopf des Neubauflügels direkt an der Bechtheimer Straße befand sich der neue Personeneingang, die Freihofflächen wurden stark verändert (wobei es zu einer Verkleinerung der Einzel-Freihöfe kam).

Das Gebäude war bei Einzug der Staatssicherheit über 70 Jahre alt und gegen Kriegsende teilweise zerstört. Für anfängliche Baureparaturen war die Polizei zuständig (s. Kapitel 1), innere

Blick durch Toreinfahrt (nach innen) und Posten-Seite des Tores (nach außen), Fotos: Herz 2006

Umbauten später nahm die Staatssicherheit in Eigenregie vor. Bautechnische Ergänzungen nach 1954 waren:

- Erneuerung von Elektroleitungen und Einbau einer Notstromversorgung (der Polizei)
- Ersetzung der Zellenfenster durch doppelte Glasbacksteine mit Lüftungsritzen; Verkleinerung der hohen Zellenfenster im 2. Stock
- Teilung der Großzellen durch Zwischenwände in kleinere Zellen
- Einbau von Toiletten in alle Zellen (um 1960 beginnend), zunächst Metallbecken
- Kaltwasserleitungen und Waschbecken in alle Zellen, Duschen in die beiden Baderäume am Etagenende installiert
- Einbau von Heizkörpern im Gesamtobjekt, auch in den Haftzellen
- Lüftungsanlage im 2. Stock unterhalb der Flurdecke mit Lüftungslöchern in Haftzellen
- Einrichtung von drei Freihöfen, Werkstätten, Zwischenmauern und Torschleuse
- schalldämmende Einbauten – z.B. Unterdecke und Teppich im Zellenflur
- Einbau von Sicherungseinrichtungen, wie elektrische Zellenverriegelung, Ampelsystem

Beide Etagen bestanden aus einem Zellenflügelflur und einem Vorderflügelflur, die beide einen vergitterten Kreuzungspunkt hatten. Im 2. Stock war dieser durch Zwischenwände versperrt.

Der Zellenflügel

Der Zellenflügel ist von der Andreasstraße nicht einsehbar. Am Ende der Zellenflügel-Flure befinden sich Fenster, so dass man den Vorderhof und den Fuß des Petersberges sehen kann.

Die beiden Zellenflure der MfS-Haftanstalt waren hell gestrichen und hell beleuchtet. Ende der 60er Jahre waren die Steinfußböden rotglänzend, später fungierte ein roter Kokosläufer als Schallschutz. Die gewölbte Decke im 2. Stock wurde (vermutlich Anfang der 70er Jahre) ebenfalls aus Schallschutzgründen mit einer abgehängten Zwischendecke versehen – das ermöglichte den Stasi-Posten ein leises Heranschleichen an Zellentüren für „Horchkontrollen“. Über den Zellentüren gab es rote Signallampen, die vom Zelleninnern betätigt werden konnten (Klopfen und Rufen an den Zellentüren war verboten). Die Hausordnung sah vor:

> *„Sofern ein Inhaftierter, einen Angehörigen der Untersuchungshaftanstalt zu sprechen wünscht, hat er dies durch Betätigung der Signalanlage in den Verwahrräumen anzuzeigen.“*

Der Zellenflügel hatte in beiden Etagen auf jeder Seite acht Türen. Diese bestanden aus Holzbohlen und besaßen auf der Außenseite drei Riegel (davon ein Schloss-Riegel), eine Klappe (etwa 20 x 30 cm) und ein Sichtloch mit kleiner und großer Abdeckung. Das Schließprinzip basierte zunächst auf einem Kastenschloss mit Walzenverriegelung, was ein sehr typisches, lautes Geräusch verursachte. Später gab es Schlösser ohne Walze sowie zusätzlich eine elektronische Schließverriegelung, so dass das Aufschließen vor Ort eine Freischaltung dieser Verriegelung seitens der Wachzentrale voraussetzte.

Die Haftzellen hießen im Stasi-Deutsch verharmlosend „Verwahrräume“, als gäben sie den Insassen oder aber den Draußenbleibenden irgendeinen Schutz. Die Zellen waren unterschiedlich groß. Die Zellen in Vorderflügelnähe waren größer (mit etwa 11 m²) und im 2. Stock auch höher, weil hier ursprüngliche Gruppenzellen zerteilt worden waren. Die hinteren Zellen waren kleiner als 9 m² – es waren ursprünglich eigentlich Einzelzellen, die jetzt mit vier Betten ausgestattet waren.

An den Flurwänden waren „Reißleinen“ angebracht, deren Ziehen eine Kontaktunterbrechung und Signalgebung im Kontrollraum hervorrief, so dass die Haftmitarbeiter jederzeit schnell Verstärkung rufen konnten. Lichtschalter, Steckdosen, Heizventile für die Zellen befanden sich im Flur. In Holzregalen neben den Zellentüren wurden Medikamente und gestattete Besitztümer der Gefangenen abgelegt, deren Verbleib in den Zellen verboten war. An den Gangenden befanden sich Fenster, Beobachtungskameras, Ventilatoren und Signal-Schließkästen.

Im 2. Stock war der Übergang von Vorder- und Zellenflur durch Zwischenwände versperrt, so dass der Übertritt von einem zum anderen Flügel nur über das Treppenhaus verlief. Gefangene wurde auf diesem Weg zu Verhören oder nach unten geführt. Gegenüber der schmalen Treppenhaustür hatte die Staatssicherheit einen Stehplatz markiert, wo bei gleichzeitigem Durchgang mehrerer Personen ein Gefangener so platziert wurde, dass er niemanden sah.

1. Etage Zellenflügel – Nutzung:

Hier befanden sich drei Arten von Zellen:

- Frauen-Hafttrakt bestehend aus den Haftzellen Nr. 7 – 11, mit 8,6 oder 8,8 m² Fläche (mit je drei oder vier Betten); das bedeutete eine Raumzuordnung von nur 2 – 2,2 Quadratmetern pro Gefangener
- „Sonder-Verwahrraum“ in Zelle 4 und später in Zelle 13 (mit 2 Betten, Vorhangstoff und Fernseher) sowie zeitweise ein „Schreib-Verwahrraum“.
- bis 1976: Zelle 6 genutzt als „Isolier-Arrest Verwahrraum“[329]
- ein Duschraum
- drei miteinander verbundene Zellen Nr. 14-16 für das Strafgefangenen-Arbeitskommando der Männer (5 bis 7) (s. Kapitel 15)
- "Fotoraum“ für erkennungsdienstliche Maßnahmen und Aufnahme-Formalitäten bei Einlieferung neuer Gefangener und oft auch zum Umkleiden für den Gerichtsprozess, zur Kontrolle von Besuchergeschenken etc., der Raum war 1989 ausgestattet mit Mitarbeitertisch, Fotogestell, Daktyloskopie, Metallsuchgerät und Röntgenapparatur zum Durch-

Heutige Außenansichten der Zellentüren mit fehlenden Schlössern und Riegeln,
unten links: Signallampe (von innen zu betätigen).
Fotos. Herz 2005

leuchten von Gegenständen[330] (Hinweise auf etwaige Röntgenbestrahlungen Gefangener gibt es keine),

Umkleideräume und Dienstzimmer des Haftpersonals.

Gittertüren befanden sich am Flügelanfang sowie am oberen Ende des Frauen-Hafttrakts. Außerdem gab es zwischen Personal-Spind-Raum für männliche „Posten“ und Sonderzelle noch einen Personalraum für weibliche „Posten“ war im Frauentrakt direkt hinter der verschlossenen Treppenhaustür.

Zwischen den beiden (ungenutzten) Treppenhäusern der Südseite befand sich die dreiräumige Gemeinschaftszelle für 5-7 strafgefangene Männer, die ihre aufgezwungene Strafhaft in einem Arbeitskommando durchstehen mussten.

2. Etage Zellenflügel – Nutzung:

Diese Haftzellen dienten zur Inhaftierung von Männern. Auf der Zellenetage lagen 15 Haftzellen (Nr. 25–36 und 38–40):

elf kleine Zellen (ca. 8,6 oder 8,8 m^2) – überwiegend mit zwei Doppelstockbetten, so dass Gefangene bei voll belegter Zelle tagsüber (bei Liegeverbot) kaum einen Quadratmeter Platz hatten,

vier etwas größere und höhere Zellen (ca. 11-12 m^2) – mit drei Doppelstockbetten und „im Notfall“ sogar für 10–12 Gefangene vorgesehen.

Ab 1976 lag hinter der Zellentür Nr. 37 ein so genannter „Beruhigungs-Verwahrraum“, dessen Wandauskleidung mit Plastik-Dämmplatten der Geräuschisolierung diente. Er wurde als Isolier- und Arrestzelle eingesetzt (s. Kapitel 12). Ein ehemaliger Gefangener erinnert sich:

„Durch ein Zwischengitter wird zusätzlich die Bewegung eingeschränkt, ein Bett gibt es nicht, nur einen Holzhocker. Die alte Ausführung in der U-Haft Erfurt hatte keine Toilette, sondern nur einen Kübel außerhalb des Gitters, und der U-Häftling musste sich stundenlang bemerkbar machen, ehe er seine Notdurft verrichten konnte. Da diese alte Zelle nicht schallisoliert war, hörte man oft nächtelang die verzweifelten Rufe und Schreie der dort Inhaftierten. Die neue Ausführung in der II. Etage war die gleiche Machart, nur war sie schallisoliert, konnte verdunkelt werden und es gab Fesselungsjacken."

Die Haftzellen

Mangels älterer Baudokumente ist die Rekonstruktion des Zustandes der Haftzellen in den verschiedenen Jahrzehnten auf Zeitzeugenerinnerungen angewiesen. Fast alle Details in Zustand und Ausstattung änderten sich geringfügig im Verlaufe der Jahrzehnte. Gemeinsam ist vielen die Erinnerung an Enge, grünliche Anstriche, schlechte Luft, Riegelgeräusche.

Die Zelleneinrichtung 1952 bis in die 60er Jahre wurde geprägt von einer Wand-zu-Wand-Holzbrett-Pritsche in der Fensterhälfte. An der Fensterwand war diese leicht erhöht, so dass die Gang-Posten die Köpfe der schlafenden Gefangenen durch die Türspione erblicken konnten. Diese Zelleneinrichtung sollte offenbar ermöglichen, jederzeit größere Gefangenenzahlen unterbringen zu können, ungeachtet des individuellen Platzbedarfs eines Schlafenden. Ein Gefangener von 1952 erinnert sich an eine ständig blendende Zellenbeleuchtung auch über Nacht – eine Erinnerung, die auch von ständiger Übermüdung im Zusammenhang mit den langwierigen Nachtverhören unter Blendlicht und dem Tags-Schlafverbot geprägt war.

Außer Notdurftkübel und Wasserkrug, die täglich gereinigt bzw. aufgefüllt wurden, befand sich laut Zeitzeugenerinnerung nichts in diesen Zellen. Das Essen wurde zum Verzehr nur kurzzeitig in Schüsseln in die Zellen gegeben.

Anfangs gab es keine Schlafdecken, später erhielten die Gefangenen erst zur festgelegten Schlafzeit je eine oder zwei Schlafdecken, die tagsüber draußen lagen. Tagsüber stand ihnen nur die vordere Zellenhälfte zur Verfügung – bei vierfacher Belegung blieb kaum ein Quadratmeter pro Inhaftiertem. Sitzen war lediglich auf dem Fußende der Holzpritsche erlaubt.

Heizung, Wasser und Strom entsprachen dem Standard der Entstehungszeit – Kohleöfen oder unbeheizt, Notdurftkübel und Wasserkrüge. WC-Toilettenbecken waren 1962 teilweise installiert, Heizung und Kaltwasserbecken wurden vermutlich generell erst nach Mitte der 60er Jahre eingebaut.

Mitte der 60er Jahre gab es auch in der Erfurter MfS-Haft die zeittypischen Einzel-Holzpritschen, die auch zu Doppelstockbetten übereinandergefügt werden konnten.

Die Zelleneinrichtung 70er und 80er Jahre bestand aus Stahlgestellbetten, die zumeist zu Doppelstockbetten zusammengefügt waren. Es gab sie offenbar in mehreren Varianten – z.T. recht schmal, z.T. mit runden Gestängen, z.T. mit boden-verschraubten Platten, z.T. mit durchhängenden Liegeflächen, z.T. mit drei Matratzen oder durchgängiger Schaumstoffmatratze, mit Decken in blaukarierter Bettwäsche. Zeitweise gab es für Waschutensilien/Bestecke kleine Holzregale im Flur, zeitweise auch in den Zellen selbst. Nur ein Drittel der Zellenfläche in der Türhälfte diente tagsüber zum Aufenthalt der Gefangenen. Gegenüber dem Waschbecken war ein Wandtisch montiert, an dem drei oder vier kleine Sitzhocker standen. Die installierten Wandspiegelscheiben müssen erst später in den 80er Jahren installiert worden sein, denn viele Gefangene haben sie nicht gesehen. Die Schalter/Ventile für Licht, Heizung und zeitweise wohl sogar für die Toilettenspülung waren im Zellenflur angebracht. In der Zelle befand sich in den späteren Jahrzehnten lediglich ein „Meldeschalter", der eine rote Leuchte außen über der Zellentür aufleuchten ließ. Die Gefangenen

Heutige Innenansichten einer etwa 9 Quadratmeter großen Haftzelle, in der sich zwei Doppelstockbetten befanden. Fotos: Herz 2005

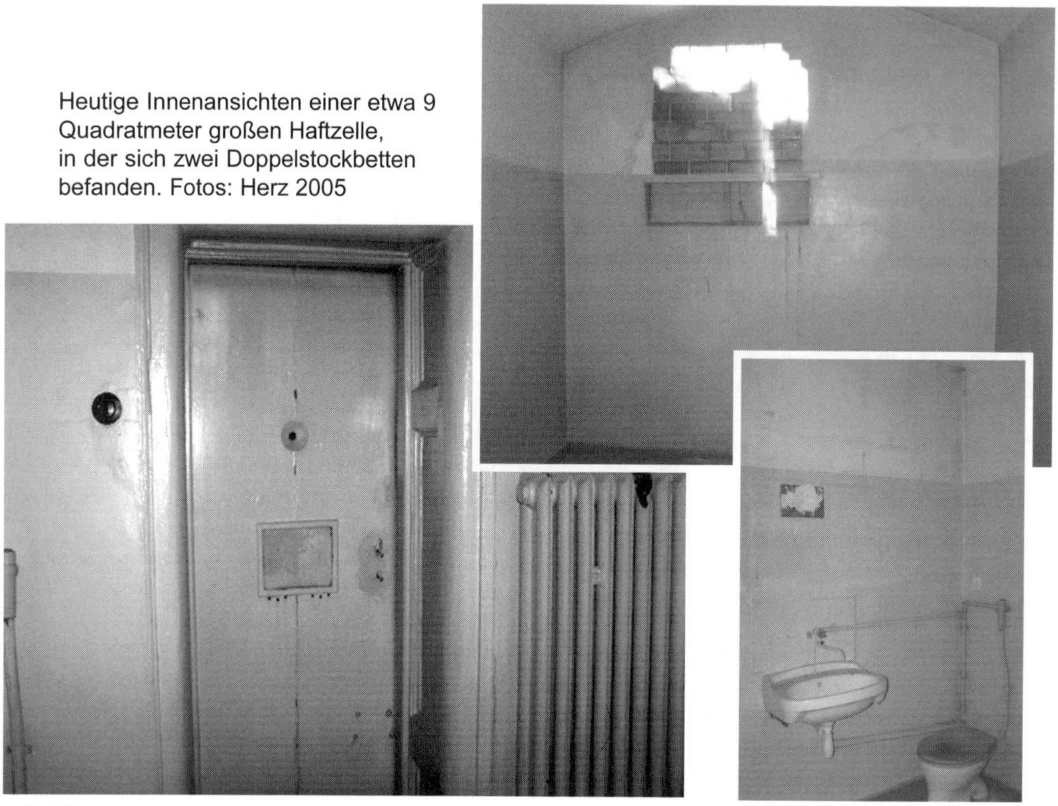

wurden angewiesen, jede Geräusche an der Zellentür zu unterlassen und im Notfall statt dessen den „Meldeschalter" zu drücken.[331] Durch die Türspion-Gläser konnte das Stasi-Personal nahezu in alle Zellenwinkel blicken.

Die Zellendecken waren leicht eingewölbt, so dass jedes Wort lauter wirkte und vom Flur gut zu hören war. Die ältere Deckenlampe (mit 30- oder 40-W-Glühbirne) war mit Drahtgeflecht-Abdeckung versehen.

Die Zellenfenster hatten ursprünglich die traditionelle Vergitterung, eventuell zeitweise noch die sichtversperrenden Außen-Holzblenden und spätestens ab 1954 „Sichtschutzscheiben", die jeden Blick nach außen verhinderten. Später wurden Glasbacksteine in die Fensteröffnungen gemauert, was die Situation der Gefangenen extrem verschlechterte. Zwei Schichten Glasbacksteine bekamen versetzte Luftspalten, so dass sich die Raumluft nur S-bogen-förmig austauschen konnte (und das immerhin bei ständig geschlossener Zellentür). Gegen die Kälte gab es ein Luftabsperrbrett, das aber den ohnehin geringen Luftaustausch weiter einschränkte.

Die Zellenbelüftung bedeutete eine Form von Dauerstress, die bei heutiger Besichtigung nicht mehr zu ahnen ist. Nicht nur in der MfS-Haft Erfurt verursachten die Glasbackstein-Fenster einen gedrosselten Luft- und Sauerstoffaustausch. Angesichts eines Raumluft-Volumens von 24,67 m^3 gab es bei einer Drei- oder Vier-Mann-Belegung nur einen Luftraum pro Person von 6 bis 8 m^3. Das war gefängnistechnisch nur ein Minimum. Mangelnder Luftaustausch reduzierte in der Praxis diese Werte noch zusätzlich.

Im oberen Zellenflur war zwar ein Belüftungsrohr mit Ventilatorgebläse, um Luft aus den Zellen abzusaugen. Es existierte schon in den 70er

Jahren, brachte aber keine wirklich angemessene Veränderung. Es war extrem laut und diente – nach Erinnerungsberichten – im Haftalltag mehr oder weniger ausschließlich zur Geräuscherzeugung. Es wurde in der Regel nur eingeschaltet, wenn Gefangene oder Posten laut wurden und andere Gefangene nichts hören sollten. Aktenkundig wurde dies u.a. im März 1981 im Bericht über einen ausgerasteten Gefangenen, wo es heißt: „*Das Schreien des VH war so laut, dass es den Geräuschpegel des eingeschalteten Ventilators übertönte.*"[332]

So kam es, dass tagelang das Kondenswasser aus der Atemluft an den Ölsockeln der Zellenwände herab lief. Für die Gefangenen bedeutete diese Situation auch ständiger Zigaretten- und Toilettendunst sowie sauerstoffbedingte schlechte Konzentrationsfähigkeit beim Nachdenken über die eigne Situation.

Einzige Entlastungsmöglichkeit boten geöffnete Türklappen zum Erzeugen von Gegenzug. Dies war aber fast immer ein undenkbares Ansinnen an die Haftmitarbeiter und wurde erst in den 80er Jahren zeitweilig erlaubt. Im Sommer 1983 hieß es in der Dienstbesprechung beim Haftleiter: *„Es wird darüber gesprochen, dass Mitarbeiter zeitweise die VR-Klappen öffnen, zur Lüftung der VR, ohne Genehmigung des OpD ...* " Usus war dagegen, dass die Zellen nur während der Freihofzeit „gelüftet" wurden.[333] Und im November 1983 wurde protokolliert:

> *„Die Lüftungsprobleme können bei der derzeitigen Belegung nicht voll gelöst werden. Bei Überbelegungen (z.B. 4 VH in einem VR) kann zeitweilig unter Beachtung der Sicherheit sowie der Konspiration und Geheimhaltung die VR-Klappe geöffnet werden.* "[334]

<u>*Die Lichtverhältnisse*</u> bis Ende 1989 stellten ebenfalls eine Belastung für viele Gefangene dar. Selbst bei Sonnenschein ließ die doppelte Glassteinschicht nur wenig diffuses Licht ins Zelleninnere. Im Winter herrschte schwaches Dämmerlicht, das in den nordseitigen Zellen noch schlechter war. Die 70er Jahre waren wohl geprägt von einer 30-Watt-Beleuchtung. Die Glühbirnenfassung war mit einem Metallgitter umhüllt, welches im Stasi-Mitarbeiter-Jargon als „Schildkröte" bezeichnet wurde.[335] Neonröhren waren offenbar nur in Mitarbeiterräumen installiert, zumal man diese zwischen Schaltung und Aufleuchten knistern hören konnte. Die Posten aber wollten beim Betätigen der Lichttaste sofort in das Zelleninnere blicken können, ohne dass die Gefangenen vorgewarnt waren. Manche Zeitzeugen haben den Helligkeitsunterschied zwischen dem hellbeleuchteten, hellwandigen Zellengang und dem zwielichtig-düsteren Zelleninneren noch gut in Erinnerung. Im Juli 1988 (also in hellster Sommerzeit) notierte sogar mal ein Haftmitarbeiter nach seinem Zellenkontrolldurchgang: „*VR 29 ist zu dunkel, es müsste eine stärkere Glühbirne angebracht werden*".[336]

In der Haftanstalt gab es also 20 bis 22 Haftzellen, eine Isolierzelle sowie Sonder-, Foto-, Schreibzellen, zwei Duschzellen. In den 80er Jahren waren im Durchschnitt 40-45 Menschen gleichzeitig inhaftiert[337], zeitweise aber auch deutlich mehr. Da bei Zellenbelegungen auch die gezielte „vernehmertaktische" Einzelhaft[338] eine Rolle spielte gab, gehörte die Unterbringung von drei Gefangenen in einer kleinen Zelle zum Alltag. Und manchmal mussten sich auch vier Gefangene einer der fast unbelüfteten 8,8-m^2-Zellen teilen.

Die Gewahrsamsordnung des DDR-Innenministeriums von 1979[339], der zufolge für jeden zeitweise „Verwahrten" mindestens 4,5 m^2 Fläche sowie ein Luftraum von 10 m^3 pro Person gewährt werden musste, wurde in der Stasi-U-Haft Erfurt eigentlich nur bei Einzelhaft eingehalten. Denn drei Viertel der Haftzellen, die regelmäßig mit drei/vier Gefangenen belegt waren, boten den geforderten Mindestraum nicht mal für zwei Gefangene. Die MfS-Zentrale sprach in ihren Papieren statt dessen immer von der Einhaltung aller Mindestnormen (s. Kapitel 3)

„Folterzellen" – wie „Wasserzellen" oder solche mit eingebauten Foltergerätschaften – sind für Erfurt nicht nachweisbar. Es gibt von Zeitzeu-

Flur im 2. Stock des Vorderflügels, Blick in ein typisches Arbeitszimmer von 12 qm im Vorderflügel, Fotos: Herz 2005

gen der frühen Jahre lediglich vage Aussagen von einem derartigen Missbrauch einer gefliesten Duschzelle im Gefängniskeller bei der Polizei, wo Gefangene mit unangenehm kaltem Duschwasser berieselt wurden. Es gibt außerdem einige, voneinander unhängige Hinweise darauf, dass die Androhung von Folter durchaus zum Repertoire der Erfurter Vernehmer gehörte – so wurde z.B. mit einer Wasserzelle im Keller gezielt gedroht und der Phantasie des Gefangenen überlassen, was das bedeutete.

Nach Richtlinien seit den 50er Jahren sollten Inhaftierte aber mittels Verlegung in „Arrestzellen" bestraft werden können. Der „*Beruhigungs-Verwahrraum*" (seit 1976) war dann sogar für eine komplette mehrtätige Dunkelhaft geeignet. Dort sollen auch Zwangsjacken bereit gelegen haben.

Der Vorderflügel

Zum Gefängnis zählten neben dem Zellenflügel auch die Flure und Räume im 1. und 2. Stockwerk, die parallel zur Andreasstraße liegen. Während der größere Teil des 1. Stockwerkes von der Stasi-Abteilung XIV (Haftanstalt, s. Kapitel 16) genutzt wurde, agierten im 2. Stockwerk ausschließlich die Angehörigen der Untersuchungsabteilung IX (s. Kapitel 4). Hier wird deutlich, dass es sich um ein Verhörgefängnis handelte.

Bis 1987 gab es in den beiden Vorderflügel-Etagen folgende Raumnutzung:

1. Stock, Mitteltrakt: (ursprünglich befand sich hier die Gefängnisbücherei, die dann in drei Räume unterteilt wurde) bestehend aus 1. Kontrollraum des Diensthabenden, 2. Aufenthaltsraum des diensthabenden Wachpersonals und 3. dem Sanitätszimmer

1. Stock, Südhälfte: mittels Zwischentür vom Restflur abgetrennt: Arbeitszimmer und Sekretariat des Leiters der Abteilung XIV, Dienstzimmer der Abteilung XIV, Effektenkammer (im südlichen Eckraum, Depot der beschlagnahmten Besitztümer der Gefangenen), außerdem vier Verhörzimmer/Arbeitsräume der Untersuchungsabteilung IX

1. Stock, Nordhälfte: drei Zimmer der Gefängnisverwaltung; am Nordende hinter verschlossener Zwischentür: Zellen des Frauen-Arbeitskommandos mit 5 Betten sowie Mitarbeiter-Teeküche, Wäschekammer, Bügel- und Nähzimmer; ein Verhör/Arbeitszimmer der Untersuchungsabteilung IX

2. Stock, Mitteltrakt: (ursprünglich befand sich hier die Kapelle mit Altar, die auch als Vortragssaal gedient hatte) in zwei Räume bestehend aus 1. Versammlungszimmer, 2. Dienstzimmer

2. Stock, Süd- und Nordhälfte: am Südende Abteilungsleiter der Untersuchungsabteilung und Sekretariat, außerdem 14 Verhör-/Arbeitsräume der Untersuchungsabteilung IX

1987 fanden zahlreiche hausinterne Umzüge statt, die mit dem Bezug des fertiggestellten Neubauflügels zusammenhingen.

Erweiterungsbau 1987

Im April 1984 wurde die „*Erweiterungsmaßnahme UHA MfS, BV Erfurt*“ in Form eines nördlichen Anbauflügels durch den Stasi-Bezirks-Chef Schwarz, den Berliner Stasi-Haft-Chef Rataitzik, den Bezirks-Polizei-Chef Wittig, den Berliner Strafvollzugs-Chef Lustik und zuständigen Bauleitern beschlossen.[340]

Da die Erfurter Staatssicherheit dafür keine Baugelder hatte, wurde mit „*dem Vorsitzenden der Bezirksplankommission Erfurt ... festgelegt, daß zur bilanzseitigen Absicherung der Baumaßnahme Kennziffern aus dem Komplexen Wohnungsbau der BV Erfurt umgesetzt werden.*“[341] Es ging 1985/86 um 1,3 Millionen DDR-Mark. Von vornherein wurde finanziell kalkuliert, dass 30-35 Strafgefangene hier als Bauarbeiter eingesetzt würden – jedoch keine Strafgefangenen der MfS-Haftanstalt, sondern Strafgefangene aus Gräfentonna.

Die weitere Planung und die Realisierung als Stasi-Investvorhaben 7713-09-9800 erfolgte unter Federführung der MfS-Bezirksabteilung Rückwärtige Dienste. Der Zweck war die Einrichtung von 45 Dienst- und Funktionsräumen der Abteilungen IX und XIV, im Erdgeschoß drei Werkstatträume für das MfS-Strafgefangenenarbeitskommando, 1 Wachraum, 4 Besucherzimmer sowie die Errichtung neuer Freihöfe nach Fertigstellung des Baues.[342] Außerdem wurde der südliche Querflügel bis zum 1. Stock so erweitert, dass hier Raum für zwei große Zimmer entstand, in die dann der Medizinische Dienst einzog.

Im April 1987 erfolgte der Einzug. Für den 12. Mai hatte sich der Leiter des Zentralen MfS-Gefängnisses Rataitzik aus Berlin zur Besichtigung des erweiterten Dienstbereiches angesagt.[343]

Im fertigen Neubauflügel bezog die Untersuchungs-Abteilung IX ihre zusätzlichen Arbeits- und Vernehmerzimmer und im oberen Stock. Die Gefängnisabteilung XIV nutzte im Erdgeschoss den neuen Eingangs- und Besuchsbereich und im 1. Stock die Haftanstaltsleitung (115-117), Referatsleiter für materielle Sicherstellung und für operativen Vollzug (107-108), Finanzmitarbeiter (109), verantwortlicher Mitarbeiter für Strafgefangene (104) den Effektenraum, Räume der Posten-Referatsleiter (111-113), Büro des Transport-Referats (105/106), Diensthabendenzimmer (101) und Waffenkammer. Das Erdgeschoss war so gebaut, dass dort Arbeitsplätze für Strafgefangene entstanden, von denen es keinen Zugang in andere Gebäudeteile gab.

Kurz nach Fertigstellung entstanden außerdem mehrere Freigangzellen an der nördlichen Zellenflügelseite und ein „*Zwangsgang zur Gefangenenführung*“ an der südlichen Neubauflügelseite. Die fünf Freizellen maßen etwa 6 x 3 Meter, waren 3 Meter hoch ummauert und wiederum von einem Posten-Beobachtungspunkt

Neubau 1987, Innen- und Außenansichten, Fotos: Herz, 2005, 2006. links unten: BStU Erfurt

einsehbar. Errichtet wurden sie von Soldaten des MfS-Wachregiments, unter denen sich zwei Maurer befanden, und unter Mitarbeit der MfS-Strafgefangenen. Erster Nutzungstag der neuen (beengteren) Freihöfe war am 22. Oktober 1987 und die Verantwortlichen lobten deren angeblich höhere „Qualität".[344]

Nach dem Umzug der Abteilung IX und XIV in den Büroneubau entstand im Büro vom Haftanstaltsleiter Meyer noch ein Plan für Veränderungen im alten Zellenbau.[345] Für die Haftzellen wurden neue Spanplatten-Plaste-Fußböden, neue Glasbacksteine mit verstärkter Luftzufuhr, neue Zellentüren, Stromkabel und Ablageregale in Erwägung gezogen. Meyer sondierte für eine derartige Umbauzeit auch die Möglichkeit einer ausweichenden Gefangenenunterbringung in einem baufälligen, dreistöckigen Sondergebäude der Strafanstalt Ichtershausen, was aber wegen Mindestkosten von 200.000 Mark verworfen wurde. Zu Umbauarbeiten im Zellentrakt kam es bis Ende 1989 nicht.

Die komplexe Sicherheitsanlage der U-Haft

Die technische Ausgestaltung des Gebäudekomplexes der Haftanstalt war auf eine absolute Verhinderung von Flucht und Kontakt zwischen Inhaftierten und Außenstehenden ausgerichtet. Dazu zählten „*folgende Aufgaben ...*

Verhinderung von Fluchten, Entweichungen Inhaftierter aus der UHA;
Verhinderung des gewaltsamen oder unkontrollierten Eindringens ...;
rechtzeitiges Erkennen und wirksame Verhinderung von Aktivitäten ... z.B. das Ablegen oder Anbringen von verdächtigen Gegenständen, das Überwerfen der Umwehrungsmauern mit Gegenständen, das Anbringen von Hetzlosungen, anderer Schmierereien mit demonstrativ provokativen Charakter usw.;
frühzeitiges Erkennen und sofortige wirkungsvolle Verhinderung von Handlungen .. [wie] *Solidaritätsbekundungen für Inhaftierte, Zusammenrottungen vor der UHA sowie dem Bezirksgericht, Angriffe und Provokationen gegen Sicherungs-, Kontroll- und Transportkräfte;*
Verhinderung und Unterbindung von unkontrollierter Informationsübermittlung ...;
Verhinderung bzw. Einschränkung der Versuche zielgerichteter Objektaufklärung und Erkundung...;
Kontrolle des gesamten objektein- und -ausgehenden Personenverkehrs ...;
Verhinderung eines unberechtigten Betretens/ Befahrens oder Verlassens ...;
Verhinderung des Mitführens von Waffen oder anderer gefährlicher Gegenstände und Mittel ...;
Einleitung von Maßnahmen bei anonym oder pseudonym angedrohten Handlungen . ..“[346]

Der „OpD-Raum“ im Mitteltrakt des Vorderflügels galt „*als zentraler Bereich, zur Gewährleistung der Aufgaben des operativen Wach-, Sicherungs-, Kontroll- und Betreuungsdienstes*“ und war mit Codeschloss nur dem „Operativen Diensthabenden“ zugänglich.[347] Das Betreten war regulär nur der Abteilungsleitung, für Absprachen den Referatsleitern, für Waffenempfang und zwecks angeordneter Absprachen den jeweiligen Mitarbeitern und außenstehendem MfS-Personal nur mit Sondergenehmigung gestattet. Mittels Schalterfenster lief die Kommunikation zum Nachbarraum. (s. Kapitel 16)

Das **Sicherheitssystem** der Haftanstalt bestand aus mehreren Komponenten, darunter denen der „*komplexen Sicherungsanlage KSA 75*“:

- Bewaffnung der MfS-Angehörigen

1. Wachpersonal im Eingangs- und im Hauptwachbereich mit Dienstpistole,
2. Bereitschaftsposten und Häftlingstransporte im Haus mit Schlagstock,
3. Mitarbeiter in Büros und im Gefangenentransport mit Dienst- und Maschinenpistolen.

- Bereitschafts- und Alarmsystem für alle im Objekt Beschäftigten, das bei Auslösung jedes Alarms zu sofortiger Reaktion und zu „*geeigneten Gegenmaßnahmen*“ führte. Die Einzelhandlungen wurden durch regelmäßiges „Variantentraining“ eingedrillt. Am Zentraltisch gab es die Alarmformen M (Feuer), N (Tür), O (Schrank), P (Alarm) und Q (Technik).[348]

- „*Fernbeobachtungs-Anlage*“[349],
Dafür waren in der Wachzentrale (=Sitz des Diensthabenden) 6 feste und eine schwenkbare Kamera ständig auf 7 Monitoren sowie beim Eingangsposten auf einem Monitor einsehbar. Es gab vor 1987 folgende feste Kameras: Männer-Zellenflur vorn, Männer-Zellenflur hinten, Frauen-Zellenflur, Vernehmer-Flur 2. Etage, Eingangsbereich, Weg zu Freigangs-Zellen. Die schwenkbare Kamera war im Hofbereich installiert.

- „***Mauerkronensicherung***“
Dabei handelte es sich um Berührungskontakte, die beim Übersteigen der Gefängnismauer Alarm auslösten – sowohl beim MdI-Eingangsposten wie sofort auch über Direktleitung beim MfS-Eingangsposten.

- „komplexe Sicherungs- u. Alarmanlage“
Diese „KSA“ bestand 1. aus der zentralen Kontroll-, Alarm- und Schalttafel im Diensthabenden-Zimmer, 2. aus Kontaktsignalen

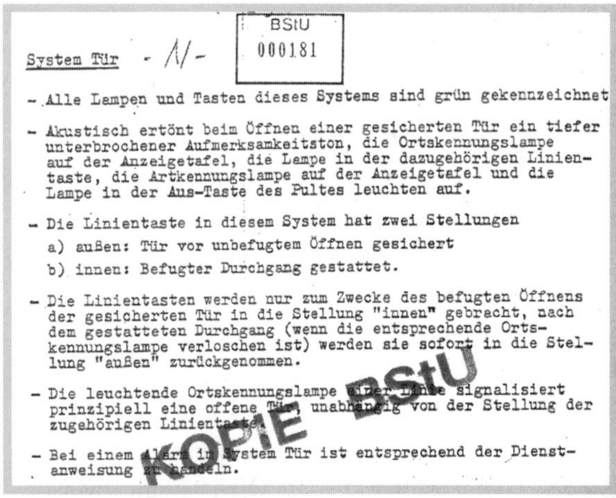

BStU
000181

System Tür - 1 -

- Alle Lampen und Tasten dieses Systems sind grün gekennzeichnet
- Akustisch ertönt beim Öffnen einer gesicherten Tür ein tiefer unterbrochener Aufmerksamkeitston, die Ortskennungslampe auf der Anzeigetafel, die Lampe in der dazugehörigen Linientaste, die Artkennungslampe auf der Anzeigetafel und die Lampe in der Aus-Taste des Pultes leuchten auf.
- Die Linientaste in diesem System hat zwei Stellungen
  a) außen: Tür vor unbefugtem Öffnen gesichert
  b) innen: Befugter Durchgang gestattet.
- Die Linientasten werden nur zum Zwecke des befugten Öffnens der gesicherten Tür in die Stellung "innen" gebracht, nach dem gestatteten Durchgang (wenn die entsprechende Ortskennungslampe verloschen ist) werden sie sofort in die Stellung "außen" zurückgenommen.
- Die leuchtende Ortskennungslampe einer Linie signalisiert prinzipiell eine offene Tür, unabhängig von der Stellung der zugehörigen Linientaste.
- Bei einem Alarm im System Tür ist entsprechend der Dienstanweisung zu handeln.

KOPIE BStU

Dienstunterlagen und KSA-Beschreibung der Haftabteilung XIV, BStU Erfurt

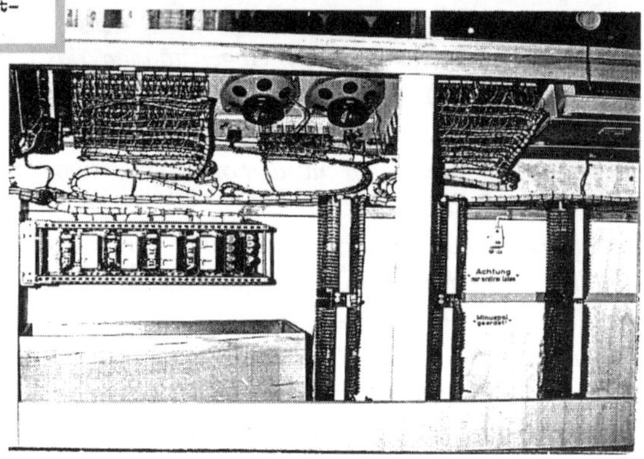

(Auf-Zu) und Sperrschaltungen an sämtlichen Türen, 3. aus Reißleinen in allen Fluren (s.u.) sowie 4. aus Alarmpunkten an allen Vernehmerschreibtischen, Postenstandpunkten und vor allen Zellentüren. Mittels zentraler Kontrolltafel konnte der Diensthabende manche Dinge manuell regeln.

- automatische Zentral-Verriegelung Türen

Alle Türen, Zwischengitter und die Eingangsschleusen waren durch einen elektromagnetischen Mechanismus blockiert. Der Diensthabende konnte sie am Schaltpult per Elektrosignal ent- und verriegeln. Ein direktes Aufschließen der Türen war nur möglich, wenn sie zentral zuvor entriegelt waren. 1989 sollte diese Zentralverriegelung auch an den neuen Freihof-Türen installiert werden.

Die Gangposten und Vorführoffiziere mit direktem Gefangenenkontakt hatten keine Schlüssel bei sich, konnten die Zwischentüren aber mittels Summer und durch Zahlencode-Eingaben öffnen.

Bis zur Fertigstellung des Anbaus 1987 gab es folgende „Postenbereiche" (s. Kapitel 16):

Wachzentrale mit Schaltpult komplexer Sicherungsanlage

tagsüber: MfS-Hof-Bereich und Außenfeld

vormittags: Freihofturm

vormittags: Beaufsichtigung des Strafgefangenen-Arbeitskommandos (je nach Arbeitsort auch im Hof oder Vernehmertrakt)

Zellen-Flur 1. Etage

Zellen-Flur 2. Etage.

Zu den Grundelementen der Sicherheitsanlage gehörten seit Mitte Februar 1976 die erwähnte „komplexe Sicherungs-Anlage KSA 75".[350] Diese war in Form einer „*Neuerervorschlags* [351] durch den Wachleiter Hettenhausen, den Technikoffizier Lange, Mitarbeiter der Nachrichtenabteilung und weitere Gefängnismitarbeiter zusammengestellt worden und beinhaltete: Reißleinen im gesamten Objekt, Alarmtaster in allen Büros, optisch-akustische Gitterüberwachung, akustische Stationsüberwachung, Brandmelder. Der Gefängnisleiter des MfS-Zentralgefängnisses Berlin-Hohenschönhausen, Rataitzik, bezeichnete sie als *„in ihrer Art einmalig in der Linie XIV“* und empfahl sie auch für die MfS-Gefängnisse der anderen Bezirksstädte.[352]

Das Prüfen von Fehlschaltungen und Reparaturen der Sicherheitsanlage erfolgte ausschließlich durch die Abteilung N (Nachrichten), die auch kurzfristig ihre „Entstörer“ schickte. Bei Alarm unbekannter Herkunft mussten diese „Entstörer“ analysieren, ob die Ursache entweder ein Defekt oder aber unbefugte Handhabung war.[353] Eigenreparaturen, manuelles Aufschließen gesicherter Türen, Entsichern der Systeme „Feuer“ und Technik“, Öffnen des Verteilers oder Batterieschranks und dgl. waren den Haftmitarbeitern strikt verboten. Die Diensthabenden mussten mitunter aber selbst die Betriebsbereitschaft aller Türen, Reißleinen u.ä. kontrollieren, indem sie gezielt Alarm auslösten (regulär einmal wöchentlich am Samstagmittag).

Die Gangposten oder der Vorführ-Offizier konnten in den Zellenfluren jederzeit die ***Reißleinen*** betätigen, um sofortige Verstärkung zu rufen. Das waren Elektrokabel (in Griffhöhe bzw. um die Türrahmen) mit lockeren Kabelsteckern, bei deren Auseinanderreißen Alarmlämpchen im Kontrollraum aufleuchteten.

Die ***„optische Führungsanlage“***[354] sollte verhindern, dass Gefangene verschiedener Zellen untereinander oder MfS-Mitarbeitern unbeabsichtigt begegneten. Auch Häftlinge und Strafgefangene sollten nicht aufeinander treffen. MfS-Verantwortliche erfanden eine ampelartige Warnanlage, die mit Bedienpult im Diensthabenden-Kontrollraum verbunden war. Daneben gab es mit Schlüsseln zu betätigende Lichtschalter (aufwärts, abwärts) und die Freihof-Führungsposten hatten einen Lichtschlüssel. Bei Gefangenenführung wurde Blinken ausgelöst, bei arbeitenden Strafgefangenen Dauerlicht.

Zum technischen System gehörte außerdem eine ***„Sicherheitsschleuse“***[355] am Treppenhauseingang (vor 1987), bestehend aus zwei Türen mit Zwischenraum. Die Türen hatten zwar Notfallschlösser, waren aber sonst nur bei entsprechender Schaltung eines Klotzmagneten bewegbar. Die Türen ließen sich nur direkt öffnen, nachdem der MfS-Mitarbeiter geklingelt hatte und der Schalter im Diensthabenden-Kontrollraum auf Öffnen gestellt war. Dann konnten MfS-Mitarbeiter per Tastenkombination am Codeschloss die Tür öffnen. Die jeweils zweite Tür ließ sich nur öffnen, wenn die erste bereits wieder einige Sekunden geschlossen war. Die Hauptpult-Sperre verhinderte, dass Dritte die Türen öffnen konnten. Gefangene mussten sich so hinstellen, dass sie das Codeschloss nicht sahen. Falsche Tasteneingaben führten zum sofortigen Alarm und jeder Alarm wiederum zur Tür-Blockierung. Zwei Haftanstaltsmitarbeiter waren für die monatliche Neucodierung und Kontrolle zuständig, Reparaturen oblagen auch hier der Bezirksabteilung Nachrichten.

Ähnliche Codeschlösser waren auch an den Eingangstüren zu den „Vernehmergängen“ installiert. Die Zahlen änderten sich monatlich und lauteten z.B. im Mai 1987 5517, im Juni 1228 oder im Juli 3265.[356]

1987 wurde die Sicherungsanlage beim Bezug des Neubaus an die räumliche Situation angepasst. Es gab mehrere Sicherungs- und Brandtüren auf den Fluren zwischen Alt- und Neubau, neue Reißleinensysteme, eine optische Führungsanlage etc. Im 1. Neubau-Geschoss wurde die Waffenkammer der Abteilung XIV eingerichtet. Die Eingangswache saß im Erdgeschoss des Neubaus und hatte Anzeigetafel und Kontrolltechnik für die Eingangstüren.

1987 ist in Dienstunterlagen eine ***„akustische Kontrolleinrichtung“*** (also Abhörwanzen) erwähnt.[357] Indirekte Hinweise darauf gibt es bereits eher, z.B. in einem Vorkommnis-Bericht von 1981.[358] 1987 heißt es dann:

> *„Dabei können 4 Schwerpunkte gleichzeitig akustisch abgehört werden, wobei zur Grund-*

Durchgeführte Arbeiten ohne Projekt zur Umsetzung der vorhandenen Komplexen Sicherungsanlage und Fernbeobachteranlage sowie der Erweiterung durch den Neubau der Abt. XIV

Februar 1987

- 20 Meldungsgeber Leiterplatten Foromechanisch hergestellt (zur Erweiterung der vorhandenen Si-Anlage)

März 1987

- 200 Leuchtdrucktasten ausgewechselt, dazu wurden 2 Leiterplatten mit je 1400 Bohrungen angefertigt
- Kabelerweiterung des vorhandenen Hauptverteilers der Sicherungsanlage (7 Fernmeldekabel mit 220 Doppeladern aufgelegt)
- 3 Thyristorleistungsschalter gebaut (zur Steuerung von Kraftmagneten mit 220V für Gittertüren)
- Eine Türöffnungsanlage PC 2 mit Kraftmagnet installiert
- Batterieversorgung der vorhandenen Türöffnungsanlagen PC 2 angeschlossen
- Fernsehkamera im Neubau 2. OG (Vernehmergang) installiert und in Betrieb genommen
- Objektschaubild für 180 Sicherungs- und Alarmlinien angefertigt.

April 1987

- Vorbereitung zur Umsetzung der Sicherungs und Fernsehanlage (600 m HF-Kabel neu verlegt) (2000m Fernmeldekabel neu verlegt) (Batteriekabel neu verlegt)
- Komplexe Sicherungsanlage und Fernsehanlage in Nachbarraum umgesetzt
- Kabel 200 Doppeladern für neues Objektschaubild verlegt
- KSA - technische Änderung vorgenommen
  . Anzahl der Türlinien von 30 auf 60 erhöht
  . Gegenseitige Türverriegelung 1. OG Altbau erneuert
  . Optische Führungsanlage im Bedientisch erneuert
  . Zentrale Weckeinrichtung im Bedientisch erbeuert
  . Fernbedienzusatz für Fernsehanlage in Bedientisch eingebaut
  . Neues Objektschaubild angeschlossen
- Hauptverteiler der Si.-Anlage neu rangiert
- Inbetriebnahme der Komplexen Sicherungsanlage
- Videoverteilung umgesetzt und neu verkabelt
- 50 Alarmlinien in Betrieb genommen (20 Neuinstallationen, Reißleinen, Alarmtaster)
- 21 Türkontakte in Betrieb genommen
- Fernsehanschluß für 7 Monitore neu verlegt und in Betrieb gen.
- " " Leiter Abt.XIV installiert " "
- Umsetzung der Fernsehkamera (Waschplatz) auf das Dach des med. Dienstes der BV einschließlich Kabelinstallation und Inbetriebnahme, Monitoranschluß im Eingangsposten Neubau-OPD Abt. XIV und Leiter Abt. XIV
- Anfertigung eines Steuerteils mit Objektschaubild für den Eingangsposten der Abt. XIV Neubau zur:
  . Steuerung der Besucherzimmertüren, Eingangstüren mit gegenseitiger Verriegelung
  . optische und akustische Rufanlage (Eingang, Besucherzimmer)
  . Steuerung der optischen Führungsanlage
  . Signalisierung von Türbewegungen im Eingangsbereich
  . Rückmeldung der KSA bei Auslösung von Alarm in den Besucherzi
- Einbau Türöffnungsanlage Abt. IX Auswertung

links: aus Dienstunterlagen der Haftabteilung, oben: Zellengang, Polizei-Haftanstalt rechts: Notstromanlage beider Haftanstalten Fotos: Herz, 2006

ausrüstung des Bedienpultes ein Tonbandgerät gehört, mit dem wahlweise eine Schwerpunktstelle auf Band aufgezeichnet werden kann. Sollen die übrigen drei Linien parallel dazu aufgezeichnet werden, muss dies über zusätzlich aufgestellte Bandmaschinen geschehen. Eine weitere Möglichkeit der Bandaufzeichnung besteht, wenn Gespräche, die über den Fernsprechapparat des Bedienpultes geführt werden, zur Dokumentation gespeichert werden sollen. ... Mit der Einstellung des Drehschalters wird es dem OvD ermöglicht, eine der 4 Linien über den im Bedienpult eingebauten NF-[=Niederfrequenz-]*-Verstärker abzuhören. ... Die Überwachung der festgelegten Schwerpunktstellen wird durch verdeckt eingesetzte Ortsverstärker gewährleistet. ... geheimzuhalten und gegenüber niemanden zu dekonspirieren. Das ist auch umgangssprachlich bei der Bedienung der Anlage zu beachten."*

Von einem *„vorhandenen Tonband beim Schichtleiter"*, das für die Informationsarbeit zu nutzen ist, ist schon 1975 in einem Besprechungsprotokoll die Rede.[359]

Diese Wanzenanlage ergänzte die seit langem praktizierten „Horchkontrollen" der Posten an den Zellentüren (s. Kapitel 10)

Zum Sicherungskonzept gehörten ***Sofortmaßnahmen-Programme*** für unvorhergesehene Vorkommnisse mit sich ergänzenden Einzelaktionen und regelmäßigem Mitarbeiter-Training. „Vorkommnisse" waren z.B. *„Aufsässigkeit"* und Meuterei, Brand, Flucht(-versuch), äußeres Eindringen, Waffenverlust, Geiselnahme, anonymer Anruf, Erkrankungen, Infekt, Selbstmord (-versuch), Hungerstreik.[360] (s. Kapitel 16)

Nebeneinander von MfS-U-Haftanstalt und Polizei-U-Haftanstalt

Das enge Nebeneinander zweier Haftanstalten in Erfurt war untypisch und bedingt durch Größe, Lage und Geschichte des Gefängnisgebäudes Andreasstraße.

Das Verhältnis beider Haftbetreiber war über den Gesamtzeitraum hinweg recht distanziert, gelegentlich unwillig oder sogar feindlich.

Das Personal beider Haftanstalten identifizierte sich in der Regel mit der Eigeninstitution Staatssicherheit oder Polizei, welche wiederum in einer gewissen Hierarchie und Konkurrenz zueinander standen (s. Kapitel 3). Bereits mit Einzug und ersten Baureparaturen schuf das raumfordernde Verhalten der Staatssicherheit erste Ärgernisse (s. Kapitel 1). Unterschiede im Verständnis des Haftregimes – völlige Isolation der MfS-Gefangenen, Unerkannt-Bleiben-Wollen der MfS-Mitarbeiter, schlampig-unsaubere Polizei-Haftzustände, Ablehnung der Stasi-Verhörer durch Polizisten etc. – beförderten das Fremdbleiben unter dem Personal. Das erstreckte sich durchaus auch auf ein distanziertes Miteinander beider Anstaltsleitungen.

Trotz kompletter Trennung gab es im Haftalltag der Anstalten Berührungspunkte, z.B. bei der Hofnutzung, bei Essensversorgung, Heizung, Außensicherung oder Geräuschen – das alles waren immer auch Ansatzpunkte für kleinere Reibereien.

Wie distanziert das Verhältnis der Betreiber beider Haftanstalten schon in frühen Jahren war, zeigt eine innerdienstliche Beschwerde von Untersuchungs-Chef Rosulek vom Sommer 1958:

> *„Wie bekannt, befinden sich unter dem Wachpersonal der UHA der VP Personen, die uns als M.f.S. nicht gerade sonderlich freundlich gesinnt sind. ... In der Zwischenzeit machen sich wiederum einige Dinge bemerkbar, die sich ungünstig auf unsere Tätigkeit auswirkten. Man kann im Augenblick noch nicht einschätzen, ob es sich um Dummheit, Oberflächlichkeit oder sturen Bürokratismus in der Arbeit oder um bewusstes Gegenunsarbeiten handelt.*
>
> [1. Fall] ... *wurde der Strafvollzugshäftling ... in die U.-Haftanstalt der VP überführt* ... [und] *vereinbart, dass ... nach Möglichkeit getrennt gehalten werden soll* ... [jetzt] *stellte sich bei den Vernehmungen heraus, dass ... von der Leitung der Haftanstalt der VO als Kalfaktor eingesetzt wurde.*
>
> [2. Fall] ... *baten wir darum, zum Zwecke einer gründlichen und sicheren Vernehmung uns die beiden Strafgefangenen für 1-2 Stunden zur Vernehmung in unseren Vernehmungszimmern zu übergeben. Genosse ... und auch ein Genosse der Leitung des Bezirksstrafvollzuges lehnten das ab und behaupteten, nur mit Genehmigung von Berlin und gegen Auslieferungspapiere könnten sie uns künftig Häftlinge, auch wenn es nur für kurze Vernehmungen wären, an uns übergeben. Auf Grund dessen waren wir gezwungen, die Vernehmung der beiden Personen in der VP-Haftanstalt unter ungünstigen Verhältnissen durchzuführen.* ...
>
> *Als unsere Mitarbeiter heute Morgen gegen 7.15 bis 7.30 Uhr zum Dienst kamen, ließ die VP knapp hinter dem Eingangstor den Freihof von Häftlingen durchführen* ... [so] *konnte der VP-Häftling sämtliche Mitarbeiter unserer Abteilung, die die Anstalt betreten, kennenlernen."*[361]

Objektsicherheit und Gefangenenisolation waren Kernthemen für das Nebeneinander beider Gefängnisse.

Die Fragen, die regelmäßig zwischen den Leitungen beiden Haftanstalten abgesprochen und koordiniert wurden, waren vor allem:

> *„die gemeinsame Außensicherung des Objektes der UHA, die Ver- und Entsorgung der UHA, die Bereitstellung des Essens für unsere Inhaftierten durch die UHA des MdI, Regimeverhältnisse am Einlaßtor zur BV, die augenblickliche und unverzügliche Zufahrt von Einsatzfahrzeugen der DMH, der Feuerwehr u.a.. die Realisierung spezifischer Maßnahmen des Programms der Sofortmaßnahmen."*[362]

Bei Meinungsverschiedenheiten konnten Haftmitarbeiter oder Vernehmer auch die MfS-Bezirksabteilung VII, die für die „Kontrolle der VP" zuständig war, einschalten oder auch über die Bezirkspolizei hierarchischen Druck auf die Polizei-Haftanstalt veranlassen.

Im Sommer 1983 werteten auch die MfS-Haftleitung die Umstände eines Selbstmordes, der in der Polizei-Haft geschehen war, ausführlich aus.[363] Ein Polizeigefangener hatte sich mit einem zur Schlinge gedrehten Matratzenschoner aufgehängt. MfS-Haftleiter Meyer stellte fest, der Grund einer misslungenen Verhinderung war, dass der Posten die Mitgefangenen bei Entdeckung des Vorfalls nicht sofort zum Festhalten des Betroffenen aufgefordert hatte und nutzte

Abteilung XIV — Erfurt, den 7.2.1977

Aufnahmekapazität der UHA Erfurt

Oberer Gang

	normale Belegung	erhöhte Belegung
VR 25	6	10 10
26	4	4 (6)
27	6	10 10
28	4	4 (6)
29	4	4 (6)
30	4	44 (6)
31	4	4 (6)
32	4	4 (6)
33	[illegible]	4 (6)
34	[illegible]	4 (6)
35	4	4 (6)
36	4	4 (6)
37	Beruhigungs-VR	
38	6	10 (12)
39	4	10 10
40	6	10 (12)
	68	90

KOPIE BStU

Unterer Gang

	normale Belegung	erhöhte Belegung
Sonder-VR 4	2	4 4
Aufnahme-Schreib-VR 5	–	4 4
Arrest-VR 6	–	2 (4)
7	4	4 (5)
8	4	4 5
9	4	4 5
10	4	4 5
11	4	4 5
	90	120 151

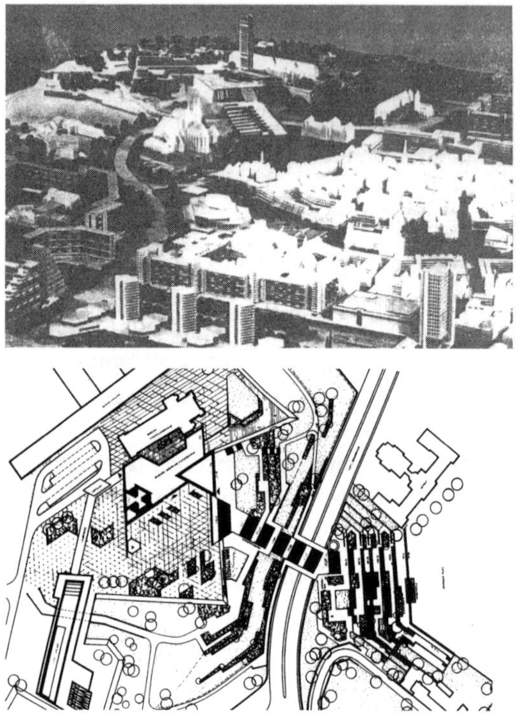

Umgestaltung Petersberg mit Straße auf dem Haftgelände, Stadtarchiv Erfurt.
links: Dienstunterlage der Haftabteilung XIV.

die Auswertung, um auch sein Wachpersonal zu akribischer Dienstausführung anzuhalten.

Zwangsläufig intensiver wurde die Nachbarschaft Mitte der 80er Jahre während der Umbauarbeiten, als das MfS auf Treppenhaus, Freihof und Besuchereingang der Polizei angewiesen war. Dafür wurde ein Teil des großen Polizeifreihofes in kontakt- und sichtgetrennte Freihofzellen umgebaut. Das „Zusammenwirken" in dieser Zeit wurde von den MfS-Mitarbeitern als generell positiv eingeschätzt. Kritisiert wurde aber eine zu oberflächliche Besucherkontrolle durch die Polizisten. Ein Polizei-Obermeister erschwere ständig das Verlassen und Betreten des Objektes, ein anderer hingegen unterstütze die MfS-Belange „vorbehaltlos" und solle dafür eine Prämie erhalten.

Chef Meyer wies seine Mitarbeiter in der gleichen Arbeitsbesprechung an: *„Keine Überheblichkeit unsererseits dulden, VP als Partner behandeln."*[364]

Als im Frühjahr 1987 der Neubau weitgehend fertig war, wollte die MfS-U-Haft ihre neuen Freihofzellen an der Nordseite des Zellenflügels einrichten – also direkt vor den Fenstern der Polizei-Keller-Haftzellen. Zwei Polizisten haben sich dagegen *„in heftiger Form"* gegenüber dem MfS-Haftmitarbeiter Hettenhausen geäußert.[365] Die Kritikpunkte waren, dass die MfS-Freizellen das Licht rauben und es an den Fenstern Kontakte zwischen MfS- und Polizeigefangenen geben könne. Von Interesse für die Staatssicherheit war lediglich der zweite Einwand, *„was jedoch kein Ausschließungsgrund ist die Freihöfe im vorgesehenen Bereich zu errichten. Das muß man den Genossen* [der Polizei] *begreiflich machen."*

Planspiel für Abriss und Neubau des Erfurter Gefängnisbaues

Ende der 60er Jahre gab es Pläne für einen kompletten Abriss des Gefängnisses. Hintergrund waren politische Wünsche von SED-Oberen zur großmonumental-sozialistischen Umgestaltung von Petersberg und Domplatz. Auf dem Haftgelände sollte eine Straßenanlage entstehen.[366] OB Scheinpflug forderte den Abriss der U-Haft Andreasstraße.

Erfurt wurde andererseits aber gleichzeitig als *„Kriminalitätsschwerpunkt* ... (für) ... *gesellschaftsgefährliche Delikte*" mit perspektivisch 300.000 Einwohnern und sechs Gerichten klassifiziert. Der Direktor des Bezirksgerichts befürwortete einen dann fälligen Erfurter Gefängnis-Neubau damit, dass eine Verlagerung aller Untersuchungs-Haft nach Weimar oder Gotha für Erfurter Juristen, einschließlich der Rechtsanwälte, untragbar sei.[367]

Die Chefs der Erfurter Bezirkspolizei und der Bezirksstaatssicherheit Wittig und Weikert erstellten einen gemeinsamen Vorschlag:[368]

> *„Aus operativen Gründen wird in Übereinstimmung mit der Bezirksverwaltung MfS als neuer Standort das Gelände ostwärts des Ringelberges vorgeschlagen.*
> *... zum unbedingten Erfordernis ..., die für diesen Bereich zuständigen Untersuchungskräfte am Sitz der Haftanstalt zu konzentrieren.*
> *Als Ersatz für die jetzige UHA werden 36 700 cbm u.R. für Verwaltung und Unterbringung der Häftlinge, 3000 cbm u.R. für Garagen, 1200 cbm u.R. für Hauswerkstätten, 13500 qm Hoffläche, 8200 lfd m Einfriedungsmauer ... benötigt.*
> *Die Gesamtkosten für den Ersatzbau belaufen sich nach überschlägiger Ermittlung auf 12,0 Mio. – davon Bauanteil 11,2 Mio (Mark).*
> *Sollte der Abriß der jetzigen UHA für das Jahr 1975 bestehen bleiben, ist es erforderlich 1970 mit der planmäßigen Ausarbeitung der Dokumentation für die Vorbereitung und Durchführung der Maßnahme zu beginnen."*

Die Pläne enthielten eine erheblich höhere Zahl MfS-Haftzellen: 30 Einzelzellen, 30 Doppelzellen, 20 Gemeinschaftszellen. Außerdem 15 Arbeitsräume der Abteilung XIV, 60 Vernehmerzimmer, 3 Freihöfe mit 882 m², 10 Garagen und Tischlerei. Eine Küche und Gemeinschaftsanlage waren für beide U-Haften geplant.[369]

Die Pläne blieben Pläne. Bemerkenswert aber ist, dass die Staatssicherheit im Grunde mit einem Anstieg politischer Gegner, Andersdenkender, Fluchtwilliger etc. gerechnet hatte.

Auswärtige Unterbringung von Gefangenen der Erfurter Staatssicherheit

Politische Gefangene bzw. von der Staatssicherheit Inhaftierte waren keineswegs nur in der MfS-Haftanstalt Erfurt untergebracht. Berichte und Hinweise gibt es auch für die zeitweilige Unterbringung in den Polizei-Untersuchungshaftanstalten Erfurt, Weimar und Gotha.

Im Oktober 1980 waren zur gleichen Zeit immerhin *„14 Inhaftierte der Abteilung XIV der BV Erfurt*" in der polizeilichen Untersuchungshaft in Gotha eingesperrt.[370] Seitens der Bezirkspolizei kam es in Form von Sicherheitsargumenten zum unterschwelligen Protest dagegen, doch auch für die 80er Jahre schickte der Stasi-Haftleiter weitere Gefangene nach Gotha – höchstwahrscheinlich ausgewählt nach den Kriterien: keine laufenden Untersuchungsverhöre, Verhinderung bestimmter Gefangenenkontakte, Getrennt-Unterbringung Jugendlicher von Erwachsenen.

Im März 1988 wurden zwei MfS-Gefangene aus Weimar zurück auf Zelle 39 gebracht. Die beiden Frauen unterhielten sich – vom Gangposten belauscht – über die dreckigen Zustände in Weimar und darüber, wie sie zur Zelle 27, wo sie vor ihrem Weimar-Aufenthalt untergebracht waren, Kontakt aufnehmen könnten.[371]

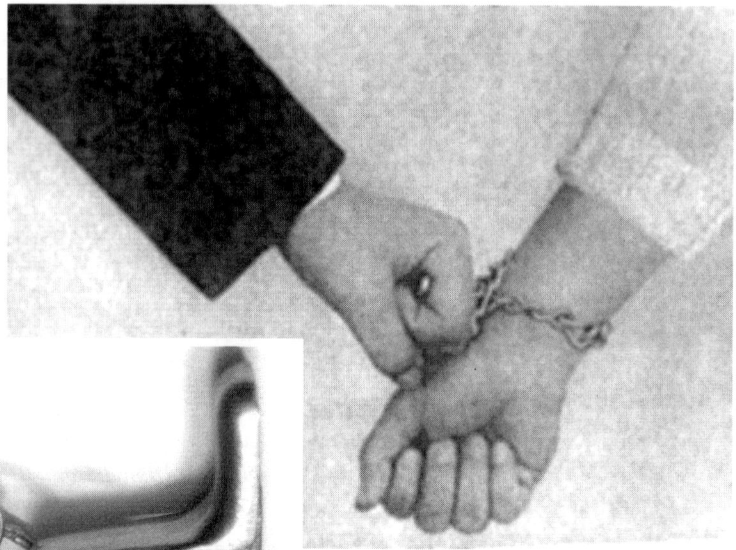

Führungskette für Gefangenenführung, Fotos: Polizei-Schulungsheft, Herz 2003

8. Haftregime, Hausordnung und Tagesplan

„In der Vollzugsarbeit ist es notwendig, dass wir den VH keine Ansatzpunkte geben für ihre Menschenrechtsdemagogie, denn es ist mit einer verstärkten Feindtätigkeit zu rechnen. Auftretende Verstöße gegen die Hausordnung durch VH können auch im Auftrag des Gegners sein.“[372]

Diese Botschaft brachte Haftanstaltsleiter Denninger im August 1979 seinen Mitarbeitern von einer zentralen Dienstkonferenz aus Berlin mit.

Eine elementare Handlungsmaxime des Haftregimes könnte man wohl die Kurzformel „Keine Anarchie, aber Feindumgang“ bringen. War man mit psychischen Gewaltformen nicht zimperlich, so war doch der Tod eines Gefangenen in ihrem Hause durchaus unerwünscht.

Als Teil der Staatssicherheit verfuhren die Posten und Schließer in der Andreasstraße nach den zentralen Verordnungen ihres Ministers Mielke. Das schließt keineswegs aus, dass es verschiedene Übertretungen und Gewaltsituationen gab, an die sich einzelne Häftlinge auch noch sehr genau erinnern. Da das MfS im Blickfeld des Westens stand, waren die MfS-Oberen an einem festumrissenen, unpersönlichen Haftregime interessiert und nicht an Selbstjustiz und Anarchie seitens ihrer Mitarbeiterschaft.

Regelung des Haftregimes der MfS-U-Haft

1955 wurde das U-Haft-Regime der Staatssicherheit mittels Dienstanweisung 2708 von Mielke geregelt.[373] Wie bereits 1952 in den Regelungen für staatsanwaltliche Aufsicht benannt (s. Kapitel 2), wurde darin nochmals unmissverständlich auf ein eingeschränktes Kontrollrecht von außen her verwiesen – bezüglich der Staatsanwaltschaft und ausdrücklich auch der Volkspolizei.

Geregelt wurde die Führung der Häftlinge mit den Führungs-Posten im Rücken und mit Handfesseln. Rechte, wie Besuche und Post, wurden nicht ausdrücklich gewährt. Dafür war umso ausführlicher von Strafmaßnahmen bei unangepasstem Verhalten der Gefangenen die Rede. Diese reichten vom Entzug der Bettdecke und der Mittagsmahlzeit bis hin zur Überführung in eine Arrestzelle, karger Wasser-Brot-Ernährung und Fesselung an Händen und Füßen.

Mit dem fortschreitenden Ausbauprozess des mfs-internen Kompetenzgefüges blieben zwar weiterhin alle Truppenteile (außer rückwärtige Dienste) in der *„strafrechtlichen Vorfeldarbeit"* tätig, doch in Erscheinung traten nur Vernehmer der Untersuchungsabteilung (IX), Festnahmekommando (von Abteilung VIII), die U-Haft-Posten (XIV). Gegenüber den Gerichten und Staatsanwaltschaften traten lediglich der Leiter der Bezirksverwaltung und der für den jeweiligen Häftling „zuständige" Vernehmer auf.

1968: Die 1968er Staats- und Justizreform (s. Kapitel 2) mit neuem StGB und neuer StPO führte auch zu einer neuen Generalregelung des Haftregimes – zur ersten gemeinsamen Untersuchungshaft-Verordnung von Generalstaatsanwalt, Innen- und Stasi-Minister. In dieser Verordnung wurde dann Freihof, Einkauf etc. allgemein bestimmt.

1975 wurden nochmals wichtige Punkte dieser U-Haft-Verordnung festgehalten, auf die der Erfurter Haftleiter Denninger in einer Dienstbesprechung besonders hinwies[374]:

- Gefangene dürfen Haarschnitt bestimmen
- Recht auf eigne Bekleidung, Nutzung von „Anstaltskleidung mit „schriftlicher Bestätigung" des Gefangenen; *Ausnahme*: Anweisung bei „Sicherheitsgründen"
- Liegeerlaubnis nur nach Arzt-Anordnung
- Bücherausleihe nach „Häftlingskategorie"
- maximal der letzte Brief darf in Zelle bleiben
- gesonderte Speisen nur nach Arzt-Anordnung
- innerhalb 10-14 Tage soll der Vernehmer über die „Vergünstigungen" entscheiden (das bedeutet: Einkauf, Brief, Besuch, Leseerlaubnis)
- *„Schreiberlaubnis für IH ist eine Kann-Bestimmung"*, maximal eine A4-Seite dreimal monatlich; Vernehmer bestimmt Zeitpunkt
- Pakete grundsätzlich verboten
- *„Die IH, die nach StPO und StGB verlangen, ist nur der bestimmte Teil zugänglich zu machen, der im Rahmen seiner Straftat liegt. Darüber ist ein Aktenvermerk anzufertigen."*
- Besuch durch maximal zwei Personen.

1980 entstand eine weitere gemeinsame Untersuchungs-Haft-Vollzugs-Ordnung von Generalstaatsanwalt, Innen- und Stasi-Minister.[375]

Für den Erfurter MfS-Haftleiter Denninger war in dieser UHVO vor allem folgendes neu:

Unterscheidung von Einzelunterbringung und Einzelhaft-Strafe, Nachweispflicht aller Anerkennungen und Disziplinarmaßnahmen, genaue Benennung der Disziplinarmaßnahmen, monatlich vier Briefe und kleine Geschenke bei monatlichen Besuchen, Briefpost über den Vernehmer und den Staatsanwalt, Lesen und Schreiben nicht mehr als Vergünstigung geltend, keine Einkaufsbegrenzung mehr[376]

Festgelegt war u.a.:

- Der U-Haft-Leiter ist weisungsberechtigt – auch mittels vorläufiger Anordnungen.
- Festlegungen der Staatsanwälte müssen umgesetzt werden.
- Verhaftete können bei schriftlicher Anfrage jedem Untersuchungsorgan übergeben werden (d.h. MfS kann auch Polizei-Inhaftierte in eignen Räumen befragen)

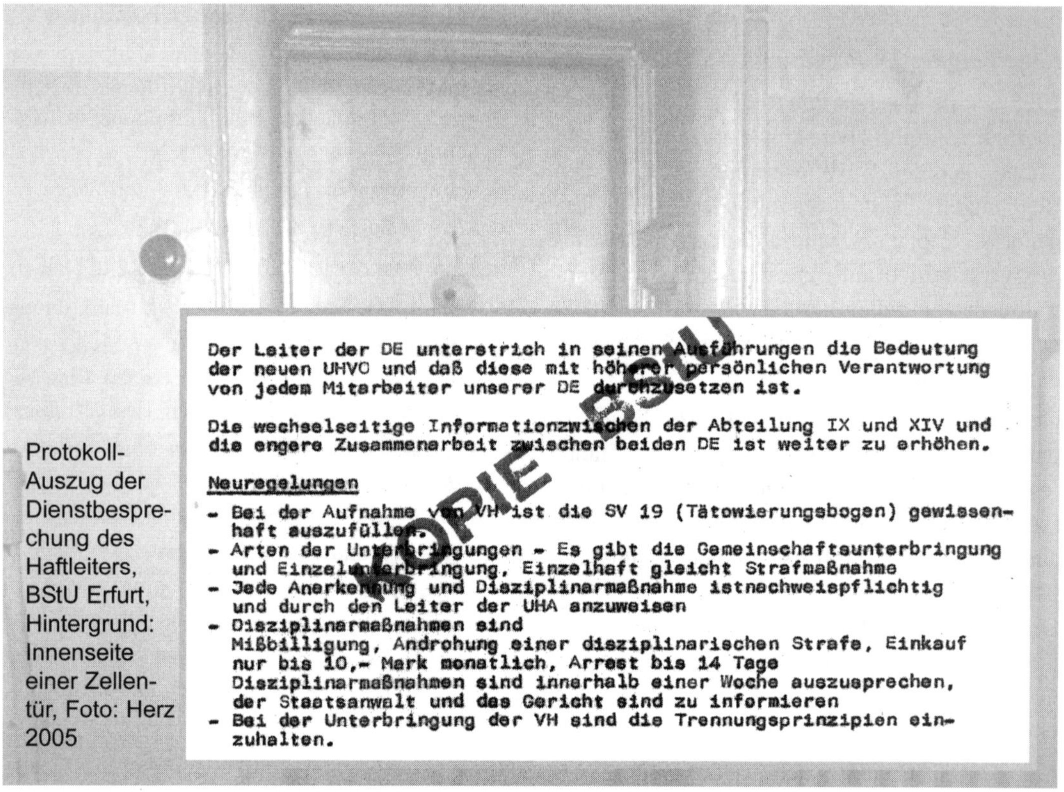

Der Leiter der DE unterstrich in seinen Ausführungen die Bedeutung der neuen UHVO und daß diese mit höherer persönlichen Verantwortung von jedem Mitarbeiter unserer DE durchzusetzen ist.

Die wechselseitige Informationzwischen der Abteilung IX und XIV und die engere Zusammenarbeit zwischen beiden DE ist weiter zu erhöhen.

Neuregelungen

- Bei der Aufnahme von VH ist die SV 19 (Tätowierungsbogen) gewissenhaft auszufüllen.
- Arten der Unterbringungen - Es gibt die Gemeinschaftsunterbringung und Einzelunterbringung, Einzelhaft gleicht Strafmaßnahme
- Jede Anerkennung und Disziplinarmaßnahme istnachweispflichtig und durch den Leiter der UHA anzuweisen
- Disziplinarmaßnahmen sind Mißbilligung, Androhung einer disziplinarischen Strafe, Einkauf nur bis 10,- Mark monatlich, Arrest bis 14 Tage Disziplinarmaßnahmen sind innerhalb einer Woche auszusprechen, der Staatsanwalt und das Gericht sind zu informieren
- Bei der Unterbringung der VH sind die Trennungsprinzipien einzuhalten.

Protokoll-Auszug der Dienstbesprechung des Haftleiters, BStU Erfurt, Hintergrund: Innenseite einer Zellentür, Foto: Herz 2005

- Aufnahme, Körperdurchsuchung, „Verwahrung" von Sachen, medizinische (auch gynäkologische) Aufnahmeuntersuchung.
- Haftunterbringung nach Vorgaben von Staatsanwalt oder Gericht, ansonsten (!) durch Haftleiter in Abstimmung mit Untersuchungsführer.
- Einzelhaft ist aus Sicherheitsgründen immer möglich. *„Die Einzelunterbringung kann so erfolgen, dass der Verhaftete ... auch außerhalb des Verwahrraums ständig von anderen Verhafteten getrennt wird."*
- *„Die Verhafteten sind ... ständig zu kontrollieren, zu beaufsichtigen bzw. zu bewachen und im jeweils notwendigen Umfang zu durchsuchen."*
- Es besteht ein generelles Verteidigungs- und Beschwerderecht
- *„Disziplinarmaßnahmen"* im Falle der Beschädigung von Inventar oder Zelle gestattet.
- Der Staatsanwalt kann Bedingungen (d.h. Einschränkungen) für Kontakte mit Rechtsanwälten festlegen.
- Brief- und Besuchsverkehr darf der Staatsanwalt einschränken, die direkte Besuchsüberwachung obliegt dem Haftleiter.
- *„In den Verwahrräumen etc. sind jedem Verhafteten eine Mindestfläche sowie Rauminhalt, Belüftung, Beleuchtung, Beheizung und sanitäre Anlagen ausreichend zu gewährleisten."* – Indirekt heißt dies: nur die international vereinbarten Mindestnormen sind nötig.
- Ärztliche Behandlung, auch orthopädische Hilfen, Zahnersatz und Medikamente.
- Selbstbetätigung zur Weiterbildung, Bücher, Zeitungen, erlaubte Unterhaltungsspiele; Presse auf eigene Kosten, kein Fernsehen/Radio.
- Anerkennungen: Lob, Strafen-Streichung, Freihofverlängerung, Paketempfang.
- Disziplinarmaßnahmen: Missbilligung. Verwarnung, Einkaufsbeschränkung, bis 14 Tage Arrest.
- *„Der Arrest ist unverzüglich zu vollziehen. Die Arrestfähigkeit ist unmittelbar vor Beginn des Arrestes vom Arzt zu bestätigen. Vor*

Antritt des Arrestes ist der Verhaftete körperlich zu durchsuchen und über die mit dem Arrest verbundenen Bedingungen zu belehren. ... Die Durchführung ist bei Eintritt der Arrestunfähigkeit des Verhafteten zu unterbrechen.“

- Sicherungsmaßnahmen: Einzug von Gegenständen, Einzelhaft, Verbot von Eigenkleidung und von Freihof.
- Unmittelbarer Zwang bei Angriff oder Flucht gestattet, “Hilfsmittel” dafür sind: Schlagstock, Hand- und Fußfesseln (Meuterei, Gewalttätigkeit, Eigenschutz, Vorführungen/ Transporte, Hauptverhandlung), Führungskette, Fesselungsjacke (Eigenschutz, Gewalttätigkeit), Diensthunde (bei erheblicher Störung der Sicherheit und Ordnung); Rückenfesselung nicht bei Nacht und bei Transport; Schusswaffengebrauchsvorschrift..
- Hilfe und Unterstützung von inhaftierten Ausländern zur vollen Rechtswahrnehmung
- Bei Gerichts-Freispruch kann Staatsanwalt eine neue sofortige Festnahme anordnen.

Was hier sachlich, neutral und gleichbehandelnd klingt, zeigt sich in seiner Wirkung, seiner Summierung und seinen subtil anderweitigen Möglichkeiten erst im Haftalltag klarer – dieser wird in den folgenden Kapiteln beschrieben.

Die Gefangenen bekamen dies bei Einlieferung in Form einer „Hausordnung“ (s.u.) zu lesen.

1986 kam als letzte große Rahmenregelung für die Untersuchungshaftanstalten Mielkes Dienstanweisung 1/86 „*über den Vollzug der Untersuchungshaft und die Gewährleistung der Sicherheit in den Untersuchungshaftanstalten des MfS*“[377] und deren Folgeanweisungen.

Geregelt waren hier vor allem auch die Aufgaben der Abteilung XIV, deren Zusammenwirken mit der Untersuchungsabteilung IX, besondere Verfahrensweisen bei Jugendlichen und Ausländern und bei Entlassungen.

Eckpunkte der Beziehung zwischen Untersuchungs- und Haftabteilung waren:

- Die Haftabteilung erhält durch die Untersuchungsführer alle Informationen aus den Beobachtungs- und Prozessakten, die für den „Vollzug“ der U-Haft eine Rolle spielen können (Gewaltneigung, Selbsttötungs-Wahrscheinlichkeit, Gesundheit).
- Die Untersuchungsabteilung bestimmt die Haftbedingungen für den Einzelnen: Einzel- oder Gemeinschaftshaft, Vergünstigung oder Rechtseinschränkung, Vorführungen, Transporte (außer Besuche und medizinische Gründe) und Überführungen.
- Die Vernehmer übermitteln Informationen, die für den „Vollzug“ der U-Haft eine Rolle spielen könnten (z.B. Gewaltneigung, Selbstmord-Wahrscheinlichkeit, Gesundheit und dgl.). Vernehmer „unterstützen“ auch bei Abstimmungen zwischen der Justiz und der U-Haft.

Ausführlicher definiert und geregelt wurden die Möglichkeiten, gegen Gefangene vorzugehen. Dabei wurde unterschieden zwischen Disziplinar-, Sicherungs- und Zwangsmaßnahmen:

- Disziplinarmaßnahmen
  erfolgten bei „*schuldhaften Verstößen gegen die Pflichten und Verhaltensregeln*“: Missbilligung, Aussprache mit Verwarnung, Einkaufsbeschränkung, unverzüglicher Arrest bis zu 14 Tagen.
- Sicherungsmaßnahmen
  wurden als statthaft angesehen, „*wenn sie zur Verhinderung eines körperlichen Angriffs ..., einer Flucht ... oder zur Verhinderung eines Angriffs ... auf das eigene Leben* (d.h. Selbsttötung) *erforderlich sind.*“: Entzug von Gegenständen, Absonderung, Entzug des Rechts auf Privatkleidung, Entzug des Freihofs.
- Zwangsmaßnahmen
  nannte die MfS-Führung rechtens, „*wenn auf andere Weise ein Angriff ... bzw. ein Fluchtversuch nicht verhindert werden kann.*“: Schlagstock (auch „*zur Brechung des Widerstandes*“(!)), Fesseln (bei Vorführungen und Transporten), Führungskette, Reizstoffspray, Fesselungsjacke (bei Selbstmorddrohung, absichtlicher Zerstörung von Gegenständen), Diensthunde (wenn Lebensgefahr für Personal), Schusswaffe (nach Verordnung).

1986 kamen zur Dienstanweisung 1/86 auch eine neue Besuchsordnung (2/86), Vorführanweisung (3/86) und Transportordnung (4/86)

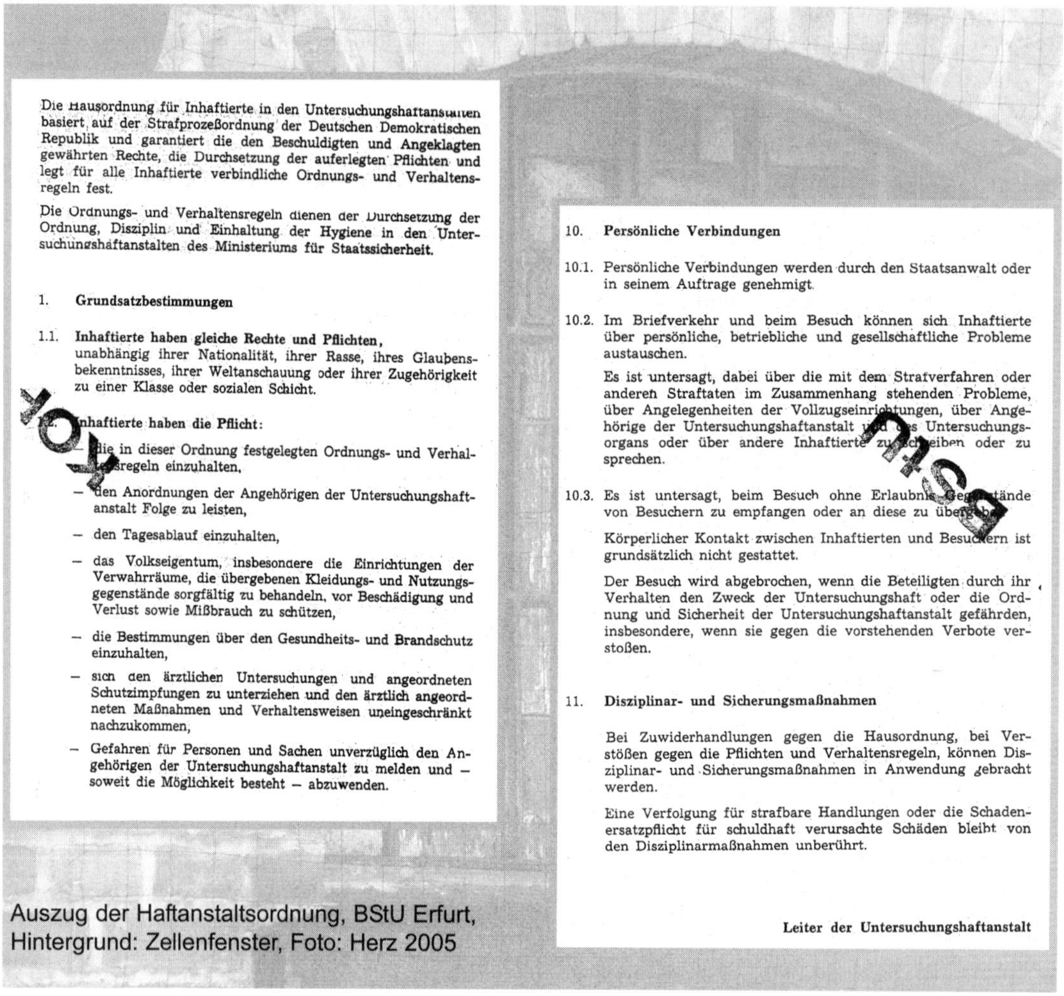

Die Hausordnung für Inhaftierte in den Untersuchungshaftanstalten basiert auf der Strafprozeßordnung der Deutschen Demokratischen Republik und garantiert die den Beschuldigten und Angeklagten gewährten Rechte, die Durchsetzung der auferlegten Pflichten und legt für alle Inhaftierte verbindliche Ordnungs- und Verhaltensregeln fest.

Die Ordnungs- und Verhaltensregeln dienen der Durchsetzung der Ordnung, Disziplin und Einhaltung der Hygiene in den Untersuchungshaftanstalten des Ministeriums für Staatssicherheit.

1. **Grundsatzbestimmungen**

1.1. **Inhaftierte haben gleiche Rechte und Pflichten,** unabhängig ihrer Nationalität, ihrer Rasse, ihres Glaubensbekenntnisses, ihrer Weltanschauung oder ihrer Zugehörigkeit zu einer Klasse oder sozialen Schicht.

1.2. **Inhaftierte haben die Pflicht:**

- die in dieser Ordnung festgelegten Ordnungs- und Verhaltensregeln einzuhalten,
- den Anordnungen der Angehörigen der Untersuchungshaftanstalt Folge zu leisten,
- den Tagesablauf einzuhalten,
- das Volkseigentum, insbesondere die Einrichtungen der Verwahrräume, die übergebenen Kleidungs- und Nutzungsgegenstände sorgfältig zu behandeln, vor Beschädigung und Verlust sowie Mißbrauch zu schützen,
- die Bestimmungen über den Gesundheits- und Brandschutz einzuhalten,
- sich den ärztlichen Untersuchungen und angeordneten Schutzimpfungen zu unterziehen und den ärztlich angeordneten Maßnahmen und Verhaltensweisen uneingeschränkt nachzukommen,
- Gefahren für Personen und Sachen unverzüglich den Angehörigen der Untersuchungshaftanstalt zu melden und – soweit die Möglichkeit besteht – abzuwenden.

10. **Persönliche Verbindungen**

10.1. Persönliche Verbindungen werden durch den Staatsanwalt oder in seinem Auftrage genehmigt.

10.2. Im Briefverkehr und beim Besuch können sich Inhaftierte über persönliche, betriebliche und gesellschaftliche Probleme austauschen.

Es ist untersagt, dabei über die mit dem Strafverfahren oder anderen Straftaten im Zusammenhang stehenden Probleme, über Angelegenheiten der Vollzugseinrichtungen, über Angehörige der Untersuchungshaftanstalt und des Untersuchungsorgans oder über andere Inhaftierte zu schreiben oder zu sprechen.

10.3. Es ist untersagt, beim Besuch ohne Erlaubnis Gegenstände von Besuchern zu empfangen oder an diese zu übergeben.

Körperlicher Kontakt zwischen Inhaftierten und Besuchern ist grundsätzlich nicht gestattet.

Der Besuch wird abgebrochen, wenn die Beteiligten durch ihr Verhalten den Zweck der Untersuchungshaft oder die Ordnung und Sicherheit der Untersuchungshaftanstalt gefährden, insbesondere, wenn sie gegen die vorstehenden Verbote verstoßen.

11. **Disziplinar- und Sicherungsmaßnahmen**

Bei Zuwiderhandlungen gegen die Hausordnung, bei Verstößen gegen die Pflichten und Verhaltensregeln, können Disziplinar- und Sicherungsmaßnahmen in Anwendung gebracht werden.

Eine Verfolgung für strafbare Handlungen oder die Schadenersatzpflicht für schuldhaft verursachte Schäden bleibt von den Disziplinarmaßnahmen unberührt.

Leiter der Untersuchungshaftanstalt

Auszug der Haftanstaltsordnung, BStU Erfurt,
Hintergrund: Zellenfenster, Foto: Herz 2005

hinzu. Zum Haftregime gehörten auch ortsbezogene Regelungen, die ausschließlich das Verhalten des MfS-Personals betrafen: Regelungen zum Verlassen und Betreten des Haftgeländes (1983 und 1987), eine gemeinsame Schlüsselordnung der Abteilungen IX und XIV. Als Geheime Verschlusssachen galten alle Anweisungen für Funk- und Telefon, für die Isolierungslagerplanung (s. Kapitel 17), die Planung der „Informationstätigkeit" (s. Kapitel 16, 10) und Kaderplanungen.[378] Ein Regelung für die Arbeit mit „Zelleninformatoren" stammt von 1981. (s. Kapitel 10)

Beim Haftleiter befanden sich 1989 über 170 aktuelle, längerfristig geltende Verschlusssachen, Weisungen und Planungsdokumente.[379]

Die Regelungen bildeten – ebenso die davon abgeleitete Hausordnung – einen allgemeinen Rahmen für die Haftsituation. Erst der praktische Haftalltag und der sich darin verbergende, unmessbare psychische Druck zeigen die Schärfen deutlicher. (s Kapitel 9, 10, 11, 12, 15).

Hausordnung

Im Januar 1988 wurde ein Gefangener in Zelle 6 morgens vom Posten angebrüllt, sofort vom Bett aufzustehen und seinen Kopf nicht abzudecken Die Gefangenen sagten daraufhin:

„Alles Schikane. Schlagen dürfen sie nicht, also machen sie es so. – Singen und Pfeifen darfst du auch nicht – alles Schikane, man könnte handgreiflich werden.“[380]

In den **70er Jahren** wurde eine neue Hausordnung für die Untersuchungshäftlinge erlassen. Es war in erster Linie eine Verhaltensordnung für Inhaftierte und sie enthielt nur einzelne Auszüge aus der geltenden Haftvollzugsordnung.

Zuerst fallen der scheinbar überkorrekte Impetus und die vielen kleinlichen Regelungen zur „sorgfältigen Behandlung des Volkseigentums“ auf. Auf den zweiten Blick lassen sich in dieser Hausordnung äußerst fragwürdige Vorschriften finden, die noch über das hinausgehen, was eben bereits zum Haftregime genannt wurde:

- *„Den ärztlich angeordneten Maßnahmen ...* [ist] *uneingeschränkt nachzukommen“* – Das erlaubte im Grunde jede ärztliche mitgetragene Zwangsmedikamentierung.
- *„Inhaftierte werden mit der Verwahrraum- und Belegungsnummer angesprochen“* – Auf solche Weise wurde Menschen ihre namensgebundene Identität verweigert.
- *„Die Entbietung des Tagesgrußes ... ist zu unterlassen.“* – Dieses Verbot widerspricht einer menschenachtenden Grundnorm und betont grundsätzliche Verachtung und Herabwürdigung.
- *„Es ist untersagt, sich körperliche Selbstbeschädigungen zuzufügen.“* – Das kriminalisierte die Freiheit und das fundamentale Recht am eigenen Körper. Dass „Verbot“ enthielt auch die Rechtfertigung von Zwangsmaßnahmen zur Verhinderung einer „Selbstbeschädigung“.
- *„Während der Ruhezeiten* [Nachtruhe] *ist das Gesicht nicht mit der Schlafdecke zu bedekken.“* – Das gab den Gangposten das Recht, die Nachtruhe beliebig oft zu stören, erholsamen Schlaf zu verhindern und damit die Gesundheit dauerhaft zu schädigen.

Außer diesen Regelungen, die offenkundig gegen die Menschenrechte verstoßen, finden sich in der „Hausordnung“ durchaus Regelungen, die vom offiziellen DDR-Strafprozessrecht gedeckt waren. Gerade diese wurden in der MfS-Praxis aber oft nicht eingehalten oder nur eingeschränkt bzw. unter Schikanen gewährt. Z. B. das Recht auf *„auf Ersuchen die für die Verteidigung notwendigen Materialien und gesetzlichen Bestimmungen zu erhalten“*. Oder das Recht, jederzeit ein Anliegen benennen zu können. Viele Zeitzeugen verschiedener Jahrzehnte berichten davon, dass diese Rechte nicht wirklich gewährt wurden. Aus dem Strafgesetzbuch wurden lediglich unvollständige Auszüge flüchtig vorgelesen, die Anklageschrift kurz vorm Prozess überreicht, Dokumente verboten.

Das gleichzeitige Verbot *„Aufzeichnungen jeder Art ohne Genehmigung anzufertigen oder aufzubewahren“* bedeutete letztlich eine Einschränkung der Verteidigungsmöglichkeit und verdeutlicht auch (stellvertretend für weitere Regeln) die Verweigerung jeglicher Privatsphäre – eine Verweigerung, die weit über übliche strafprozessrechtliche Intentionen hinausgeht.

Bereits erwähnt wurde, dass es laut Strafprozessrecht den Inhaftierten formell gestattet sein musste, ihre *„eigene Bekleidung ... tragen zu können“* oder nur *„auf Wunsch (!) ... anstaltseigene Bekleidung“*. Da die Gefangenen aber faktisch keine Möglichkeit bekamen, sich Bekleidung zu besorgen (außer der, die sie bei ihrer unverhofften Festnahme zufällig am Leib getragen hatten) und selbst zu reinigen, blieb ihnen garnichts anderes übrig, als sich dem „Wunsch“ nach anstaltseigener Bekleidung unterzuordnen.

„Bei Zuwiderhandlungen gegen die Hausordnung, bei Verstößen gegen die Pflichten und Verhaltensregeln können Disziplinar- und Sicherungsmaßnahmen in Anwendung gebracht werden.“ Anders als in den Haftvollzugsordnungen

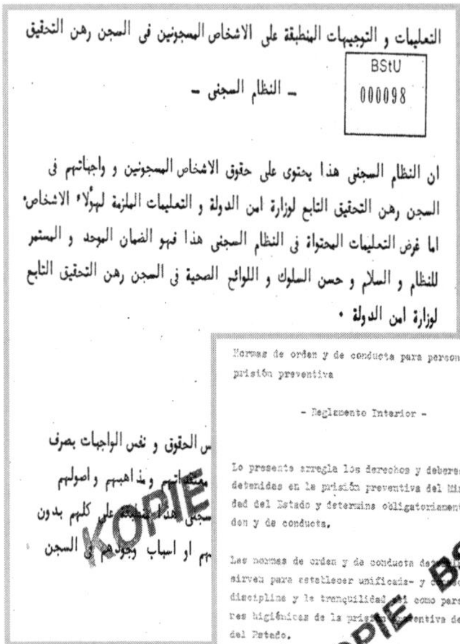

التعليمات و التوجيهات المنطبقة على الاشخاص المسجونين فى السجن رهن التحقيق

BStU
000098

- النظام السجنى -

ان النظام السجنى هذا يحتوى على حقوق الاشخاص المسجونين و واجباتهم فى السجن رهن التحقيق التابع لوزارة امن الدولة و التعليمات الملزمة لهؤلاء الاشخاص

اما غرض التعليمات المحتواة فى النظام السجنى هذا فهو الضمان الموحد و المستمر للنظام و السلام و حسن السلوك و اللوائح الصحية فى السجن رهن التحقيق التابع لوزارة امن الدولة •

KOPIE

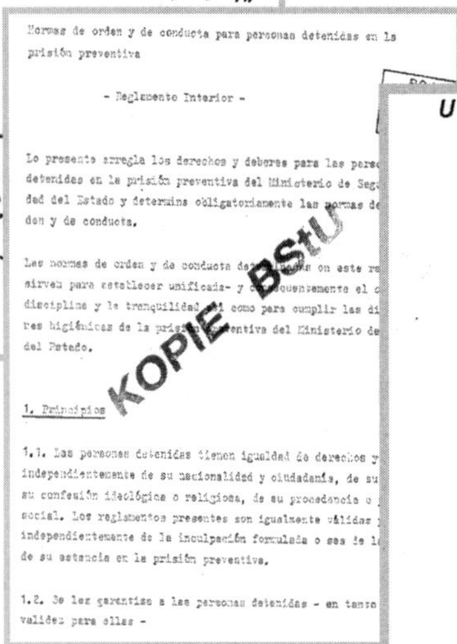

Normas de orden y de conducta para personas detenidas en la prisión preventiva

- Reglamento Interior -

Lo presente arregla los derechos y deberes para las perso[illegible] detenidas en la prisión preventiva del Ministerio de Seg[illegible] dad del Estado y determina obligatoriamente las normas de [illegible] den y de conducta.

Las normas de orden y de conducta de[illegible] en este re[illegible] sirven para establecer unificada- y c[illegible]ecuentemente el c[illegible] disciplina y la tranquilidad así como para cumplir las di[illegible] res higiénicas de la pris[illegible] preventiva del Ministerio de [illegible] del Estado.

KOPIE BStU

1. Principios

1.1. Las personas detenidas tienen igualdad de derechos y [illegible] independientemente de su nacionalidad y ciudadanía, de su [illegible] su confesión ideológica o religiosa, de su procedencia o [illegible] social. Los reglamentos presentes son igualmente válidas [illegible] independientemente de la inculpación formulada o sea de l[illegible] de su estancia en la prisión preventiva.

1.2. Se les garantiza a las personas detenidas - en tanto [illegible] validez para ellas -

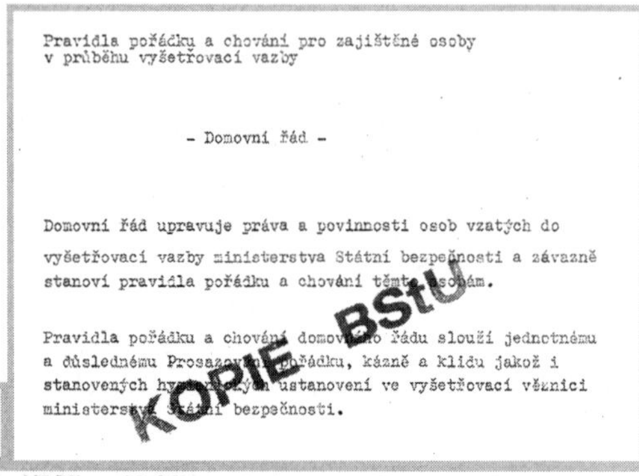

Pravidla pořádku a chování pro zajištěné osoby
v průběhu vyšetřovací vazby

- Domovní řád -

Domovní řád upravuje práva a povinnosti osob vzatých do vyšetřovací vazby ministerstva Státní bezpečnosti a závazně stanoví pravidla pořádku a chování těmto osobám.

Pravidla pořádku a chování domovního řádu slouží jednotnému a důslednému Prosazování pořádku, kázně a klidu jakož i stanovených hy[illegible] ustanovení ve vyšetřovací věznici ministerstva Státní bezpečnosti.

KOPIE BStU

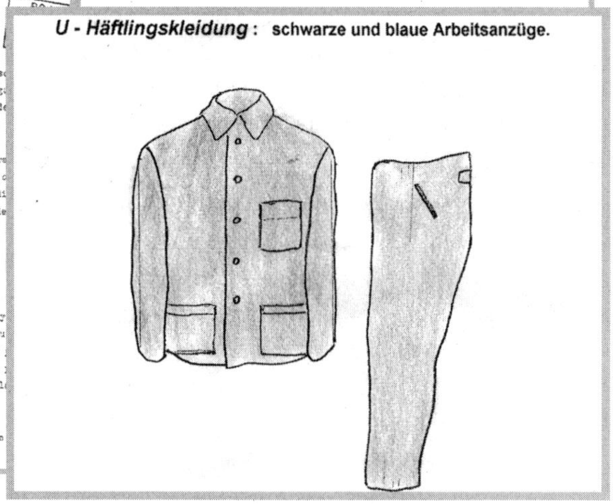

Hausordnung in tschechisch, arabisch und spanisch, BStU Erfurt, Haftbekleidung, Skizze: Wolfgang Fiege

blieben diese in der den Gefangenen übergebenen Hausordnung jedoch unerklärt.

Die Hausordnung lag in den Dienstbüros der Gefängnisleitung in zahlreichen Sprachversionen vor – dazu zählten alle Ostblocksprachen einschließlich vietnamesisch und chinesisch, aber auch englisch, französisch, spanisch und arabisch.[381]

Diese Hausordnung galt für Untersuchungsgefangene, daneben gab es eine besondere Hausordnung für Strafgefangene (s. Kapitel 15). Besuchsbestimmungen – in einer Version für Gefangene und einer für die Besucher – waren in einer weiteren Ordnung festgelegt. (s. Kapitel 9)

Tages- und Wochenablaufplan

Der Tagesablauf und dessen Wochentage-Variation waren für die Untersuchungsgefangenen relativ genau geplant und die einzelnen Handlungen oder Zeiten folgten einem festen Rhythmus. (Zum Tagesablauf der Strafgefangenen – s. Kapitel 15)

Der Tagesablauf sah 1984 etwa so aus[382]:

> Um **6 Uhr** (sonntags 7 Uhr) wurden alle mit einem akustischen Signal (einem sirenenartigen Hornton) geweckt.[383] Eine Stunde Zeit gab es zum Waschen, Frühstücken (Brot, etwas Margarine und Marmelade), Reinigen der Zellen und „Meldung-Machen". Das Rasieren wurde überwacht und erfolgte von Zelle zu Zelle nacheinander. Rasierapparate wurden von außen in Steckdosen getan und kurz in jede Zelle gereicht. Später wurde Frühstücksgeschirr eingesammelt.

Zwischen 7 und 12 Uhr wurden die Gefangenen – sofern sie nicht gerade im Verhör saßen – nacheinander auf die Freihöfe geführt. Um **8 Uhr** (außer sonntags) begannen aber auch die meisten Verhöre (so dass für die Gefangenen der Freihof wiederholt ausfiel). Üblicherweise dauerten die Verhöre bis 17/18 Uhr, doch hatten die Vernehmer keinen „geregelten Arbeitstag".

Zwischen 12 und 14 Uhr führten Haftmitarbeiter die Gefangenen aus den Verhörzimmern zurück in ihre Zellen, wo ein Mittagessen ausgehändigt wurde. Spätere wurde Essensgeschirr eingesammelt.

Gegen 17 Uhr wurde das Abendessen in die Zellen gegeben. Später wurde Essensgeschirr eingesammelt.

War eine Medizin verordnet, so wurde diese wie angeordnet verteilt, sonst **20 Uhr**.

Um 20.45 Uhr mussten die Brillenträger ihre Brillen aus den Zellen reichen.

21 Uhr erfolgte ein allgemeiner Kontrolldurchgang und es wurde – ebenfalls mit akustischem Signal – eine Nachtruhe angeordnet. Der Lichtschalter für jede Zelle wurde durch die Posten von außen betätigt.

Nur an bestimmten Wochentagen ein/zweimal wurden folgende Dinge gehandhabt[384] (soweit einzelne Gefangene dafür vorgesehen bzw. nicht ausgenommen waren):

Mo	8-12 Uhr	Einkaufsbestellung nach Liste
Di	10 Uhr	Buchausgabe, wenn gestattet
	13 Uhr	Planung von Verlegungen
	vorm.	Sprechtag Gefängnisleiter
Mi	8-12 Uhr	Termine: gestattete Besuche
	9-11 Uhr	Vorführung zum Zahnarzt
Do	früh	Zellenkontrolle bei Freigang, Zellenreinigung durch Gefang.
	8 Uhr	Vorbereiten von Verlegungen
	8-12 Uhr	Termine: gestattete Besuche
	9 Uhr	Vorführung zum Hautarzt
	13 Uhr	Ausgabe bestellter Einkäufe
Fr	8-17 Uhr	Haareschneiden
	8-10 Uhr	Bestellung: gestattete Bücher
	17 Uhr	Wäschetausch, Badetuch
	17.3 -21 Uhr	Duschzeit/Kontrolle Frauen
So	8-12 Uhr	Duschzeit/Kontrolle Männer

Die Wochenplanung wurde im Laufe der Jahre mehrfach verändert, so dass sich Zeiten verschoben. Die einzelnen Handhabungen blieben seit den 70er Jahren jedoch relativ unverändert. In den früheren Haftjahren gab es für die Gefangenen im Grunde nur Verhöre, schlechtes Essen, seltenen Freihof.

Beim ersten Blick auf die Tages- und Wochenabläufe scheint eine gewisse Abwechslung im Haftalltag der Gefangenen bestanden zu haben – aber das täuscht. Außer Verhörtagen, monotoner Mahlzeit, täglichem Freihof, Tageszeitungen oder Brettspiel gab es nur wöchentliches Einkauf, Duschen, monatlichen Besuch, dringlichen Arztbesuch.

Zeitliche Verschiebungen konnten sich aus der Zahl der gleichzeitig inhaftierten Gefangenen ergeben. Der Weg in den Freihof, der Gang ins Verhörzimmer oder das wöchentliche Duschen waren so organisiert, dass die Gefangenen verschiedener Zellen einander nicht begegnen konnten. Bei Überschneidung wöchentlicher Abläufe mit Verhörzeiten, hatten letztere Priorität. Sprechzeit, Freihof etc. fielen dann aus.

Die Gefangenen bekamen laut interner Vorschrift lediglich folgende Dinge zu ihrer persönlichen Verfügung:

zwei Handtücher, 2 Waschlappen,
Lappen, Taschentuch,
2 Turnhemden und -hosen, 2 Paar Strümpfe,
Schlaf- und Trainingsanzug, 3 Wolldecken,
Bettwäsche, Hausschuhe, Kamm,
Zahnputzzeug, Plastik-Geschirr: Tasse, Brett
Dose und Besteck.

Sonst waren in den Zellen tagsüber nur Brillen und zuvor eingekaufte Gegenstände gestattet.

Tagsüber war das Schlafen und Liegen (außer im medizinisch angeordneten Ausnahmefall) in den kleinen Zellen verboten. Wer sich trotzdem hinlegte, wurde sofort verwarnt oder bestraft. Viel Bewegung, die als Ausgleich zur stundenlangen starren Haltung während der Verhöre unentbehrlich war, gab es nicht.

<u>Maßnahmen beim Betreten</u>

Das Betreten des Verwarraumes ist nur auf Weisung des OpD zur Realisierung notwendiger Maßnahmen gestattet. Die VH müssen ständig im Blickfeld sein und beobachtet werden, sie halten sich an der Fensterseite bzw. im hinteren Teil des VR auf. Der sichernde zusätzliche SKP bleibt im Türrahmen stehen, um bereit zu sein, bei Gefahr im Verzuge die erforderliche Unterstützung zu leisten, die Verbindung zum diensthabenden SKP aufrechtzuerhalten bzw. die Reißleine zu ziehen.

<u>Begleitungen und Vorführungen IH innerhalb der UHA</u>

- Der Anlaß der Begleitung bzw. Vorführung wird dem vorführenden Mitarbeiter durch den OpD bekanntgegeben, wobei auf Besonderheiten und zu beachtende Merkmale der Täterpersönlichkeit hingewiesen wird.
- Nach Beendigung der Begleitung bzw. Vorführung erstattet der verantwortliche Mitarbeiter dem OpD über den Verlauf der Vorführung Meldung.
- Die durchgeführten Vorführungen erfordern eine genaue Nachweisführung mit den genauen Terminen und Zeiten und sind durch den OpD im Tätigkeitsbuch bzw. durch den Offizier für Vorführungen im Vorführungsbuch einzutragen. Die Vernehmerausweise sind bei entsprechenden Vorführungen zu vervollständigen.

<u>Die Organisierung und Durchführung des Badens Inhaftierter</u>

Beim Baden ist eine komplexe Kontrolltätigkeit zu sichern. Nach dem Baden der IH sind die Kleidungsstücke und das Bad zu kontrollieren, um mögliche Kassiberübergaben zu verhindern. An die IH sind nur solche Kleidungsstücke auszugeben, die vorher bereits kontrolliert wurden.

Die IH sind während des Badens durch das Sichtfenster zu kontrollieren. Über die durchgeführten Kontrollen hat der verantwortliche Mitarbeiter dem stellv. Leiter zu berichten.

<u>Sachbearbeiter Vorführung</u>

BStU 000058

Planstellen Nr.: 15-11

<u>Verantwortung des SB Vorführung</u>

- Durchführung von Führungen Inhaftierter zur Realisierung des Tages- und Wochenablaufplanes der DE zur Gewährleistung eines reibungslosen politisch-operativen Untersuchungshaftvollzuges und der zügigen Bearbeitung der Ermittlungsverfahren durch die Untersuchungsabteilung

Die Hauptaufgaben bestehen in der

- Gewährleistung der ordnungsgemäßen Vorführung Inhaftierter
  . zur Untersuchungsabteilung einschließlich Haftrichter und Staatsanwalt
  . zum Rechtsanwalt
  . zur Besuchsdurchführung
  . zur medizinischen Betreuung
  . zum Leiter der UHA bzw. SB Effekten und operativen Vollzug
- abstrichlosen Gewährleistung der Sicherheit und Ordnung bei den Vorführungen bei Beachtung der Persönlichkeit der Inhaftierten, auf der Grundlage der Befehle und Weisungen unter strengster Einhaltung der Konspiration und Geheimhaltung
- gewissenhaften Nachweisführung der Vorführungen und regelmäßige Weiterleitung dieser Informationen an die Untersuchungsabteilung
- Erteilung von Weisungen an Inhaftierte zur Aufrechterhaltung der Sicherheit und Ordnung bei den Vorführungen. Erarbeitung von Informationen zu politisch-operativ bedeutsamen Verhaltensweisen Inhaftierter
- Unterstützung angewiesener Vollzugsaufgaben von der Aufnahme Inhaftierter bis zu ihrer Verlegung

Der SB Vorführung ist direkt dem Referatsleiter operativer Vollzug unterstellt.

Dienstunterlagen der Haftabteilung XIV, BStU Erfurt

Der mögliche Aufenthalt in Freihöfen (die späteren hatten eine Größe von etwa 18 qm) umfasste keine Stunde, sondern täglich 20-30 Minuten – das sagen Zeitzeugen verschiedener Jahrzehnte. Da es weder überdachte Stellen noch Wetterjacken gab, musste man bei Schlechtwetter oft verzichten. Wenn sich Freihofzeiten mit Verhörzeiten überschnitten, konnte eine Freihofnutzung mehrere Tage hintereinander ausfallen.

Bezeichnet wurden die Untersuchungsgefangenen als „*Verwahrhäftlinge"* (VH)". Sie erhielten im gefängnisinternen Ablauf eine dreiteilige Nummer, die bei Verlegung in andere Zellen teilweise wechselte. Sie gliederte sich wie folgt:

z.B. 13/ III/ 333
(momentane Zellennummer /
momentane Bettnummer /
ständige Aufnahmenummer mit Jahreszählung)

Direkt angesprochen wurden die Gefangenen nur mit der Bettnummer „Eins", „Zwei", „Drei" etc. Ihre Namenlosigkeit bedeutete nicht, dass ihre Namen allen Haftmitarbeitern unbekannt gewesen wären. In „Vorkommnisberichten" sind wiederholt die Gefangenennamen genannt. Die laufende Posten-Schicht hatte zwar nur einen Zellenspiegel mit Gefangenennummern, aber die Vollzugs-Mitarbeiter führten noch einen zweiten Zellenspiegel mit Nummer und Namen.[385] Theoretisch hieß es: „*Namen werden nur Berechtigten bekannt bei Aufnahme, Durchführung Besuch, RA, Terminen Führungen u.a.*", aber ein Kontrollbericht zeigte 1989 in der Praxis: dass „*es Genossen von den Referaten SuK* [gibt], *die eine Vielzahl von Namen kennen und diese beispielsweise bei der Erstellung von Informationen verwenden und sich auch mit anderen Genossen darüber austauschen*".

Tagesablauf und innere Dienstorganisation der Haftabteilung (s. Kapitel 16) waren intensiv aufeinander zugeschnitten. Weitere Facetten täglichen Eingesperrtseins gehen aus den Kapiteln Haftalltag (9) und Haftbelastung (10) hervor.

Führungen der Gefangenen im Haftobjekt, Hafttransporte, Zellenverlegung

„Beim Öffnen bzw. Schließen von Türen bzw. Zwischengittern Inhaftierte mit dem Gesicht zur Wand Aufstellung nehmen lassen ...“[386]

An diese praktizierte Regel der Gefangenenführung erinnern sich die meisten Zeitzeugen besonders gut, denn sie wirkte eher schikanös und herabwürdigend als sicherheitsrelevant.

Außerhalb der Haftzellen durften sich die Gefangenen nur mit fremd vorgegebenen Zwecken und unter engsten Vorgaben bewegen: innerhalb des Zellenflurs wöchentlich zur Dusche, in den Vorderflügel zum Verhör oder Arzttermin, über Treppenhaus und Freifläche zu Freihof, monatlichen Besuch oder Gerichtstermin im benachbarten Bezirksgericht, außerhalb des Objekts zur VP-Klinik, zur Verlegung in eine andere Haftanstalt, ins Haftkrankenhaus oder den Strafvollzug.

„Führungen“ im Haftobjekt

Vom März 1989 stammt die letzte „Instruktion“ über die Führung von Gefangenen.[387] Wesentliche Unterschiede zur vorherigen „Instruktion“ von 1983[388] und vermutlich auch zu der älteren Praxis gab es wohl nicht.

In Kurzform lautete die herrschende Regel:

> *„Den Inhaftierten sind bei Führungen die notwendigen Weisungen zu erteilen.*
> *Sie erhalten keine Auskunft zu dem Zweck der Führung und wohin die Führung erfolgt.*
> *Fragen sind grundsätzlich nicht zu beantworten.*
> *Durch den führenden Genossen sind keinerlei Gespräche mit den Inhaftierten zu führen.*
> *Die Sicherheitsgrundsätze sind ohne Abstriche durchzusetzen.“*[389]

Zu den „Sicherheitsgrundsätzen“ gehörte, dass die Haftmitarbeiter hinter den Gefangenen liefen, Abstand hielten, immer Zugriff auf die Reißleinen hatten, auf der Treppenaußenseite liefen oder dass die Gefangenen die Hände auf den Rücken verschränken mussten und sich nicht umdrehen durften. Das Öffnen der Zellentüren sollte nur mit Wachposten, „Sichtkontrolle“ und Aufstellen der Gefangenen in Türentfernung erfolgen. In Einzelfällen wurden Handknebel („Führungsketten“) benutzt und mehrere Haftmitarbeiter eingesetzt (vier bei der Isolierzelle) und alle Haftmitarbeiter waren in der Anwendung von Überwältigungsgriffen ausgebildet.

Weitere Vorgaben für die Führungen waren das Gehen der Schließer hinter den Gefangenen, der Sofortzugriff zu Reißleine/Schlagstock, Türöffnen nur zu zweit. Hinzu kamen Verbote für die Gefangene sich umzudrehen, Hände in die Taschen zu tun, zu sprechen. Das Öffnen von Zellentüren zwecks „Vorführung“ Gefangener war ebenfalls eingehend geregelt, durfte nicht ohne einen Kontrollblick durch den Spion und ohne das Verweisen der Gefangenen in den hinteren Zellenbereich erfolgen.

Diese Order betonte Haftanstaltsleiter Meyer im März **1988** wegen wiederholter „Dienstvergehen“ wegen Missachtung des Redeverbotes durch seine Mitarbeiter.

Zellenverlegungen

Diese wurden zumeist regelmäßig geplant und auf die jeweilige Zusammensetzung der Inhaftierten zugeschnitten. Gefangene mit längerer U-Haft-Zeit lernten auf diese Weise nicht nur verschiedene Zellen, sondern auch weit mehr Mitgefangene kennen als den Verantwortlichen lieb sein konnte.

Den Zellen- und Verlegungsplan legten die stellvertretenden Leiter der Untersuchungs- und der Haftabteilung gemeinsam fest und zwei eigens beauftragte Haftmitarbeiter führten ihn durch. Nach Hinweisen von Zeitzeugen geschah dies oft bei der Rückführung vom Freihof oder vom Verhör in die neu festgelegte Zelle.

„Führung“ oder Transport zum Gerichtsprozess

> *„Bei jeder Zuführung IH* [zum Gericht] *ist äußerste Aufmerksamkeit und Wachsamkeit notwendig, um Entweichungen vorzubeugen. Die IH müssen ständig beobachtet werden.“*[390]

Transporte zur Gerichtsverhandlung erfolgten für Erfurt durch je einen Transporteur und einen Posten (pro Gefangenen). Bei einer angeklagten Frau sollte möglichst ein "weiblicher Posten" dabei sein.

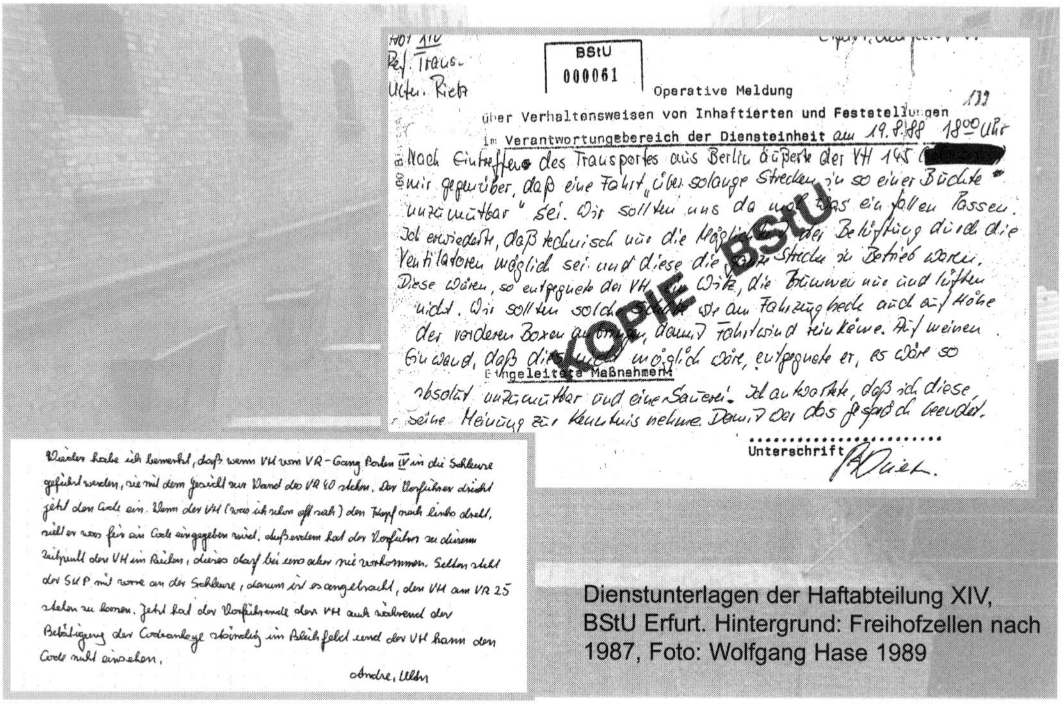
HOF XIV
Ref. Trans.
Ufw. Rieth

BStU
000061

Operative Meldung

über Verhaltensweisen von Inhaftierten und Feststellungen

im Verantwortungsbereich der Diensteinheit am 19.8.88 18⁰⁰ Uhr

Nach Eintreffen des Transportes aus Berlin äußerte der VH 145 [redacted] mir gegenüber, daß eine Fahrt „über solange Strecken in so einer Büchse unzumutbar“ sei. Wir sollten uns da [illegible] was einfallen lassen. Ich erwiderte, daß technisch nur die [illegible] der Belüftung durch die Ventilatoren möglich sei und diese die [illegible] Strecke in Betrieb waren. Diese wären, so entgegnete der VH [illegible] Witz, die brummen nur und lüften nicht. Wir sollten solche [illegible] wie am Fahrzeugheck auch auf Höhe der vorderen Boxen [illegible], damit Fahrtwind reinkäme. Auf meinen Einwand, daß dies [illegible] möglich wäre, entgegnete er, es wäre so absolut unzumutbar und eine Sauerei. Ich antwortete, daß ich diese seine Meinung zur Kenntnis nehme. Damit war das Gespräch beendet.

Eingeleitete Maßnahmen:

Unterschrift

KOPIE BStU

Wieder habe ich bemerkt, daß wenn VH vom VR-Gang Posten IV in die Schleuse geführt werden, sie mit dem Gesicht zur Wand des VR 40 stehen. Der Vorführer drückt jetzt den Code ein. Wenn der VH (was ich schon oft sah) den Kopf nach links dreht, sieht er was für ein Code eingegeben wird. Außerdem hat der Vorführer zu diesem Zeitpunkt den VH im Rücken, dieses darf bei uns aber nie vorkommen. Selten steht der SUP mit vorne an der Schleuse, darum ist es angebracht, den VH am VR 25 stehen zu lassen. Jetzt hat der Vorführende den VH auch während der Betätigung der Codeanlage ständig im Blickfeld und der VH kann den Code nicht einsehen.

André, Ultn

Dienstunterlagen der Haftabteilung XIV, BStU Erfurt. Hintergrund: Freihofzellen nach 1987, Foto: Wolfgang Hase 1989

Die Gefangenen wurden zum Prozess im Bezirksgericht in der Regel über den Hof durch einen Sondereingang ins Gericht geführt – heute ist dieser Durchgang zugemauert. 1988 war der Zugang recht verdreckt – eine Gefangene erzählte ihrer Zellenkameradin davon und der Posten lauschte mit:

> *„Als mein Mann und ich Termin hatten, haben wir gesehen, dass wir nicht ins Gericht, sondern in einen Stall geführt wurden. Die Blechtür am Hof ist innen so dreckig, dass sie nur mit dem Bein aufgehalten werden kann. Die Treppe nach oben ist verkeimt. Ich war auf Toilette, da ist mir nach wenigen Minuten alles vergangen. Die Treppe, die nach oben zum Gericht führt, kann man nur langsam begehen, da sonst alles in Staub und Dreck eingehüllt ist.“*[391]

Dieser Zustand galt auch für das Zimmer 49, das die Staatssicherheit im Gericht benutzte. 1984 heißt es in einer Mitarbeiterbesprechung, dass hier nie saubergemacht wurde und auch die anderweitigen Reinigungsarbeiten für die Strafgefangenen zu umfangreich seien.[392]

Ausgerüstet mit Vorführersuchen, Zustellungsurkunde, Ladung und Anklageschrift brachten die Mitarbeiter des Transport-Haftreferates (s. Kapitel 16) die Gefangenen auch in die Kreisgerichte.[393] Bei Prozessen in Kreisstädten waren es drei Transporteure. Die örtlichen MfS-Kreisdienststellen waren informiert oder involviert.

In allen Gerichten gab es für den Zwischenaufenthalt spezielle Angeklagten-Zellen. Für die Gefangenen, die unterwegs bei etwaigen Verkehrsunfällen verletzt wurden, sollte nur im bedrohlichen Fall die Schnelle Medizinische Hilfe gerufen werden dürfen.

Führungen zu Besuch und Anwalt

Besuchsräume gab es zwischen 1952 und 1989 verschiedene. Sie befanden sich stets im Randbereich des Gefängnisobjekts: im alten Nebengebäude an der Andreasstraße, im Gerichtsgebäude, im Neubau-Eingangstrakt. Aus Sicht des Haftanstaltsleiters bestand hier die größte Fluchtmöglichkeit[394], was wiederum zu verstärkter Bewachung bei der Gefangenenführung mit vorheriger Durchsuchung und strenger Besuchsaufsicht führte. Auch diese „Führungen" wurden von Haftmitarbeitern des Referates „operativer Vollzug" durchgeführt.

Transporte außerhalb Haftanstalt

Gefangenentransporte außerhalb der Haftanstalt waren ebenfalls an der Tagesordnung. Eine Mitarbeitergruppe – das Transport-Referat – war damit befasst und benutzte einen eignen Gefangenentransportwagen (GTW). (s. Kapitel 16)

Für kranke Gefangene wurde ebenfalls der „GTW" verwendet und die Sanitäterin, die von der Abteilung „Medizinischer Dienst" für die U-Haft eingeteilt war, kam als Begleiterin mit.

Der Antransport Festgenommener war allerdings nicht Aufgabe dieser Haftabteilung, sondern erfolgte zumeist durch die MfS-Bezirksabteilung VIII. Festgenommene wurden im Haftgelände der Haftabteilung formell „übergeben".

Es gab nur zwei Ausnahmen:
1. Wenn ein im Gerichtsgebäude von der Untersuchungsabteilung zunächst „Befragter" im Verhörverlauf festgenommen wurde, brachten Haftmitarbeiter den Inhaftierten durchs Innengelände selbst direkt in den Aufnahmeraum der Haftanstalt. 2. Wenn ein Gefangener aus einer anderen MfS-Haftanstalt in die Erfurter gebracht werden sollte (bzw. umgekehrt), wurde dies ebenfalls durch die Transportoffiziere getan.

Aus Sicht der Gefangenen waren die Fahrten mit dieser „Minna", wie der Gefangenentransporter von ihnen genannt wurde, extrem belastend. Die ohnehin beengenden Handfesseln verengten sich bei jeder Bewegung und während der schaukelnden Fahrt zunehmend. Außerdem herrschte für den ganzen Körper äußerste Bewegungsenge und Atemnot. Hinzu kamen die Hilflosigkeit bei einem Autounfall, die fehlende Belüftung der Minizellen und die fehlende Sichtmöglichkeit, denn es gab kein Fenster und war völlig dunkel.

Das war auch den verantwortlichen Haftmitarbeitern bekannt und geht mehrfach aus deren Dienstunterlagen hervor.

So berichteten die Erfurter Hafttransporteure über einen von der Westgrenze nach Erfurt transportierten Westdeutschen:

„Er wurde vor dem Einsteigen in den GTW von den Gen. Morgenstern und Heinrich körperlich durchsucht. Er wurde im GTW in die vordere Zelle in Fahrtrichtung rechts gebracht und belehrt. Der BRD-Bürger machte einen ruhigen Eindruck.
Während der Fahrt ... machte sich der BRD-Bürger durch Klopfen an der Tür der Zelle bemerkbar. ... Der VH machte einen aufgeregten Eindruck und fragte uns, warum wir ihn wie einen Schwerverbrecher behandelten und in Eisen legten?
Ich sagte daraufhin, dass er ohne staatliche Genehmigung die Grenze und das Territorium der DDR betreten hat und wir auf Befehle und Weisungen nach unseren Vorschriften handelten. ...
Nach ca. 10 Min. hörten wir starkes Klopfen und Klappern der Handfesseln. Wir öffneten sofort nach Sichtkontrolle die Tür und sahen, dass der VH nicht darauf reagierte und sich weiter mit der Handfessel (Mittelstück) gegen die Stirn schlug.
Er reagierte erst nach Ansprache dies zu unterlassen und sich ruhig zu verhalten. Hierbei stellten wir fest, dass der VH eine rote Schwellung an der Stirn hatte (Mitte der Stirn).
Er hatte Schweißausbruch und was sehr aufgeregt. Wir redeten daraufhin beruhigend auf ihn ein und haben in längeren Abständen kurzzeitig die Zellentür etwas geöffnet, damit er etwas mehr frische Luft bekam."[395]

1988 beschwerte sich ein von Berlin nach Erfurt gebrachter Gefangener offiziell beim Gefängnisleiter darüber, „dass eine Fahrt über so lange Strecken in so einer Buchte unzumutbar" war, die Ventilatoren waren „ein Witz, die brummen nur und lüften nicht", das ist „absolut unzumutbar und eine Sauerei."[396]

Außensicht auf teilvermauerte Glasbacksteinfenster der drei hohen Haftzellen, Foto: Herz 2006

9. Situation und Alltag in den Haftzellen

„Nach mehreren Wochen der Einzelhaft wurden nun zwei U-Häftlinge in meine Zelle verlegt, alles starke Raucher. Bei einer Zellengröße von 2 x 4 m und abzüglich der Einbaumöbel bekam man regelrecht Platzangst. Atembeschwerden, starker Schweißausbruch und Übelkeit begleiteten uns fast täglich. Das schlechte Essen (z.B. Lungenhaschee mit Luftröhren und stark mit Mehl eingedickt) besorgte noch den Rest. Wir ernährten uns ausschließlich von Scheiben getrockneten Brots. Auch der Vitaminmangel machte sich jetzt ganz deutlich bemerkbar, denn alle Wunden heilten deutlich langsamer. Das Misstrauen unter den Häftlingen war spürbar. Keiner traute dem anderen und so saß man stundenlang in der Zelle, ohne ein Wort zu sprechen. Es entwickelte sich eine apathische Zurückgezogenheit, um zu überleben."

Erinnerungsbilder, wie dieses aus den 70er Jahren, prägen bis heute das Leben der vielen Menschen, die in den Zellen der Erfurter MfS-Haft eingesperrt waren, weil sie in die eng gefasste DDR-Bürger-Norm und die SED-Lebensvorgaben nicht hineingepasst hatten.

Die Haftsituation der einzelnen Jahrzehnte war sehr verschieden. Das machen Gespräche mit ehemaligen politischen Gefangenen immer wieder deutlich. Auch in MfS-Haftakten zeigen sich Unterschiede – diese Akten betreffen zwar überwiegend die letzten Jahre vor 1989 und damit die moderateste Zeit des Haftalltags, aber die wenigen noch vorhandenen Sachakten von 1977, 1981/82 etc. belegen ebenfalls, dass der Haftalltag früher noch weitaus härter war. Im Aktenbestand zur Erfurter MfS-Haft existieren vorrangig Dokumente ab 1986 – also einer Zeit, in der inzwischen mehrheitlich Menschen eingesperrt waren, die eine Haft als Weg in den Westen in Kauf nahmen, die üblichen Strafmaße kannten und teilweise sogar die Handlungsgrenzen des Haftpersonals ausloteten, um aus deren Überschreiten Kraft und Selbstbewusstsein zu schöpfen. Das war gut für die Gefangenen jener letzten Jahre. Der viel extremere Druck und die größere existenzielle Unsicherheit früherer Jahre lässt sich mit schwarz-weißem Quellenmaterial schlechter belegen. Hinzu kommt, dass neben unterschiedliche Haftbedingungen, Haftsituationen und Handlungsweisen vom Personal auch die verschiedenen Schicksale, das individuelle Hafterleben und -wahrnehmen der Gefangenen treten – das kann in den folgenden Kapiteln nur ansatzweise dargestellt werden.

Typische Gemeinsamkeiten für die äußere Haftsituation über alle Jahrzehnte hinweg waren:

Düsternis, Beengtheit und Sauerstoffarmut,
enormer psychischer Dauerdruck,
dauernde Herabwürdigung, Kontrolle und Bedrohung,
generelle Ohnmacht hinsichtlich der Beeinflussung der eigenen Lage,
Verweigerung der Aussicht auf eine „normale“ Fortsetzung des bisherigen Lebens,
Wechsel zwischen Untätigkeit und Verhörstress.

Bei der Mehrzahl der Gefangenen dauerte die U-Haftzeit zwischen 4 und 8 Monaten. Für die meisten Inhaftierten gab es einen typischen Haftverlauf mit folgenden Phasen:

1. Aufnahmeprozedur mit „Erstvernehmung“ und anschließend isolierende Einzelhaft,
2. dann eine Zeit intensiver Vernehmungen von täglich mehrstündiger oder ganztägiger Dauer und
3. eine Übergangsphase mit eintönigem Warten auf den Prozess, auf das Urteil und die Überführung in ein Strafvollzugs-Gefängnis.

In Verhör-Phasen saßen die Häftlinge tagsüber häufig fast ununterbrochen im Verhörzimmer – auf einem Holzschemel mit dem Rücken zur Tür, ohne Bewegungsmöglichkeit. Außer einem 30minütigen Aufenthalt im Freihof (einer Zelle ohne Dach), der oft genug wegen der Verhöre ausfiel, mussten sie den Rest der Zeit tatenlos in engen, düsteren Buchten verbringen. In den Zellen hatten sie kaum 2 qm Fläche, tagsüber etwa einen halben Quadratmeter. Ständig guckten und horchten Posten an der Zellentür. Die Fenster ließen kaum Licht und Luft durch. Einen geschlossenen Sanitärbereich gab es nicht. Der herrschende Ton war rüde und kommandoartig. Zweifel an der Aussicht auf eine halbwegs normale Lebensperspektive und Sorge um das Schicksal der Nächsten belasteten die Seele auch in den wenigen unbeobachteten Momenten.

Ernährung

Die Qualität des Essens ist vielen Gefangenen in schlechter Erinnerung: Es gab bis in die 80er Jahre hinein suppenartige Massen mit undefinierbarem Inhalt in Schüsseln, Kohl- und Graupensuppen, statt Fleisch mitunter unverarbeitete Innereien oder übersalzenen Fisch, vitaminarme Nahrung, vorrangig ungewürzte, vergammelte und ungereinigte Zutaten mit einer rein sattmachenden Funktion. Satt allerdings wurde kaum einer und an manchen Tagen hielt man sich in fast allen Zellen ans Brot.

Ungeziefer verdarb den Gefangenen zusätzlich den Appetit. So fanden Gefangene wiederholt Käfer, Kakerlaken, Würmer oder Fliegenreste in der Nahrung. Das selbst noch im Jahre 1989, als ein Gefangener von Zelle 25 sich laut Postenbericht beschwerte: „*Auf diesem Brettchen lag heute zum Frühstück eine Kakalacke.*“[397]

Und 1980 hatte zum Beispiel ein Wachposten bezüglich der Gründe für „*renitente Verhaltensweisen von Verwahrhäftlingen*“ kritisch vermerkt: „*Es kann nicht passieren, dass schlechte, schon grün verfärbte Wurst in die VR gelangt, so am 26.8.80 früh oder am 8.8.80, wo vom VH X*

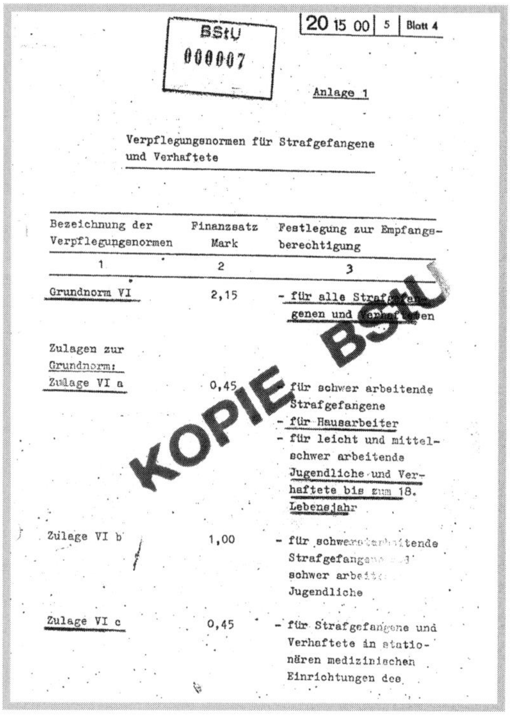

BStU 000007

20 15 00 | 5 | Blatt 4

Anlage 1

Verpflegungsnormen für Strafgefangene und Verhaftete

Bezeichnung der Verpflegungsnormen	Finanzsatz Mark	Festlegung zur Empfangsberechtigung
1	2	3
Grundnorm VI	2,15	- für alle Strafgefangenen und Verhafteten
Zulagen zur Grundnorm:		
Zulage VI a	0,45	- für schwer arbeitende Strafgefangene - für Hausarbeiter - für leicht und mittelschwer arbeitende Jugendliche und Verhaftete bis zum 18. Lebensjahr
Zulage VI b	1,00	- für schwerstarbeitende Strafgefangene und schwer arbeitende Jugendliche
Zulage VI c	0,45	- für Strafgefangene und Verhaftete in stationären medizinischen Einrichtungen des

KOPIE BStU

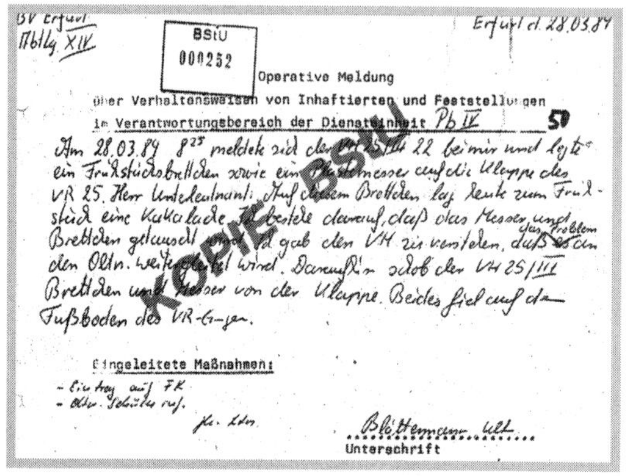

BV Erfurt Abtlg. XIV

Erfurt, d. 28.03.84

BStU 000252

Operative Meldung

über Verhaltensweisen von Inhaftierten und Feststellungen

im Verantwortungsbereich der Diensteinheit Pb IV

Eingeleitete Maßnahmen:

Unterschrift

KOPIE BStU

Dienstunterlagen der Haftabteilung XIV, BStU Erfurt, Türklappe innen, Foto: Herz 2005

ein Glassplitter herausgegeben wurde, der sich im Sauerkraut befand.“[398]

Im Juni 1987 beschwerten sich die strafgefangenen Frauen über *„einen Regenwurm, den sie im Weißkraut-Möhrengemüse gefunden hatten“* und an einem anderen Tag gaben Gefangene mehrerer Zellen Salat zurück, der *„so schmutzig* [war], *dass man ihn nicht essen konnte.“*[399]

Einkauf, Zubereitung und Übergabe des Essens erfolgten seitens der Polizei-Haftanstalt, deren Küchenbereich sich im Gebäudekeller befand. Das weitgehend versiegelte dritte Gebäude-Treppenhaus diente als Übergabe-Schleuse. Kosten und Essensübergabe wurden mit der Polizei-Haftanstalt geregelt.

Die einsetzbaren Kosten für „Verpflegungssätze“ waren in Dienstvorschriften geregelt. Es galten die Regelungen, die im Innenministerium auch für Polizei-Haftanstalten und Strafvollzugseinrichtungen festgelegt waren.

Die MfS-Haft-Verpflegungsordnung vom 7. Dezember 1971 legte folgende Verpflegungssätze für nicht arbeitende Untersuchungsgefangene fest (von denen maximal um 5% abgewichen werden durfte)[400]:

2400 Kalorien

40 Pfennig Frühstück/ 65 Pfennig Mittag / 50 Pfennig Abendbrot

darunter 35 g Fette, 45 g Fleisch/ Wurst und 0,1 l Magermilch.

Milch allerdings hat es in Erfurt nicht gegeben, lediglich als Möglichkeit zum Selbsteinkauf. Und an normales „Fleisch“ oder Wurst erinnert sich kaum ein Zeitzeuge der 70er Jahre. In späteren Dienstbestimmungen der 80er Jahren war geregelt, dass der kalkulierte Kalorienbedarf nun etwa bei 2.700 liegen solle, die Preise der drei Mahlzeiten zwischen 65 und 80 Pfennig.

Trotz dem in der DDR relativ niedrigen Brotpreis, billigem Kohl etc. war eine ausgewogene Ernährung damit wenig reell. Hinzu kommt: Die Kosten waren das eine, die Art und vor allem die Qualität des eingesetzten Essens das andere.

Erst ab 1987 gab es einigermaßen realistische Finanzmittel von 3,40 Mark pro Untersuchungshäftling.[401] Innerdienstlich wird allerdings auch jetzt noch Kritisches deutlich, wie die häufige Zurückgabe der Portionen aus vielen Haftzellen und ein statt dessen stärkerer „Brotverbrauch". 1987 gab es jede Woche einmal Milchreis, bei Makkaroni fehlte ausreichend Soße.[402] Das führte trotz spärlichen Lebensmitteleinsatzes sogar regelmäßig zum Wegwerfen von Essen. Inzwischen gab es zum Abendbrot zumeist eine kleine Portion Wurst, wie Presskopf, Blutwurst, Knackwurst, Teewurst. Dass die tatsächliche Wurstqualität hier auch fragwürdig war, belegen große Abfallmengen, z.B. besonders bei Presskopf oder Blutwurst.[403]

In den Dienstprotokollen des Haftpersonals der 80er Jahre ist ansonsten dagegen vorzugsweise die Rede von einer guten Qualität und Zusammenstellung des Essens. Kritik wurde abgetan, indem die Haftleitung den Inhaftierten zu hohe Ansprüche unterstellte. 1987 schrieben die vom Haftanstaltsleiter zur Kontrolle beauftragten Mitarbeiter, das Essen sei „*abwechslungsreich und stets frisch*", „*gut temperiert und geschmacklich gut*", wobei angeblich die „*geschmackliche Bewertung ... einem hohen subjektiven Charakter unterliegt*" und es „*keine objektiv begründeten Beanstandungen*" gegeben habe.[404]

Vom Frühjahr 1987 stammte folgende kritische Anmerkung der Haftanstaltsleitung, die auf Essensklau hindeutet: „*Es ist keinen Genossen erlaubt, Essensreste, Brot u.ä. aus der UHA zu verbringen, sollten sich ähnliche Verstöße wiederholen, muß der betreffende Genosse mit einer disziplinarischen Maßnahme rechnen.*"[405]

Auch 1988 wurde die Ernährung Thema in einer Abteilungs-Besprechung.[406] Abgewiegelt wurde wieder mit den subjektiven Geschmacksansprüchen der Gefangenen, aber auch erwähnt: „*Es kommt vor, dass die VH das Essen geschlossen wieder aus dem VR geben, wenn es nicht den Qualitätsnormen entspricht*", und betont, „*dass die VP uns nicht mit aller gelieferten Wurst versorgt ... und hat einmal eine Wurstlieferung gesehen, war von den Qualität angenehm überrascht*" oder „*es steht Butter auf dem Plan und Cama wird geliefert*".

In Neben- und Zwischensätzen förderte dieser Kontrollauftrag durchaus Unliebsames zutage: Kopfbedeckungen wurden beim Portionieren nicht getragen, Wurst mit Fingern verteilt, überweiche Margarine auf den Tellerrand geschmiert, Besteckteile unterwegs auf den Boden fallen gelassen, Früh- und Abendessen oftmals nicht laut Speiseplan geliefert. Zum Mittagessen hieß es, dass Gemüse und Soße „*oftmals sehr knapp ausfielen*". Bei Suppenmahlzeiten blieb in der Regel die Hälfte ungegessen.

Ende Oktober 1989 – in Nachbarschaft zu den ersten Montagsdemonstrationen – sprachen die Verantwortlichen der Haftabteilung wiederum über das Essen, das inzwischen nochmals um eine Mark erhöht worden auf – also auf 4,40 Mark täglich.[407] Man schwelgte selbstlobend in einer „Interhotelqualität" und dem eingesetzten Delikat-Käse, in Frischwaren und Salat. Doch auch jetzt noch heißt es: „*Eine schlechte Qualität ist zu erkennen bei Reis, Graupen und Nudeln durch die VP-Küche, oft zu dick und unansehnlich.*" Und in der Arbeitsvorlage, die zuvor für diesen Gesprächspunkt angefertigt worden war, war wieder die Rede von nichteingehaltenen Speiseplänen und viel weggeworfener Wurst.[408]

Die schlechte Ernährung der Gefangenen, die in den 50ern noch unvergleichlich schlechter war, betraf nicht allein die MfS-Haft, sondern auch die Polizeihaft- und Strafanstalten. Zum Vergleich: Allein der Stunden-Lohnzuschlag für den Schichtdienst von MfS-Mitarbeitern lag höher als der Tagessatz für das Gefangenenessen.

000007

Einkaufsangebot der UHA

Name: [redacted]....... VR: ....16..... Datum: 14.08.1989...

noch vorhandenes Eigengeld: .... Mark

Artikel	Bestellmenge	erhalt. Preis	Quittung
Kuchen, naß			
Kuchen, trock.			
Kekse	2x	3,60	[redacted]
Waffeln			
Schokolade, Vm			
Schokolade, Bitter			
Traubenzucker, Tbl.			
Kaffee,125g			
Teebeutel			
Würfelzucker			
Obst à 1kg	1 kg	0,90	[redacted]
Knackwurst			
~~Salami~~ Cola	2x	1,30	[redacted]
Butter			
Schmelzkäse			
Schnittkäse			
Camembert			

Milchbeutel	2x	1,32	[redacted]
Kräuterquark			
Fruchtquark			
Fruchtjoghurt			
Knäckebrot			
Zwieback			
Senf			
Zigaretten Karo			
" alte Juwel	3x	7,50	[redacted]
" Cabinet, F6			
" Club			
" Duett			
Tabak........			
Zigarettenpapier			
Streichhölzer	1x	1,00	[redacted]
Haarwäsche bis 3,-			
" bis 10,-			
Schuppenhaarw.			
Zahncreme/Perlodont			
" /Elkadent			
Seife bis 1,--			
Seife bis 5,--	1x	3,75	[redacted]
Hautcreme		19,27	
Deostift			

BStU 000008

KOPIE BStU

Einkaufsliste 80er Jahre, Dienstunterlagen der Untersuchungsabteilung IX, BStU Erfurt

Gefangene, die zu Freiheitsstrafen verurteilt wurden und dann Haftarbeit verrichten mussten, mussten sich ihr „Essensgeld“ später im Strafvollzug faktisch in mehrfacher Höhe in Rechnung stellen lassen.

Laut Zeitzeugenaussagen wurde das Essen in den 50er Jahren in Näpfen ausgegeben, später gab es Teller. Das Besteck durfte – wegen der Selbstmordgefahr – in der Regel nicht in den Zellen bleiben, musste sofort wieder herausgegeben werden. Während der Mahlzeiten gab es erhöhte Zellenkontrollen und ein Verbot zur Öffnung von Zellentüren. Zeitweise muss es auch Plastik-Besteck gegeben haben, denn 1985 wies Haftleiter Meyer die Ausgabe von Metallbestecken an alle Gefangenen an, es sei denn, diese waren als „suizidgefährdet“ eingestuft.[409] Die Essensverteilung erfolgte nicht durch Strafgefangene, sondern durch MfS-Mitarbeiter. Um Rufen oder Kontakte zu verhindern, wurden die Zellenklappen nur einzeln geöffnet.[410] Häufig vergingen 1-2 Stunden Zeit, ehe das von der VP gelieferte fertige Essen an die Gefangenen ausgeteilt wurde[411] – was die Essensqualität ebenso beeinträchtigte wie die fehlende Hygiene bei der Portionierung durch Haftmitarbeiter.

Aber in Nebensätzen wird auch mit dem höheren Verpflegungsgeld der 80er Jahre noch Kritisches deutlich, wie die Mengen zurückgegebener Portionen, der „stärkere Verbrauch“ an Brot, Nudelgerichte mit extrem wenig Soße usw.[412] Im April 1989 fanden die Schließer bei der Zellendurchsuchung während der Freihofstunde in Zelle 38 am Lüftungsschieber einen *„Zettel mit der Aufschrift ‚Hunger im Kerker‘“*.[413]

Die schlechte Ernährung belastete die Gefangenen unterschiedlich stark. Ja länger und endloser die Haftzeit dauerte, umso mehr machte sich auch der Nährstoffmangel der einseitigen Zutaten bemerkbar.

Doch manchen Gefangenen gelang es, sich mit Humor, Ironie und sogar spitzfindige politische Satire dagegen aufzulehnen.

Geradezu eine Kuriosität – auch im Hinblick auf den von der SED und ihrer Stasi noch jahrzehntelang gefürchteten Arbeiteraufstand des 17. Juni – war die 1987 protokollierte Bechwerde eines Gefangenen aus Zelle 26:

> *„Herr Unterleutnant, daß wir am Nationalfeiertag keine Sahnetorte zum Frühstück bekommen(,) konnten wir uns denken, daß wir aber so einen Fraß vorgesetzt kriegen, glaubten wir nicht. Die Cama war so weich, daß man sie nicht auf dem Brot halten konnte und die fette Blutwurst war ekelhaft. Das konnte man nicht essen. Wir sind gespannt, wie das Mittagessen und das Abendbrot wird. Wir haben aber noch einen kleinen Funken Hoffnung, denn am 17. Juni gab es Mittag eine dünne Suppe und kurze Zeit später bekamen alle VH als Zusatz ein großes Stück Knackwurst. An diesen Tag hat man erkannt, daß dieses Essen kein Essen war, vielleicht klappt das heute auch am Feiertag.“*[414]

Einkauf

Einkäufe waren in den frühen Jahren der Haftanstalt nicht möglich.

Später war es laut Hausordnung wurde es zeitweise nur jeden 2. Dienstag im Monat ermöglicht, Einkaufsbestellungen auf einer Liste einzutragen. Einen Einkaufsraum gab es nicht, Haftmitarbeiter kauften erst die bereits bestellten Waren gezielt ein. Später konnte dies auch einmal wöchentlich geschehen – zum Beispiel mit Bestellung montags und Übergabe in die Zellen donnerstags . Mitte der 70er Jahre durften die monatlichen Einkäufe 30 Mark nicht überschreiten – nicht viel für starke Raucher angesichts der Zigarettenpreise – aber nur bei ausdrücklicher Genehmigung durch den Vernehmer, die jeweils für 14 Tage galt.[415]

In der Haftanstalt war geregelt:

> *„Nach Rücksprache mit dem verantwortlichen Mitarbeiter der Abteilung IX kann die verhaftete Person über das* [konfiszierte] *Geld zum Zwecke des Einkaufs innerhalb der UHA verfügen.“*[416]

Erst in den 80er Jahren gab es die zentrale Vorgabe, dass der Umfang des mögliche Einkaufs nicht beschnitten werden dürfe. In den Dienstunterlagen war das so formuliert, als wären derartige Beschränkungen zwar nicht rechtens, aber allgemein üblich.[417]

Die Gefangenen, die etwas einkaufen wollten, mussten bei ihrer Festnahme oder – in der letzten Haftphase – auch durch Überweisungen von Angehörigen über Geld verfügen. Montags erhielten sie eine Liste, aus der sie wählen konnten. Diese enthielt neben Zigaretten auch Backwaren, gelegentlich Obst sowie Körperpflegemittel.

Die meisten Einkäufe beschränkten sich offenbar auf Tabak oder Zigaretten. Hatte ein Festgenommener kein Geld, so war ein Zigarettenkauf nicht möglich. Das war für starke oder auch nervöse Raucher eine Zusatzbelastung. Aber auch andere Gefangene kauften meist Tabak und Papier anstelle von Zigaretten, denn die Dauer dieser Situation und die nachfolgende Strafzeit waren für keinen absehbar.

In späteren Jahren kauften sich viele Gefangene vorzugsweise Milch, um ihre Ernährung aufzubessern. Die Milchbeutel aus Plastik durften aber nicht in den Zellen bleiben, die Posten bewahrten sie im Kühlschrank auf – Hauptgrund des Verbots war[418]: Angesichts der hohen Rate der Selbstmordversuche (s. Kapitel 12) befürchtete die Gefängnisleitung, dass diese Beutel zum Auffangen des Blutes aus aufgeschnittenen Pulsadern dienen könnten und Selbstmordversuche zu spät bemerkt würden.

Post und Besuch

Ein Grundprinzip der MfS-Untersuchungshaft war die höchstmögliche Isolierung der Gefangenen – von Freunden, Angehörigen, Anwälten, Mitgefangenen. Auch Post und Besuche sind ihnen oft genug gänzlich verwehrt worden. Noch in den 70er Jahren konnte es Tage oder Wochen dauern, bevor die Angehörigen überhaupt erfuhren, wo sich der Gefangene befand. In den 50er Jahren passierte es wiederholt, dass

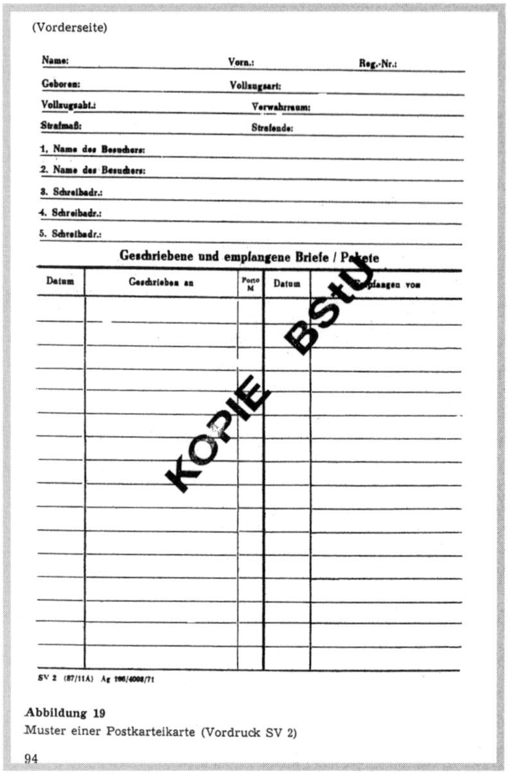

(Vorderseite)

Name: Vorn.: Reg.-Nr.:
Geboren: Vollzugsart:
Vollzugsabt.: Verwahrraum:
Strafmaß: Strafende:
1. Name des Besuchers:
2. Name des Besuchers:
3. Schreibadr.:
4. Schreibadr.:
5. Schreibadr.:

Geschriebene und empfangene Briefe / Pakete

Datum	Geschrieben an	Porto M	Datum	Empfangen von

KOPIE BStU

SV 2 (87/11A) Ag 196/4008/71

Abbildung 19
Muster einer Postkarteikarte (Vordruck SV 2)

94

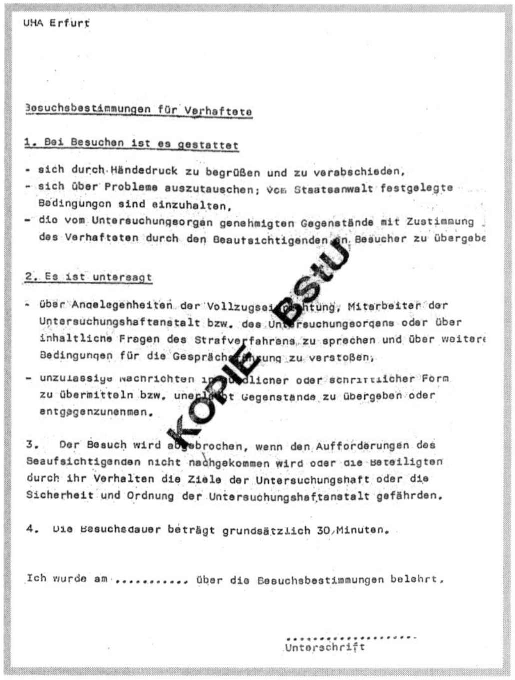

UHA Erfurt

Besuchsbestimmungen für Verhaftete

1. Bei Besuchen ist es gestattet

- sich durch Händedruck zu begrüßen und zu verabschieden,
- sich über Probleme auszutauschen; Vom Staatsanwalt festgelegte Bedingungen sind einzuhalten,
- die vom Untersuchungsorgan genehmigten Gegenstände mit Zustimmung des Verhafteten durch den Beaufsichtigenden an Besucher zu übergeben

2. Es ist untersagt

- über Angelegenheiten der Vollzugseinrichtung, Mitarbeiter der Untersuchungshaftanstalt bzw. des Untersuchungsorgans oder über inhaltliche Fragen des Strafverfahrens zu sprechen und über weitere Bedingungen für die Gesprächsführung zu verstoßen,
- unzulässige Nachrichten in mündlicher oder schriftlicher Form zu übermitteln bzw. unerlaubt Gegenstände zu übergeben oder entgegenzunehmen.

3. Der Besuch wird abgebrochen, wenn den Aufforderungen des Beaufsichtigenden nicht nachgekommen wird oder die Beteiligten durch ihr Verhalten die Ziele der Untersuchungshaft oder die Sicherheit und Ordnung der Untersuchungshaftanstalt gefährden.

4. Die Besuchsdauer beträgt grundsätzlich 30 Minuten.

Ich wurde am .... über die Besuchsbestimmungen belehrt.

....
Unterschrift

KOPIE BStU

Dienstunterlagen der Haftabteilung XIV, BStU Erfurt

Außenstehende erst zum bereits feststehenden Prozesstermin unterrichtet wurden.

Mit erneuertem Strafprozessrecht 1968 und angesichts außenpolitischer Aufmerksamkeiten konnte die Staatssicherheit eine Isolierung sowjetischer Manier nicht langfristig beibehalten. Post, Besuch, Anwaltskontakt wurden regulär möglich, blieben aber restriktiv gewährt und wurden „aus Sicherheitsgründen" immer wieder verweigert oder vorenthalten. Zeitzeugen berichten übereinstimmend, dass sie nur eine einzige Person bzw. Adresse für den Briefkontakt angeben durften.

Formell war den Gefangenen Mitte der 70er Jahre *„erlaubt 3 x einen Brief von einer A 4 Seite zu schreiben und zu empfangen."* Die meisten Zeitzeugen erinnern sich jedoch an selteneren Briefwechsel bzw. an längerfristige generelle Kontaktverbote besonders in der ersten Hälfte der Haftzeit.

Es gab auch enge inhaltliche Grenzen des Postkontakts – die Gefangenen durften letztlich gar nichts über ihre Situation, die Strafvorwürfe, Verhöre, Mitgefangene, ihren Gesundheitszustand etc. schreiben, keine Grüße ausrichten lassen, die eventuell versteckte Hinweise beinhalteten – also im barsten Sinne des Wortes nur „übers Wetter" schreiben. Die Empfangspost wurde ähnlich streng geprüft und mitunter fast komplett zensiert, d.h. den Gefangenen vorenthalten.

Man mag als Außenstehende ohnehin nur eine Ahnung davon haben, wie es ist, Briefe in existenzieller Situation zu schreiben, von denen man weiß, dass sie zehnmal umhergedreht werden in den Händen derer, die bedrohlich und allmächtig die eigne Person beherrschen.

Laut Haftleiter erfolgte *„das Briefschreiben ... unter Aufsicht des Untersuchungsführers."*[419] Das betraf auch den Briefempfang. Die Vernehmer nahmen eingehende Briefe der Gefangenen oder auch geschickte Familienfotos in ihre Akten.

Die Aushändigung der Post erfolgte in der Regel während des nächsten Verhörs bzw. Vorsprechens beim Vernehmer. Mitunter las der Vernehmer dem Gefangenen aber nur Auszüge aus seiner Post vor oder hielt sie ihm gänzlich vor. Zeitweise ausgehändigte Briefe mussten die Gefangenen sofort wieder abgeben.

Vom April 1986 datiert eine Erfurter Weisung[420] für die MfS-Gefangenen-Post – sei es mit den Angehörigen, den Rechtsanwälten oder DDR-Behörden. Bis dahin galten die Postfächer des Bezirks- oder des Militärstaatsanwalts von Erfurt als Adresse, seither aber gab es ein eigenes Postfach (99) für die U-Haftanstalt. (Für die Strafgefangenen, s. Kapitel 15, gab es länger schon ein eigenes Postfach.) Die Postzustellung über die Postfächer der Staatsanwälte zuvor wurde direkt zwischen Staatsanwaltschaft und U-Haft ausgetauscht und in Postquittungsbüchern festgehalten. Der neue Postweg über ein eigenes Postfach bedeutete, dass die Staatsanwaltschaft keinerlei Einblick mehr in Art und Umfang der Gefangenenpost hatte, sondern *„daß der ... verantwortliche Untersuchungsführer sowohl die eingehende, als auch die ausgehende Post Verhafteter eigenverantwortlich gründlich prüft.*“ Als Zwischenkontrolle hatte es das schon zuvor gegeben.

Ein Empfang von Paketen oder das Abgeben von Dingen für die Gefangenen am Gefängnistor war generell nicht gestattet.

Für die MfS-Strafgefangenen der Arbeitskommandos war der Postkontakt regelmäßiger, aber inhaltlich und personell ebenfalls beschränkt. Die Post durften sie in der Regel in der Zelle lesen, bevor die Haftmitarbeiter sie wieder einsammelte und „zu den Effekten“ der Strafgefangenen ablegte.

Besuche

Besuche waren ebenfalls geregelt – dafür existierten „Besuchsbestimmungen“[421] für die Gefangenen als auch für deren Besucher. Doch die Vernehmer gestatteten Besuche nur in dem Maße, wie es ihren “vernehmungstaktischen” Wünschen entsprach. Häufig war es wohl so, dass Besuche in der letzten Haftphase gestattet wurden, wenn die Verhöre abgeschlossen waren und auf den Gerichtsprozess gewartet wurde.

Jeder Gefangene durfte nur eine Besuchsperson angeben. Die wurde bei Besuchserlaubnis durch den Vernehmer angeschrieben (in Form einer „Sprechgenehmigung“) und zum Besuch geladen.

Die Gefangenen mussten sich vor dem Besuch umkleiden, damit niemand die schlechte tatsächliche Gefangenenkleidung sehen konnte. 1987 wurden neue *„Sprecherkostüme und Sprecheranzüge*“ bestellt.[422]

Vor dem Zusammentreffen wurden beide Seiten belehrt. Sie bekamen Bestimmungen in die Hand, die sie lesen und unterzeichnen mussten.

Das in den Besuchsbestimmungen verbriefte „Recht“, sich mit Händedruck zu begrüßen, ist genau genommen ein Verbot all dessen, was darüber hinausgeht. Als Gespräch war es gestattet, *„sich über Probleme auszutauschen*“ (also belanglose Gesprächsinhalte jenseits des Strafverfahrens und der momentanen Situation des Gefangenen) in deutscher Sprache und es gab obendrein die generell mögliche Einschränkung besonderer „Bedingungen“ des Staatsanwaltes. Die Besucher durften den Gefangenen nur maximal kleine vorangekündigte Geschenke (Obst, Zigaretten, Kuchen, Süßigkeit) mitbringen, die dem Haftpersonal zur vorherigen Durchsuchung ausgehändigt werden mussten.

In der Regel war bei den Besuchen nicht nur das Haftanstaltspersonal anwesend, sondern auch der Vernehmer. Beide beobachteten Gefangene und Besucher sehr intensiv und aus nächster Distanz. Gefangener und Besucher saßen sich in der Regel an einem Tisch gegenüber – Verneh-

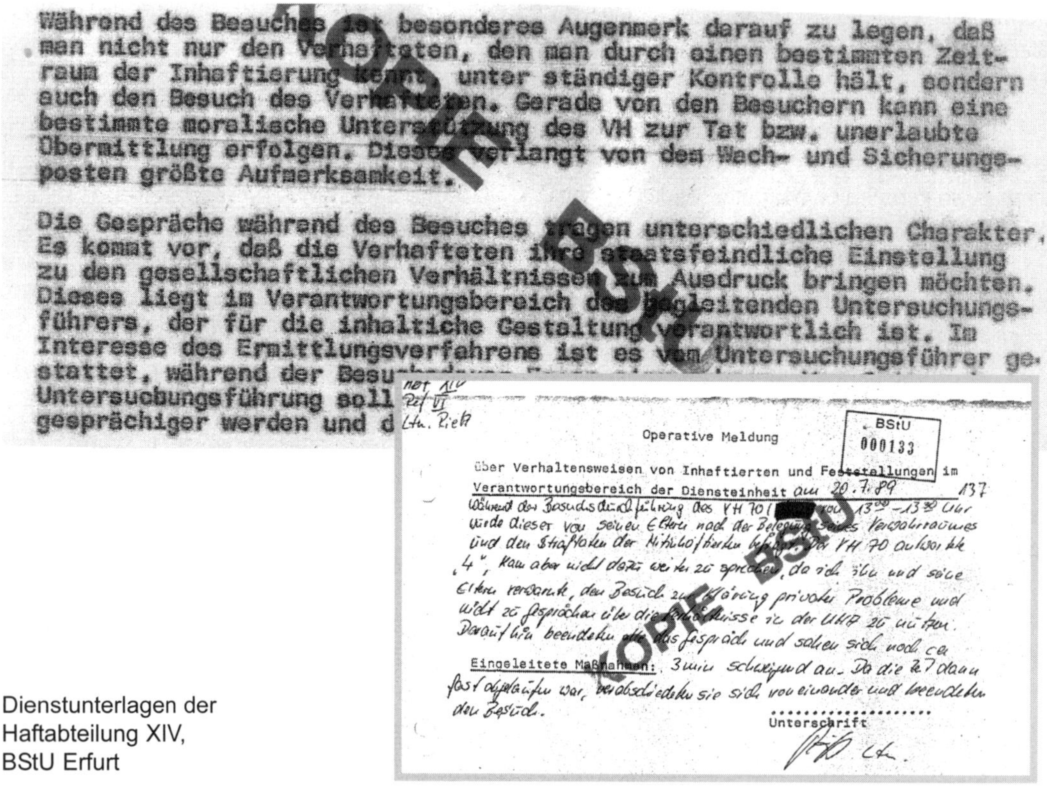

Dienstunterlagen der Haftabteilung XIV, BStU Erfurt

mer und Haftmitarbeiter jeweils links und rechts davon. Die generelle Besuchsdauer betrug eine halbe Stunde.

Versuchten Gefangene und Besucher, die Beschränkungen zu überschreiten oder Verwarnungen zu missachten, brach die MfS-Mitarbeiter den Besuch sofort ab und die Betreffenden mussten damit rechnen, dass ein nächster regulärer Besuch verboten wurde.

In den Sachakten der MfS-Haftanstalt finden sich diverse Berichte über einzelne Besuche, die die Situation der Betroffenen deutlicher werden lassen:

1979 empfing ein Gefangener den Besuch seiner Eltern. Aufgrund der offenen Empörung seiner Mutter fertigten die Haftmitarbeiter über den Besuchsverlauf folgende Notiz:

> *„Vor dem Sprecher erfolgte die Belehrung des Beschuldigten und der Eltern über die Verhaltensweise während des Besuches durch den Gen. Scholz, Abt. IX. Die X. trat während des Sprechers provokativ auf und bezeichnete die Untersuchungshaft als unmenschlich. Trotz mehrfacher Aufforderung, ihre verleumderischen Äußerungen zu unterlassen, behauptete sie, daß man ihren Sohn verhungern lassen würde und er umgebracht werden solle. Sie stellte die Regimeverhältnisse in der Untersuchungshaftanstalt mit den(en) eines faschistischen Konzentrationslagers gleich. Dabei äußerte sie wörtlich ‚Du siehst ja aus wie aus dem KZ, ich werde es allen Leuten sagen, ich lasse meinen Sohn nicht umbringen.' Sie brachte zum Ausdruck, daß sie sich beim Generalsekretär der SED beschweren will. Des weiteren äußerte sie: ‚Ich werde alles den X schreiben, ich werde dich schon rausholen, du bist mein Junge, ich laß dich nicht kaputt gehen.' Der Sprecher wurde nicht vorzeitig abgebrochen, weil der Beschuldigte und der Ehemann der X. diese aufforderten, sich ruhig zu verhalten. Nach Beendigung des Sprechers wurde die X. durch Gen. Scholz aufgefordert,*

keine verleumderischen Äußerungen gegen das Untersuchungsorgan in der Öffentlichkeit zu verbreiten."[423]

1980 gelang es einem Gefangenen, seine Eltern über seine Selbstmordabsichten zu informieren, ehe das Haftpersonal einschreiten konnte.[424] Er sagte, dass er schon die vierte Woche im Hungerstreik sei, der Vernehmer ihm Essen gäbe, er sich aber lieber an den Tropf hängen lasse während der vier Haftjahre, die ihm sein Vernehmer angekündigt habe. Er rief seiner Mutter – laut Protokoll des Haftmitarbeiters – zu: „Schreib an alle, dass ich ab heute nichts mehr esse. Vergiss nicht, an alle."

1981 beschwerte sich ein anderer Gefangener in einem Schreiben an den Bezirksstaatsanwalt über den Verlauf seines Besuches:

> „*Gleich nachdem mein Bruder Informationen über seinen Besuch beim Staatsanwalt mir mitteilte(,) wollte der Vernehmer den Besuch abbrechen. Ich war aufgebracht darüber(,) da gerade dieser Vernehmer auch den Besuch meines Vaters abgebrochen hat und mit seinen Rufen ‚Sagen Sie Namen' meinen Vater in einen Weinkrampf gebracht hat. Bei der Übergabe des Obstes ist der Vernehmer wiederum eingeschritten, obwohl der mitgegangene Oberleutnant mit der mir übergebenen Menge Obst einverstanden war. ... Da ich mich geweigert hatte(,) ohne das Obst nicht den Raum zu verlassen, erschien ein fünf Mann starkes Kommando, wobei ein Mitarbeiter des Untersuchungshaftvollzuges den Schlagstock schon griffbereit hatte. Daraufhin bin ich widerstandslos mitgegangen.*"[425]

1982 war es einem 33-jährigen Gefangenen nicht viel besser ergangen. Sein 30minütiger Besuch wurde vorzeitig abgebrochen:

> „*Obwohl der VH vorher über ein richtiges Verhalten belehrt wurde, begrüßte er seine Ehefrau entgegen der Normen mit Händedruck und Umarmung. Beim Hinweis, daß dies nicht gestattet ist, tat er dies ab mit der Bemerkung ‚man solle nicht nölen'. Während des Besuchsgesprächs machte er seiner Frau deutlich, daß er nicht mehr aus dem Staasiknast heraus käme und er nur nach dem Westen wolle. ‚Am liebsten würde ich einige von denen abmurksen, so ist mir manchmal danach.' Vom U*[ntersuchungs]-*Führer wie auch Angehörigen der UHA wurde er daraufhin noch einmal verwarnt. Nach dieser Verwarnung teilte er seiner Ehefrau weiter mit, daß ihr letzter Brief an ihn vom Vernehmer nur vorgelesen worden wäre, aber auch nur das, was er wissen durfte. Er ergriff die Hände seiner Frau und versuchte, sie über den Tisch hinweg zu küssen. Dieses undisziplinierte Verhalten war der Anlaß, den Besuch für beendet zu erklären.*"[426]

Die Besuche waren für die Gefangenen auch deshalb wichtig, weil sie sich häufig auch Sorgen um ihre Angehörigen machten. 1984 fiel der Besuch der Ehefrau eines Gefangenen aus, ohne dass er erfuhr, warum. Der Posten lauschte, als er darüber an einem Samstag mit seinem Zellennachbarn sprach:

> „*Er habe Angst, dass ihr etwas zugestoßen sei, da sie in der Vergangenheit schon mehrere Unfälle hatte. Aus diesem Grund habe er seit Tagen nichts essen können. Schon am Freitag habe er sich zum U-Führer gemeldet, damit dieser sich nach seiner Frau erkundigen sollte, wurde aber nicht vorgeführt. Jetzt muss er unbedingt am Montag zum U-Führer, sonst hält er es nicht aus.*"[427]

Im Sommer 1989 kam es zum vorzeitigen Besuchsabbruch, weil der Gefangene seinen Eltern auf die Frage der Zellenbelegung mit „4" geantwortet hatte.[428]

Und ein paar Tage später flüsterte ein Gefangener seiner Mutter trotz Verbot zu, dass seine Haft mit der Ausreise zusammenhinge, und bestätigte die Namen anderer Mitgefangener.[429] Die Haftmitarbeiter meldeten anschließend das zögerliche Einschreiten des neuen Vernehmers dem Leiter der Untersuchungsabteilung.

Besonders unzureichend waren – den Berichten zufolge – auch die Gespräche während der Besuche von Rechtsanwälten. Sie fanden ausschließlich unter Kontrolle und unter starken inhaltlichen Restriktionen bezüglich des Gerichtsverfahrens selbst statt. (s. Kapitel 14)

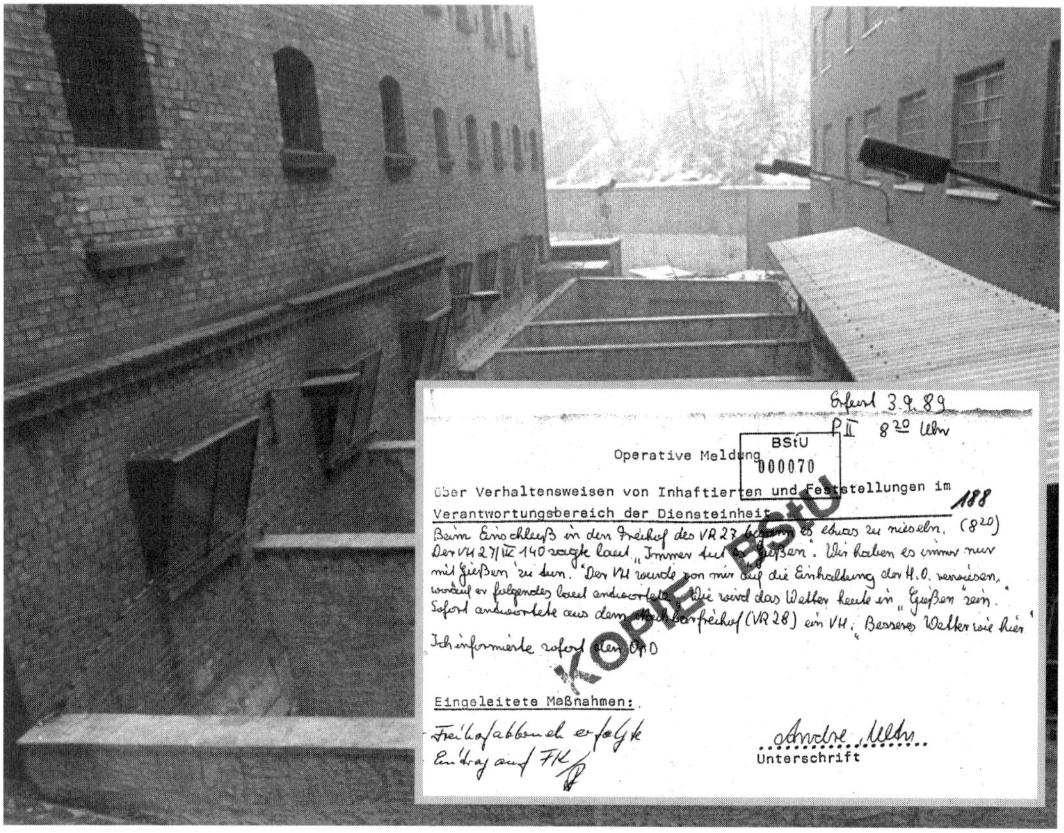

Freihofstunde

Durch internationale und gesetzliche Vorgaben und Vorschriften des Innenministeriums war das Recht festgelegt, dass alle Gefangenen täglich einige Zeit im Freien verbringen können. In den 80er Jahren war laut Dienstordnung für die MfS-Haft eine tägliche Freistundenzeit von 45 Minuten vorgesehen.

Bis 1985/86 existierten nahe des MfS-Hauseingangs drei kleine, schrägwinklige Freihöfe, die kaum größer als 15 Quadratmeter, rings umgeben von 3-4 Meter hohen Betonputzmauern, durch Gitternetze abgedeckt und vom Postenturm einsehbar waren. Der Weg dahin führte über das einzige Treppenhaus der Haftanstalt.

In den frühen Jahren der MfS-Haft wurde die Freistunde äußerst willkürlich gehandhabt. Aus unabhängigen Berichten von Zeitzeugen jener Jahre ist bekannt, dass die Freihofzeiten oft nicht gewährt wurden – man saß den ganzen Vormittag im Verhör und der Freihof „fiel aus" mitunter mehrere Tage lang. Außerdem gab es häufig nur 20 Minuten Freihofzeit, mit zugleich einengenden Bewegungsvorschriften. Frühe, lange und unangekündigte Verhörzeiten, fehlendes Wachpersonal, unpassendes Dienstregime, anderweitige Zeitnutzung boten für das Haftpersonal immer wieder Anlass zum Verzicht auf vollständige „Freihof-Durchführung".

Nach einer Äußerung von Haftanstaltsleiter Meyer Anfang 1986 „*... ist die Durchführung und die Absicherung des Freihofes für Verhaftete von politischer Bedeutung und täglich durchzuführen.*"[430] Hintergrund dieser inzwischen formell recht akribischen Gewährung der Grundrechte Inhaftierter waren internationale menschenrechtliche Bemühungen (KSZE, Amnesty International, UNO etc). Daher mussten nun zur Freihofdurchführung an Wochenenden zusätzlich Mitarbeiter zum Dienst kommen. In einer Zuarbeit für Meyers zitierten Bericht von 1986 musste der stellvertretende Haftanstaltsleiter Hoffmann einräumen, dass es „*Probleme*“ angesichts frühzeitiger Verhörtermine gab und die Freihofstunden oft 20-30 statt 45 Minuten dauerten.[431] Vor 1986 waren die „Probleme“ freilich noch eklatant größer und die Licht- und Luftsituation für die Gefangenen noch deutlich belastender gewesen.

Die Freihofdurchführung seitens der Haftmitarbeiter lief in den letzten Jahren so ab[432]:

Der diensthabende Leiter (s. Kapitel 16) legte die Zellen-Reihenfolge täglich gesondert fest – im Zusammenhang mit angemeldeten Verhören und nach dem Prinzip, dass sich untereinander bekannte Inhaftierte nicht begegnen und nichts zurufen konnten. Außerdem legte er einen Freihofposten fest, der sich (ohne Bewaffnung) sofort auf den Freihofturm begab, und einen Wachmann, der die Zellen anfangs und auch zwischendurch nach versteckten Gegenständen oder Einritzungen in den Wänden durchsuchen sollte. In den Hofbereich wurden die Gefangenen ab 7 oder 8 Uhr der ersten drei Haftzellen getrennt gebracht – durch den Vorführoffizier und einen Wachmann. Nach der festgelegten Zeit wurden die drei Zellenbesetzungen wieder hochgeführt und die nächsten geholt.

Der Freihofposten beaufsichtigte die Gefangenen innerhalb der drei kleinen Freihöfe. Er sorgte mit Aufforderungen, Ermahnungen und Drohungen dafür, dass er ständig alle Gefangenen im Blick hatte, diese zwischen den Freihöfen keinen Kontakt aufnahmen, sich langsam und vorgeschrieben bewegten, keine Kassiber zurückließen und Abstand zur Freihoftür hielten.

Immer wieder gab es Berichte über das Verhalten einzelner Gefangener im Freihof. (s. auch flg. Kapitel) 1978 verzeichnete die Haftanstaltsleitung, dass zigmal gegen die Hausordnung verstoßen wurde, in dem „*auf dem Freihof gesungen, gepfiffen oder gerufen wurde*“ und vom „*vorfristigen Abbruch des Freihofes, da massiv gegen die Durchführungsbestimmungen verstoßen wurde*“.[433] Berichte über Verstöße und „Ermahnungen“ Gefangener zu lautlosem Verhalten, zum Aufhalten in den vom Posten genau einsehbaren Freihofflächen, zum langsamen Kreislaufen, zum Nichtberühren der Freihofmauern usw. gibt es in den Haftakten zahlreich.[434] Immer wieder ist auch die Rede von „vorzeitigem Abbruch des Freihofes“ bei Nichteinhalten dieser Verbote und von Negativ-Eintragungen in die Haftkarteikarte des Betreffenden.

Der Begriff „frei“ in Freihof bestand für die Gefangenen ausschließlich im freien Atmen, denn selbst der „freie“ Blick zum Himmel war über viele Jahre hinweg durch den Anblick von Stacheldraht und Maschendraht getrübt.

Während der Bauzeit des Neubauflügels und der MfS-Außenanlagen 1985-87 wurden die MfS-Gefangenen in einen Teil des Polizei-Freihofes geführt. Dazu wurde das sonst stets verriegelte Zellenflügel-Südtreppenhaus benutzt.

Im Sommer 1987 gelang es einem gut trainierten, polnischen Gefangenen, die Mauer zu erklimmen und auf den Postensteg zu kommen, von wo aus er aber sofort vom Haftpersonal wieder in den Freihof heruntergestoßen wurde.[435]

Ab Herbst 1987 wurden die Gefangenen in gänzlich neue Freihöfe gebracht, die zwischen Neubau- und Zellenflügel neu errichtet worden waren. Eine Besserung für die Gefangenen stellten sie keineswegs dar.

Im Oktober 1987 schrieb der Freihofposten in einem Bericht[436], dass Gefangene aus Zelle 40 darüber folgendes sagten: „da hat ja jeder Hund mehr Auslauf“ und „diese Schweinebuchten sind doch etwas für Hirnamputierte, wie die da oben“. Und im Dezember 1988 rastete ein Gefangener aus Zelle 28 aus und sprach von „Buchten“, die immer kleiner würden.[437]

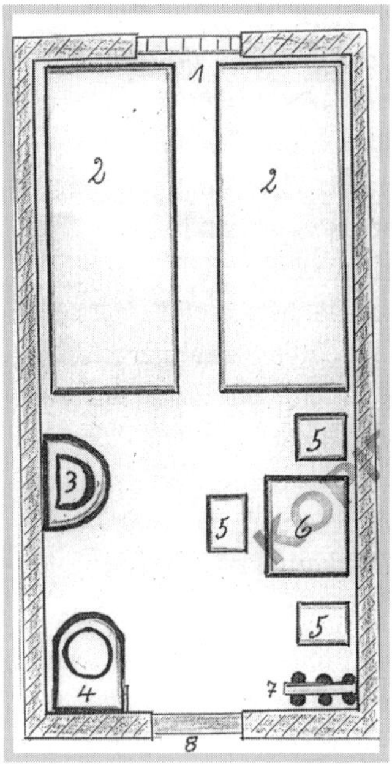

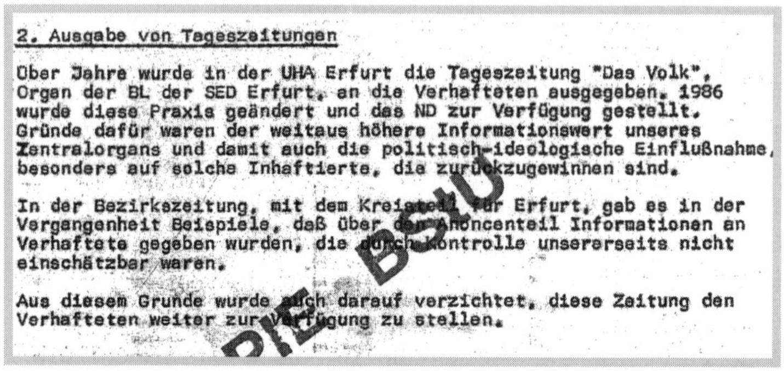

2. Ausgabe von Tageszeitungen

Über Jahre wurde in der UHA Erfurt die Tageszeitung "Das Volk", Organ der BL der SED Erfurt, an die Verhafteten ausgegeben. 1986 wurde diese Praxis geändert und das ND zur Verfügung gestellt. Gründe dafür waren der weitaus höhere Informationswert unseres Zentralorgans und damit auch die politisch-ideologische Einflußnahme, besonders auf solche Inhaftierte, die zurückzugewinnen sind.

In der Bezirkszeitung, mit dem Kreisteil für Erfurt, gab es in der Vergangenheit Beispiele, daß über den Annoncenteil Informationen an Verhaftete gegeben wurden, die durch Kontrolle unsererseits nicht einschätzbar waren.

Aus diesem Grunde wurde auch darauf verzichtet, diese Zeitung den Verhafteten weiter zur Verfügung zu stellen.

Zelleneinrichtung, Skizze, Dienstunterlagen der Haftabteilung XIV, BStU Erfurt, Tischplatte in Zelle, Foto: Herz 2005

Endlose verhörfreie Tage – Beschäftigung in den Zellen

„Wenn wir die IH beschäftigen, beschäftigen sie uns nicht.“[438]

So äußerte sich Referatsleiter Hoffmann 1987 in den Chefbesprechung im Zusammenhang mit der zuvor neu eingeführten Ausgabe von Spielkarten an die Gefangenen.

An den verhörfreien Hafttagen verging die Zeit endlos langsam. Es gab – entgegen der obigen Aussage – fast keine Beschäftigungsmöglichkeiten. Ein Zeitzeuge erklärt heute dazu: „Wir sollten halt über das Verwerfliche unserer Taten nachdenken.“

Die Gesellschaft der Mitgefangenen bot nur eingeschränkte Abwechslung. Längere Unterhaltungen gab es nur anfangs, das Misstrauen gegen mögliche Zellenspitzel schwang darin oft mit, die Zellenenge und die langwierigen Ungewissheiten belasteten das längerfristige Miteinander, die ständigen Türkontrollen mahnten zur Vorsicht.

Tagelang blieb den Gefangenen zum „Zeitvertreib“ nur das Rauchen und das Grübeln.

Seitens der Gefängnisleitung ließ man vorzugsweise nur solche „Beschäftigungen“ zu, die politisch-erzieherischen Charakter hatten.

Zum Beispiel die SED-Tageszeitungen. Deren realitätsfälschende Inhalte waren für die Gefangenen einerseits eine Zumutung, andererseits aber doch wenigstens ein kleines Fensterchen zur Außenwelt. Sie lasen dann auch zwischen den Zeilen, interessierten sich für das weniger feindideologische Lokalgeschehen, suchten nach Hinweisen über geplante Amnestien, westliche außenpolitische Initiativen und dergleichen. Ehe die Tageszeitungen in die erste Zelle gereicht wurden, wurden sie diesbezüglich allerdings regelmäßig vom Haftpersonal „gefilzt“, unerwünschte Einzelseiten wurden entfernt und bestimmte Passagen direkt herausgeschnitten.

Mitunter aber gelangten doch wichtige Nachrichten zu den Gefangenen. Im Juni 1988 fanden die Posten im Fensterschacht der Zelle 31 den Zeitungsartikel „Ein Luxemburg Zitat und die Erfahrungen mit Andersdenkenden“ und konfiszierten ihn.[439] Und bei einer Zellenfilzung im September 1989 fanden die Schließer eine Seite des „Neuen Deutschland“ (der zentralen SED-Zeitung) über die KSZE-Abschlussdokumente[440] – freilich handelte es sich um verzerrte SED-Versionen, aber die KSZE-Verträge verpflichteten die DDR zu bürgerrechtlichen Zugeständnissen und wurden deshalb nur allzu gern vor der eignen Bevölkerung geheim gehalten.

Fernsehen war – anders als im Strafvollzug – generell unmöglich.

In den 50er Jahren gab es für die Gefangenen laut Zeitzeugenaussagen keine Möglichkeit zum Buchlesen. Ein Buchbestand wurde vermutlich im Laufe der 60er Jahre angelegt. In der Haftanstalt gab es in den 70er und 80er Jahren eine Bibliothek, aus der sich die Gefangenen einmal wöchentlich zwei Bücher aus einer Liste entleihen durften, sofern das vom Vernehmer nicht verboten wurde und auch vom Haft-Referatsleiter als „erlaubt“ bestätigt war.[441] Buchlesen galt als eine „Vergünstigung“, die zur Bestrafung jederzeit „entzogen“ werden konnte. Laut Selbsteinschätzung verantwortlicher Haftmitarbeiter war *„...die inhaltliche Gestaltung der Bibliothek ausgiebig auf Werke der sozialistischen Literatur ausgerichtet“*.[442]

Es gab keinen nutzbaren Bibliotheksraum oder Buchkatalog für die Gefangenen. Bei der Vorbestellung konnten die Gefangenen nur Buchrubriken (Romane, Gedichte, Reisebeschreibung, Biografie etc.) auswählen. Donnerstags/freitags konnten die Gefangenen bestellen, montags wurde etwas Entsprechendes ausgeteilt. Die zugeteilte Literatur lag stark im Ermessen des zuständigen Haftmitarbeiters. Das Haftpersonal kontrollierte zurückgegebene Bücher vor der Neuausleihe nach Eintragungen, Kassibern und Hinweisen. Der Buchbestand schwankte, weil alle “markierten” Bücher ausgesondert wurden. 1983 waren es knapp 600 Bücher, sonst aber erheblich weniger.

Die 4.521 Buchausleihen des Jahres 1984 betrafen nur zum Teil die Untersuchungsgefangenen, viele davon lasen die Strafgefangenen der beiden MfS-Arbeitskommandos (s. Kapitel 15).

Die letzte Möglichkeit zur „Beschäftigung“ waren Spiele wie Mensch-ärgere-dich-nicht, deren Ausgabe aus Sicht der Haftanstaltsleitung ebenfalls eine „Vergünstigung“ war. Stunden- oder gar tagelang konnte sich Gefangene damit jedoch auch nicht von ihrer Situation und der endlosen, ungewissen Wartezeit ablenken.

Kartenspiele waren dagegen verboten – wenn Gefangene sich solche aus Zigarettenschachteln und Streichholzruß-Tinte bastelten, wurden sie bei der nächsten „Filzung“ vom Haftpersonal beschlagnahmt.

Körperpflege – Kranksein – Medizinischer Dienst

„Die Hygiene ist hier schlimmer wie in der Viehhaltung.“[443]

Die hygienischen Bedingungen konnten nicht nur das Wohlbefinden und Selbstwertgefühl, sondern auch die Gesundheit beeinträchtigen.

Es hieß zwar bei Haftpersonal ebenso wie bei Zeitzeugen, dass es in der MfS-Haft – zumindest ab den 60er Jahren – etwas sauberer zuging als in Polizeihaft, Transportzellen, Großzellen des Arbeits-Strafvollzugs oder in Durchgangshaftzellen anderer osteuropäischer Länder – aber das steht nur im Vergleich mit den dortigen, überwiegend katastrophalen Bedingungen.

Die Erfurter MfS-Gefangenen mussten zwar wöchentlich selbst ihre Zellen reinigen (die Flure reinigten Strafgefangene der Arbeitskommandos), die Wäsche wurde wöchentlich getauscht, morgens und abends war Waschzeit (am

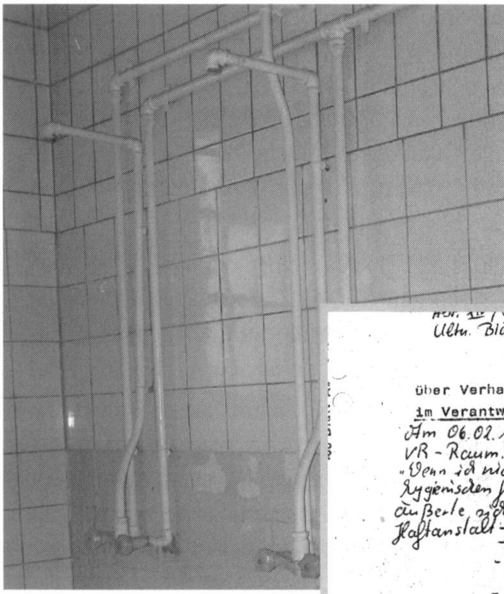

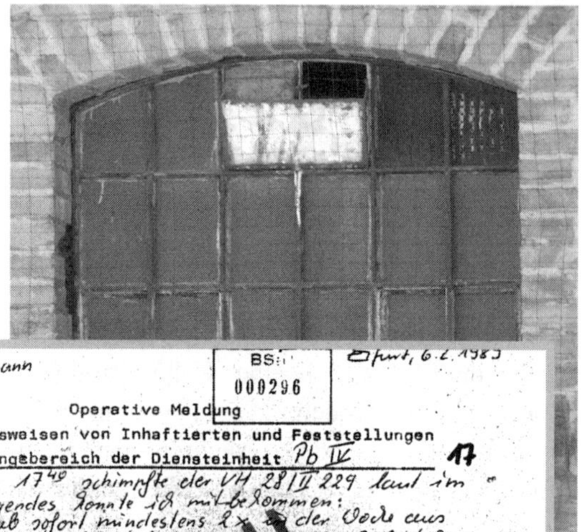

Ultn. Blättermann

BStU 000296

Erfurt, 6.2.1989

Operative Meldung

über Verhaltensweisen von Inhaftierten und Feststellungen im Verantwortungsbereich der Diensteinheit Pb IV

17

Am 06.02.1989 17[40] schimpfte der VH 28/IV 229 laut im VR-Raum. Folgendes konnte ich mitbekommen:
„Wenn ich nicht ab sofort mindestens 2 x in der Woche aus hygienischen Gründen duschen darf, dann ist hier Schluß. Weiterhin äußerte sich der VH über die Art und Weise des Duschens in der Haftanstalt
- das Duschen ist zu kurz
- es dürfen nur 2 Duschen benutzt werden,
- während des Einseifens müssen die Duschen abgedreht werden,
- nach dem Duschen bekommt man noch nicht einmal saubere Wäsche sondern erst einen Tag später
Die Hygiene ist hier schlimmer, wie in der Viehhaltung. Der Leiter kann sich morgen wundern, wenn ich mich bei ihm über diese Sauerei beschweren werde"

Eingeleitete Maßnahmen:

Blättermann Ult

Unterschrift

KOPIE BStU

Duschzelle und Duschzellenfenster, Fotos. Herz, 2006, Dienstunterlagen der Haftabteilung XIV, BStU Erfurt

Kaltwasserbecken in der Zelle, früher: mittels einer Wasserkanne für jede Zelle täglich). Aber das war nicht unbedingt hygienisch so zureichend, dass Unwohlsein, schlechte Luft und Krankheitskeime nicht genügend Freiraum hatten.

Zur Körperreinigung gab es bis 1989 nur kaltes Wasser und ein wöchentlich einmaliges kurzzeitiges Duschen. In den letzten Jahren erhielten die Gefangenen durch die Türklappen zu bestimmten Zeiten eine Kanne warmes Wasser, was das Zähneputzen erleichterte. Alle gefangenen Männer mussten sich mit derselben stumpfen Klinge oder später mit demselben Rasierapparat rasieren.

Das wöchentliche Duschen wurde zellenweise durchgeführt. „Schließer" führten die Gefangenen in den Duschraum am Ende des Zellenflures und beaufsichtigten sie intensiv während des Duschens und des An- und Auskleidens. Zwischendurch wurden die Kleider durchwühlt. Schließer, die letzteres nicht machten, wurden in Dienstbesprechungen offen kritisiert.[444]

Dass die Duschzeiten nicht nur zu selten, sondern auch zu kurz waren, berichten ehemals inhaftierte Zeitzeugen recht einhellig. Im Februar 1989 notierte ein Posten die Beschwerde eines Gefangenen aus Zelle 28:

> *„Wenn ich nicht ab sofort mindestens 2 x in der Woche aus hygienischen Gründen duschen darf, dann ist hier Schluß. ... Das Duschen ist zu kurz. Es dürfen nur zwei Duschen benutzt werden* [bei zumeist 3-5 Gefangenen]. *Während des Einseifens müssen die Duschen abgedreht werden. Nach dem Duschen bekommt man noch nicht einmal saubere Wäsche, sondern erst einen Tag später. Die Hygiene ist hier schlimmer wie in der Viehhaltung.“*[445]

Die plumpe Art der Zellendesinfektion war der Gesundheit nicht unbedingt zuträglich.

Im April 1989 schrieb ein an der Tür lauschender Poste folgendes Zellengespräch mit:

„Dabei äußerte der VH 28/III: ‚Morgen werde ich einen Beschwerdebrief über die unzureichende medizinische Behandlung schreiben. Ich bekomme kein Schwefelwasser für mein Gesicht. Mir wird ständig schwarz vor den Augen. Und dann dieser Gestank von dem Desinfektionsmittel.' VH 28/II: ‚Das hat doch alles kein Zweck. Mir werden ja auch die Vitamintabletten verweigert.' VH 28/III: ‚Wir müssten uns alle 4 morgen zum Vernehmer melden und uns über den Gestank des Desinfektionsmittels beschweren.'"[446]

Kranksein

Die stressvolle Gesamtsituation einer MfS-Haft (Ernährung, Atemluft, Enge, Verhördruck, unbequeme Schlafvorschriften, Bewegungsmangel, Dauerkontrolle, Herabwürdigung, Ungewissheit usw. – s. auch folgende Kapitel) griffen die Gesundheit und das natürliche Immunsystem selbst jüngerer Menschen schnell intensiv an. Von Tag zu Tag baute sich eine seelische und körperliche Spannung auf, die zu Ernährungs- und Atemstörungen, zu Hauterkrankungen und schlecht heilenden Blessuren, zu Herzbeschwerden, Durchblutungsstörungen und Muskelentzündungen, zu Zahn-, Schulter-, Kopf- und anderen Schmerzen führten. Unerkannte Vorerkrankungen oder Infektionen konnten den geschwächten Körper heftiger angreifen als sonst. Depressionen und andere Seelenerkrankungen konnten völlig neu entstehen. Gefangene, die sich selbst voll Emotion oder Selbstmordgedanken etwas zuleide taten, hatten an solchen Wunden zusätzlich zu leiden.

Anfang 1987 verweigerte ein Gefangener das Rasieren und alles sonstige und der Posten gab seine Befindlichkeit in eignen Worten wieder:

„Ich fühle mich körperlich nicht wohl ... mein Sehnerv ist nicht in Ordnung, mein Temperaturausgleich auch nicht, die schweren Speißen schlagen mir auf den Magen."[447]

Die Gefangenen konnten nicht selbst entscheiden, ob und wann sie zum Arzt gingen. Die Posten bzw. Schichtleiter trafen überdies noch eine erste Vorentscheidung über die medizinische Erforderlichkeit eines Besuchs im Sanitätsraum. Das belegen nicht nur Zeitzeugen, sondern auch aktenkundige „Vorkommnismeldungen" der Posten, wie ein Bericht von Februar 1980 zeigt:

„Um 20.50 Uhr informierte mich der Gen. A., dass der VH 21 zum Arzt oder zur Schwester möchte, da er starke Rückenschmerzen habe. Ich begab mich auf den VR-Gang in den VR 27 und befragte den VH nochmal zu seinen angeblichen Schmerzen. Er teilte mir mit, dass er es mit der Bandscheibe habe und auch schon früher (vor seiner Einlieferung in die UHA) Schmerzen gehabt hätte. Während des kurzen Gesprächs lag der VH auf dem Bett und grinste mich an, so dass ich den Eindruck gewann, dass es mit seinen Schmerzen nicht so schlimm sein konnte. ... Ich teilte dem VH mit, dass er erst einmal eine Schmerztablette bekommt und verließ den VR 27. Die dem VH angebotene Tablette (1 Acesal) wurde von diesem nicht angenommen. ..."[448]

Ein Gefangener bekam aber selbst dann nicht unbedingt ärztliche Hilfe, wenn das Wachpersonal dies für erforderlich hielt. Die diensthabende Sanitätsschwester traf eine zweite Vorentscheidung über die Erforderlichkeit, einen Arzt zu sprechen.

Und selbst wenn auch die Schwester den Arzt anrief, hielt dieser ein Erscheinen und eine ärztliche Hilfe noch nicht unbedingt für erforderlich, wie der folgende Fall zeigte:

Im Januar 1981 holten die Haftmitarbeiter abends einen verkrampften, kurzatmigen, nicht ansprechbaren Gefangenen aus der Zelle ins Sanitätszimmer und riefen die Schwester, die wiederum den Arzt Dr. Henning anrief, aber von diesem lediglich die Anordnung einer Faustan-Spritze erhielt. Trotz Einwendungen des Haftpersonals verzichtete dieser „Arzt" jedoch auf eine Untersuchung. Am Folgetag hatte der Gefangene einen neuen Krampfanfall.[449]

Derselbe „Arzt" untersuchte sechs Jahre später einen Gefangenen mit heftigen Blinddarmschmerzen nur oberflächlich. Sechs Stunden später war dieser in so schlechter Verfassung, dass ein herbeigerufener Chirurg der Medizinischen Akademie einen lebensbedrohlichen Zustand feststellte, sofortige

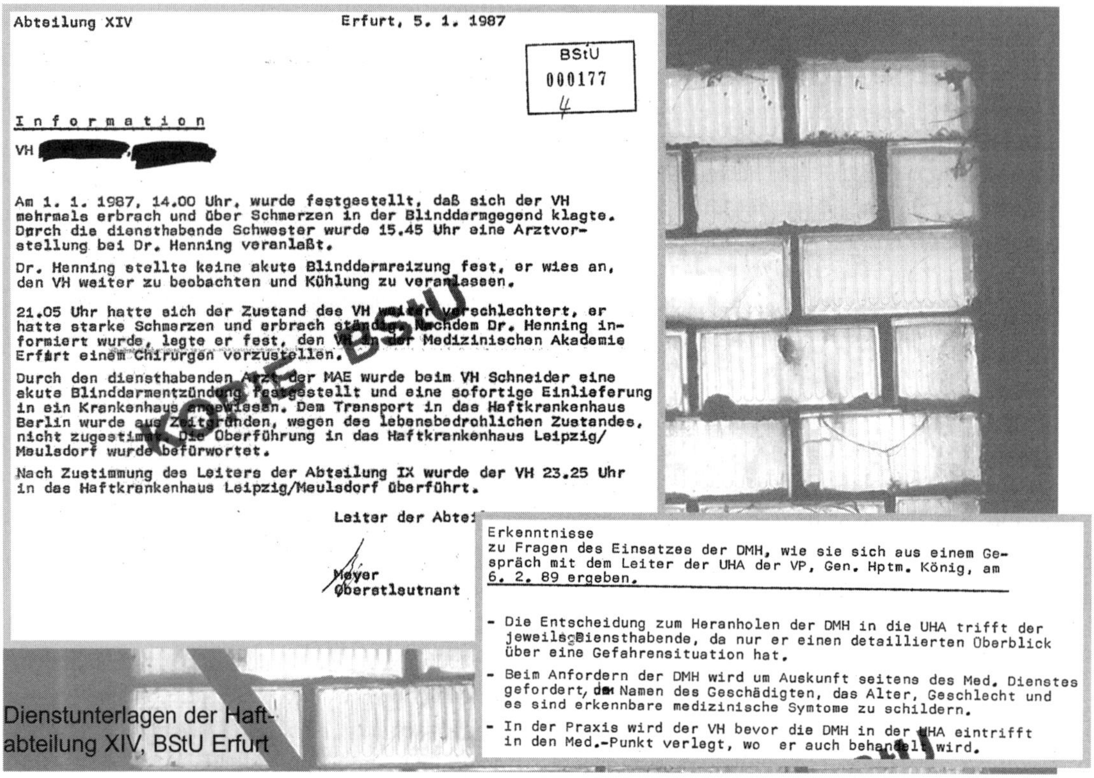

Abteilung XIV Erfurt, 5. 1. 1987

BStU
000177
4

Information

VH [redacted]

Am 1. 1. 1987, 14.00 Uhr, wurde festgestellt, daß sich der VH mehrmals erbrach und über Schmerzen in der Blinddarmgegend klagte. Durch die diensthabende Schwester wurde 15.45 Uhr eine Arztvorstellung bei Dr. Henning veranlaßt.

Dr. Henning stellte keine akute Blinddarmreizung fest, er wies an, den VH weiter zu beobachten und Kühlung zu veranlassen.

21.05 Uhr hatte sich der Zustand des VH weiter verschlechtert, er hatte starke Schmerzen und erbrach ständig. Nachdem Dr. Henning informiert wurde, legte er fest, den VH in der Medizinischen Akademie Erfurt einem Chirurgen vorzustellen.

Durch den diensthabenden Arzt der MAE wurde beim VH Schneider eine akute Blinddarmentzündung festgestellt und eine sofortige Einlieferung in ein Krankenhaus angewiesen. Dem Transport in das Haftkrankenhaus Berlin wurde aus Zeitgründen, wegen des lebensbedrohlichen Zustandes, nicht zugestimmt. Die Überführung in das Haftkrankenhaus Leipzig/Meulsdorf wurde befürwortet.

Nach Zustimmung des Leiters der Abteilung IX wurde der VH 23.25 Uhr in das Haftkrankenhaus Leipzig/Meulsdorf überführt.

Leiter der Abtei

Meyer
Oberstleutnant

Erkenntnisse
zu Fragen des Einsatzes der DMH, wie sie sich aus einem Gespräch mit dem Leiter der UHA der VP, Gen. Hptm. König, am 6. 2. 89 ergeben.

- Die Entscheidung zum Heranholen der DMH in die UHA trifft der jeweils Diensthabende, da nur er einen detaillierten Überblick über eine Gefahrensituation hat.
- Beim Anfordern der DMH wird um Auskunft seitens des Med. Dienstes gefordert, den Namen des Geschädigten, das Alter, Geschlecht und es sind erkennbare medizinische Symtome zu schildern.
- In der Praxis wird der VH bevor die DMH in der UHA eintrifft in den Med.-Punkt verlegt, wo er auch behandelt wird.

Dienstunterlagen der Haftabteilung XIV, BStU Erfurt

Krankenhauseinweisung anordnete und den geplanten Haft-Krankenhaustransport nach Berlin ablehnte. In die Klinik kam der Gefangene aber trotzdem nicht, sondern wurde zwei Stunden später in den Gefangenentransporter geschleppt und ins Haftkrankenhaus Leipzig *„überführt“*.[450]

Für die medizinische Betreuung der Gefangenen war die Abteilung „Medizinischer Dienst“ zuständig. Dabei handelte es sich um eine Abteilung der MfS-Bezirksverwaltung Erfurt, deren Angestellte auch die MfS-Angehörigen behandelten (wie in einer betriebseigenen Poliklinik). Sie befand sich in einem Nebengebäude im Hofbereich der Andreasstraße 38. Eine Krankenschwester war für das Sanitätszimmer im 1. Stock des U-Haft-Gebäudes eingeteilt und bei Bedarf die Gefangenenbetreuung zu bestimmten Sprechzeiten bzw. jederzeit für Notfälle zuständig. Auch ein Stasi-Arzt – seit den 70er Jahren waren dies zumeist ein „Dr.“ Kutz oder ein „Dr.“ Henning – führte nach Absprache Untersuchungstermine durch, denn es bestand seitens der MfS-Oberen aus politisch-taktischen Gründen durchaus ein Interesse daran, dass die Gefangenen die Haftzeit überlebten und später auch keine offenkundig haftbedingten und beweiskräftigen Krankheitsmale mit sich trugen.

Bezüglich der zahnärztlichen Behandlung gibt es Hinweise von Zeitzeugen, dass diese – ohnehin nur bei intensiven Kiefer- oder Zahnbeschwerden – ohne wirkliche Untersuchung ablief und sich auf das Ziehen von Zähnen beschränkte.

Die körperlichen Folgewirkungen der Stress- und Zwangssituation definierten die Ärzte und Schwestern des „Medizinischen Dienstes“ allzu gern als unwesentliche “psychosomatische” Beschwerden. Das zeigt auch dieses Beispiel:

Im Frühjahr 1988 wurde eine Gefangene zum Arzt gebracht und gab angeblich *„widersprüchliche Beschwerden an und zweifelte an der wie-*

derholten und eindeutigen Erläuterung des Arztes zu ihren subjektiven (psycho-vegetativ überlagerten) Beschwerden und der derzeitigen Therapie. Das Verhalten der VH artete provokatorisch aus."[451]

Wurden Medikamente gegeben, dann handelte es sich vorrangig um starke Schmerzmittel, wie Faustan, das sogar als Injektion gegeben wurde. Der Gefangene erhielt – sofern es verordnet wurde – auch längerzeitig Medikamente. Die wurden ihm aber nicht ausgehändigt. Er bekam die in Wasser aufgelöste Medikamente statt dessen zur festgelegten Tageszeit vom „Schließer" oder „Betreuungsoffizier" ausgeteilt und musste sie vor deren Augen sofort einnehmen.

Die Sicherheit des MfS-Personals hatte den Vorrang vor Erster Hilfe, wie es auch in den „Sofortmaßnahmen" festgelegt war. Das ging in der Regel zulasten der Mitgefangenen, die dann einfach vom Haftmitarbeiter den Befehl und die Verantwortung zur Erste-Hilfestellung erhielten, egal ob sie dafür ausgebildet waren oder nicht.

Ende 1988 vermeldete der Freihofposten, *„daß der VH 26/1 im Freihof herumtaumelte und dann in der Ecke zusammensackte. Er lag im Freihof, da wurde von mir angewiesen, dass sich die anderen VH um ihn kümmerten*" und dass sein Zellenkamerad ihn dann in der Zelle zurückschleppte.[452]

Einen Monat zuvor lief es in der Frauenzelle 10 ähnlich, als eine Gefangene abends

> *„an Atemnot leidet. Ich* [der Posten] *öffnete sofort die VR-Klappe und bot der VH ihr Atemspray an. Die VH versuchte an die VR-Klappe zu kommen und fiel hin und sagte leise: 'Jetzt kann mir das Spray nicht mehr helfen, ich brauche einen Arzt.' Sofort informierte ich den OpD über den Sachverhalt. Die VR-Klappe blieb geöffnet, das Fenster im Postenbereich ebenfalls. Die beiden anderen VH des VR 10 wurden von mir angewiesen, die VH ständig zu beobachten und jegliche negative Veränderung ... zu melden."*[453]

Dieses Vorgehen war auch dann an der Tagesordnung, wenn Gefangene gerade dabei waren, sich das Leben zu nehmen (s. Kapitel 12).

Strafen – "Vergünstigungen"

Die Haftmitarbeiter verfügten zur Unterordnung und Zurechtweisung der Gefangenen über diverse Strafen einerseits und die Möglichkeit des Entzugs von Gefangenenrechten (Freihof, Einkauf, Zeitung, Briefkontakt, Besuch, Rauchen) andererseits.

Das reguläre Stufengefüge von Strafen etwa seit den 60er Jahren reichte von Missbilligung über Verwarnung und Einkaufsverbot bis hin zur Arrestzelle. Am einschneidensten und verstörendsten wirkte die Arrestzelle (s. Kapitel 12), auch wenn hier ein Maximum von zehn Tagen nicht überschritten werden durfte und – zumindest später – eine formelle schriftliche Begründung verlangt war. Tadel und Missbilligung hingegen konnten den Gefangenen weitgehend egal sein und kam wohl erst hinsichtlich einer späteren Prüfung auf Strafverkürzung oder als Vorstufe zur Arrestverhängung zum Tragen.

Daher war es über Jahrzehnte hinweg üblich, dass die Haftleitung mit dem Entzug der Grundrechte – Einkauf, Post, Besuch, Besuchsgeschenke, Rauchen – drohte oder bestrafte. In einer Anweisung von 1955 war sogar der Entzug der Bettdecke oder des Essens als reguläre Strafmöglichkeit erwähnt.[454]

Es ging hier also also um Entzug der wenigen verblieben Existenzrechte, die nach gültigem Strafprozessrecht jedem Gefangenen zustanden. Der Umfang dieser Grundrechts-Einschränkungen im Haftalltag der Jahrzehnte lässt sich schwer rekonstruieren. Auch auf der Führungskartei, die als solche nicht mehr außerhalb von Personenakten nutzbar ist, wurde eher das „Fehlverhalten" der Gefangenen registriert alsdie konkrete Bestrafung. Nur noch in den Erinnerungen Zeitzeugen oder einzelner Haftmitarbeiter ist außerdem das registriert, was als unterschwellige Schikane individuell durch Handlungen einzelner Mitarbeiter ebenfalls als subtilere Form von Bestrafung praktiziert wurde.

Es gab viele Gefangene, die eingeschüchtert oder aber vorsichtig genug waren, nicht in Aus-

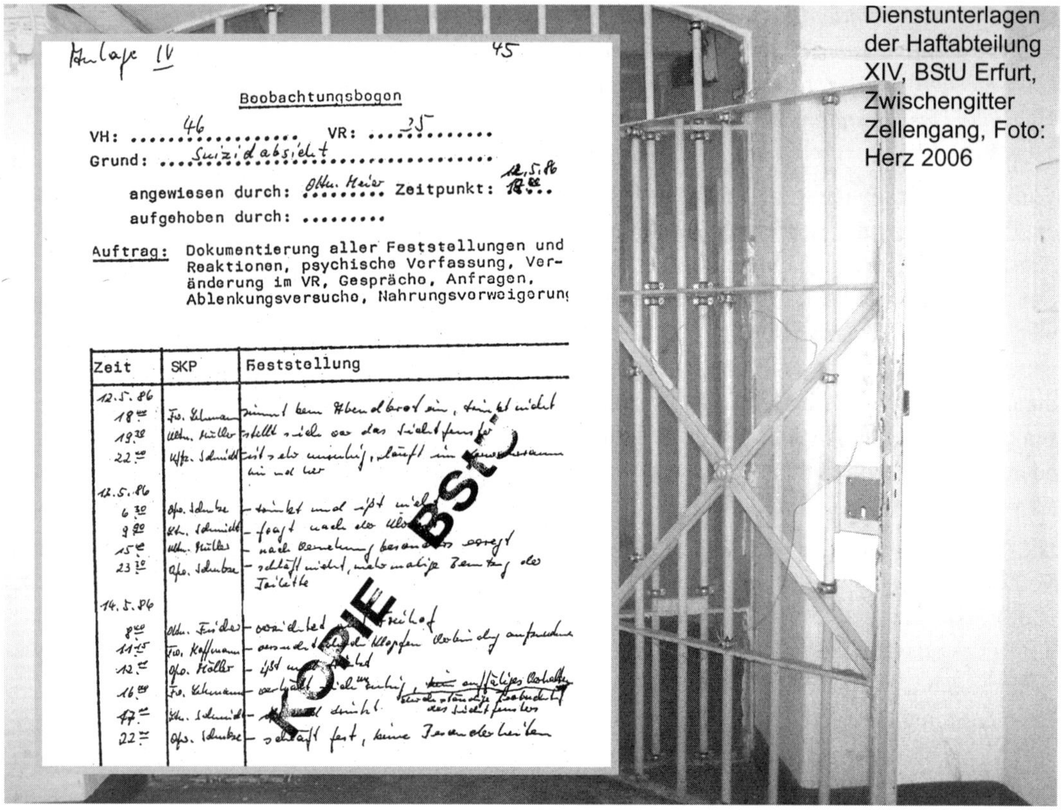

Dienstunterlagen der Haftabteilung XIV, BStU Erfurt, Zwischengitter Zellengang, Foto: Herz 2006

einandersetzung mit dem Haftpersonal zu geraten, da auch mit Konsequenzen im Verhör und Strafprozess zu rechnen war. Aber für jene Gefangene, die sich mit den Belastungen der Haftsituation schwerer taten, auch emotional und affektiv, steigerte das Bestrafen und Entziehen die Unerträglichkeit ihrer U-Haftzeit umso intensiver.

Haft-Verantwortliche in Erfurt und anderswo beriefen sich Ende 1989 auf angeblich exaktes Einhalten der Haftvollzugsvorschriften (s. Kapitel 8), aber ihre eignen Akten widersprechen dem:

1988 wurde ein Gefangener aus Zelle 36 vorzeitig vom Freihof geführt, weil er mit dem Gullideckel gespielt und den „Ermahnungen" des Postens Widerworte gegeben hatte. Anderntags, als er sich eine Zigarette von einem Mitgefangenen hatte geben lassen, war eindeutig die Rede von „*Rauchverbot*". Einen weiteren Tag später versuchte der Gefangene getrocknete Zahnpasta in Toilettenpapier gerollt zu rauchen.[455]

Vergünstigungen im Sinne von Lob und Anerkennung gab es laut Haftordnungen ebenfalls. Auch sie ruhten auf den Säulen der Gefangenenrechte: Einkauf, Post, Besuch. Außerdem galten in Gefangenschaft mitunter schon zusätzliches Brot und Zigaretten als Vorrecht. Für Zellenspitzel (s. nächstes Kapitel) waren Vergünstigungen sogar laut Dienstordnung direkt vorgesehen.

Es gab zwar eine Sonderzelle mit Fernseher, Teppich etc, doch war sie nicht für die herkömmlichen U-Häflinge vorgesehen.

10. Unter Dauerkontrolle

> *„Den Verhafteten ist durch eine schöpferische tschekistische-kluge, den jeweiligen Lagebedingungen entsprechende Kontroll-, Sicherungs- und Beobachtungstätigkeit jede Möglichkeit zu nehmen, sich dieser zu entziehen. Der Verhaftete muß sich ständig beobachtet und kontrolliert fühlen."*[456]

So stand es 1988 in der allgemeinen Postenanweisung, einer der wichtigsten Arbeitsvorschriften für das diensthabende Wachpersonal.

Einem inhaftierten Bürger billigte die Staatssicherheit ganz eindeutig keinerlei Recht auf Privatsphäre zu. Die Haftanstaltsleitung und die Vernehmer nahmen sich heraus, die Gefangenen zu jeder Tag- und Nachtzeit zu stören, zu bevormunden, zu beobachten, bespitzeln.

Im System der Dauerkontrolle ergänzten sich offene und versteckte Türspionkontrollen, Verhörfragen, Zellen- und Personenfilzungen, nächtliche Licht- und Schlafkontrollen, „Horchkontrollen", Zellenspitzel, Kontaktkontrollen ... Für die Gefangenen musste solch ein Raub von Respekt und Privatsphäre einer Entwürdigung gleichkommen und einen Dauerstress bedeuten, der ihre ohnehin existenzielle, verunsicherte, eingepferchte Situation noch verschärfte.

Im Laufe der Jahrzehnte herrschte die unterwerfende Dauerkontrolle ständig, wandelte sich in ihren Formen wohl ein stückweit von offener Bedrückung zum eher hinter- und vielfältigen, diffusen Kontrollsystem, in dem das minutiöse bürokratische Registrieren des Gefangenenverhaltens eine zunehmende Rolle spielte.

Zufrieden schätzte Meyers Stellvertreter Liermann 1988 ein: *„Das Informationsaufkommen hat dazu beigetragen, die Lage zu beherrschen."*

Der Umfang an Kontrollberichten bzw. Häftlingsinformationen wuchs im Laufe der 80er Jahre stetig. 1984 kritisierte der Haftleiter Meyer seine Mitarbeiterschaft, weil zu wenig Informationen auf den „Beobachtungsbögen" stünden: sie *„müssen eben vielschichtig an Informationen sein, um genaue Aussagen zu treffen."*[457] Doch das „zu wenig" war ein sehr relativer Wert. In seinem Jahresbericht für 1985 erwähnte Gefängnisleiter Meyer immerhin

> *„176 Informationen ... [darunter] 27 Informationen an die Abteilung IX übergeben, die geeignet waren, die Täterpersönlichkeit besser zu charakterisieren, Verdunklungshandlungen schneller zu erkennen bzw. die Untersuchungstätigkeit insgesamt aussagekräftiger zu unterstützen."*[458]

Im 1. Halbjahr 1987 waren es bereits 162 derartige Informationen[459] und 1987 mit 274 Informationen noch mehr, 1988 lagen die Zahl wiederum bei 182.[460] In den ersten 5 ½ Monaten 1989 kam es zu 100 Informationen, darunter *„9 zu besonderen Vorkommnissen, z.B. Suizid oder renitentes Verhalten, ... 4 zu hetzerischen Äußerungen"*.[461] Ein Mitarbeiter berichtete sogar *„über Vorgänge in der Schule seines Sohnes"*.

Die meisten der „Informationen" von 1987 betrafen den Freihof (30) – also die einzige Kontaktmöglichkeit der Gefangenen über die Zellenwände hinaus –, Probleme des Tagesablaufes (18), Gefangenenkontakte (15), Zellenkontrollen (14), medizinische Fragen (12), Straftat-Äußerungen (11), Hausordnungs-Verstöße (11), „provokatorisch-renitentes Verhalten" (10).

Die Haft-Offiziere Liermann und Zeitsch wurden 1986 für eine 400-Mark-Prämie wegen ihrem seit 1983 praktizierten *„Neuerervorschlag spezifischer Informationsspeicher"* vorgeschlagen.[462] Dabei ging es um das Sammeln und Nutzen von Kontrollinformationen über einzelne Gefangene. Worte von Zeitsch, einem Wachreferatsleiter und Schicht-Diensthabender, verdeutlichen die 1986 herrschende Mentalität der Haft-Mitarbeiterschaft:

4

BStU
000004

In erster Linie haben wir zu kontrollieren, die Auswahl der Ifo. ist nicht gleichzusetzen mit einem qualifizierten Kontrolldienst. Nicht zu übersehen sind jedoch die Genossen, die über Jahre keine Informationen erarbeiteten.

Insgesamt wurden in den einzelnen Kategorien erarbeitet, wobei einzelne Informationen mehrere Kategorien zugeordnet werden:

3 Ifo. zu Suizidversuchen oder - absichten
3 Ifo. zu Nahrungsverweigerungen oder Androhungen
10 Ifo. zu Geiselnahmen, Gewaltakten, provokatorischen und renitenten Verhalten
1 Ifo. zu Gesprächen zu Fluchtmöglichkeiten
15 Ifo. zu Informationsübermittlungen
18 Ifo. zu Problemen des Tagesablaufes
5 Ifo. zu hetzerischen Äußerungen
4 Ifo. zu konkreten Aussagen der Täterpersönlichkeit
5 Ifo. zu Äußerungen über die Haftbedingungen
11 Ifo. zur Straftat, zum Delikt
11 Ifo. zu Verstößen gegen die Hausordnung
7 Ifo. zu Äußerungen über Handlungen vor und nach den GHV Strafentlassung
1 Ifo. zur Objektsicherung
5 Ifo. zu Horchkontrollen, die nichtnin andere Kategorien e (Gespr.) sind (2 bedeutsam)
8 Ifo. zu Führungen in und außerhalb der UHA
12 Ifo. von bzw. an den MD /Pfleger
14 Ifo. zu VR-Kontrollen, Sichtkontrollen
4 Ifo. zu SGAK
30 Ifo. zur Freihofdurchführung
2 Ifo. zu besonderen Vorkommnissen (z.B. 1. Hilfe)
2 Ifo. zu Kontaktversuchen VH zu Mitarbeitern
1 Ifo. zu positiven Verhaltensweisen

Zusammenfassend kann eingeschätzt werden, das Informationse 1987 hat dazu beigetragen, die Lage zu beherrschen und bei kannten Schwerpunkten rechtzeitig richtig zu reagieren.

stellv. Leiter der Abt.

Liermann
Major

Zu den einzelnen Kategorien wurde erarbeitet:

6	Informationen	zu Suizidversuchen/Absichtserklärungen
13	Informationen	zu Nahrungsverweigerungen
8	Informationen	zu provokatorischen und renitenten Verhalten
33	Informationen	zu Informationsübermittlungen
13	Informationen	zum Tagesablauf im operativen UHV
3	Informationen	zu hetzerischen Äußerungen
3	Informationen	zu Ausländern, Zusammenfassung aus mehreren Informationen zusammengetragen
13	Informationen	zur Bestimmung der Täterpersönlichkeit
7	Informationen	zu Äußerungen über die Haftbedingungen
10	Informationen	zum Delikt selbst, Äußerungen
16	Informationen	zu Verstößen gegen die Hausordnung
3	Informationen	zu Handlungen vor und nach gerichtlichen Hauptverhandlungen bzw. Entlassung in BRD
1	Information	zur Objektsicherung
8	Informationen	zu Unterhaltungen im VR, die operativ interessant sind
5	Informationen	zu Führungen in- und außerhalb der UHA
3	Informationen	zu U-Führern, Arzt, Pfleger usw.
1	Information	zu positiven Verhaltensweisen
15	Informationen	zu anormalen Verhaltensweisen IH
31	Informationen	zu Ergebnissen von Sicht,-Horch- und VR-Kontrollen
31	Informationen	zur Freihofdurchführung
1	Information	zu Sofortmaßnahmen, Erste Hilfe, Brand
2	Informationen	zur Aufnahme von Kontakten von VH zu SKP (erstmals 1986 wieder!)
7	Infromationen	über SGAK/Berichte

KOPIE BStU

Dienstunterlagen der Haftabteilung XIV, BStU Erfurt

„In unserer Abteilung wurde nach neuen Wegen und effektiven Möglichkeiten gesucht, um die Informationstätigkeit und -gewinnung zu vervollkommnen, um Informationsverluste weitestgehend auszuschließen. Um dieser Forderung noch wirkungsvoller als bisher Rechnung zu tragen, wurden Beobachtungsbögen angelegt. Die Zielstellung besteht darin, Dokumentierung aller Feststellungen wie: Psychische Verfassung, Veränderung im Verwahrraum, Gespräche, Anfragen, Ablenkungsversuche, Nahrungsverweigerung."[463]

Drei Jahre zuvor hatte sein Neuerer-Kollege, der Sonder-Offizier Liermann, in einer Dienstbesprechung das generalverdächtige Misstrauen auch so auf den Punkt gebracht: *„Oft sind IH, die längere Zeit einsitzen und als ‚ruhig' gelten, unberechenbar und skrupellos."*[464]

Älter als die in den letzten MfS-Haft-Jahren eingeführten „Beobachtungsbögen" war die „Führungskartei", auf der alle Formen unangepassten Verhaltens registriert und gespeichert wurde.

Alle Gefangenen standen unter Dauerkontrolle.

Daneben aber gab es auch noch Gefangene, die man stasi-intern als „*Schwerpunkte*" bezeichnete und die darum noch eine Stufen intensiver „kontrolliert" wurde. Das waren – laut Auflistung des Gefängnisleiters – die Gefangenen, auf die folgende „Eigenschaften" zutrafen[465]:

- Ausländer
- Selbstmord-Gefährdete
- „renitente" selbstbewusste Gefangene
- mehrfach Inhaftierte oder Gefangene, die bereits einige Monate in Haft waren
- Gefangene, die sich für Fluchtmöglichkeiten interessierten
- „Nahrungs-Verweigerer"
- Gefangene, die womöglich zu Gewalttätigkeit neigten; körperlich kräftige Gefangene
- Verhaftete, die in den Verhören bzw. im Prozessverlauf durch Aussageverweigerung etc. blockierten

- Neu-Inhaftierte in der anfänglichen Einzelhaft (die Gefängnisleitung wusste sehr wohl, dass sie hier eine Extrembelastung praktizierte).

Von der Intensität der Dauerkontrolle zeugt auch das während der Haftzeit empfindlicher werdende Gehör der Gefangenen, das viele Zeitzeugen bestätigen können. Auch die Posten der Erfurter Haftanstalt wussten, dass *„im Laufe der Wochen ... sich das Gehör der VH so darauf spezialisiert, dass sie fast genau sagen können, z.B. in welchem Verwahrraum die Klappe geöffnet wird.“*[466]

Sichtkontrollen und Dauerdisziplinierung

Die intensivste Dauerkontrolle der Gefangenen erfolgte an der Zellentür – durch den Türspion, der für Haftzellen zwar typisch ist, in der MfS-Haft aber auch intensivst genutzt wurde.

In der bereits erwähnten Postenanweisung ist ganz unverblümt von Kontrollen an den Zellentüren im Abstand von mindestens fünf bis acht Minuten die Rede. Die Posten hatten die Möglichkeit durch Öffnen der ganzen Spionklappe in die Zelle zu schauen, wobei das Beobachterauge für die Gefangenen sichtbar wurde. Eine zweite Möglichkeit waren verstecktere Spionblicke, wofür die Gangposten nur eine pupillengroße Spionabdeckung benutzten.

Die offenen Sichtkontrollen waren immer wieder mit Verhaltensanweisungen für Gefangene verbunden. Nicht selten ging erst der Spion auf, dann die Klappe runter und es wurde im Kommandoton gerufen, dies oder jenes zu unterlassen oder zu tun – vom Bett aufzustehen, den Rücken nicht zur Tür drehen, jetzt nicht zu rauchen. Immer wieder gab es auch die Aufforderung, sich sofort in Sichtweite des Spions zu begeben – also das Verbot, diesen Kontrollen durch Verlassen des Sichtbereichs auszuweichen.[467] Ärger gab es auch, wenn Gefangene die Glasabdeckung des Türspions von innen abdeckten, z.B. durch Brotklümpchen.

Der Tonfall des Wach- und Schließpersonals ist vielen Zeitzeugen noch in schlechter Erinnerung. Zwar ist in Vorfallsberichten der Haftmitarbeiter überwiegend neutral und harmlos von *„Ermahnungen“* die Rede. Aber die einzelnen Haftmitarbeiter meinten mit dem harmlosen Wort nicht unbedingt ihre Lautstärke und Wortwahl.

Noch unter den moderateren Haftbedingungen des Jahres 1989 wurde in einem Kontrollbericht beklagt, dass

> *„SuK oder Betreuungsoffiziere oft in einer Lautstärke* [Anliegen] *beantworten, dass VH von anderen VR mithören und Rückschlüsse ziehen können. Noch lauter ist es mitunter, wenn VH zur Einhaltung der Hausordnung hingewiesen werden. ... Zu lautes Öffnen der Verwahrraumtüren und laute Kommandos an die VH sind ebenfalls ein störender Faktor ...* [und] *dass Genossen SuK die VH, welche vom Offizier für Vorführungen geführt werden, durch lautes Zurechtweisen regelrecht zu Antworten auf dem Verwahrraumgang provozieren“.*[468]

Es gab keine Tageszeit, an denen die Posten nicht durch den Spion in die Zellen schauten, auch die Morgentoilette oder die Essenseinnahme wurden „kontrolliert“. Die ständigen Türspion-Beobachtungen gingen selbst in die Nachtruhe hinein, was bis heute oft einen gestörten Schlaf der Betroffenen bedeutet. Mit dem Türspion wurde nämlich auch ständig der Lichtschalter der Zelle betätigt und immer wieder führten diese Nachtkontrollen anschließend zum Öffnen der Zellenklappe, durch die der Gangposten einen Gefangenen zur Änderung seiner Liegeweise aufforderte.

Es war zwar vorgesehen, dass als Gangposten bei den Frauen-Haftzellen eine Haftmitarbeiterin eingesetzt wurde. Das wurde aber keineswegs ständig durchgehalten, die weiblichen „Sicherungs- und Kontrollposten“ der MfS-Haft waren nicht alle im Schichtdienst tätig, gelegentlich krank, gelegentlich fehlten sie als Planstellenbesetzung ganz.

In der 1988er Posten-Anweisung[469] war denn auch entsprechend vage festgelegt, dass gefangene Frauen *„überwiegend durch weibliche Sicherungs- und Kontrollposten“* beobachtet

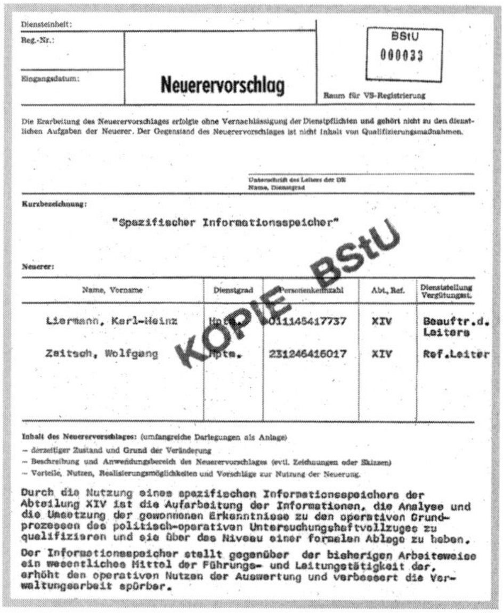

Diensteinheit:
Reg.-Nr.:
Eingangsdatum:

Neuerervorschlag

BStU 000033

Raum für VS-Registrierung

Die Erarbeitung des Neuerervorschlages erfolgte ohne Vernachlässigung der Dienstpflichten und gehört nicht zu den dienstlichen Aufgaben der Neuerer. Der Gegenstand des Neuerervorschlages ist nicht Inhalt von Qualifizierungsmaßnahmen.

Unterschrift des Leiters der DE
Name, Dienstgrad

Kurzbezeichnung:

"Spezifischer Informationsspeicher"

Neuerer:

Name, Vorname	Dienstgrad	Personenkennzahl	Abt., Ref.	Dienststellung Vergütungsst.
Liermann, Karl-Heinz	Hptm.	011145417737	XIV	Beauftr.d. Leiters
Zeitsch, Wolfgang	Hptm.	231246416017	XIV	Ref.Leiter

KOPIE BStU

Inhalt des Neuerervorschlages: (umfangreiche Darlegungen als Anlage)
– derzeitiger Zustand und Grund der Veränderung
– Beschreibung und Anwendungsbereich des Neuerervorschlages (evtl. Zeichnungen oder Skizzen)
– Vorteile, Nutzen, Realisierungsmöglichkeiten und Vorschläge zur Nutzung der Neuerung.

Durch die Nutzung eines spezifischen Informationsspeichers der Abteilung XIV ist die Aufarbeitung der Informationen, die Analyse und die Umsetzung der gewonnenen Erkenntnisse zu den operativen Grundprozessen des politisch-operativen Untersuchungshaftvollzuges zu qualifizieren und sie über das Niveau einer formalen Ablage zu heben.

Der Informationsspeicher stellt gegenüber der bisherigen Arbeitsweise ein wesentliches Mittel der Führungs- und Leitungstätigkeit dar, erhöht den operativen Nutzen der Auswertung und verbessert die Verwaltungsarbeit spürbar.

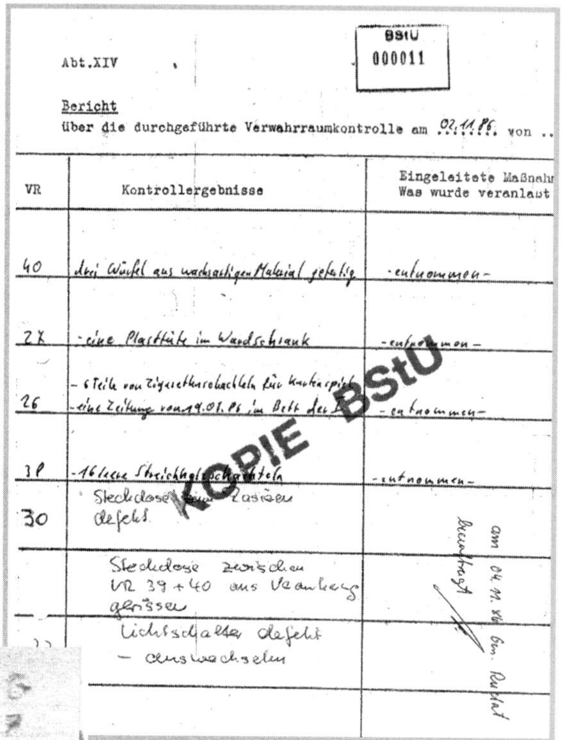

Abt.XIV

BStU 000011

Bericht
über die durchgeführte Verwahrraumkontrolle am 02.11.86 von ..

VR	Kontrollergebnisse	Eingeleitete Maßnahm Was wurde veranlaßt
40	drei Würfel aus wachsartigen Material gefertig	-entnommen-
27	-eine Plasttüte im Wandschrank	-entnommen-
26	- 6 Teile von Zigarettenschachteln für Kartenspiel -eine Zeitung vom 19.01.86 im Bett des [illegible]	-entnommen-
38	-16 leere Streichholzschachteln	-entnommen-
30	Steckdose beim Rasieren defekt	
	Steckdose zwischen VR 39 + 40 aus Verankerung gerissen	
[illegible]	Lichtschalter defekt – auswechseln	

am 04.11.86 bem. Rudolf beauftragt

KOPIE BStU

oben: Dienstunterlagen der Haftabteilung XIV, BStU Erfurt, unten: Kassiber (Vorder- und Rückseite) mit Klopfalphabet, Privatarchiv Wolfgang Fiege

werden sollen und dass durch männliche Posten *„die weibliche Würde der Verhafteten nicht verletzt werden“* dürfte, besonders zu den Terminen der Körperpflege. Doch gibt es dazu gleich die merkwürdige Einschränkung: sofern nicht *„durch weibliche Verhaftete die Regeln des Anstands verletzt“* würden. Welche „Anstandsregeln“ bei 24-stündiger Kontrollsituation üblich sind, wird allerdings nicht erwähnt. Immerhin mussten die Frauen abends Nachtbekleidung anziehen, konnten weder ein Taschentuch in einen unkontrollierten Müllbehälter werfen oder die Haare fönen und bis in die 80er Jahre auch in keinen Spiegel schauen. Ob es 1988 für die Anweisung einen Anlass gab, ist unbekannt.

Die versteckten Spionkontrollen dienten nicht, wie die offenen, zur Disziplinierung, sondern zur Beobachtung – die Posten studierten auf diese Weise zusätzlich die seelische Verfasssung der Gefangenen, deren Miteinander in der Zelle, versuchten Kontaktaufnahmen mit Nachbarzellen oder Kassiber zu entdecken und erblickten Gelegenheit zum Aushorchen von Gefangenengesprächen.

Im Frühjahr 1988 beobachtete der Posten durch den Türspion einen Gefangenen in Zelle 39, der sich Tinte aus abgebrannten Streichhölzern und etwas Kaffee auf einer Untertasse anrührte und damit Notizen auf einem Stück Toilettenpapier machte. Auf dem bei einer „Filzung“ später konfiszierten Papier bekamen die Haftmitarbeiter dann zu lesen: „Heute Ruhetag“.[470]

„Filzungen“ – heimliche Besitztümer und Kassiber

Neben diesen Sichtkontrollen gab es seitens der Diensthabenden und Bereitschaftsposten weitere Gelegenheiten für Kontrollen in den Zellen und am Körper der Gefangenen.

Regelmäßige Zellenkontrollen waren in den Dienstablaufplänen festgeschrieben. Sie fanden immer dann statt, wenn alle Gefangenen außerhalb der Zelle waren, also in der Regel während der Freihofzeit der Zelle bzw. beim Duschgang. In den 80er Jahren erfolgte dies meist mittwochs und donnerstags und nach dem Duschen samstags. Anschließend füllten die mit den Durchsuchungen beauftragten Schließer Kontrollformulare aus, in denen alle „Funde“ registriert wurden. In der montäglichen Dienstbesprechung beim Gefängnisleiter wurden diese Kontrollberichte ausgewertet.

1977 wurde in einer Dienstbesprechung erwähnt, dass es einem Gefangenen gelungen war, seine Schnürsenkel mit in die Zelle zu nehmen und längere Zeit in einer Zuckerdose zu verstekken oder dass in einem Luftschachtende ein Löffel, ein Holzstück des Hockers und ein Klopfalphabet versteckt wurden.[471] Die Folge war die Anordnung zusätzlicher intensiver Zellenkontrollen an jedem Freitag.

1981 verfasste der Sonderoffizier der Gefängnisleitung Liermann eine „Instruktion“ zur Zellendurchsuchung[472], in der er für eine gleichzeitige Körperdurchsuchung der Gefangenen plädierte. Zur Zellendurchsuchung gehörte für ihn:

- systematisches Durchsuchen von einer Seite aus (von links nach rechts und dabei zugleich von oben nach unten),
- Versteckschwerpunkte (Wandschränkchen, Fußböden, Dielenritzen, Abflussrohre, Toiletten, Heizkörper, Behältnisse, Scheuerleisten, Konsole, Betten, Tisch, Hocker, Schmutzwäsche, Zigaretten, Streichhölzer, Bücher)
- Hilfsmittel (wie Metallsuchgeräte),
- Abklopfen der Wände, Glasbacksteine nach Hohlräumen,
- Abrücken aller Gegenstände von Wänden,
- besondre Beachtung von Zwischenraum/-Lüftungsschicht zwischen Glasbacksteinen.

Ausführliche Zellenkontroll-Protokolle sind für Mitte der 80er Jahre vorhanden, darin sind auch viele Beschlagnahmungen verzeichnet.[473]

Ein Vollzugsmitarbeiter fand – nach der Taschenkontrolle eines Gefangenen misstrauisch geworden – im Oktober 1981 bei dessen Zellenkontrolle während der Freihofzeit mehrere Aufzeichnungen:

> *„1. In den schmutzigen Strümpfen(,) die über der Heizung hingen(,) waren 2 Zettel aus Pappe und Liedtexten versteckt,*
> *2. In eine noch original verschlossene Tafel Blockschokolade waren 2 Zettel aus Zigarettenpapier mit Text eines Gedichtes von B. Brecht eingeschoben worden.*
> *3. 4 Zettel mit Gedichttext, Material der Zettel Zigarettenpapier, waren in 3 Büchel Zigarettenpapier versteckt.*
> *Als Schreibgeräte wurde(n) in allen Fällen abgebrannte Streichhölzer benutzt.“*[474]

Kurze Zeit später

> *„wurde in der Zigarettenschachtel ein Kassiber gefunden. Der Kassiber besteht aus Staniolpapier einer Zigarettenschachtel und wurde mit gelber, selbstgefertigter Tusche angefertigt.“*[475]

Und an einem anderen Tag schrieb ein Haftmitarbeiter:

> *„Am 15.11.81 führte ich im VR 39 und 40 eine Verwahrraumkontrolle durch. Dabei fand ich im VR 39 ein Klopfalphabet zwischen ein Buch. Im VR 40 führte ich eine intensivere Kontrolle durch, da dieser VR als Schwerpunkt bekannt ist. Bei dieser Kontrolle fand ich beschriebene Zettel in den Bettkanten sowie unter den Fußleisten. Hinter der Handtuchleiste fand ich einen Zettel mit folgender Aufschrift ‚X, geb. x., Weimar, xstraße 22, XX (Magdeburg) 1.10.80 – Nov. 81 § 106 (‚Hetze') 5 Jahre (für Gedichte + 4 Briefe).“*[476]

1988 hatte ein andrer Gefangener einen Kassiber für seinen Besuch vorbereitet, auf dem er mitteilte, dass er und seine drei Zellenkameraden heimlich im Hungerstreik seien (was die Posten später auch bestätigten) und dies einem

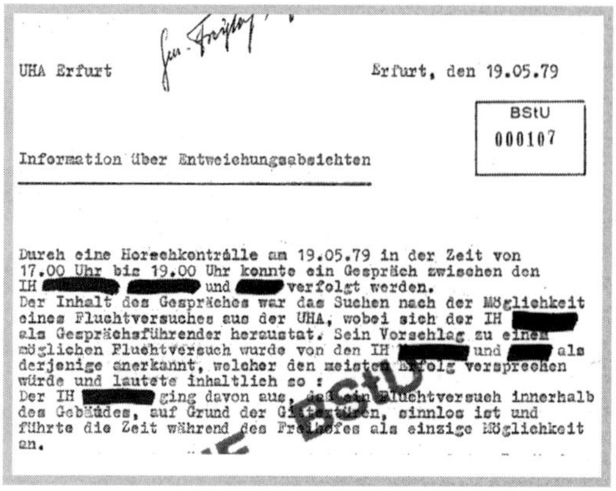

UHA Erfurt Erfurt, den 19.05.79

BStU 000107

Information über Entweichungsabsichten

Durch eine Horechkontrolle am 19.05.79 in der Zeit von 17.00 Uhr bis 19.00 Uhr konnte ein Gespräch zwischen den IH [redacted] und [redacted] verfolgt werden.
Der Inhalt des Gespräches war das Suchen nach der Möglichkeit eines Fluchtversuches aus der UHA, wobei sich der IH [redacted] als Gesprächsführender heraustat. Sein Vorschlag zu einem möglichen Fluchtversuch wurde von den IH [redacted] und [redacted] als derjenige anerkannt, welcher den meisten Erfolg versprechen würde und lautete inhaltlich so :
Der IH [redacted] ging davon aus, daß ein Fluchtversuch innerhalb des Gebäudes, auf Grund der Gittertüren, sinnlos ist und führte die Zeit während des Freihofes als einzige Möglichkeit an.

Informationen - VR-Kontrollen, Sichtkontrollen u. Horchkontrollen (Kontrolltätigk.

BStU 000033

38/VR 32	141/142
71/67	23/45
72/69	186/50
88/63	218/IFW
91/2	222/21
139/21	235/VR
141/46	263/135
147/37	
156/VR	

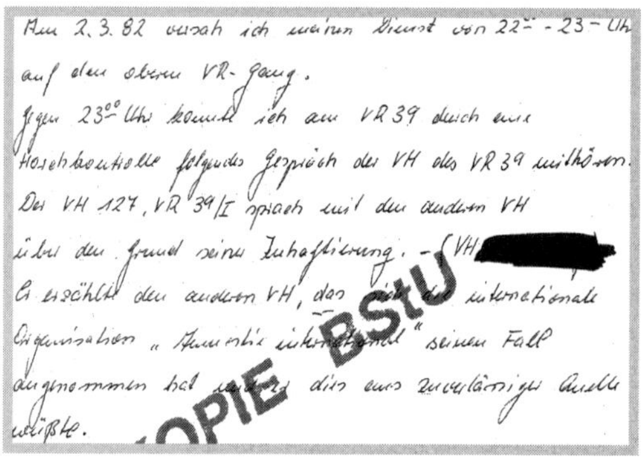

Am 2.3.82 versah ich meinen Dienst von 22⁰⁰ - 23⁰⁰ Uhr auf dem oberen VR-Gang.
Gegen 23⁰⁰ Uhr konnte ich am VR 39 durch eine Horchkontrolle folgendes Gespräch der VH des VR 39 mithören.
Der VH 127, VR 39/I sprach mit den anderen VH über den Grund seiner Inhaftierung. - (VH [redacted]
Er erzählte den anderen VH, daß [illegible] die internationale Organisation „Amnestie international" seinen Fall angenommen hat [illegible] dies aus zuverlässiger Quelle wüßte.

Dienstunterlagen der Haftabteilung XIV, Wachzentrale mit Tonaufzeichnungstechnik in Schublade, BStU Erfurt,

Verwandten im Westen mitgeteilt werden solle, um Aufmerksamkeit zu erregen. Der Kassiber wurde ihm jedoch vor einer möglichen Übergabe weggenommen.[477]

Im Juni 1988 machte sich laut Postenvermerk ein Gefangener in Zelle 36 Notizen auf der Zigaretten-Silberfolie, die er später im Gerichtsprozess vortragen wollte. Wie er seinem Zellennachbarn sagte, wollte er ihn im Mund oder in der Hand mitnehmen, weil die Gefangenen „ja beim Umziehen nackt gemacht werden".[478]

Personendurchsuchungen gehörten ebenfalls zum Haftalltag. Während des Duschens wurden die Kleider durchsucht, vor und nach jedem Besuch und Gerichtstermin wurde nicht nur aus ästhetischen Gründen alle Kleidungsstücke gewechselt und bei Verdacht konnte jeder Gefangene jederzeit in eine leere Zelle gebracht und durchsucht werden. Dass dieses Vorgehen nervig und entsetzlich für die Betroffenen war, liegt wohl nahe.

Dinge, wie kleine Notizen, das Foto der Kinder, eine Bettschraube und andere geheime Habseligkeiten wurden regelmäßig beschlagnahmt und führten oft zu weiteren verschärfenden Kontrollen

Außer den Zellen wurden ständig auch die Duschräume und die Freihöfe durchsucht. Gefangene versuchten immer wieder, eingeritzte Botschaften o.ä. in die Betonwände der Freihöfe für die nächstfolgenden Gefangenen zu hinterlassen. Das wurde jedenfalls häufig bei den regulären morgendlichen Freihofkontrollen entdeckt. Beim Neubau der Freihöfe 1987 kam es zur Überlegung, statt Glattbeton jetzt Rohputzoberflächen einzusetzen, die ein solches Einritzen unmöglich machten.[479] Aber wie sich herausstellte, nutzten die Gefangenen nun statt dessen die Unebenheiten zum Herausklauben kleiner Steinchen und zum Verstecken von Kassibern.

Horchkontrollen

Eine Institution, deren Hauptbeschäftigung das Bespitzeln war, machte davor auch in den eigenen Domänen nicht Halt. Auch die Erfurter MfS-Haftmitarbeiter betätigten sich immer wieder als Spitzel, indem sie unbeobachtet die Gespräche unter Gefangenen belauschten und Informationen weiterleiteten.

Nach so genannten „Horchkontrollen" fertigten die Posten III und IV, die auf beiden Zellengängen ständig auf- und abliefen, wiederholt Aktenvermerke für ihre Vorgesetzten oder für die Vernehmer an.

In einem Beispiel heißt es im Frühjahr 1978:

> *„Während einer Horchkontrolle am VR 38 gegen 8.50 Uhr äußerte der VH 22(,) das(s) der Vernehmer ihn mit bestimmten Äußerungen soweit reizt, dass er für nichts mehr garantieren kann. Wenn ich heute noch zum Vernehmer komme(,) werde ich ihn soweit provozieren und ihn ärgern(,) das(s) er laut wird und danach werde ich ihn tätlich angreifen. („Er bekommt ein paar aufs Maul.") Der VH fragte noch die anderen Inhaftierten, was geschehen würde(,) wenn er den VR kurz und klein schlägt, sie antworteten(,) daß außer Arrest wahrscheinlich nichts geschehen würde."*[480]

Die Folgen für den bespitzelten Gefangenen: es erfolgte ein *„Eintrag auf der Führungskartei"* und er wurde fortan von zwei Haftmitarbeitern zum Verhör gebracht.

1982 wurden zwei Zellengefährtinnen bei ihrer Kritik am Stasi-Personal von einer Haftmitarbeiterin heimlich abgehört:

> *„Am 8.2.82 um 21.00 Uhr befand ich mich auf Posten 5. Bei einer Horchkontrolle am VR 11 konnte folgendes mitgehört werden: VH II 109 zu 11/I 104: ‚Hätte ich nur auf meine Oma gehört. Mein Opa war Offizier bei der SS. Sie hat gesagt, laß dich nie mit jemandem in einer Uniform ein. In jeder Uniform steckt der Satan. Sie hat mir viel erzählt, wie es die SS gemacht hat, genau wie hier."*[481]

1987 lauschte ein Posten vor Zelle 26 und berichtete: *„Hierbei übten sie übelste Hetze gegenüber Staat und Regierung."*[482] Informationen wie diese waren durchaus für den Vernehmer interessant, der damit im Verhör die Anklagepunkte (taktisch oder tatsächlich) erweitern konnte.

Zum Verhängnis wurde später einem Gefangenen der Posten ebenfalls an der Zellentür 26, der lauschte und weitermeldete, dass der Gefangene ein Metallsuchgerät gebaut und sogar , wo er er es versteckt habe.[483]

Ende 1988 meldete Haftanstaltsleiter Meyer den Vernehmern ein Gespräch aus Zelle 25 *„über die Begehungsweise eines ungesetzlichen Grenzübertritts"*.[484]

Anfang 1988 belauschte der Posten zum Nutzen der Vernehmer, wie ein Gefangener in der Zelle sagte, dass seine Schwester über die Strafsache Bescheid wisse und er hoffe, dass sie selbst sich nicht verrate.[485] Dass sein eigenes Zellengespräch daraufhin zum Verhängnis werden konnte, ahnt er vielleicht bis heute nicht.

Die genannten Beispiele, nur eine kleine Auswahl der noch vorhandenen Horch-Aktenvermerke, machen deutlich, dass diese Haftspitzelei die Strafverfahren der Gefangenen deutlich beeinflussen konnte. Aus weiteren Horch-Vermerken geht hervor, dass auch die seelische Not der Gefangenen immer wieder Anlass zum Bespitzeln und Aufschreiben war (s. Kapitel 12)

1988 gab es offenbar mit der „Maßnahme Festobjekt ‚Royal'" und in Absprache mit der für Telefonabhörung, Wanzen etc. zuständigen Abteilung 26 die Absicht zur elektro-akustischen Bespitzelung der Haftzellen.[486] Und im Juli 1988 äußerte ein Gefangener in Zelle 27 laut zum Vollzugsoffizier: *„ 'Hier werden wohl Mikrophone installiert, das ist doch Mikro-Kabel' Der VH 27 zeigte über der Tür auf Kabel, welches zusammengerollt da hängt."*[487]

Das Misstrauen der Gefangenen und das Gefühl eines totalen Überwacht-Seins bei manchem – sie waren jedenfalls begründet. Dass einige Gefangene dabei zu Unrecht unschuldige Mitleidende verdächtigten, ist dabei eine zusätzlich harte, traurige Ironie der Geschichte.

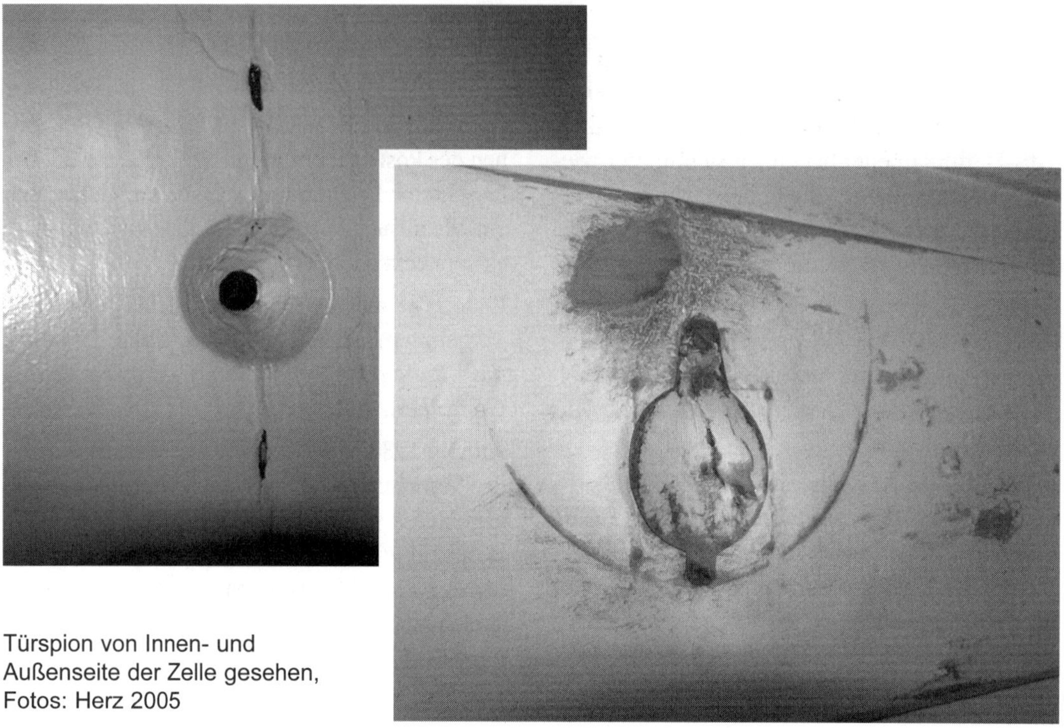

Türspion von Innen- und
Außenseite der Zelle gesehen,
Fotos: Herz 2005

Zellenspitzel und inoffizielle Mitarbeiter unter Gefangenen

Zellenspitzel gab es freilich auch in Erfurt immer wieder. Schon im Juli 1954 berichtete der Erfurter Untersuchungsleiter Rosulek nach Berlin: „*Die Abteilung IX hat 6 Kammeragenten, davon wurden im Berichtsmonat 2 geworben.*" Im Februar waren es 5 Zellenspitzel, darunter ein neu geworbener.[488]

1959 befand sich eine Frau wegen vermeintlicher BND-Spionage (Information über die Reichsbahn) in Untersuchungshaft. Bevor sie zu sechs Jahren Zuchthaus verurteilt wurde, war sie in der Haftanstalt Erfurt „*als Informator eingesetzt*" und wirkte „*bei der Aufklärung mehrerer Straftaten von Häftlingen erfolgreich mit*".[489] Die Erfurter Stasi-Offiziere schickten sie nicht ins Zuchthaus, sondern behielten sie als Kalfaktorin im MfS-Frauen-Arbeitskommando und auch „*während dieser Zeit informierte sie die Abteilung IX regelmäßig über Vorkommnisse, so u.a. über die Tatsache, dass ihre Mitgefangenen dabei waren systematisch die Namen der Mitarbeiter der Abteilung IX aufzuklären.*"

Im Herbst 1958 wurde ein Chemotechniker aus Apolda inhaftiert, der im Laufe seiner langwierigen Verhöre „*zwecks inoffizieller Mitarbeit angesprochen und verpflichtet wurde*", im Herbst vier Mitgefangene bespitzelte und dabei „*objektive und brauchbare*" Berichte lieferte. Laut Vernehmerabteilung hat er dafür dann auch die „üblichen Vergünstigungen" bekommen und den Hinweis, dass später einmal ein mögliches Gnadengesuch zur vorzeitigen Haftentlassung führen könne.[490]

1959 befand sich unter den Erfurter MfS-Gefangenen ein Eisenacher, der offenbar DDR-Grenzsoldaten zur Flucht ermutigt hatte und sich infolge der Verhöre wohl recht schuldig fühlte. Nach Strafende empfahl Untersuchungs-Chef Boller ihn der Kreisdienststelle Erfurt zur weiteren IM-Benutzung mit Aktennummer 91/59 und folgendem „Empfehlungsschreiben":

„Während der Untersuchungshaft benahm sich ... diszipliniert und war im Wesentlichen geständig. Aus diesem Grunde wurde er zur inoffiziellen Mitarbeit herangezogen und bei der Bearbeitung einer Reihe von Untersuchungsvorgängen eingesetzt.

Bei der Anwerbung brachte er zum Ausdruck, dass er aus den gemachten Fehlern gelernt habe und erklärte sich bereits, auch im Strafvollzug bzw. nach seiner Haftentlassung weiter mit uns in Verbindung zu bleiben. ... eignet sich unserer Meinung nach zur inoffiziellen Mitarbeit an seinem jetzigen Arbeitsplatz ...

In der Auswertung des Vorganges wurde der KD Eisenach ... Material zugesandt, über Personen, welche mit ihm in Verbindung standen und mit welchen er vor seiner Inhaftierung Bücher faschistischen und militaristischen Inhalts austauschte.“[491]

Im April 1961 schickte der stellvertretende Untersuchungs-Chef Börner an seine Magdeburger Kollegen folgende Zusatzinformation über einen Untersuchungs-Gefangenen, der zunächst in Erfurt und dann in Magdeburg inhaftiert war:

„In der Anlage übersenden wir einen Bericht eines Zelleninformatoren, der kurzfristig mit dem Obengenannten zusammenlag.“[492]

1962 wurde mfs-intern über *„die inoffizielle Bearbeitung eines Diversanten ... während der gesamten Untersuchungshaft durch ZI“* berichtet.[493] Dem Zellenspitzel hatte dann der zu 12 Zuchthaus-Jahren Verurteilte sogar „Tatgeständnisses“ gemacht, die es laut Überprüfung der Untersuchungsoffiziere tatsächlich gar nicht gegeben hatte. Die Folge: Es wurde angeordnet, ihn im Zuchthaus weiterhin intensiv zu beobachten.

Im Sommer 1962 entstand ein *„Bericht über die inoffizielle Bearbeitung des Diversanten X“*, der *„während der gesamten Untersuchungshaft durch ZI bearbeitet“* wurde.[494] Hintergrund waren widersprüchliche Äußerungen über einen unbegründeten Strafvorwurf, den auch der Zelleninformant nicht klarstellen konnte.

Die Hauptabteilung IX listete 1980 für Berlin auf, dass 8 Prozent der Untersuchungshäftlinge und 9 Prozent der MfS-Strafgefangenen Zelleninformanten seien und dass deren Mehrzahl (56%) innerhalb des ersten Haftmonats rekrutiert worden war.[495] Wie die Ausnutzung von Gefangenen als Informanten in Erfurt zu jener Zeit aussah, ist nicht bekannt. Eine Arbeitsanalyse der Erfurter Vernehmer verzeichnete für den Zeitraum Januar bis Oktober 1983, dass *„52 Personen ... bisher operativen DE zur inoffiziellen Nutzung vorgeschlagen“*[496] wurden – dies heißt allerdings nicht unbedingt, dass das alles bereits geworbene, als Zellenspitzel aktiv gewordene Gefangene und dann für „operative Diensteinheiten“ auch denunziatorisch Tätige waren, bezeugt aber, dass IM-Werbungen auch für Erfurter Vernehmer eine große Rolle spielten. Freigelassene „polititische Straftäter“ waren als Spitzel für die Staatssicherheit freilich sehr attraktiv, denn diese konnten sich später in oppositionellen Kreisen bewegen, ohne sobald einer Spitzeltätigkeit verdächtigt zu werden.

Im Februar 1981 hatte Stasi-Minister Mielke vielleicht auch aus diesen Erwägungen heraus eine Richtlinie für die MfS-Arbeit mit „Zelleninformatoren“ erlassen, in der es zunächst vorrangig um die Spitzelei unter Mitgefangenen ging.[497] Ziele der fixierten IM-Zusammenarbeit waren,

„von Mithäftlingen möglichst frühzeitig Informationen zu erhalten über

- Pläne, Absichten und Maßnahmen sowie über Mittel und Methoden ...,

- die objektiven Umstände vorbereiteter, versuchter und begangener Straftaten, .. und Täterpersönlichkeit sowie über Mittäter und Mitwisser [also hinterrücks ein 2. Verhör in der Zelle],

- vorzubeugende und zu beseitigende, vor allem aus Straftaten resultierende Gefahren und Folgen, straftatbegünstigende Bedingungen sowie weitere Mängel und Mißstände,

- die Vollständigkeit und Objektivität der gemachten Aussagen [also Zellenverhör[,

- weitere Möglichkeiten, Beweismittel zu erarbeiten und Überprüfungsmaßnahmen durchzuführen [bei inoffiziellen Beweismitteln war jede Herkunft recht],

- sonstige politisch-operativ bedeutsame Fakten [also unbegrenzte Verfügbarkeit über den Gefangenen],
- die Persönlichkeit von Mithäftlingen, ihr Aussage- und sonstiges Verhalten und deren Motivation weiter aufzuklären, die Reaktion auf weitere Untersuchungshandlungen... um u.a. auf dieser Grundlage ein wirksames vernehmungstaktisches Vorgehen festlegen und realisieren zu können [also Nutzung der Zelleninformatoren für hinterhältige Verhörführungen],
- die von Mithäftlingen ausgehenden Gefahren für den Verlauf des Strafverfahrens sowie für die Sicherheit und Ordnung in den Untersuchungshaftanstalten bzw. im Häftlingskrankenhaus (u.a. Kontaktversuche, destruktives Verhalten, Provokationen) rechtzeitig zu erkennen und zu verhindern." (Womöglich zählten dazu auch Kontaktversuche zum Rechtsanwalt.)

In einer Berliner Beratung darüber hieß es am 28. April 1981, dass damit *„der Aufwand für ZI-Arbeit höher"* wird, aber *„technische Mittel ... ZI nicht ersetzen können"*.[498]

Interessiert war die Staatssicherheit auch an Spitzeln unter den strafgefangenen MfS-Hausarbeiter-Kommandos. (s. Kapitel 15)

1985 gab es im Strafgefangenen-Arbeitskommando laut einem Vermerk von Haftanstaltsleiter Meyer zwei „inoffizielle Kontaktpersonen", die er bei ihrer Entlassung der örtlichen MfS-Kreisdienststelle anempfahl.[499] Inwieweit über diese „Kontaktpersonen" auch reguläre IM-Akten geführt wurden oder dies noch eine Sonderform der Zusammenarbeit war, ist nicht bekannt. Als 1987 nach der großen Amnestie neue Arbeitskommandos in der MfS-Haft geschaffen werden sollten, war auch die Rede von *„Neuaufbau einer operativen Basis in den Strafgefange-*

nenarbeitskommandos“ durch gezielte IM-Gewinnung und IM-Bespitzelung unter den Strafgefangenen.[500] Und im Jahresplan für 1988 fixierte Haftanstaltsleiter Meyer die ständige Aufgabenstellung der Neugewinnung von Spitzeln unter den Strafgefangenen so[501]:

„Perspektivisch sind neue Strafgefangenenarbeitskommandos zu schaffen. Auf der Grundlage des Befehls 17/86 sind dabei IM-Vorläufe zu schaffen und auf ein hohes Niveau zu heben. Es ist auf der Grundlage der Richtlinie 1/79 zu sichern eine gewissenhafte Suche, Auswahl und Aufklärung der IM-Kandidaten, der erreichte Stand ist einer ständigen Wertung zu unterziehen.“

Die Konsequenzen für bespitzelte Gefangene – sei es durch ZI-Berichte oder „Horchkontrollen – sind offensichtlich. Es handelte sich quasi um eine Ausdehnung der Verhörsituation auf die gesamte Zeit der Untersuchungshaft und zwar unter Täuschung. Das waren eindeutige Verstöße selbst gegen die DDR-Strafprozessordnung.

Auch für Gefangene, der die Zusammenarbeit beim Werbegespräch ablehnten, konnte dies aber auch folgenreich sein. Der Vernehmer konnte ihm dies – zumindest in Form einer Drohung – als Behinderung der Ermittlungen und damit strafverschärfend auslegen. Außerdem konnte jede Chance zu vorzeitiger Haftentlassung mit einer Spitzelbereitschaft verknüpft werden. Unmittelbare Belohnungen für den Verrat der Mitgefangenen waren allerdings auch an der Tagesordnung. In der ZI-Richtlinie 1981 wurden sie auch festgeschrieben:

„Dem ZI können in Anknüpfung an seine Motive ... Vergünstigungen gewährt werden. Vergünstigungen sind: Zusatzverpflegung zu erhalten, Presse- und Literaturerzeugnisse zu lesen, Rundfunk- und Fernsehsendungen zu empfangen, zusätzliche Postsendungen zu empfangen und zu versenden, zusätzlich mit Angehörigen zu sprechen. Außerdem kann der ZI für überprüfte und bestätigte Informationen in angemessener Form finanzielle Zuwendungen erhalten. Für Strafgefangene, die als ZI eingesetzt sind, gelten darüber hinaus die Vergütungsbestimmungen des Strafvollzuges.“[502]

Spätere IM-Karrieren von geworbenen Gefangenen der Erfurter MfS-Haft waren an der Tagesordnung. Es ging um Weiternutzung entlassener Strafgefangener an deren Wohnorten:

„zu sichern, dass die notwendigen operativen Materialien rechtzeitig und qualifiziert nach Entlassung dieser SG, die als IM geworben wurden, an die operativen DE übergeben werden können und der spätere weitere Einsatz als IM gesichert und eine hohe Konspiration und Geheimhaltung gewährleistet ist.“[503]

Aus Berichten von Zeitzeugen ist bekannt, wie schwierig es für die einmal IM-Verpflichteten sein konnte, sich den fordernden Offizieren zu entziehen. Wie denunziatorisch oder aber entziehend/zurückhaltend diese unter Druck entstandenen Kollaborationen längerfristig waren, hing sehr von Person, Charakter, Ängsten und Motiven des jeweiligen Gefangenen ab. Aufschluss dazu geben nur die einzelnen IM-Akten.

Mitunter wurden in Haft geworbene Spitzel auch später gegen ihre ehemaligen Mitgefangenen tätig. Ein Zeitzeuge berichtete, wie er nach seiner Haft von einem Mitgefangenen zu Hause besucht wurde, obwohl der seine Adresse eigentlich noch gar nicht kennen konnte.

Die Strafgefangenen ahnten, dass Spitzel unter ihnen waren. So wurde bei einer Posten-„Horchkontrolle“ im Dezember 1988 bekannt, wie ein Strafgefangener zu einem anderen sagte: „Ich weiß ja, dass du eine Antipathie für mich empfindest und was Du in deinen Berichten über uns schreibst wissen wir auch. So geht es nicht mehr weiter.“[504]

11. Verhöre, Vernehmungen

„Politische Aspekte des jeweiligen Strafverfahrens und einer konkreten Vernehmung haben in der Regel bestimmenden Einfluss auf die Vernehmungstaktik.“[505]

Die MfS-Haftanstalt Erfurt war ein Untersuchungs- und Verhörgefängnis. Die Verhöre prägten den Haftalltag mit. Die Verhörinhalte trugen ebenso wie die Strafvorwürfe machtpolitischen Charakter – das wurde den Vernehmern während ihrer Ausbildung beigebracht, wie der obige Auszug eines Lehrheftes demonstriert.

Folgende Ausführungen basieren auf den wenigen nutzbaren Sachakten der Abteilung IX und einzelnen Zeitzeugenerinnerungen. Verhörprotokolle und –tonbänder sind weitgehend tabu. Unterschiedliches Verhalten der Vernehmer und Untersuchungsführer ließ sich kaum auf den Punkt bringen.

Verhöre im Verlauf der Haftzeit

Die Haftzeit begann in der Regel mit einer ausgiebigen und heftigen „Erstvernehmung“, die die Zielstellung eines ersten Schuldbekenntnisses hatte. Wie in Kapitel 5 bereits erwähnt ging es auch um Ausnutzung des „*Überraschungsmoments zur Erzielung der Aussagebereitschaft*“. Für das Jahr 1983 resümierte die Leitung der Untersuchungsabteilung Erfurt in einem Arbeitsbericht diesbezüglich ganz zufrieden,

„dass von den Beschuldigten in der Erstphase bereits 85,1% Geständnisse erzielt wurden. 7,4 % waren teilgeständig und 7,8 % der Täter zunächst nicht aussagebereit“[506]

Aus vielen Zeitzeugenberichten ist bekannt, dass besonders die Erst-Verhöre sehr lange dauerten. Ein 1958 inhaftierter Zeitzeuge musste einen ganzen Nachmittag allein in einem Raum „schmoren", ehe dann ab 20 Uhr ein Erstverhör durch mehrere Vernehmer begann. Ein anderer Zeitzeuge wurde 1985 im Gerichtsgebäude von morgens halb neun bis „spätabends" erstmals verhört. Auch aus Untersuchungs-Akten gehen die oft ganztägigen, vielstündigen Verhörzeiten hervor. In Sachakten belegt ist z.B. der Fall eines Gothaer Lokführers von 1963:

> *„Die von Oberleutnant Kühn und Leutnant Schindler in einem konspirativen Objekt vorgenommene Erstvernehmung des Beschuldigte erstreckte sich vom 15.10. 05.00 Uhr bis 16.10. 04.45 Uhr mit einer nur zweistündigen Vernehmungsunterbrechung. Diese sich fast auf 24 Stunden erstreckende Vernehmung wurde auf Anweisung der Leitung der BV geführt, da eine Überwerbung ... in Erwägung gezogen worden sei und der Beschuldigte erst nach 23stündiger Vernehmung begann, ein Geständnis abzulegen."*[507]

Mehrere Zeitzeugen berichten unabhängig voneinander (z.B. 1970, 1975), dass ihnen im Erstverhör eine Todesstrafe als mögliches in Frage kommendes Strafmaß angekündigt wurde.

Dann folgte häufig eine mehrtägige Einzelhaft, in der nichts passierte und die von den Gefangenen überdurchschnittlich langwierig empfunden wurde. Es gab nur eigene Sorgen, Ungewissheiten, und Gedanken in der Zelle – die Außenwelt war reduziert auf das ständig wiederkehrende Auge im Türspion, Hundegebell und karges Essen. Die Einsicht, den MfS-Leuten nun uneingeschränkt ausgeliefert zu sein, war spätestens mit dem ersten Verhör gekommen – nicht selten auch aufgrund entsprechend deutlicher Hinweise der Vernehmer. Die Einzelhaft machte klar (und sollte es auch): die einzige Chance zur Beeinflussung der eigenen Situation lag im Gespräch mit dem Vernehmer.

Während der Einzelhaft konnte der zuständige Vernehmer geduldig auf die Beschlagnahme von Beweisen warten, die Formulare der Haftakte vervollständigen und sich eine „Strategie" zur Befragung überlegen. Die Planung der weiteren Verhörführung konnte unter Einbeziehung des „Persönlichkeitsbildes" des Gefangenen, seinem im Erstverhör deutlich gewordenen Verhörverhalten oder den bei offizieller Hausdurchsuchung gefundenen Beweismitteln erfolgen.

Dann, plötzlich, änderte sich der Tagesablauf des Verhafteten grundlegend – die Phase der „Vernehmungen" setzte ein. Häufig geschah dies in Form ganztägiger und mehrtägiger Verhörserien, denen dann plötzlich ein Verhörende oder eine längere Verhörpause folgte. Der Gefangene erfuhr nicht, wann er zur nächsten Vernehmung kam oder wie lange eine solche dauern würde.

Hatte der Vernehmer eine Vernehmung anberaumt, wurde der Gefangene durch Haftmitarbeiter zu ihm geführt. Er bestimmte die Zeiten im Voraus, aber teilweise auch sehr kurzfristig, und übergab dafür dem Diensthabenden der Haftabteilung ein „Vernehmerausweis" bzw. kleinen Formularzettel mit Zeiteintragungen. Dieser beauftragte den Vorführoffizier oder einen „Schließer" zur „Vorführung" des Gefangenen. Letzterer holte den Gefangenen (mitunter gemeinsam mit einem weiteren Haftmitarbeiter) kommentarlos aus der Zelle, betätigte die Ampelanlage als Warnsignal für eine Gefangenenführung und brachte den Gefangenen in das Verhörzimmer. Für eine Essenspause oder zum Vernehmungsende wiederholte sich dies.

So unterschiedlich wie die U-Haftdauer, die Strafvorwürfe, die Beweismittelbeschaffung, das Informationsinteresse des Vernehmers, das „Aussageverhalten" bei den einzelnen Gefangenen oder auch die Verhör-Fehler der Gegenseite waren, so unterschiedlich war auch die Dauer der Verhörphasen.

Plötzlich fanden keine Vernehmungen mehr statt, die oder der Gefangene blieb tagelang in der Zelle und in der Ungewissheit über das eigne weitere Schicksal.

In dieser verhörfreien Phase wurden in der Regel MfS-Strafvorschlag, Anklageschrift und Gerichtsprozess vorbereitet. Über letzteren wurden die Gefangenen sehr kurzfristig informiert.

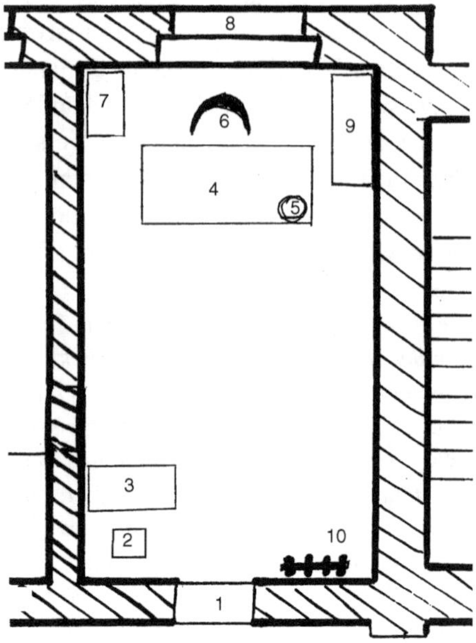

Fassade des Verhörtrakts, typischer Grundriss eines Verhörzimmers, Verhörschreibtisch vorm Fenster, Verhörtenplatz neben Tür, Skizze: Wolfgang Fiege

In dieser Wartephase wurde ein Gefangener nur gelegentlich vom Vernehmer „geholt“, z.B. zur Klärung eins Details, zum Leser von Briefpost oder für Ermahnungen zum Verhalten in der Haft. Gefangene, die ihrerseits aus Ungewissheit oder zwecks Vorbringen von Verteidigungsargumenten auf ein Gespräch mit dem Vernehmer drängten, konnten dies zwar über die Gangposten weitermelden lassen, wurden in der Regel aber ignoriert.

Die Verhörsituation

Die Verhöre fanden üblicherweise im Arbeitsraum des Vernehmers (später auch „Untersuchungsführer“ benannt, s. Kapitel 4) statt. Die Fenster der meisten Vernehmerzimmer lagen vorn zur Andreasstraße (s. Kapitel 7). Der Vernehmer saß zwischen Fenster und Schreibtisch im Gegenlicht, der Gefangene dagegen drei Meter entfernt neben der Tür auf einem festgeschraubten kleinen Holzhocker.

Neben dem anstrengenden Verhörverlauf selbst herrschten Verhaltensregeln und äußere Umstände, die die Belastung noch erhöhten. Zeitweise bzw. vernehmerweise wurde vorgeschrieben, wie die Arme und Hände gehalten werden sollten, was neben der geistigen auch die körperliche Anspannung steigerte. Die notgedrungen schlechte Kleidung und Frisur dämpften das Selbstbewusstsein mancher Gefangener zusätzlich. Die Gefangenen mussten ununterbrochene Stillsitzen auf der harten Holzsitzfläche. Kam ein Dritter ins Zimmer, so kam es zu militärhaften Befehlen wie „Aufstehen“ und „Zur-Wand-Drehen“. Der berüchtigte Blick ins Blendlicht des Fensters oder der Tischlampe war in der Erfurter MfS-Haft durchaus Realität. Vielen Gefangenen fehlte schnell das herkömmliche Zeitgefühl. Mehrwöchiger Haftaufenthalt und längere Verhörserien gingen häufig auch mit überhöhter Ermüdung einher (wegen häufiger nächtlicher Spion-Licht-Kontrollen – s. Kapitel 10).

Nachtverhöre waren eher typisch für die ersten Jahre. Aber 1989 Tage mit zehnstündigem Verhör waren auch 1988/89 keine Seltenheit. Einzelne Verhöre reichten bis spät in die Nacht. Es existierten später zwar Vorschriften zur Höchst-Befragungsdauer, aber diese wurden bis über die Grenzen hinaus ausgenutzt und es war durchaus üblich, nach kurzer Pause neu zu berechnen. Ein Erfurter Zeitzeuge schrieb für die 80er Jahre von *„Verhören (Vernehmungen), die in der Regel vormittags zwischen 9.30 Uhr -12.00 Uhr und / oder nachmittags zwischen 14.00 Uhr - 18.00 Uhr stattfanden; oder bei manchen Inhaftierten, wo man es ‚wissen wollte' ging es über Mittag durch bis in die Nacht hinein."*
Die Verhörverläufe waren recht unterschiedlich – Vernehmer und Verhörte verhielten sich verschieden und Unterschiede gab es auch in den Strafvorwürfen, Beweislagen, Verhörzielen. Die folgenden Erinnerungsbilder geben daher nur einen oberflächlichen Eindruck in Verhörsituationen verschiedener Jahrzehnte:

Ein Zeitzeuge, der 1952 wegen „Boykotthetze" in der Erfurter MfS-Haft inhaftiert war, berichtet zu seinen Verhören, dass sie eigentlich immer nachts stattfanden und dabei wiederholt auch ein sowjetischer Offizier anwesend war, der dem Erfurter Vernehmer in russischer Sprache Hinweise und Fragestellungen zu dessen Verhörführung gab. Da der Zeitzeuge etwas Russisch konnte, verstand er das Gesprochene – ohne Wissen der Verhörer.

In den 60er Jahren wurde ein Zeitzeuge immer wieder verhört, zum Geständnis und zum Unterzeichnen der Verhörprotokolle aufgefordert, was er langzeitig strikt verweigerte. Erst als der Vernehmer ihm vorgaukelte, dass seine Mutter gerade im Sterben läge und er sie nur mit einem gewissen „Entgegenkommen" (den unterzeichneten Protokollen) noch einmal sehen könne, gab der Verhörte schließlich klein bei – nur um sofort zu erfahren, dass er belogen wurde.

Die Vernehmer versuchten sich mitunter auch für erfolglose Verhöre zu rächen. Ein Beispiel dafür ist der Fall eines im April 1961 wegen „Wirtschaftsverbrechen" zu zwei Jahren verurteilten MfS-Gefangenen.[508] Bereits in den Verhören hatte er alle Vorwürfe vehement bestritten, was die Stasi so uminterpretierte, als habe er sich damit *„gegenüber dem Untersuchungsorgan äußerst provokatorisch verhalten"*. Der Betreffende kam nach Bautzen II, in den Spezial-Strafvollzug, schrieb von dort seinem Rechtsanwalt und bezichtigte die Erfurter Vernehmer der Beweisfälschung. Es gab kein Briefgeheimnis für Anwaltspost in der DDR und so bat Oberleutnant Börner, der Stellvertreterchef der Erfurter Vernehmer, seine Bautzener Kollegen um eine weitere Repression:

> *„Wir bitten aus diesem Grunde, ihn in der Strafvollzugsanstalt operativ zu bearbeiten, mit dem Ziel der Aufklärung weiterer von ihm begangener Verbrechen und seines jetzigen Verhaltens im Strafvollzug. Um Übersendung von Abschriften der operativen Berichte wird gebeten."*

Ein 1970 inhaftierter Gefangener bekam – laut seinem Interview – von seinem Vernehmer einen Aschenbecher an den Kopf geworfen, so dass er vom Hocker kippte und aufgrund der Kopfverletzung ins Haftkrankenhaus kam.

1975 fanden die langwierigen Verhöre eines anderen Gefangenen statt, der sich vor allem an folgendes erinnert:

> *„Als dann die Vernehmungen einsetzten, geschah das in voller Wucht. Stundenlanges Sitzen auf den harten Holzhockern bewirkte, dass einem die Beine abstarben und man unaufmerksam wurde. Die Vernehmer wechselten sich ständig ab, immer gleiche oder ähnliche Fragen, lautstark oder einschmeichelnd, Kaffee anbietend oder damit drohend, die Strafhöhe heraufzusetzen, wenn man sich uneinsichtig zeigte. Über viele Sätze im Protokoll wurde lange gefeilscht, bis man die Endaussage nach Stunden nicht mehr richtig verstand, und das war wieder ein Sieg des MfS. Immer wieder merkte man, dass man als Amateur gegen Profis antrat. ...*
> *...als sie mir die erweiterten Anklagepunkte (§96 und §98) vorlasen, erschütterte mich dies tief. Das hieß im Klartext, von fünf Jahren Haft bis zur Todesstrafe war alles möglich. Und mit dem*

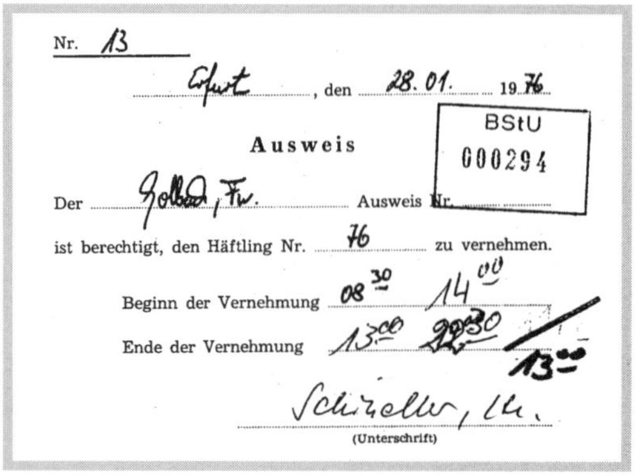
Nr. 13

Erfurt, den 28.01. 1976

BStU 000294

Ausweis

Der [illegible], Fw. Ausweis Nr.

ist berechtigt, den Häftling Nr. 76 zu vernehmen.

Beginn der Vernehmung 08.30 14.00

Ende der Vernehmung 13.00 [illegible] 13.00

[illegible], Ltn.
(Unterschrift)

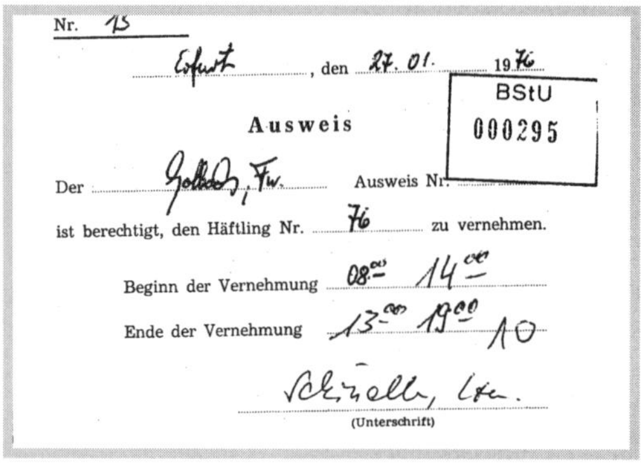
Nr. 15

Erfurt, den 27.01. 1976

BStU 000295

Ausweis

Der [illegible], Fw. Ausweis Nr.

ist berechtigt, den Häftling Nr. 76 zu vernehmen.

Beginn der Vernehmung 08.00 14.00

Ende der Vernehmung 13.00 19.00 10

[illegible], Ltn.
(Unterschrift)

links: Verhörzettel aus dem Untersuchungsvorgang eines Zeitzeugen,BStU Erfurt, rechts: typischer Zimmerecke für Verhörte, Foto: Herz 2006

Wort Todesstrafe versuchte man, mich auch ständig einzuschüchtern. Man erfand Beweismaterialien, legte mir fingierte Aussagen meiner Frau vor. Ich selber musste das alles über mich ergehen lassen, da ich keinerlei Möglichkeit hatte, einen Gegenbeweis anzutreten.“

Viele Zeitzeugen bestätigen unabhängig voneinander, dass gegen sie Druckmittel, Täuschungen oder Protokollfälschungen eingesetzt wurden. Aktenkundig wurde manches aber schon damals. So belauschte ein Posten im Dezember 1982 folgendes Zellengespräch und teilte es dem verantwortlichen Vernehmer mit:

„Der VH 25/1 sagte folgendes zum VH 25/IV: ‚Morgen werde ich mir StGB und StPO geben lassen. Außerdem werde ich meine Aussagen widerrufen, da sie mich ‚voll gerollt' haben. Im Protokoll steht zwar drin, dass ich unter starkem Alkoholeinfluss stand, als ich den Brief geschrieben habe, aber der hat den Satz noch reingebracht, dass ich mir der strafbaren Handlung voll bewusst war.... '“[509]

Im Mai 1988 belauschte ein Posten z.B. auch einen Gefangenen aus Zelle 26, der gerade von seinem Verhör zurückgekehrt war:

„Wenn ich bis morgen Mittag nicht weiß, was mit meiner Frau und meinem Bruder los ist, wo die sind, ist morgen Bambule. Die haben mich noch nicht erlebt. Entweder mache ich Bambule oder ich hänge an der Lampe. Der Vernehmer das ist ja ein schräger Vogel. Der ist ja so was von blöd. Hat keine Ahnung, weiß von nichts und labbert blödes Zeug.“[510]

Auch ein anderer Zeitzeuge, der 1978 in Erfurt wiederholt verhört worden war, sich aber noch vor seiner Verhaftung auf diese Situation gezielt eingestellt und mögliche Beweismittel vernichtet hat, empfand seine Vernehmungen im Nachhinein als dilettantisch und primitiv und die Versuche, ihm seine Schriften und Kontakte nachzuweisen als geradezu lächerlich. Auch er räumt aber ein, dass die Druck- und Machtsituation für einen unvorbereiteten Gefangenen, der das tat sächliche Wissen der Vernehmer nicht beurteilen kann, in der Regel sehr belastend sein musste.

Folgende inhaltlich-taktische „Auffälligkeiten" scheinen laut Zeitzeugeninformationen die Verhöre immer wieder charakterisiert zu haben:

Typisch waren Endlos-Wiederholungen immer derselben Fragen und Äußerungen, die die Aufmerksamkeit der Gefangenen stark herausforderten und ihnen den Eindruck vermittelten, dass jede Aussage, die dem Vernehmer nicht passte, als bedeutungslos und ungesagt galt. Ein Zeitzeuge erinnert sich besonders an den typischen Ausspruch seines Vernehmers aus den 70er Jahren: „Gottes Mühlen mahlen langsam, aber die der Staatssicherheit noch viel langsamer".

Ein 1984/85 geradezu endlos verhörter Zeitzeuge erinnert sich auch an diese Methode:

„Es war dann so, dass man stunden- und tagelang mit den gleichen Fragen konfrontiert wurde. Manchmal waren es nur zwei oder drei Fragen, die sich ständig wiederholt haben oder in ähnlicher Form wiedergekommen sind. – Psychisch sollte man eben mürbe gemacht werden. – Es war auch so, dass man streckenweise tagelang Vernehmungen hatte, dann aber auch wieder wochenlang nicht eine einzige, also ganz unterschiedlich; man könnte fast sagen - schubweise. Sicherlich gehörte dies auch mit zur Taktik der Stasi."

Dass die Verhör-Langwierigkeit nicht immer Taktik war und von den Vorgesetzten der Untersuchungsabteilung eher kritisch gesehen wurde (s. unten), war für die Verhörten meist nicht erkennbar.

Obwohl die Haftsituation ohnehin verunsichernd wirkte, sorgten viele Vernehmer gern zusätzlich für eine weitere Verunsicherung oder gar Einschüchterung. Bekannte probate Mittel waren die gezielte Wechselbehandlung „mit Zuckerbrot und Peitsche" oder auch das Wechselspiel „guter Vernehmer – böser Vernehmer". Dass Vernehmer gezielt ihren Signalknopf am Schreibtisch betätigten und daraufhin ein rollenspielender Kollege kam, ist durch Zeugenaussagen belegt.

Üblich in vielen Verhören waren außerdem

das selbstverständliche Hantieren des Vernehmers mit „inoffiziellen" Beweisen.
das gezielte Vortäuschen angeblich bereits vorhandener Beweise,
das gezielte täuschenden Drohen auf Basis erfundener Zeugenaussagen.

Nicht bloß in Einzelfällen stellte ein Vernehmer unbewiesene Anklagepunkte in den Raum – mit angeblich bevorstehenden Strafmaßen, die weit über den tatsächlich in Frage kommenden lagen. So konnte es passieren, dass der Gefangene vermeintlich das „kleinere Übel" wählte und genau jene Aussage machte, auf die der Vernehmer eigentlich wartete. Auch das Mittel, dem Verhörten mit Repressalien gegen seine Familie zu drohen, wenn er bestimmte Aussagen nicht mache oder unterschreibe, gehörte zum Repertoire der meisten Vernehmer.

1981 distanzierte sich ein Gefangener vor dem Erfurter Bezirksgericht von den Verhörprotokollen, indem er vor Gericht folgendes aussagte[511]:

Ihm „wurde gedroht, wenn er die Verbindungsaufnahme über seine Cousine zu feindlichen Organisationen in der BRD nicht zugibt, wird er Tag und Nacht verhört, wird man seine Ehefrau inhaftieren, wird man ihm keinerlei Besuche genehmigen."

Die Verhöre hatten ihn letztlich *„nervlich so fertig gemacht, daß ihm erst später bewußt geworden ist, daß er reingelegt worden ist und aus diesem Grunde habe er erst sehr spät diese, seine unter Druck gemachten Aussagen widerrufen."*

Er wurde zu zwei Jahren, vier Monaten wegen ungesetzlicher Verbindungsaufnahme verurteilt.

Von einzelnen Situationen direkter Gewaltanwendung in den Verhören sprechen Zeitzeugen eher aus den frühen Jahren. Der Querschnitt der Quellen ergibt auch den Eindruck, dass dies als „Methodik" nicht im Interesse der Institution MfS stand. Es gab aber – wie bereits erwähnt – Aussagen von Knüppelschlägen nach 1950 oder „Einzelfälle" wie die Kopfverletzung eines 1970 ins Haftkrankenhaus überwiesenen Mühlhäuser Gefangenen und es gab auch interne Vorkommnis-Untersuchungen gegen Vernehmer.

- Innerhalb 10 - 14 Tage nach der Einlieferung ist darauf zu achten, daß die Vernehmer den IH die Vergünstigungen schriftlich genehmigt.
- Der med. Dienst wurde beauftragt bei Krankheit des IH, den Einkauf zu kontrollieren.
- Die Schreiberlaubnis für IH ist eine Kann-Bestimmung. Es ist gestattet, eine DIN A 4 Seite 3 mal monatlich zu schreiben. Die Vernehmer bestimmen den Zeitpunkt, wann der IH schreiben darf oder nicht.

Dienstunterlagen der Haftabteilung XIV, BStU Erfurt, Türsturz eines Verhörzimmers

Ein betont herabwürdigender Umgangstonfall gehörte ebenfalls zur Verhörtaktik. Ein verhörter Westdeutscher beschwerte sich z.B. sofort nach dem Verhör durch Vernehmer Rose darüber, dass dieser ihn geduzt und nur als „Dicker“ angesprochen habe.[512]

Die Vernehmer versuchten nachweislich auch, Gefangene untereinander auszuspielen. Beste Voraussetzung dafür bildete ja die strikte Kontaktverhinderung im gesamten U-Haftregime. Eine mitinhaftierte Ehefrau, die im Februar 1988 alle Umstände der Unterschriftensammlung ihres Mannes leugnete, wurde im Verhör damit konfrontiert, dass sie bei der Inhaftierung erheblich weniger Geld dabei hatte und daher nun auch viel weniger zum Einkauf habe als ihr Mann.[513] Auf die Füße fiel beiden, dass der spitzelnde Zellengang-Posten mitschrieb, als sie ihrer Mitgefangenen in der Zelle etwas über die Tatsachen der Unterschriftensammlung erzählte.

Die Vernehmer konnten den Gefangenen das Leben durch Entzug von Rechten erschweren. Ende 1988 berichtet ein Gefangner seinen Mitgefangenen in der Zelle – direkt nach dem Verhör – unter den lauschenden Ohren des Postens: *„2 Wochen keinen Einkauf, meine Freundin hat mir geschrieben, dass sie mir Geld geschickt hat. ... ich bin starker Raucher.“*[514]

Im Allgemeinen mag vielleicht gelten: Die Verhörsituation war geeignet, einen seiner Selbstbestimmtheit beraubten Gefangenen deutlich einzuschüchtern und auch entgegen seinen Willen zu Aussagen und Selbstbezichtigungen zu bringen. Je stärker und blockierender ein Gefangener in den Verhören auftrat, desto mehr wurde er mit rechtswidrigen, hinterhältigen oder auch plumpen Verhörmethoden konfrontiert. Die Verhörführung war in der Praxis nicht so raffiniert und intelligent, dass es seelisch starken Gefangenen nicht trotzdem gelingen konnte, wichtige Dinge für sich zu behalten.

Verhöralltag aus MfS-Perspektive

Aus Sicht verantwortlicher MfS-Offiziere und Vernehmer mag der „Alltag“ der Verhöre im Vorderflügel des Hafthauses etwas anders ausgesehen haben. Hier verbrachte man nur die täglichen (oder nächtlichen) Arbeitszeiten und maximal ein paar Überstunden. Man bestimmte Beginn und Ende des Verhörs, Fragestellungen, Protokollierung. Hier wurden nicht zuletzt Leistungs- und Ergebnisorientierung erteilt, Erfahrungen und „Tricks“ ausgetauscht, Verhörtonbänder analysiert und Verhörführungen kritisiert.

Das fälschende Selbstbild reichte sogar zu Aussagen, wie jener des Erfurter Untersuchungsleiters Wagner in seiner 1986er Jahresanalyse:

> *„In allen Ermittlungsverfahren waren die Untersuchungsführer bemüht, die Einheit von Gesetzlichkeit, Parteilichkeit, Wissenschaftlichkeit und Unvoreingenommenheit zu gewährleisten.“*[515]

Über die Machtposition und die „Befugnisse“ des Vernehmers war man sich im MfS wohl stets im Klaren, nicht erst – wie hier zitiert – 1989:

> *„So sind in Vernehmungen die rechtlichen Machtbefugnisse des Untersuchungsführers zwar günstige Voraussetzungen, für sich allein aber nicht ausreichend dafür, dass der Untersuchungsführer in den Augen des Vernommenen ein hohes Ansehen genießt, das möglichst sogar Vertrauen einschließen soll.“*[516]

Respekt oder gar „Vertrauen“ seitens der Verhörten – das allerdings interessierte die MfS-Verantwortlichen erst später, im Zusammenhang mit dem Setzen auf eine psychologisch wirksame und verfeinerte Verhörtaktik, obendrein geeignet sein sollte, Persönlichkeit und Selbstbewusstsein der Gefangenen im Sinne eines fortan sozialistischen Untertanen zu verfremden.

Die „Sachbearbeiter“ und „Vernehmer“ der ersten DDR-Jahrzehnte waren noch weitgehend auf sich und ihre Kollegen gestellt, wenn es um Verhörführung, Verhörziel, Beweistaktik ging.

Einzelne Vernehmungen und unfähige Mitarbeiter wurden dabei innerhalb der Untersuchungsabteilung auch immer wieder offen analysiert und harsch kritisiert, wie hier in einem Falle 1958:

> *„Der verhältnismäßig einfache Sachverhalt, dass X. 1958 Verbindung zum amerikanischen Geheimdienst unterhielt und dreimal mit Mitarbeitern desselben zusammentraf, wurde an sich bereits in der ersten Vernehmung des Beschuldigten geklärt. Die weiteren Vernehmungen ... stellten keine tiefgründigere Aufklärung dieses Sachverhalts dar. Im Gegenteil sind die in drei Vernehmungsprotokollen enthaltenen Schilderungen über die Anwerbung und die zwei übrigen Zusammenkünfte sehr oberflächlich, weder chronologisch noch faktenmäßig geordnet, niedergeschrieben. ... Bei der Bearbeitung dieses Vorganges trat mehrfach auf, dass sich Schilderungen wiederholten und dabei stets unkonkret, oberflächlich, völlig systemlos diese niedergeschrieben wurden.“*[517]

Auch in den 60er Jahren wurden Kontrollberichte über die Qualität der Fragen, die Protokolle und die erlangten Informationen angefertigt und daraufhin Verhörkritik ausgesprochen. So kritisierte Untersuchungsleiter Boller 1964:

> *„Die Bearbeitung von Personen wegen staatsgefährdender Hetze zeigt, dass von einigen Mitarbeitern bei der Bearbeitung solcher Vorgänge noch sehr gedankenlos und unüberlegt Fragen ausgearbeitet werden, die nicht der Aufklärung des Sachverhalts dienen können. Von einer derartig gedankenlosen und schematischen Arbeitsweise kann in fast allen Vorgängen gesprochen werden. Es kommt vor, dass in einem Protokoll, sich wiederholend, solche Fragen gestellt werden: ‚In welcher Weise traten sie politisch negativ in der Öffentlichkeit in Erscheinung?‘, ‚Unter welchen Umständen kam es zu ihren Äußerungen?‘, ‚Wie traten Sie politisch negativ gegenüber diesen Personen auf?‘ u.a. Auf solche Fragen müssen selbstverständlich auch solche unqualifizierten und nichtssagenden Antworten erfolgen wie ... In dem durch Genossen Ofw. Siegel, Jürgen bearbeiteten Vorgang gegen den gefährlichen Hetzer X. wurde zugelassen, dass dieser Beschuldigte eine üble Hetze*

Verhörzimmer und Tür im Zustand 2005 (2006 wurden die Türen zerstört und weiter randaliert)
Foto: Herz 2005)

gegen die D.D.R. und andere sozialistische Länder im Protokoll betrieb. U.a. wurde protokolliert: 'Dabei stellte ich fest, dass der Wirtschaftsaufstieg in der Zone viel langsamer vor sich ging, als in der Bundesrepublik. Die Bundesrepublik ist frei von Siegermächten, wogegen wir uns in der Zone nach der kommunistischen Diktatur richten müssen, was den Aufbau in der Zone verlangsamt."[518]

In regelmäßigen Arbeitsauswertungen durch die Leiter der Untersuchungsabteilung IX wird immer wieder auf allgemeine Verhör-Unzulänglichkeiten und Positivbeispiele verwiesen, wie auch im Jahre 1983. Ist da in einem Satz von „*in der Vergangenheit festgestellte*[n] *Mängel*[n], *wie unzulängliche bzw. taktisch unkluge Verarbeitung von Beweismitteln in Vernehmungen* ..."[519] die Rede, so heißt es im nächsten wiederum:

„*Ein gut durchdachtes Festlegen und Umsetzen vernehmungstaktischer Konzeptionen führte dazu, daß trotz z.T. erheblichen Widerstandes der Beschuldigten besser als in der Vergangenheit erarbeitet, dadurch weitere Beweisführungsmaßnahmen möglich wurden und vor allem mehr operativ-relevante Informationen herausgearbeitet werden konnten.*"[520]

Anhand von Verhör-Mitschnitten werteten die Vorgesetzten mit ihren Vernehmern das Vorgehen aus. Relativ häufig waren die Vorgesetzten unzufrieden über folgende „Fehler" im Verhör:

„*zu frühes Unterbrechen der Antwort des Beschuldigten bei Anzeichen von Unwahrheit;*
unkluger Umgang mit Beweismitteln;
fehlerhaftes Eröffnen von Vernehmungen;
unkluger Abschluss;
zu starre Fragestellungen.
Eine taktische Linie ist nicht immer zu erkennen, was oftmals in einem Nichteinhalten der vorgegebenen Marschroute der Referatsleiter zu suchen ist.
Eine notwendig gewordene taktische Umstellung aufgrund einer neuen Verteidigungskonzeption des Beschuldigten bereitet oftmals Mühe."[521]

Diese Praxisbelehrung und Vernehmerkritik blieb Bestandteil der Personalarbeit und Vernehmerausbildung bis zum Schluss. Das belegt auch ein Arbeitsbericht der Erfurter Untersuchungsabteilung von 1985, wo es u.a. heißt:

„Zur Anwendung kamen die in den Jahren zuvor bereits bewährten Methoden, wie das Vordemonstrieren taktischer Wege durch Vorgesetzte in den Vernehmungen, das Auswerten von Vernehmungsergebnissen oder das Abhören von Schallaufzeichnungen."[522]

Im Laufe der Jahre konnte mit den zunehmenden mfs-inneren Ausbildungsstrukturen auf ein wachsenden MfS-„Basiswissen", auf Lehrsätze und Beispielfälle zurückgegriffen werden.

Eberhard Schindler, ein Erfurter Vernehmer und zuletzt Referatsleiter, hatte 1983 seine Hochschul-Abschlussarbeit zu folgenden Thema geschrieben: *"Methoden der Erschütterung destruktiven Aussageverhaltens Beschuldigter durch Suggerieren sicherer Beweisführungsmöglichkeiten".*

Die Potsdamer MfS-Schule hatte Unterrichtsfächer wie „Vernehmungstaktik" eingeführt, erarbeitete und verbesserte ihre Lehrhefte. Hier wurde insbesondere auch die spätere Richtung einer mehr psychologisch fundierten Verhörführung entwickelt und vorgegeben, z. B. in folgen der Form:

„Psychologische Aspekte sind vom Untersuchungsführer auch bei solchen Fragen besonders zu berücksichtigen, die sich auf die subjektive Seite der Straftat beziehen. ...
Es folgte die Vernehmung zu einem vom Beschuldigten gefertigten Schriftstück, in dem er die gesellschaftlichen Verhältnisse in der DDR diskriminierte und zu deren Beseitigung aufrief. Indem der Untersuchungsführer die vom Beschuldigten verwandten Formulierungen im Detail behandelte und fragte, warum er gerade diese wählte und was er damit ausdrücken wollte, wurde der Beschuldigte angehalten, eindeutige Erklärungen zu seinen Zielen und Motiven zu geben."[523]

Noch im Juni 1989 führte die Hauptabteilung IX „Wochenschulungen" mit mittleren Leitungskadern durch. Bei „Vernehmungstaktik" ging es u.a. um „*Besonderheiten der psychischen Regulation des Aussageverhaltens bei der Erstvernehmung*" und um „*psychologische Aspekte der Gestaltung von Fragen und Vorhalten*".[524]

Änderungen in Verhörserien

In den obigen Zitaten ist auch die Rede von „Aussageverhalten" oder gar von „Verteidigungskonzeption" der Gefangenen. Auch dieses wurde systematisch von den Vernehmern und Referatsleitern analysiert, um gezielte Gegenaktionen vorzunehmen.

Selbstbewusste, unvorsichtige oder in falsche Richtung verteidigende Worte der Gefangenen konnten für sie äußerst nachteilig werden. Ein Wiederholen politischer Kritik kam letztlich einer neu ausgesprochenen Hetze gleich Die Erweiterung der ursprüngliches Strafvorwürfe und Ergänzung mit weiteren „Anklagepunkten" war nicht nur Drohmittel der Vernehmer, sondern bedeutete durchaus reelle Straferhöhung im Strafprozess.

1983 lobte der Erfurter Untersuchungsleiter Wagner derartige Ausweitungen der Strafgründe, wenn er resümierte, dass

„die bisher erfolgten Erweiterungen der Verfahren nach weiteren Tatbeständen, die nicht auf Versäumnisse bei der Einleitung zurückzuführen, sondern Ergebnis einer zielstrebigen Untersuchungsarbeit sind."[525]

1986 wurde immerhin etwa jedes dritte/vierte Strafverfahren ausgeweitet. Untersuchungsleiter Wagner sagte in seiner Jahresbilanz nun aber:

„Die mehr als 40 Verfahrenserweiterungen könnten zur Zufriedenheit verleiten, wozu jedoch gesagt werden muss, dass nicht alle von ihnen das Ergebnis einer taktisch geschickten Vernehmungsführung war, sondern erst nach mehrmaligen Anläufen das Ziel erreicht wurde."[526]

Verhör-Ziele

„Vernehmungstätigkeit als politische Arbeit zu begreifen schließt vielmehr ein auch im Verlauf der Bearbeitung des Untersuchungsvorganges und in jeder Einzelvernehmung ständig danach zu streben, bisher noch nicht erkannte Möglich-

Verhörzimmer und Verhörflur, Fotos: Herz 2006

keiten der Unterstützung politischer oder politisch-operativer Prozesse zu erschließen."[527]
Über den politisierten Ansatz der Verhöre, wie er hier 1989 nochmals ausformuliert ist, gab es über den Gesamtzeitraum der MfS-Ermittlungen keinen Zweifel.

Bringt man die wichtigsten, de facto praktizierten MfS-Verhörziele auf einen Nenner, so wird man sie wohl wie folgt charakterisieren können:

1. Erlangen von Geständnissen: Es ging zunächst vor allem um „Offizialisierung" von Beweismitteln (s. Kapitel 3) und Selbstbezichtigung der Beschuldigten, um somit in Gerichtsprozessen die Konspiration allen MfS-Handelns umfassend zu wahren und doch zugleich das politisch „Verwerfliche" mit maximal beweiskräftiger Deutlichkeit herauszustellen.

> Zum Beispiel hieß es 1987 in diesem Sinne, dass „... *bei allen Beschuldigten Geständnisbereitschaft erzielt wurde, auch, wenn in einigen Fällen dazu mehrere Vernehmungen notwendig waren.*"[528]

2. Politisieren/Beherrschen der Persönlichkeit: Die Verantwortlichen waren sich im Klaren, dass sie Andersdenkende, SED-Gegner etc. nicht mit Zeitstrafen von der Bevölkerung eliminieren konnten. Da sie sie aber nicht unbedingt in den Westen „entlassen" wollten, bestand das Interesse, ihr „Andersdenken", kritisches Auftreten, politisches Handeln, usw. dauerhaft zu beschädigen – und zwar vor allem durch künstliches Erzeugen von Selbstzweifel, Angst, Hoffnungslosigkeit, Apathie, fundamentaler Ohnmacht.

> Zum Beispiel geht aus einem 1987er Jahresbericht der Untersuchungsabteilung IX hervor, dass im Vorfeld der Verhöre meistens schon eine „ausreichende Beweislage" existierte und Geständnisse sogar als Täter-Taktik zum Erreichen der DDR-Ausreise galten.[529] Die Verhöre in DDR-Flucht-Verfahren nahmen daher nun teilweise Züge von „Rückgewinnungsgesprächen" an, wie sie bei den Abteilungen Inneres auch üblich waren. „*Es gelang*

auch zeitweise, ihre Auffassungen zu erschüttern", heißt es in einer Jahresarbeitsanalyse 1987 der Untersuchungsabteilung.[530] Für 1988 war die Rede von neun „Beschuldigten", die im Rahmen der Haftverhöre „zurückgewonnen" wurden – jedenfalls vorläufig, wie die Untersuchungsabteilung vorsichtig berichtete, und oft mit „*operativer Nachkontrolle*".[531]

3. Erzwingen zusätzlicher Information: Die Verhörziele hatten fast immer auch eine über das Strafverfahren hinausgehende Dimension. Es ging mitunter sogar vorrangig in Verhören darum, dass Gefangene Informationen preisgaben, an die die Staatssicherheit anderweitig nicht herankam. Die Verhörer versuchten entweder Gefangene zum Verrat (z.B. zur eigenen Entlastung, für Vorteile als Zellenspitzel) zu bringen oder aber durch gezieltes Verwickeln in Widersprüche zu ungewollten Aussagen zu animieren.

Zum Beispiel konnten sogar andere „operative" Abteilungen ihre Info-Wünsche bei den Vernehmern regelrecht „anmelden". So hieß es in der Erfurter Dienstanweisung 6/85:

„Auf der Grundlage des übergebenen Informationsbedarfes der operativen Diensteinheiten sind durch die Abteilung IX die Möglichkeiten der Vernehmungstätigkeit in Ermittlungsverfahren zu nutzen, um über den strafrechtlichen Tatbestand hinaus konkrete Beiträge zur Unterstützung des Klärungsprozesses ‚wer ist wer?' und zur Gewinnung von Erkenntnissen über operativ-bedeutsame Erscheinungen, Mängel und Missstände im Verantwortungsbereich zu leisten."[532]

Und im Verhör-Lehrbuch 1989 stand, dass die „Erarbeitung dieser Aussagen" sogar in den Erstvernehmungen „*in der Regel Vorrang gegenüber anderen Vernehmungskomplexen*" habe.[533]

Die Verhörziele lagen also in den letzten DDR-Jahren immer weniger in der Beweiserstellung. 1988 sah Untersuchungsleiter Wagner darin sogar eine Gefahr für die langjährig üblichen, „psychologischen" Verhör-Fähigkeiten seiner Mitarbeiter, die er als „klassische" bezeichnete:

„Die relativ hohe Geständnisbereitschaft der Beschuldigten, die Tatbestandsmäßigkeit und ein so hoher Arbeitsanfall verleiten zu oft dazu, die klassischen Seiten der Untersuchungsarbeit gewissermaßen zu vernachlässigen."[534]

Das führte, wie Wagner unzufrieden hinzufügte, sogar dazu, dass härtere, beweiswichtigere, komplexere Verhörserien vorzugsweise nur noch von einem kleineren Kreis der Untersuchungsoffiziere bestritten wurde.

„Zur Entwicklung der Aussagebereitschaft der Beschuldigten gibt es keine wesentlich neuen Erkenntnisse, da 1985 keine Umstände eintraten, die eine grundsätzliche Änderung des Aussageverhaltens hätten bewirken können. Typisch ist, von Ausnahmen abgesehen, daß die Mehrheit der Beschuldigten eine Bestrafung anstrebt, um über den Strafvollzug in den Westen gelassen zu werden.

Es gibt lediglich eine neue Tendenz, die vor allem von den Rechtsanwälten beeinflußt wird und darin besteht, daß miteinander verwandte Beschuldigte durch Konzentration der Belastungen auf die Person eine möglichst hohe Differenzierung ihrer Urteile anstreben. Damit soll erreicht werden, daß aufgrund der geringen Strafen der niedriger Verurteilten Person beide bereits nach kurzer Zeit die Möglichkeit erhalten, in die BRD zu kommen."[535]

Während in den 50er Jahren (wie oben erwähnt) zu langwieriges Verhör-Vorgehen noch kritisch gesehen wurde – auch angesichts der personellen Relation von Vernehmern und Strafverfahren –, so wurde eine möglichst lange Verhörzeit 1983 bereits als positiv angesehen:

„Vom überwiegenden Teil der Mitarbeiter wurde die ständige Forderung richtig verstanden, in der Vernehmungsarbeit das Primat der Untersuchungstätigkeit zu sehen, was seinen Ausdruck in einer Steigerung der Vernehmungsstunden gegenüber 1982 findet. ... gilt es hier ... den Umfang administrativer Arbeiten zugunsten der Vernehmungen zu reduzieren."[536]

Antwort: Ich möchte zu diesen Briefen keine Angaben aus meinem Gedächtnis machen und bitte daher, daß die bei mir vorhandenen Abschriften vorgelegt werden.

Vorhalt: Ihnen werden aus dem Hausdurchsuchungsmaterial laut Protokoll vom 7. 7. 1981 ein Durchschlag eines Schreibens an den Rat des Bezirkes Erfurt vom 2. 7. 1981 und Durchschläge von 2 Schreiben an den Rat der Stadt Erfurt und an das Ministerium des Innern vom 1. 7. 1981 mit Einlieferungsscheinen der Post vorgelegt. Nehmen Sie dazu Stellung!

Antwort: Mir wurden diese Schreiben vorgelegt. Es handelt sich dabei um die von mir bereits erwähnten Schreiben gleichlautenden Inhalts, deren Originale von mir am Ausfertigungs- bzw. folgenden Tag auf dem Postweg an den entsprechenden Empfänger abgeschickt wurde. Zum Inhalt der Schreiben möchte ich keine Aussagen machen, da die vorliegenden Schreiben nach meiner Auffassung für sich selber sprechen. Ich habe dem nichts hinzuzufügen.
Die Schreiben enthalten eine kurze Zusammenfassung meiner bisherigen Bemühungen um einen Dialog mit den Behörden über die Gewährung unserer Ausreise aus der DDR und die Ankündigung des nächsten Schrittes meinerseits in dieser Angelegenheit.

Frage: Welche Reaktion erfolgte von seiten der staatlichen Organe auf die in diesen Schreiben angedrohte demonstrative Handlung in der Öffentlichkeit?

Antwort: Ich möchte zunächst feststellen, daß es sich aus meiner Sicht weder um die Androhung, noch um eine Demonstration in der Öffentlichkeit handelte, sondern lediglich um die Ankündigung eines Schrittes in bezug auf die Behörden. Der Zusammenhang meines Verweilens in der Nähe meiner Arbeitsstelle mit meinen Bemühungen um eine Ausreise war für keinen Außenstehenden wahrnehmbar, insofern muß ich den Ausdruck "demonstrative Handlung" in der Öffentlichkeit" zurückweisen.

6

Antwort: Die müßte zu Hause sein. Sie arbeitet als Verkäuferin im Kiosk am [redacted]platz in Weimar.

Frage: Welche Personen haben Kenntnis von Ihrem Vorhaben, die DDR ungesetzlich zu verlassen?

Antwort: Ich habe mir größere Erfolgschancen ausgemalt, wenn ich die ganze Sache allein mache. Darum habe ich auch keine Person eingeweiht in mein Vorhaben.

Frage: Welche Personen gehören Ihrem engeren Umgangskreis in der DDR an?

Antwort: Ich habe nur meine Freundin [redacted]. Alle Freunde, die ich einmal hatte, leben heute in der BRD.

Frage: Sind Ihnen die Bürger der DDR [redacted] und [redacted] bekannt?

Antwort: Einen [redacted] kenne ich nicht. [redacted] hingegen kenne ich.

Frage: Wie ist Ihr Verhältnis zu dem Genannten?

Antwort: [redacted] ist mit der geschiedenen Ehefrau meines [redacted], [redacted] verheiratet. Familie [redacted] hat seit März 1984 auch einen Ausreiseantrag in die BRD zu laufen. Die Gründe dafür kann ich im einzelnen nicht nennen. Unsere Beziehungen beschränken sich auch auf unregelmäßige gegenseitige Besuche.
Soweit mir bekannt ist, müßten sie sich derzeit auch im Bezirk Rostock aufhalten oder in den nächsten Tagen hier eintreffen.

Frage: Welchem Zweck soll der Aufenthalt des DDR-Bürgers [redacted] im Bezirk Rostock dienen?

Antwort: Na ich nehme an, daß er hier Urlaub machen will. Andere Gründe kenne ich nicht.

Frage: Welche Verbindungen unterhalten Sie ins NSW?

Antwort: Ich unterhalte zu folgenden Personen, bei denen es sich ausschließlich um ehemalige DDR-Bürger handelt, Kontakte:
1. Familie [redacted] und [redacted],
wh.: Dortmund, [redacted]-Str., Nummer unbekannt,
seit 1983 in der BRD,

[redacted]

Aufzeichnung und Protokolle der Verhöre

Vielfach war das Verhör nach der stundenlangen – teilweise eintönig und voller Wiederholungen verlaufenden – Befragung noch nicht zu Ende. Denn anschließend saß der Vernehmer an seine Schreibmaschine und formulierte ein Protokoll aus seinen Notizen. Der Gefangene musste währenddessen weiterhin nahezu reglos auf dem unbequemen Holzhocker sitzen. Er musste danach das Protokoll lesen und unterschreiben. Häufig stand schon am Textbeginn die erste stark verfälschte Aussage. Zum Umformulieren waren die Vernehmer in der Regel gar nicht oder nur nach weiterem ausführlichen Verhörgespräch bereit. Das konnte sich so endlos dahinziehen, dass ermüdete Gefangene belastende „Aussage" immer wieder übersahen oder gegen besseres Wissen doch unterschrieben. So nutzten Vernehmer die typischen Ermüdungen und Konzentrationsschwankungen der Gefangenen zusätzlich zum Vorteil ihrer Verhörführung.

Eine wirkliche Protokollierung dessen, was sich in den Verhören abgespielt hat, erfolgte während der gesamten DDR-Zeit nicht. Weder eine vollständige noch eine unmittelbare. Das war durchaus so gewollt und wurde in mfs-internen Schriftstücken – wie hier 1987 – auch offen ausgesprochen:

> *„Da die protokollarische Dokumentierung der Umstände des Zustandekommens von Aussagen insbesondere bei länger andauernden Vernehmungen aus zeitökonomischen Gründen verkürzt erfolgen muß....“*[537]

Die Untersuchungs-Chefs hielten die Vernehmer in den früheren Jahrzehnten auch in Erfurt dazu an, die Protokolle ideologisch angepasst zu verfassen und nicht mit Wiedergabe der „hetzerischen" Worte der Verhörten. So konnte es vorkommen, dass es über einen Gefangenen hieß, er habe im Verhör Hetze betrieben, weil er seine politische Argumentation im Zusammenhang mit einem vorgeworfenen Sachverhalt äußerte oder wiederholte. 1963 wurden z.B. auch folgende Protokollsätze kritisiert:

„Gen. Siegel II protokollierte, der Beschuldigte habe Westdeutschland ‚in den schönsten Farben geschildert'. Der Gen. Grüneberg schrieb nieder, dass ein westdeutscher Professor die materialistische Weltanschauung widerlegt hätte. Gen. Franke nahm ins Protokoll die verlogene Behauptung auf, die Eisenbahner am Bahnhof Sömmerda würden sich alle gegenseitig bespitzeln."[538]

Es existieren heute noch diverse, nicht gelöschte Tonbandaufzeichnungen vor allem aus der letzten Zeit, die die großen Unterschiede zwischen Wort und Schrift deutlich machen. Aufgezeichnet wurde in den 80er Jahren fast jedes Verhör. Ein 1985 immer wieder verhörter Zeitzeuge schrieb in seinem Erinnerungstext:

„Wenn man also den Raum betreten hatte, zeigte der Vernehmer auf den Stuhl, was bedeutete, dass man sich setzten durfte. Das Tonband lief dann meistens schon. In den ersten paar Monaten wurden also bei meiner Person sämtliche Verhöre mitgeschnitten. Es ist mir allerdings unvorstellbar, dass dieses Material alles ausgewertet worden ist. Vielleicht wurden auch nur wichtige Passagen herangezogen. Möglicherweise sollte es auch zur Abschreckung dienen, denn es sah ja irgendwie wichtig aus mit den alten Spulentonbändern."

Die Unterschrift des Gefangenen auf jedem Einzelblatt des Verhörprotokolls mutet angesichts dessen wie eine Farce an. Für die Staatssicherheit und ihre Prozessinszenierungen war sie aber elementar. Viele Gefangene sprachen – entweder gleich vor Gericht oder heute im Nachhinein – von einer Verzerrung ihrer Aussagen. Die anschließende Unterzeichnung wurde gelegentlich sogar mit Drohungen erpresst.

Mitunter äußerten sich die Angeklagten vor Gericht über die Methoden ihrer Vernehmer und die Falschheit der Protokolle und Aussagen. So erklärte ein Erfurter MfS-Inhaftierter 1981 vor dem Nordhäuser Kreisgericht folgendes:

„- Während der laufenden Untersuchung war er nervlich so belastet und fertig, dass er eben alles unterschrieben habe.

– Außerdem wurde er von seinem Vernehmer mehrfach unter Druck gesetzt, so z.B. ‚Wenn Sie nicht alles zugeben, werden wir Ihre geschiedene Ehefrau einsperren und die beiden Kinder in ein Heim bringen.'

– Die Sätze in den Vernehmungsprotokollen wurden zusammengedreht und gedrechselt. Aus einem gesagten Satz wurden 10 Sätze gemacht.

– Solche Ausdrücke wie die Grenze erkunden, aufklären, Grenzdurchbruch vorbereiten, bewusst zur Aufklärung im Grenzgebiet (Sperrgebiet) stimmen nicht. Diese Formulierungen wurden mir vom Vernehmer immer wieder eingeredet.

– Der Vernehmer hat mir vielfach das Wort im Mund herumgedreht. ...

– Er habe mehrmals um ein Strafgesetzbuch gebeten, aber niemals eines erhalten.

Den Vorhalt der Staatsanwälte, er habe einen Kassiber an XX. [=Mitangeklagter] *gefertigt (wurde ihm vorgelegt) weist er von sich und erklärt dazu: Das hier vorliegende Schreiben an XX. worin er diesen auffordert, die Wahrheit zu sagen, um die ganze Sache schnell abzuschließen, habe er von seinem Vernehmer diktiert bekommen und durch diesen wurde veranlaßt, dass ihn XX. zur Kenntnis bekam."*[539]

Im Oktober 1982 war es diesbezüglich sogar vorm Erfurter Bezirksgericht zu einem für die Untersuchungsabteilung unliebsamen, aber folgenlosen Zwischenfall gekommen. Oberrichter Ketzel hatte im politischen Strafprozess das Abhören einiger Vernehmungstonbänder im Gerichtssaal angeordnet. Ein Haftmitarbeiter, der als Bewacher des Angeklagten am Prozess teilnahm, berichtete darüber seinen Vorgesetzten:

„Nach Beendigung dieser Maßnahme, äußerte sich der Vorsitzende des Senats im Beisein aller Beteiligten sinngemäß folgendermaßen: Die Vernehmungsprotokolle weichen stark von den gehörten Tonbandaufnahmen ab, ebenso würde die Reihenfolge der Darlegungen bzw. der gegebenen Antworten des Angeklagten im Vernehmungsprotokoll nicht gewahrt. Wenn auch die Worte des Angeklagten nicht die besten seien, so könne man sie jedoch nicht so einfach umformulieren, z.B. aus dem Wort ‚Ratschläge' das Wort Instruktionen machen. Wenn der Angeklagte ‚Ostberlin' sagen würde, so sollte das Wort auch so protokolliert werden. Es sei nicht richtig, dass man diskutieren würde bis zur Bezeichnung ‚Berlin – Hauptstadt der DDR'.

oben: Verhörzimmer und Verhörflur, S. 177: Arbeitsraum eines Vernehmers im Neubauflügel ab 1987 Fotos: Herz 2006

Es sei auch nicht ganz in Ordnung, wenn die Wiedergabe der Worte des Angeklagten nicht genau erfolge. Aus wirklich gegeben Antworten und aus Ausdrucksweisen könne das Gericht mehr entnehmen, als wenn diese umformuliert würden. ... Vom Staatsanwalt des Bezirkes, StA Brüheim erfolgten zu diesen Auslassungen keine Reaktionen."[540]

Die Verhörfälschung, die man in den 50/60er Jahren eingeführt hatte, war inzwischen nicht nur verbreitet, sondern hatte sich auch verselbständigt und selbstverständlicht. Dass die Protokolle nicht den tatsächlichen Vernehmungen entsprachen, ist nicht nur durch Zeitzeugenaussagen und erhalten gebliebene Tonbänder bekannt, sondern war auch den Vorgesetzten kein Geheimnis. Untersuchungs-Chef Wagner schrieb 1987 dazu:

„... *wurden mehrfach Formulierungsschwächen in der Fragestellung festgestellt und nicht selten eine Antwort aufgeschrieben, die weit über die Fragestellung hinausging. Dadurch wurde die Objektivität der Untersuchung gemindert, da diese Protokolle offenkundig nicht den wahren Verlauf der Vernehmungen widerspiegelten.*"[541]

So ähnlich stand das 1987 auch in einem Lehrbuch der MfS-Hochschule Potsdam.

„*Nach wie vor besteht auch Veranlassung auf die Notwendigkeit hinzuweisen, im Protokoll objektiv die Aussageleistungen des Vernommenen/Befragten, bestimmte wichtige Passagen möglichst wörtlich wiederzugeben und nicht die Originalaussagen durch dem Ausdrucksniveau der Aussagen nicht entsprechende Formulierungen des Untersuchungsführers zu ersetzen.*"[542]

\- - - - - -

Im November 1989 behaupteten die Berliner Untersuchungs-Chefs scheinheilig:

> *„Die Achtung der Würde jedes Verdächtigen und jedes Beschuldigten ist für die Mitarbeiter der Untersuchungsorgane des MfS nicht nur Verfassungsgebot und strafverfahrensrechtlich geregelte Pflicht, sondern eine Frage des tschekistischen Berufsethos."*[543]

Und auf die selbst gestellte Frage: „*Werden gegenüber Inhaftierten psychische Zwangsmittel angewandt?*" folgte als selbstschützende und zugleich zynisch-menschenverachtende Antwort,

> *„dass vor allem psychisch labile Personen die zwangsläufig mit einer Vernehmung sowie insbesondere mit der U-Haft verknüpften, persönlich als höchst bedeutsam und bedrohlich empfundenen Belastungen nicht kompensieren können und dadurch zu subjektiven Fehleinschätzungen bei der Bewertung von Vernehmungsmethoden und Umständen des Untersuchungshaftvollzuges kommen."*[544]

Am **10. 11. 1989** verbreitete das Grundsatzfragen-Referat der Berliner Hauptabteilung IX in einem anderen Dokument allerdings auch „*Vorschläge für Problemberatungen zur weiteren Tätigkeit der Linie Untersuchung unter Berücksichtigung der neuen rechtlichen Regelungen und internationalen Erfordernisse*". Gefordert wird darin u.a.:

> *„Beratung von Problemen der Vernehmungsführung/Vernehmungstaktik (z.B. Definierung offensiver Vernehmungsführung in Abgrenzung zu psychischem Druck, Erpressung, psychischer Folter)"*[545]

Das ist ein indirektes, aber deutliches Eingeständnis, dass es eine solche „Abgrenzung" bis dato nicht gab.

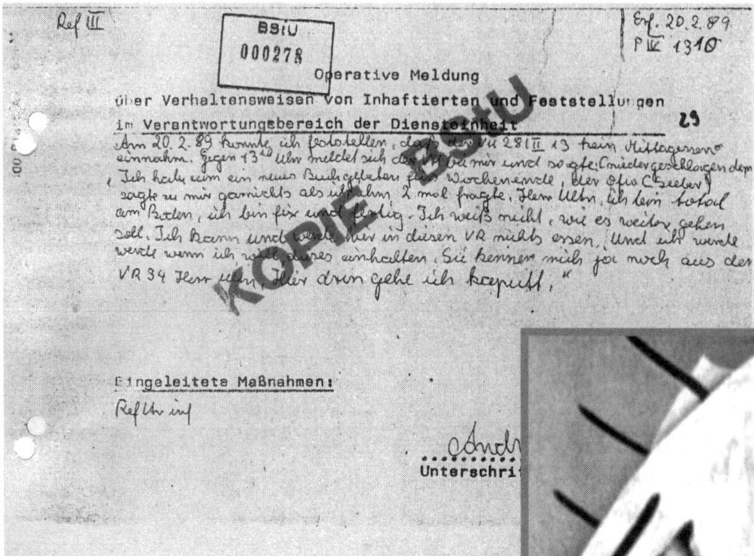
Ref III

BStU 000278

Erf. 20.2.89
P IV 1310

Operative Meldung

über Verhaltensweisen von Inhaftierten und Feststellungen

im Verantwortungsbereich der Diensteinheit

29

Am 20.2.89 konnte ich feststellen, daß der VH 281 II 13 kein Mittagessen einnahm. Gegen 13[00] Uhr meldet sich der VH bei mir und sagte: (niedergeschlagen dep.) Ich habe ihm ein neues Buch gegeben für Wochenende, der Ofw (Seeber) sagte zu mir garnichts als ich ihn 2 mal fragte. Herr [illegible], ich bin total am Boden, ich bin fix und fertig. Ich weiß nicht, wie es weiter gehen soll. Ich kann und werde hier in diesen VR nichts essen. Und ich werde werde wenn ich will [illegible] einhalten. Sie kennen mich ja noch aus der VR 34 Herr [illegible]. Hier drin gehe ich kaputt.“

KOPIE BStU

Eingeleitete Maßnahmen:

Ref Uv inf

Unterschri[ft]

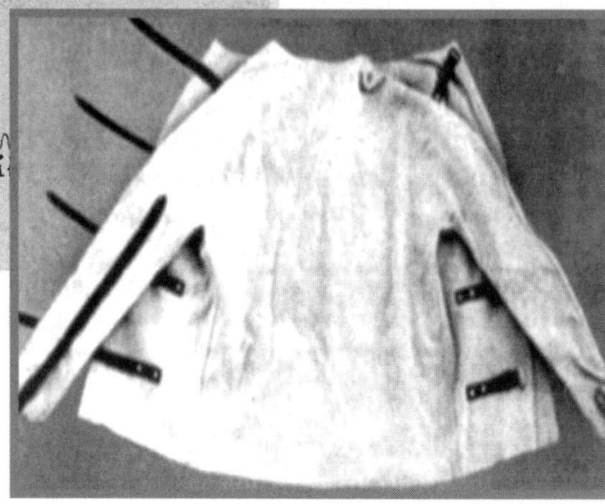

Dienstunterlagen der Haftabteilung XIV, BStU Erfurt, “Fesselungsjacke”

12. Seelische Belastung, Gewalt und Psychoterror

„Hier drin gehe ich kaputt.“

Das sagte noch im Februar 1989 – als die Haftsituation bereits besser als je zuvor und das Verhalten der Haftverantwortlichen bereits zurückhaltender war – ein Gefangener aus Zelle 28.[546]

Dieses Kapitel müssen ehemalige Erfurter MfS-Gefangene nicht lesen, – sie kennen es ohnehin und Erinnerung tut nicht immer gut. Der Kapitelinhalt basiert vorrangig auf Sachakten-Berichten der Haftanstalt, deren Beweiskraft auch jene Lügen straft, die die Menschenrechtswidrigkeiten politischer Verfolgung in der DDR heute nicht oder nicht mehr wahrhaben wollen.

Folter im Sinne der UN-Definition 1984 – als *„große körperliche oder seelische Schmerzen oder Leiden ... , zum Beispiel um ... eine Aussage oder ein Geständnis zu erlangen, ... um ... einzuschüchtern oder zu nötigen oder aus einem anderen, auf irgendeiner Art von Diskriminierungen beruhenden Grund“* – war in der Erfurter MfS-Haft durchaus an der Tagesordnung.

Ehemalige politische Gefangene der MfS-U-Haftanstalten Erfurt, Gera oder Suhl haben nur in Einzelfällen sichtbare Wundmale und körperliche Verletzungen aus ihrer Haftzeit. Und doch wurden auch noch in diesem Jahr 2006 Haftfolgeschäden begutachtet und von Thüringer Versorgungsämtern bewilligt.

Allein im Monat Juli 1978 wurden 6 von 41 Gefangenen laut Stasi-Notiz *„zeitweilig unter Sonderbewachung gestellt“* – das hieß im Klartext: etwa jeder siebte Gefangenen wirkte äußerlich so nervös, wie es typisch ist für Menschen, die sich mit Selbstmordgedanken tragen, so dass die verantwortlichen Haftmitarbeiter eine gehäufte Zellenkontrolle zur Verhinderung eines Selbstmordversuchs für erforderlich hielten.[547]

1988 verlangte ein Gefangener vom Posten ein Beruhigungsmittel, seine Worte wurden so zitiert: „Ich habe zur Zeit des tiefste Tief. Ist ja sowieso alles kaputt. Da bleibt mir nur übrig Schluss zu machen.“ Er aß nichts, der Posten redete auf ihn ein, gab ihm eine Faustantablette und anschließend war wieder *„verstärkte Kontrolle“* an der Zellentür angesagt.[548]

Im Dezember 1988 hatte ein Posten die Worte eines Gefangenen aus Zelle 39 belauscht:

> *„Für mich gibt es nur Tod oder Freiheit... die halten noch nicht einmal die primitiven Regeln ein ... wenn man das alles, was hier mit einem passiert, an die Öffentlichkeit bringt, das glaubt einem doch keiner.“*[549]

Wenn man bedenkt, dass es sich hier nicht um Langzeithaft, sondern um Untersuchungshaft-Zeiten von meist drei bis fünf Monaten handelte, liegt die Annahme eines extrem hohen psychischen Drucks auf der Hand.

Eingesperrtsein, Luftnot, Verhörstress, Herabwürdigung, Schikane, Aussichtslosigkeit, Sorgen um die Liebsten, Ungewissheit, Lüge, Hunger, Bewegungsarmut, Isolation, gezieltes MfS-Aktionen gegen andersdenkendes Selbstbewusstsein, nächtliche Dauerstörungen, Bestrafung kleinster Eigenmächtigkeiten, kreischende Zellenriegel, Entzug der Gefangenenrechte, der Jammer des Zellennachbarn, fast völlig fehlendes Tageslicht, die Unerreichbarkeit des benachbarten Domplatzes, ... – all dies summierte sich zu einer gewaltigen Last, der man in den meisten DDR-Jahren kaum Zukunftshoffnung entgegenzustellen vermochte.

In Erfurt bemerkten es Mitgefangene fast immer, wenn einer von ihnen schrie, weinte oder tobte. Die Haftmitarbeiter betätigten dann immer schnell das Ventilatorgebläse, das nie seinen ursprünglichen Zweck der Zellenbelüftung erfüllt hatte und nur als Lärmmittel funktionierte. Im März 1981 hieß es z.B. im Dienstprotokoll:

> *„Verhaltensweisen: laute Verhaltensweise im VR 36, eingeleitete Maßnahmen: Lüfter wurde eingeschaltet, VH wurde durch Gen. Jahn und Schüler laufend zur Ruhe aufgefordert“.*[550]

Aber die latent bedrohliche Gefangenensituation führte zu überdurchschnittlich feinen Sinneswahrnehmungen. Es gibt wohl keinen Zeitzeugen, der nicht das Leid eines Mitgefangenen bemerkt und mitgefühlt hat.

Dass die Haftsituation nicht nur einzelnen empfindlichen Gefangenen an die seelische Substanz ging, das war den leitenden Mitarbeitern der Haftanstalt durchaus klar. Mittels sogenannter „Beobachtungsbögen“ wurde diese in den 80er Jahren auch systematisch registriert. So schrieb ein Wachdienstleiter 1986:

> *„Die Arbeit mit den Beobachtungsbögen ist für unsere Tätigkeit unentbehrlich geworden. Werden VH eingeliefert, so können wir uns davon überzeugen, in welcher psychischen Verfassung der VH sich befindet. Dieses wird im Beobachtungsbogen dokumentiert. So wissen wir, dass der VH sehr niedergeschlagen ist und sich auf einen Tiefpunkt befindet. Aus Erfahrungen wissen wir, dass solche VH dann auch nicht Suizidabsichten äußern. ... und wir können uns ein Bild von den VH machen welches umfassend aussagt, in welcher Verfassung befindet er sich, was sind seine Ziele in der UHA (aus Information durch SUK) (Drohung von Suicidabsichten, Nahrungsverweigerung, Irreführung bei Aufklärung der Straftat, Ausbruchsversuch oder Geiselnahme. ... Das Führen der Beobachtungsbögen versetzt uns in die Lage, alle VH mit ihren Plänen, Vorhaben, Reaktionen und Gesundheitszustand so einzuordnen, dass wir entsprechend seiner Mentalität, Verhaltensweisen u. Reaktionen ständig in der Lage sind ... abzusichern, dass sich kein VH seiner gerechten Strafe entziehen kann“.*[551]

7. Auch passive Widesstandshandlungen IH sind zu brechen, jedoch in angemessener Art und Weise, z. B. wenn ein VH sich nicht dem Arzt vorführen läßt, dann wird der IH mittels Führungskette zugeführt. Keinesfalls dürfen wir unsere Befugnisse überschreiten.

Bild 1 - Kompakt-Schlag-/Sprühgerät mit Reizmittelpatrone

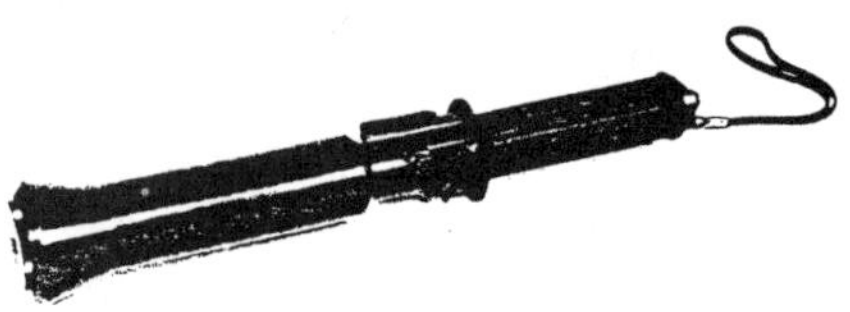

Bild 2 - Bereitschaftszustand, gesichert

Bild 3 - Einsatzzustand, entsichert

Am 04.02.78 meldete der diensthabende Posten des oberen Verwahrraumganges, Gen. Ultn. Herzog, um 19.50 Uhr, folgende Sichtkontrolle des VR 32:

"Der VH [redacted] trommelt in kuzen Abständen mit den Fäusten auf den Tisch und trampelt mit den Füßen auf den Fußboden, sodaß erhebliche Unruhe entsteht, die auf den gesamten Verwahrraumgang zu hören ist. Sachliche Ermahnungen und Aufforderungen, die Hausordnung einzuhalten negierend, lacht der VH dabei provokatorisch."

Um aufkommende Unruhe, die durch ein Übergreifen entstehen könnte, sofort auszuschließen und den VH wirkungsvoll zu isolieren, wurde [redacted] zeitweilig in den VR 37 verlegt. Die Verlegung wurde schnellstens durchgeführt und von dem VH ohne Widerstand und Kommentar hingenommen. Im VR 37 (Beruhigungszelle) schrie der VH anfangs umher und trat gegen die Wände. Danach beruhigte er sich zunehmend und lief ruhig umher.

Dienstunterlagen der Haftabteilung XIV, BStU Erfurt

Auffallend ist allerdings, in welch ignoranter Weise es den Verantwortlichen immer wieder möglich war, dies als Form von Widerstand oder kalkulierten Ausreisewunsch zu interpretieren. In einer Einschätzung des Haftleiters Meyer zur Situation unter Erfurter U-Häftlingen 1983 heißt es diesbezüglich:

„Die operative Lage ist gekennzeichnet durch Aktivitäten von Inhaftierten, die sich gegen die Sicherheit und Ordnung des operativen UHV [Untersuchungshaftvollzug] *sowie insbesondere gegen die Hausordnung richten. Schwerpunktmäßig sind ... Täterkategorien... §§ 105, 213 StGB festzustellen, die aufgrund ihrer verfestigten feindlich-negativen Grundhaltung versuchen, diese auch zum Ausdruck zu bringen, um damit eine Entlassung in die BRD zu erreichen. Besonders ist immer wieder festzustellen, Suizid-, Fluchtversuche und Nahrungsverweigerungen.“*[552]

Nervliche Labilität sollte demzufolge nichts anderes sein als böswillige Missachtung des festgelegten Untertanenbildes. Die Entscheidung zum eigenen Tod nichts anderes als der hinterhältige Protest notorischer Schurken.

Das, worunter breit die Unterschrift des Erfurter U-Haft-Leiters Meyer prangt, ist nicht mehr nur borniertes Freund-Feind-Denken oder Teil eines extremistischen Umerziehungswillens, sondern pure Menschenverachtung – vor nicht mal 20 Jahren, 200 Meter neben Erfurts Dom. Juristisch verfolgbar ist es heute nicht mehr.

Gewalt und körperliche Folter

Systematisches Schlagen und Foltern gehen in der MfS-Haft auf die Anfangsjahre in Weimar und die Anfangszeit in Erfurt zurück, wurde später aber innerhalb der Staatssicherheit soweit unterbunden, dass es sich dann eher um individuell zu verantwortende Einzelfälle handelte.

Berüchtigt war vor allem der erste Untersuchungs-Chef Kurt Koch, der 1952 sogar nachts betrunken in die Haftzellen ging und dort die Gefangenen schlug, mit Gegenständen bewarf und kaltem Wasser begoss. Bei mfs-internen Ermittlungen ergaben spätere Eigenaussagen Kochs, dass in den MfS-Verhören 1950 bis 1952 körperliche Gewalttätigkeiten an der Tagesordnung waren[553] und ein Gefangener erinnerte sich, dass die Vernehmer dabei auch selbstgebaute Schlagstöcke benutzten.

Zeitzeugen berichten zu den 50er Jahren – unabhängig voneinander – von einer „Wasserzelle" im Haftkeller, von derartiger Androhung durch den Vernehmer, von dortiger Verbringung eines Zellennachbarn, von dort befindlichem Fliesenboden mit Wasserablauf oder noch konkreter von Kaltwasser-Sprenkelrohren an der Wand, unter denen Gefangene so angekettet wurden, dass von einer unangenehmen und gesundheitsschädlichen Kaltwasserbehandlung die Rede sein muss. Heute findet man im Kellerbereich (der Polizeihaftanstalt) eine längst umgebaute Duschanlage, die das durchaus möglich erscheinen lässt, auch wenn Beweise jener Zeit fehlen.

Anfang 1961 berichtete der ehemalige Gothaer MfS-Gefangene Lorenz einem Staatsanwalt von körperlichen Misshandlungen durch den Vernehmer in der Erfurter Andreasstraße. Untersuchungs-Chef Boller antwortete dem Staatsanwalt und der Berliner MfS-Zentrale daraufhin ausweichend, dass *„eine Überprüfung der Angaben des Lorenz ... nicht mehr möglich"* sei, weil der betreffende Stasi-Mann Kiebert *„inzwischen entpflichtet"* sei. Weiter schrieb Boller: *„Sollte Lorenz in der Öffentlichkeit ähnliche Behauptungen aufstellen, müssten wir miteinander Rücksprache nehmen, um evtl. auf das Strafbare solcher Behauptungen hinzuweisen."*[554] Hier ging es ausschließlich um Selbstschutz. Eine „Entpflichtung" war im MfS unüblich (und bedeutete eher, dass Kiebert nicht mehr tragbar war) und hätte keine Überprüfung ausgeschlossen. Statt dessen stellte man dem Beschwerdeführer quasi ein neues Hetze-Verfahren in Aussicht.

Dass Misshandlungen aktenkundig wurden, geschah selten, denn die meisten Verhöre blieben hinter verschlossener Tür, die Vernehmer mussten mit interner Sanktion rechnen und die Institution Staatssicherheit war generell an der Geheimhaltung solcher Fälle interessiert.

Nur aus der datengeschützten Untersuchungsakte und dem heute offenen Auftreten eines Erfurter MfS-Gefangenen geht dessen Einlieferung 1970 ins Haftkrankenhaus hervor. Er hatte von seinem Vernehmer einen Aschenbecher an den Kopf geworfen, so dass er vom Hocker kippte und aufgrund der Kopfverletzung ins Haftkrankenhaus kam.

Handgreiflichkeiten oder Schläge hat es nicht nur in den Verhören gegeben, sondern auch im Bereich der Haftanstalt, durch Haftmitarbeiter. Einiges davon wurde durchaus aktenkundig, wenn auch in der Sichtweise der dafür Verantwortlichen, die die Schuld nur allzu gern im Verhalten der Gefangenen suchten.

Handgreiflichkeiten konnten schon mit der Inhaftierung und dem Transport in die Haftzelle beginnen. Auch Frauen wurden nicht verschont, wie der folgende Haftbericht belegt:

> *„Bei der Zuführung am 26.4.1979 um 18.15 Uhr vom Gerichtszimmer ... weigerte sich die VH energisch der Forderung nachzukommen, mitzugehen und betonte, daß sie sich nur aus dem Raum tragen lassen würde, freiwillig gehe sie nicht mit. Die beauftragte Angehörige der UHA versuchte deshalb, sie aus dem Raum zu ziehen, jedoch ohne Erfolg, da die VH sich am Sessel festklammerte. Mit Unterstützung eines weiteren Angehörigen der UHA wurde die VH aus dem*

Arrestzelle 37

Sessel gezogen, worauf sich die VH auf den Boden warf. Aus diesem Grunde mußte sie mit Gewalt hochgezogen (werden), um in die UHA geführt zu werden."[555]

Die Mitarbeiter der Haftanstalt waren ausgebildet darin, Gefangene möglichst schnell und effektiv mit bestimmten Zwangsgriffen zu überwältigen und festzuhalten. (s. Kapitel 16)

Gewaltanwendung, um die Gefangenen in bestimmten Haltungen zu pressen, war auch in den 80er Jahren generell sanktioniert und sogar gefordert. So äußerte Haft-Leiter Meyer im Januar 1884 während der Dienstbesprechung im Zusammenhang mit einer Selbstmordankündigung, wo die Posten dem Gefangenen nicht sofort das Plastemesser weggenommen hatten:

„*Dabei Sicherheit beachten. Wenn notwendig, Androhung von Gewalt, dann auch durchsetzen.*"[556]

Im August 1989 beschwerten sich Gefangene darüber, vom Transportoffizier nach einem Gerichtstermin geschlagen worden zu sein. Der Kommentar der Verantwortlichen:

„*Entspricht nicht den Tatsachen. Der IH wurde durch körperliche Einwirkung (Festhalten) daran gehindert Kontakt zur Mittäterin aufzunehmen.*"[557]

Noch während der Massenproteste 1989 kam es nach eigener Aussage eines Haftmitarbeiters zu einer „Anwendung körperlicher Gewalt".[558] Er führte am 21. Oktober einen Gefangenen vom Freihof zurück zur Zelle 25 und berichtete:

„*Als der VH den VR-Gang betrat, drehte der VH sich plötzlich zu mir um, wonach ich mit einem Angriff auf meine Person rechnen mußte und ergriff dementsprechende Maßnahmen.*"

Einsatz der Isolier- und Arrestzelle

Laut Hausordnung konnte die Haftleitung gegen jeden Gefangenen, der Anweisungen eines Haftmitarbeiters nicht befolgte, Arrest bis zu 14 Tagen verhängen (s. Kapitel 8). Dafür gab es in allen MfS-Haftanstalten Arrestzellen, in denen ein Zwischengitter den Bewegungsraum zusätzlich einschränkte und den Zugang zur Toilette verwehrte. Vor 1976 befand sich diese Arrestzelle in der unteren Zellenetage.

1969 beobachteten politische Gefangene des MfS-Arbeitskommandos durch eine versehentlich unverschlossene Zellentür, wie vier Haftmitarbeiter einen Gefangenen äußerst grob und rücksichtslos in diese Arrestzelle schleiften.

Auch ein Arretierungsbericht aus der Zeit der alten Arrestzelle liegt noch vor – vom April 1975.[559] Ein Inhaftierter wurde deshalb überwältigt, gefesselt und arretiert, weil er laut und wütend gerufen hatte: „Ihr Schweine, ihr wollt uns knechten, ihr wollt uns fertig machen" und weil er auch am Folgetag nach dem Freihof laut über die „Staasi-Schweine" geschimpft hatte.

Ab 1976 wurde die Arrestzelle der Erfurter MfS-Haft (aufgrund zusätzlichen Platzbedarfs für die Haftmitarbeiter und zwecks größerer Nähe zu den Männer-Haftzellen) in den 2. Stock verlegt wurde. Das alte Zwischengitter aus der Vorgänger-Arrestzelle mussten – laut Zeitzeugenaussage – die MfS-Strafgefangenen abbauen und hochtransportieren. Anders als bei der alten Version wurde die neue Arrestzelle auch mit Schalldämmplatten ausgekleidet und mit einer Komplettverdunkelung versehen. Sie wurde damit zugleich als Arrest-Strafzelle, als Dunkelhaft und auch als Isolierhaft für ausrastende Gefangene einsetzbar und war genau das Gegenteil der irreführenden Benennung als *„Beruhigungsverwahrraum"* durch die Anstaltsleitung. Auch viele heutige Besucher schätzen bereits nach kurzer Zeit den Schalldruck, die Enge, Abdunklung und die stehende Luft als äußerst unangenehm ein. Überwiegend war die Zelle unmöbliert, was nicht ausschließt, dass zeitweilig eine Matratze hineingegeben wurde. Die Zwangsjacke (im MfS-Sprachgebrauch: Fesselungsjacke) wurde vermutlich hier ständig aufbewahrt.

Im Februar 1978 wurde ein Gefangener aus der Zelle 32 für eine Stunde „isoliert", wie man den Arrest inzwischen gern verharmlosend zu benennen pflegte, besonders wenn er – wie überwiegend in den 80er Jahren – bei nervlich überlasteten Gefangenen angewandt wurde. Aus der Perspektive des Wachschichtleiters Liermann klang das so:

> *„Der VH X trommelt in kurzen Abständen mit den Fäusten auf den Tisch und trampelt mit den Füßen auf den Fußboden, sodaß erhebliche Unruhe entsteht, die auf dem gesamten Verwahrraumgang zu hören ist. Sachliche Ermahnungen und Aufforderungen, die Hausordnung einzuhalten negierend, lacht der VH dabei provokatorisch. Um aufkommende Unruhe, die durch ein Übergreifen entstehen könnte, sofort auszuschließen und den VH wirkungsvoll zu isolieren, wurde X zeitweilig in den VR 37 verlegt. Die Verlegung wurde schnellstens durchgeführt und von dem VH ohne Widerstand und Kommentar hingenommen. Im VR 37 schrie der VH anfangs umher und trat gegen die Wände. Dann beruhigte er sich zunehmend und lief ruhig umher."*[560]

1980 passierte laut Notizen der Bewacher zum Beispiel folgendes:

> *"Auf Befragung der Schwester hinsichtlich seines Gesundheitszustandes redete er zusammenhanglose Dinge. Er wurde um 9.00 Uhr unter Anwendung körperlichen Zwanges in die Sonderzelle VR 37 verlegt ... Gegen 9.45 Uhr wurde der VH zum Arzt geführt zwecks. med. Behandlung. Der VH weigerte sich eine Beruhigungsspritze geben zu lassen. Er wurde dann 11.15 Uhr unter Anwendung von körperlicher Gewalt zurück in den VR 37 geführt. ... auf Anraten des Dr. X machte es sich erforderlich, den VH ... in das Haftkrankenhaus nach Leipzig-Meusdorf zu verlegen. Dem VH ... wurde dann 15.15 Uhr die Zwangsjacke angelegt und zum Dr. Kutz vorgeführt, der ihm eine Beruhigungsspritze verabreichte."*[561]

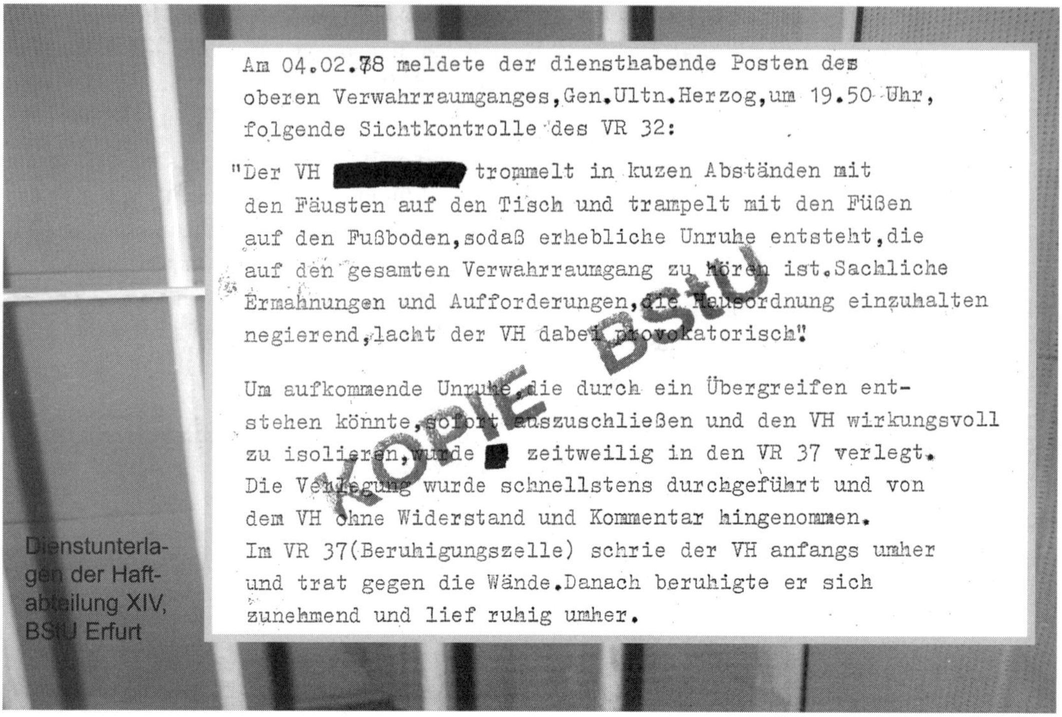

Am 04.02.78 meldete der diensthabende Posten des oberen Verwahrraumganges, Gen. Ultn. Herzog, um 19.50 Uhr, folgende Sichtkontrolle des VR 32:

"Der VH [redacted] trommelt in kuzen Abständen mit den Fäusten auf den Tisch und trampelt mit den Füßen auf den Fußboden, sodaß erhebliche Unruhe entsteht, die auf den gesamten Verwahrraumgang zu hören ist. Sachliche Ermahnungen und Aufforderungen, die Hausordnung einzuhalten negierend, lacht der VH dabei provokatorisch."

Um aufkommende Unruhe, die durch ein Übergreifen entstehen könnte, sofort auszuschließen und den VH wirkungsvoll zu isolieren, wurde [redacted] zeitweilig in den VR 37 verlegt. Die Verlegung wurde schnellstens durchgeführt und von dem VH ohne Widerstand und Kommentar hingenommen. Im VR 37 (Beruhigungszelle) schrie der VH anfangs umher und trat gegen die Wände. Danach beruhigte er sich zunehmend und lief ruhig umher.

Dienstunterlagen der Haftabteilung XIV, BStU Erfurt

Im Juli 1980 wurde ein Gefangener aus Zelle 28 in die Arrestzelle gebracht, nachdem er versucht hatte, sich mittels einer Bettschraube und später mit einer Spiegelscherbe die Pulsader aufzuschneiden, den Türspion mit Seife verschmiert hatte und mit dem Kopf gegen die Zellentür rannte – laut Posten damit wörtlich: „*die Ordnung und Sicherheit im Objekt gröblichst verletzt*" hatte. Er wurde „*daraufhin mit 2 Handfesseln an das VR-Gitter angeschlossen*".[562]

Vom März 1981 blieb ein Bericht erhalten, der das Vorgehen des Haftpersonals so beschrieb:

> *„Nach der Meldung an den Leiter der DE wurde um 7.12 Uhr der VH zur Aufrechterhaltung der Ordnung und Sicherheit in den VR 37 gebracht. Zu diesem Zweck begaben sich die Gen. Heinrich, Schmidt, Ullrich und Heckel auf den VR-Gang. Noch beim Öffnen des VR schrie der VH: ‚Ich bringe euch alle um.' Der VH wurde an die Schultern gefasst und schnell in den VR 37 gebracht. Die Verlegung von VR 36 nach 37 ging schnell und ruhig vor sich. Im VR 37 schlug der VH mehrmals gegen das Gitter und trat. Aus diesem Grund wurde er mit Handfesseln am Gitter festgemacht. Nachdem der VR geschlossen war, schrie und trampelte der VH weiter, was jedoch auf dem VR-Gang nur undeutlich in unmittelbarer Nähe des VR zu hören war. Der VH schrie: ‚Wenn ich heute hier wieder rauskomme, schreie ich alles zusammen.' Gegen 8.00 hatte sich der VH wieder etwas beruhigt und bat, da er müde war, sich hinlegen zu können (Mögliche Wirkung der Medizin) Da es um 8.15 Uhr nicht mehr erforderlich war, den VH weiter gefesselt zu halten, wurden die Handfesseln abgenommen und ihm drei Matratzen zum Hinlegen gegeben. Er blieb jedoch nicht lange liegen, sondern lief aufgeregt hin und her."*[563]

Ein Horch-Bericht des Gangpostens vom Herbst 1982 lässt darauf schließen, dass aus Zelle 38 sogar zwei Gefangene kurz hintereinander in die Arrestzelle gesperrt worden waren:

> *"Der VH 38 III fragte: "Na wie wars, haben sie Dich auch in die 37* [=Arrestzelle] *geschlossen?" Daraufhin die 38 II: "Die sind gleich zu*

fünfe gekommen und haben mich in die Gummizelle geschleppt, da ist es aber auch ganz blöde drin. ..." Daraufhin fragte der VH 38 III intensiv, was alles passiert sei, worauf der VH 38 II sagte: "Naja der blonde Leutnant und der Unterleutnant mit dem goldenen Brillengestell hätten ihn in die Zelle gezerrt, das ging ruck-zuck." Außerdem hätten sie ihn schwer mißhandelt(,) indem sie ihn geschlagen hätten."[564]

Im Frühjahr 1987 wurde ein in Einzelhaft befindlicher Gefangener intensiv beobachtet, weil er sehr unruhig in der Zelle war. *„Bei einer Sichtkontrolle 02.57 Uhr durchstieß er das Sichtfenster und verletzte den Kontrollposten am Auge."*[565] Daraufhin wurde er sofort in die Arrestzelle geschleppt. Als er dort an den Wandplatten zerrte, wurde er zuerst ans Gitter gekettet und später *„war es erforderlich, ihm die Fesselungsjacke anzulegen"*. Er blieb drei Tage in der Arrestzelle, darunter längere Zeit in der Fesselungsjacke, obwohl ihm zwischendurch verschiedenartige Psychomedikamente eingeflößt worden waren.

Auch Berichte von Mitgefangenen über die Arrestsituation konnten zur Verunsicherung der Gefangenen über ihre Gesamtlage beitragen. In die Erfurter Haftzellen drang auch das Wissen über den Arrest in Bautzen, über den sich Ende 1988 die Inhaftierten der Zelle 39 unterhielten, belauscht vom Gangposten:

„In Bautzen gibt es eine Zelle, die der Tigerkäfig genannt wird. Diese Zelle ist so klein wie unsere und in der Mitte befindet sich ein Käfig, in welchem gerade für ein Bett Platz war. In diesen Tigerkäfig sei einer eingesperrt worden, der nach dem Westen wollte. Es war im Januar, wo draußen eine Temperatur von -15°C geherrscht hat. Zuerst sei das Licht stundenlang an gewesen in der Nacht. Anschließend wurde es wie ein Blinklicht betätigt. Das Fenster der Zelle sei vom Gang aus durch Wachpersonal ständig geöffnet und wieder geschlossen worden. Wenn der Eingesperrte keine gymnastischen Übungen gemacht hätte, wäre er erfroren. Außerdem wurden ihm über die Lüftungsanlage Stimmen von Verwandten zugespielt. Dies alles sollte dazu dienen, den in dem Tigerkäfig verrückt zu machen."[566]

Zahlreiche Selbstmordversuche

Die Haftbedingungen in der Erfurter MfS-Haft führten augenscheinlich recht häufig und recht schnell in die Richtung von Selbstmordgedanken und von Selbstmordversuchen. Die Mitarbeiter der Haftanstalt wurden unentwegt dazu angehalten, solche Versuche zu verhindern und schnellstens zu vereiteln, denn unter der Ägide der konspirativen DDR-Staatssicherheit sollte es keine erklärungsbedürftigen Todesfälle geben und das spurlose Schwinden Verhafteter war in Russland denkbar, aber nicht in Mitteleuropa.

In den Erfurter Haftakten (die lückenhaft erst nach 1976 überliefert sind) gibt es erschrecken viele Berichte über Absichten und Versuche von Selbstmorden. Aus Untersuchungsakten ist auch mancher ältere Fall bekannt, wie der folgende:

1957 war es einem MfS-Gefangenen, den die Staatssicherheit als „Hetzer" bearbeitete, gelungen sich im Haftkrankenhaus Eisenach zu erhängen, nachdem er zuvor in Erfurt schon Ausbruchsversuche durchgeführt und gehungert hatte. Die Polizei hatte ihm die Hand- und Fußfesseln abgenommen, so dass er aus einem Nachthemd eine Schlinge drehen konnte. Zu den Gründen äußerte sich der Erfurter Untersuchungs-Chef Rosulek geradezu zynisch:

„Die Gründe, die X veranlassten, Selbstmord zu verüben, sind uns nicht bekannt. Es ist jedoch stark zu vermuten, dass X außer der betriebenen Hetze noch anderweitige feindliche Tätigkeit gegen die DDR durchführte, durch seine jetzige Festnahme die Aufdeckung seiner gesamten verbrecherischen Tätigkeit fürchtete und sich evtl. deshalb erhängte."[567]

Während bei den auf diese tragische Weise umgekommenen Gefangenen Vorkommnisuntersuchungen stattfanden, gibt es in den Arbeitsunterlagen der Gefängnisabteilung zahlreiche Meldungen (besonders zwischen 1978 und 1982) über verhinderte Selbstmordversuche.

Nicht zuletzt der extreme Einfallsreichtum der Gefangenen über das Wie ihrer Selbsttötung

Am Beispiel des VH [redacted] (185), der Hungerstreik und Suicid durchführen wollte bzw. hat, zeigte der Leiter auf, daß Gen. Fischer zwar eine gute Information darüber erarbeitet hat, jedoch die Konsequenz fehlte, den VH auch das Plastemesser wegzunehmen. Dabei Sicherheit beachten. Wenn notwendig, Androhungen von Gewalt, dann auch durchsetzen. Entschlußkraft und Entscheidungsfreude durch OpD ist notwendig, Entscheidungen richtig durchdenken.

Im Verwahrraum wurde das Licht angeschaltet, die Vorgänge im Verwahrraum durch den Posten genau beobachtet.
Die IH 10 und 33 hoben den IH 19 vom Boden auf.
Der IH hatte das Seil am Zuführungsrohr der Zentralheizung befestigt. Da er die Beine lang ausgestreckt hatte, hing er unmittelbar über dem Fußboden.
Nach Alarmauslösung begaben sich sofort die Genossen Große, Schrepper und Liermann auf die Station. Die Genossen Schrepper und Liermann schlossen die Verwahrraumtür. Dies geschah in dem Moment, indem die IH 10 und 33 den IH 19 vom Boden aufheben.
Genosse Große sicherte die Tür des Verwahrraumganges.
Genosse Herbst besetzte die Wache und die Genossin Panser besetzte das Telefon.

Dienstunterlagen der Haftabteilung XIV, BStU Erfurt

spricht für den seelischen Notstand, in den sie zuvor getrieben worden waren.

Über zahlreiche Vorfälle gibt es in den Sachakten der Haftabteilung Kurzberichte.

Im **Mai 1976** versuchte sich X. abends gegen 10 Uhr das Leben zu nehmen: „*Dabei benutzte er ein zusammengeflochtenes Seil, welches er aus dem zerrissenen Kissenbezug, den er in Streifen gerissen hatte, herstellte. ... es war durch Wasser durchnäßt und stumpf.*“ Seine Zellengenossen riefen den Gangposten, der mittels Reißleine Hilfe rief. Später im Sani-Raum soll X. Gesagt haben: ‘Einmal wird es schon klappen.‘ Eine Randnotiz auf dem Bericht besagt, dass der Vernehmer zuvor zu ihm gesagt hatte, seine Freundin habe angeblich mit ihm „Schluß gemacht“.[568]

Im **März 1978** zerschlug ein kurz zuvor Verhafteter, der in die Zelle 33 in Einzelhaft geschlossen war und dessen Nervosität unentwegt von dem Gangposten beobachtet wurde, seine Brille und schnitt sich längsseits ins linke Handgelenk. Die Haftmitarbeiter schritten sofort ein. „*Es erfolgte ein Gespräch durch den Leiter der UHA mit dem Verhafteten, wo dieser zum Ausdruck brachte, durch Nahrungsverweigerung gegen den Haftbefehl zu protestieren.*“[569]

Im **August 1978** entdeckte der Posten in der Mittagspause einen Gefangenen beim Versuch, sein Leben zu beenden. Er hatte sich „*aus der Schlafanzughose eine Schlinge an(ge)fertigt, am rechten oberen Bett befestigt und versuchte(,) sich sitzend vom Hocker zu stürzen.*“ Im Sanitätsraum verpasste man ihm anschließend eine „Faustan-Injektion“.[570]

Im **Februar 1979** bemerkte ein Posten morgens gegen 7 Uhr, wie ein Gefangener „*mit dem Kopf gegen die Wand des VR schlägt und ständig dagegen läuft, so daß dieser am Boden liegen bleibt.*“ Bei der späteren Untersuchung bemerkten die Haftmitarbeiter auch Strangulierungsmerkmale am Hals sowie Schnitt- und Kratzwunden am Handgelenk. Letztere hatte er sich mit einer zerbrochenen Zahnbürste zugefügt.[571] Einem anderen Bericht zufolge unternahm er später, im März 1979, noch einen gewagten Fluchtversuch. (s. Kapitel 13)

Im **März 1979** hatte sich ein Gefangener aus Zelle 25 morgens bei der Rückführung vom Freihof im Treppenhaus losgerissen und versucht, im Treppenhaus herunterzuspringen. Die verantwortlichen Offiziere notierten später:

> *„Beim zurück zerren des VH von der Leiter ließ sich dieser von der Leiter auf das Maschendraht abkippen, wobei dieses nachgab. Der VH hing mit dem Kopf nach unten und der Gen. Müller hielt ihn noch an einem Fuß fest. Gen. Rose sprang daraufhin die Treppe wieder runter, um den VH, wenn möglich abzufangen. Gen. Müller konnte ihn nicht mehr halten, da der VH strampelte und rutschte langsam aus den Händen. Gen. Rose versuchte den VH beim Sturz abzufangen, um den Aufprall zu mildern. Durch das Festhalten des Gen. Müller und das abfangen konnte der Aufschlag vermindert werden. Außerdem gelang es uns, daß der VH nicht mit dem Kopf voll auf die Treppe stürzte, sondern mit dem Körper aufschlug, wobei er sich Verletzungen zuzog.“*

Nach späterer eigner Aussage des Gefangenen soll dieser Entschluss spontan gewesen sein: „Ich habe eben durchgedreht.“

Im **August 1979** führte ein Haftmitarbeiter einen sehr aufgeregten Gefangenen vom Verhör zurück in die Einzelhaft in Zelle 29 und beobachtete ihn genau. Der Gefangene wollte sich tatsächlich das Leben nehmen, verdrehte seine Hose und Jacke, um eine Schlinge zu knüpfen. Der Haftmitarbeiter verhinderte das und bekam anschließend dafür eine Prämie.[573]

Im **Juni 1980** bemerkte der Posten eine allgemeine Nervosität bei einem Gefangenen und beobachtete ihn daher ständig. Gegen 9 Uhr hörte er, *„wie etwas im VR 26 zerbrochen wurde. Nach kurzer Zeit stellte ... [er] fest, daß sich der VH mit einem Teil der Untertasse am linken Handgelenk ritzte.“*[574] Es handelte sich um eine Plaste-Untertasse. Der diensthabende Wachoffizier stellte den Gefangenen später zur Rede und erhielt von ihm zur Antwort, dass er

> *„so fertig ist und ihm nichts weiter übrig bleibt, als aus dem Leben zu scheiden. Die Ursachen liegen in Sachen der Ehe, des Kindes und des Versagens im ganzen Leben. Er deutete an, dass er schon seit 5 Wochen nicht mehr zum Vernehmer kam. ... Er sagte weiterhin, dass der Vernehmer ihn nur ständig anlügen würde.“*

Im Sanitätsraum erhielt der Gefangene anschließend die in diesen Fällen fast immer übliche Faustan-Injektion.

Im **Juli 1980** kontrollierte ein Gangposten nachts wie üblich mittels Licht und Spion die Zelle 40. Dabei entdeckte er Blut bei einem im Bett liegenden Gefangenen. Die herbeigerufenen Bereitschaftsposten fanden mehrere lange, blutende Schnitte am Unterarm, riefen die MfS-Schwester Kleinschmidt an, die von dem Arzt telefonisch die Anweisung für eine Faustanspritze erhielt. Es war nicht der erste Selbstmordversuch des betreffenden Gefangenen. Bei späterer Befragung sagte er, dass er sich scharfes Plastestück von einer Margarinebutterverpackung beschafft und damit in den Unterarm geschnitten hatte.[575]

Ebenfalls im **Juli 1980** notierte ein anderer Haftmitarbeiter, dass sich ein Gefangener aus der Zelle 28 *„mit einen Bettlagen aufhangen wollte. Anschließend versuchte er Bettharken auszubauen.“*[576] Laut einem weiteren Bericht versuchte er später erneut, sich zunächst mit einer Bettschraube die Pulsader zu öffnen und dann mittels einer Holzschraube den Spiegel zu zertrümmern, um eine scharfe Glasscherbe zu bekommen. Da der Gangposten ihn beide Male durch die Türklappe hindurch verwarnte, verschmierte er Seife auf dem Türspion und rannte anschließend mehrmals mit Wucht gegen die Tür, um sich zu verletzen.[577]

Ende 1980 beobachtete der Posten nachts halb drei, wie ein Gefangener in Zelle 36 aufgestanden war und dann wieder lag. Bei einem Blick durch den Spion sah er sein blutendes Handgelenk. Der Gefangene hatte sich mit dem Plas-

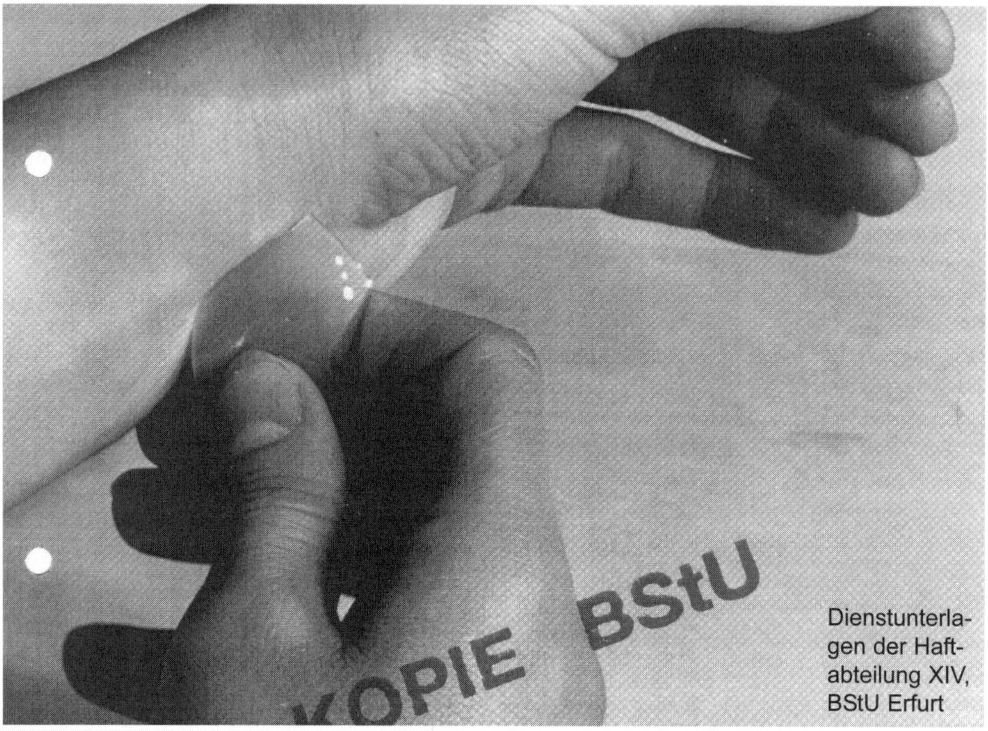

Dienstunterlagen der Haftabteilung XIV, BStU Erfurt

temesser drei Schnitte zugefügt und sagte später: ‚Ich habe die Schnauze voll, es überkam mich plötzlich. Ich habe manchmal Platzangst.'[578]

Im **Januar 1981** stellte sich abends ein Gefangener der Zelle 26 vorn in die linke Ecke, um sich die linke Pulsader einzuschneiden – mit einem Blechstück, das er zuvor im Freihof gefunden hatte. Der Posten wollte sofort seine beiden Arme durch die Türklappe sehen, erblickte das Blut und rief Hilfe. Die herbeigerufenen Schließer zerrten den Gefangenen dann unter einem der Betten hervor und schleppten ihn ins Saitätszimmer. Anschließend ließ der Posten das Licht die ganze Nacht über brennen und machte ständig seine sogenannten „Sichtkontrollen".[579]

Im **Juli 1981** riss ein Gefangener – gleich in der ersten Haftnacht und noch in Einzelhaft – seine Bettlaken in Streifen und befestigte eine daraus gefertigte Schlinge an der Lampe. Dabei vom Gangposten unterbrochen, sagte er: ‚Ich bringe mich sowieso um.' Am nächsten Morgen trat er in den Hungerstreik.[580]

Im **November 1981** gegen 23 Uhr stieg ein Gefangener *„auf einen Hocker, band ein Hosenbein an der Lampenfassung fest und wollte sich mit dem zweiten Hosenbein eine Schlinge um den Hals legen."* Der Posten schaltete das Licht ein und machte die Mitgefangenen munter, die sofort aufsprangen, um ihren Haftkameraden vom Hocker zu zerren. Dieser wehrte sich durch Festhalten an der Schlinge, wurde aber trotzdem gehindert. Später befragt, sagte der Gefangene, *„daß er unschuldig ist und wir ihn nicht lebend in den ‚Knast' bekommen."*[581]

Im **Dezember 1981** gegen 20 Uhr hatte eine Gefangene versucht, sich mit der Zahnpastatube den linken Unterarm aufzuritzen, nachdem die Posten sich geweigert hatten, ihr ihr Nageletui in die Zelle zu geben. Der Gangposten Rose hatte zuvor beobachtet, dass sie unruhig durch die Zelle lief und sich dann mit dem Rücken zum Türspion gesetzt hatte. Als die Schließer die Zelle betraten, verweigerte sie die Herausgabe der Tube. Rose „musste" ihr die „Arme verdrehen", um den Puls zu sehen. Sie sagte, dass sie noch andere Möglichkeiten finden werde. [582]

Im **April 1982** hatte ein Gefangener morgens vor 5 Uhr bereits eine Schlinge um den Hals, so dass ihn seine zwei Mitgefangenen schnell festhalten mussten. Er wurde dann wieder ins Bett gelegt und murmelte: ‚Ich hätte das vor 24 Uhr machen sollen.' Am nächsten Tag trat er in den Hungerstreik.[583]

Im **Mai 1982** versuchte ein Gefangener aus Zelle 29, sich kurz vor Mittag mit beiden Händen mittels der Schlafhose, die er am hinteren Bettpfosten verknotet hatte, zu erwürgen. Seine beiden Mitgefangenen bemerkten dies erst, als er schon leise röchelte, griffen aber sofort ein. Der später an der Zellentür lauschende Posten hörte, wie der betreffende Gefangene hinterher zu seinen Mitgefangenen gesagt haben soll: ‚Das ist ein menschliches Recht, das laß ich mir von denen nicht nehmen, meine Frau zu sehen. Kann ich das nicht, bin ich es nicht wert zu leben.' Zwölf Tage später versuchte er sich die linke Pulsader mit einem brennenden Streichholz und anschließend mit dem Fingernagel zu öffnen – daraufhin sprachen die Posten eine Verwarnung gegen ihn aus, nahmen ihm die Streichhölzer weg und machten einen persönlichen Eintrag in die „Führungskartei".[584]

Ebenfalls im **Mai 1982** entdeckte der Gangposten in der Nachbarzelle 30 nachts gegen 1 Uhr einen im Bett liegenden Gefangenen, der sich ins rechte Handgelenk geschnitten hatte und nach seinem Taschentuch suchte. Die Bereitschaftsposten kamen auf sein Reißleinensignal sofort angerannt und betraten die Zelle. Sie fanden bei dem Gefangenen einen Glassplitter, den er von einem Glasbackstein abgemacht hatte.[585]

Im **Juni 1982** abends beobachtete ein anderer Gangposten einen Gefangenen in Zelle 30, der sich den linken Unterarm mit einem Strumpf abgebunden und mit einem Glasstück eingeschnitten hatte. Die blutige Bettwäsche wurde weggeräumt, der Gefangene erhielt die übliche Faustanspritze, wurde verlegt und dann weiter intensiv beobachtet.[586]

Zwischen 1978 und 1982 gelang keinem Gefangenen ein Selbstmordversuch[587], was die Betreffenden damals nicht unbedingt gefreut haben mag, was aber auch belegt, dass die MfS-Mitarbeiter darauf orientiert waren, dass alle Gefangenen zumindest die MfS-Haft überlebten.[588]

Verhinderte Selbstmorde führten – soweit sich das aus den Berichten indirekt herauslesen lässt – in der Regel zur Zufriedenheit des beteiligten Wachpersonals über ihre hohe Wachsamkeit und schnelle Reaktion. Nach einem verhinderten Selbstmord 1978 resümierte MfS-Offizier Lanz:

> *„Dieses Vorkommnis zeigt eindeutig, daß im gesamten täglichen Arbeitsprozeß, die Verhaltensnormen der VH und SG zu studieren sind und ein ständiger Informationsfluß gesichert sein muß. Bei solchen und anderen Vorkommnissen ist die Kartei der Sofortmaßnahmen eine echte Hilfe. Das Wissen und die richtige Anwendung der Kartei der Sofortmaßnahmen gilt es ständig zu festigen. Dem Gen. Thiel wurde in der Dienstauswertung der Schicht ein Lob für seine Wachsamkeit und für sein richtiges Reagieren ausgesprochen."*[589]

Die genannten Einzelfälle betreffen einen Zeitraum von nur sechs Jahren, sind keineswegs vollzählig und besagen nichts über die Fälle von Häftlingen, die – aus welchen Gründen auch immer – nach ihrer Verurteilung zu Tode kamen, wie ein namentlich bekannter junger Mann, der 1976 verhaftet worden war.

1985 wurden laut Aussage eines Erfurter Referatsleiters in der Haftanstalt *„3 Suicidversuche verhindert, wobei 2 ... ein fortgeschrittenes Stadium erreicht hatten"*.[590] Sein Vorgesetzter, Haftanstaltsleiter Meyer vermeldete in seinem Jahresbericht zufrieden:

> *„Durch eine sichere Verwahrung der Inhaftierten, durch hohe Einsatzbereitschaft und qualifizierte Kontrolltätigkeit wurde verhindert, dass Inhaftierte sich der strafrechtlichen Verantwortlichkeit durch Flucht, Selbsttötung oder Selbstbeschädigung entziehen konnten. In 3 Fällen wurden Selbsttötungsversuche von Verhafteten verhindert, die durch Zielstrebigkeit und Raffinesse gekennzeichnet und geeignet waren, die Zielstellung auch real umzusetzen. Die Mitarbei-*

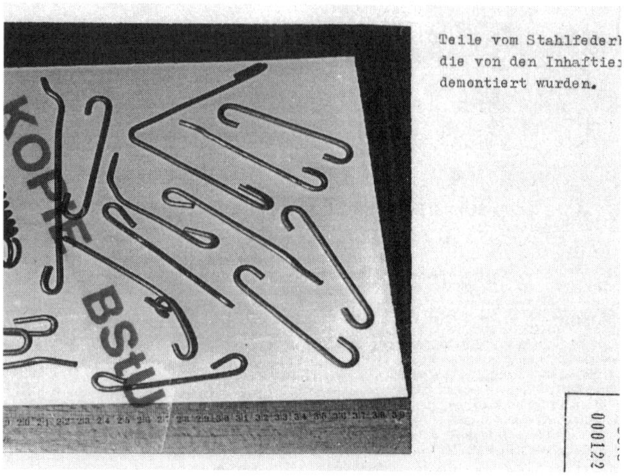

Teile vom Stahlfederb
die von den Inhaftie
demontiert wurden.

Von dem zerissenen Bettuch drehte sich der VH ein Seil, von all diesen Vorbereituhgen bemerkte der Posten nichts. Grund dafür war eine schlechte Beobachtung.
Wissenschaftlich wurde bewiesen, daß Selbstmörder vor der Ausübung ihrer Tat, eine gewisse Unruhe besitzen.

Dienstunterlagen der Haftabteilung XIV, BStU Erfurt

ter, die diese Selbsttötungsversuche verhinderten, wurden aus den C-Fonds prämiert."[591]

Das anfangs erwähnte Erklärungsmuster Rosuleks von 1957 galt noch immer – sich mit dem Tode einer Verantwortung und Strafe „raffiniert" entziehen zu wollen – das war selbst nach damaliger Vernunft absurd und fälschend, sondern ist menschenverachtend. So denkenden MfS-Leute gänzlich ausgeliefert zu sein, macht die Selbstmordmotive nur umso verständlicher.

Auch später noch gab es immer wieder Versuche zum Selbstmord. So drehte sich ein Gefangener im **Juli 1987** aus Toilettenpapier eine „Henkerschlinge", die sich der Posten aber sofort herausgeben ließ.[592] Im **Mai 1989** schnitt sich ein „BRD-Bürger" die innere Armbeuge mit einer Glasscheibe mehrfach ein und erlitt vor der Entdeckung durch die Posten einen so hohen Blutverlust, dass er sofort durch drei Wachposten zur Chirurgie der Medizinischen Akademie Erfurt gebracht werden musste.[593] Im **Juli 1989** beobachtete der Posten das nervöse Verhalten eines Gefangenen, der offenbar die Flüssigseife „Wofacutan", die der Posten ihm zuvor in die Zelle gegeben hatte, austrinken wollte.[594]

Die zitierten Berichte sprechen für sich. Sie spre chen auch von der Hoffnungslosigkeit und der Verzweiflung, die niemand mehr in Worte kleiden kann.

Sie zeigen auch die häufige Anwesenheit der Zellengefährten in nächster Nähe. Am Erschrecken und unter den nachher intensiven Spionkontrollen hatten letztlich auch sie zu leiden.

In diesen zahlreichen „Suizid"-Berichten der Haftmitarbeiter wurden alle denkbaren Argumente, die für eine private oder familiäre Motivation zum Selbstmord sprachen, breit ausgeführt. Eine solche Sicht war freilich für die Selbstrechtfertigung der Aufseher und Vernehmer weitaus vorteilhafter als das Eingestehen der wahren Gründe. Gerade zynisch und perfide täuscht Haftanstaltsleiter Meyer 1986 seine Kollegen und Vorgesetzten mit dem folgenden Erklärungsmuster:

„Ursachen und Motivationen für geplante und realisierte Suizidversuche liegen begründet in den Täterpersönlichkeiten, im teilweise labilen nervlichen Zustand, in Kurzschluß- und Erwartungssituationen und besonders auch in provokativen Versuchen, Protest gegen die Inhaftierung auszudrücken.“[595]

Die zitierten Berichte benennen hingegen immer wieder Gründe, die von den beteiligten MfS-Offizieren verursacht wurden und zu verantworten sind: das soeben beendete Verhör, das Kontaktverbot mit der Freundin, das „Durchdrehen“, die „Platzangst“, das Nichtertragen einer Verurteilung angesichts bestehender Unschuld, das wochenlange Verweigern jeder Gesprächsmöglichkeit durch den Vernehmer ...

Hungerstreik – Selbstmord oder Protest

Eine der wenigen freien Handlungsentscheidungen der Gefangenen bezog sich auf das Essen bzw. das Verweigern und Ablehnen der Nahrungsaufnahme.

Allein für das Jahr 1978 erfasste die “Führungskartei“ der Haftabteilung XIV immerhin 27 Hungerstreikende und für das Folgejahr 15 Hungerstreikende[596] – das war immerhin etwa jeder sechste. In den 80er Jahre dürfte der Prozentsatz ähnlich oder noch höher gelegen haben.

Ein Haftmitarbeiter schrieb 1979 in seinem Arbeitsbericht einmal dazu:

> *„Wohl eines unserer größten Sorgen bereiten uns Verhaftete, welche aus den meist unmöglichsten Gründen die Nahrung verweigern. Die wenigsten können dabei einschätzen, welcher Gefahr sie sich damit für ihre Gesundheit heraufbeschwören.*
> *Nicht immer wird von uns eine Nahrungsverweigerung sofort bemerkt. Fest steht, wenn ein Verhafteter mit dem Rücken zum Posten sitzt(,) merkt dieser nicht(,) ob gegessen wird. Bei angekündigter Nahrungsverweigerung ist es da einfacher.*
> *Von unserer Sicht ist es so, dass Verhaftete einfach nicht essen(,) um uns Schwierigkeiten zu bereiten. Die Verhafteten wissen genau, wenn sie nicht essen(,) dann wird man sich verstärkt um sie kümmern. So ist es dann zeitweise; kommen die Verhafteten nicht zum Untersuchungsführer oder was immer gerade anliegt, dann wird einfach nicht gegessen.*
> *So äußerte der ehemalige Verhaftete X der Sani-Schwester gegenüber, daß die Nahrungsverweigerung das einzige Druckmittel sei, wenn ein Verhafteter irgend etwas erreichen will. Als Doktor, so sagte er, weiß er genau(,) wie lange er nicht essen kann(,) ohne persönlich Schaden zu erleiden.“*[597]

Im **April 1979** erklärte eine gefangene Frau bei der Essenverteilung, dass sie in den Hungerstreik geht und erst dann wieder etwas isst, wenn sie mit dem Staatsanwalt sprechen konnte.[598]

Im November 1980 erklärte ein Gefangener aus Zelle 28 dem Gangposten[599] gegenüber seinen Hungerstreik an: „*Ich will damit meine Haltung zum bevorstehenden Prozeß unterstreichen, dieser Prozeß ist ein Gesinnungsprozeß.*“ Den Notizen einer „Horchkontrolle“ zufolge sagte sein Mithäftling später zu ihm: „*Wenn dieser Hungerstreik nichts hilft, sagst du nichts mehr aus, reicht das auch noch nicht aus, werden wir uns dem Hungerstreik anschließen.*“

Ein Gangposten lauschte wieder mit, als sich die Gefangenen der Zelle 39 über den Plan eines Kameraden unterhielten, aus Protest in den Hungerstreik zu treten:

> *„... Der VH A machte den VH B darauf aufmerksam(,) daß er den Hungerstreik solange macht(,) bis er in ein Krankenhaus geliefert wird. Der VH B sagte dan(n,) daß er dort künstlich ernährt wird, und ihm daß alles dann nichts genützt hätte. Der VH A sagte darauf(,) daß er keinen an sich ranlassen würde, und er unter allen Umständen versuchen wird die Sache an die Öffentlichkeit zu bringen. Wenn es in den Gefängnissen in Nordirland an die Öffentlichkeit kommt, muß es bei uns auch einen Weg geben. Der VH C gab ihm dann noch den Rat, jeden Tag nur eine Tasse Flüssigkeit zu sich zu nehmen, um den Gewichtsverlust zu verlangsamen. Der VH B gab dann noch die Möglichkeit an(,) daß ihm die Mitinhaftierten auch zwei oder drei Brote machen könnten(,) die er dann Nachts zu sich nimmt(,) und die Posten ebend ihn dabei nicht*

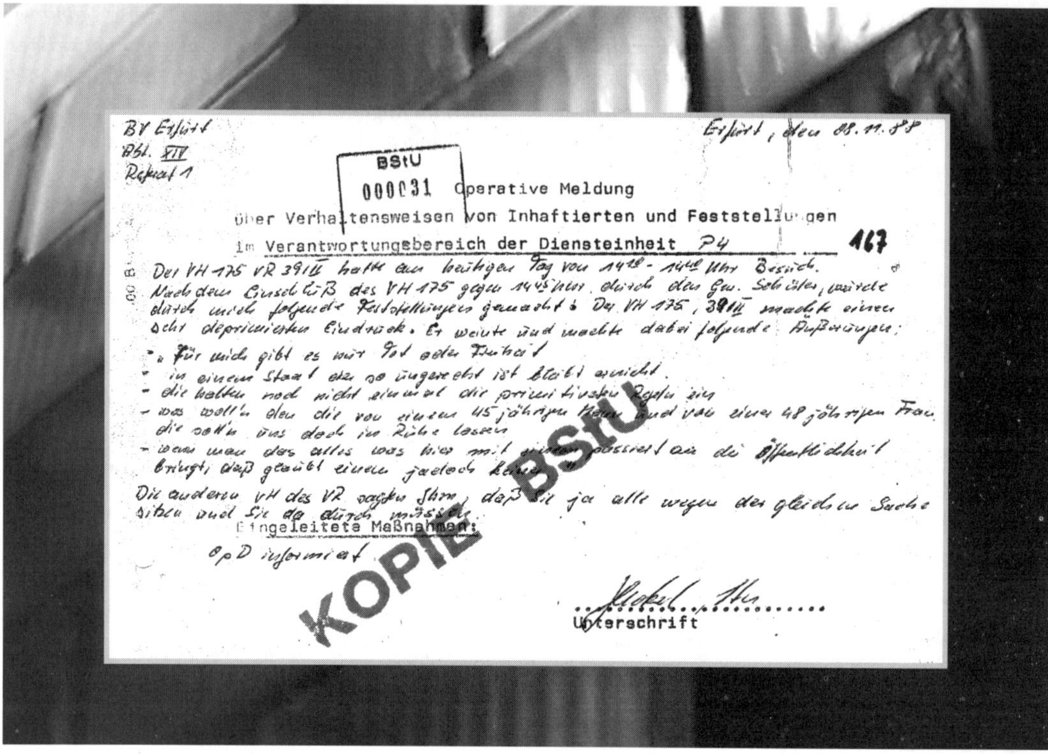

BV Erfurt
Abt. XIV
Referat 1

Erfurt, den 08.11.88

BStU
000031

Operative Meldung

über Verhaltensweisen von Inhaftierten und Feststellungen

im Verantwortungsbereich der Diensteinheit P4 167

Der VH-175 VR 391/II hatte am heutigen Tag von 14.00 - 14.40 Uhr Besuch. Nach dem Einschluß des VH 175 gegen 14.45 Uhr, durch den Gen. Schröter, wurde durch mich folgende Feststellungen gemacht: Der VH 175, 391/II machte einen sehr deprimierten Eindruck. Er weinte und machte dabei folgende Äußerungen:

- „Für mich gibt es nur Tod oder Freiheit
- in einem Staat der so eingerichtet ist bleibt er nicht.
- die halten noch nicht einmal die primitivsten Regeln ein
- was wollen denn die von einem 45jährigen Mann und von einer 48jährigen Frau die sollen uns doch in Ruhe lassen
- wenn man das alles was hier mit einem passiert an die Öffentlichkeit bringt, daß glaubt einem jedoch keiner."

Die anderen VH des VR sagten ihm, daß sie ja alle wegen der gleichen Sache sitzen und sie da durch müssen.

Eingeleitete Maßnahmen:

OpD informiert

Unterschrift

KOPIE BStU

Dienstunterlagen der Haftabteilung XIV, BStU Erfurt

beobachten können, und sagen(,) daß er nichts ißt. Der VH A bekräftigte dieses Vorhaben und sagte, daß dies gut zu machen ginge. Weiterhin zog der VH A noch in Betracht, einen Hungerstreik mit einem Sitzstreik zu verbinden."[600]

Im Frühjahr 1988 aß und trank ein Gefangener aus Zelle 25 nichts, er lehnte die Suppe ab. Der Posten notierte auch: „*Der VH befand sich in einem psychisch labilen Zustand.*"[601]

Im April 1988 fanden Haftmitarbeiter in der Zigarettenschachtel eines Hungerstreikenden einen zum nächsten Besuchstermin vorbereiteten Kassiber mit dem Text: „Möchte Dir schnell mitteilen, dass ich mit noch 3 Inhaftierten im Hungerstreik bin. Dies ist geheim. Bitte teile es meiner Mutter mit, diese soll es meinem Onkel schrieben. Ich weiß nicht wann ich ins Krankenhaus komme."[602] Vermerkt ist in der Notiz auch, dass der Arzt mit den betreffenden Gefangenen eine „Aussprache" geführt hatte.

Im April 1989 bekam ein Posten ein „Lob für gute Wachsamkeit und Kontrolle" von seinen Vorgesetzten ausgesprochen. Der Grund dafür:

„*Er hat einen bedeutsamen Kassiber eines im ‚Hungerstreik' stehenden VH sichergestellt. In diesem Kassiber sollte eine Information über 3 im ‚Hungerstreik' stehende VH in die BRD weitergeleitet werden.*"[603]

Im Juli 1989 trat ein westdeutscher Gefangener deshalb in Hungerstreik und Freihof-Verzicht, weil er aufgrund fehlender Zähne nur Weißbrot essen konnte, das aber nicht bekommen hatte.[604]

Noch im Oktober 1989 – dem letzten vor der endgültigen Schließung der MfS-Haftanstalt – erklärte ein Gefangener aus Zelle 39 sinngemäß: „Ab heute bin ich Nahrungsverweigerer!"[605]

13. Miteinander unter Gefangenen und Protest

> *„Kameraden, R-Flüchtige, verliert das Ziel niemals aus den Augen!! Die Kraft kommt aus der Masse und die Masse sind wir.“*[606]

Diesen mutmachenden Spruch hatte eine Gefangene aus Zelle 9 (vermutlich „N.V.“) im Sommer 1988 mit Bleistift in die Freihofwand geschrieben. Andere Mitgefangene bekamen ihn leider nicht zu lesen – der Wachposten hatte das zu schnell bemerkt.

Den Gefangenen standen während ihrer Haftzeit nicht nur Vernehmer und Haftmitarbeiter als Beherrschende gegenüber, sie fanden sich hier auch (nach anfänglicher Einzelhaft-Phase) unter „Ihresgleichen“. Nicht nur in ihrer Situation hatten sie viele Gemeinsamkeiten, sondern es einte sie auch die Ablehnung des herrschenden Regimes. In den Haftzellen wurde klar: der einzelne war gar nicht so einzeln. Die Gefangenen erfuhren von den Haftgründen ihrer Zellennachbarn, konnten sich gemeinsam ablenken, Mut machen oder in ihrem Selbstbewusstsein stärken.

Die Vernehmer sahen die Enge und Mehrfachbelegung der Haftzellen im Hinblick auf die „*wirkenden negativen Einflüsse ... durch andere Beschuldigte*“ als ungünstig und „*nach Möglichkeit auszuschalten*“.[607] Dies betraf auch den Ausreisewillen, der in den Verhörzimmern umgedreht werden sollte, aber in den Zellen durch die Gemeinschaft gleichgesinnter Gefangener eher erhärtet wurde.

Manchmal war die Situation für einen Gefangenen auch so extrem, dass selbst die kleinste Geste eines Mitgefangenen als große Hoffnung und Stärkung empfunden wurde. Machte sich ein Gefangener sorgen um mitverhaftete Freunde, dann konnten tröstende Worte oder das Mithelfen bei Kontaktversuchen viel bedeuten. Wurde die Zeit endlos an verhörfreien Tagen, bewahrte gemeinsame Beschäftigung oder das Gespräch vor deprimierendem Grübeln.

Die Zellenenge, die Zellenluft, das gegenseitige Miterleben trauriger oder wütender Momente – das machte das Miteinander allerdings auch alles andere als einfach.

Man konnte sich auch gegenseitig „runterziehen“ oder gegenseitig über die „Macken“ des anderen ärgern. Das Misstrauen gegen mögliche Verräter und Zellenspitzel, das nicht unbegründet war und durch die horchenden Posten noch verstärkt wurde, durchzog immer wieder das Zellenklima. Menschen, die im realen Leben nie Freunde geworden wären, waren plötzlich auf Rücksichtnahme und Solidarität angewiesen. War der Bettnachbar am „Durchdrehen“ oder beim Selbstmordversuch, bedeutete das immer auch erhöhten Stress für alle Zelleninsassen.

Mitunter richteten sich Stress und Anspannung auch gegen Mitgefangene. Es gab Streit zwischen Rauchern und Nichtraucher oder auch schon mal – wie 1987 – eine Prügelei wegen „*einer unkorrekten Rückgabe von geborgtem Tabak.*“[608]

Auch die aufdringlich beobachtenden Haftmitarbeiter wussten:

> *„Die Mentalität der einzelnen Gefangenen ist allerdings so unterschiedlich, dass es zwangsläufig immer wieder zu Widersprüchen kommt, die kein Mensch voraussehen kann.“*[609]

Auch in den Arbeitskommandos der Strafgefangenen (s. Kapitel 15) kam es vor, dass Verwandte von DDR-Bonzen, allgemein-kriminelle DDR-Freunde und fluchtbereite Systemgegner auf engstem Raum und in „kollektiver“ Arbeitsteilung zusammenleben mussten.

Information zur Informationsübermittlung - IV

-Rufen-

S.1.

BStU 000016

KOPIE BStU

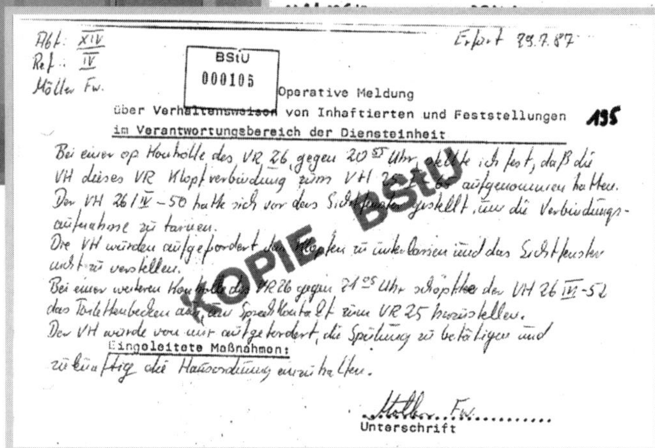

Abt.: XIV
Ref.: IV
Möller Fw.

BStU 000105

Erfurt 23.7.87

Operative Meldung
über Verhaltensweisen von Inhaftierten und Feststellungen 135
im Verantwortungsbereich der Diensteinheit

KOPIE BStU

Eingeleitete Maßnahmen:

Möller Fw.
Unterschrift

Dienstunterlagen der Haftabteilung XIV, BStU Erfurt, Treppenhausabsatz 2. Stock (Weg zum Freihof oder zum Verhör), Foto: Herz 2006

Kontaktaufnahmen untereinander

In der Untersuchungshaft der Staatssicherheit spielte die Verhinderung jeglichen Außenkontaktes eine besonders starke Rolle. Dafür sprechen die diversen Arbeitsabläufe und -regeln in der U-Haft, die Planung der Zellenbelegung, die Führungs-Prozeduren mit Ampellicht und Wandaufstellung, damit Gefangene einander im Gang nicht begegneten. Jede über die Haftzelle hinausreichende Kontaktaufnahme galt als Verstoß gegen die Hausordnung.

Kontaktverbot bedeutete aber mitunter große Ungewissheit, wie im folgenden Beispiel deutlich wird: Im Juli 1980 machte sich ein Gefangener aus Zelle 28 große Sorgen um seinen mitinhaftierten Freund und sagte dies dem Gangposten, welcher dessen Worte protokollierte:

> *„Wenn ich nicht sofort erfahre, was mit meinem besten Freund ... passiert ist und in welchem körperlichen Zustand er sich jetzt befindet, denn ich habe soeben das Sondersignal des Sankras gehört, dann werde ich alles unternehmen(,) um den gleichen Weg zu gehen wie mein Freund ... Weiterhin werde ich wieder in den Hungerstreik treten und mich über euch bei Gericht beschweren.“*[610]

Auch gemeinsam verhaftete Ehepaare waren umeinander besorgt. Und mitunter waren es erst die Vernehmer, die mit ihrer Verhörführung und lügnerischen Tricks für Irritationen sorgten.

Nicht selten erfuhren die Haftmitarbeiter genau, welche Informationen die Gefangenen austauschten. 1980 beschrieb ein Wachschichtleiter dies wie folgt:

> *„Bei den Verhafteten mit Familienangehörigen geht es bei den Verbindungsaufnahmen um folgendes: Wie geht es meinen Angehörigen, wie sind sie untergebracht? Bei den anderen Verhafteten des gleichen Vorgangs geht es darum, durch die Verbindungsaufnahme zu versuchen, ihre Tat durch gemeinsame Absprache zu verschleiern.*

Einige weitere Gründe der Verbindungsaufnahme möchte ich nur kurz erwähnen. Einmal wäre das die Rückführung aus dem Haftkrankenhaus, über Abläufe von Gerichtsverhandlungen, der Austausch der Adressen der Verhafteten untereinander, Auskünfte über Rechtsanwälte und Zuführungen von Verhafteten zur UHA.“[611]

Die Haftmitarbeiter kannten die Möglichkeiten der Kontaktaufnahme genau:

„*Als häufigste Methode wird durch die Verhafteten das Sprechen durch die Toilette angewandt. Weitere Mittel und Methoden sind:...*
Klopfen zum unteren VR-Gang und zum Nachbarverwahrraum bzw. zur VP
Rufen über den VR-Gang ...
das Hinterlegen von Kassibern
Rufen und Winken durch das Verwahrraumfenster [also durch vermauerte Glasbacksteine]
Verbindungsaufnahme durch Kontaktpersonen.“[612]

Dass „*unzulässige Kontaktaufnahmen*“ in größerer Zahl vom Wachpersonal registriert wurden, bezeugen jährliche Dienststatistiken, denen zufolge beispielsweise in den Jahren 1978 180 Kontakte, 1980 258 oder 1982 83 stattfanden.[613]

Das laute Rufen bei Gefangenenführungen oder laute Sprechen bei geöffneter Zellenklappe konnten die Haftmitarbeiter im Grunde kaum verhindern. Viele Zeitzeugen erinnern sich, wie manchmal im Zellengang laut ein Name gerufen wurde, oder taten es selbst. Manchmal ergänzt mit dem Hinweis, dass es dem Rufer gut gehe oder dass er den Gerufenen nicht verraten habe. Der Lärm-Lüfter im Zellenflur, der das Hören solcher Rufe unterbinden sollte, konnte oft nicht schnell genug eingeschaltet werden.

Ein ehemaliger Gefangener (Mitte der 70er Jahre) erinnert sich zum Beispiel auch an einen Ruf, der mehrfach über den Zellengang hallte und auch vielen anderen Mitgefangenen Mut machte: „*Rudi, lass' die Jumbo starten*“. Denn es hatte sich herumgesprochen, dass Rudi versucht hatte, mit einem Fluggerät über die Grenze zu kommen, auch Rudis Mitgefangene hatten Sehnsucht nach einem sofortigen Himmelsflug gen Westen.

Die Freihöfe waren für die Gefangenen eine relativ günstige Kontaktmöglichkeit. Hier gab es immer wieder Rufe, die in den Nachbarfreihöfen oder auch oben an den nordseitigen Zellenfenstern gehört werden konnten. Auch kleine Botschaften oder Zettel, die Gefangene beim Freihof zurückließen, sollten die Nächsten erreichen.

Im April 1988 verständigten sich beispielsweise zwei Gefangene aus den Zellen 28 und 39 über mehrere Freihöfe hinweg durch lautes Husten und Räuspern, was für einen zum sofortigen Abbruch des Freihofgangs führte.[614]

Die Toilettenrohre – wenn man die Becken leer schöpfte – konnten die Worte direkt übertragen.

1981 machte der Wachschichtleiter Fischer wegen der Kontaktvariante über die Toilettenrohre den Vorschlag, eine „Neuerer“-Idee seiner Dresdner Kollegen für Erfurt zu übernehmen: den Einbau von Geräuschgebern in die Abflussrohre.[615]

Durch die Zellenwände liefen Kontakte über Klopfzeichen. Das einfachste System, das auch jeder Neue bald mitbekam, war das Buchstabieren von A= 1mal klopfen B– 2mal bis Z= 26mal. Das allgemeine Verbindungszeichen lautete: lang-lang-kurz-kurz-kurz-lang-lang-lang-lang-kurz-kurz-kurz-kurz. Hatte der Empfänger ein Wort verstanden, gab er eine Bestätigung. Denn der Klopfer konnte ja jederzeit mitten im Buchstaben durch die Posten gestört werden. Das Klopfsystem war sehr langwierig und die Gangposten bekamen dies bei ihren dauernden Spionkontrollen oft recht schnell mit.

Als sich im Sommer 1988 zwei Gefangenen aus den Zellen 25 und 26 Klopfsignale über die Wand austauschten, half auch der Mitgefangene von Zelle 25 mit, indem er den Sichtblick zum Türspion verdeckte und auf seinem Essbrettchen laut herum kratzte, um von den Klopfgeräuschen abzulenken – der Posten bemerkte es trotzdem und meldete beides der Gefängnisleitung.[616] Ähnliches geschah auch in Zelle 38, wo ein Gefangener den Klopfer mit der aufgeschlagenen Zeitung abschirmte.[617]

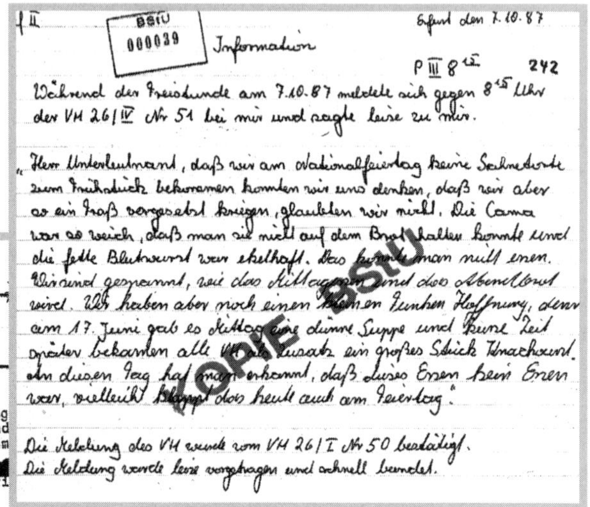

f II

BStU 000039

Information

Erfurt den 7.10.87

P III 8 15 242

Während der Freistunde am 7.10.87 meldete sich gegen 8 15 Uhr der VH 26/IV Nr 51 bei mir und sagte leise zu mir.

„Herr Unterleutnant, daß wir am Nationalfeiertag keine Sahnetorte zum Frühstück bekommen konnten wir uns denken, daß wir aber so ein Fraß vorgesetzt kriegen, glaubten wir nicht. Die Cama war so weich, daß man sie nicht auf dem Brot halten konnte und die fette Blutwurst war ekelhaft. Das konnte man nicht essen. Wir sind gespannt, wie das Mittagessen und das Abendbrot wird. Wir haben aber noch einen kleinen Funken Hoffnung, denn am 17. Juni gab es Mittag eine dünne Suppe und kurze Zeit später bekamen alle VH als Zusatz ein großes Stück Knackwurst. An diesen Tag hat man erkannt, daß dieses Essen kein Essen war, vielleicht klappt das heute auch am Feiertag."

Die Meldung des VH wurde vom VH 26/I Nr 50 bestätigt.
Die Meldung wurde leise vorgetragen und schnell beendet.

KOPIE BStU

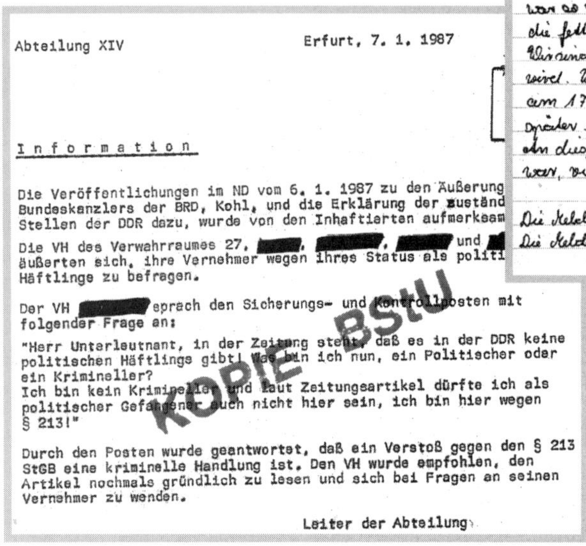

Abteilung XIV   Erfurt, 7. 1. 1987

I n f o r m a t i o n

Die Veröffentlichungen im ND vom 6. 1. 1987 zu den Äußerung
Bundeskanzlers der BRD, Kohl, und die Erklärung der zuständ
Stellen der DDR dazu, wurde von den Inhaftierten aufmerksam

Die VH des Verwahrraumes 27, [redacted], [redacted], [redacted] und [redacted]
äußerten sich, ihre Vernehmer wegen ihres Status als politi
Häftlinge zu befragen.

Der VH [redacted] sprach den Sicherungs- und Kontrollposten mit folgender Frage an:

"Herr Unterleutnant, in der Zeitung steht, daß es in der DDR keine politischen Häftlinge gibt! Was bin ich nun, ein Politischer oder ein Krimineller?
Ich bin kein Krimineller und laut Zeitungsartikel dürfte ich als politischer Gefangener auch nicht hier sein, ich bin hier wegen § 213!"

Durch den Posten wurde geantwortet, daß ein Verstoß gegen den § 213 StGB eine kriminelle Handlung ist. Den VH wurde empfohlen, den Artikel nochmals gründlich zu lesen und sich bei Fragen an seinen Vernehmer zu wenden.

Leiter der Abteilung

KOPIE BStU

Dienstunterlagen der Haftabteilung XIV, BStU Erfurt

Eine Kontaktmöglichkeit entdeckten Gefangene auch bei der Benutzung des Rasierapparates, den die Haftmitarbeiter morgens von Zellenklappe zu Zellenklappe reichten – 1978 kam ein Gefangener in Zelle 35 auf die Idee, dass man beschriebene Zigarettenzettel unterm Scherkopf verstecken könnte, so dass Mitgefangene der Nachbarzellen diese unweigerlich fänden.[618] Aber ein Posten bekam bei einer „Horchkontrolle" bereits die Idee mit und das Personal war vorgewarnt. Da Bücher nacheinander von verschiedenen Gefangenen ausgeliehen wurden, schlug der erwähnte Gefangene außerdem vor, bestimmte Wörter zu unterstreichen, so dass daraus zusammenhängende Texte entstünden.

Ein Zeitzeuge berichteten auch, wie das Männer-Arbeitskommando in den 60er Jahren mittels ihrer Zuckerdose Nachrichten mit dem Frauen-Arbeitskommando ausgetauscht hatten.

Fluchtgedanken und Fluchtversuche

In den bis heute erhaltenen „Horchprotokollen" befinden sich zahlreiche Hinweise auf Zellengespräche und gemeinsame Überlegungen, auf welchem Wege die Flucht aus dem Gefängnis oder aber später die Flucht in den Westen gelingen könnte.

Im Mai 1979 unterhielten sich drei Gefangene abends über Fluchtmöglichkeiten[619] und kamen zu dem Ergebnis, dass eine Flucht aus dem Hause durch die Gittertüren sinnlos sei und nur vom Freihof aus die Chance dafür bestünde. Dort könne man mittels Überraschungsmoment zuerst den vermutlich bewaffneten (tatsächlich aber unbewaffneten) Freihofposten mit einem geworfenen Stein o.ä. oder direkt durchs Hochheben eines Gefangenen über die Mauer ausschalten und dann über das Dach der Tischlerei und über den rechten Freihof fliehen, um dann schnellstens zur Straße zu gelangen.

Im Herbst 1988 unterhielten sich Gefangene aus Zelle 26 über eine Fluchtvariante mit Geiselnahme und Ausreise-Forderung, zu der sie jedoch zuvor den fünfstelligen Zahlencode des Gittertores herausbekommen müssten.[620]

Aus Fluchtideen wurden auch Fluchtversuche.

So floh beispielsweise ein Gefangener, der im Mai 1979 zwecks Röntgenaufnahmen zur VP-Klinik gebracht worden war. Als er wieder in das Haftauto einsteigen sollte und ein Hafttransport-Offizier die Handfesselkette lockerte, riss er sich los und rannte weg in Richtung zum Gothaer Platz. Nach 30 Metern ergriff der Haftmitarbeiter seine Trainingsjacke, die er aber abstreifen konnte. Ein zweiter Transportoffizier schnitt ihm den Fluchtweg direkt vorm IGA-Südeingang, gegenüber der Staatsanwaltschaft ab, so dass er wieder festgenommen wurde.[621]

Ein Beispiel dafür, dass die Gefangenen wenig Überblick über die Geländelage der Haftanstalt und mitunter nur noch den Mut der Verzweiflung hatten, bietet der folgende Fluchtversuch vom 26. Mai 1982 aus dem Freihof:

> *„Gegen 8.30 Uhr sprang der X plötzlich die Trennwand zum nebenan liegenden Freihofraum an und zog sich mit den Händen nach oben, so daß er auf der Trennwand stand, mit dem Ziel, von dort aus die äußere Begrenzungsmauer des Freihofes zu überwinden. Durch das sofortige Handeln der Sicherungskräfte wurde der Fluchtversuch unterbunden.“*[622]

Protest und Ermutigung

Wurden Menschen aus politischer Strafgründen inhaftiert – und das traf auf über 99 Prozent der Gefangenen der MfS-Haftanstalt Erfurt zu – , dann geschah dies, weil der Staat letztlich Furcht hatte vor ihrer Art zu leben und ihrem selbstbewusst und freiheitlich Reden und Handeln. In rabiaten Verhören und mit psychischer Folter und Dauerdruck versuchten verantwortliche MfS-Mitarbeiter sie kleinzukriegen.

Es ist um so beeindruckender, findet man heute Aktenbelege für aufrechtes und kritisches Verhalten auch in der belastenden Haftsituation. Nur einzelne Berichte aus den 80er Jahren konnten aus Sachakten gefunden werden.

So musste Haftanstaltsleiter Denninger am 17. Juni 1981 – genau 38 Jahre nach dem Volksaufstand – nicht nur dies für die Vernehmer aufschreiben:

> *„Die VH des VR 38, X und XX, verhalten sich undiszipliniert und verstoßen gegen die Hausordnung. Besonders der VH X zeigt sich uneinsichtig und kommt den Weisungen der Sicherheitskräfte nur widerwillig nach mit solchen Bemerkungen wie ‚Wir haben so schon gegen die Ordnung des Staates verstoßen, da kommt es auf das auch nicht mehr an‘. Ihre verfestigte negative Grundeinstellung kommt durch ein im VR untereinander geführtes Gespräch zum Ausdruck, wo der VH X äußerte: ‚Die Richter, Schöffen und Staatsanwälte müßten hingerichtet werden.‘“,*

sondern auch Folgendes:

> *„Demonstrativ nahmen die VH des VR 38 am 17. 6. kein Frühstück an mit der Begründung des VH ...: ‚Heute ist Feiertag.‘“*[623]

Ende 1981 entdeckten Haftmitarbeiter bei einer Filzung Wandinschriften in einer Haftzelle. Es handelte sich dabei um die folgenden Texte:

> *„Vogel – Berlin, sehr gut für Ausreisen, man kann ihn auch von Verwandten aus der BRD engagieren“*
>
> *„belogen – betrogen – zum Hassen erzogen“*
>
> und
>
> *„Jeder Mensch sollte sein Schicksal selber bestimmten“.*[624]

Im Mai 1982 beobachtete und verwarnte der Gangposten einen Gefangenen in Zelle 30, der aus der Tageszeitung ein Honecker-Bild gerissen hatte und nun fetzenweise zerriss – er bekam dafür einen „*Eintrag in die Führungskartei*“ und riskierte damit Haftverlängerung.[625]

1982 protokollierten Haftmitarbeiter den Grund dafür, dass ein Gefangener mit der Arrestzelle bestraft wurde:

> *„Gegen 9.25 Uhr rief der VH X laut über den VR-Gang ‚Freiheit‘. ...*
> *Um einer Ausbreitung der Ansätze der Unruhe*

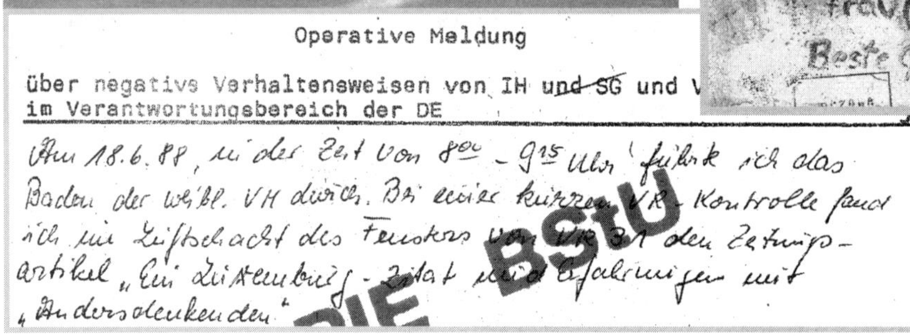

Operative Meldung

über negative Verhaltensweisen von IH ~~und SG~~ und V
im Verantwortungsbereich der DE

Am 18.6.88, in der Zeit von 8.00 – 9.15 Uhr führte sich das Baden der weibl. VH durch. Bei einer kurzen VR-Kontrolle fand sich im Luftschacht des Fensters von VR 31 den Zeitungsartikel „Ein Lückenbüß-Zitat und Erfahrungen mit „Andersdenkenden"

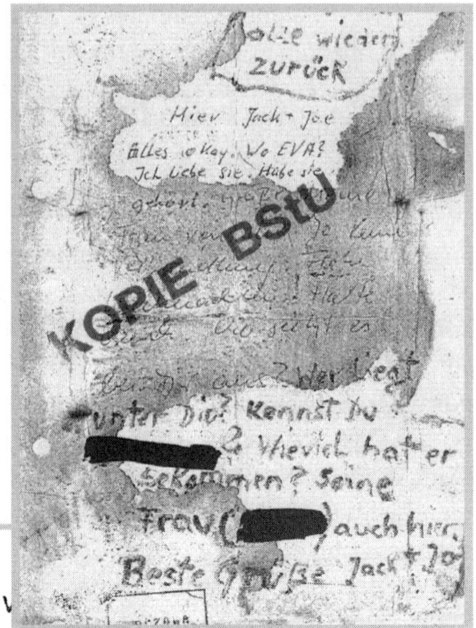

Wolle wieder
zurück
Hier Jack + Joe
Alles o'Kay. Wo EVA?
Ich liebe sie. Habe sie
gehört.
...
unter Dir? Kennst Du
[redacted] ? Wieviel hat er
bekommen? Seine
Frau ([redacted]) auch hier.
Beste Grüße Jack + Jo

beschlagnahmter Kassiber, Dienstunterlagen der Haftabteilung XIV, BStU Erfurt, Freihofausschnitt ab 1987, Foto: Herz 2006

entgegenzutreten und die Hausordnung durchzusetzen, wurde der VH X zeitweilig in den VR 37 verlegt und isoliert. ..."[626]

Im August 1982 sagte ein Gefangener – in dem irrigen Glauben, dass die SED-Oberen sich die hiesige Haft- und Verhörsituation nicht wirklich vorstellen oder gutzuheißen könnten – zu seinen Mitinhaftierten:

„Zum Glück kenne ich den Namen von meinem Vernehmer, da geht dann gleich ein Schreiben an den Staatsrat, da werden alle Herren hier aber die Augen aufreißen."[627]

Auch Frauen zeigten ihr Selbstbewusstsein, wie zum Beispiel aus diesem Info-Bericht des Haftanstaltsleiters Denninger hervorgeht:

„Bei der Führung über den Hof wurde die VH laut und rief: ‚Ohne Haftbefehl könnt ihr mich nicht einsperren. Trotz Ermahnung wiederholte sie dies weiter und kam der Aufforderung nicht nach, ruhig zu sein. Weiterhin schrie sie: ‚Ich stelle mich auch auf den Domplatz und schreie es allen Leuten zu. ... [Später] erklärte die VH bei der Essensausgabe, daß sie in den Hungerstreik geht und nicht eher wieder essen würde, bis sie den Staatsanwalt gesprochen habe."[628]

Am Neujahrmorgen 1987 rief ein Gefangener über alle Freihöfe hinweg „Gesundes Neues Jahr Kumpels", wofür er sich sofortigen Freihofabbruch und einen „*Eintrag in die Führungskartei*" einhandelte.[629]

Anfang 1987 schrieb ein Gangposten als Meldung Nr. 7 die „*provokatorische Anfrage ... zum Status als ‚politischer Gefangener'*" nieder und nur wenig später wurden drei Gefangene bezüglich ihrer „*provokanten und hetzerischen Äußerungen über einen Zeitungsartikel im ND*" aktenkundig.[630]

Im April 1988 bezeichneten die Freihofgänger aus der Zelle 36 den Posten Lange offen als „Zinker" und riefen dies warnend auch anderen Gefangenen zu.[631]

Im Juni 1988 hatten Gefangene aus Zelle 36 auf den Spiegel mit Zahnpasta „keep smiling" geschrieben[632] – ob zur Ermutigung oder aus Ironie, bleibt ihr Geheimnis.

Fast gleichzeitig hatte ein Gefangener aus der Zelle 25 mit einem roten Ziegelsteinstück auf dem Freihofboden das 1,5m breite Wort „FREIHEIT" geschrieben, was er mit seinen Mitgefangenen zusammen dann aber sofort wieder entfernen musste.[633]

Im April 1989 sagte ein Gefangener aus Zelle 28 offen und mutig seine Meinung. Er „*bezeichnete den OpD als ‚Schwein' und setzte das MfS mit der NSDAP gleich*" und „*bezeichnete die UHA als ‚KZ'.*"[634] Der Offizier vermerkte dazu nur sehr andeutungsweise und was immer das heißen mochte: „*Daraufhin verlief das Gespräch in eine andere Richtung.*"

Im September 1989 machte sich beim Freihof ein Gefangener aus Zelle 27 – ungeachtet des oben auf dem Freihofgang mitschreibenden Postens – über den Regen lustig. Der Posten berichtete seinen Vorgesetzten:

> „*Der VH 27/IV sagte laut ‚Immer tut es ‚Gießen'. Wir haben es immer nur mit Gießen zu tun.' Der VH wurde von mir auf die Einhaltung der H.O. verwiesen, worauf er folgendes laut antwortete ‚Wie wird das heute in ‚Gießen' sein.' Sofort antwortete aus dem Nachbarfreihof (VR 28) ein VH ‚Besseres Wetter wie hier.'*"[635]

Vermutlich ebenfalls aus dem Jahre 1989 stammt ein Kassiber, den die Wachposten konfiszierten. Ein Gefangener hatte Nenas „99 Luftballons" umgedichtet in:

> „Hast Du etwas Zeit für mich
> da singe ich ein Lied für Dich
> von 99 000 Menschen
> die um ihre Rechte kämpfen
> Denkst Du vielleicht gerade an mich
> da singe ich ein Lied für Dich
> von Mauerbau und roten Massen
> SED, die wir so hassen
> 99.000 Menschen wolln die DDR verlassen
> wollen in den goldenen Westen
> denn da geht es ihn'n am besten
> 40 Jahre roter Graus …." [636]

Bezirksgericht Erfurt, Domplatz, Foto: Fiege

14. Vor Gericht – Verantwortliche DDR-Juristen

„Der Angeklagte wies die Anklage in provokatorischer Weise zurück und stellte diese als Lüge und Unwahrheit dar.
Er betonte: ‚Ich bin unschuldig.'“[637]

Prägnanter als in diesem Erfurter Prozessbericht aus dem Jahre 1982 lässt sich die plumpe parteiische Rechts-„Wahrheit“ des Polit-Strafrechtes kaum auf den Punkt bringen.

Selten und fast nur in den frühen DDR-Jahren hatte es eigenwillige Juristen gegeben, die nach eigenen Rechtskriterien handelten und urteilten. Sie waren bald vollends diszipliniert oder durch SED-höriges Rechtspersonal ausgetauscht. Dass außer der SED auch die Staatssicherheit personalpolitisch mitreden konnte, wer in den einschlägigen Strafkammern der Bezirks- und Kreisgerichte am Richtertisch und in den Anwaltsbänken sitzen durfte, war seit 1952 festgeschrieben (s. Kapitel 2).

Und während mancher politische MfS-Gefangene entgegen aller kritischen Vernunft noch darauf hoffte, im Gerichtssaal endlich ein faires Ohr zu finden, vermerkte die zentrale MfS-Untersuchungsabteilung mit Genugtuung:

„Die Gerichte der DDR loben im allgemeinen die gute Qualität der von den Untersuchungsorganen des MfS geleisteten Beweisführungsarbeit im Ermittlungsverfahren.“[638]

Ebenso substanziell machtpolitisch wie die SED-Gesetzgebung, so funktionierte fast immer auch die praktische Rechtssprechung zu den politisch motivierten MfS- oder Polizei-Strafverfahren vor Ort.

Die politischen Strafparagraphen selbst waren weit und willkürlich auslegbar. (s.Kapitel 2) Aber es gab Absprachen über das generelle Vorgehen in typischen politischen Strafprozessen – zunächst auf zentralstaatlicher Ebene. Ein prägnantes Beispiel solcher Abstimmungen sind die Strafstrategien gegen Ausreisewillige vom Frühjahr 1988, die der Leiter der Hauptabteilung IX, Fister, dann als verbindliche Handlungsvorgabe nach Erfurt weiterreichte:

> *„Auf der Grundlage der von mir mit dem 1. Stellvertreter des Ministers für Justiz, dem 1. Stellvertreter des Generalstaatsanwaltes der DDR und dem Vizepräsidenten für Strafrecht des obersten Gerichts der DDR getroffenen Vereinbarung ist zur wirksamen Lösung der damit verbundenen Aufgaben ein enges, kameradschaftliches Zusammenwirken zu gestalten. Es wurde Übereinstimmung erzielt, dass unter extensiver Auslegung des Paragraphen 214, Abs. 1 und 3 StGB jegliche Bestrebungen zur Schaffung von Gruppierungen von Übersiedlungsersuchenden bereits im Ansatz zu unterbinden ist. Der vorgenannte Tatbestand ist bereits verletzt, wenn sich Übersiedlungsersuchende zusammenfinden, um gemeinsame öffentlichkeitswirksame Provokationen, die Abfassung und Verbreitung von sogenannten Petitionen und anderen Schriften sowie sogenannte Solidarisierungsaktionen wie Schweigemärsche, Spaziergänge und kollektive Symbolhandlungen zu Feier- und Gedenktagen zu beraten.“*[639]

Derartige Anordnungen gingen doppelgleisig „nach unten“ in den Bezirk: über die Justiz- und die Staatssicherheitsstrukturen zugleich. Es gab Einigkeit darüber, wie in Erfurt oder Gera oder Halle „Recht gesprochen“ wurde.

Prozessabläufe

Die „Zuführung“ des Angeklagten zum Prozess übernahmen MfS-Haftmitarbeiter. Bei Wartezeiten führten diese die Gefangenen sofort wieder in einen abgeschlossenen Bereich. Nur bei geschlossenem Hoftor und leerem Hof wurden die Gefangene über den Hof ins Bezirksgericht geführt und umgekehrt.[640]

Zeitzeugen berichten einhellig und unabhängig voneinander, dass sie Prozesstermin, Anklageschrift und oft auch einen Anwaltskontakt erst äußerst kurzfristig erhielten – es war eindeutig nicht vorgesehen, dass der anklagende Staat und der sich verteidigende Bürger gleiche Chancen hatten. Das zeigt auch ein vom Zellengang-Posten bespitzeltes Gespräch zweier Gefangener von Zelle 25 über den bevorstehenden Prozess im März 1989, wo der Haftkamerad riet:

> *„Ich an deiner Stelle würde mich vor Gericht beschweren. Du hast zwar die Anklageschrift bekommen, konntest dich aber nicht auf die Verhandlung vorbereiten, da man die das Strafgesetzbuch und die Strafprozessordnung verweigert hat.“*[641]

In den 80er Jahren gab es offenbar eine Anordnung des Gefängnisleiters an die Wachposten, die den Angeklagten während der Gerichtsprozesse bewachten. Sie sollten etwaige „Vorkommnisse“ direkt an die Stasi-Untersuchungsabteilung melden, so dass die Vernehmer nicht auf die Staatsanwälte angewiesen waren.[642]

Schon einige wenige, ausführliche Prozessberichte verschiedener Jahre zeigen den politischen und untertanen-"erzieherischen“ Charakter der Strafrechtspraxis mit Deutlichkeit:

Schauprozesse zur politischen „Erziehung“

Typisch für die frühen DDR-Jahre waren politische Schauprozesse, in denen sich die Strafvorwürfe und Urteilshöhen nicht nur gegen den Angeklagten richteten, sondern auch ganz öffentlich als warnende Drohung gegen alle Bürger, die sich dem SED-Gesellschaftskonzept nicht unterordneten. Wie stark Angeklagte dafür mitunter instrumentalisiert wurden, macht ein Prozessvorschlag der Erfurter Untersuchungsabteilung vom **Januar 1959** besonders deutlich:

Es ging um eine *„Hauptverhandlung vor erweiterter Öffentlichkeit“* vor 100 Zuhörern, wobei es sich *„vorwiegend um Personen handeln soll, die das Gehörte auch weitergeben und auswerten können“*.[643] Vors Tribunal sollte ein Grundschullehrer aus dem Kreis Bad Langensalza

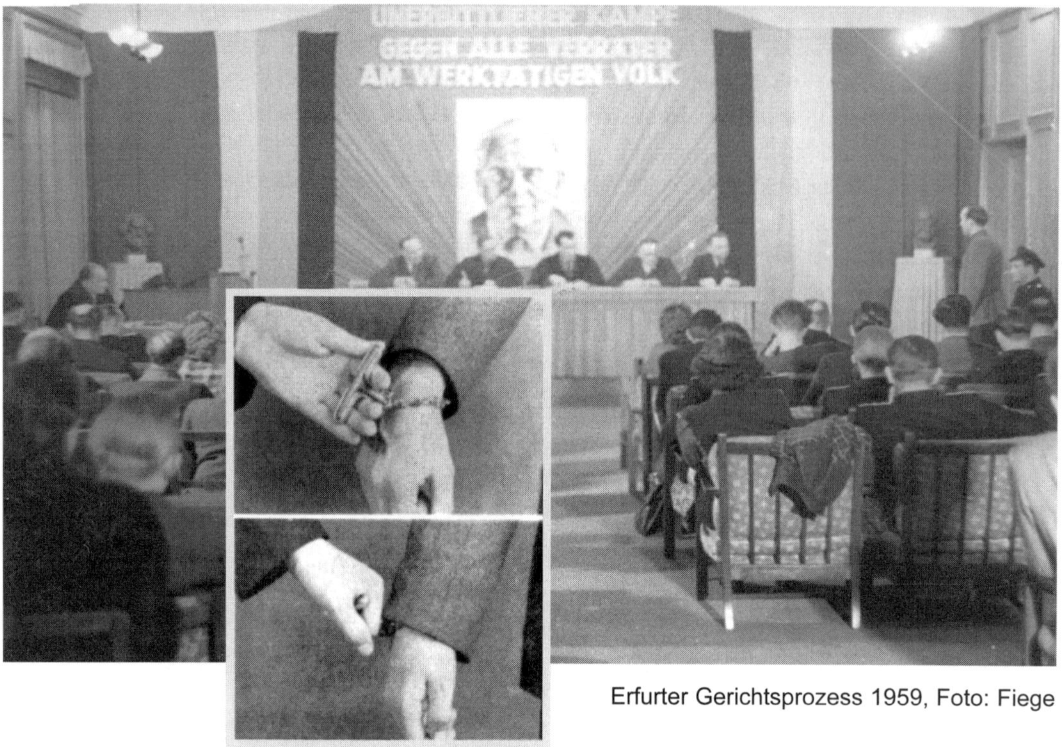

Erfurter Gerichtsprozess 1959, Foto: Fiege

wegen vermeintlicher Spionage für den BND. Die „*politische Zielsetzung*" des Prozesses lautete:

„Mit diesem Prozess soll vor allem der Kampf der DDR um die Schaffung einer Freien Stadt Westberlin, für die Liquidierung der Agentenorganisationen in Westberlin, unterstützt werden. Es soll nachgewiesen werden, dass von Westberlin aus der Krieg gegen die DDR vorbereitet wird und hierzu Bürger der DDR zur Durchführung der gemeinsten Verbrechen angeworben werden, wobei jedes Mittel, wie z.B. das der Druckwerbung bei X angewendet wird. Der Beschuldigte kann weiter aussagen, dass bei den Mitarbeitern des Geheimdienstes sogar schon Pläne für den Kriegsfall, nämlich über die Verbindungsaufnahme in dieser Situation vorliegen. ... Zur Unterstützung dieser politischen Zielsetzung ist geplant, den Strafvollzugshäftling XX der in Dresden wegen Spionage für den gleichen Geheimdienstmitarbeiter verurteilt wurde, als Zeuge vor dem Bezirksgericht Erfurt auftreten zu lassen. Dieser sagt aus, wie er zum angeblichen Briefmarkentausch nach Westberlin gelockt und dort zum Spion gemacht wurde. ... Es ist auch beabsichtigt, zur noch besseren Untermauerung der von X durchgeführten Spionagetätigkeit, zwei Glasvitrinen in einem Raum vor dem Gerichtssaal mit geeigneten Beweismitteln über die von Westberlin aus geleitete Feindtätigkeit aufzustellen, damit die Prozessteilnehmer sich in den Pausen damit vertraut machen können."

Es kam außerdem vor, dass die MfS-Inhaftierten nicht nur zu Unrecht, sondern obendrein noch wegen überhaupt nicht getätigter Handlungen verurteilt wurden. Selten nur wurde dies beim MfS selbst aktenkundig, wie hier **Anfang 1961**:

Es stellte sich heraus, dass ein Mann seit zwei Jahren wegen angeblicher „Nachrichtenübermittlung an Deckadressen des englischen Geheimdienstes" im Zuchthaus saß, weil die Staatssicherheit inzwischen zufällig zwei andere „Schuldige" dafür gefunden hatte.[644] Vor der Verurteilung hatten ihm die Vernehmer ein Geständnis abgepresst und mit einem gefälschten

Schriftgutachten unter Druck gesetzt, Jetzt „durfte" er im Zuchthaus sein „Geständnis" zwar widerrufen, aber statt eines nachträglichen Freispruchs zog sich die Erfurter Staatssicherheit aus der Affäre, indem sie eine Strafminderung von 6 auf 2 ½ Jahre Zuchthaus erwirken wollte und ihm dafür auch noch das Zugeständnis zum Verzicht auf alle Ansprüche abrang.

Im **Juni 1961** fand ein Prozess gegen einen Eisenbahner wegen „Diversion und Sabotage" statt – ebenfalls mit einem DDR-weit gezielt eingeladenem Schaupublikum. Zum Prozessverlauf hieß es in einem MfS-Bericht:

> *„Am Prozess nahmen etwa 40 eingeladene Personen teil, sie sich aus Angehörigen sozialistischer Brigaden aus den Bahnbetriebswerken Weißenfels, Zeitz und Leipzig-West, Genossen der Politabteilungen der RBD Erfurt und Halle sowie der Transportpolizei, Angehörige der Hilfszugsmannschaft des Bw Erfurt P und des Maschinendienstes der RBD Erfurt zusammensetzten. Die Hauptverhandlung verlief im allgemeinen gut. Sie war systematisch und folgerichtig aufgebaut. Die Vorsitzende* [Schramm] *verstand es, die Rolle der westdeutschen Rundfunk- und Fernsehsender gegen den sozialistischen Aufbau der DDR am Beispiel des Angeklagten gut herauszustellen. ... Im Prozess wurde gut herausgearbeitet, dass ein großer Teil der bei der Deutschen Reichsbahn auftretenden Schäden keine objektiven Ursachen hat, sondern von Feinden unserer Republik bewusst verursacht wurden. In diesem Zusammenhang wurde auf die Bedeutung der breiten Mitarbeit und Erhöhung der Wachsamkeit der Eisenbahner hingewiesen. ... Es war zu verzeichnen, dass die Vorsitzende den Angeklagten zu wenig zu Wort kommen ließ, ihn oft unterbrach und viele Suggestivfragen stellte, was die Qualität der Verhandlung etwas herabminderte. Das Plädoyer des Staatsanwaltes war politisch gut und fand auch bei den Teilnehmern der Verhandlung volle Zustimmung. Er umriss klar die große Gesellschaftsgefährlichkeit der Verbrechen des Angeklagten und stellte nochmals die schwersten Verbrechen sowie den großen ideologischen Schaden heraus. Von ihm wurden wegen Diversionsverbrechen in Tatmehrheit mit §§ 19, 29 StEG sowie der §§ 243 und 303 StGB eine Gesamtstrafe von 8 Jahren Zuchthaus beantragt, sowie Schadenersatz in Höhe von ca. 3.700,- DM. Der Verteidiger entwarf in seinen Ausführungen ein objektives Bild der Persönlichkeit und der moralischen und gesellschaftlichen Entwicklung des Angeklagten und unterstrich die Einschätzung des Staatsanwaltes über die Schwere seiner Verbrechen."*[645]

Als „staatsgefährdender Gewaltakt" wurde im Dezember 1961 der Fluchtversuch zweier Weimarer Arbeiter vors Gericht gezogen[646]. Nach misslungenen Aufbruch ein amerikanischen Militärautos, stahlen sie ein rumänisches Auto in Weimar und fuhren damit mit 90 km/h über die Grenzanlagen im Eisenacher Raum. Im Westgebiet verirrten sie sich über die Autobahn wieder auf DDR-Territorium und wurden festgenommen. Die Stasi-Vernehmer schlugen die Durchführung eines propagandistischen Schauprozesses *„vor erweiterter Öffentlichkeit"* mit folgendem Prozess-Ziel vor:

> *„Mit diesem Prozess soll gezeigt werden, dass die Feinde der DDR bemüht sind, kriminelle Elemente mit Provokationen zu betrauen, die darauf gerichtet sind, die Grenzsicherung zu durchlöchern. Weiterhin soll dargelegt werden, dass durch unsere Staatsmacht derartige Provokationen verhindert und die Schuldigen streng bestraft werden. Da beide Beschuldigte erst seit kurzer Zeit aus Westdeutschland in die DDR übersiedelten, kann im Prozess ferner bewiesen werden, dass unter den Verhältnissen in Westdeutschland die Jugend zur Brutalität und Rücksichtslosigkeit erzogen wird. Eine Absprache mit den Justizorganen über die Strafhöhe wurde noch nicht geführt ... Unsererseits besteht die Vorstellung beide Beschuldigte mit über 10 Jahren Zuchthaus zu bestrafen."*

Über die Strafprozesse, die überwiegend drehbuchgemäß abliefen, wurde meist in den SED-Tageszeitungen berichtet. Jede neue derartige Meldung hatte zugleich feindagitatorischen, verunglimpfenden und warnenden Charakter. Und das zeitigte Wirkung: offene Meinungsäußerungen wurden seltener, die Bevölkerung gewöhnte sich an politisches Mitlaufen und Unterordnen.

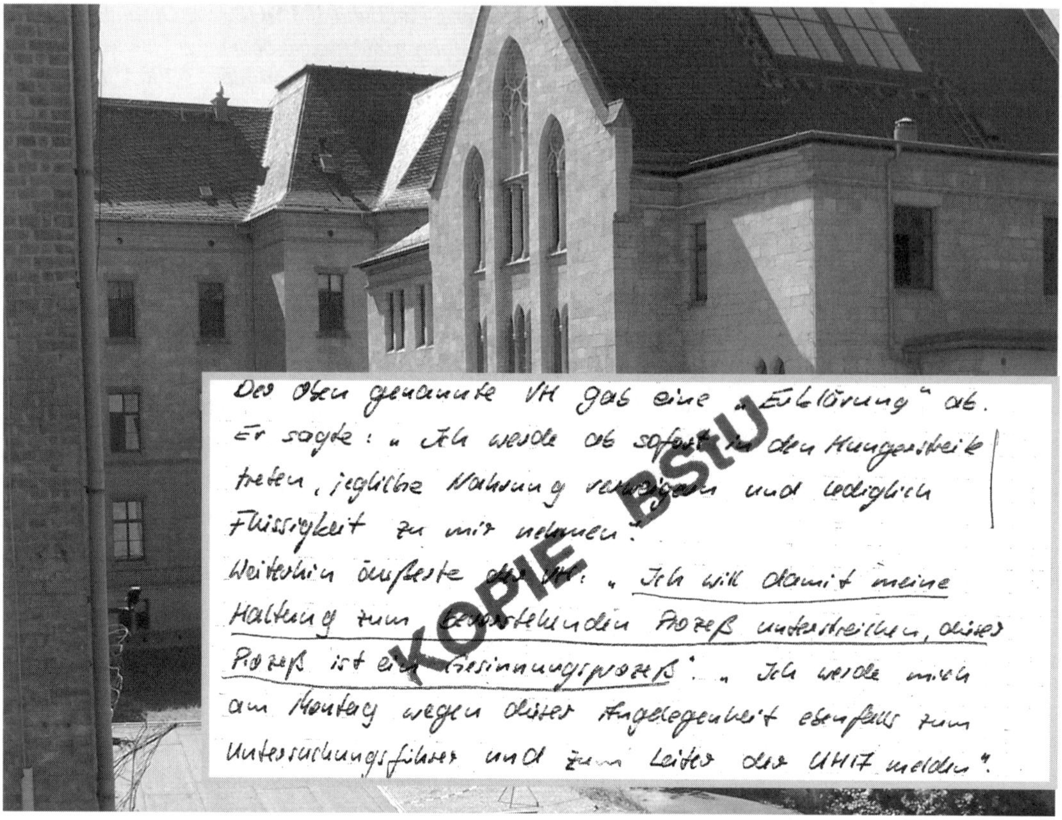

Dienstunterlagen der Haftabteilung XIV, BStU Erfurt, Rückseite des Bezriksgerichtes von Haftanstalt gesehen, Foto: Herz 2006

Nichtöffentliche Prozessführung 70/80er Jahre

Doch neue Generationen wurden in die einstweilen etablierte DDR-Gesellschaft hineingeboren, neue Formen politischer Nichtanpassung entstanden und auch deren strafrechtliche „Disziplinierung" stand auf der Tagesordnung von SED-Justiz und MfS-Vernehmern.

So wenig, wie es im SED-Sozialismus innere Konflikte und Widersprüche geben durfte, so wenig durften auch die Polit-Strafgründe aus den Lebensumständen der nun zumeist beschuldigten DDR-Geborenen stammen. Die politischen Gerichtsverfahren fanden in den 70er und 80er Jahren vorzugsweise „nichtöffentlich" statt. Dies geschah nicht zuletzt aufgrund der „Empfehlungen" in den an die Justiz übergebenen Schlussberichten der MfS-Ermittlungen.

Im Laufe der Jahre wurde diese DDR-gerichtliche „Nichtöffentlichkeit" so selbstverständlich, dass nicht mal die Staatssicherheit selbst gegensteuern konnten. Letztere war wegen der massiven Zunahme von Flucht- und Ausreise-Straftaten Ende der 80er Jahre aus erzieherischen Gründen nunmehr wieder daran interessiert, die Hälfte ihrer initiierten Polit-Strafprozesse breiter zugänglich zu machen, was jedoch die zuständige Richterschaft oft ignorierte.[647]

Eine vordergründig politisierenden Umgang mit "Straftat"motiven war auch in den 80er Jahren typisch für viele Erfurter Urteilstexte. In einem Urteil aus dem Jahre **1980** gegen einen Erfurter, der ein Jahr und vier Monate Haft für *„Beeinträchtigung staatlicher Tätigkeit"* bekam, wird dies deutlich:

„Die Straftat resultiert letztlich daraus, dass der Angeklagte seine persönlichen Wertvorstellungen über die Gestaltung seines Lebens und seines Verhältnisses zur Gesellschaft zum verbindlichen Maßstab erhob und deshalb über kurz oder lang mit den Wertvorstellungen der Gesellschaft und damit auch den bestehenden Gesetzen in Konflikt kommen musste. Eine nachhaltige Disziplinierung ist deshalb im Interesse des wirksamen Schutzes der sozialistischen Ordnung vor Angriffen dieser Art unvermeidlich."[648]

Die juristischen Komplizen des MfS im Gericht lassen keinen Zweifel daran, wie tief hinein „*in die Gestaltung eines Lebens*" der Machtanspruch der Diktatur des Proletariats reichte.

Im **März 1982** berichtete ein Stasi-U-Haftmitarbeiter ausführlich über einen anderen Strafprozess am Erfurter Bezirksgericht.[649]

„Nach der Schilderung seiner persönlichen Entwicklung äußerte der Angeklagte, daß er mit dem Tag der Inhaftierung unschuldig seiner Freiheit beraubt wurde. Bei der weiteren Vernehmung durch den Vorsitzenden des Senats äußerte der Angeklagte widersprüchliche Aussagen. Der Senat war dadurch gezwungen, Vernehmungsprotokolle des U-Organs zu verlesen. Der Angeklagte widerrief seine in den Vernehmungsprotokollen gemachten Aussagen und erklärte diese als frei erfunden.

... Im Anschluß an die Vernehmung der übrigen geladenen Zeugen ging der Vorsitzende des Senats darauf ein, daß der Angeklagte auf Grund seines fortschrittlichen Elternhauses alle Möglichkeiten gehabt hätte, sich positiv zu entwickeln. Der Angeklagte trat hier provokatorisch in Erscheinung und bezeichnete die Schöffen und seinen Vater als Statisten und Mitläufer der Partei, sowie daß der überwiegende Teil der Genossen überhaupt nur Mitläufer sind.

Der Vorsitzende des Senats erklärte dem Angeklagten, daß er nur seinen wahren Charakter gezeigt habe, wobei der Angeklagte sehr erregt war."

Richter – Staatsanwälte – Rechtsanwälte

Im August 1982 belauschte ein Gangposten die zornigen Worte eines Gefangenen aus Zelle 25:

„Der IH 25/II will bei seinem nächsten Sprecher seiner Mutter und seiner Frau sagen, bei der nächsten Bezirkstagswahl nicht zu wählen. Er begründet dies wie folgt: ‚Man kann es vor der Menschheit nicht verantworten, solche Schöffen und Richter zu wählen, die während der Verhandlung pennen!'"[650]

Zuständig für größere politische Schauprozesse war die Strafkammer 1a des Bezirksgerichts sowie auch Kreisrichter, die „1a-bestätigt" waren. Nicht jeder DDR-Jurist durfte als Staatsanwalt oder Richter das politische Strafrecht verhandeln – dazu bedurfte es einer zusätzlichen Bestätigung der Systemnähe. Und wer anders als die Staatssicherheit war befugt, letztere zu begutachten und zu bestätigen:

Die Staatssicherheit führte Sicherheitsüberprüfungen durch, registrierte die „GVS-B"-Verpflichtungen der Polit-Juristen und die Einstufung von 1a-bestätigten-Kadern.

Im Jahre 1986 waren„bestätigt für 1 a" die folgenden Erfurter Richter: Erika Knedlik, Günter Ketzel, Lothar Beck und Brigitta Mende.

GVS B -„p"- verpflichtet waren die leitenden Staatsanwälte Dieter Sander (Bezirksstaatsanwalt), Udo Lüttge, Helmut Rudat, Alfred Zötzl, Edeltraut Lippold, Herbert Zschoppe. In der Staatsanwaltschaft Ia wirkten 1989 u.a. Illgen, Rudat und Funke mit.

In Erfurt gab neben den Zivilgerichten auch ein Militärgericht. Davor kamen fahnenflüchtige Soldaten und fluchtversuchende Grenzsoldaten, Wehrdienstverweigerer oder Männer, die ihr militärisches Wissen für anderweitige Zwecke nutzten. Auch diese Fälle bearbeitete die Erfurter MfS-Untersuchungsabteilung.

Eine Rekonstruktion der vollständigen Namenslisten steht noch aus.

1984 heißt es in einem Arbeitspapier zur Besprechung der Haftabteilung:

Dienstunterlagen der Haftabteilung XIV,
BStU Erfurt

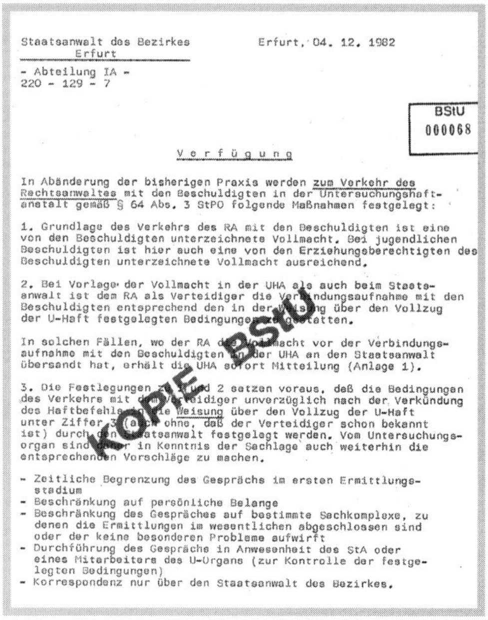

Staatsanwalt des Bezirkes
Erfurt
- Abteilung IA -
220 - 129 - 7

Erfurt, 04. 12. 1982

BStU
000068

Verfügung

In Abänderung der bisherigen Praxis werden zum Verkehr des Rechtsanwaltes mit den Beschuldigten in der Untersuchungshaftanstalt gemäß § 64 Abs. 3 StPO folgende Maßnahmen festgelegt:

1. Grundlage des Verkehrs des RA mit den Beschuldigten ist eine von den Beschuldigten unterzeichnete Vollmacht. Bei jugendlichen Beschuldigten ist hier auch eine von den Erziehungsberechtigten des Beschuldigten unterzeichnete Vollmacht ausreichend.

2. Bei Vorlage der Vollmacht in der UHA als auch beim Staatsanwalt ist dem RA als Verteidiger die Verbindungsaufnahme mit den Beschuldigten entsprechend den in der Weisung über den Vollzug der U-Haft festgelegten Bedingungen zu gestatten.

In solchen Fällen, wo der RA die Vollmacht vor der Verbindungsaufnahme mit den Beschuldigten in der UHA an den Staatsanwalt übersandt hat, erhält die UHA sofort Mitteilung (Anlage 1).

3. Die Festlegungen zu 1 und 2 setzen voraus, daß die Bedingungen des Verkehrs mit dem Verteidiger unverzüglich nach der Verkündung des Haftbefehls in die Weisung über den Vollzug der U-Haft unter Ziffer 3 (auch ohne, daß der Verteidiger schon bekannt ist) durch den Staatsanwalt festgelegt werden. Vom Untersuchungsorgan sind daher in Kenntnis der Sachlage auch weiterhin die entsprechenden Vorschläge zu machen.

- Zeitliche Begrenzung des Gesprächs im ersten Ermittlungsstadium
- Beschränkung auf persönliche Belange
- Beschränkung des Gespräches auf bestimmte Sachkomplexe, zu denen die Ermittlungen im wesentlichen abgeschlossen sind oder der keine besonderen Probleme aufwirft
- Durchführung des Gesprächs in Anwesenheit des StA oder eines Mitarbeiters des U-Organs (zur Kontrolle der festgelegten Bedingungen)
- Korrespondenz nur über den Staatsanwalt des Bezirkes.

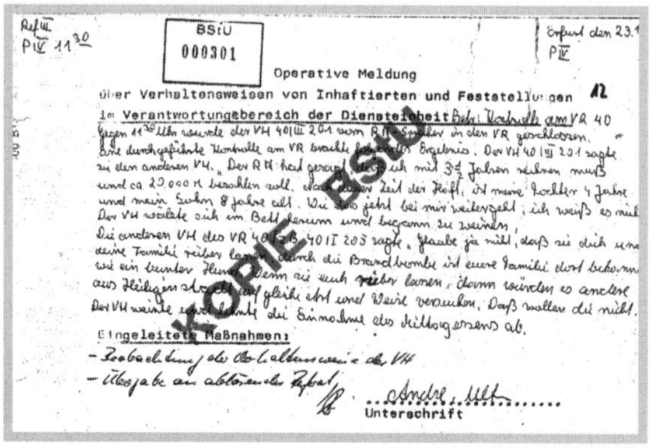

Ref III
P IV 11.30

BStU
000301

Erfurt den 23.1
P IV

Operative Meldung
über Verhaltensweisen von Inhaftierten und Feststellungen
im Verantwortungsbereich der Diensteinheit Betr: Kontrolle am VR 40

Gegen 11.30 Uhr wurde der VH 40/III 201 vom RA-Sprecher in den VR geschlossen. Eine durchgeführte Kontrolle am VR brachte [illegible] Ergebnis. Der VH 40/III 201 sagte zu den anderen VH. „Der RA hat gesagt, daß ich mit 3½ Jahren rechnen muß und ca 20.000 M bezahlen soll. Nach dieser Zeit der Haft, ist meine Tochter 4 Jahre und mein Sohn 8 Jahre alt. Wie es jetzt bei mir weitergeht, ich weiß es nicht.“ Der VH wälzte sich im Bett herum und begann zu weinen.
Die anderen VH des VR 40 [illegible] 401 I 205 sagte. „Glaube ja nicht, daß sie dich und deine Familie [illegible] [illegible] durch die Brandbombe ist eure Familie dort bekannt wie ein bunter Hund. Wenn sie euch [illegible] lassen, dann würden es andere aus Heiligenstadt auf gleiche Art und Weise versuchen. Daß wollen die nicht.“ Der VH weinte [illegible] die Einnahme des Mittagessens ab.

Eingeleitete Maßnahmen:
- Beobachtung der Verhaltensweise des VH
- Übergabe an ablösendes Referat

Unterschrift

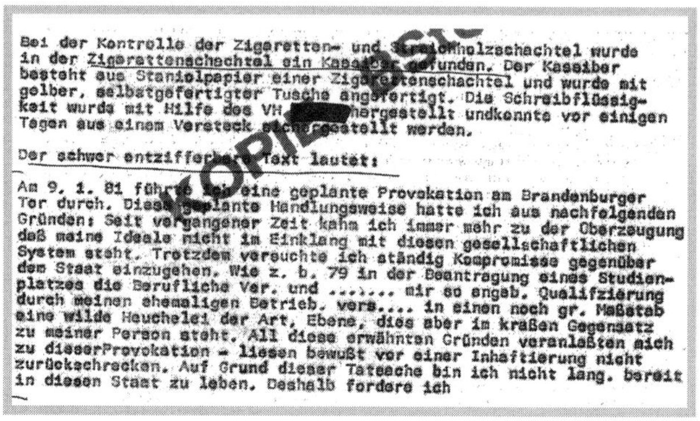

Bei der Kontrolle der Zigaretten- und Streichholzschachtel wurde in der Zigarettenschachtel ein Kassiber gefunden. Der Kassiber besteht aus Staniolpapier einer Zigarettenschachtel und wurde mit gelber, selbstgefertigter Tusche angefertigt. Die Schreibflüssigkeit wurde mit Hilfe des VH [redacted] hergestellt undkonnte vor einigen Tagen aus einem Versteck sichergestellt werden.

Der schwer entzifferbare Text lautet:

Am 9. 1. 81 führte ich eine geplante Provokation am Brandenburger Tor durch. Diese geplante Handlungsweise hatte ich aus nachfolgenden Gründen: Seit vergangener Zeit kahm ich immer mehr zu der Oberzeugung daß meine Ideale nicht im Einklang mit diesen gesellschaftlichen System steht. Trotzdem versuchte ich ständig Kompromisse gegenüber dem Staat einzugehen. Wie z. b. 79 in der Beantragung eines Studienplatzes die Berufliche Ver. und .... mir so angeb. Qualifzierung durch meinen ehemaligen Betrieb. vers.... in einen noch gr. Maßstab eine wilde Heuchelei der Art, Ebene, dies aber im kraßen Gegensatz zu meiner Person steht. All diese erwähnten Gründen veranlaßten mich zu dieserProvokation - liesen bewußt vor einer Inhaftierung nicht zurückschrecken. Auf Grund dieser Tatsache bin ich nicht lang. bereit in diesen Staat zu leben. Deshalb fordere ich

„Die Verbindungen zum verantwortlichen Oberrichter sind sehr gut, so dass stets durch entsprechende Absprachen alle Sicherheitsanforderungen schnell und unbürokratisch gelöst werden können.“[651]

Am 10. 11. 1989 verbreitete das Grundsatzfragen-Referat der Berliner Hauptabteilung IX „*Vorschläge für Problemberatungen zur weiteren Tätigkeit der Linie Untersuchung unter Berücksichtigung der neuen rechtlichen Regelungen und internationalen Erfordernisse*“. Gefordert wurde darin u.a.:

„Beratung von Erfordernissen der strikten Abgrenzung der Verantwortung anderer Justizorgane und Voraussetzungen für deren ungehinderte und qualifizierte Wahrnahme (z.B. Abstellen der Ausschreibung von Unterlagen für den aufsichtsführenden Staatsanwalt bzw. der Aufbewahrung von Blanko-Unterlagen des Staatsanwaltes oder Einrichtung von Haftrichterzimmern).“[652]

Das ist ein deutliches, indirektes Eingeständnis, dass es diese illegalen Praktiken bis dato gegeben hatte.

Verteidigung und Rechtsanwälte

„Die IH, die nach StPO und StGB verlangen, ist nur der bestimmte Teil zugänglich zu machen, der im Rahmen seiner Straftat liegt. Darüber ist ein Aktenvermerk anzufertigen.“[653]

Diese allgemeine Regel für politische MfS-Gefangene war in einem Protokoll der Haftabteilung im April 1974 nochmals deutlich betont.

Den Rechtsanwälten wurde in den politischen Verfahren zumeist kaum mehr als eine Feigenblatt-Rolle zugebilligt. Zeitzeugen ist in Erinnerung, dass ihre Rechtsanwälte eher schweigsam und kompromisslerisch auftraten und ihren Mandanten gleiche Verhaltensweisen empfohlen.

Staatsanwalt und Untersuchungshaftordnung konnten den Kontakt zwischen Rechtsanwalt und inhaftiertem Mandanten stark beeinflussen. Ende 1982 fixierte der führende Erfurter Polit-Staatsanwalt Rudat in einer Verfügung klar und deutlich, *„dass die Bedingungen des Verkehrs mit dem Verteidiger unverzüglich nach der Verkündung des Haftbefehls ... festgelegt werden.“*[654] Konkret aufgelistet wurden dazu:

> *„Zeitliche Begrenzung des Gesprächs im ersten Ermittlungsstadium.*
> *Beschränkung auf persönliche Belange.*
> *Beschränkung des Gesprächs auf bestimmte Sachkomplexe, zu denen die Ermittlungen im wesentlichen abgeschlossen sind oder der keine besonderen Probleme aufwirft.*
> *Durchführung des Gesprächs in Anwesenheit des StA oder eines Mitarbeiters des U-Organs (zur Kontrolle der festgelegten Bedingungen.*
> *Korrespondenz nur über den Staatsanwalt des Bezirkes.“*

Das alles ist weit entfernt von heutiger rechtstaatlicher Selbstverständlichkeit.

Auf der Liste der Rechtsanwälte, aus der sich die MfS-U-Häftlinge einen Verteidiger auswählen konnten, standen Dr. Bolz, Dr. Märten, Simon, Hechler, Marx, Stöckigt, Metz, Müller, Schubert, Vetterlein und Kunsch. Einige davon traten quasi als Vertretungsanwälte der Kanzlei Dr. Vogels auf. Letztere konnte übrigens auch vom Westen her beauftragt und bezahlt werden. Das Auftreten der Anwälte in den Prozessen differierte.

1988 berichteten Stasi-Wachposten über *„Diskrepanzen zwischen dem Senat, dem Staatsanwalt und der Verteidigung zur Problematik der Ausreisen“*. Rechtsanwalt Wolfgang Schnur hatte sich nämlich zum Entsetzen der Wachposten *„offen auf die Seite bzw. die Meinung des Angeklagten“* gestellt.[655] Was die Posten und auch die Vernehmer nicht wussten: der Berliner Anwalt und DA-Vorsitzende (1990) war nicht nur aufmüpfiger Anwalt, sondern auch MfS-Spitzel. Dennoch erregte Schnurs Argumentation, dass Bürger ein Anrecht auf eindeutige Antworten zu ihren Ausreiseanträgen hätten, dass Falschverhalten staatlicher Stellen erst zum Ausreisewunsch geführt hatten und dass die Strafanträge des Staatsanwalts Ilgen viel zu hoch seien, in Relation zum kurz zuvor in Berlin gesprochenen Urteil gegen Stephan Krawzcyk und Freya Klier und in Relation zu anderen Mitunterzeichnern von Menschenrechtsforderungen.[656] Schnur beantragte zwar die politische Bestrafung 1 Jahr auf zwei Jahre Bewährung, ging dennoch deutlich über die unsichtbar vorgegebenen Schranken hinaus.

Einfluss auf die Haftsituation konnten die Rechtsanwälte nicht ausüben, in der Regel durften sie mit ihren beim MfS inhaftierten Mandanten nicht einmal darüber sprechen. 1988 gewann ein Rechtsanwalt den Eindruck großer Verstörtheit und Selbstmordgefahr im Gespräch mit seinem Mandanten. Als er die das Gespräch beaufsichtigenden MfS-Mitarbeiter darauf hinwies, kam es lediglich zu einer „verstärkte Kontrolle“ des Gefangenen.[657]

Manchmal spielte der Rechtsanwalt nichts anderes als den advocatus diaboli. So erfuhr ein Gefangener aus Zelle 40 im Januar 1989 erst von diesem, dass er mit dreieinhalb Haftjahren und 20.000 Mark Geldstrafe rechnen müsse.[658]

Strafvollzug Waldheim, Foto: Herz

15. Strafgefangene und MfS-„Arbeitskommandos“

Aus den „Untersuchungshäftlingen“ wurden nach dem Gerichtsprozess und der Verkündung des Strafurteils „Strafgefangene“, die den Rest ihrer Strafzeit zumeist im Strafvollzug eingesperrt wurden.

Direkt nach Urteilsverkündung wurden die MfS-Gefangenen allerdings nochmals in ihre U-Haft-Zelle gebracht – es folgten bürokratische Strafvollzug-Übergabe-Formalien und das Warten auf den Abtransport mit Gefangenentransporter und „Grotewohl-Express“, wie der durchs Land kreisende Gefangenen-Sonderzug bezeichnet wurde. Manche Gefangene kamen zwischenzeitlich auch noch in eine Tranport-Haftzelle. Mitunter fiel auch eine zusätzliche „Wartezeit“ dazwischen, bis eine Urteils-Anfechtung durchs Oberste Gericht geklärt und das Urteil endgültig rechtskräftig war.

Die MfS-Haft-Verwaltung veranlasste üblicherweise Übergabe-Schritte, die so aussahen:

„- *Information an Gen. Rudat* [Polit-Staatsanwalt] *über Verlegung;*
- *Medizinischer Dienst zwecks Abschlussbericht über mediz. Betreuung während der Untersuchungshaft;*
- *Zusammenstellung aller Effekten und Wertsachen;*

- *Übergabe der Haftakten an UHA MdI zur Verwirklichung;*
- *Information an Referat SuK über Verlegung;*
- *Verbindungsaufnahme mit UHA Weimar über Termin des Transportes;*
- *Übergabe der SG an die UHA MdI."*[659]

Der Abtransport in den Strafvollzug lief also über die Polizei-Haftanstalten Weimar und Erfurt (im unteren Haftgebäudeteil Andreasstraße).

Strafvollzug beim MdI

Die Strafvollzugs-Einrichtungen unterstanden dem DDR-Innenministerium – in Form von Zuchthäusern (50er Jahre), Strafarbeitslagern (50/60er Jahre), großen Strafvollzugs-Gefängnissen (50-80er Jahre), darunter auch dem Spezial-Strafvollzug für politische Gefangene in Bautzen II. Die Mehrheit der Erfurter politischen Verurteilten kam nach Brandenburg, Waldheim, Torgau, Bautzen I, Cottbus, die Frauen nach Hoheneck oder Halle. Strafvollzug im thüringischen Gräfentonna oder Ichtershausen bildete die Ausnahme in den 50ern, denn für den Strafvollzug der „Politischen" bevorzugten die Verantwortlichen später Gefängnisse weitab von der innerdeutschen Grenze.

Den Gefangenen wurde nicht mitgeteilt, wie ihr weiteres Schicksal aussah, wohin sie gebracht wurden, wie ihr Tagesablauf, ihre Haftbedingungen, ihre Produktionsaufgaben und die Strafgründe ihrer künftigen Mitgefangenen aussahen. Die Ungewissheit begleitete sie, bis ihnen Mitgefangene erklärten, in welchem Strafvollzug sie nun angekommen waren. Sie gerieten nun mit kriminellen Gefangenen, auch Mördern, in enge Nachbarschaft.

Der Hafttransport war für viele Gefangene ein ebenso einschneidendes Erlebnis wie die Verhaftung, die Aufnahmeprozedur oder die erste Stunde Einzelhaft. Sie wurden wie Schwerverbrecher mit endgültigem Kriminellen-Kainsmal zu den Zugwaggons geführt, in beengte Zugabteile gestoßen, unbequem und endlos auf Holzbänken über holprige Gleise gefahren, blieben oft gefesselt, ohne Gelegenheit zu ausreichendem Trinken oder Toilettennutzung, ohne Zeit- und Zielgefühl, mit stundenlangen Abstellgleis-Aufenthalten und in Begleitung fremder Mitgefangener.

Im vorbestimmten Strafvollzug angekommen, wurden die Gefangenen üblicherweise in größere Gruppen zugeteilt, die zusammen untergebracht waren und auch zusammen arbeiteten, aßen oder in den Freihof gingen. Eine enge Nachbarschaft mit anderen politischen Gefangenen war eher die Ausnahme, was in der Konsequenz oft zu monatelanger Vereinzelung und Andersbleiben führte.

Die Gefangenen hatten in der Regel keinen Einfluss auf die Arbeits- und Häftlingsgruppe, der sie zugeteilt wurden. Bei längerer Strafzeit erfolgten regelmäßig Verlegungen, um Gefangenenfreundschaften zu verhindern. Gegenüber den herkömmlich bekannten „Hausarbeiten" (Kalfaktoren, Reinigungspersonal) überwog eine produktionsmäßige Gefangenenarbeit.

Die Strafvollzüge waren ein wichtiger Faktor der DDR-Wirtschaft. Es gab volle Arbeitszeiten, ungünstigste Arbeitsbedingungen, hohe Arbeitsnormen und schlechte Arbeitslöhne. Was gearbeitet wurde, konnte sehr vielfältig sein und reichen von Schwermaschinenarbeiten über Feinmechanik bis hin zur Schuh- und Kleiderproduktion. Die DDR-Betriebe, die „Produktionsstrecken" in Gefängnissen betrieben, zahlten die üblichen Einheitslöhne an die Gefängnisleitung. Diese behielt einen großen Geldteil ein, so dass die Gefangenen quasi „Kost und Logis" sowie die gesamte Haftverwaltung bezahlten. Ein kleiner Geldanteil wurde für dien Neuaufbau eines Lebens nach der Strafzeit gespart und erst der dann noch verbleibende Rest durfte monatlich zu Einkäufen verwendet werden, was jedoch zumeist eine Übererfüllung der (hoch) festgelegten Arbeitsnormen voraussetzte.

Im Strafvollzug (außer Bautzen I) war der Kontakt mit dem Haftpersonal weitaus geringer als in der MfS-Haft. Ins Visier der Verantwortlichen

Strafvollzug Waldheim, Foto: Herz

geriet ein Gefangener dann eher aufgrund entsprechender Aktivitäten von Mitgefangenen oder im Falle einer Verweigerung der befohlenen Produktionsarbeit – beides konnte zum Entzug von „Vergünstigungen“ (d.h. von Gefangenenrechten, wie Minimallohn, Einkauf, Post, Besuch, Fernsehen) oder auch in den Arrest führen. Nach dem abendlichen „Einschluss“ kümmerte sich auch bei akuter Erkrankung, bei Schlägen durch andere Gefangene oder bei Selbstmordversuchen kein Wachposten um den einzelnen Gefangenen.

Die Strafvollzüge waren regelmäßig überfüllt und nicht selten mit den zweieinhalbfachen der ursprünglichen Baukapazitäten ausgelastet. Das schlug sich auch in beengten Lebens- und Arbeitsverhältnissen für alle Gefangenen nieder. Im Zellenbereich gab es regelrechte Gefangenensäle, enge Mehrstockbetten, kleine Kleidersäcke anstelle von Wäschespinden, wenig Raum für die gruppenweise gleichzeitig ablaufende Hygiene.

Manche Gefängnisverwalter setzten gern solche Gruppenälteste ein, die ihnen loyal gesonnen und gegenüber den Mitgefangenen eher unsolidarisch, denunziatorisch und machtinteressiert waren. Das konnte den Lebensalltag einzelner Gefangener zusätzlich stark belasten und leistete auch Schikanen (besonders in der Anfangsphase der Strafzeit, gegenüber Neulingen) Vorschub.

Die Ernährung war in den meisten Strafgefängnissen nicht nur karg, vitaminarm und monoton, so dass die meisten Gefangenen untergewichtig waren, sondern wurde oft zubereitet aus schlechtgewordenen Lebensmitteln, Schlachtabfällen und kaum gereinigten und grob verarbeiteten Rohstoffen.

Die in der MfS-Haft extreme Außenisolierung wich im Strafvollzug einer überwiegenden Gleichbehandlung mit allen Gefangenen in Sachen Post, Besuch, Buch- und Zeitungsnutzung, oder Paketempfang.

Die politisch Inhaftierten hatten – soweit das aus Literatur und Zeitzeugengesprächen bekannt ist – tendenziell schlechtere Karten bei den üblichen Strafzeitverkürzungen oder auch bei Amnestien und blieben daher einen prozentual höheren Anteil ihrer Strafzeiten eingesperrt.

Je nach Länge, konkreten Bedingungen, Strafverlauf und Einzelerlebnissen konnte für einzelne Gefangene eher die MfS-U-Haftzeit oder aber die Strafzeit als größere und einschneidendere Belastung gelten. Besonders die langen Strafzeiten konnten sich tief in die Lebensgewohnheiten und Sinneswahrnehmungen oder ins ganze Lebens- und Selbstwertgefühl der Gefangenen „hineinfressen". Die spätere Rückkehr ins normale Leben bedeutete für viele Gefangene auch, dass sie noch längere Zeit gegen diese Haft- und Straferinnerungen regelrecht ankämpfen und ihre neue Identität gewinnen mussten.

Einzelnen Erfurter Verurteilten erging es nach ihrer Verurteilung noch etwas anders. Sie blieben in der Erfurter Andreasstraße – als Hausarbeiter im Männer- oder im Frauen-Arbeitskommando der MfS-Haft.

MfS-Arbeitskommandos

Wann genau diese Arbeitskommandos aus Strafverurteilten in der MfS-Haft Erfurt installiert wurden, ist hier nicht bekannt. In den 60er Jahren existierten jedenfalls zwei solche Gruppen, die bis 1989 (außer nach der 1987er Amnestie) fast ständig aus fünf Frauen und fünf bis sieben Männern bestanden. 1984 verbrachten insgesamt 21 verschiedene Gefangene in den beiden Arbeitskommandos ihre Strafzeiten.[660] Jede Gruppe arbeitete und „wohnte" zusammen, wurde aber von den U-Häftlingen und dem jeweils anderen Arbeitskommando streng getrennt gehalten.

Nicht alle Erfurter MfS-Strafgefangene waren vormalige politische Untersuchungshäftlinge gewesen, einige auch wegen krimineller Delikte verurteilt. Die letzte allgemeine Regelung über den Strafvollzug in MfS-U-Haftanstalten war der Mielke-Befehl 17/86. Der Personenkreis der für die Strafarbeitskommandos infrage kommenden Gefangenen war hier etwa wie folgt umschrieben:

1. vormalige MfS-Mitarbeiter, Polizisten, deren Familienangehörige o.ä. (das betraf praktisch aber eher Bautzen II als Erfurt),
2. Verurteilte mit vormals herausgehobener Berufspositionen in Staat, Wirtschaft, Institutionen oder deren Familienangehörige,
3. vormalige Geheimnisträger bzw. Kenner von militärischen Zusammenhängen,
4. ehemals „*bedeutsame IM's*"
   oder
5. Verurteilte, die „*aus anderen politisch-operativen Gründen nicht in Strafvollzugseinrichtungen des MdI einzuweisen sind*".[661]

„*Gründe der Gewährleistung der Konspiration und Geheimhaltung, der Wahrung von Sicherheitserfordernissen*" etc. spielten also eine Rolle. Das schloss aber nicht aus, dass auch „normale" politische Gefangene sowie auch fremde Kriminelle (aus polizeilicher U-Haft) mit geeigneter Berufsausbildung nach momentanem Bedarf in diesen Arbeitskommandos untergebracht wurden.

Erst 1989 gab es eine eindeutige Festlegung des Leiters der zentralen MfS-Haft für die Zusammensetzung der Arbeitskommandos vor: Gefangene, die wegen „Spionage", „Grenzübertritt", „Beeinträchtigung staatlicher oder gesellschaftlicher Tätigkeit", „Zusammenrottung" oder „Verbindungsaufnahme" verurteilt waren, sollten ab sofort nicht mehr in den Arbeitskommandos eingesetzt werden.[662] Auch die Strafhaftdauer war kein Auswahlkriterium, denn – laut Zeitzeugen und indirekten Aktenhinweisen – gab es MfS-Strafgefangene mit wenigen Wochen ebenso wie solche mit zwei Jahren.

Strafgefangenen-Bereich MfS-Haft Erfurt

Die Gefangenen selbst hatten keinerlei Einfluss auf die Entscheidung, wie und wo ihre Strafzeit verlief. Sie waren zeitweise politisch und sozial sehr unterschiedlich zusammengesetzt, was für die einzelne bzw. den einzelnen zusätzlich belastend war. Die gegenseitige Solidarität und Aufmunterung konnte sehr verschieden sein.

Für die Strafgefangenen waren folgende Rechte, Pflichten und Verbote geregelt[663]:

- **Rechte**: *„zusammenhängende Schlafenszeit von mindestens 8 Stunden"*, *„Erwerb von Waren des täglichen Bedarfs, Bezug von Büchern ... der DDR ..."* – 1mal wöchentlicher Einkauf, *„Einsatz zur Arbeit"*, *„Eingaben und Beschwerden"*, *„täglicher Aufenthalt im Freien"*, *„Besuchsdurchführung alle 8 Wochen, 2 Personen, 1 Stunde"*, *„3 Briefe monatlich"*, *„3 Pakete Weihnachten, Ostern, Geburtstag"*, (in der Praxis war es anders: es gab Besuche alle vier Wochen, Pakete aber überhaupt nicht),
- **Scheinrechte**: *„Schöpferische Mitarbeit an Wettbewerben, Verbesserungsvorschlägen"*, *„aktive Einbeziehung in den Erziehungsprozeß"*,
- **Pflicht**: *„Arbeiten zur Erhaltung der Ordnung und Sauberkeit der Untersuchungshaftanstalt und zur unmittelbaren Versorgung der Inhaftierten durchzuführen"*, *„die Zähne zu putzen"*, *„einen kurzen Haarschnitt ... (oder) ihr Haar zweckmäßig und leicht pflegbar zu tragen"*,
- **Pflicht**: *„an den Maßnahmen der staatsbürgerlichen Erziehung und der Ausgestaltung der arbeitsfreien Zeit teilzunehmen und aktiv mitzuarbeiten"*, *„zu den Pflichtveranstaltungen gehören: Aktuelle Kamera, Der schwarze Kanal, Prisma, Objektiv, erzieherisch wertvolle Filme und Fernsehspiele"*,
- **Verbote**: *„andere als die ausgehändigten und genehmigten Gegenstände zu besitzen"*, *„sich selbst oder andere zu tätowieren*, *„Spiele zum Erreichen materieller oder finanzieller Vorteile durchzuführen"*,

- **Verbote**: „*körperliche Selbstbeschädigungen herbeizuführen*“, „*Krankheiten und Verletzungen eigenmächtig zu behandeln ... oder den Arzt über den Gesundheitszustand zu täuschen*“, „*Gesamtverhalten auf die Erhaltung der Gesundheit und Leistungsfähigkeit einzustellen*“,
- **Pflicht**: „*Sofern Strafgefangene einen Angehörigen der UHA zu sprechen wünschen, haben sie sich vom Platz zu erheben und eine aufrechte Haltung einzunehmen*“,
- **Disziplinarmaßnahmen**: „*... sind 1. Ausspruch einer Mißbilligung, 2. Verwarnung durch eine Aussprache mit der Androhung einer strengeren Disziplinarmaßnahme, 3. Einschränkung oder Entzug von Vergünstigungen, 4. Einschränkung des Verfügungssatzes für den monatlichen Einkauf, 5. Arrest.*“
- **Anerkennungsmaßnahmen**: „*Anerkennungen sind 1. Ausspruch eines Lobes, 2. Prämierung, 3. Gewährung von Vergünstigungen, 4. vorfristige Streichung einer früher ausgesprochenen Disziplinarmaßnahme, 5. Überweisung in den erleichterten Vollzug.*“

Bei Flucht drohte außerdem eine zusätzliche Haftstrafe bis zu zwei Jahren.

Die Strafgefangenen waren je als Gruppe im 1. Stock (Männer im Zellenflügel, Frauen im Querflügel) in einem besonderen Gefängnisbereich untergebracht. Es handelte sich dabei jeweils um einen Aufenthaltsraum mit angrenzender Küche und um eine größere Schlaf-Zelle.

Der Tages- und Wochenplan änderte sich von Zeit und Zeit. In den 80er Jahren war der Tagesverlauf in den beiden Straf-Kommandos der Männer und Frauen überwiegend durch die folgende äußere Organisation geprägt[664]:

> Um 5.30 Uhr mussten die Frauen jene Verhörzimmer, in denen Nachtverhöre stattgefunden hatten, reinigen.
>
> Um 6 Uhr musste das Frühstück aller Gefangenen, das von der VP-Küche bereitgestellt wurde, in Zellen-Portionen aufgeteilt und für die Übergabe durch den Bereitschaftsposten vorbereitet werden. Ähnliche Arbeiten gab es später auch für das Mittags- oder Abendessen.

Die Männer mussten 6.30 Uhr die Freihöfe reinigen und wurden kurz vor 8 Uhr zu weiteren Arbeitsaufgaben als Tischler, Schlosser, Wagenwäscher oder Maler eingeteilt. Die Arbeitsplätze dafür gab es überwiegend auf dem Hofgelände der MfS-Haftanstalt (bis 1987 Baracken, später Neubau-Erdgeschossbereich.

Um 9.30 Uhr gab es 15 Minuten Frühstückspause, um 12 Uhr 30 Minuten Mittagspause. Für die Frauen galt dies auch in ähnlicher Weise. Nach dem Mittag wurde sofort weitergearbeitet.

Die Männer wurden im Zeitraum 15.45-16.45 Uhr zum Freihof geführt, die Frauen zwischen 15.30 und 16.30 Uhr. Beide blieben strikt getrennt.

Der Arbeitstag war jedoch noch nicht beendet, denn die Männer mussten wochentags noch zwischen 17.45 und 18.15 Uhr die Gänge und teilweise auch die Duschräume reinigen. Die Frauen mussten 18.20 bis 19.20 ebenfalls Putzarbeiten durchführen (auch die Verhörzimmer).

19.30 Uhr mussten beiden Arbeitsgruppen getrennt „Pflichtfernsehen“. Dann wurden „die Aktuelle Kamera“ und evtl. noch eine Polit-Sendung übertragen.

Um 22. 00 Uhr mussten beide Gruppen zur Nachtruhe.

Freitags und samstags mussten die Frauen die Wäsche für den wöchentlichen Wäschetausch für die Gefangenen bereitstellen. Selbst Duschen durften die Strafgefangenen erst samstags abends. Lediglich am Sonntagnachmittag durften sie zwei Stunden auf den Freihof. Danach musste die Wäsche geordnet und durchgesehen werden.

Besuche waren ebenfalls nur einmal wöchentlich (bei vorheriger Einzelgenehmigung) möglich, das geschah sonnabends.

Samstagvormittag gab es „politisch aktuelle Gespräche“, die für alle als Pflichtveranstaltung galt. Samstag am Nachmittag mussten überall Reinigungsarbeiten erledigt werden.

Auch für die Strafgefangenen galt: nur montags Einkaufsbestellung, Aushändigung der Einkäufe donnerstags, Büchertausch montags.

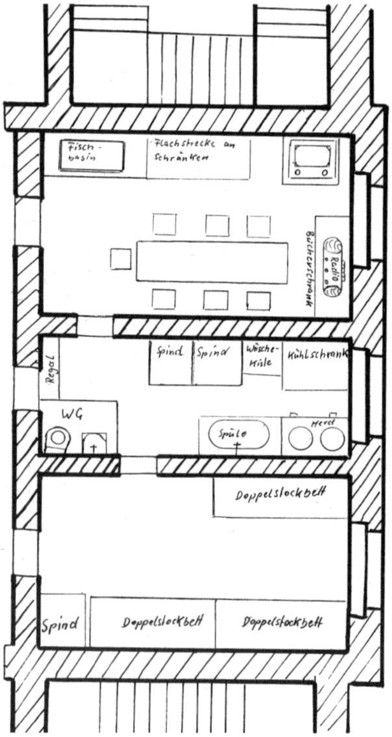

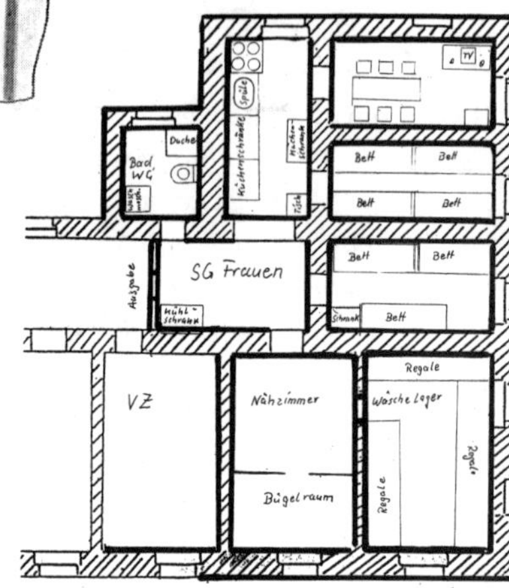

Kleidung und Raumskizzen der Strafgefangenen-Arbeitskommandos Männer und Frauen, Skizzen: Wolfgang Fiege

Diese Basisplanung konnte aber jederzeit auch durch besondere Einzelaufträge, Vorfälle oder ähnliches verändert werden. So heißt es 1988 in einem Bericht:

„In individueller Absprache zwischen dem Referatsleiter SuK, Referat materielle Sicherstellung und den weiblichen [MfS]*-Mitarbeitern erfolgt der Einsatz der weiblichen SG's zu Reinigungsarbeiten im Objekt. Das heißt, wann und welche Flure, Arbeitszimmer, Toiletten usw. werden gereinigt.“*[665]

Im Hofbereich des Gefängnisses gab es Werkstätten, in denen die Männer verschiedenste Reparatur- und Wartungsarbeiten für die Staatssicherheit durchführen mussten. So waren die Dienstautos zu waschen oder zu warten, Tischlerarbeiten oder allgemein übliche (mangelnde) Werkteile zu fertigen usw. Außerdem wurden ihnen tägliche Reinigungsarbeiten im Gefängnisbereich zugewiesen.

Die Strafgefangenen unterstanden dem „Sachbearbeiter SGAK“ der Haftabteilung. In den 80er Jahren hieß dieser Haftmitarbeiter Morgenstern. Sein Dienstauftrag lautete:

„Planung, Organisation sowie Kontrolle des Arbeitseinsatzes der Strafgefangenen-Arbeitskommandos (SGAK und ihres effektiven Einsatzes zur materiellen Sicherung des Untersuchungshaftvollzuges.“[666]

1977 leisteten die Strafgefangenen in der Erfurter MfS-Haft Arbeiten im Wert von 141.000 Mark – wie die Einrichtung des umverlegten Isolier-Arrest-Raumes 37, Erneuerung von Wasserleitungen, Anfertigung von Mobiliar für Verhörzimmer und andere MfS-Büros, Fahrzeugreparatur und –reinigung, Nähen von Gardinen, Uniformausstattung, Wasch- und Bügelarbeiten.[667]

1978 schufen die etwa 12 Strafgefangenen „produktive Leistungen“ im Wert von 188.000 Mark. Dazu gehörten u.a. Maler-, Fliesen- Verglasungs- und Maurerarbeiten im Gefängnis, Fertigung von Mobiliar u.a. für Verhörzimmer, Anfertigung von Gardinen und Vorhängen, Kfz-

Pflege, Anfertigung von Kabelkästen, Telefonkabeltrassen und Mauerdurchbrüchen für die Abteilungen Nachrichten und Rückwärtige Dienste, Uniformpflege etc.[668]

Für alle Arbeitsaufgaben wurden interne Arbeitsaufträge verfasst. Die regelmäßigen Tages-/Wochenarbeiten konnten vom „operativen Diensthabenden" (s. Kapitel 16) beeinflusst oder abgeändert werden. Bei Arbeiten im Flur, Freihof oder Duschraum musste letzterer verhindern, dass gleichzeitig andere Gefangene dort entlang geführt wurden. Dasselbe galt für das Reinigen der Verhörzimmer. Keinesfalls betreten oder reinigen durften die Strafgefangenen die folgenden Zimmer der Haftabteilung: Diensthabenden-Wachzentrale, Effekten- und Waffenkammer, Archiv/Technikraum und (nach 1987) den Postenraum der Wache im Neubau. In der Werkstatt durften sie keine Arbeitsaufträge erhalten, die etwas mit der Nachrichten- und Radiotechnik, mit der Sicherungsanlage und sonstigen Schalteinrichtungen, mit Waffen und Schlüsseln zu tun hatten.

Es gab eine Weisung des Gefängnis-Leiters, in der festgelegt war, wie die Strafgefangenen bei der Arbeit kontrolliert werden sollten. So musste bei Arbeiten im Haftgebäude ständig ein Wachposten daneben stehen (bei Arbeiten im Außenbereich 2 Wachposten), während die Gefangenen ansonsten in der Werkstatt eingeschlossen wurden, um dort allein zu arbeiten. Allerdings entdeckten einige Strafgefangene (laut Zeitzeugenauskunft) an der Decke der Werkstatt technische Teile, die eventuell als Abhöreinrichtung dienten.

Im Februar 1984 hieß es in einer Dienstbesprechung durch Haftmitarbeiter Hoffmann

> *„Zur Realisierung von Aufgaben mit weiblichen SG sind unsere Genossinnen einzusetzen. Einige Mitarbeiter zeigen sich gegenwärtig gegenüber den weiblichen SG als ‚Kavaliere'. Weibliche SG sind auch als das zu behandeln was sie sind, nämlich Strafgefangene."*[669]

Eine Bezahlung konnte abhängig gemacht werden von willkürlichen Leistungsmerkmalen und beschränkte sich ohnehin auf ein geringes Taschengeld. Einkaufen konnten die Gefangenen lediglich wöchentlich über die allgemein gültige Einkaufsbestellliste.

Einzelne Gefangene der Arbeitskommandos wurden als Spitzel geführt. (s. Kapitel 10).

1984 fanden insgesamt 164 „*Erziehungsgespräche*" mit Strafgefangenen statt.[670]

Seit der Amnestie 1987 waren nur zwei bis drei Strafgefangene im Frauen-Kommando. Das vorgesehene Arbeitspensum wurde zwar in der Wäschekammer durch Haftmitarbeiterinnen minimal entlastet, nicht aber die Dreckarbeit und die Zimmerreinigung. Es hieß: „*Die zur Verfügung stehende Arbeitszeit und die dafür vorgesehenen Arbeiten stehen nicht im Einklang.*"[671]

Freilassung, Schweigen, Vereinzelung

Außenstehende konnten – und können selbst heute noch – die Situation politischer Gefangener höchstens ansatzweise begreifen. Die einstigen Gefangenen sind letztlich unverstanden und mitunter mit ihren Erinnerungen allein.

Diesem Unverständnis begegneten sie bereits mit ihrer Freilassung. Das lag nicht nur an der Ignoranz der Bevölkerungsmehrheit in Ost und auch in West, sondern auch daran, dass sie entweder – im Westen lebend – auf Ungläubigkeit und Misstrauen stießen konnten oder dass sie – im Osten lebend – außerdem quasi einen Maulkorb mitbekommen hatten. Sie konnten nicht mal ihre Urteilstexte vorzeigen, denn die hatte man ihnen vorenthalten. Ihre einzigen Dokumente waren oft nur ein Entlassungspapier und die wenig-sagenden Briefe, die sie selbst nach Hause hatten schreiben dürfen.

Die Strafgefangenen, die ihre Haftzeit hinter sich gebracht hatten, und auch andere Gefangene mussten eine „Schweigeverpflichtung" zur Kenntnis nehmen und unterschreiben. Üblich war folgender Wortlaut[672]:

> *„Ich verpflichte mich, über alles, was ich während meiner Haftzeit beim MfS Erfurt sah und hörte, strengstes Stillschweigen zu bewahren.*

- Im Jahre 1978 wurden Voraussetzungen geschaffen, daß durch einen effektiv gesteuerten Arbeitseinsatz des SG-Kommandos wesentlich höhere abrechenbare Werte und Leistungen geschaffen wurden. Dies war planmäßig notwendig, um im Rahmen der"Aktion 30" die Arbeits- und Lebensbedingungen der Mitarbeiter beider Diensteinheiten (Abteilung IX und XIV) zu verbessern und das Investitionsobjekt der Abteilung N zu unterstützen, wo durch eigene Leistungen Investitionsgelder von ca. 35,0 TM eingespart wurden. Weiterhin ist hervorzuheben, die umfangreichen eigenen Leistungen im Zusammenhang mit der völlig neuen Installierung (Unterputz) der Energieversorgung (Kabelverteiler usw.) mit der Abteilung RD. Die Arbeiten am E-Netz sind noch nicht restlos abgeschlossen.

Dienstunterlagen der Haftabteilung XIV, BStU Erfurt, unten: Außenmauer, S. 217: Vorläufiger DDR-Personalausweis "PM 17a" mit eingeschränkter Gültigkeit

- Werterhaltungsarbeiten innerhalb der Abt. XIV (UHA) 53,0 TM
  wie z.B. Bau eines Verwahrraumes für Sonderzwecke, Bau von schweren Eisentüren und deren elektrischen Verriegelungsanlage, Erneuerung der Wasserleitungsanlage.
  Die Kosten für diese Werterhaltungsmaßnahmen betrugen insgesamt ca. 6,5 TM, davon wurden aus eigenen Mitteln über Sachkonten Materialien für ca. 1,5 TM gekauft. Für ca. 5,0 TM wurde Material, wie Holz, Werkzeug und anderes von RD geliefert.
- Werterhaltungsarbeiten und Dienstleistungen für die BV, wie z.B. Schreibtischaufsätze, Türen und Türrahmen, Transportkisten. 45,0 TM
  Das notwendige Material für diese Arbeiten wurde von RD zur Verfügung gestellt.
- Waschen von Dienst- und Privatfahrzeugen, sowie Ausführung von Kleinreparaturen und Lackierungsarbeiten, wie z.B. LKW und Hängerfahrgestellte gespritzt, Motoren und Getriebeteile gesäubert, LKW und PKW gewaschen und gesprüht. Das dafür notwendige Material wurde von der Fahrbereitschaft gestellt oder von den einzelnen Genossen bei Privatfahrzeugen geliefert. 18,0 TM
- Anfertigen von Gardinen, Vorhängen und Ausstattung von Uniformen sowie Waschen und Bügeln von Gardinen, wie z.B. Nähen von Vorhängen aus Glasseide, Nähen von Stores und Übergardinen sowie Waschen und Reparatur von Gardinen, Ändern von Uniformstücken. Für ca. 3,5 TM erhielten wir Waschmittel von RD für diese Zwecke. 25,0 TM

Die Schweigeverpflichtung betrifft insbesondere Angaben über meine Arbeitsstelle, deren Zweck und Nutzung, sowie die Lage und Struktur der Haftanstalt, deren Bewachung und allgemeiner Dienstablauf. Über Mitgefangene der Voruntersuchung und des Arbeitskommandos habe ich ebenfalls zu schweigen. Diese Schweigeverpflichtung gilt auch gegenüber meinen engsten Bekannten und Verwandten. Mir ist bekannt, daß ich bei Bruch dieser Schweigeverpflichtung gerichtlich zur Verantwortung gezogen werden kann.“

Viele politische Gefangene mussten sich nach ihrer Freilassung ein völlig neues Leben aufbauen, das häufig durch weitere Erschwernisse langfristig beeinträchtigt wurde:

Für die Zeit nach der Strafverbüßung waren gegen sie oft längerfristige Einschränkungen der sonstigen Bürgerrechte verhängt. Sie erhielten ihren Personalausweis nicht zurück, sondern statt dessen einen Sonderausweis „PM 12“, der sie bei jedem Vorzeigen erneut kriminalisierte. Nach §48 StGB mussten sie sich regelmäßig auf dem Polizeirevier melden – mitunter jede Woche, später in größeren Abständen. Sie hatten kein Wahlrecht und durften nicht für Ämter und Funktionen kandidieren – das mag den meisten „Politischen“ allerdings auch recht gewesen sein. Auch die örtlichen Aufenthaltsmöglichkeiten wurden ihnen beschränkt – für die 50er Jahre ist bekannt, dass sogar das Verlassen des Stadtgebiets Erfurt verboten war. Aufenthalt im Ausland, in der Nähe von Grenzanlagen, in der Hauptstadt oder bei größeren Veranstaltungen wurde ihnen versagt. Typisch war auch eine längerzeitige „Arbeitsplatzbindung“ und eine Unterordnung in ein Arbeitskollektiv, das einen politisch-ideologischen Auftrag zur sozialistischen Wiedereingliederung des Freigelassenen bekommen hatte. Der zugeteilte Arbeitsplatz war üblicherweise einer, den kein anderer haben wollte – schwer, langweilig, schlecht bezahlt.

So etwas wie „Haftfolgeschäden“ existierte für die DDR nicht. Die Freigelassenen fanden nur selten einen Arzt mit Verständnis für ihren beeinträchtigten Körperzustand und fast nie einen, der ihnen bei der Überwindung seelischer Haftfolgen helfen wollte oder konnte.

Was die allermeisten freigelassenen „Politischen“ aus der Haftzeit mitnahmen, waren ein existenzielles Misstrauen, das dann mehr oder weniger langfristig auch latent beim Kontakt mit ihren Mitmenschen eine Rolle spielte, und der Verlust von Unbeschwertheit oder von „Leichtigkeit des Seins“. Je länger die Haftmonate zählten, desto schwerer wog diese Last.

Im Zusammenhang mit dem systematischen Häftlingsfreikauf auf deutsch-deutscher Ebene gelangten in den 70/80er Jahren ein wachsender Prozentsatz politisch Verurteilter nach Westdeutschland. Der „Kulturschock“ zwischen tiefgreifend entmündigender DDR-Haft und freiheitlicher Lebensordnung war in den ersten Tagen besonders stark. Auf die Dauer war es aber für die Freigelassenen auch hier oft nicht so einfach, sich ein neues Leben aufzubauen, und wohl am schwierigsten war es, Freundschaft und Verständnis zu gewinnen.

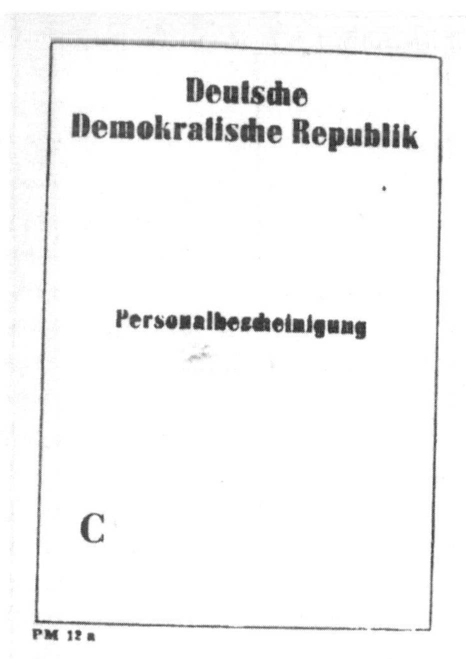
Deutsche Demokratische Republik

Personalbescheinigung

C

PM 12 a

Name: [redacted]

Vorname: [redacted]

Geboren am [redacted]

Geboren in [redacted]

Wohnort: [redacted]

Straße: [redacted]

Familienstand: [redacted]

Ausstellungsort: [redacted]

Ausstellungsdatum: [redacted]

DDR – MdI

[redacted]

(Unterschrift)

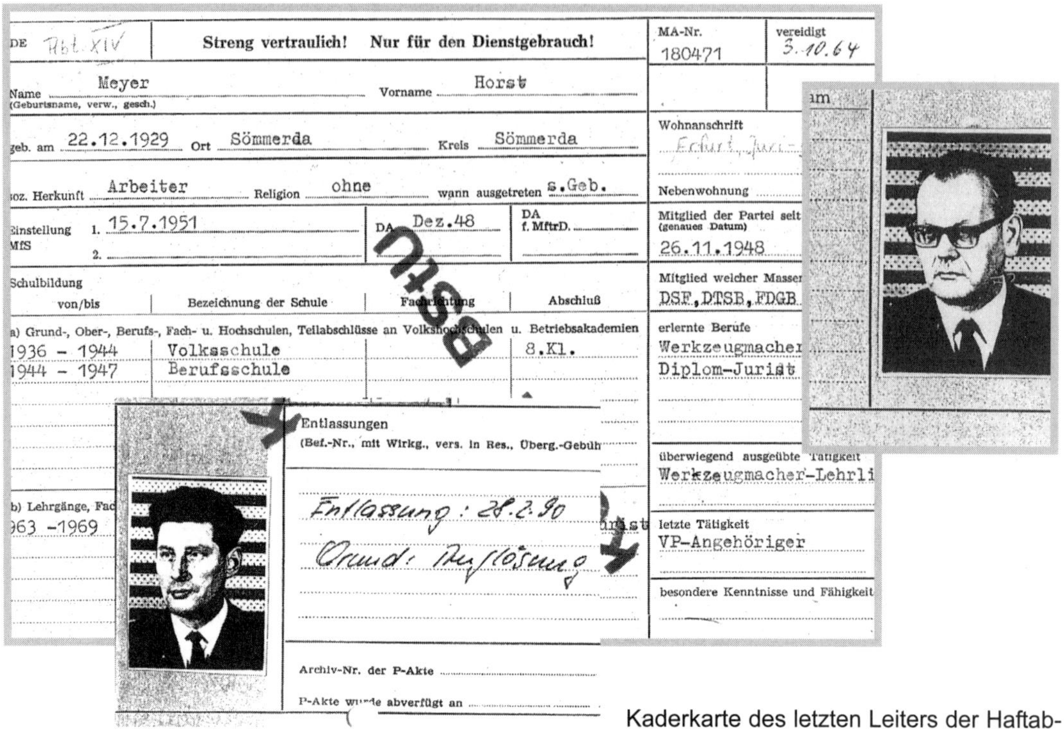

Kaderkarte des letzten Leiters der Haftabteilung XIV Meyer, rechts oben: Haftleiter der 70er Jahre Denninger. BStU Erfurt

16. Verwalter und Schließer der U-Haft – Die Abteilung XIV

„Das Verhalten der Verhafteten wird im allgemeinen grundsätzlich in die von uns vorgeschriebene Norm gesetzt.“[673]

Mit diesem unkonventionell-klaren Satz begann 1980 ein Mitarbeiter der Erfurter Abteilung XIV einen jener vielen „Kontrollberichte“, die die Haftmitarbeiter regelmäßig zu diversen Fragen des Haftregimes erstellten.

Struktur und Personal der Haftabteilung

Die Abteilung XIV, die Haftbetrieb, Haftregime und Haftalltag in der Andreasstraße realisierte, hatte in den 80er Jahren 41 Mitarbeiter, darunter vier Frauen.[674] Es gab den Haftanstaltsleiter mit Stellvertreter, Sekretärin und Sonderoffizier sowie sieben (früher sechs) Referatsleiter und die Mitarbeiter der vier Wach-Schicht-Referate, des „Operativ-Vollzugs“, der Verwaltung und des Hafttransport.

Die Abteilungsleiter

Der Abteilungsleiter entschied arbeitsorganisatorische Abläufe, Personaleinsatz, Sondersituationen, motivierte und disziplinierte die Mitarbeiterschaft, klärte besondere Vorfälle mit Gefangenen (auch mittels einer Sprechstunde), führte Absprachen mit der Untersuchungsabteilung oder dem VP-Haftleiter und führte in den 70/80er Jahren wöchentlich Dienstbesprechungen durch.

Höherer Vorgesetzter des Abteilungsleiters war nicht der Untersuchungsleiter oder (wie bei den meisten anderen Bezirksabteilungen) einer der drei Bezirks-Stellvertreterchefs, sondern der Leiter der Bezirksverwaltung persönlich.

Willy Settner – März 1952 bis Okt. 1958 –[675]
geb. am 23.3.1904, gelernter Metallschleifer, 1920 USP, 1927 Rotfrontkämpferbund, 1924 KPD, 1933-45 in Haft: Untermaßfeld 5 Jahre wegen Hochverrat und Waffendiebstahl, dann 6 ½ Jahre im KZ Buchenwald), 1945 Eisenach Sozialamt, 1948 selbständiger Sägemüller, 1949 Stadtverwaltung Eisenach, 2/1952 MfS-Haftleiter in Weimar, ab 3/1952 Haftleiter der MfS-Haft Erfurt-Andreasstraße, ab 10/1958 Ruhestand

Rudolf Wachs (Stellv.) –1958 – 1966 –
geb. am 19.8.1911, Tischler, ab 12/1950 Kadersachbearbeiter Länderverwaltung Weimar, ab 8/52 Abteilungsleiter Kader/Schulung BV Erfurt, ab 11/1958 stellvertret. Haftleiter bis Juni 1973

Karl Hause –Oktober 1966 – Mai 1973 –
geb. am 26.7.1921, Autoschlosser, ab 2/51 KD Arnstadt als Mitarbeiter und. KD-Leiter, ab 9/54 KD-Leiter Heiligenstadt, ab 8/58 KD-Leiter und stellv. KD-Leiter Gotha, ab 7/64 stellv. Abteilungsleiter Kader/Schulung, ab 10/66 Haftanstalt Abteilungsleiter, Mai 73 aus gesundheitlichen Gründen entbunden, Invalidenrentner

Erich Denninger – Juli 1973 – Oktober 1982 –
geb. am. 11.6.1921, Kaufmannslehre, 1952 Referatsleiter MfS-Abteilung II, 1953-55 Referatsleiter IV-II, 4/55 Leiter Abteilung XV, ab 7/61 kommiss. KD-Leiter Arnstadt, ab 10/62 stellv. Leiter Abteilung III, ab 5/69 stellv. Leiter Abteilung XVIII, ab 6/73 Haftanstalt Abteilungsleiter, 3/83 Invalidenrentner

Günter Hoffmann (kommiss.) – Juni 1982 – April 1983 –
geb. 17.3.1935, Schlosser, 1952 kasernierte VP, Büromaschinenwerk Sömmerda, ab 12/61 MfS KD Sömmerda, ab 12/65 Wachposten Haftanstalt, dann auch Hilfssachbearbeiter und Wachschichtleiter, ab 7/73 kommiss. stellv. Haftleiter, ab 6/76 stellv. Haftleiter, ab 6/82 zeitweilig beauftragter Haftleiter, ab 5/87 Wachschichtleiter in der Haftanstalt

Horst Meyer – April 1983 – Dezember 1989 –
Oberstleutnant, geb. am 22.12.1929, ab 12/48 Erfurter Polizei, ab 7/51 Referatsleiter in der MfS-Landesverwaltung Thüringen in der Abteilung V (entspricht der späteren Abt. XX), 4/56 stell. Leiter der Abteilung II der MfS-Bezirksverwaltung Erfurt, ab 10/59 stellv. Leiter der Kreisdienststelle Erfurt, ab 2/64 Leiter der Kreisdienststelle Heiligenstadt, ab 4/83 Leiter der Haftabteilung XIV.

Abteilungsstruktur

Die Abteilung war strukturiert in kleinere Arbeitsgruppen, die Referate genannt wurden. 1989 gab es folgende Referate und Referatsleiter[676]:

Referat 1: Sicherung und Kontrolle - Schicht I
Wolfgang Zeitsch
(Hauptmann, Fkt. seit 1981, MfS seit 1966)
5 Mitarbeiter

Referat 2: Sicherung und Kontrolle - Schicht II
Günter Hoffmann
(Hauptmann, Fkt. seit 1987, MfS seit 1961)
5 Mitarbeiter

Referat 3: Sicherung und Kontrolle - Schicht III
Kurt Rose
(Hauptmann, Fkt. seit 1988, MfS seit 1971)
5 Mitarbeiter

Referat 4: Sicherung und Kontrolle - Schicht IV Manfred Heß
(Hauptmann, Fkt. seit 1985, MfS seit 1978)
5 Mitarbeiter

Referat 5: Operativer Vollzug, materielle Sicherstellung *(zeitw. als Referate 5 und 6)*
Gerd Hettenhausen
Major, Fkt. seit 1981, MfS seit 1962)
Stellvertreter, 7 Mitarbeiter, 1 Finanzmitarb.

Referat 6: Transport *(zeitweise Referat 7)*
Detlef Lanz
(Hauptmann, Fkt. seit 1989, MfS seit 1968)
3 Mitarbeiter

Die Mitarbeiter hatten militärische Dienstgrade und waren – im Unterschied zur Mehrheit des MfS-Personals – im Dienst generell uniformiert (im Unterschied zu den Vernehmern und in anderen MfS-Abteilungen). In Relation zu vergleichbaren Tätigkeiten in Polizei-Haftanstalten hatten sie höhere Dienstgrade und auch ein deutlich höheres Monatseinkommen. Mehr als die Hälfte dieser Haftmitarbeiter waren „Siche-

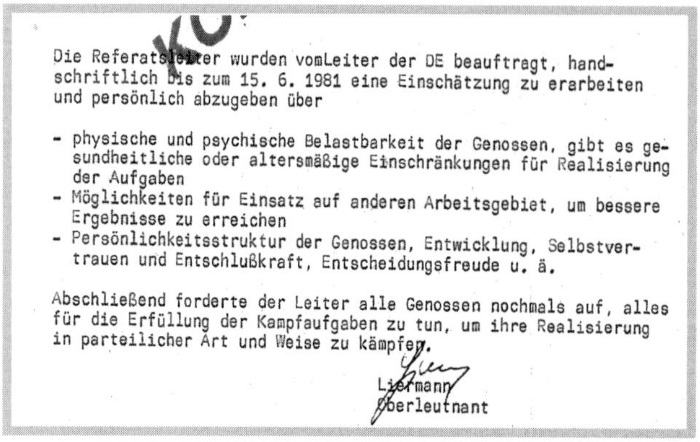

Die Referatsleiter wurden vomLeiter der DE beauftragt, handschriftlich bis zum 15. 6. 1981 eine Einschätzung zu erarbeiten und persönlich abzugeben über

- physische und psychische Belastbarkeit der Genossen, gibt es gesundheitliche oder altersmäßige Einschränkungen für Realisierung der Aufgaben
- Möglichkeiten für Einsatz auf anderen Arbeitsgebiet, um bessere Ergebnisse zu erreichen
- Persönlichkeitsstruktur der Genossen, Entwicklung, Selbstvertrauen und Entschlußkraft, Entscheidungsfreude u. ä.

Abschließend forderte der Leiter alle Genossen nochmals auf, alles für die Erfüllung der Kampfaufgaben zu tun, um ihre Realisierung in parteilicher Art und Weise zu kämpfen.

Liermann
Oberleutnant

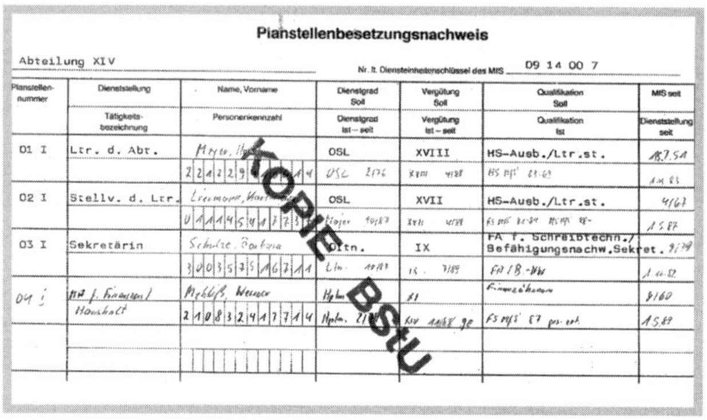

Planstellenbesetzungsnachweis

Abteilung XIV — Nr. lt. Diensteinheitenschlüssel des MfS 09 14 00 7

Planstellen-nummer	Dienststellung / Tätigkeitsbezeichnung	Name, Vorname / Personenkennzahl	Dienstgrad Soll / Dienstgrad Ist – seit	Vergütung Soll / Vergütung Ist – seit	Qualifikation Soll / Qualifikation Ist	MfS seit / Dienststellung seit
01 I	Ltr. d. Abt.	Meyer, H[illegible]	OSL	XVIII	HS-Ausb./Ltr.st.	18.7.51
		2 2 1 2 2 9 [illegible] 1 4	OSL 2/76	XVIII 4/88	HS MfS 63-69	1.11.83
02 I	Stellv. d. Ltr.	Liermann, Hor[illegible]	OSL	XVII	HS-Ausb./Ltr.st.	4/67
		0 1 1 1 4 5 4 1 7 7 3 [illegible]	Major 10/83	XVII 4/88	FS MfS 82-84 [illegible]	1.5.87
03 I	Sekretärin	Schulze, Barbara	Oltn.	IX	FA f. Schreibtechn./ Befähigungsnachw.Sekret.	9/79
		3 0 0 3 5 3 5 1 6 7 1 1	Ltn. 10/83	IX 7/89	FA f B.-Hw	1.11.82
04	MA f. Finanzen/ Haushalt	Mehlig, Werner	Hptm	XI	Finanzökonom	8/60
		2 1 0 8 3 2 4 1 7 7 1 4	Hptm. 2/[illegible]	XIV 11/88 90	FS MfS 87 [illegible]	1.5.89

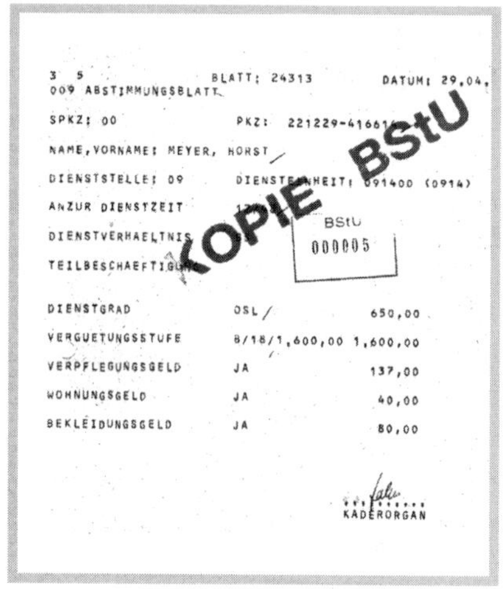

3 5 BLATT: 24313 DATUM: 29.04.
009 ABSTIMMUNGSBLATT

SPKZ: 00 PKZ: 221229-41661[illegible]

NAME,VORNAME: MEYER, HORST

DIENSTSTELLE: 09 DIENSTEINHEIT: 091400 (0914)

ANZUR DIENSTZEIT [illegible]

DIENSTVERHAELTNIS [illegible]

TEILBESCHAEFTIGUNG

BStU 000005

DIENSTGRAD	OSL	650,00
VERGUETUNGSSTUFE	8/18/1,600,00	1,600,00
VERPFLEGUNGSGELD	JA	137,00
WOHNUNGSGELD	JA	40,00
BEKLEIDUNGSGELD	JA	80,00

KADERORGAN

Dienstunterlagen der Haftabteilung XIV, BStU Erfurt

rungs- und Kontrollposten", erfüllten also im Schichtdienst Wach- und Beobachtungsfunktionen. Fast alle Haftmitarbeiter hatten zeitweise Direktkontakt zu den Gefangenen.

Sie hatten bei MfS-Eintritt einen besonderen Treueid aufs MfS geleistet und die Details ihrer Arbeit sowie ihre Ausbildung erst nach dieser Verpflichtung erfahren.

<u>Bewaffnung</u>

Laut Waffen-Kontrollbericht 1987 gab es 42 Maschinenpistolen, 37 Pistolen, 1 Leichtmaschinengewehr und über 7000 Patronen im Besitz der Leiter und Mitarbeiter der Haftanstalt. Hinzu kamen Schlagstöcke, Reizspraydosen, Handfesseln etc[677]:

- jedes Posten-Referat I und II (mit 6-7 Mitarbeitern): je 7 Maschinenpistolen mit je 90 Schuss Munition, 6 Pistolen mit je 14 Patronen, 3 Handfesseln mit Schlüssel, eine Führungskette, 4 Taschenlampen, ein Reizspray mit 7 Aufsatzdüsen
- jedes Posten-Referat III und IV (mit 5-6 Mitarbeitern): je 6 Maschinenpistolen mit je 90 Schuss Munition, ansonsten wie oben
- Transport-Referat: 5 Maschinenpistolen mit 80-90 Schuss Munition, 4 Pistolen mit je 14 Patronen, 4 Führungsketten, 1-2 Schlagstöcke, 4 Handfesseln, 3 Reizstoffsprays
- Vollzugs-Referat mit 5 Mitarbeitern: 5 Maschinenpistolen mit je 90 Schuss Munition, 4 Pistolen mit je 14 Patronen, 1 Schlagstock, 4 Handfesseln
- Verwaltungs-Referat mit 4 Mitarbeitern: 3 Maschinenpistolen mit je 90 Schuss Munition, 3 Pistolen mit je 14 Patronen, 1 Reizstoffspray
- Gefängnisleiter mit zwei Stellvertretern: 3 Maschinenpistolen mit 90-160 Schuss Munition, 3 Pistolen mit je 14 Patronen
- Waffenschrank für Objektverteidigung: 2 Kisten mit je 1360 Schuss Munition, 2 Leuchtspurpistolen, 5 Schlagstöcke, 150 diverse Signalpatronen

1981 war die in den Räumen der Gefängnisabteilung aufbewahrte Bewaffnung ähnlich und bestand aus: 42 Maschinenpistolen, 1 Leichtmaschinengewehr, 10 Schlagstöcken, 20 Handschellen, 10 Knebelketten.[678] Persönliche Dienstpistolen blieben hier noch unerwähnt.

Die Mitarbeiter, die als Gang- oder Freihofposten eingeteilt waren, ließen ihre Bewaffnung im Bereitschaftsbereich zurück.

Personal

Mit Blick auf die Personalstruktur 1989[679] lässt sich feststellen, dass das Haftpersonal über längere Zeit relativ konstant war. In den 80er Jahren gab es lediglich sieben Neueinstellungen: drei Mitarbeiter 1980, zwei Mitarbeiter 1981 und zwei Mitarbeiter 1984. Das heißt zugleich, dass die Abteilung zur Wendezeit aus Personen bestand, deren MfS-Dienstzeiten zwischen fünf und 37 Jahren lagen. Die am längsten in der MfS-Haft tätigen MfS-Leute waren (mit zwei Ausnahmen – seit 1962, 1963) entweder Wachgruppen/Referatsleiter oder betätigten sich im Referat 5 des „Operativen Vollzugs“. In letzterem waren bis zum endlichen Ende nur solche Mitarbeiter tätig, die zwischen 1957 und 1974 ins MfS gekommen waren. Zweitlängster Mitarbeiter war Karl-Heinz Lange, er war von März 1952 bis hin zur Wende als Mitarbeiter des Haftpersonals tätig. Doch nicht nur für ihn ist feststellen, dass die berufliche Biografie bereits von Jugend an eine recht klare Ausrichtung auf diese Tätigkeit hatte. 1989 urteilt der Haftleiter Meyer:

> *„Beängstigend ist für eine DE der Abteilung XIV jedoch die Tatsache, dass nur 2 Mitarbeiter ein Alter unter 30 Jahren haben.“*[680]

Die durchschnittlichen Netto-Monatseinkommen für die einfacheren Postentätigkeiten lagen 1989 etwa bei 1700 Mark. Hinter der Tätigkeit im Gefängnis gab es also für alle Beteiligten einen im Vergleich zu Durchschnittsgehältern nicht unerheblichen materiellen Anreiz. Der Abteilungsleiter Meyer verdiente 2700 Mark netto. Insgesamt fielen so Monat pro Monat Nettolohnkosten von über 76.000 Mark an.[681]

Scheinbar im Gegensatz dazu steht die Einschätzung des Haftleiters 1986, dass es häufig Bestrebungen unter den Posten gegeben habe, nach einigen Jahren in ein anderes, weniger monotones Tätigkeitsfeld des MfS zu wechseln.[682]

Jeder dritte Haft-Mitarbeiter hatte sich in seinem 18. oder 19. Lebensjahr dem MfS verschrieben. Mehr als ein weiteres Drittel hatte dies im Alter zwischen 20 bis 22 getan. Zwei der insgesamt drei Frauen in den Referaten 1 – 4 sind allerdings erst mit 28 Jahren zum MfS gegangen. Inwieweit die neu Eingestellten moralische Konflikte mit ihrer (zuvor ja unbekannten) Tätigkeit hatten, lässt sich aus den Akten, in denen maximal die Rede von „ideologischem“ Erziehungsbedarf die Rede ist, kaum erkennen. Lediglich im Kaderbericht 1986 notierte Haftleiter Meyer über einen neuen Haftmitarbeiter:

> *„Nicht zu übersehen waren Anfangserscheinungen von Desinteresse und Gedanken der Entpflichtung. Es wurden mehrere Aussprachen geführt ... Trotzdem stellt Fw. Schmidt einen Erziehungsschwerpunkt dar ... mit dem Schwerpunkt der klassenmäßigen Erziehung und der Treue zur Partei und zum MfS.“*[683]

Über einen älteren Mitarbeiter traf er im selben Bericht folgende Einschätzung:

> *„Er stellt seit Jahren ein Erziehungsschwerpunkt dar ... Seine Ablehnung zur Dienstdurchführung in der Abteilung XIV und der Betreuung von Inhaftierten tarbnte er durch Bestrebungen aus dem Schichtdienst zu kommen ... er selbst fühlte sich zu ‚höherem berufen‘ und lehnte den Dienst in einer UHA des MfS ab.“*

Laut Zeitzeugenerinnerungen war das Benehmen einzelner Haftmitarbeiter durchaus verschieden. Es gab Posten, die Menschlichkeit und Mitleid an den Tag legten, und es gab Posten, die mehr an Machtgefühl und Schikane interessiert waren. Generell herrschte aber eine distanziert-gegnerische Haltung und die Wertung der Gefangenen als bereits vorzuverurteilende und zu entmündigende, als charakterlose und gefährliche Feinde der eigenen richtigen Lebensform.

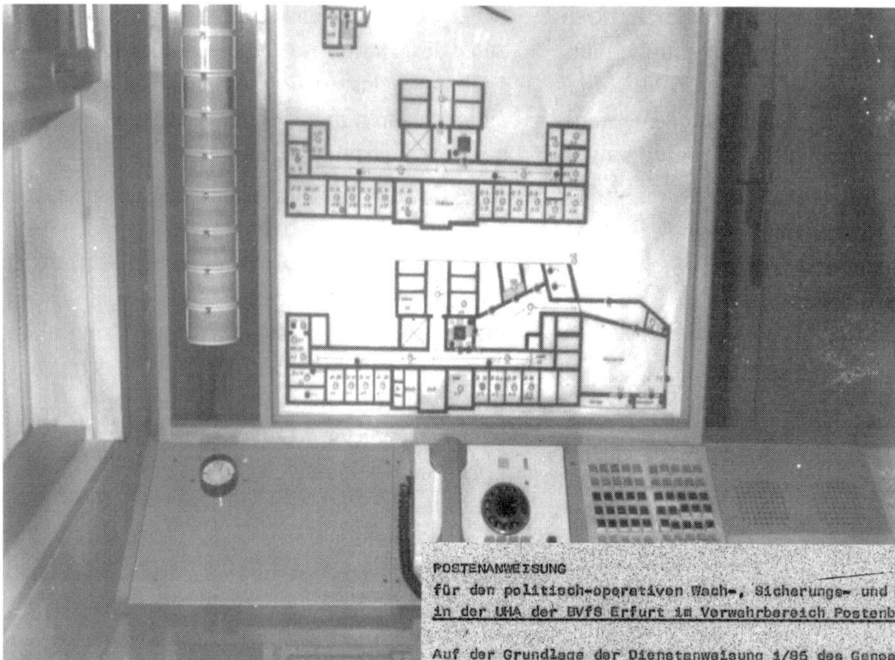

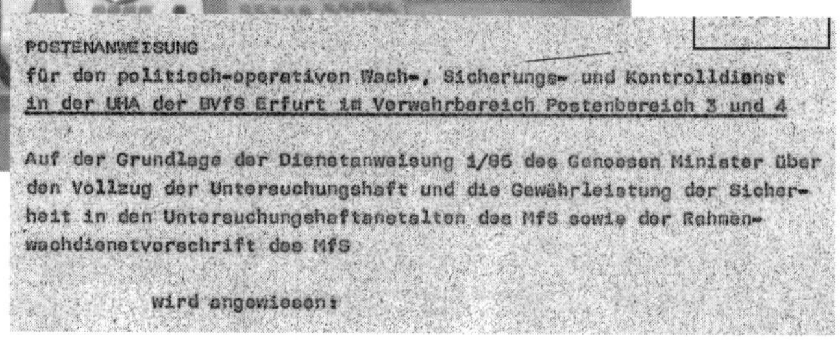

POSTENANWEISUNG
für den politisch-operativen Wach-, Sicherungs- und Kontrolldienst
in der UHA der BVfS Erfurt im Verwahrbereich Postenbereich 3 und 4

Auf der Grundlage der Dienstanweisung 1/86 des Genossen Minister über den Vollzug der Untersuchungshaft und die Gewährleistung der Sicherheit in den Untersuchungshaftanstalten des MfS sowie der Rahmenwachdienstvorschrift des MfS

wird angewiesen:

Wachzentrale des operativen Diensthabenden, Dienstunterlagen der Haftabteilung XIV, BStU Erfurt

„Operative Diensthabende“ und „Sicherungs- und Kontroll-Posten“ (Referat 1-4)

Etwa 20 Haftmitarbeiter dienten als *„Sicherungs- und Kontrollposten“*, wie die Wachpostentätigkeit – z.B. im Zellengang, am Tor oder am Freihofturm – genannt wurde. Sie waren einem der vier Referate zugeordnet, die sich schichtweise im Dienst abwechselten, und unterstanden ihrem Referatsleiter.

Referatsleiter – „operative Diensthabende“

Während der Dienstschicht des Referats fungierten diese vier Referatsleiter zugleich als *„operative Diensthabende“*. Damit waren sie nicht nur Weisungsbefugte aller Posten, sondern auch Entscheidungsträger und Vorgesetzte außerhalb regulärer Arbeitszeiten. Sie erteilten die Anweisungen zu Vorgängen des Tages- und Wochenablaufplans und hatten mittels Kameraanlage (ab Mitte der 70er) die Möglichkeit der Beobachtung aller Vorgänge im Umkreis der Postenpunkte.[684] Sie alarmierten den Abteilungsleiter in besonderen Situationen und informierten ihn täglich morgens zum Gesamtgeschehen in der Haftanstalt. Informationen über einzelne Gefangene wurden über die Diensthabenden abteilungsweit weitergegeben.

Bei diesen „operativen Diensthabenden“ liefen – laut der 1986er Diplomarbeit eines Erfurter Referatsleiters – folgende Informationen zusammen:

> *„Veränderungen der Lage in den Verwahr- und Postenbereichen, besondere Verhaltensweisen Inhaftierter, objektfremde Besucher für die Abtelungen IX und XIV, die Dienststärke der Referate und den Einsatz der Kräfte und Mittel, den Stand der Führungen und die zeitweilige Übergabe von Verhafteten an die Untersuchungsabteilung, eingetretene Schäden, Mängel und Havarien, die dazu eingeleiteten Sofortmaßnahmen zur Überwindung der eingetretenen Schä-*

den, die Einhaltung des Tagesablaufplanes bzw. dessen notwendige Veränderungen, Besonderheiten der sich mit im Objekt befindlichen UHA des MdI, die möglicherweise in unserem Dienstobjekt von großer Bedeutung für die innere Sicherheit der UHA des MfS sind. ... [oder zu] *sofortiger bzw. perspektivischer Aufnahme, Verlegung oder Entlassung von Inhaftierten, bekanntgewordene Informationen zu Besonderheiten der IH bzw. deren Täterpersönlichkeit (Suicidverdächtige, Fluchtgefahr, Krankheitswerte usw.), Durchführungen von Verlegungen innerhalb der UHA, die über den OpD an den Offizier für Vorführungen weitergeleitet werden bzw. nur über den OpD weitergeleitet werden sollten ..., notwendige Maßnahmen, die im Interesse der Abteilung IX sofort zu realisieren sind und vielfältigsten Charakter haben können, erforderliche Veränderungen im Tagesablaufplan, Umbesetzungen von Kräften und Mitteln zur Realisierung von Sofort- oder weiterführenden Maßnahmen."*[685]

Die abwechselnd diensthabenden Referatsleiter waren die Nutzer und Betreuer der elektronischen Überwachungsanlage. 1979 hieß es in Dienstunterlagen u.a.:

„Die gesamten Sicherungs- und Schutzsysteme der KSA gestatten dem OdH [=später OpD] *der Abteilung schnellere, sichere und der Situation entsprechende Maßnahmen einzuleiten. Es kann z.B. eine Führung zur Gerichtsverhandlung anhand der aufleuchtenden Kontrolllampen für die Türen, vom Verwahrraum bis in das Gericht verfolgen."*[686]

Zu den sonstigen Aufgaben dieser Referatsleiter gehörten[687]:

- Informationsquellen-Nutzung in Zellen,
- Gefangenenübergaben,
- Rapport beim Gefängnisleiter,
- Führung eines Tätigkeitsbuches,
- Eintragungen für „Führungskartei", „Beobachtungsbögen", „Schwerpunkttafel",
- Zusammenstellung von Lageinformationen, vorbeugende Verhinderung von Fluchten,
- Teilnahme an Leitungsbesprechungen, dafür „Kontrollberichte" und Zuarbeiten,
- Wertungen zum Sicherheitszustand, Mitarbeitertraining und –übungen.

Jede Dienstschicht begann mit einer so genannten „Vergatterung" aller Mitarbeiter – wozu auch das Informieren über Tagesbesonderheiten, z.B. über die besondere Verfassung einzelner Inhaftierter, Mitarbeiterprobleme, äußere Faktoren, gehörte.

„Sicherungs- und Kontrollposten"

Regulär befanden sich ständig und schichtweise wechselnd fünf Haftmitarbeiter im Dienst. Zwei Mitarbeiter war abwechselnd beauftragt als Zellengang-Posten (=Posten 4/5, später Posten 4/3), als vormittags bewachte ein dritter Mitarbeiter den Freihofbereich (=Posten 3, später 2). Posten 1 war zuständig für den Zugang zur Haftanstalt.

Zwei weitere Posten standen im Bereitschaftsraum für kurzfristige Einsätze (z.B. Zellentür öffnen, Sachverhaltsklärung bei Reißleinensignal) zur Verfügung oder machten Objektrundgänge. Die Zellengang- und die Bereitschaftsposten wechselten meist mehrfach innerhalb einer Schicht, so dass die Gefangenen es vor ihren Zellen mit unterschiedlichen Gangposten zu tun bekamen.

Postenanweisungen, wie die letzte von 1988, legten die meisten Einzelheiten der Dienstausübung in den „Postenbereichen" fest. Dazu gehörte z.B. das Tragen von Dienstjacken auf dem Zellengang-Posten, das Mitführen von Diensttagebuch und Kugelschreiber, das Mitführ-Verbot von Schlüsseln, Waffen, Ausweisen, das Verbot des Öffnens von Zellentüren, das gegenseitige Nichtansprechen mit Namen in den Postenbereichen.[688] Die Posten-Wechsel innerhalb einer Schicht und zwischen den Schichtdiensten sollten möglichst so ablaufen, dass Gefangene es nicht bemerkten.

Postenbereich 5 im Zellengang 2. Stock und Postenbereich 4 (später 3) im Zellengang 1. Stock waren die wichtigsten. Sie befanden sich (im Wechsel) ununterbrochen auf dem Zellenflur, sollten dort in Bewegung sein und sich nicht ausschließlich beim Fenster am Gangende aufhalten. Sie durften keine Zellentüren öffnen, keine Dinge (Essen, Medikamente etc) durch die

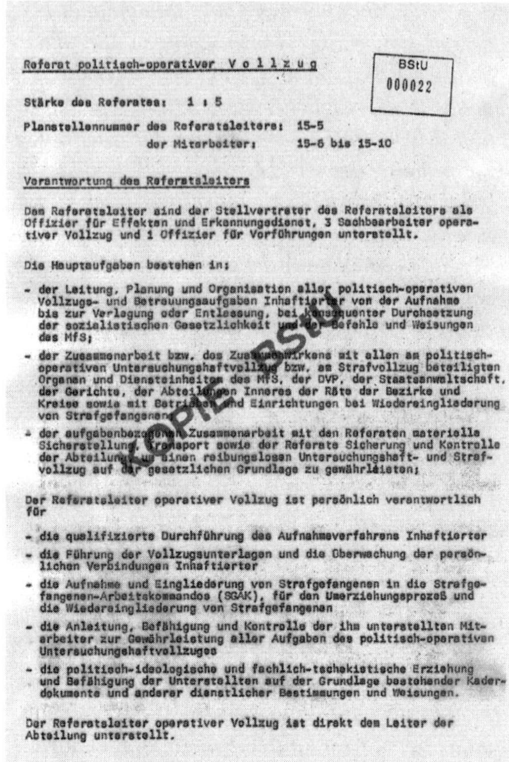

Referat politisch-operativer V o l l z u g

BStU 000022

Stärke des Referates: 1 : 5

Planstellennummer des Referatsleiters: 15-5
der Mitarbeiter: 15-6 bis 15-10

Verantwortung des Referatsleiters

Dem Referatsleiter sind der Stellvertreter des Referatsleiters als Offizier für Effekten und Erkennungsdienst, 3 Sachbearbeiter operativer Vollzug und 1 Offizier für Vorführungen unterstellt.

Die Hauptaufgaben bestehen in:

- der Leitung, Planung und Organisation aller politisch-operativen Vollzugs- und Betreuungsaufgaben Inhaftierter von der Aufnahme bis zur Verlegung oder Entlassung, bei konsequenter Durchsetzung der sozialistischen Gesetzlichkeit und der Befehle und Weisungen des MfS;
- der Zusammenarbeit bzw. des Zusammenwirkens mit allen am politisch-operativen Untersuchungshaftvollzug bzw. am Strafvollzug beteiligten Organen und Diensteinheiten des MfS, der DVP, der Staatsanwaltschaft, der Gerichte, der Abteilungen Inneres der Räte der Bezirke und Kreise sowie mit Betrieben und Einrichtungen bei Wiedereingliederung von Strafgefangenen;
- der aufgabenbezogenen Zusammenarbeit mit den Referaten materielle Sicherstellung, Transport sowie der Referate Sicherung und Kontrolle der Abteilung, um einen reibungslosen Untersuchungshaft- und Strafvollzug auf der gesetzlichen Grundlage zu gewährleisten;

Der Referatsleiter operativer Vollzug ist persönlich verantwortlich für

- die qualifizierte Durchführung des Aufnahmeverfahrens Inhaftierter
- die Führung der Vollzugsunterlagen und die Überwachung der persönlichen Verbindungen Inhaftierter
- die Aufnahme und Eingliederung von Strafgefangenen in die Strafgefangenen-Arbeitskommandos (SGAK), für den Umerziehungsprozeß und die Wiedereingliederung von Strafgefangenen
- die Anleitung, Befähigung und Kontrolle der ihm unterstellten Mitarbeiter zur Gewährleistung aller Aufgaben des politisch-operativen Untersuchungshaftvollzuges
- die politisch-ideologische und fachlich-tschekistische Erziehung und Befähigung der Unterstellten auf der Grundlage bestehender Kaderdokumente und anderer dienstlicher Bestimmungen und Weisungen.

Der Referatsleiter operativer Vollzug ist direkt dem Leiter der Abteilung unterstellt.

KOPIE BStU

Zellentürklappen reichen und diesen auch nicht mit dem Kopf zu nahe kommen. Wenn Strafgefangene den Flur reinigten, dann sollten – nach Vorschrift – zwei Gangposten anwesend sein.

Zu den Arbeitsaufgaben dieser Zellengang-Posten auf beiden Haftetagen zählten nicht nur allgemeine Aufmerksamkeit, sondern auch die folgenden Handlungen:

- ständige Kontrollen des Innenlebens der Zellen, wofür die festgelegten „*Mindestkontrollzeiten*“ lagen bei etwa fünf bis acht Minuten (das konnte durch Horchen, versteckte oder offene Türspion-Blicke geschehen)
- regelmäßige für die Gefangenen erkennbare Türspion-Kontrollen mit „*vorbeugenden Charakter*“ oder im Klartext: einschüchternde Dauerbeobachtung
- alle Kontaktaufnahmen zwischen Gefangenen sollten unbedingt „*rechtzeitig*“ verhindert werden, im Zweifelsfall durch Sofortmeldung an den Diensthabenden in der Wachzentrale, der weiteres veranlasste
- „*Einheit von Kontrolle, Beobachtung, Informationstätigkeit*“, was letztlich eine Dauer-Spitzeltätigkeit und geheime „Horchkontrollen” einschloss,
- für das unmittelbare Auftreten gegenüber Gefangenen galten Leitbegriffe wie: „Bestimmtheit“, „Konsequenz“, „Korrektheit“, „Wachsamkeit“, „tschekistisch kluges Verhalten“
- Achten auf alle Hinweise auf Lebensgefährdung der Gefangenen.

<u>Postenbereich 1</u> war der Zugang zur Haftanstalt. Die Funktion des dortigen bewaffneten Postens bestand darin, nichtzugehörigen Personen und Autos ohne Passierschein den Einlass zu verweigern. Das Tor sollte immer verschlossen bleiben und nur für den Moment des Durchlasses geöffnet werden. Nach Dienstende wurden die Schlüssel beim Diensthabenden an der VP-Wache übergeben. Der Posten sollte in der Schleuse möglichst kein Licht machen und durfte hier auch nicht essen. Bei Zivilpersonen, die

einen Passierschein hatten, wurde der Personalausweis eingezogen. Nach 1987 saß der Torposten direkt am Hauseingang des Erweiterungsflügels und hatte auch die Besucher in die dahinter gelegenen Besucherzimmer einzulassen.

Postenbereich 2 diente zeitweise der Beaufsichtigung der Arbeiten und Arbeitsplätze der Strafgefangenen, später war dafür ein Mitarbeiter des Referats 5 verantwortlich und der Postenbereich 5 (Zellengang 1. Etage) wurde in 2 umbenannt.

Postenbereich 3 war der Freihof-Posten, der nur im Zeitraum der Freihofführungen vormittags besetz war. Er konnte in die Freihöfe schauen, musste alle Kontakte zwischen den Gefangenen verhindern und die Höfe regelmäßig nach Nachrichten oder Kassibern absuchen. Nach Ende der Freihof-Zeit verließ er den Turm und verschloss dann die Leiter, mit der er den Turm zuvor bestiegen hatte.

Die Posten auf den Zellenfluren oder im Freihof sollten gegenüber den Gefangenen die Einhaltung der Hausordnung mit „Ermahnungen“ einfordern und besonders intensiv achten auf „*solche Verhaftete..., die als Schwerpunkt bezeichnet wurden.*“

Wurden Gefangene zum Verhör oder Freihof geführt, dann machte meist ein Mitarbeiter aus dem Referat 5, später gab es dafür die Bezeichnung „Vorführoffizier“. Der Gangposten musste diesen jedoch beim Öffnen der Zelle und beim Mitnehmen des Gefangenen absichern. Der Schlüssel für das Gitter vor dem Zellenflur durfte sich nicht auf der Flurseite befinden, wo die Gefangenenzellen lagen. Das Gitter sollte bei Postenablösung zweifach verschlossen werden.

Gewissermaßen als Bereitschaftsposten fungierten jene Schichtmitarbeiter, die gerade nicht in einem Postenbereich eingesetzt waren. Auf Anordnung des operativen Diensthabenden liefen sie kurzfristig auch zu einzelnen Haftzellen, um diese zu öffnen und Probleme mit Gefangenen zu klären (s. unten). Sie agierten in der Regel zu zweit.

Gefängnisverwaltung: „Operativer Vollzug“ und „materielle Sicherstellung“ (Referat 5)

Das Referat 5 – das zeitweise auch geteilt war in die Referate 5 und 6 – war zuständig für „operativen Vollzug“ und für „materielle Sicherstellung“.

Der „*operative Vollzug*“ stand nach der Gefängnisleitung und dem Operativ-Diensthabenden an wichtigster Stelle in der Organisationsstruktur. So hieß es auch im Jahresplan 1988, dass „*vom Referat op. Vollzug die entscheidenden Aufgaben des UHV geplant und realisiert werden, die Aufgaben der anderen Referate sind differenziert dazu zu organisieren und in gegenseitiger Ersetzbarkeit zu realisieren.*“[689]

Die Vollzugs-Mitarbeiter bestimmten die Zellenbelegung und Gefangenenverlegung, realisierten tagsüber die Aufnahme neuer Gefangener, Erkennungsdienst und Effekten (s. Kapitel 5), führten Gefangene durchs Haus (zu Verhören, Freihof etc., s. Kapitel 8), waren formell Ansprechpartner für Belange von Gefangenen.

Die Vorführungs-Offiziere des operativen Vollzugs waren berechtigt, die Zellen zu betreten (in Anwesenheit des Gangpostens) und die Gefangenen zu holen. Je nach Vorführ-Auftrag holten sie – in Absprache mit dem „operativen Diensthabenden“ – Gefangene, brachten sie zum Verhör und später wieder in die Zelle. Außerdem führten sie die Gefangenen zur Aufnahmezelle, zum Hofgang, zum wöchentlichen Duschen, in die Arrestzelle oder ins Sanitätszimmer. Sie konnten auch Bereitschaftsposten zur Verstärkung bei War ein Gefangener unruhig oder laut, so nahmen sie bis zu vier ihrer Kollegen, die Bereitschaft hatten, zur Unterstützung oder Einschüchterung mit. Außerdem führten sie die Gefangenen zu gestatteten Besuchen, die sie – zusammen mit dem jeweiligen Vernehmer – überwachten.

Während die Tätigkeit der Posten nahezu unverändert und die Tätigkeit der Transporteure an konkrete Einzelaufträge gebunden war, so wur-

Transportbegleitschein für die Beförderung von Inhaftierten

Personalien

Name:

Vorname:

geb. am

Geb.-Ort:

Kreis:

D nebengenannte Inhaftierte soll

nach

transportiert werden.

Grund:

Der/Die Inhaftierte ist frei von Ungeziefer und transportfähig mit:

Sankra, GTW, GSTW

Zusätzl. Vermerke:

Unterschrift des zuständigen Arztes

*Ausbrecher: ja/nein

*Gewalttätiger: ja/nein

*wird Fesselung angeordnet: ja/nein

Ort: , den 19

D. S.

Vollzugseinrichtung:

Unterschrift:

KOPIE BStU

Abbildung 6

Muster eines Transportbegleitscheines (Vordruck SV 45)

33

Gefängnistransportwagen, Bautzen, Foto: Erhard Göhl, 2001, Dienstunterlagen der Haftabteilung XIV, BStU Erfurt

de der Alltag der Verwaltungs- und „Vollzugs"-Mitarbeiter vor allem durch Verhörzeiten, Einzelanordnungen der Vernehmer und durch Tages- und Wochenpläne (s. Kapitel 8) bestimmt.

Nicht zum Vollzugs-Referat, sondern zum Medizinischen Dienst gehörten die Krankenschwester bzw. der Arzt, die im Sanitätszimmer regelmäßig oder bei Notfällen erschienen.

Die Mitarbeiter des Referats oder Bereichs *„materielle Sicherstellung"* befassten sich mit der Planung und Abrechnung des Gefangenenessens, Umgang mit dem Geld der Gefangenen und Berechnung von Arbeitsleistungen der Straf-Arbeitskommandos, mit der Materialbeschaffung (über die MfS-Abteilung Rückwärtige Dienste) und Ausstattung aller Haftmitarbeiter, mit der Haushaltsführung und der Überwachung der Gefangenen-Werkstätten. Diese Haftmitarbeiter führten auch Büroarbeiten aus, verwalteten die Karteiführungen, holten die Post und besorgten bestellte Einkäufe der Gefangenen. In der Regel war für die einzelnen Arbeitsschritte ein Mitarbeiter zuständig, für dessen Abwesenheit es ein Vertretungsregime gab.

Ein Mitarbeiter war hauptsächlich für die Effektenkammer zuständig, in der alle Habseligkeiten (außer Geld) der Inhaftierten registriert und aufbewahrt wurden. Auch Briefe und die Privatbekleidung wurden hier abgelegt. In den 70er/80er Jahren war die Effektenverwaltung recht akribisch und formularreich. Nur mit Beschlagnahmeprotokollen und Beweismittelbegründung durften Habseligkeiten der Gefangenen entfernt werden. Die verantwortlichen Untersuchungsführer/Vernehmer durften die Effekten einsehen und Herausgaben beantragen – z.B. den Privatschlüssel für eine offizielle Wohnungsdurchsuchung etc. Bei Häftlingstransporten wurden die Effekten mitgeführt und bei Entlassung an den Gefangenen gegen Unterschrift wieder ausgehändigt. Verlustbeschwerden von Gefangenen wurden geprüft und bei Glaubwürdigkeit kam es zur Kritik an den Haftmitarbeitern. Aufgrund der Nachfrage eines Gefangenen, der weder SV-Ausweis noch Schlüssel zurückerhalten hatte, wurde im April 1989 festgestellt: „*Der Mitarbeiter für Effekten hat durch oberflächliche Arbeitsweise gegen die bestehenden Weisungen verstoßen.*“[690]

Einem anderen Mitarbeiter oblag die Arbeitseinteilung und verwaltungsmäßige Übersicht für die beiden „Arbeitskommandos“ der Strafgefangenen (s. Kapitel 15). „Dienstleistungen“ für andere MfS-Abteilungen wie Autowaschen oder Gardinennähen liefen über dessen Arbeitstisch, der geleistete Arbeitswert wurde registriert und organisatorisch-technische Arbeitsabläufe wurden geklärt und abgesprochen.

Haft-Transporteure (Referat 6 bzw. 7)

Das Transportkommando bestand neben dem Referatsleiter und drei Haftmitarbeitern, die – je nach Aufgabenverteilung – als Fahrer oder Wachkräfte fungierten. Diese nahmen nicht die Verhaftungen wahr, sondern hatten z.B. die Aufgabe, Gefangene zum Gerichtsprozess zu führen (auch zu den Kreisgerichten), die nach Gotha, Weimar usw. zu verlegenden U-Häftlinge zu transportieren. Mitunter fuhren sie auch zu anderen MfS-Bezirks-Haftanstalten den Bezirks-Stasi-Gefängnissen umher, brachten kranke Gefangene in medizinische Einrichtungen (VP-Klinik Cyriaksstraße oder Haftkrankenhaus Leipzig-Meusdorf) oder machten situationsbedingt andere Sonderfahrten.

Sie verfügten über einen eigenen unauffälligen „Gefangenentransportwagen „*... GTW mit neutraler Farbgebung ... zivilen polizeilichen Kennzeichen*“ vom Fahrzeugtyp B 1000. Installierte UKW-Sprechverbindungen waren während eines Transports generell auf Empfang geschaltet. In Akten sind auch „*Verwahrräume des GTW*“ und „*Verwahrraumschlüssel*“ erwähnt – letztere hatte der Transportleiter in der Fahrerkabine. Diese „Verwahrräume“ waren eng abgetrennte Einzelkabinen im Transporter. Gefangenen Männern wurden unterwegs Handschellen angelegt. Zu Fahrtantritt gab der Transportleiter den Gefangenen eine Belehrung, mit der Information, dass unter Umständen Schusswaffen angewendet würden.

Ihre Aufträge erhielten die Transporteure vom Haftleiter oder operativen Diensthabenden Der jeweilige Transportleiter (das musste nicht der Referatsleiter sein) war unterwegs stets bewaffnet mit einer Schnellfeuerpistole (=Maschinenpistole Kalaschnikow), einer Pistole, 4 Handfesseln, einem Schlagstock, zwei Führungsketten und Gasspray, die Begleiter hatten Pistole und Schlagstock bei sich.

Die Begleiter mussten die Gefangenen (die sich untereinander nicht sehen durften) ständig beobachten, der Fahrer eventuelle Außenangriffe und Lenkrad-Zugriffe verhindern. Der Transportleiter verteilte Einzelaufgaben, legte die Route fest (nach allgemeineren Vorgaben), prüfte die Bewaffnung, hielt die Funkverbindung, bewahrte die Transportunterlagen, sollte etwaige Sofortmaßnahmen veranlassen und fertigte einen anschließenden Transportbericht.

Im Falle von Fluchten und Außenangriffen gab es folgende Verhaltensvorschriften:

> „*- Fahrzeug sofort stoppen und außen sichern*
> *- Widerstand unter Anwendung der polizeilichen Zwangsmittel brechen*
> .... [sonst] *wird dieser unter Beachtung der Schußwaffengebrauchsordnung gebrochen*
> *- nach Brechung des Widerstands ist der Inhaftierte von den anderen Inhaftierten zu isolieren*
> *- bei Notwendigkeit nächste Dienststelle des MfS, Haftanstalten oder andere Dienststellen der bewaffneten Organe aufsuchen*
> *- eigene Dienststelle ... verständigen ...* [und] *... weitere Befehle abwarten*“

Bei erfolgreichen Fluchten sollten zwei Begleiter den Fliehenden verfolgen, während die Zurückbleibenden die Haftanstalt informieren, verfügbare Polizisten einweisen, den Fluchtweg im Blick halten und Personenhinweise zum Fliehenden bereithalten sollten.

Ministerrat
der Deutschen Demokratischen Republik
Ministerium für Staatssicherheit
Juristische Hochschule Potsdam
Lehrgang: 9.

Vertrauliche Verschlußsache
VVS–o001
MfS JHS–Nr.: 851/83
3.Ausf. Bl./S. 1 bis 51

Fachschulabschlußarbeit

Thema:
Anforderungen an das operative Zusammenwirken der Abteilung IX und XIV bei der Einlieferung von Tatverdächtigen in die BHA sowie Probleme der Sicherung und Kontrolle zur unbedingten Gewährleistung von Ordnung und Sicherheit mit dem Ziel der Unterstützung des Prozesses der Erarbeitung umfassender und wahrheitsgemäßer Aussagen in strafrechtlicher und politisch-operativer Hinsicht.

Autor: Hauptmann Baumann, Ge
Oberleutnant Neubert,
(Dienstgrad, Name, Vorname)

Abteilung IX/Abteilung
(Diensteinheit)

Abschluß der Arbeit Februar 1983

Die Referatsleiter wurden vomLeiter der DE beauftragt, handschriftlich bis zum 15. 6. 1981 eine Einschätzung zu erarbeiten und persönlich abzugeben über

- physische und psychische Belastbarkeit der Genossen, gibt es gesundheitliche oder altersmäßige Einschränkungen für Realisierung der Aufgaben
- Möglichkeiten für Einsatz auf anderen Arbeitsgebiet, um bessere Ergebnisse zu erreichen
- Persönlichkeitsstruktur der Genossen, Entwicklung, Selbstvertrauen und Entschlußkraft, Entscheidungsfreude u. ä.

Abschließend forderte der Leiter alle Genossen nochmals auf, alles für die Erfüllung der Kampfaufgaben zu tun, um ihre Realisierung in parteilicher Art und Weise zu kämpfen.

Liermann
Oberleutnant

Dienstunterlagen der Haftabteilung XIV, BStU Erfurt

Die Transportoffiziere, die die Gefangenen während der Gerichtsprozesse bewachten, schrieben gelegentlich Berichte über den Prozessverlauf, besonders dann, wenn die Gefangenen ihre Rechte einzuklagen versuchten oder sich über MfS-Mitarbeiter beschwerten.[691]

Eine Dienststatistik zeigt den Umfang bearbeiteter, einzelner Transportaufträge 1978-82[692]:

	Transporte	Gerichtsprozess - Vorführungen
1978	128 (177 Pers.)	122 (140 Pers.)
1979	107 (153)	75 (119)
1980	270 (417)	124 (170)
1981	219 (139)	89 (124)
1982	111 (167)	76 (94)

Ausbildung – Handlungsmuster — Training

Die Sicherungs- und Kontrollposten hatten die Dienststellung „*Mitarbeiter im Haftvollzug*".[693] Es handelte sich Ende der 80er Jahre vorwiegend um Unter- und Oberleutnante und ihre Tätigkeit kam mfs-intern etwa dem Qualifikationsgrad eines Facharbeiters gleich. Bei der Personenauswahl und Ausbildung interessierten vor allem Eigenschaften wie logisches Denkvermögen, Dienstwilligkeit, Selbstsicherheit und Reaktionsfähigkeit. Das Bildungs- und kulturelle Wissensspektrum war zweitrangig.

Andere Mitarbeiter – auch die Referatsleiter der Wachgruppen (zumeist Hauptmann) – hatten in den 70/80er Jahren einen mfs-internen Fachschulabschluss. Die meisten dieser Fachschulausbildungen wurden in Fernstudienform absolviert. Die Kader-Abteilung der Bezirksverwaltung hatten dafür eine „Außenstelle" der MfS-

Fachschule vor Ort. In Abschlussarbeiten ging es um Themen aus dem Arbeitsablauf der Untersuchungshaft.

Mehr als die Hälfte des Gefängnispersonals hatte eine Facharbeitereinstufung, die anderen Mitarbeiter (einschließlich der Referatsleiter und des stellvertretenden Abteilungsleiters Liermann) einen MfS-Fachschulabschluss „*Rechtswissenschaft für spezifisch-operative Dienststellung*". Der Abteilungsleiter Meyer, seit 1951 im MfS, hatte zwischen 1963 und 1969 einen mfs-internen Hochschulabschluss absolviert. Über mfs-fremde Abschlüsse verfügten der Finanzmitarbeiter, der letzte Abteilungsleiter, ein Mitarbeiter des Referats 4 und der Stellvertreter des Referats 5 – letztere hatten alle einen „MdI-Fachschulabschluss". Sie waren eventuell beim Polizei-Strafvollzug direkt in die Lehre gegangen und sind – nach dortiger „Bewährung" – vom MfS Erfurt abgeworben worden. Einzelne Haftmitarbeiter wechselten in andere MfS-Struktureinheiten, Mitte der 80er Jahre z.B. in die Postkontrolle, die Rückwärtigen Dienste oder die Kreisstelle Mühlhausen.[694] Etwa alle drei Jahre gab es Kader-Beurteilungen für alle Mitarbeiter.

Weiterbildungen fanden für alle Mitarbeiter regelmäßig auch im Dienstalltag statt. Laut Haftleiter Meyer hatte diese politisch-fachliche Qualifizierung letztlich das Ziel, die Mitarbeiter „*auf die Herausbildung und weitere Ausprägung eines stets aktuellen und aufgabenbezogenen Feindbildes zu richten und sie so zu befähigen, dass sie die operativen Grundprozesse ... beherrschen.*"[695] Ende 1989 arbeiteten gleichzeitig der stellvertretende Abteilungsleiter Liermann an einer Diplomarbeit sowie sieben Mitarbeiter an Fachschulabschlussarbeiten.[696] Letztere wurden durch andere, längergediente Haftmitarbeiter persönlich betreut.

Im Dienstalltag wurden die Mitarbeiter weitergebildet – vor allem um geltende Dienstanweisungen und Detailregelungen des Haftregimes (wie Vorführung, Transport, Besuch, Effekten, Hausordnung, Arrest, Schlüssel, Betretung, Zellenkontrollen, Sofortmaßnahmen, Sprechfunk, Erste Hilfe) und die Tagesabläufe korrekt zu beherrschen. Hinzu kamen militärische und sportliche Übungen. In der Abteilung gab es in den letzten Jahren einen Beauftragten für Militärausbildung, einen Sportorganisator, vier Zweikampfausbilder, einen UKW-Ausbilder, einen KC-Aufklärer und drei Sanitätsausbilder.[697]

Die zentrale Abteilung XIV in Berlin führte ebenfalls „Dienstkonferenzen" und Erfahrungsaustausche durch, – nicht nur auf Abteilungsleiter-Ebene, sondern auch für speziellere Arbeitsbereiche. So fanden halbjährlich – z. B. im November 1984, im Juni und im Oktober 1985 – zweitägige Veranstaltungen mit den Verantwortlichen für materielle Sicherstellung aller MfS-Haftanstalten statt.[698]

Handlungsvorgaben – „Sofortmaßnahmen"

Die Handlungsabläufe bei Vorkommnissen waren vorgegeben – es gab in den letzten Haftjahren über 30 „Handlungsvarianten" mit genau geplanten Handlungsschritten, die alle Mitarbeiter beherrschen und trainieren mussten.[699] Im Laufe der Zeit entstanden vorbereitete Vorschriften für:

> Aufsässigkeit/renitentes Verhalten, Brandausbruch; Wasserausfall/Havarie, Elektro-Havarie, Baustellenalarm (1985-87), Gewaltdrohung per Draht, Entweichungsversuche mehrerlei Art, Eindringen ins Objekt, Gewalttätigkeiten, Geiselnahme, Meuterei in Zelle oder Hof, Verlust von Gegenständen, Nahrungsverweigerung, Selbsttötungsversuch/akute Erkrankung/Notfälle, Selbsttötung, Grundsätze bei medizinischen Problemen, Meldungsinhalte an DMH, Strangulierung/Bewusstlosigkeit/Blässe/Blaufärbung, Stromkontakt, Säure-Trinken, Arterienverletzung, Fremdkörper-Verschlucken, Infektionskrankheiten, Krätze, Schädlingsbefall und später auch Herzinfarkt, Schlaganfall, Asthmaanfall, akute Baucherkrankung, Epilepsie, Wunden/Knochenbrüche.

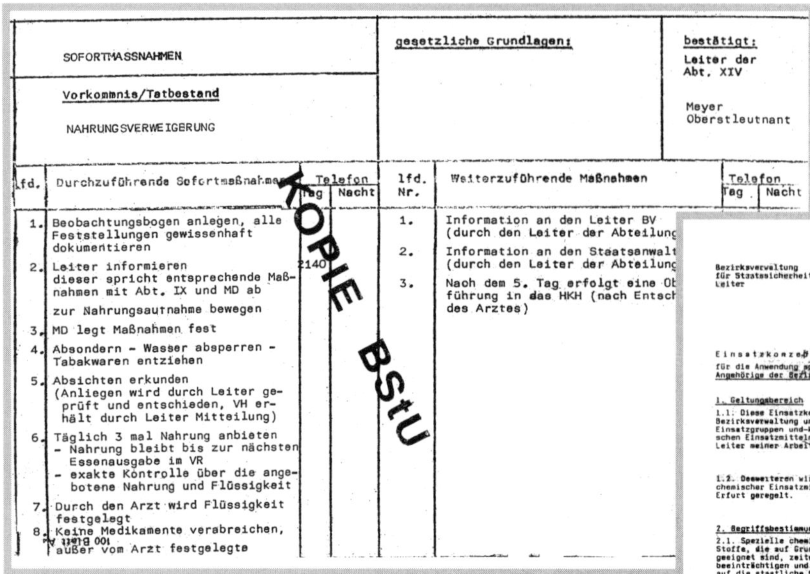

SOFORTMASSNAHMEN	gesetzliche Grundlagen:	bestätigt: Leiter der Abt. XIV
Vorkommnis/Tatbestand: NAHRUNGSVERWEIGERUNG		Meyer Oberstleutnant

lfd.	Durchzuführende Sofortmaßnahmen	Telefon Tag	Telefon Nacht	lfd. Nr.	Weiterzuführende Maßnahmen	Telefon Tag	Telefon Nacht
1.	Beobachtungsbogen anlegen, alle Feststellungen gewissenhaft dokumentieren			1.	Information an den Leiter BV (durch den Leiter der Abteilung		
2.	Leiter informieren dieser spricht entsprechende Maßnahmen mit Abt. IX und MD ab zur Nahrungsaufnahme bewegen	140		2.	Information an den Staatsanwalt (durch den Leiter der Abteilung		
3.	MD legt Maßnahmen fest			3.	Nach dem 5. Tag erfolgt eine Ob führung in das HKH (nach Entsc des Arztes)		
4.	Absondern - Wasser absperren - Tabakwaren entziehen						
5.	Absichten erkunden (Anliegen wird durch Leiter geprüft und entschieden, VH erhält durch Leiter Mitteilung)						
6.	Täglich 3 mal Nahrung anbieten - Nahrung bleibt bis zur nächsten Essenausgabe im VR - exakte Kontrolle über die angebotene Nahrung und Flüssigkeit						
7.	Durch den Arzt wird Flüssigkeit festgelegt						
8.	Keine Medikamente verabreichen, a 11419 001 außer vom Arzt festgelegte						

KOPIE BStU

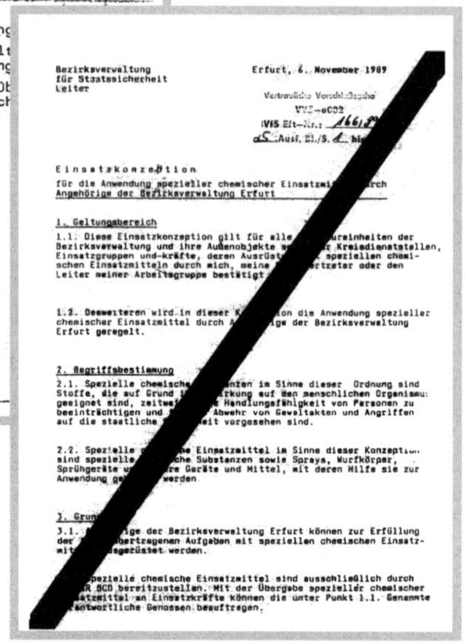

Bezirksverwaltung
für Staatssicherheit
Leiter

Erfurt, 6. November 1989

Vertrauliche Verschlußsache
VVS-o002
VVS Eft-Nr.: 166/[redacted]
25. Ausf. Bl./S. 1 bi[redacted]

Einsatzkonzeption
für die Anwendung spezieller chemischer Einsatzmi[redacted]rch Angehörige der Bezirksverwaltung Erfurt

1. Geltungsbereich

1.1. Diese Einsatzkonzeption gilt für alle [redacted]ureinheiten der Bezirksverwaltung und ihre Außenobjekte s[redacted]r Kreisdienststellen, Einsatzgruppen und-kräfte, deren Ausrüst[redacted] speziellen chemischen Einsatzmitteln durch mich, meine [redacted]rtreter oder den Leiter meiner Arbeitsgruppe bestätigt[redacted]

1.2. Desweiteren wird in dieser K[redacted]ion die Anwendung spezieller chemischer Einsatzmittel durch A[redacted]ige der Bezirksverwaltung Erfurt geregelt.

2. Begriffsbestimmung

2.1. Spezielle chemische[redacted]nzen im Sinne dieser Ordnung sind Stoffe, die auf Grund i[redacted]rkung auf den menschlichen Organismus geeignet sind, zeitwe[redacted] Handlungsfähigkeit von Personen zu beeinträchtigen und [redacted] Abwehr von Gewaltakten und Angriffen auf die staatliche [redacted]eit vorgesehen sind.

2.2. Spezielle [redacted] Einsatzmittel im Sinne dieser Konzeption sind spezielle [redacted]che Substanzen sowie Sprays, Wurfkörper, Sprühgeräte u[redacted]re Geräte und Mittel, mit deren Hilfe sie zur Anwendung ge[redacted] werden.

3. Grun[redacted]

3.1. [redacted]ige der Bezirksverwaltung Erfurt können zur Erfüllung der [redacted]übertragenen Aufgaben mit speziellen chemischen Einsatzmit[redacted]ausgerüstet werden.

[redacted]spezielle chemische Einsatzmittel sind ausschließlich durch [redacted]R BCD bereitzustellen. Mit der Übergabe spezieller chemischer [redacted]atzmittel an Einsatzkräfte können die unter Punkt 1.1. Genannte [redacted]antwortliche Genossen beauftragen.

Dienstunterlagen der Haftabteilung XIV, BStU Erfurt

Bei Gefangenen-Vorkommnissen mussten die diensthabenden Haftmitarbeiter folgende Sofortmaßnahmen[700] in der jeweils aufgezählten Reihenfolge veranlassen:

„Aufsässigkeit"
Zentralverriegelung, Alarmierung aller Anwesenden, ggf. alle Gefangenen-Führungen beenden, Verständigung des Gefängnisleiters (auch zu Hause),
Wiederherstellung der Ordnung „*entsprechend der Lage* (mit) *Wasser, Führungskette, Reizstoff, Fesselungsjacke, Schlagstock, Schusswaffe, Handfessel*",
ähnlich: Freihof-Meuterei, Zellen-Meuterei

Schlagader-Verletzungen
Erste Hilfe durch Mithäftlinge, Druck-/Abschnürverband, Flachlagerung, Pulskontrolle, (Dringliche Medizinische Hilfe nur bei Verletzung der Halsschlagader rufen)

Hungerstreik
Beobachtungsbogen, Gefängnisleiter informieren, der mit Medizinischem Dienst der MfS-Bezirksverwaltung berät,
Absondern/Wasserhahn abstellen/ Tabak entziehen, Absichten erkunden, 3x täglich Essen anbieten, Arzt bestimmt Flüssigkeitszufuhr und Medikamente

Strangulieren & Bewusstlosigkeit
Mithäftlinge sollen Häftling anheben, Flachlagerung bei Atemstillstand/Beatmung, evtl. Herzdruckmassage, evtl. medizinische Hilfe, ähnlich: medizinische Notfälle

Selbsttötung:
Versuch Erster Hilfe (Zelle nur nach Sicherheitsprinzip betreten), Trennung von Mitgefangenen, Schwester/Arzt rufen, Meldung an Gefängnisleiter, Ereignisort sichern, Arzt muss Totenschein ausstellen

Selbsttötungs-Versuch
Telefonposten in Dienstraum zurücklassen, Öffnen der Zelle, ggf. alle Gefangenen-Führungen beenden, Verständigung des Medizinischen Dienstes der MfS-Bezirksverwaltung, Verständigung des Gefängnisleiters, Dokumentation des Ablaufs

Geiselnahme:
Zentralverriegelung, Gefängnisleiter informieren, alle anwesenden Mitarbeiter rufen, Einschluss aller Häftlinge, Bewaffnung aller Mitarbeiter, dann nach Weisungen des Gefängnisleiters verfahren

Fluchtversuch:
Zentralverriegelung, alle anwesenden Mitarbeiter rufen, Gefängnisleiter informieren, alle Gefangenen-Führungen beenden, Sicherungsmaßnahmen entsprechend der Lage mit Schlagstock, Wasser, Führungskette, Reizstoff, Handfessel, Schusswaffe, Fesselungsjacke, Isolierung des Gefangenen, verstärkte Kontrolle, Sicherung des Ereignisorts.

Die Haftmitarbeiter sollten die Handlungsvorgaben möglichst auswendig und spontan beherrschen, was jedoch – den Protokollen der Dienstbesprechungen zufolge – nicht unbedingt der Alltagsrealität entsprach. Mittels so genannter „Variantentrainings" sollten die Mitarbeiter in Form fingierter Dienstübungen lernen, die Vorgaben zu beherrschen.

Ein typisches „Variantentraining" führte der Wachreferatsleiter Beuthe in einer Juli-Nacht 1987 durch. Es lief wie folgt ab:

„... löste dieser Genosse um 1.25 Uhr einen Alarm auf den oberen VR-Gang aus. Die Genossen begaben sich, mit einem VR-Schlüssel und Einsatztasche ausgerüstet, in kürzester Zeit auf den oberen VR-Gang. Die Genossen brauchten von der Auslösung des Alarms bis zum Erscheinen auf den oberen VR-Gang 7 Sekunden. Nach der Alarmauslösung führte ich mit den Genossen ein Gespräch über das Programm der Sofortmaßnahmen durch. Es wurden folgende Themen behandelt: Gewalttätigkeiten, Meuterei, Selbsttötungsversuche, Strangulierung, Ausbruch eines Brandes und Verlust von Gegenständen."[701]

Bei den erwähnten Reizstoffen handelte es sich um CN-Aerosol-Sprays zum *„zeitweiligen Kampfunfähigmachen"*. Das Chloracetophenon (CN) bewirkte starke Augenreize, Hautrötung, Rachen- und Lungenreizung, wobei – den Planungen zufolge – die Reizerscheinungen nach 10 Minuten abklingen sollten und Bindehautentzündungen bis 10 Tagen anhalten konnten.[702] Diese Aerosole (Sprayflaschen mit je 80 mg) gehörten laut Waffenliste spätestens bereits 1974 zum Bestand der Erfurter Abteilung XIV. In einer Instruktion der Berliner Haft-Zentrale hieß es – ebenfalls 1974:

„Die Anwendung von Reizstoffspray gegen Inhaftierte hat zu erfolgen, wenn die Voraussetzungen zur Durchführung von Maßnahmen zur Aufrechterhaltung der der Sicherheit und Ordnung vorliegen und der Einsatz anderer Mittel zur Beseitigung des Gefahrenzustandes nicht ausreichend oder Zweck."[703]

Das betraf: Ausbruchsversuch, körperlichen Angriff, aktiver Widerstand, hervorgerufene Gefahren für Mitarbeiter, Angriffe von Gruppen Inhaftierter allgemein auf U-Haftanstalt bzw. bei Gefangenentransporten. Die Benutzung sollte so erfolgen, dass das Spray *„auf die obere Gesichtshälfte gerichtet wird und kurze Sprühstöße (1-2 Sek.) abgegeben werden ... die Entfernung von weniger als 50 cm ist nicht zulässig) ... sind die betreffenden Inhaftierten medizinisch zu versorgen"*. Ab 1974 hatte in der Erfurter Wachabteilung folgende Mitarbeiter Reizstoffspray: drei Stück der Leiter und je eins der Stellvertreter, die Referatsleiter der Wachschichten sowie alle Hafttransportmitarbeiter.

Nicht eindeutig feststellbar ist aus der Waffenliste, ob die dort vorhandenen Schlagstöcke bereits die „Kompakt-Schlag-/Sprühgeräte" waren, die in den Dokumenten der Bezirksverwaltung gleichfalls erläutert werden und mit denen man ebenfalls über vier Meter weit CN-Gas aussprühen konnte.

Für die bei den Sofortmaßnahmen auch mehrfach erwähnte Möglichkeit „Schusswaffe" gab es eine mfs-interne Schusswaffengebrauchsordnung[704], die einen außerordentlich breiten Spielraum gewährte – darin hieß es:

„1.2.Die Anwendung von Schußwaffen ist gerechtfertigt, ...
1.2.3. zur Verhinderung der Flucht oder zur Wiederergreifung von Personen, die eines Verbrechens dringend verdächtig sind oder wegen eines Verbrechens verhaftet oder festgenommen

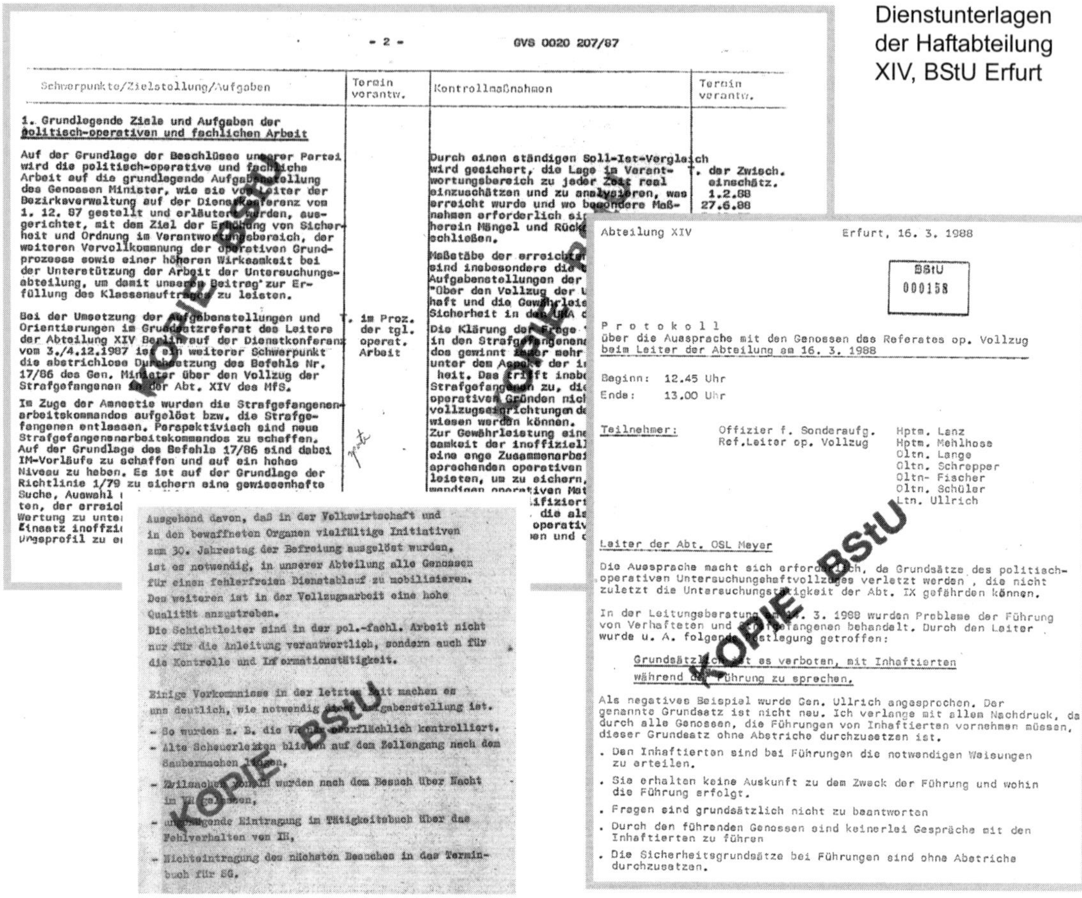

- 2 - GVS 0020 207/87

Schwerpunkte/Zielstellung/Aufgaben | Termin verantw. | Kontrollmaßnahmen | Termin verantw.

1. Grundlegende Ziele und Aufgaben der politisch-operativen und fachlichen Arbeit

Auf der Grundlage der Beschlüsse unserer Partei wird die politisch-operative und fachliche Arbeit auf die grundlegende Aufgabenstellung des Genossen Minister, wie sie vom Leiter der Bezirksverwaltung auf der Dienstkonferenz vom 1. 12. 87 gestellt und erläutert wurden, ausgerichtet, mit dem Ziel der Erhöhung von Sicherheit und Ordnung im Verantwortungsbereich, der weiteren Vervollkommnung der operativen Grundprozesse sowie einer höheren Wirksamkeit bei der Unterstützung der Arbeit der Untersuchungsabteilung, um damit unseren Beitrag zur Erfüllung des Klassenauftrages zu leisten.

Bei der Umsetzung der Aufgabenstellungen und Orientierungen im Grundsatzreferat des Leiters der Abteilung XIV Berlin auf der Dienstkonferenz vom 3./4.12.1987 ist ein weiterer Schwerpunkt die abstrichlose Durchsetzung des Befehls Nr. 17/86 des Gen. Minister über den Vollzug der Strafgefangenen in der Abt. XIV des MfS. — T. im Proz. der tgl. operat. Arbeit

Im Zuge der Amnestie wurden die Strafgefangenenarbeitskommandos aufgelöst bzw. die Strafgefangenen entlassen. Perspektivisch sind neue Strafgefangenenarbeitskommandos zu schaffen. Auf der Grundlage des Befehls 17/86 sind dabei IM-Vorläufe zu schaffen und auf ein hohes Niveau zu heben. Es ist auf der Grundlage der Richtlinie 1/79 zu sichern eine gewissenhafte Suche, Auswahl … ten, der erreic… Wertung zu unte… Einsatz inoffzi… ungsprofil zu e…

Durch einen ständigen Soll-Ist-Vergleich wird gesichert, die Lage im Verantwortungsbereich zu jeder Zeit real einzuschätzen und zu analysieren, was erreicht wurde und wo besondere Maßnahmen erforderlich si… herein Mängel und Rück… schließen. — T. der Zwisch. einschätz. 1.2.88 27.6.88

Maßstäbe der erreicht… sind insbesondere die … Aufgabenstellungen der … "Über den Vollzug der U… haft und die Gewährleis… Sicherheit in den UHA d…

Die Klärung der Frage … in den Strafgefangenen… dos gewinnt immer mehr … unter dem Aspekt der i… heit. Das trifft insbe… Strafgefangenen zu, di… operativen Gründen nic… vollzugseinrichtungen d… wiesen werden können.

Zur Gewährleistung eine… samkeit der inoffiziell… eine enge Zusammenarbe… sprechenden operativen … leisten, um zu sichern, … wendigen operativen Ma… …ifiziert … die als … operativ… …en und …

Ausgehend davon, daß in der Volkswirtschaft und in den bewaffneten Organen vielfältige Initiativen zum 30. Jahrestag der Befreiung ausgelöst wurden, ist es notwendig, in unserer Abteilung alle Genossen für einen fehlerfreien Dienstablauf zu mobilisieren. Des weiteren ist in der Vollzugsarbeit eine hohe Qualität anzustreben.
Die Schichtleiter sind in der pol.-fachl. Arbeit nicht nur für die Anleitung verantwortlich, sondern auch für die Kontrolle und Informationstätigkeit.

Einige Vorkommnisse in der letzten Zeit machen es uns deutlich, wie notwendig diese Aufgabenstellung ist.
- So wurden z. B. die V… oberflächlich kontrolliert.
- Alte Scheuerleisten blieben auf dem Zellengang nach dem Saubermachen liegen,
- Zwilsachen von IH wurden nach dem Besuch über Nacht im … gelassen,
- ungenügende Eintragung im Tätigkeitsbuch über das Fehlverhalten von IH,
- Nichteintragung des nächsten Besuches in das Terminbuch für SG.

Abteilung XIV Erfurt, 16. 3. 1988

BStU 000158

P r o t o k o l l
über die Aussprache mit den Genossen des Referates op. Vollzug beim Leiter der Abteilung am 16. 3. 1988

Beginn: 12.45 Uhr
Ende: 13.00 Uhr

Teilnehmer: Offizier f. Sonderaufg. Hptm. Lanz
Ref.Leiter op. Vollzug Hptm. Mehlhose
Oltn. Lange
Oltn. Schrepper
Oltn- Fischer
Oltn. Schüler
Ltn. Ullrich

Leiter der Abt. OSL Meyer

Die Aussprache macht sich erforderlich, da Grundsätze des politisch-operativen Untersuchungshaftvollzuges verletzt werden, die nicht zuletzt die Untersuchungstätigkeit der Abt. IX gefährden können.

In der Leitungsberatung am … 3. 1988 wurden Probleme der Führung von Verhafteten und Strafgefangenen behandelt. Durch den Leiter wurde u. A. folgende Festlegung getroffen:

Grundsätzlich ist es verboten, mit Inhaftierten während der Führung zu sprechen.

Als negatives Beispiel wurde Gen. Ullrich angesprochen. Der genannte Grundsatz ist nicht neu. Ich verlange mit allem Nachdruck, da durch alle Genossen, die Führungen von Inhaftierten vornehmen müssen, dieser Grundsatz ohne Abstriche durchzusetzen ist.

- Den Inhaftierten sind bei Führungen die notwendigen Weisungen zu erteilen.
- Sie erhalten keine Auskunft zu dem Zweck der Führung und wohin die Führung erfolgt.
- Fragen sind grundsätzlich nicht zu beantworten
- Durch den führenden Genossen sind keinerlei Gespräche mit den Inhaftierten zu führen
- Die Sicherheitsgrundsätze bei Führungen sind ohne Abstriche durchzusetzen.

Dienstunterlagen der Haftabteilung XIV, BStU Erfurt

wurden, die anderer Straftaten verdächtig sind ... 1.2.4. wenn einem Angehörigen des Ministeriums für Staatssicherheit während der Durchführung einer dienstlichen Handlung gewalttätiger Widerstand entgegengesetzt wird und keine Möglichkeit besteht, die Lösung der Aufgabe durch andere Maßnahmen herbeizuführen; ...“

Zwar gibt es Einschränkungen zum Schusswaffen-Anwendung wie: das Nichtausreichen anderer Mittel, das Schießverbot in Richtung Staatsgrenze, als Voraussetzungen Vorwarnung und Warnschuss. Doch neben der ausgiebigen Gestattung klingt ein Satz wie: „*3.4. Beim Gebrauch der Schußwaffe ist das Leben der Person nach Möglichkeit zu schonen*“ geradezu sarkastisch.

Dienstbesprechung – Dienstinformationen

„Uns ist allen klar, dass sich die derzeitige Klassenkampfsituation noch weiter verschärfen wird und das was heute für unsere Arbeit ausreichend ist, Morgen eben nicht mehr ausreicht.“[705]

So hieß es im März 1984 in einem Arbeitspapier für die wöchentliche Dienstbesprechung. Zu den Hauptfunktionen des Haftleiters zählten die Anleitung, Motivierung und Disziplinierung seines Mitarbeiterstabes.

Das Gefängnispersonal wirkte aus Sicht der Gefangenen wie ein starker, relativ geschlossener Machtblock. Das sah „hinter den Kulissen“ mitunter ganz anders aus. In den Besprechungen beim Haftleiter hagelte es immer wieder Kritiken, Ermahnungen und Forderungen einerseits, oder törichtes Kämpfertum, Zufriedenheit und dienstalltägliche Kleinlichkeit andererseits. Die Haftmitarbeiter kritisierten einander ganz offen, versuchten sich gegenseitig zu „erziehen“ und demonstrierten wettbewerbsmäßige und genossenhafte Gemeinschaftlichkeit.

Schon ein paar Blicke auf einzelne Dienstprotokolle der 80er Jahre geben lebendigen Eindruck:

Streitigkeiten und Meinungsverschiedenheiten über zu „lasche“ oder aber zu „provozierende“ Dienstausübung gab es immer wieder. So wurde Ende 1973 in einer Abteilungsbesprechung

> *„bemängelt, dass sich die Genossen untereinander anschreien (in Gegenwart von Strafgefangenen), dadurch wird die Autorität verloren.“*[706]

Im Juni 1981 wurde in einem Gesprächspunkt harsche Kritik verschiedenster Art laut[707]:

ein Gefangener hatte sich über einen angetrunkenen Vorführoffizier beschwert,

die Heizungsventile und Mischbatterien waren geklaut worden,

unkontrolliert würden einzelne Posten Beruhigungsmittel an Gefangene verteilen,

ein Mitarbeiter vertrödelte mit dem Hafteinkauf zu viel Zeit,

die Gefangenen konnten Apfelkerne sammeln, um eine Giftmischung herzustellen,

es fand sich keine Erklärung für eine eingeschlagene Scheibe am Hafttransporter,

seit einem Jahr wurden keine Essensproben gemacht etc

1984 wurde über Oberfeldwebel Rietz gesagt, dass er Gefangene *„teilweise selbst provoziert, um dann energisch ‚einschreiten zu können‘.“*[708]

Im Kaderplan von 1986 waren auch Feindschaften innerhalb der Mitarbeiterschaft angedeutet und der Haftleiter stellte übergreifend fest: *„Im Verhalten untereinander wurden Ansätze von Reibereien, Sticheleien und Kumpelhaftigkeit, auch zwischen Referatsleiter und Mitarbeiter sichtbar, was sich negativ auf das Kollektiv ... auswirkt“* und 1989 ist in einer Kaderanalyse zum Vollzugs-Referat sogar die Rede von einem *„persönlichen Kleinkrieg untereinander“*.[709]

1987 wurde eine „Aussprache“ mit einem Referatsleiter anberaumt, weil dieser seine Aufgaben ungenügend erfülle, was wiederum zu *„Eigenmächtigkeiten“* seiner Mitarbeiter führte. In der nächstfolgenden Dienstversammlung wurde ein Vorführoffizier heftig kritisiert u.a. wegen *„Äußerungen vor VH und SG z.B. abwertend zu anderen Genossen (nachäffen), Untergraben ihrer Autorität“* oder Kaugummikauen bei der Gefangenenführung, was wiederum zu Kritik am vorgesetzten Referatsleiter wegen mangelnder Durchsetzung führte.[710] Der Haftanstalts-Parteivertreter Liermann forderte: *„Wir dürfen nicht zulassen, dass Genossen von Genossen als dumm und einfältig bezeichnet werden“* und die Leitungskader der Abteilung legten eine bessere *„Durchsetzung der militärischen Disziplin und die exakte widerspruchslose Erfüllung der Befehle“* fest.

Der MfS-Leitung war an strikter Distanz zwischen Mitarbeiter und Gefangenen gelegen und weder Sympathie noch Hass war erwünscht. Anderweitiges Verhalten wurde vom Haftleiter beobachtet und kritisiert. So wurde 1986 bezüglich eines Postens kritisiert, *„dass er sehr mitteilsam ist und unbedingt stärker als bisher die notwendige Distanz zu den Inhaftierten wahren muss, um jederzeit unantastbar zu bleiben.“*[711]

Der Abteilungsleiter führte in anderen Fällen auch *„Auseinandersetzungen zu Problemen der Schwatzhaftigkeit“*[712] und wegen Alkoholismus, Kontoüberziehungen, privater *„Missachtung der Partnerbeziehungen“*. Analysiert und kritisiert wurden in diversen Jahren auch *„Sorglosigkeit und falsche Kameradschaft“* oder *„unkonzentrierte Arbeitsweise“*. Mit Dienstverweisen ging der Haftleiter auch gegen Mitarbeiter vor, die einzelne Westkontakte in Freizeit oder Familie nicht sofort meldeten.

Wie andere DDR-Arbeitskollektive betätigte sich die Haftabteilung sogar als „Patenbrigade“ einer Erfurter Schulklasse. Im Schuljahr 1985/86 handelte es sich um die Klasse 8c der POS „Ernst Schneller“. Liermann hielt dort u.a. einen Vortrag über die vermeintlich ungleich höhere Bewaffnung der westlichen Gegenseite.[713]

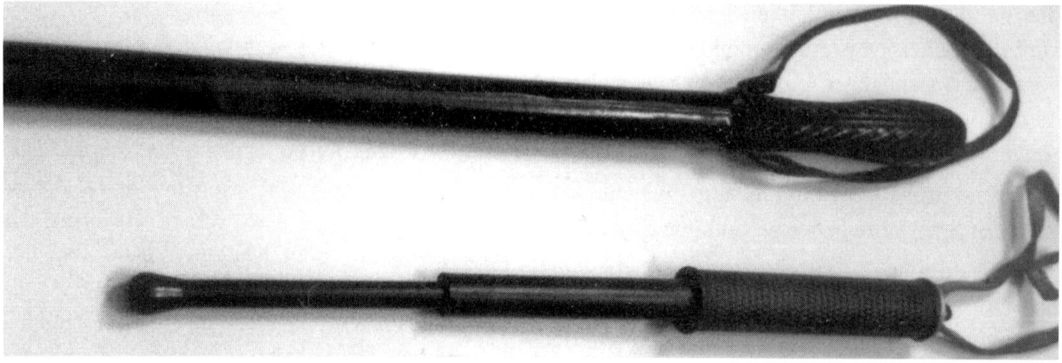

Was er und seine Kollegen an ihren Arbeitsplätzen wirklich taten, wussten ganz sicher weder die Schüler noch die Klassenlehrerin.

Informationen und Berichte

Berichte über einzelne Gefangene fertigten Haftmitarbeiter auf allen Ebenen an – dafür wurden Verhaltens- oder Führungskarteien, Beobachtungsbögen, Dienstbücher geführt. Die darin enthaltenen Informationen waren auf der Grundlage einer Dauerkontrolle, offenen Beobachtung und versteckten Bespitzelung entstanden. (s. vor allem Kapitel 10) Hinzu kamen die üblichen Berichterstattungen z.B. der Transporteure über die „Sicherung" der Verhafteten, Fahrtrouten etc., die vorrangig auf das Eigenverhalten der Haftmitarbeiter und besondere Umstände gerichtet waren.

1985 sammelten und erstellten die Haftmitarbeiter (überwiegend die Zellengang-Posten) 176 Informationen über Gefangene[714] und allein im 1. Halbjahr 1987 waren es bereits 162[715]. Über Diensthabende oder Haftleiter wurden diese Berichte häufig auch an den Vernehmer bzw. die Untersuchungsabteilung weitergeleitet.

Zusammenfassende Arbeitsberichte hingegen gehörten zum Dienstalltag des Haftleiters selbst. Darin ging es vorrangig auch um die Selbstreflexion der Arbeitsweise und die Überprüfung und Einhaltung des Haftregimes.

In den 80er Jahren erhielten die einzelnen Mitarbeiter immer wieder „Kontrollaufträge" zu verschiedensten Fragen des Haftregimes, über die sie Berichte an den Abteilungsleiter erstellen mussten, die dann hinsichtlich bestehender „Mängel" am Haftablauf ausgewertet wurden. So hatte Haftleiter Meyer in seiner „Führungskonzeption" für IV/1985 Kontrollaufträge „zur Überprüfung der Vollzähligkeit des Inventars in den Verwahrräumen" und zur „Durchsetzung der überarbeiteten Transportanweisung" oder „zur Aufbewahrung und Sicherung der Effekten" veranlasst.[716] Gesprächspunkte in den meisten Dienstbesprechungen basierten auf zuvor gezielt erstellten Berichten der Referatsleiter zum jeweiligen Thema.

Regelmäßig fanden außerdem Informationsaustausch, „Konsultationen" und Absprachen zwischen den Leitern der Haftabteilung XIV und der Untersuchungsabteilung IX statt. 1985 formulierte Haftleiter Meyer als Aufgabe dieser Abstimmung: *„Sicherung der Untersuchungstätigkeit und des operativen Untersuchungshaftvollzuges durch rechtzeitiges Erkennen und Ausräumen hemmender Faktoren"*.[717] Solche Konsultationen gab es außerdem auf der Ebene Haftanstalt und „aufsichtsführender Staatsanwalt" (also in der Regel mit dem Leiter der Abteilung I der Bezirksstaatsanwaltschaft). Weitere Besprechungen auf Leitungsebene gab es nach Bedarf – zum Beispiel mit dem Leiter des Medizinischen Dienstes oder dem für Mobilmachung zuständigen Abteilungsleiter.

17. Die U-Haft im Fall einer Mobilmachung

Wie auch für alle anderen U-Haftanstalten der Staatssicherheit gab es für das Objekt Andreasstraße 37 besondere Planungen zur Benutzung im „Verteidigungszustand", d.h. im Kriegsfall. Im Verlauf der DDR-Geschichte kam es nie, aber die „Mobilmachung", d.h. die Kriegsfall-Vorbereitung, wurde detailliert geplant, regelmäßig geprüft und aktualisiert.

Die Staatssicherheit war eine Militärorganisation und hatte für Mobilmachung und Krieg entsprechende arbeitsteilige „Hauptaufgaben":

> *„die Bekämpfung feindlicher Spionage- und Diversionszentralen, die Bekämpfung subversiver Handlungen des Gegners mit spezifischen Mitteln, die Verhinderung und Aufklärung von Staatsverbrechen und anderer Verbrechen, die auf die Lähmung der Verteidigungsbereitschaft der Deutschen Demokratischen Republik gerichtet sind."*[718]

Mit der letztgenannten Aufgabe waren – sofort bei Ausrufung des „Verteidigungszustandes" – auch größere Festnahmeaktionen verbunden. Vorbeugend sollten mehrere definierte Personenkreise als potenzieller Gegner verhaftet und an möglichen Kriegshandlungen für die Gegenseite gehindert werden. Dafür gab es mehrere Personen- und Haftkategorien. Die Führung der konkreten Namenslisten zu den einzelnen Kategorien wurde in der Bezirksverwaltung unter Federführung der „Arbeitsgruppe des Leiters" (AGL) und in Absprache mit den Kreisdienststellen stets aktualisiert.

Zur langfristigen Mobilmachungsplanung gehörten auch Festlegungen sowie Personal- und Materialplanungen über die Haftorte, an denen diese Personenkreise längerfristig gefangengehalten werden sollten.

Es gab die Kategorien „Gefängnishaft", „Internierung" (für hier reisende Ausländer) und „Isolierungslager". Das Erfurter Haftgebäude in der Andreasstraße war zum Einsatz vorgesehen – sowohl für Gefängnishaft laut Kennziffer „4.1.1." wie auch als Isolierungslager laut Kennziffer „4.1.3.".

<u>Zur Kennziffer 4.1.1. – Gefängnishaft</u>

Unter der Kennziffer-Vergabe 4.1.1. war folgender Personenkreis bei Mobilmachung zur sofortigen Festnahme und Inhaftierung im Zellentrakt der Erfurter MfS-Haftanstalt vorgesehen:

> Verurteilte „Staatsverbrecher"
> Führungskräfte feindlicher Gruppen,
> „unverbesserliche" Gegner und
> Verdächtige staatsfeindlicher Handlungen.

Welche Personen das in den Mobilmachungsplänen einzelner Jahre waren, lässt sich heute nur schwer rekonstruieren. Bürger, die in den Schlussberichten „ihrer" Untersuchungs- oder Beobachtungsakten die Kennziffernotiz „4.1.1." finden, waren (zumindest zeitweise) eindeutig dafür vorgesehen.

Auch die MfS-U-Haftanstalt Andreasstraße selbst sollte dann sofort in den *„Verteidigungszustand überführt"* werden – der Tarnname dafür lautete „Aktion Gitter". Die Planungsunterlagen und Befehle dafür lagen in den Schubladen bereit. Von 1984 stammte der bis zum DDR-Ende gültige maßgebliche Befehl vom Bezirks-Chef Schwarz. Darin heißt es u.a.[719]:

> *„Kontrollkennwort: Zwiebellauch*
> *Kontrollkenngruppe: kamk*
>
> *Zur Realisierung der Maßnahmen der Kennziffer 4.1.1. befehle ich:*
>
> *1) Der Beginn der Aktion „Gitter" ist entsprechend Funk/FS, Punkt 1 und 16 Stunden nach*

SCHEMA der Alarmierung

Abteilung XIV

BStU 000057

Alarmieren Sie telefonisch mit dem Text:
„Kommen Sie unverzüglich zur Dienststelle!"

lfd. Nr.	Dienststellung	Dienstgrad	Name, Vorname	Telefon
1	Stellv. Abt. XIV	Genosse	Liermann	[redacted]
2	Beauftragter XIV	Genosse	Lanz	[redacted]
3	Stellv. Abt. IX oder	Genosse	[illegible]	[redacted]
4	Stellv. Abt. IX	Genosse	Brayer	[redacted]
5	Stellv. Abt. XX oder	Genosse	Moser	[redacted]
6	Beauftragter XX	Genosse	Koch	[redacted]
7	Stellv. Abt. XII oder	Genosse	Engler	[redacted]
8	MA Abt. XII	Genosse	Radoi	[redacted]

Nach Beendigung der Alarmierung ist dem ODH der BV telefonisch Meldung über die erreichten Genossen der einzelnen Diensteinheiten zu erstatten.
Tel. Nr. 28 59

- 14 - GVS Eft 0020 51/88

Überführungskomplex Nr.	Aufgabe / Maßnahme	Durchzuführen durch	ZW / ZA mit	erfaßt im „Plan der Maßnahmen"	Zeit der Durchführung
1	2	3	4	5	6
0411	Vorbereitung der Kräfte und Mittel zur Realisierung der spezifisch-operativen Vorbeugungsmaßnahmen - Festnahmen und Isolierungen - Einweisung der geplanten Kräfte - Bildung von Reservegruppen - Bereitstellung der Kfz.-u. op. Technik	Leiter I-Ob[illegible] op. [illegible] gr[illegible] I-[illegible]kt	op. Stabsgr. BV Abt. IX RD	PdM Leiter I-Objekt	
0420	Vorbereitung/Herstellung der Aufnahmebereitschaft der UHA und der Isolierungseinrichtungen	[illegible]iter DE [illegible].Stabsgr. Ref.op.Voll. u. Mat.te. Sicherst.	op. Stabsgr. BV Abt. IX	PdM op. Stabsgruppe PdM OpD der DE PdM Referatsleiter spezif.-op. DE	
0430	Organisation des Zusammenwirkens bei der Vorbereitung der Maßnahmen der Internierung	Leiter DE op. Stabsgr.	BdVP/UHA-MdI	PdM op. Stabsgruppe PdM OpD der DE PdM Referatsleiter spezifisch-op. DE	
0431	Einweisung der für Aufgaben im Rahmen der Internierung geplanten op. Kräfte	op.Stabsgr. I-Objekt	op. Stabsgr.BV	PdM Leiter I-Objekt	
0440	Realisierung der spezifisch-operativen Vorbeugungsmaßnahmen - Festnahmen - - Einsatz der Festnahmegruppen - Einlieferung in die UHA und Übergabe der Dokumente	Leiter DE op. Stabsgruppe	op. Stabsgr.BV Abt. IX Abt. VIII	PdM OpD der DE PdM Referatsleiter spez.-op.DE (Vollzug/Transport)	

BStU 000014

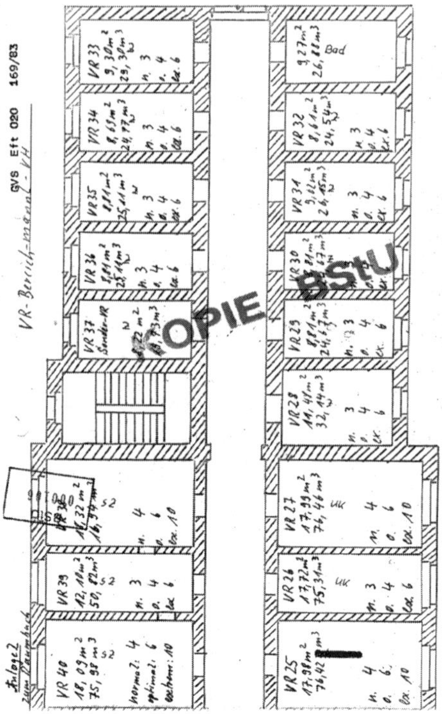

Dienstunterlagen der Haftabteilung XIV, BStU Erfurt

Beginn abzuschließen. Die Überführung der festgenommenen Personen in die Haftanstalt Erfurt hat in eigener Zuständigkeit zu erfolgen. Es sind alle Vorkehrungen zur Sicherung zu treffen, um ein mögliches Ausbrechen oder Flüchtigwerden Festgenommener zu verhindern.

2) Die Aktion ist schlagartig und konspirativ durchzuführen.

3) Nach Beginn der Aktion hat ihr Stabschef stündlich telefonisch ... zu berichten.

4) Nach flüchtigen bzw. nicht auffindbaren Personen ist eine sofortige Fahndung einzuleiten.

Schwarz – Generalmajor-"

Zu diesem Zweck umfassten die Planungen eine Erhöhung der Zellenzahl und der Belegungsdichte der Haftzellen. Die gewöhnliche Maximal-Belegung der bereits in Nutzung befindlichen Haftzellen von 96 Gefangenen sollte dann auf 136 erweitert werden – offenbar entsprach dies der bei Mobilmachung eingeplanten Inhaftiertenzahl. Um diese hohe Gefangenenzahl in den ca. 22 Haftzellen unterzubringen, betrachteten es die Verantwortlichen als „*notwendig, die Stahlbetten aus den VR zu entfernen und Liege- bzw. Schlafmöglichkeiten mittels Aufleger auf dem Fußboden zu schaffen (sog. Bodenschläfer)*".[720]

In den regulär bereits für vier Häftlinge eingerichteten 8,8-m²-Zellen sollten dann fünf bis sechs Menschen ganztägig eingesperrt werden. Und in die etwas größeren für regulär sechs Häftlinge wären dann zehn bis zwölf Personen unterzubringen gewesen. Rechneten diese Planungen Mitte der 80er Jahre mit 136 Gefangenen, so war man in den 70ern noch von 150 Inhaftierten ausgegangen.

Die Gesamt-Kapazität der Kriegsfall-Haftanstalt sollte jedoch für insgesamt 200 Inhaftierte ausgelegt sein. Realisiert werden sollte das dadurch, dass die als Diensträume umfunktionierten Zellenflügel-Räume wieder zu Haftzellen würden. Den Zusatzraum wollte man auch durch engere Verlegung der strafgefangenen Frauen und männer erreichen, wodurch drei Räume frei würden, ebenso durch Umfunktionierung des Dienstzimmers vom Referat Transport.

Für alle Haft- und Zusatz-Haftzellen lagen entsprechende Matten sowie eine Grundausstattung für insgesamt 200 Häftlinge lagen in der Zelle 17 und in den Kellern des Bezirksgerichts, die das Erfurter MfS nutzte, bereit.

Neben diesen Vorbereitungen gab es auch noch Planspiele für 300 Inhaftierte, was aber eine Auslagerung der Polizei-Haftanstalt bedingte. In den Planungsunterlagen 1983 bat Haftleiter Meyer darum, dass er bei Mobilmachung das gesamte Gebäude erhalte und die Polizeihaft nach Gotha (oder nach Ichtershausen oder Gräfentonna) verlagert würde. Dann könne er sogar über 400 Gefangene übernehmen.[721]

Da bei Mobilmachung geplant war, dass einige MfS-Haftmitarbeiter der Abteilung XIV zum Betreiben des Isolierungslagers (s.u.) abkommandiert würden, sollte die Haftmannschaft mit 58 Reservisten aufgefüllt und erweitert werden.

<u>Kennziffer 4.1.3. – Isolierungslager</u>

Die Kategorie Isolierungshaft – 4.1.3. – hatte man sich ausgedacht:

> für Personen, deren politische Zuverlässigkeit nicht gewährt ist und bei dem Verdacht, dass sie eventuell negativen ideologischen Einfluss auf die Bevölkerung erlangen könnten.

In der Andreasstraße war neben der Gefängnishaft aber auch die Inhaftierung von „Isolierten" vorgesehen. Das dafür neu zu schaffende Isolierungslager sollte vom Stellvertreter des U-Haft-Leiters sowie von 3 Mitarbeitern der Abteilung, 8 MfS-Mitarbeitern und von 32 Reservisten übernommen werden.[722] Neben einem Transportkommando, dem Erkennungsdienst, technischen Diensten sowie einem Arbeitsorganisator für die Isolierten sollte es einen Führungsstab von 4 Mitarbeitern geben sowie 21 Mitarbeiter im Außenpostenbereich und 10 Kontrollposten im Innenbereich.

Aufgabe der Mitarbeiter in beiden Objekten war die sofortige Übernahme der Verhafteten von den Festnahmekommandos, einschließlich einer Aufnahmeprozedur. Die „kasernierte" Unterbringung von Mitarbeitern und Reservisten war bei Mobilmachung zwar generell vorgesehen, doch die Planspieler der Erfurter MfS-Bezirksverwaltung verzichteten darauf – „zugunsten" höherer Häftlingszahlen.

Isolierungslager waren in mehreren Kreisen des Bezirks vorgesehen, teilweise in Turnhallen oder Schulobjekten. In Weimar sollten zum Beispiel in der VP-U-Haftanstalt Zellen für 40 isolierte Männer und Frauen umfunktioniert werden. Diese Vereinbarung jedenfalls wurde noch nach den Kommunalwahlen 1989 (!) zwischen dem MfS-Kreisdienststellenleiter Weimar und dem Leiter der VP-U-Haft getroffen.[723]

<u>Militärische Objekt-Sicherung im Kriegsfall</u>

Für „Spannungsperioden" und auch im „Verteidigungszustand" hatten die verantwortlichen MfS-Offiziere eine verstärkte militärische Objekt- und Außensicherung ausgeklügelt und geplant. Dabei verbanden sich – aufgrund der engen räumlichen Nachbarschaft – die Objektsicherung der MfS-Bezirksverwaltung mit der der MfS-Haftanstalt.

Die Bezirksverwaltung als Ganzes sollte durch ein großräumiges „Verteidigungsobjekt" mit vier Sektoren militärisch gesichert werden.

Das Haftgebäude war (zusammen mit dem Gerichtsgebäude am Domplatz) als „*Verteidigungssektor II*" vorgesehen.[724] Als Leiter dieses Sektors sollte der Haftleiter (=Leiter der Abteilung XIV) fungieren. Im Haft- und vom Gerichtsgebäude, das ebenfalls in diesen Sektor fallen sollte, sowie im Hofbereich waren sechs

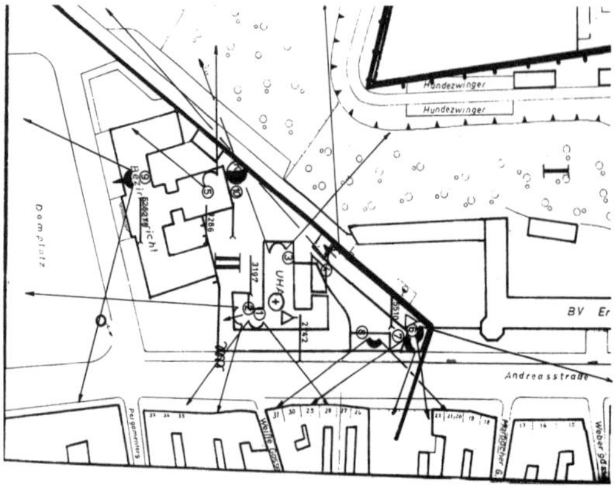

Verstärkte Sicherung - Sektor II

KPP - Posten Nr. VI Stärke: 1 Gen.VP Bew.: 1 Pist.

Postenbereich
Eingang zum Bezirksgericht, Zi. 65

Aufgabe
Exakte Kontrolle des ein-und ausgehenden Personenverkehrs im Bezirksgericht. Unkontrolliertes Eindringen bzw. Verlassen des Bezirksgerichts nicht zulassen, wenn notwendig mit der Waffe verhindern. Beobachtung des gesamten Domplatzes hinsichtlich feindlicher Aktivitäten.

Munitionsversorgungspunkt:	Waffenkammer UHA-VP
Med. Versorgungspunkt:	Med. Dienst der UHA
Versorgungspunkt:	Speiseraum der UHA
Ruheraum:	Sportraum der VP
Sektorenleiter:	Leiter UHA-MfS, Tel. 2140
Leiter der verst. Sicher.:	Objektkommandant, Tel. 3220

GVS Eft 0005-246/82a - 13 -

KOPIE BStU

BStU 000079

BStU 000102

Bezirksverwaltung für Staatssicherheit Erfurt
Abteilung XIV

Erfurt, 4. Juli 1983

Geheime Verschlußsache
GVS-o020
BVfS Eft-Nr.: 169/83
2. Ausf. Bl. 1 bis 6

Auskunftsbe[redacted]
[redacted]ber

die Sch[redacted]von zusätz[redacted]n Haftraum in einer Spannungsperiode[redacted]er dazu b[redacted] vorhandenen notwendigen Voraussetzun[redacted]n.

KOPIE BStU

Leiter der UHA

i.V.
Meyer
Oberstleutnant

Dienstunterlagen der Haftabteilung XIV, BStU Erfurt

MPi-Stellungen (1-2 Maschinenpistolen) und drei LMG-Stellungen (1 Leichtmaschinengewehr und 1 Maschinenpistole). Hinzu kam ein „Kontrollpassierposten" (=Objektzufahrt Bechtheimer Straße, aus Richtung Domplatz, 2 Maschinenpistolen), der von der Polizei übernommen würde (ebenso wie einige Polizisten, die dem Sektorenleiter unterstellt worden wären).[725] Zum Schussfeld gehörten südwärts das Denkmal und die Haltestelle Domplatz, ostwärts die Pergamentergasse, Marbacher und Weiße Gasse, sowie westwärts die Domgärtnerei und der Hang zum Petersberg.

Diese militärischen Vorbereitungen waren durchaus auch dazu geeignet, in innenpolitischen „Spannungsperioden" weite Teile des Domplatzes zu beschießen.

18. Das endliche Ende und MfS-Planspiele Herbst 1989

„Die hohen Belegungszahlen der letzten Zeit haben uns sehr viel abverlangt, neue Aufgaben der Amnestie und die gegenwärtige Lage weisen nachdrücklich darauf hin, es ist nicht das Ende der Belastungen in Sicht. Bestimmte Kräfte werden zur Konfrontation ermuntert. ... Unsere Partei muss das volle Vertrauen wiedergewinnen, die Einschätzung war vor kurzer Zeit noch undenkbar.“[726]

Am 30. Oktober führte Haftanstaltsleiter Meyer seine letzte reguläre Dienstbesprechung durch. Er sagte das oben Zitierte und agierte damit im Sinne noch herrschender Durchhalteparolen. Anschließend gingen er und seine Referatsleiter zur „Tagesordnung“ über: die Abteilungsfeier, erhöhte Gehaltseinstufungen für 1990, das neuerdings erheblich verbesserte Gefangenenessen. In diesem Moment befanden sich noch 18 politische Gefangene in den Erfurter MfS-Haftzellen – Anfang Oktober waren es sogar über 100 gewesen.

Zu dieser Zeit waren 41 MfS-Angehörige mit der Bewachung und Verwaltung der MfS-Haft Andreasstraße befasst. Weitere 45 Hauptamtliche saßen im Vorderflügel des Haftgebäudes an den laufenden politischen Strafverfahren (Abt. IX). Allein diese 96 im Gebäude tätigen MfS-Mitarbeiter (von fast 3000 im ganzen Bezirk Erfurt) arbeiteten monatlich etwa 15.000 Arbeitsstunden und kosteten bloß in dem einen Monat November 1989 netto 166.800 Mark an Arbeitslöhnen, jährlich also um zwei Millionen.

Ab Mitte Oktober 1989 gingen die Erfurter Inhaftiertenzahlen schrittweise zurück und Mitte November gab es in der Andreasstraße keine MfS-Gefangenen mehr:

2.10.	106	(88 Mä./18 Frauen)
3.10.	96	(84/12)
6.10.	92	(81/11)
9.10.	97	(85/12)
12.10.	89	(79/10)
13.10.	81	(72/ 9)
18.10.	60	(56/ 4)
19.10	54	(51/ 3)
20.10.	51	(48/ 3)
25.10.	38	(36/ 2)
27.10.	29	(28/ 1)
30.10.	18	(18/ 0)
31.10.	14	(14/ 0)
3.11.	4	(4/ 0)
10.11.	2	(2/ 0)
16.11.	0	

Erst die letzten 20 Inhaftierten dürften aufgrund der Amnestie des Staatsrats vom 27. 10. freigelassen worden sein.

Zu den fünf letzten freigelassen politischen Häftlingen gehörte ein Schlosser aus Bad Langensalza, der fünf Wochen wegen seines Übersiedlungswunsches in den Westen eingesperrt gewesen war. Das Entlassungsgespräch mit ihm muss so streng gewesen sein, dass er

„erklärte, keine Beschwerden vorbringen zu wollen, keine Ansprüche gegenüber dem Untersuchungsorgan bzw. der Untersuchungshaftanstalt zu stellen“[727].

Nachdem im November in der Hauptabteilung IX ein verharmlosendes Rechtfertigungs-Pamphlet[728] erstellt und mit untypischen (kriminell und gewaltvoll) gefärbten Fallbeispielen ausgeschmückt worden war, schrieb im Januar 1990 auch der Erfurter Haftleiter Meyer ein Erklärungspapier.[729] Er behauptete darin ganz im Duktus einer angeblich rechtschaffenen Korrektheit zahlreiche Verharmlosungen und auch

Dienstunterlagen der Haftabteilung XIV, BStU Erfurt; Erfurter Stasi-Besetzung Foto: Wolfgang Hase, 1989

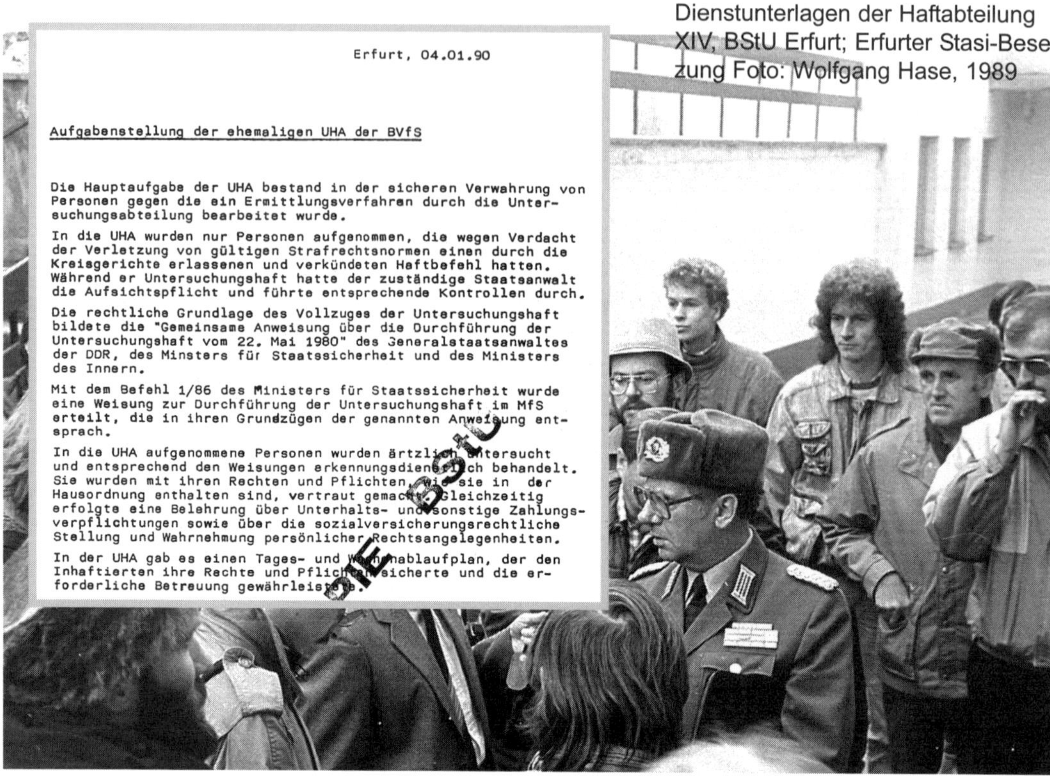

Erfurt, 04.01.90

Aufgabenstellung der ehemaligen UHA der BVfS

Die Hauptaufgabe der UHA bestand in der sicheren Verwahrung von Personen gegen die ein Ermittlungsverfahren durch die Untersuchungsabteilung bearbeitet wurde.

In die UHA wurden nur Personen aufgenommen, die wegen Verdacht der Verletzung von gültigen Strafrechtsnormen einen durch die Kreisgerichte erlassenen und verkündeten Haftbefehl hatten. Während er Untersuchungshaft hatte der zuständige Staatsanwalt die Aufsichtspflicht und führte entsprechende Kontrollen durch.

Die rechtliche Grundlage des Vollzuges der Untersuchungshaft bildete die "Gemeinsame Anweisung über die Durchführung der Untersuchungshaft vom 22. Mai 1980" des Generalstaatsanwaltes der DDR, des Minsters für Staatssicherheit und des Ministers des Innern.

Mit dem Befehl 1/86 des Ministers für Staatssicherheit wurde eine Weisung zur Durchführung der Untersuchungshaft im MfS erteilt, die in ihren Grundzügen der genannten Anweisung entsprach.

In die UHA aufgenommene Personen wurden ärztlich untersucht und entsprechend den Weisungen erkennungsdienstlich behandelt. Sie wurden mit ihren Rechten und Pflichten, wie sie in der Hausordnung enthalten sind, vertraut gemacht. Gleichzeitig erfolgte eine Belehrung über Unterhalts- und sonstige Zahlungsverpflichtungen sowie über die sozialversicherungsrechtliche Stellung und Wahrnehmung persönlicher Rechtsangelegenheiten.

In der UHA gab es einen Tages- und Wochenablaufplan, der den Inhaftierten ihre Rechte und Pflichten sicherte und die erforderliche Betreuung gewährleistete.

Lügen. So hieß es unter anderem:

> es *„...wurden nur Personen aufgenommen, die ... einen durch die Kreisgerichte erlassenen und verkündeten Haftbefehl hatten“* oder es wurden *“erforderliche fachärztliche Vorstellungen im staatlichen Gesundheitswesen ... gewährleistet”.*

Zu diesem Zeitpunkt waren die meisten seiner Mitarbeiter aber schon wohlbehalten unter den Ägiden des Polizei-Haftvollzugs in die Versenkung verschwunden.

Ende 1989 hatte sich nicht nur die politische Machtfrage täglich weiter zugespitzt, sondern es überschlugen sich gleichzeitig auch eifrige Reformbemühungen innerhalb der Staatssicherheit (v.a. auf zentraler Ebene). Das MfS versuchte sich erst erfolglos mit der Umetikettierung als “Amt für Nationale Sicherheit (AfNS)” zu retten, schmiedete bald aber weitere Plane für einen „Verfassungsschutz“. Die liefen auch darauf hinaus, Kernbereiche einer politischen Geheimpolizei durch das Abwerfen „heißer Kartoffeln“, d.h. umstrittenster öffentlich bekannter Tätigkeiten zu bewahren – dazu gehörten in erster Linie die allseits bekannten, regionalen Strukturen der Kreisdienststellen und die Haftanstalten.

Stasi-Planspiele für politische Haft

In der Berliner Zentrale der Staatssicherheit entstand im Oktober relativ schnell der Konsens, die U-Haftanstalten der Bezirke ans Innenministerium zu übergeben – möglichst samt „Mann und Maus“, samt Inventar und Mitarbeitern. In den Berliner Planungen stand im November 1989 in der mittelfristigen Planung:

> *„Übergabe der Untersuchungshaftanstalten der Bezirksämter für Nationale Sicherheit in die Rechtsträgerschaft der zuständigen Bezirksbehörden der Deutschen Volkspolizei. Der Mitarbeiterbestand der Untersuchungshaftanstalten ist in die DVP zu überführen.“*[730]

Das in seiner genauen Ortslage noch weitgehend unbekannte Zentralgefängnis Berlin-Hohenschönhausen sollte allerdings beim reformierten „Amt für Nationale Sicherheit" bleiben.

Zwei Wochen nach Maueröffnung verfasste der Zentrale Gefängnisdirektor von Hohenschönhausen, Rataizick, einen Personalplan für diese künftige U-Haft der MfS-Nachfolgeorganisation, worin er immerhin noch ganze 117 Mitarbeiter für den Weiterbetrieb dieser politischen Sonderhaft vorsah.[731]

Was sich in den letzten Tagen im November und Dezember in den Mitarbeiterbüros beider Haftanstalten abspielte, ist nicht genau bekannt. Am 4. Dezember forderten und erhielten protestierende Bürger Einlass in das Haftobjekt. Ein Teil der Haftunterlagen wurde sichergestellt, die leeren Haftzellen wurden mit MfS-Aktenmaterial, das aus den Kreisdienststellen nach Erfurter gebracht worden war, gefüllt und von der Bürgerwache versiegelt und kontrolliert.

Stasi-Planspiele für politische Strafverfahren

Die Tatsache, dass die Erfurter und die anderen regionalen Untersuchungs-Haftanstalten ein schnelles plötzliches Ende fanden, bedeutete nicht, dass die Stasi-Oberen genauso schnell bereit waren, die Kompetenzen zur geheimpolizeilich-politischen Strafmaßregelung komplett aus der Hand zu geben. Man ging allerdings von einer Auflösung der Bezirks-Untersuchungsabteilungen bzw. von deren Reduzierung auf einzelne dienstleistende Untersuchungshandlungen für die fortan zentral geführten Straf- und Untersuchungsverfahren aus.

Als Perspektive für die Untersuchungsabteilungen sah man in der MfS-Zentrale am 10. November zwei Optionen: das Weiterbestehen als AfNS-Untersuchungsabteilung oder die formale Zusammenführung des bisher getrennt bei Staatssicherheit, Polizei und Zoll tätigen Untersuchungspersonals zu einem übergreifenden Untersuchungsorgan für schwere Kriminalität – mit einer Abteilung für „Nationale Sicherheit".

Am 20. November hatte die Haupt-Untersuchungsabteilung – jenseits aller Gesetzgebung und Justiz – festgelegt, dass sie auch künftig durchaus noch allerhand politische Straftaten zu verfolgen gedachte. Nämlich:

„straftatverdächtige Handlungen ..., die die nationale Sicherheit beeinträchtigen können. Das sind insbesondere:

- Verbrechen gegen die Souveränität der DDR, den Frieden, die Menschenrechte und (!) die Menschlichkeit,

- Handlungen gegen ... Volksvertretungen und ihre Organe sowie ... Auslandsvertretungen und ausländische Repräsentanten,

- Spionage und schwerer Geheimnisverrat,

- Fortsetzung der Tätigkeit von Vereinigungen, die gerichtlich als verfassungswidrig eingestuft wurden sowie Wirken in kriminellen Vereinigungen,

- Nazi- und Kriegsverbrechen, ... Verherrlichung von Faschismus und Militarismus sowie Integration in faschistischen, rassistischen und militaristischen Zusammenschlüssen,

- Terror, Diversion sowie Aufwiegelung zu verfassungswidrigen Gewaltakten,

- Herbeiführung bedeutender Schäden in der Volkswirtschaft, im Verkehrs-, Post- und Fernmeldewesen,

- Korruption und Amtsmißbrauch bedeutenden Ausmaßes,

- Straftaten gegen die Landesverteidigung, für die die Militärabwehr zuständig ist, und Straftaten gegen die Schutz- und Sicherheitsorgane,

- Menschenhandel und schwerer Fall der Gefährdung der Grenzsicherheit,

- bandenmäßig organisierte Straftaten, insbesondere mit grenzüberschreitender und gewaltorientierter Begehungsweise,

- von Angehörigen des AfNS begangene Straftaten."[732]

Der Katalog wurde glücklicherweise schnell Makulatur. In späteren Kompetenzrettungsversuchen entdeckten die Stasi-Oberen ausgerechnet jene Nazi-Straftaten wieder neu für sich, die 1947ff. schon eine Rolle zur Etablierung eines „besonderen Strafrechtes" gespielt hatten, zu denen es aber nur zu wenig zögerlichen Strafprozessen in den 60ern gekommen war.

Dieser Umzug erfolgt mit der „grünen Minna“

Nach 120 Jahren schließt das Gefängnis / Verlegung im Sommer

ERFURT. Jeder spricht drüber – die Gefangenen wie auch die Vollzugsbeamten: Die Thüringer Gefängnisse werden neu strukturiert – und dabei das Erfurter geschlossen. Mit der Belegung des neugebauten Hochsicherheitstraktes in Gräfentonna ab Juni folgt für die Häftlinge der acht derzeitigen Justizvollzugsanstalten eine Verlegung. Hinter dem Wohin steht allerdings ein großes Fragezeichen. Dabei sind die Strafgefangenen in die Vorbereitungen schon lange einbezogen. In der großen Tischlerei der Justizvollzugsanstalt Untermaßfeld fertigten Gefangene das Mobiliar für Gräfentonna. Von Goldlauter aus, wo die Sachen zwischengelagert wurden, erfolgt nun der Transport nach Gräfentonna, auch die Montage durch Gefangene, die bereits im Freigang sind. So sprach sich schon herum, dass die neue Anstalt mit ihren vier Hafthäusern bessere Bedingungen bietet, z. Einzelzellen für die langjährigen Verurteilten. (Übrigens wird diesen Samstag von 9 - 16 Uhr und Sonntag von 10 - 15 Uhr zum Tag der offenen Tür in Gräfentonna eingeladen.)

An dem neuen Vollstreckungsplan wird im Justizministerium allerdings noch „gefeilt“. Mit der Schließung in Erfurt wird auch die Außenstelle Gotha aufgelöst, während das Weimarer Gefängnis der Jugendhaftanstalt Ichtershausen zugeordnet wird. Von den derzeit 165 Erfurter Häftlingen ziehen bisher nur die Sexualstraftäter in die sozialtherapeutische Abteilung nach Gräfentonna um. Die vielen Geldschuldner im Erfurter Gefängnis dagegen brauchen keinen Hochsicherheitstrakt.

Viel Gepäck wird beim Umzug übrigens nicht anfallen. Die Häftlinge haben ein paar persönliche Sachen, das alte Mobiliar des Erfurter Gefängnisses wird zumeist entsorgt. Für die brauchbaren Stücke z. B. aus den Büros liegen bereits Anfragen von anderen Anstalten vor. Bleiben die Archiv-Akten. Auch was künftig mit dem Backstein-Gebäude an der Andreasstraße wird, ist unklar. Anstaltsleiterin Anette Brüchmann verweist hier auf die Zuständigkeit des Staatsbauamtes, das bereits eine Begehung durchführte.

Die Häftlinge haben vor dem Umzug durchaus auch Ängste – ganz ganz lebenspraktischer

VORBEI: Erfurts Gefängnis schließt. TA-Foto: R. EHRLICH

Art. Ihre Angehörigen wollen wissen, wie das mit den Besuchszeiten ist, wohin sie künftig fahren müssen. Eine oft gestellte Frage bei den Verlegungsgesprächen wird die nach Arbeit sein. Das strukturiert den Tagesablauf und ermöglicht einen Zuverdienst. Fest steht erst mal nur, dass in diesen Tagen bereits etliche Freizeitangebote eingestellt werden. Das betrifft Musik und Sport ebenso wie den Malzirkel. Denn an den Sicherheitsbestimmungen und dem Dienstplan gibt es keine Abstriche, auch wenn ein Teil der Vollzugsbeamten bereits in der JVA Tonna eingearbeitet wird. Diese kommen größtenteils aus der Erfurter Anstalt, wie z. B. Vollzugsdienstleiter Hans-Joachim Glöckner. Für ihn ist es eigentlich eine Rückkehr nach Gräfentonna, wo er auch wohnt und bis zur Schließung der Anstalt nach der Wende arbeitete. Jetzt wird sein Arbeitsweg kürzer und die übersichtlichen, abgeschlossenen Haftbereiche wie auch die Sozialräume für die Beamten verbessern die Arbeitsbedingungen, was das vom Zahn der Zeit gezeichnete Erfurter Gefängnis nicht hergab. Dafür war Erfurt halt kleiner.

Auch Abteilungsdienstleiter Eugen Markert wird nach Gräfentonna versetzt. Die Ausschreibung der Stellen unter den Justizvollzugsbeamten erfolgte schon vor Monaten, zumeist meldeten sich Beamte aus der Region – aber auch aus anderen Haftanstalten. Und Gräfentonna wird vielen jungen Beamten einen Arbeitsplatz bieten.

Die Erfurter dagegen verlieren nach über 100 Jahren „ihr“ Gefängnis. Laut Stadtarchivunterlagen soll es mit dem Landgericht um 1879 gebaut worden sein. „Und man sollte gar nicht denken, wie sehr es im Bewußtsein der Erfurter und zu ihrer Stadtgeschichte eigentlich dazu gehört hat“, entnahm Anstaltsleiterin Anette Brüchmann einigen diesbezüglichen Anfragen.

Ina PELNY

STICHWORT

Erfurter Stasi-Besetzung Foto: Wolfgang Hase, 1989, Zeitungsartikel, Thüringer Allgemeine

Daneben gab es jene Mitarbeiter der Untersuchungsabteilungen, die sich zaghaft an die Stimmung im Lande anpassen und selbst aus allen Affären ziehen wollten, indem sie sich als nur korrekte Anwender eines falschen Strafrechtes darstellten und in internen Diskussionen äußerten, dass das politische Strafrecht

> *„in politisch völlig unverantwortlicher Weise zur Regelung von politischen und gesellschaftlichen Problemen und Widersprüchen benutzt (wurde), die man nicht mit Strafen, sondern nur, wie sich inzwischen herausgestellt hat, durch die Umgestaltung der Gesellschaft selbst lösen kann.“*[733]

Ihre Pseudo-Selbst-Kritik bezog sich auf ihre folgenden strafrechtlichen Aktivitäten:

> *„- relativ geringfügige Aktivitäten von DDR-Bürgern zur Durchsetzung ihrer Übersiedlungsbestrebungen in das kapitalistische Ausland,*
>
> *– ungesetzliche Grenzübertritte, die teilweise als Verbrechen geahndet wurden,*
>
> *– Meinungsäußerungen und Aktivitäten politisch anders denkender Bürger sowie die Teilnahme an staatlicherseits nicht zugelassenen Demonstrationen.“*[734]

\- - - - - - - -

Nach Gründung des Freistaates 1990 bis 2002 wurde das Haftgebäude Andreasstraße als Thüringer Justizanstalt weitergenutzt. Nach einer Zwischenphase des Leerstandes entstanden mangels einer Nachfolgenutzung Abrisspläne.

Für den Sommer 2005 gelang die Umsetzung der Idee des Thüringer Künstlers Manfred May zu einer Kunstausstellung „Einschluss“, die sich mit dem „Historischen Ort MfS-Haftanstalt“ und dessen Aufarbeitung verknüpfte. Land und Stadt bekannten sich zum Erfordernis einer Gedenkstätte im Sinne eines Ortes rechtsstaatlich-demokratischer Bildung und eines Erinnerungsortes. Folgeausstellungen „Einschluss II – 2006“ und „Einschluss III – 2007“ sind Kunstausstellungen, die gleichzeitig provisorische Gedenkstättenaufgaben ausfüllen und hoffentlich in naher Zukunft in eine authentische, mit Respekt und Interesse vielbesuchte Thüringer Gedenkstätte führen. Weit über 100 ehemalige Gefangene stehen Ende 2006 inzwischen im Kontakt mit den Beförderern einer Gedenkstätte.

Abkürzungen

AfNS	Amt für Nationale Sicherheit
AG	Arbeitsgruppe
AKG	Auswertungs- u. Koordin.gruppe
AS	Allgemeine Sachablage
ABV	Abschnittsbevollmächtigter
BDVP	Bezirksbehörde der Volkspolizei
BStU	Bundesbeauftragte f. Stasi-Unterlag.
BV	MfS-Bezirksverwaltung (Erfurt)
DA	Dienstanweisung
DVP	Deutsche Volkspolizei
EV	Ermittlungsverfahren (s. UV)
FDJ	Freie Deutsche Jugend
GKS	Geheime Kommandosache
GMS	Gesellsch. Mitarbeiter Sicherheit
GVS	Geheime Verschlusssache
GI	Geheimer Informator
GK	Grenzkompanie
GüSt	Grenzübergangsstelle
HA	Hauptabteilung
HO	Hausordnung
IGA	Internat. Gartenbauausstellung
IH	Inhaftierte(r)
IM	Inoffizieller Mitarbeiter
IX	Nr. der Abteilung/Hauptabteilung/ Linie Untersuchung
JHS	Juristisch Hochschule des MfS
KD	Kreisdienststelle
KSA	komplexe Sicherungsanlage
K/S od. KuSch	Abt. Kader und Schulung
KSZE	Konferenz zur Sicherheit und Zusammenarbeit in Europa (1975)
LPG	Landwirtsch. Prod.genossenschaft
MfS	Ministerium für Staatssicherheit
MdI	Ministerium des Innern
MGB	sowj. Staatssicherheit ab 1947
MTS	Maschinen- u. Traktorenstation
NVA	Nationale Volksarmee
NKWD	sowj. Militärpolizei bis 1947
ODH	Operativer Diensthabender
OpD	Operativer Diensthabender
OPK	Operative Personenkontrolle
OV	Operativ-Vorgang
s.	siehe
SG	Strafgefangene(r)
SGAK	Strafgefangenen-Arbeitskommando
SMA	Sowjet. Militäradministration
StÄG	Strafrechts-Änderungsgesetz (1989)
StEG	Strafrechtsergänzungsgesetz (1957)
StGB	Strafgesetzbuch
StPO	Strafprozessordnung
SuK	Sicherungs- und Kontrollposten
ThHStA	Thüring. Hauptstaatsarchiv Weimar
ThStA	Thüringer Staatsarchiv
TLStU	Behörde der Thüringer Landesbeauftragten für Stasi-Unterlagen
UHA	Untersuchungshaftanstalt
UHV	Untersuchungshaftvollzug
UV	Untersuchungsverfahren (s. EV)
VH	Verwahrhäftling
VIII	Nr. der Abteilung, die für Festnahmen, Hausdurchsuchung etc. zuständig war
VR	Verwahrraum, d.h. Haftzelle
VVS	Vertrauliche Verschlusssache
XIV	Nr. der Abteilung Haftvollzug
XVIII	Nr. der Abteilung Kontrolle der Wirtschaft
XX	Nr. der Abteilung zur Kontrolle von Staatsapparat, Kirche, Kultur, Jugend Sport und Opposition
ZA	Zentralarchiv
ZI	Zelleninformator

Anmerkungen

1 Herz, Andrea/ Fiege, Wolfgang, Haft und politische Polizei in Thüringen 1945 – 1952, Erfurt 2002 (erschienen in dieser TLStU-Buchreihe).

2 Es handelte sich um öffentlichkeitswirksame, schöffenlose Gerichte mit erheblichen prozessrechtlichen Einschränkungen für die Angeklagten. Sie verurteilten vor allem zu politisch motivierten NS-Gesetzen: Gesetz zur Abwehr politischer Gewalttaten, Heimtücke-Gesetz, Volks(wirtschafts)-Verrats-Gesetz, Gesetz zur Sicherung des Rechtsfriedens, Gesetz gegen die Neubildung von Parteien sowie Teile des Strafgesetzbuches, die v. a. Politiker schützen sollten. Nach Kriegsbeginn konnten die Sondergerichte Strafprozesse nach Belieben an sich ziehen. Die Tätigkeit der Sondergerichte in Thüringen bzw. in Erfurt ist weitgehend unerforscht und die erhaltene Quellenlage eingeschränkt.

3 Hermann.-J. Rupieper, Alexander Sperk (Hg.), Die Lageberichte der Geheimen Staatspolizei zur Provinz Sachsen 1933-1936, Band 3: Regierungsbezirk Erfurt, Halle 2006, s. S. 89.

4 ThStA Gotha, Landgericht Erfurt, 129, Nr. 48, o. Bl.

5 ThHStA, Land Thür., Min. f. Justiz, Nr. 300, Bl. 118.

6 Ebenda, Bl. 122.

7 Ebenda, Bl. 102.

8 Ebenda, Bl. 122ff., 117.

9 Ebenda, Bl. 68.

10 Rundverfügung 39/51 des Justizministeriums, ThStA Gotha, Landgericht Erfurt, 44, o. Bl.

11 Rundschreiben des Justizministeriums, ThHStA, Land Thür., Min. f. Justiz, Nr. 296, Bl. 111.

12 ThHStA, Land Thür., Min. f. Justiz, Nr. 300, Bl. 46.

13 Ebenda, Bl. 69.

14 ThHStA, Land Thür., Min. f. Justiz, Nr. 296, Bl 124.

15 Ebenda, Bl. 127.

16 Die 1947 zur Verfolgung von NS-Straftaten gebildeten Strafkammern (=Befehl 201) wandelten sich 1950ff. zu Kammern des politischen Strafrechts.

17 Es handelt sich hier bereits um eindeutig politische Prozesse: gegen neun Erfurter wegen Boykotthetze, 34 Thüringer „Zeugen Jehovas“ und eine Erfurterin wegen Hetze gegen die BesatzungsmachtBoykotthetze. ThStA Gotha, Landgericht Erfurt II, Nr. 300, Bl. 165 ff.

18 ThHStA, BDVP (20), Nr. 182, S. 400.

19 Bericht über die Überprüfung der UHA Erfurt auf Anordnung des stellv. Chefs, durch den Referatsleiter Strafvollzug Fabisch, 24.11.52, ThHStA, BDVP (20), Nr. 180, S. 161.

20 ThHStA, BDVP (20), 182, S. 390 ff.

21 Ausführlich zum Zustandekommen dieser besonderen Befugnisse und zum Entstehungsprozess der Thüringer Staatssicherheit aus Polizeistrukturen heraus: Herz, Andrea/ Fiege, Wolfgang, Haft und politische Polizei in Thüringen 1945 – 1952, Erfurt 2002.

22 ThHStA, Land Thüringen, Min. d. Innern, 1111, Bl. 43.

23 Manfred Thiele, Der „Fall Bockel“ 1950 in Mühlhausen, TLStU, Erfurt, 1998, S. 7ff.

24 BStU, MfS, BV Erf., KD Eisenach, Nr. 357, Bl. 19.

25 Ebenda, Bl. 19ff.

26 Koch an alle Mitarbeiter der Abteilung IX, vom 20. 9. 1951, BStU, MfS Erfurt, AS, Nr. ,

27 Menzel an die Leiter aller Kreisverwaltungen und operativen Abteilungen, betr. Festnahmen, vom 31. 1. 1951, BStU, MfS Erfurt, AS.

28 Kröber an Koch, vom 17. 1. 1952, sowie Koch an alle Mitarbeiter der Abteilung IX, vom 21. 1. 1952, BStU, MfS Erfurt, AS.

29 Ausführlicher dazu: Paul Hoffmann, Politische Todesurteile gegen Johann Muras und Ernst Wilhelm 1952 und die Rehabilitierung 1991, TLStU-Verlag, Erfurt, 2005.

30 Informatorischer Bericht (über Kommandeur Kurt Koch) der HA Personal, 11. 6. 1952, BStU, MfS, ZA, KS II 200/61.

31 Jens Giesecke, Die Hauptamtlichen Mitarbeiter der Staatssicherheit, Berlin, 2000, S. 150ff.

32 Information der Abteilung IX Erfurt, 21. 1. 1970, BStU MfS Erfurt, Abt. IX,.

33 Befehl 57/51, BStU, ZA, DSt 100013, GVS 366/51.

34 Entwurf eines Schreibens von Kröber an alle KD-Leiter, 25. 5. 1952, BStU, MfS, BV Erfurt, AS.

35 Dienstanweisung 39/53, BStU, ZA, DSt. 100101, GVS 3712/53, Bl. 2.

36 Vgl. Jörg Rudolph/Frank Drauschke/Alexander Sachse, Verurteilt zum Tode durch Erschießen. Opfer des Stalinismus aus Thüringen 1950-1953, hg. von der Thüringer Landeszentrale für politische Bildung, Erfurt, 2006. Vor 1949: Herz, Andrea/ Fiege, Wolfgang, Haft und politische Polizei in Thüringen 1945-1952, hg. v. TLStU, Erfurt, 2002.

37 MfS-Richtlinie 4 vom 6. 1. 1951, BStU, ZA, Dst. 100013, GVS 366/51.

38 BStU, MfS, ZA, AS 294/61, Bl. 77ff.

39 Aktenvermerk vom 12.5.1951, ThHStAW, Land Thüringen, Büro Ministerpräsident, Bd. 536, Bl. 1. (Die sowjetische Staatssicherheit -MGB- wurde in deutschen Dokumenten üblicherweise auch als „SKK“ bezeichnet, also „Sowjetische Kontrollkommission“, die Nachfolgeeinrichtung der nur teilweise aufgelösten SMA.)

40 ThHStAW, Land Thür., Min. f. Justiz, Nr. 217, Bl. 11.

41 Manfred Thiele, Der „Fall Bockel“ 1950 in Mühlhausen, TLStU, Erfurt 1998, S. 7f.

42 Einsatzplan des MfS für die vom 6. 11. 18,00 Uhr bis 9.11. 08,00 Uhr, vom 5. 11. 1951, BStU, MfS Erfurt, Allg. S, o. Sg., S. 2.

43 ThHStAW, Staatsanwalt des Bezirkes Erfurt, Nr. 177, Bl. 4.

44 Ebenda Bl. 3.

45 Bericht, 21. 5. 1954, BStU, MfS Erfurt, AS, Nr.

46 Strafverfahrensrecht der DDR in seiner Bedeutung für die politisch-operative Tätigkeit, insbesondere für die Untersuchungsarbeit des MfS, 1987, MfS JHS 150/87, S. 27.

47 Kleine Auswahl dazu: Weber, Petra, Justiz und Diktatur, Justizverwaltung und politische Strafjustiz in Thüringen 1945-1961, München 2000; Falco Werkentin, Politische Strafjustiz in der Ära Ulbricht; Justiz im Dienste der Parteiherrschaft. Rechtspraxis und Staatssicherheit in der DDR, hg. von Roger Engelmann und Clemens Vollnhals, Berlin 1999; Hubert Rottleuthner, Steuerung der Justiz in der DDR, hg. v. BMJ, Köln 1994.

48 Direktive Nr. 38: Verhaftung und Bestrafung von Kriegsverbrechern, Nationalsozialisten und Militaristen und Internierung, Kontrolle und Überwachung von möglicherweise gefährlichen Deutschen

49 Passgesetz von 1954. § 8 wurde 1957 erweitert durch die Ausdehnung der Strafbarkeit auf das Vorbereiten einer Flucht und die Möglichkeit von Geldstrafe.

50 Strafprozessordnung in der Fassung vom 1.1. 1949, § 96. §136 spricht dagegen in der Einzahl vom „Polizei- und Sicherheitsdienst“ mit Strafermittlungskompetenz. Vgl. dazu auch ausführlich: Johannes Beleites, Schwerin, Demmlerplatz. Die Untersuchungshaftanstalt des Ministeriums für Staatssicherheit in Schwerin, LStU MV, Schwerin 2001, S.21.

51 Bekanntmachung des Beschlusses über Maßnahmen zur weiteren Festigung der demokratischen Gesetzlichkeit (27.03.1952).

52 ThHStA Weimar, Staatsanwalt des Bezirkes Erfurt, Abt. I, Nr. 21, Bl. 70. Hervorhebung von mir. § 254 beschränkte auf das Vorlesen ausschließlich richterlicher Protokolle in Strafprozessen.

53 BStU, MfS, ZA, DST. 982/66, GVS 5065/52.

54 BStU, MfS, ZA, Dst. 100034, GVS 2565/55.

55 BStU, MfS, ZA, Dst. 100034, GVS 228/58.

56 Dienstanweisung für Vollzug und Ordnung in den U-Haftanstalten, BStU, ZA, Dst., SfS, DA 2708/55.

57 Ein neues Ordnungswidrigkeitsgesetz trat ebenfalls im Januar 1968 in Kraft.

58 BStU, MfS, ZA, HA IX, Nr. 16651, Bl. 87.

59 BStU, MfS, BV Erfurt, Abt. IX, Nr. 135, Bl. 3ff.

60 Ebenda, Bl. 5, Unterstreichung im Originaltext.

61 Ausführlich dazu: Anja Mihr, Amnesty International in der DDR. Der Einsatz für Menschenrechte im Visier der Stasi, Berlin, 2002, S. 113ff.

62 BStU, MfS, BV Erfurt, Abt. XIV, Nr. 639, Bl. 124.

63 BStU, MfS, BV Erfurt, Abt. XIV, Nr. 144, S. 88-116.

64 BStU, MfS, BV Erfurt, Abt. XIV, Nr. 468, Bl. 82.

65 BStU, MfS, BV Erfurt, Abt. XIV, Nr. 451, Bl. 17.

66 Zur weiteren konsequenten und flexiblen Anwendung des sozialistischen Rechts in der Untersuchungsarbeit (Orientierung auf der Dienstberatung des Leiters der Hauptabteilung IX am 30./31. Mai 1989), BStU, MfS, HA IX, Nr. 8318, Bl. 176.

67 BStU, MfS, BV Erfurt, Abt. IX, Nr. 268, Bl. 1ff.

68 BStU, MfS, BV Erfurt, Abt. IX, Nr. 268, Bl. 12.

[69] BStU, MfS, HA IX, Nr. 16561, Bl. 95.

[70] BStU, MfS, HA IX, Nr. 2501, Bl. 58ff.

[71] BStU, MfS, HA IX, Nr. 17674, Bl. 43.

[72] BStU, MfS, BV Erfurt, Abt. IX, Nr. 5, Bl. 1f.

[73] BStU, MfS, BV Erfurt, AS 26/63, Bd. 3, Bl. 87ff.

[74] BStU, MfS, BV Erfurt, AS 26/63, Bd. 3, Bl. 87ff.

[75] BStU, MfS, BV Erfurt, Abt. IX, Nr. 5, Bl. 3.

[76] §16(2) DDR-Staatsanwaltschaftsgesetz, April 1963.

[77] Gesetz über die Aufgaben und Befugnisse der Deutschen Volkspolizei, 11. Juni 1968.

[78] Strafprozeßrecht, Lehrbuch für Hochschulausbildung der Hochschule des MfS, Potsdam, 1987, BStU, MfS, ZA VVS JHS 0001-150/87, S. 39.

[79] Da in der DDR ja alles Öffentliche verstaatlicht war, konnte vielerlei die öffentliche Sicherheit gefährden, so dass die Spannweite polizeilicher Aufmerksamkeit ohnehin recht groß war.

[80] Das konnten als Täter MfS-Leute, IM's, Funktionäre, Geheimnisträger u.ä. sein.

[81] Wesen und Aufgaben des sozialistischen Strafrechts und der sozialistischen Kriminologie. Die Ursachentheorie und die Lehre von der Täterpersönlichkeit (Seminarplan für das Fachschul-Fernstudium), BStU, VVS JHS 172/79, S. 22.

[82] Vgl. dazu u.a. Studienanleitung: Staatlich-rechtliche Grundfragen der Gewährleistung von Ordnung und Sicherheit, BStU, MfS JHS 7/85; auf Seite 78 heißt es: „Ausschlaggebend ist, dass die Möglichkeit der Nutzung des Ordnungswidrigkeitsrechts in der politisch-operativen Arbeit Beachtung findet,... geprüft wird, ob Ordnungswidrigkeitstatbestände genutzt werden können...".

[83] Wesen und Aufgaben des sozialistischen Strafrechts und der sozialistischen Kriminologie. Die Ursachentheorie und die Lehre von der Täterpersönlichkeit (Seminarplan für das Fachschul-Fernstudium), BStU, VVS JHS 172/79, S. 22.

[84] BStU, MfS, BV Erfurt, Abt,. XIV, Nr. 171, B. 1.

[85] BStU, MfS, BV Erfurt, Abt. IX, Nr. 203, Bl. 10.

[86] BStU, MfS, BV Erfurt, Abt. IX, Nr. 203, Bl. 19.

[87] BStU, MfS, BV Erfurt, Abt. IX, Nr. 203, Bl. 19.

[88] BStU, MfS, BV Erfurt, Abt. IX, Nr. 128, Bl. 10.

[89] BStU, MfS, BV Erfurt, AS 25/63, Bd. 11, Bl. 180.

[90] In Kriminalitätsberichten der Erfurter Bezirksbehörde der Volkspolizei wird dies auf vielfältige Weise deutlich. Eine systematische und statistische Auswertung steht als Forschungsaufgabe noch offen. ThHStA, BDVP Erfurt, Bestand 20.

[91] Entn. aus BStU, MfS, ZA, AS 294/61.

[92] BStU, MfS, BV Erfurt, AS 26/63, Bd. 5, Bl. 144f.

[93] Die offizielle und inoffizielle Zusammenarbeit zwischen Volkspolizei und Staatssicherheit, hg. v. Gerhard Mörke, Schleiz 2005.

[94] BStU, MfS, BV Erfurt, KD Worbis, Nr.258, Bl.1ff.

[95] „Veröffentlichungen über Prozesse in Presse, Rundfunk und anderen Publikationsmitteln dürfen nur mit Zustimmung der Leitung des Ministeriums vorgenommen werden. Die entsprechenden Anträge sind an den Leiter der Hauptabteilung IX zu richten. Das betrifft gleichzeitig Verfahren, die von der Volkspolizei bearbeitet wurden und die politischen Charakter trugen." Dies Dokument betrifft Gera. BStU, MfS, BV Gera, BdL, C/385/61.

[96] Das schließt nicht aus, dass sich die Polizei gleichermaßen inoffiziell-illegal betätigen konnte und dies im Kriminalkommissariat K1 (mit eignem Spitzelnetz) auch tat.

[97] Ebenda, S. 384f. und 387.

[98] Strafprozeßrecht, Lehrbuch für Hochschulausbildung der Hochschule des MfS, Potsdam, 1987, BStU, MfS, ZA VVS JHS 0001-150/87, S. 110 f.

[99] Ebd. S. 501 f.

[100] Mit „Operativabteilungen" sind die Kreisdienststellen oder Bezirksabteilungen gemeint, die die jeweiligen Operativ-Vorgänge führten, dafür IM, Postkontrollen, Observationen, Telefonüberwachung, konspirative Wohnungsdurchsuchungen etc. einsetzten, Informationen auswerteten und Maßnahmen gegen die Beobachteten erlassen konnten.

[101] Studienmaterial Vernehmungstaktik, 4: Rolle des Untersuchungsführers, BStU, MfS, JHS, o001-22/89, S. 11.

[102] BStU, MfS, BV Erfurt, Abt. K/S, Kaderkartei.

[103] BStU, MfS, ZA, AS 294/61, Bl. 157, 123.

[104] BStU, MfS, ZA, AS 294/61, Bl. 167.

[105] BStU, MfS, BV Erfurt, AS 31/61, Bd. 2, Bl. 428.

[106] BStU, MfS, BV Erfurt, AS 31/61, Bd. 2, Bl. 303.

[107] BStU, MfS, BV Erfurt, AS 31/61, Bd. 2, Bl. 400.

[108] BStU, MfS, BV Erfurt, AS 31/61, Bd. 2, Bl. 300f.

[109] Ebenda.

[110] Entn. aus BStU, MfS, BV Erfurt, AS 25763, Bd.7.

[111] BStU, MfS, ZA, AS 140/69, Bd.16, Bl. 6.

[112] Im MfS waren etwa 1.220 Mitarbeiter auf der „Linie IX - Untersuchung" tätig, davon allerdings fast 500 in der Zentrale, wo es ca. 220 Untersuchungsführer und u.a. auch eine „Arbeitsgruppe

Koordinierung" (vor 1982 Abteilung 8) mit 20 Mitarbeitern gab, die für die Anleitung, Kontrolle und technische Abstimmung mit den Bezirksabteilungen IX zuständig war. Quelle: Die Organisationsstruktur des MfS 1989, bearb.v. Roland Wiedmann, hg. v. BStU, Berlin 1995.

113 Jahresbericht der HA IX 1988, gedruckt: Frank Joestel, Strafrechtliche Verfolgung politischer Gegner durch die Staatssicherheit im Jahre 1988. Der letzte Jahresbericht der MfS-Hauptabteilung Untersuchung, BStU, Reihe A 1/2003, Berlin, 2003, S. 24.

114 BStU, MfS, BV Erfurt, Abt. K/S, Kaderkartei.

115 Gehalts-Überweisungsliste vom 3.11.1989 und Daten des Kaderfinanzprojekts.

116 Diese und die folgenden Angaben zur Personalstruktur wurden entnommen aus: Kaderkarteikarten der 1989 in der Abteilung IX tätigen MfS-Mitarbeiter, BStU, MfS, BV Erfurt, Abt. K/S, Kaderkartei.

117 Jahresbericht der HA IX 1988, gedruckt: Frank Joestel, Strafrechtliche Verfolgung politischer Gegner durch die Staatssicherheit im Jahre 1988. Der letzte Jahresbericht der MfS-Hauptabteilung Untersuchung, BStU, Reihe A 1/2003, Berlin, 2003, S. 77f.

118 Laut Auskunft aus der BStU-Außenstelle Erfurt von 1996.

119 BStU, MfS, ZA, AS 140/69, Bd.16, Bl. 5.

120 BStU, MfS, BV Erfurt, Abt. IX, Nr. 9, Bl. 16.

121 BStU, MfS, BV Erfurt, Abt. IX, Nr. 128, Bl. 16.

122 BStU, MfS, BV Erfurt, Abt. IX, Nr. 128, Bl. 7.

123 Vgl. BStU, MfS, BV Erfurt, Allgemeine Sachakten 1960-1963, zahlreiche Einzeldokumente.

124 Strafverfahrensrecht-Kommentar-MfS, BStU, MfS VVS JHS 150/87, S. 439f.

125 BStU, MfS, ZA, AS 140/69, Bd.16, Bl. 82.

126 BStU, MfS, BV Erfurt, AS 61/61, Bd. 2, Bl. 40ff.

127 BStU, MfS, ZA, HA IX, Nr. 17404, Bl. 22f.

128 BStU, MfS, BV Erfurt, Abt. IX, Nr. 203, Bl. 9.

129 BStU, MfS, BV Erfurt, Abt. IX, Nr. 203, Bl. 2f.

130 BStU, MfS, BV Erfurt, Abt. IX, Nr. 128, Bl. 4.

131 BStU, MfS, BV Erfurt, Abt. IX, Nr. 171, Bl. 16.

132 BStU, MfS, BV Erfurt, Abt. IX, Nr. 203, Bl. 19.

133 BStU, MfS, ZA, AS 140/69, Bd.16, Bl. 50, 78.

134 BStU, MfS, BV Erfurt, Abt. IX, Nr. 5, Bl. 2f.

135 Siehe u.a. BStU, MfS, BV Erfurt, Abt. IX, Nr. 203, Bl. 4f.

136 BStU, MfS, BV Erfurt, Abt. IX, Nr. 5, Bl. 14.

137 BStU, MfS, BV Erfurt, Abt. IX, Nr. 203, Bl. 5.

138 BStU, MfS, BV Erfurt, Abt. IX, Nr. 203, Bl. 17.

139 BStU, MfS, BV Erfurt, Abt. IX, Nr. 203, Bl. 17.

140 BStU, MfS, BV Erfurt, Abt. IX, Nr. 128, Bl. 3.

141 BStU, MfS, BV Erfurt, Abt. IX, Nr. 203, Bl. 4.

142 BStU, MfS, BV Erfurt, Abt. IX, Nr. 9, Bl. 1.

143 BStU, MfS, BV Erfurt, Abt. IX, Nr. 9, Bl. 1ff.

144 BStU, MfS, BV Erfurt, Abt. IX, Nr. 203, Bl. 5.

145 Laut: Die offizielle und inoffizielle Zusammenarbeit zwischen Volkspolizei und Staatssicherheit, hg. v. Gerhard Mörke, Schleiz 2005, S. 289.

146 BStU, MfS, BV Erfurt, Abt. K/S, Kaderkarteikarte Focke.

147 BStU, MfS, BV Erf., AS 25/63, Bd.11, Bl. 200ff.

148 BStU, MfS, ZA, AS 140/69, Bd.16, Bl. 8.

149 BStU, MfS, ZA, AS 140/69, Bd.16, Bl. 1.

150 Zusammengestellt aus: Bibliographie der Diplomarbeiten und Abschlußarbeiten an der Hochschule des MfS, hg.v. BStU, Berlin 1998 (=Reihe A: Dokumente Nr. 1/1998).

151 BStU, MfS, ZA, HA IX, Nr. 8318, Bl. 20.

152 BStU, MfS, VVS 150/87, S. 186.

153 BStU, MfS, BV Erfurt, Abt. IX, Nr. 5, Bl. 2.

154 BStU, MfS, BV Erfurt, Abt. IX, Nr. 5, Bl. 8.

155 ThHStAW, BDVP, 20/1, Bd. 233, Bl. 7.

156 BStU, MfS, BV Erfurt, Abt. IX, Nr. 7, Bl. 14ff.

157 BStU, MfS, BV Erfurt, AS 26/63, Bd. 1, Bl. 79f.

158 BStU, MfS, BV Erfurt, AS 26/63, Bd. 1, Bl. 152f.

159 Ebenda, Bl. 159f.

160 BStU, MfS, BV Erfurt, AS 26/63, Bd. 1, Bl. 350f.

161 BStU, MfS, BV Erfurt, AS 31/63, Bd. 1, Bl. 158.

162 BStU, MfS, BV Erfurt, AS 31/61, Bd. 2, Bl. 243.

163 BStU, MfS, BV Erfurt, AS 26/63, Bd. 1, Bl. 219ff.

164 BStU, MfS, BV Erfurt, AS 26/63, Bd. 1, Bl. 450ff.

165 BStU, MfS, BV Erfurt, AS 26/63, o.Bd., Bl. 26ff.

166 BStU, MfS, BV Erfurt, AS 26/63, Bd. 5, Bl. 307ff.

167 Vgl. bes. Johannes Raschka. Zwischen Überwachung und Repression – Politische Verfolgung in der DDR 1971 bis 1989, Opladen 2001, S. 21ff.

168 Richtlinie Nr. 1/76 zur Entwicklung und Bearbeitung operativer Vorgänge, GVS MfS 008-100/76, Bl. 13.

169 Richtlinie Nr. 1/81 über die operative Personenkontrolle, GVS MfS 0008 – 10/81, Bl. 7.

[170] BStU, MfS, BV Erfurt, AS 25/63, Bd. 5, Bl. 296.

[171] BStU, MfS, ZA, AS 140/69, Bd.16, Bl. 5.

[172] BStU, MfS, BV Erfurt, Abt. IX, Nr. 5, Bl. 8.

[173] BStU, MfS, BV Erfurt, Abt. IX, Nr. 203, Bl. 19.

[174] BStU, MfS, BV Erfurt, Abt. IX, Nr. 5, Bl. 8.

[175] BStU, MfS, BV Erfurt, Abt. IX, Nr. 128, Bl. 12.

[176] BStU, MfS, BV Erfurt, AS 25/63, Bd. 6, Bl. 82.

[177] BStU, MfS, BV Erfurt, AS 25/63, Bd. 5, Bl. 104.

[178] BStU, MfS, BV Erfurt, AS 25/63, Bd.5, Bl. 258.

[179] BStU, MfS, BV Erfurt, Abt. IX, Nr. 9, Bl. 8.

[180] BStU, MfS, BV Erfurt, Abt. IX, Nr. 128, Bl. 11.

[181] BStU, MfS, BV Erfurt, Abt. IX, Nr. 203, Bl. 8.

[182] BStU, MfS, BV Erfurt, Abt. IX, Nr. 128, Bl. 11

[183] BStU, MfS, BV Erfurt, Abt. IX, Nr. 203, Bl. 18.

[184] BStU, MfS, ZA, AS 140/69, Bd. 16, Bl. 42.

[185] BStU, MfS, BV Erfurt, Abt. IX, Nr. 5, Bl. 3.

[186] Strafverfahrensrecht der DDR in seiner Bedeutung für die politisch-operative Arbeit, in seiner Bedeutung für die Untersuchungsarbeit im MfS, 1987, BStU, MfS VVS JHS 150/87, S. 160.

[187] Ebenda.

[188] Ordnung 6/87, MfS VVS- o008 44/87, S. 3.

[189] Ordnung Nr. 6/87 über die Zusammenarbeit zwischen den operativen Diensteinheiten und den Diensteinheiten der Linie VIII, BStU ZA, VVS o008- 44/87 vom 3.7.87.

[190] Ebenda, S. 13

[191] Informationsmaterial der Abteilung VIII, Referat III des MfS betr. Festnahme, Verhaftung, Durchsuchung, Beschlagnahme ... v. 30. 1. 1957, BStU ZA Dok.st. 101375, GVS 546/57.

[192] Ebenda, Bl. 2

[193] Die Betreffenden gelangten nicht ausschließlich in MfS-Hand, sondern bei eindeutigen Sachverhalten häufig zur Polizei, die die Ermittlungen führten.

[194] Strafverfahrensrecht-Kommentar-MfS, BStU, MfS VVS JHS 150/87, S. 188.

[195] BStU, MfS, BV Erfurt, Abt. XIV, Nr. 326, Bl. 84.

[196] BStU, MfS, BV Erfurt, Abt. XIV, Nr. 639, Bl. 23.

[197] BStU, MfS, BV Erfurt, Abt. XIV, Nr. 326, Bl. 159ff.

[198] BStU, MfS, BV Erfurt, Abt. XIV, Nr. 601, Bl. 5.

[199] BStU, MfS, BV Erfurt, Abt. XIV, Nr. 597, Bl. 4.

[200] BStU, MfS, BV Erfurt, Abt. XIV, Nr. 601, Bl. 9.

[201] BStU, MfS, BV Erfurt, Abt. XIV, Nr. 379, Bl. 24f.

[202] BStU, MfS, BV Erfurt, Abt. XIV, Nr. 303, Bl. 234.

[203] BStU, MfS, BV Erfurt, Abt. XIV, Nr. 467, Bl. 26f.

[204] Die Haftdauer setzte sich wie folgt zusammen: 11. Haftmonat Monate (2), 10. Haftmonat (2), 9. Haftmonat (2), 8. Haftmonat (1), 7. Haftmonat (5), 5. Haftmonat (2), 4. Haftmonat (5), 3. Haftmonat (10), 2. Haftmonat (9), 1. Haftmonat (3). BStU, MfS, BV Erfurt, Abt. XIV, Nr. 379, Bl. 13.

[205] BStU, MfS, BV Erfurt, Abt. XIV, Nr. 379, Bl. 13.

[206] Statistische Analyse des Gefängnisleiters Denninger 1983, BStU, MfS, BV Erfurt, Abt. XIV, Nr. 447, Bl. 124. Der Abstand zwischen längster und kürzester U-Haftzeit und die Relationen gehen aus den Angaben nicht hervor. Die schwankenden Zahlenwerte betreffs Jugendlicher und Ausländer hängen mit deren geringer Zahl zusammen.

[207] BStU, MfS, BV Erfurt, Abt. IX, Nr. 203, Bl. 2.

[208] Die Gedenkstätte „Roter Ochse" gibt in ihrer Ausstellung Zahlen von über 9000 politisch Inhaftierte für Halle an, wobei (im zentralen Vergleich einzelner Jahre) die Erfurter Ermittlungsverfahren zahlreicher waren als die Hallenser. Allerdings werden allein für 1950-52 (wo es überwiegend noch keine Erfurter MfS-Haft gab) zu Halle fast 3000 Gefangene benannt. Die Zahl politisch verurteilter MfS-Gefangener (die Grundlage der Schätzung von ca. 6.000 Gefangenen) ist niedriger als eine Gesamtzahl, die auch zeitweilig Festgenommene berücksichtigt. Insofern müsste der Umfang um einige Hundert höher liegen, wenn man alle Menschen zählt, die die Erfurter MfS-Haftzellen unfreiwillig von innen sahen.

[209] Ausführlicher dazu Herz, Andrea/ Fiege, Wolfgang, Haft und politische Polizei in Thüringen 1945 – 1952, hg., v. TLStU, Erfurt 2002.

[210] Paul Hoffmann, Politische Todesurteile gegen Johann Muras und Ernst Wilhelm und die Rehabilitierung 1991, hg. v. TLStU, Erfurt, 2005.

[211] Franz-Josef Kos, Der Erfurter Schauprozess und die beiden Nachfolgeprozesse 1952/53 in: „Gefährliche politische Gegner", hg. v. Brigitte Kaff, Düsseldorf, 1995.

[212] Ebenda.

[213] Eine Ausstellung des BStU-Informationszentrums Erfurt thematisiert dies anhand diverser Beispiele.

[214] BStU, MfS, ZA, AS 431/62, Bl. 84.

[215] BStU, MfS, ZA, AS 432/62, Bd. 1, Bl. 294.

[216] BStU, MfS, ZA, AS 431/62, Bl. 112.

[217] BStU, MfS, ZA, AS 19/55, Bl. 28.

[218] S. a. Philippe Kermarec, Der 17. Juni 1953 im Bezirk Erfurt, Erfurt, 2003, S. 80. Gemeint sind damit

nur Verurteilungen, die bis Ende 1953 unmittelbar wegen der Juni-Ereignisse ausgesprochen worden waren.

219 Laut einem bislang unveröffentlichten Manuskript: Jörg Pittelkow, Der 17. Juni 1953 – ein Fall auch für die Staatssicherheit.

220 Heinz Voigt, Regierung hat sich selbst das Vertrauen entzogen. Zwei ungleiche Brüder, der „Rädelsführer" und der Landesbischof, in: Gerbergasse, Jena, Heft 2/2003.

221 Franziska Dietzel, Situation, Ereignisse und die Bestrafung eines beteiligten Bauern, in: Regina Hornischer, Die Ereignisse des 17. Juni 1953 in den kreisen Mühlhausen und Bad Langensalza, hg. v. TLStU, Erfurt 2003, S. 50ff.

222 BStU, MfS, ZA, AS 432/62, Bd. 1, Bl. 317.

223 BStU, MfS, ZA, AS 433/62, Bl. 1ff.

224 BStU, MfS, ZA, AS 432/61, Bl. 148.

225 BStU, MfS, ZA, AS 432/62, Bd. 1, Bl. 253.

226 BStU, MfS, ZA, AS 432/62, Bd. 1, Bl. 64.

227 BStU, MfS, ZA, AS 432/62, Bd. 1, Bl. 114.

228BStU, MfS, ZA, AS 432/62, Bd. 2, Bl. 92.

229 BStU, MfS, ZA, AS 433/62, Bl. 119.

230 BStU, MfS, ZA, AS 431/62, Bl. 165.

231 BStU, MfS, ZA, AS 433/62, Bl. 151.

232 BStU, MfS, ZA, AS 432/62, Bd. 2, Bl. 164.

233 BStU, MfS, ZA, AS 434/62, Bd. 1, Bl. 31.

234 BStU, MfS, ZA, AS 432/62, Band 2, Bl. 167.

235 BStU, MfS, BV Erfurt, AS 26/63, Bd. 3, Bl. 100ff.

236 Entn. aus BStU, MfS, ZA, AS 294/61.

237 Schriftliche Information in der Folge eines Zeitzeugengesprächs.

238 Gesprächsinformation und Einsicht in das Urteil aus dem Privatbesitz des Bruders des Verfolgten.

239 Zusammengestellt aus BStU, MfS, BV Erfurt, AS 31/61, Bd. 2, Bl. 182-195.

240 BStU, MfS, BV Erfurt, AS 26/63, Bd. 1, Bl. 73ff.

241 BStU, MfS, BV Erfurt, AS 26/63, Bd. 1, Bl. 303f.

242 BStU, MfS, BV Erfurt, AS 26/63, Bd. 1, Bl. 7f.

243 BStU, MfS, BV Erfurt, AS 26/63, Bd. 3, Bl. 6.

244 BStU, MfS, BV Erfurt, AS 26/63, Bd. 4, Bl. 259f.

245 BStU, MfS, BV Erf., AS 26/63, Bd. 5, Bl. 342ff.

246 BStU, MfS, BV Erfurt, AS 31/61, Bd. 2, Bl. 243.

247 BStU, MfS, BV Erf., AS 26/63, Bd. 5, Bl. 226ff.

248 BStU, MfS, BV Erfurt, AS 25/63, Bd. 3, Bl. 60f.

249 BStU, MfS, BV Erfurt, AS 26/63, Bd. 5, Bl. 60f.

250 BStU, MfS, BV Erfurt, AS 25/63, Bd.2, Bl. 261.

251 Ebenda, Bl. 189ff. Hervorhebung von mir.

252 Ebenda, Bl. 192.

253 BStU, MfS, BV Erfurt, AS 25/63, Bd. 4, Bl. 157.

254 BStU, MfS, BV Erfurt, AS 31/61, Bd. 2, Bl. 232f.

255 Ebenda.

256 Die Hintergründe um diesen Prozess kamen im Mai 1994 an die Thüringer Öffentlichkeit, weil der damalige Staatsanwalt nun selbst wegen Rechtsbeugung vor Gericht stand. Vgl. auch Klaus Schmude, Fallbeil-Erziehung. DER Stasi-SED-Mord an Manfred Smolka, Böblingen, 1992.

257 BStU, MfS, BV Erf., AS 26/63, Bd. 1, Bl. 196ff.

258 BStU, MfS, BV Erf., AS 25/63, Bd. 1, Bl. 195ff.

259 BStU, MfS, BV Erf., AS 26/63, Bd. 1, Bl. 435ff.

260 BStU, MfS, BV Erfurt, AS 25/63, Bd. 7, Bl. 38.

261 BStU, MfS, BV Erfurt, AS 25/63, Bd. 6, Bl. 7.

262 BStU, MfS, ZA, AS 140/69, Bd. 16, Bl. 41.

263 BStU, MfS, BV Erf., AS 26/63, Bd. 1, Bl. 330ff.

264 BStU, MfS, BV Erfurt, AS 31/61, Bd. 2, Bl. 208f.

265 BStU, MfS, BV Erf., AS 25/63, Bd. 10, Bl. 116f.

266 BStU, MfS, BV Erfurt, AS 25/63, Bd. 12, Bl. 33.

267 Ebenda, Bl. 34.

268 BStU, MfS, BV Erf., AS 26/63, Bd. 4, Bl. 193ff.

269 BStU, MfS, BV Erf., AS 25/63, Bd. 7, Bl. 128ff.

270 BStU, MfS, BV Erfurt, AS 26/63, Bd. 1, Bl. 27ff.

271 BStU, MfS, BV Erf., AS 26/63, Bd. 1, Bl. 138ff.

272 BStU, MfS, BV Erf., AS 26/63, Bd. 5, Bl. 361ff.

273 BStU, MfS, ZA, AS 140/69, Bd. 16, Bl. 42.

274 BStU, MfS, BV Erfurt, AS 25/63, Bd. 2, Bl. 2ff.

275 BStU, MfS, BV Erfurt, AS 26/63, Bd. 5, Bl. 287.

276 BStU, MfS, BV Erfurt, AS 26/63, Bd. 1, Bl. 309f.

277 BStU, MfS, BV Erfurt, AS 26/63, Bd. 3, Bl. 396f.

278 BStU, MfS, BV Erfurt, AS 25/63, Bd. 1, Bl. 116f.

279 BStU, MfS, BV Erfurt, AS 26/63, Bd. 3, Bl. 403f.

280 BStU, MfS, BV Erfurt, AS 26/63, Bd. 5, Bl. 26f.

281 BStU, MfS, ZA, AS 140/69, Bd. 16, Bl. 40ff.

282 Ebenda, Bl. 52f.

283 Vgl. dazu: Weinke, Annette, Die Verfolgung von NS-Tätern im geteilten Deutschland 1949-1969, Paderborn, 2002; Leide, Henry, NS-Verbrecher und Staatssicherheit. Die geheime Vergangenheitspolitik der DDR, Göttingen 2005.

284 BStU, MfS, BV Erf., AS 26/63, Bd. 5, Bl. 332ff.

285 BStU, MfS, BV Erf., AS 26/63, Bd. 5, Bl. 332ff.

[286] BStU, MfS, BV Erfurt, AS 25/63, Bd. 7, Bl. 199.

[287] BStU, MfS, BV Erfurt, AS 25/63, Bd. 7, 19ff.

[288] DDR-Justiz und NS-Verbrechen. Sammlung ostdeutscher Strafurteile wegen nationalsozialistischer Tötungsverbrechen, Bd. 3, bearb. v. Rüter, Gombert, de Mildt u.a., Amsterd./München, 2003, S. 3ff.

[289] Ausführliche Biografie und Prozessbeschreibung: Heribert Schwan/ Helgard Heindrichs, Der SS-Mann. Leben und Sterben eines Mörders, München 2003.

[290] BStU, MfS, BV Erfurt, AS 26/63, Bd. 3, Bl. 224f.; DDR-Justiz und NS-Verbrechen. a.a.O. 382ff.

[291] BStU, MfS, BV Erf., Abt. IX, Nr. 142, Bl. 1f., 10f.; 1987: 7.168 Straftaten von 5.696 Tätern (darunter 713 Jugendliche); 1988:7.250 Straftaten von 5.615 Tätern (darunter 584 Jugendliche).

[292] Entn. aus verschiedenen Sachakten: BStU, MfS Erfurt, Abt. XIV. Die Zahlenangaben sind vermutlich nicht exakt, geben aber ein ungefähres Bild über die Zahl der Erfurter MfS-Gefangenen.

[293] Johannes Beleites, Der Untersuchungshaftvollzug des MfS der DDR in: Justiz im Dienste der Parteiherrschaft. Rechtspraxis und Staatssicherheit in der DDR, hg. v. Engelmann/Vollnhals, Berlin 1999, S. 433. Für 1977 bis 1982 fasste Raschka die Zahl von Ermittlungsverfahren der Staatssicherheit wie folgt zusammen: 1977 – 1869, 1978 – 1470, 1979 – 1683, 1980 – 1899, 1981 – 1887, 1982 – 1943. Johannes Raschka, „Für kleine Delikte ist kein Platz in der Kriminalitätsstatistik“. Zur Zahl der politischen Häftlinge während der Amtszeit Honeckers, in: Berichte und Schriften des Hannah-Arendt-Instituts, Heft 11, Dresden 1997.

[294] Aufgabenstellung der ehemaligen UHA vom 4. 1. 1990, BStU, MfS, BV Erfurt, XIV, Nr. 646, Bl. 1-2.

[295] BStU, MfS, BV Erfurt, Abt. XIV, Nr. 664, Bl. 85.

[296] Die Haftdauer setzte sich wie folgt zusammen: 11. Haftmonat Monate (2), 10. Haftmonat (2), 9. Haftmonat (2), 8. Haftmonat (1), 7. Haftmonat (5), 5. Haftmonat (2), 4. Haftmonat (5), 3. Haftmonat (10), 2. Haftmonat (9), 1. Haftmonat (3). BStU, MfS, BV Erfurt, Abt. XIV, Nr. 379, Bl. 13.

[297] BStU, MfS, BV Erfurt, Abt. IX, Nr. 5, Bl. 6ff.

[298] Auskunftsbericht über die Schaffung von zusätzlichem Haftraum in einer Spannungsperiode und der dazu vorhandenen notwendigen Voraussetzungen, vom Leiter der UHA, 4. 7. 83, GVS 0020 169/83, BStU, MfS, BV Erfurt, Nr. 485.

[299] BStU, MfS, BV Erfurt, Abt. XIV, Nr. 635, Bl. 42.

[300] BStU, MfS, BV Erfurt, Abt. XIV, Nr. 313, Bl. 78.

[301] BStU, MfS, BV Erfurt, Abt. XIV, Nr. 664, Bl. 35.

[302] BStU, MfS Erfurt, KD Erfurt, Nr. 560, Bl. 1-38. Bei Vorhalt mehrerer Paragraphen wurde nur der zuerst genannte in der Tabelle verzeichnet. Im Stadtkreis Erfurt lebten laut Statistischen Jahrbüchern der DDR 1970 190.000 Einwohner (Bezirk 1.255.000). 1980 gab es 210.000 Einwohner (Bezirk 1.236.000).

[303] BStU, MfS, BV Erfurt, Abt. XIV, Nr. 696, Bl. 2.

[304] BStU, MfS, BV Erfurt, Abt. XIV, Nr. 307, Bl. 130.

[305] BStU, MfS, BV Erfurt, AKG, Nr. 347, Bl. 21.

[306] BStU, MfS, BV Erfurt, Abt. IX, Nr. 203, Bl. 14.

[307] BStU, MfS, BV Erfurt, Abt. IX, Nr. 203, Bl. 2.

[308] Hieß es 1968 noch: „*wer gegen Bürger wegen ihrer staatlichen ... Tätigkeit mit Tätlichkeiten vorgeht*“, so richtete sich der § in der 1979er Fassung außerdem auch gegen jeden, der „*die Tätigkeit staatlicher Organe durch Gewalt und Drohungen beeinträchtigt*“. Aus einer Strafandrohung von „bis zu zwei Jahren“ wurde überdies eine „*bis zu drei Jahren*“. Nicht selten wurde dieser Paragraph gegen Bürger angewandt, die sich die Praxis in der Bearbeitung von Reise- und Ausreiseanträgen nicht gefallen ließen.

[309] BStU, MfS, BV Erfurt, Abt. IX, Nr. 203, Bl. 1.

[310] BStU, MfS, BV Erfurt, Abt. XIV, Nr. 171, Bl. 14ff.

[311] Bericht über die Tätigkeit der Linie Untersuchung im Monat Oktober 1989, BStU, HA IX, Nr. 1602, S. 37f.

[312] Bericht über die Tätigkeit der Linie Untersuchung im Monat Oktober 1989, BStU, HA IX, Nr. 1602, S. 37f.

[313] Entn. aus: BStU, MfS, BV Erfurt, Abt. IX, Nr. 258.

[314] BStU, MfS, BV Erfurt, Abt. XIV, Nr. 696, Bl. 119. 122 u.a.

[315] BStU, MfS, BV Erfurt, Abt. XIV, Nr. 302, Bl. 88.

[316] BStU, MfS, BV Erfurt, Abt. XIV, Nr. 319.

[317] BStU, MfS, BV Erfurt, Abt. XIV, Nr. 447, Bl. 124.

[318] BStU, MfS, BV Erfurt, Abt. XIV, Nr. 308, Bl. 168.

[319] Information und Urteilstexte wurden der TLStU dankenswerterweise von betreffenden Zeitzeugen zur verfügung gestellt.

[320] BStU, MfS, BV Erfurt, Abt. XIV, Nr. 447, Bl. 6.

[321] BStU, MfS, BV Erfurt, Abt. XIV, Nr. 664, Bl. 37.

[322] BStU, MfS, BV Erfurt, Abt. XIV, Nr. 696, Bl. 255.

[323] BStU, MfS, BV Erfurt, Abt. XIV, Nr. 303, Bl. 1233f.

[324] BStU, MfS, BV Erfurt, Abt. XIV, Nr. ???, Bl.

[325] BStU, MfS, BV Erfurt, Abt. XIV, Nr.468, Bl. 76-79.

[326] BStU, MfS, BV Erfurt, Abt. XIV, Nr. 326, Bl. 67.

[327] BStU, MfS, BV Erfurt, Abt. XIV, Nr. 313, Bl. 80.

[328] BStU, MfS, BV Erfurt, Abt. XIV, Nr. 313, Bl. 46.

[329] Diese Arrestzelle wurde abgelöst durch einen „Beruhigungs- und Arrestverwahrraum“ in der 2. Männer-Etage (Zelle Nr. 37).

[330] BStU, MfS, BV Erfurt, Abt. XIV, Nr. 313, Bl. 108.

[331] BStU, MfS, BV Erfurt, Abt. XIV, Nr. 303, Bl. 133.

[332] BStU, MfS, BV Erfurt, Abt. XIV, Nr. 639, Bl. 131.

[333] BStU, MfS, BV Erfurt, Abt. XIV, Nr. 313, Bl. 112.

[334] BStU, MfS, BV Erfurt, Abt. XIV, Nr. 313, Bl. 87.

[335] BStU, MfS, BV Erfurt, Abt. XIV, Nr. 302, Bl. 114.

[336] BStU, MfS, BV Erfurt, Abt. XIV, Nr. 696, Bl. 78.

[337] Laut Planungskapazitäten und „Extrembelegung“ (z.B. bei Mobilmachung) war die Nutzung weiterer Räume als Haftzellen vorgesehen. In jede Zelle (ursprünglich Einzelzelle) sollten dann sechs Personen der mehr gepfercht werden. (s. Kapitel 17)

[338] Diese Einzelhaft konnte mehrere Funktionen haben: anfängliche Einzelhaftphase zur psychischen Zermürbung und Erzeugung der „Aussagebereitschaft“, Trennung zu anderen Gefangenen aus Ermittlungsgründen, Absonderung Jugendlicher, Absonderung im Zusammenhang mit psychischer, mentaler und gesundheitlicher Verfassung einzelner Gefangener. Viele Betroffene schilderten diese Einzelhaftsituation im Nachhinein als psychisch belastend.

[339] Ordnung Nr. 15/79 ... über den Gewahrsam von Personen und die Unterbringung von Personen in Gewahrsamsräumen, vom 11. 9.1979, Anlage 1 Grundsätze zur baulichen Gestaltung und Ausstattung von Gewahrsamsräumen, BStU, ZA, MfS, Dok.stelle, Nr. 200372.

[340] BStU, MfS, BV Erf., Abt. RD, Nr.21, Bd. 1, Bl. 95.

[341] Ebenda.

[342] Sicherheitskonzeption zum Investvorhaben, o. D., Ebenda, Bl. 87.

[343] BStU, MfS, BV Erfurt, Abt. XIV, Nr. 451, Bl. 237.

[344] BStU, MfS, BV Erfurt, Abt. XIV, Nr. 80, Bl.67ff.

[345] BStU, MfS, BV Erfurt, Abt. XIV, Nr. 304, Bl. 2ff.

[346] Sicherungskonzeption 1988, BStU, MfS, BV Erfurt, Abt. XIV, VVS 0020 62/88, Bl. 5f.

[347] BStU, MfS, BV Erfurt, Abt. XIV, Nr. 326, Bl. 71.

[348] BStU, MfS, BV Erfurt, Abt. XIV, Nr. 467, Bl. ???

[349] Festlegung zur funktionssicheren operativen Nutzung der “Sicherheitsschleuse”, OFA und ZWE im System der KSA 75, vom Leiter XIV Denninger, vom 7.1.1980, BStU, MfS, BV Erfurt, Abt. XIV, Nr. 467, Bl. 1-7. Vgl. auch Bericht 1987 BStU, MfS, BV Erfurt, Abt. XIV, Nr. 601, Bl. 11.

[350] Beschreibung, Einsatzvarianten, Anschluß-, Erweiterungs- und Kombinationsmöglichkeiten am Beispiel der Musteranlage VVS o30 18/78, Spezialreferat III der BV Erfurt, 16.1.1979, BStU, MfS, BV Erfurt, Abt. XIV, Nr. 196. Inbetriebnahme und Einweisung der Mitarbeiter vgl. BStU, MfS, BV Erfurt, Abt. XIV, Nr. 316, Bl. 110.

[351] BStU, MfS, BV Erfurt, Abt. XIV, Nr. 544, Bl. 48ff.

[352] BStU, MfS, BV Erfurt, Abt. XIV, Nr. 544, Bl. 72.

[353] Gemeinsame Festlegungen der Abt. XIV und der Abt. Nachrichten der Bezirksverwaltung Erfurt des MfS zur funktionssicheren Nutzung der komplexen Sicherungsanlage (KSA 75), 12.3.1976, BStU, MfS, BV Erfurt, Abt. XIV, Nr. 467, Bl. 8-11.

[354] Festlegung zur funktionssicheren operativen Nutzung der „Sicherheitsschleuse“, „OFA“ (opt. Führungsanlage”) „ZWE“ (zentrale Weckeinrichtung) im System der KSA 70, BStU, MfS, BV Erfurt, Abt. XIV, Nr. 467, Bl. 6f.

[355] Ebenda, Bl. 2ff.

[356] BStU, MfS, BV Erfurt, Abt. XIV, Nr. 468, Bl. 29.

[357] Beschreibung der rekonstruierten komplexen Sicherungsanlage KSA 75, Abt. OT, 12.5.1987, BStU, MfS, BV Erfurt, Abt. XIV, Nr. 467, Bl. 13f.

[358] „... Unverzüglich begaben sich die Genossen ... auf P 4. Der VH ... saß auf der Toilette und weinte und rief ‚laßt mich hier raus‘ mehreremal. (Aufzeichnung auf Band).“ Information von Arnold, vom 27.1.1981, BStU, MfS Erfurt, Abt. XIV, Nr. .

[359] BStU, MfS, BV Erfurt, Abt. XIV, Nr. 316, Bl. 123.

[360] Sicherungskonzeption 1988, BStU, MfS, BV Erfurt, Abt. XIV, VVS 0020 62/88.

[361] BStU, MfS, BV Erfurt, AS 31/61, Bd. 2, Bl. 114ff.

[362] BStU, MfS, BV Erfurt, Abt. XIV, Nr. 460, Bl. 48.

[363] BStU, MfS, BV Erfurt, Abt. XIV, Nr. 313, Bl. 107.

[364] BStU, MfS, BV Erfurt, Abt. XIV, Nr. 451, Bl. 21.

[365] BStU, MfS, BV Erfurt, Abt. XIV, Nr. 451, Bl. 41.

[366] Bebauung Petersberg und Folgeinvestitionen, Möller, BStU, MfS, BV Erfurt, VVS ER 4/1-90/69.

[367] Schreiben Kubasch vom 14.5.1969, ebenda, S.5.

368 Schreiben vom 15.5.1969, ebenda, S. 2ff.

369 Anlage 3 zum Schreiben v. 15.5.1969, ebd, S. 9ff.

370 BStU, MfS, BV Erfurt, Abt. XIV, Nr. 447, Bl. 248.

371 BStU, MfS, BV Erfurt, Abt. XIV, Nr. 696, Bl. 196.

372 BStU, MfS, BV Erfurt, Abt. XIV, Nr. 316, Bl. 12.

373 BStU, ZA, Dok.St., SfS-DA 2708/55.

374 BStU, MfS, BV Erf., Abt. XIV, Nr. 316, Bl. 136f.

375 BStU, MfS, BV Erfurt, Leiter, Nr. 1407, Bl. 65.

376 BStU, MfS, BV Erfurt, Abt. XIV, Nr. 315, Bl. 73.

377 Dienstanweisung Nr. 1/86 über den Vollzug...., vom Minister Mielke, vom 29.1.1986, VVS 0008 14/86, BStU, MfS, BV Erfurt, Leiter, Nr. 1381. Auch die nachfolgende Auszüge im Text sind dieser Dienstanweisung entnommen.

378 BStU, MfS, BV Erfurt, Abt. XIV, Nr. 468, Bl. 13ff.

379 Auflistung, ebenda, Bl. 8ff.

380 BStU, MfS, BV Erfurt, Abt. XIV, Nr. 696, Bl. 252.

381 BStU, MfS, BV Erfurt, Abt. XIV, Nr. 319.

382 Arbeitsrichtlinie über den täglichen politisch-operativen und technisch-organisatorischen Dienstablauf –Tagesablaufplan-, Leiter der Abt. XIV, vom 8. 6. 1984, BStU, MfS, BV Erfurt, XIV, Nr. 724, Bl. 17-21. Vom 24. Mai 1989 stammte der Entwurf einer neuen Arbeitsrichtlinie, BStU, MfS, BV Erfurt, Abt. XIV, Nr. 328, Bl. 1-4.

383 Zur „zentralen Weckeinrichtung" zählte eine Klingel pro Etage nebst dazugehörigem Schalter am Diensthabenden-Bedienpult. Bei fester Zeiteinstellung um 6 Uhr wurde automatisch für eine Dauer von sechs Sekunden geläutet. Geläutet wurde auch zur „Nachtruhe" und davor zur „Vorbereitung zur Nachtruhe". Festlegung zur funktionssicheren operativen Nutzung der „Sicherheitsschleuse", „OFA" (optische Führungsanlage") „ZWE" (zentrale Weckeinrichtung) im System der KSA 70, von Oltn. Hettenhausen, vom 7.1.1980, BStU, MfS, BV Erfurt, Abt. XIV, Nr. 467, Bl. 7.

384 Arbeitsrichtlinie über den wöchentlichen politisch-operativen und technisch-organisatorischen Dienstablauf –Wochenablaufplan-, 12. 6. 1984, BStU, MfS, BV Erfurt, XIV, Nr. 724, Bl. 22-26.

385 BStU, MfS, BV Erfurt, Abt. XIV, Nr. 80, Bl. 30.

386 BStU, MfS, BV Erfurt, Abt. XIV, Nr. 468, Bl. 3.

387 Ebenda, Bl. 3ff.

388 BStU, MfS, BV Erfurt, Abt. XIV, Nr. 326, Bl. 95.

389 BStU, MfS, BV Erfurt, Abt. XIV, Nr. 303, Bl. 158.

390 BStU, MfS, BV Erfurt, Abt. XIV, Nr. 468, Bl. 8 (1989) und Nr. 326, Bl. 99 (1983).

391 BStU, MfS, BV Erfurt, Abt. XIV, Nr. 696, Bl. 122.

392 BStU, MfS, BV Erfurt, Abt. XIV, Nr. 313, Bl. 46.

393 BStU, MfS, BV Erfurt, Abt. XIV, Nr. 303, Bl. 114.

394 BStU, MfS, BV Erfurt, Abt. XIV, Nr. 313, Bl. 88.

395 BStU, MfS, BV Erfurt, Abt. XIV, Nr. 696, Bl. 255.

396 BStU, MfS, BV Erfurt, Abt. XIV, Nr. 696, Bl. 61.

397 BStU, MfS, BV Erfurt, Abt. XIV, Nr. 140, Bl. 252.

398 BStU, MfS, BV Erfurt, Abt. XIV, Nr. 379, Bl. 3.

399 BStU, MfS Erfurt, Abt. XIV, Nr. 308, Bl. 4.

400 BStU, MfS, BV Erfurt, Abt. Finanzen, Nr. 209, Bl. 47ff.

401 BStU, MfS, BV Erfurt, Abt. XIV, Nr. 302, Bl. 27.

402 BStU, MfS, BV Erfurt, Abt. XIV, Nr. 451, Bl. 65.

403 BStU, MfS, BV Erfurt, Abt. XIV, Nr. 451, Bl. 188.

404 BStU, MfS, BV Erfurt, Abt. XIV, Nr. 571, Bl. 22.

405 BStU, MfS, BV Erfurt, Abt. XIV, Nr. 451, Bl. 63ff.

406 BStU, MfS, BV Erf., Abt. XIV, Nr. 303, Bl. 130f.

407 BStU, MfS Erfurt, Abt. XIV, Nr. 568, Bl. 6.

408 Ebenda, Bl. 64f.

409 BStU, MfS, BV Erfurt, Abt. XIV, Nr. 468, Bl. 62.

410 BStU, MfS, BV Erfurt, Abt. XIV, Nr. 468, Bl. 6.

411 BStU, MfS, BV Erfurt, Abt. XIV, Nr. 303, Bl. 132.

412 BStU, MfS, BV Erfurt, Abt. XIV, Nr. 303, Bl. 139.

413 BStU, MfS, BV Erfurt, Abt. XIV, Nr. 140, Bl. 222.

414 BStU, MfS, BV Erfurt, Abt. XIV, Nr. 307, Bl. 39.

415 BStU, MfS, BV Erfurt, Abt. XIV, Nr. 316, Bl. 133.

416 BStU, MfS, BV Erfurt, Abt. XIV, Nr. 601, Bl. 10.

417 BStU, MfS, BV Erfurt, Abt. XIV, Nr. 302, Bl. 84.

418 BStU, MfS, BV Erfurt, Abt. XIV, Nr. 307, Bl. 58.

419 BStU, MfS, BV Erfurt, Abt. XIV, Nr. 316, Bl. 132.

420 BStU, MfS, BV Erf., Abt. XIV, Nr. 303, Bl. 154f.

421 BStU, MfS, BV Erfurt, Abt. XIV, Nr. 319, Bl. 2ff.

422 BStU, MfS, BV Erfurt, Abt. XIV, Nr. 451, Bl. 236.

423 BStU, MfS, BV Erfurt, Abt. XIV, Nr. 447, Bl. 368.

424 BStU, MfS, BV Erfurt, Abt. XIV, Nr. 447, Bl. 399.

425 BStU, MfS, BV Erfurt, Abt. XIV, Nr. 447, Bl. 414.

426 BStU, MfS, BV Erf., Abt. XIV, Nr. 447, Bl. 385f.

427 BStU, MfS, BV Erfurt, Abt. XIV, Nr. 637, Bl. 130.

428 BStU, MfS, BV Erfurt, Abt. XIV, Nr. 140, Bl. 133.

429 BStU, MfS, BV Erfurt, Abt. XIV, Nr. 696, Bl. 87.

430 BStU, MfS, BV Erfurt, Abt. XIV, Nr. 664, Bl. 37.

431 BStU, MfS, BV Erfurt, Abt. XIV, Nr. 571, Bl. 63f.

432 BStU, MfS, BV Erfurt, Abt. XIV, Nr. 571, Bl. 63f., 1989: Nr. 468, Bl. 5.

[433] BStU, MfS, BV Erfurt, Abt. XIV, Nr. 447, Bl. 302.

[434] U.a. in BStU, MfS, BV Erfurt, Abt. XIV, Nr. 308, 448, 639, 696.

[435] BStU, MfS, BV Erfurt, Abt. XIV, Nr. 307, Bl. 64.

[436] BStU, MfS, BV Erfurt, Abt. XIV, Nr. 307, Bl. 18.

[437] BStU, MfS, BV Erfurt, Abt. XIV, Nr. 696, Bl. 6.

[438] BStU, MfS, BV Erfurt, Abt. XIV, Nr. 451, Bl. 225.

[439] BStU, MfS, BV Erfurt, Abt. XIV, Nr. 696, Bl. 112.

[440] BStU, MfS, BV Erfurt, Abt. XIV, Nr. 140, Bl. 257.

[441] Vgl. BStU, MfS, BV Erfurt, Abt. XIV, Nr. 316, Bl.132.

[442] BStU, MfS, BV Erfurt, Abt. XIV, Nr. 571, Bl. 185.

[443] BStU, MfS, BV Erfurt, Abt. XIV, Nr. 140, Bl. 296.

[444] BStU, MfS, BV Erfurt, Abt. XIV, Nr. 451, Bl. 18.

[445] BStU, MfS, BV Erfurt, Abt. XIV, Nr. 140, Bl. 296.

[446] BStU, MfS, BV Erfurt, Abt. XIV, Nr. 140, Bl. 245.

[447] BStU, MfS Erfurt, Abt. XIV, Nr. 308, Bl. 88.

[448] Information zum Verhalten des VH 21 ... durch Schicht I/ 28.2.1980, BStU, MfS Erfurt, Abt. XIV, Nr. o.A.

[449] BStU, MfS, BV Erfurt, Abt. XIV, Nr. 639, Bl. 52f.

[450] BStU, MfS, BV Erfurt, Abt. XIV, Nr. 308, Bl. 177.

[451] BStU, MfS Erfurt, Abt. XIV, Nr. 308, Bl. 53.

[452] BStU, MfS, BV Erfurt, Abt. XIV, Nr. 696, Bl. 5.

[453] BStU, MfS, BV Erfurt, Abt. XIV, Nr. 696, Bl. 22.

[454] BStU, ZA, Dok.St., SfS-DA 2708/55.

[455] BStU, MfS, BV Erfurt, Abt. XIV, Nr. 696, Bl. 154f., 158.

[456] BStU, MfS, BV Erfurt, Abt. XIV, Nr. 326, Bl. 137ff.

[457] BStU, MfS, BV Erfurt, Abt. XIV, Nr. 313, Bl. 79.

[458] BStU, MfS, BV Erfurt, Abt. XIV, Nr. 664, Bl. 36.

[459] BStU, MfS, BV Erfurt, Abt. XIV, Nr. 451, Bl. 204.

[460] BStU, MfS, BV Erfurt, Abt. XIV, Nr. 254, Bl. 1.

[460] BStU, MfS, BV Erfurt, Abt. XIV, Nr. 689, Bl. 1ff.

[462] BStU, MfS, BV Erfurt, Abt. XIV, Nr. 586, Bl. 34f.

[463] BStU, MfS, BV Erfurt, Abt. XIV, Nr. 598, Bl. 30..

[464] BStU, MfS, BV Erfurt, Abt. XIV, Nr. 313, Bl. 108.

[465] BStU, MfS, BV Erf., Abt. XIV, Nr. 326, Bl. 137ff.

[466] BStU, MfS, BV Erfurt, Abt. XIV, Nr. 571, Bl. 229.

[467] Z.B. BStU, MfS Erfurt, Abt. XIV, Nr. 308, Bl. 79.

[468] BStU, MfS, BV Erfurt, Abt. XIV, Nr. 80, Bl. 29. SuK heißt „Sicherungs- und Kontrollposten".

[469] BStU, MfS, BV Erf., Abt. XIV, Nr. 326, Bl. 137ff.

[470] BStU, MfS, BV Erfurt, Abt. XIV, Nr. 696, Bl. 124.

[471] BStU, MfS, BV Erfurt, Abt. XIV, Nr. 316, Bl. 75.

[472] BStU, MfS, BV Erf., Abt. XIV, Nr. 724, Bl. 63ff.

[473] Vgl. BStU, MfS, BV Erfurt, Abt. XIV, Nr. 637.

[474] BStU, MfS, BV Erfurt, Abt. XIV, Nr. 447, Bl. 173.

[475] BStU, MfS, BV Erfurt, Abt. XIV, Nr. 447, Bl. 174.

[476] BStU, MfS, BV Erf., Abt. XIV, Nr. 447, Bl. 171f.

[477] BStU, MfS, BV Erfurt, Abt. XIV, Nr. 696, Bl. 175.

[478] BStU, MfS, BV Erfurt, Abt. XIV, Nr. 696, Bl. 116.

[479] BStU, MfS, BV Erfurt, Abt. XIV, Nr. 307, Bl. 157.

[480] BStU, MfS Erfurt, Abt. XIV, Nr. 447, Bl. 182.

[481] BStU, MfS Erfurt, Abt. XIV, Nr. 447, Bl. 192.

[482] BStU, MfS, BV Erfurt, Abt. XIV, Nr. 307, Bl. 37.

[483] BStU, MfS, BV Erfurt, Abt. XIV, Nr. 696, Bl. 99.

[484] BStU, MfS, BV Erfurt, Abt. XIV, Nr. 696, Bl. 29.

[485] BStU, MfS, BV Erfurt, Abt. XIV, Nr. 696, Bl. 241.

[486] BStU, MfS, BV Erfurt, Abt. XIV, Nr. 460, Bl. 44.

[487] BStU, MfS, BV Erf., Abt. XIV, Nr. 696, Bl. 84.

[488] Ebenda.

[489] BStU, MfS, BV Erfurt, AS 25/63, Bd. 10, Bl. 31.

[490] BStU, MfS, BV Erfurt, AS 25/63, Bd. 6, Bl. 313f.

[491] BStU, MfS, BV Erfurt, AS 25/63, Bd. 5, Bl. 299f.

[492] BStU, MfS, BV Erfurt, AS 25/63, Bd. 4, Bl. 91.

[493] BStU, MfS, BV Erfurt, AS 25/63, Bd. 7, Bl. 146.

[494] BStU, MfS, BV Erfurt, AS 25/63, Bd. 7, Bl. 146.

[495] BStU, MfS, ZA, HA IX, Nr. 2501, Bl. 107.

[496] BStU, MfS, BV Erfurt, Abt. IX, Nr. 5, Bl. 6.

[497] Richtlinie 2/81 zur Arbeit mit Zelleninformatoren (ZI), vom 16.2.1981, BStU ZA, GVS 0008 5/81.

[498] BStU, MfS, ZA, HA IX, Nr. 2501, Bl. 105f.

[499] BStU, MfS, BV Erfurt, Abt. XIV, Nr. 664, Bl. 37.

[500] Planorientierung vom Leiter der Abteilung XIV, Rataitzik, 14.10.1988, BStU, MfS, Abteilung XIV, Nr. 172, Bl. 5.

[501] BStU, MfS, BV Erfurt, Abt. XIV, Nr. 460, Bl. 40.

[502] Richtlinie 2/81, siehe auch: Auszug aus der Richtlinie 2/81 zur Arbeit mit Zelleninformatoren (ZI), vom 16.2.1981, BStU ZA, GVS 0008 5/81.

[503]BStU, MfS, BV Erfurt, Abt. XIV, Nr. 460, Bl. 40f.

[504] BStU, MfS, BV Erfurt, Abt. XIV, Nr. 696, Bl. 12.

[505] Studienmaterial Vernehmungstaktik, Lehrheft 4: Die Rolle des Untersuchungsführers, BStU, MfS, JHS, o001-22/89, S. 33 (Hervorhebung im Originaltext).

[506] BStU, MfS, BV Erfurt, Abt. IX, Nr. 5, Bl. 3f.

[507] BStU, MfS, ZA, AS 140/69, Bd.16, Bl. 101.

508 BStU, MfS, BV Erfurt, AS 25/73, Bd.4, Bl. 62.

509 BStU, MfS, BV Erfurt, Abt. XIV, Nr. 639, Bl. 9.

510 BStU, MfS, BV Erfurt, Abt. XIV, Nr. 696, Bl. 130.

511 Information zum Prozessverlauf am 25.6.1981 vor dem BG Erfurt, unterz. v. Thalacher u.a., 16.6. 1981, Quelle: Zeitzeugen-Aktenauszug.

512 BStU, MfS, BV Erfurt, Abt. XIV, Nr. 307, Bl. 58.

513 BStU, MfS, BV Erfurt, Abt. XIV, Nr. 696, Bl. 213.

514 BStU, MfS, BV Erfurt, Abt. XIV, Nr. 696, Bl. 8.

515 BStU, MfS, BV Erfurt, Abt. IX, Nr. 128, Bl. 2.

516 Studienmaterial Vernehmungstaktik, Heft 4, BStU, MfS, JHS, o001-22/89, S. 27.

517 BStU, MfS, ZA, AS 140/69, Bd.16, Bl. 19.

518 BStU, MfS, ZA, AS 140/69, Bd. 16, Bl. 20f.

519 BStU, MfS, BV Erfurt, Abt. IX, Nr. 5, Bl. 6.

520 BStU, MfS, BV Erfurt, Abt. IX, Nr. 5, Bl. 6.

521 BStU, MfS, BV Erfurt, Abt. IX, Nr. 128, Bl. 8.

522 BStU, MfS, BV Erfurt, Abt. IX, Nr. 9, Bl. 6.

523 Ebenda, S. 84f.

524 BStU, MfS, HA IX, Nr. 8318, Bl. 121.

525 BStU, MfS, BV Erfurt, Abt. IX, Nr. 5, Bl. 4.

526 BStU, MfS, BV Erfurt, Abt. IX, Nr. 128, Bl. 1ff.

527 Studienmaterial Vernehmungstaktik, Lehrheft 4: Die Rolle des Untersuchungsführers, BStU, MfS, JHS, o001-22/89, S. 33.

528 BStU, MfS, BV Erfurt, Abt. IX, Nr. 203, Bl. 2.

529 BStU, MfS, BV Erfurt, Abt. IX, Nr. 203, Bl. 5.

530 BStU, MfS, BV Erfurt, Abt. IX, Nr. 203, Bl. 4.

531 BStU, MfS, BV Erfurt, Abt. IX, Nr. 203, Bl. 15.

532 BStU, MfS, BV Ef., KD Worbis, Nr.258, Bl. 294.

533 BStU, MfS, BV Erfurt, Abt. IX, Nr. 22, Bl. 35.

534 BStU, MfS, BV Erfurt, Abt. IX, Nr. 203, Bl. 16.

535 BStU, MfS, BV Erfurt, Abt. IX, Nr. 9, Bl. 6.

536 BStU, MfS, BV Erfurt, Abt. IX, Nr. 5, Bl. 3f.

537 Strafverfahrensrecht-Kommentar-MfS, BStU, MfS VVS JHS 150/87, S. 474.

538 BStU, MfS, ZA, AS 140/69, Bd.16, Bl. 89.

539 Information über Verhandlung am KG Nordhausen am 22.4.1981, von Hptm. Meliß, BStU, MfS Erfurt, Abt. XIV, Nr. , Bl. 247.

540 BStU, MfS, BV Erfurt, Abt. XIV, Nr. 639, Bl. 10.

541 BStU, MfS, BV Erfurt, Abt. IX, Nr. 128, Bl. 8.

542 Strafverfahrensrecht-Kommentar-MfS, BStU, MfS VVS JHS 150/87, S. 476.

543 BStU, MfS, HA IX, Nr. 16651, Bl. 87.

544 Ebenda, Bl. 94.

545 BStU, MfS, HA IX, Nr. 16394, Bl. 41.

546 BStU, MfS, BV Erfurt, Abt. XIV, Nr. 140, Bl. 278.

547 BStU, MfS, BV Erfurt, Abt. XIV, Nr. 379, Bl. 14.

548 BStU, MfS, BV Erfurt, Abt. XIV, Nr. 696, Bl. 229.

549 BStU, MfS, BV Erfurt, Abt. XIV, Nr. 696, Bl. 31.

550 BStU, MfS, BV Erfurt, Abt. XIV, Nr. 639, Bl. 141.

551 BStU, MfS, BV Erfurt, Abt. XIV, Nr. 566, Bl. 93.

552 BStU, MfS Erfurt, Abt. XIV, Nr. , Bl. 1.

553 Jens Giesecke, Die Hauptamtlichen Mitarbeiter der Staatssicherheit, Berlin, 2000, S. 150 ff.

554 BStU, MfS, BV Erfurt, As 25/63, Bd. 5, Bl. 318.

555 BStU, MfS, BV Erfurt, Abt. XIV, Nr. 447, Bl. 96.

556 BStU, MfS, BV Erfurt, Abt. XIV, Nr. 313, Bl. 75.

557 BStU, MfS, BV Erfurt, Abt. XIV, Nr. 140, Bl. 108.

558 BStU, MfS, BV Erfurt, Abt. XIV, Nr. 140, Bl. 15.

559 BStU, MfS, BV Erfurt, Abt. XIV, Nr. 767, Bl. 20f.

560 BStU, MfS, BV Erfurt, Abt. XIV, Nr. 447, Bl. 97f.

561 BStU, MfS, BV Erf., Abt. XIV, Nr. 447, Bl. 281f.

562 BStU, MfS, BV Erf., Abt. XIV, Nr. 447, Bl. 239f.

563 BStU, MfS, BV Erf., Abt. XIV, Nr. 639, Bl. 129ff.

564 BStU, MfS, BV Erfurt, Abt. XIV, Nr. 447, Bl. 364.

565 BStU, MfS, BV Erf., Abt. XIV, Nr. 308, Bl. 101ff.

566 BStU, MfS, BV Erfurt, Abt. XIV, Nr. 696, Bl. 10.

567 BStU, MfS, BV Erfurt, AS 31/61, Bd. 1, Bl. 189.

568 BStU, MfS, BV Erfurt, Abt. XIV, Nr. 447, Bl. 34ff.

569 BStU, MfS, BV Erfurt, Abt. XIV, Nr. 447, Bl. 52f.

570 BStU, MfS, BV Erfurt, Abt. XIV, Nr. 447, Bl. 23f.

571 BStU, MfS, BV Erf., Abt. XIV, Nr. 447, Bl. 30f.

572 BStU, MfS, BV Erfurt, Abt. XIV, Nr. 447, Bl. 32f, 48ff.

573 BStU, MfS, BV Erfurt, Abt. XIV, Nr. 447, Bl. 45f.

574 BStU, MfS, BV Erfurt, Abt. XIV, Nr. 447, Bl. 2f.

575 BStU, MfS, BV Erfurt, Abt. XIV, Nr. 447, Bl. 37f.

576 BStU, MfS, BV Erfurt, Abt. XIV, Nr. 447, Bl. 44.

577 BStU, MfS, BV Erf., Abt. XIV, Nr. 447, Bl. 239f.

578 BStU, MfS, BV Erfurt, Abt. XIV, Nr. 447, Bl. 4f.

579 BStU, MfS, BV Erfurt, Abt. XIV, Nr. 447, Bl. 42f.

580 BStU, MfS, BV Erfurt, Abt. XIV, Nr. 447, Bl. 39ff.

581 BStU, MfS, BV Erfurt, Abt. XIV, Nr. 447, Bl. 25, 61ff

582 BStU, MfS, BV Erfurt, Abt. XIV, Nr. 447, Bl. 22.

583 BStU, MfS, BV Erfurt, Abt. XIV, Nr. 447, Bl. 20.

584 BStU, MfS, BV Erfurt, Abt. XIV, Nr. 447, Bl. 8f., 12, 16, 59.

585 BStU, MfS, BV Erfurt, Abt. XIV, Nr. 447, Bl. 14f.

586 BStU, MfS, BV Erfurt, Abt. XIV, Nr. 447, Bl. 86.

587 BStU, MfS, BV Erfurt, Abt. XIV, Nr. 447, Bl. 125.

588 Zu einer ähnlichen Einschätzung kommt Udo Grashoff, „In einem Anfall von Depression...". Selbsttötungen in der DDR, Berlin 2006, S. 30ff. Für denselben Zeitraum 1978-82 fand er auch eine Quelle der zentralen Abteilung XIV, in der MfS-weit von 149 Selbstmordversuchen die Rede war.

589 BStU, MfS, BV Erfurt, Abt. XIV, Nr. 447, Bl. 20.

590 BStU, MfS, BV Erfurt, Abt. XIV, Nr. 598, Bl. 25.

591 BStU, MfS, BV Erfurt, Abt. XIV, Nr. 664, Bl. 35.

592 BStU, MfS, BV Erfurt, Abt. XIV, Nr. 307, Bl. 115.

593 BStU, MfS, BV Erfurt, Abt. XIV, Nr. 140, Bl. 204. Eine sofortige Krankenhauseinlieferung gestattete die Gefängnisleitung nur in lebensbedrohlicher Ausnahmesituation.

594 BStU, MfS, BV Erfurt, Abt. XIV, Nr. 140, Bl. 131.

595 BStU, MfS, BV Erfurt, Abt. XIV, Nr. 140, Bl. 3.

596 BStU, MfS, BV Erfurt, Abt. XIV, Nr. 447, Bl. 125.

597 BStU, MfS, BV Erfurt, Abt. XIV, Nr. 379, Bl. 30f.

598 BStU, MfS, BV Erf., Abt. XIV, Nr. 447, Bl. 241f.

599 BStU, MfS, BV Erfurt, Abt. XIV, Nr. 447, Bl. 241f.

600 BStU, MfS, BV Erfurt, Abt. XIV, Nr. 447, Bl. 70f.

601 BStU, MfS, BV Erfurt, Abt. XIV, Nr. 696, Bl. 228.

602 BStU, MfS, BV Erfurt, Abt. XIV, Nr. 696, Bl. 175.

603 BStU, MfS, BV Erfurt, Abt. XIV, Nr. 303, Bl. 133.

604 BStU, MfS, BV Erfurt, Abt. XIV, Nr. 140, Bl. 160.

605 BStU, MfS, BV Erfurt, Abt. XIV, Nr. 140, Bl. 37.

606 BStU, MfS, BV Erfurt, Abt. XIV, Nr. 696, Bl. 93.

607 BStU, MfS, BV Erfurt, Abt. IX, Nr. 203, Bl. 4.

608 Z.B. BStU, MfS Erfurt, Abt. XIV, Nr. 308, Bl. 90.

609 BStU, MfS, BV Erfurt, Abt. XIV, Nr. 379, Bl. 16.

610 BStU, MfS, BV Erfurt, Abt. XIV, Nr. 447, Bl. 101.

611 BStU, MfS, BV Erfurt, XIV, Nr. 379., Bl. 7f.

612 BStU, MfS, BV Erfurt, XIV, Nr. 379., Bl. 8.

613 BStU, MfS, BV Erfurt, Abt. XIV, Nr. 447, Bl. 125.

614 BStU, MfS, BV Erfurt, Abt. XIV, Nr. 696, Bl. 160.

615 BStU, MfS, BV Erfurt, Abt. XIV, Nr. 571, Bl. 229.

616 BStU, MfS, BV Erfurt, Abt. XIV, Nr. 696, Bl. 77.

617 BStU, MfS, BV Erfurt, Abt. XIV, Nr. 696, Bl. 118.

618 BStU, MfS, BV Erfurt, Abt. XIV, Nr. 447, Bl. 183.

619 BStU, MfS, BV Erfurt, Abt. XIV, Nr. 447, Bl. 107.

620 BStU, MfS, BV Erfurt, Abt. XIV, Nr. 696, Bl. 41.

621 BStU, MfS, BV Erfurt, Abt. XIV, Nr. 447, Bl. 20.

622 BStU, MfS, BV Erfurt, Abt. XIV, Nr. 447, Bl. 117, 150.

623 BStU, MfS, BV Erfurt, Abt. XIV, Nr. 447, Bl. 95.

624 BStU, MfS, BV Erfurt, Abt. XIV, Nr. 639, Bl. 127.

625 BStU, MfS, BV Erfurt, Abt. XIV, Nr. 447, Bl. 258.

626 BStU, MfS, BV Erfurt, Abt. XIV, Nr. 639, Bl. 17.

627 BStU, MfS, BV Erfurt, Abt. XIV, Nr. 639, Bl. 27.

628 BStU, MfS, BV Erfurt, Abt. XIV, Nr. 447, Bl. 96.

629 BStU, MfS, BV Erfurt, Abt. XIV, Nr. 308, Bl. 181.

630 BStU, MfS, BV Erfurt, Abt. XIV, Nr. 451, Bl. 202. BStU, MfS, BV Erfurt, Abt. XIV, Nr. 308, Bl. 172.

631 BStU, MfS, BV Erfurt, Abt. XIV, Nr. 696, Bl. 161.

632BStU, MfS, BV Erfurt, Abt. XIV, Nr. 696, Bl. 117.

633 BStU, MfS, BV Erfurt, Abt. XIV, Nr. 696, Bl. 100.

634 BStU, MfS, BV Erfurt, Abt. XIV, Nr. 140, Bl. 248.

635 BStU, MfS, BV Erfurt, Abt. XIV, Nr. 140, Bl. 70.

636BStU, MfS, BV Erfurt, Abt. XIV, Nr. 140, Bl. 47.

637 BStU, MfS, BV Erfurt, Abt. XIV, Nr. 447, Bl. 138.

638 BStU, MfS, HA IX, Nr. 16651, Bl. 89.

639 BStU, MfS, BV Erfurt, Abt. XIV, Nr. 171, Bl. 15.

640 BStU, MfS, BV Erfurt, Abt. XIV, Nr. 468, Bl. 7.

641 BStU, MfS, BV Erfurt, Abt. XIV, Nr. 140, Bl. 270.

642 BStU, MfS, BV Erfurt, Abt. XIV, Nr. 254, Bl. 2.

643 BStU, MfS, BV Erfurt, AS 31/61, Bd. 2, Bl. 3ff.

644 BStU, MfS, BV Erfurt, AS 25/63, Bd. 6, Bl. 280.

645 BStU, MfS, BV Erfurt, AS 25/63, Bd 2, Bl. 125f.

646 BStU, MfS, BV Erfurt, AS 25/63, Bd. 2, Bl. 2f.

647 BStU, MfS, BV Erfurt, Abt. IX, Nr. 203, Bl. 4

648 Urteil des Kreisgerichtes Erfurt-Mitte S 230/81, Bl. 3.

649 BStU, MfS, BV Erfurt, Abt. XIV, Nr. 447, Bl. 138.

650 BStU, MfS, BV Erfurt, Abt. XIV, Nr. 639, Bl. 27.

651 BStU, MfS, BV Erfurt, Abt. XIV, Nr. 313, Bl. 51.

652 BStU, MfS, HA IX, Nr. 16394, Bl. 47.

653 BStU, MfS, BV Erfurt, Abt. XIV, Nr. 316, Bl. 137.

654 BStU, MfS, BV Erfurt, Abt. XIV, Nr. 724, Bl. 52.

655 BStU, MfS, BV Erfurt, Abt. XIV, Nr. 254, Bl. 2.

656 BStU, MfS, BV Erfurt, Abt. XIV, Nr. 696, Bl. 141ff.

657 BStU, MfS, BV Erfurt, Abt. XIV, Nr. 696, Bl. 227.

658 BStU, MfS, BV Erfurt, Abt. XIV, Nr. 140, Bl. 301.

[659] BStU, MfS, BV Erfurt, Abt. IX, Nr.

[660] BStU, MfS, BV Erfurt, Abt. XIV, Nr. 635, Bl. 43.

[661] Befehl 17/86 über den Vollzug von Freiheitsstrafen an Strafgefangenen in den Abteilungen XIV des MfS, GVS 0008 22/86, BStU, MfS, ZA, Rechtsstelle, Nr. 735, Bl. 173ff.

[662] Planorientierung vom Leiter der Abteilung XIV, Rataitzik, 14.10.1988, BStU, MfS, Abt. XIV, Nr. 172, Bl. 5.

[663] BStU, MfS, BV Erfurt, Abt. XIV, Nr. 635.

[664] BStU, MfS, BV Erfurt, Abt. XIV, Nr. 468, Bl. 64.

[665] BStU, MfS, BV Erfurt, Abt. XIV, Nr. 303, Bl. 87.

[666] BStU, MfS, BV Erfurt, Abt. XIV, Nr. 82, Bl. 62.

[667] BStU, MfS, BV Erfurt, Abt. XIV, Nr. 664, Bl. 73f.

[668] BStU, MfS, BV Erfurt, Abt. XIV, Nr. 664, Bl. 71f.

[669] BStU, MfS, BV Erfurt, Abt. XIV, Nr. 313, Bl. 68.

[670] BStU, MfS, BV Erfurt, Abt. XIV, Nr. 635, Bl. 43.

[671] BStU, MfS, BV Erfurt, Abt. XIV, Nr. 80, Bl. 24f.

[672] Dieser Text wurde dankenswerterweise aus persönlichen Haftunterlagen eines Zeitzeugen zur Verfügung gestellt.

[673] BStU, MfS, BV Erfurt, Abt. XIV, Nr. 379, Bl. 16.

[674] Namentliche Aufstellung im Planstellenbesetzungsnachweis vom Sommer 1989: MfS, BV Erfurt, Abt. XIV, Nr. 571, Bl. 22. In der U-Haft Gera arbeiteten 45 Mitarbeiter (Auskunft BStU-Außenstelle Gera).

[675] Zu allen genannten: BStU, MfS, BV Erfurt, Abt. KuSch, namentliche Kaderkarteikarten.

[676] BStU, MfS, BV Erfurt, Abt. XIV, Nr. 9, Bl. 10-16.

[677] BStU, MfS, BV Erfurt, Abt. XIV, Nr. 571, B. 35ff.

[678] BStU, MfS, BV Erfurt, Abt. XIV, Nr. 571, Bl. 231.

[679] BStU, MfS, BV Erfurt, Abt. XIV, Nr. 9, Bl. 10-16.

[680] BStU, MfS, BV Erfurt, Abt. XIV, Nr. 461, Bl. 63.

[681] Überweisungsliste vom 3. 11. 1989.

[682] Kaderprogramm zur Planung der Kaderarbeit für den Zeitraum bis 1990, Meyer, vom 29.9.1986, BStU, MfS Erfurt, GVS 0020 – 180-86, S. 3ff.

[683] BStU, MfS, BV Erfurt, Abt. XIV, Nr. 461, Bl. 115.

[684] BStU, MfS, BV Erfurt, Abt. XIV, Nr. 598, Bl. 9ff.

[685] BStU, MfS, BV Erfurt, Abt. XIV, Nr. 598, Bl. 14f.

[686] BStU, MfS, BV Erfurt, Abt. XIV, Nr. 597, Bl. 48.

[687] BStU, MfS, BV Erfurt, Nr. 82, Bl. 26ff.

[688] BStU, MfS, BV Erf., Abt. XIV, Nr. 326, Bl. 137ff.

[689] BStU, MfS, BV Erfurt, Abt. XIV, Nr. 460, Bl. 56.

[690] BStU, MfS, BV Erfurt, Abt. XIV, Nr. 726, Bl. 166.

[691] Z.B. BStU, MfS, BV Erfurt, Abt. XIV, Nr. 447, Bl. 138f.

[692] BStU, MfS, BV Erfurt, Abt. XIV, Nr. 447, Bl. 126.

[693] BStU, MfS, BV Erfurt, Abt. XIV, Nr. 9, Bl. 10-16.

[694] BStU, MfS, BV Erf., Abt. XIV, Nr. 461, Bl. 120f.

[695] BStU, MfS, BV Erfurt, Abt. XIV, Nr. 460, Bl. 50.

[696] BStU, MfS, BV Erfurt, Abt. XIV, Nr. 567, Bl. 24.

[697] BStU, MfS, BV Erf., Abt. XIV, Nr. 461, Bl. 50ff.

[698] BStU, MfS, BV Erf., Abt. XIV, Nr. 302, Bl. 181ff.

[699] BStU, MfS Erfurt, Abt. XIV, Nr. 568, Bl. 176f.

[700] Ebenda.

[701] BStU, MfS, BV Erfurt, Abt. XIV, Nr. 451, Bl. 150.

[702] BStU, MfS, BV Erf., VVS 00020 – 166/89, Bl. 4.

[703] BStU, MfS, BV Erfurt, Abt. XIV, Nr. 252, Bl. 1ff.

[704] Schusswaffengebrauchsordnung, Mielke, 5.2. 1976, BstU, MfS, ZA, BdL, Nr. 231/76, Bl. 1ff.

[705] BStU, MfS, BV Erfurt, Abt. XIV, Nr. 313, Bl. 52.

[706] BStU, MfS, BV Erfurt, Abt. XIV, Nr. 316, Bl. 196.

[707] BStU, MfS, BV Erfurt, Abt. XIV, Nr. 315, Bl. 6f., 35ff.

[708] BStU, MfS, BV Erfurt, Abt. XIV, Nr. 313, Bl. 28.

[709] BStU, MfS, BV Erfurt, Abt. XIV, Nr. 461, Bl. 53.

[710] BStU, MfS, BV Erfurt, Abt. XIV, Nr. 451, Bl. 53.

[711] BStU, MfS, BV Erfurt, Abt. XIV, Nr. 461, Bl. 116.

[712] BStU, MfS, BV Erfurt, Abt. XIV, Nr. 461, Bl. 55.

[713] BStU, MfS, BV Erfurt, Abt. XIV, Nr. 38, Bl. 41.

[714] BStU, MfS, BV Erfurt, Abt. XIV, Nr. 664, Bl. 36.

[715] BStU, MfS, BV Erfurt, Abt. XIV, Nr. 451, Bl. 204.

[716] BStU, MfS, BV Erfurt, Abt. XIV, Nr. 565, Bl. 30.

[717] BStU, MfS, BV Erfurt, Abt. XIV, Nr. 567, Bl. 25.

[718] Direktive 1/67, BStU, MfS, ZA, GKS E/19/67.

[719] BStU, MfS Erfurt, GVS 0005 124/84, Plan der Überführung vom Friedens- in den Verteidigungszustand für die Abteilung XIV, GVS oo020-51/88, BStU, MfS, BV Erfurt, Abt. XIV, Nr. 197, Bl. 1-18.

[720] Eingelagert waren 1983 u.a.: 58 Stahlbetten, 53 Matratzen, 273 Wolldecken, 193 Trainingsanzüge, 596 Handtücher, 209 Bettbezüge etc. Bericht zur Aufgabenstellung gemäß Befehl des Leiters der BV, GVS o020 169/83, BStU, MfS Erfurt, Abt. XIV, Nr. 485, Bl. 103, 105.

[721] Ebenda, Bl. 104.

[722] GVS 218/83, BStU, MfS Erfurt, Abt. XIV, Nr. 485, Bl.1, 44.

723 Vereinbarung, Oberstleutnant Seidel (KD Weimar) und Major Kirchner (Leiter UHA des MdI), 26.5.1989, BStU, MfS Erfurt, Abt. XIV, o. Angabe.

724 Plan der Verteidigung des Dienstobjektes der Bezirksverwaltung Erfurt – Variante I, vom Leiter der AGL, 22.7.1983, GVS o05 195/83, BStU, MfS, BV Erfurt, XIV, Nr. 485, Bl. 94 (Vgl. dort auch GVS 0005 – 246/82a vom 2.1.1982).

725 Ebenda, S. 7f.

726 BStU, MfS Erfurt, Abt. XIV, Nr. 568, Bl. 5ff.

727 BStU, MfS, BV Erfurt, Abt. IX, Nr. 7, Bl. 35.

728 BStU, MfS, ZA, HA IX, Nr. 16651, Bl. 86.

729 Aufgabenstellung der ehemaligen UHA vom 4. 1. 1990, BStU, MfS, BV Erfurt, XIV, Nr. 646, Bl. 1f.

730 BStU, ZA, HA IX, Nr. 377, Bd.1, S. 57ff.

731 Vorschlag zur Neustrukturierung der Diensteinheiten der Linie XIV, 25. 11. 1989, BStU, ZA, AfNS, HA IX 12955, Bl 87.

732 Vorschläge zu Verantwortung, Aufgaben und Arbeitsweise eines künftigen Untersuchungsorgans, unterzeichnet von Generalmajor Damm der HA IX, 20. 11. 1989, BStU, ZA, HA IX, 13955, Bl. 69f.

733 Entwurf für eine Stellungnahme/Positionspapier der Mitarbeiter des Untersuchungsorgans des Amtes für Nationale Sicherheit, o.D., BStU, ZA, AfNS HA IX, 10292, Bl. 1

734 Ebenda.

NOTIZEN

NOTIZEN